MARGARET
THATCHER

POWER AND
PERSONALITY

JONATHAN AITKEN

撒切尔夫人

权力与魅力

[英] 乔纳森·艾特肯 著
姜毓星 罗小丽 译

重庆出版集团 重庆出版社

目　录

致谢	1
序言	1

1　早年岁月

出生地	2
家庭矛盾	4
快乐（或许没有快乐）	7
第一所学校	11
父亲的鼓励	14
回顾	19

2　战争，文法学校，与女校长的分歧

战争期间的格兰瑟姆	24
凯斯蒂文和格兰瑟姆女子文法学校	28
自己的路	32
回顾	37

3　牛津，男朋友，政治抱负

牛津最初的不快	40
浪漫情事	44
在保守党协会从政成功	48
回顾	54

4　初涉政坛

年轻的保守党员	58
议员阿尔弗雷德·博瑟姆的指导	59
年轻的候选人	62
三个受摆布的男人	66
1950年大选	69
沮丧，振作，奋战	71
回顾	77

5　结婚，生子，芬奇利

结婚	80
生子	84
通往芬奇利的崎岖道路	87
当选	95
回顾	97

6　议会的早年岁月 1956 — 1964

幸运的立法委员	102
进入下院	110
政务次官	115
在选区	119
家庭生活	122
回顾	127

7　反对党前座议员

入职反对党	130
伊恩·麦克劳德的发言人	134

加入影子内阁	138
亲美远苏	141
准备进入政府	144
回顾	147

8　教育大臣

最初的系列举措	150
抢奶贼撒切尔	155
首相相助	160
不只是教育	163
回顾	167

9　日暮西下的希思

保守党的曙光	170
党内一场虚伪战争	176
基思·约瑟夫爵士的成与败	180
回顾	184

10　获选党魁

决定参与竞选	188
权贵对撒切尔的支持以及其他惊喜	190
与爱德华·杜坎的协议	194
艾瑞·尼夫的加入	201
第一轮投票结果惊人	203
回顾	209

11 反对党领袖不确定的开端
赢得最后一轮选举 　　212
不确定的开端 　　214
私生活掠影 　　223
回顾 　　231

12 三年挫折岁月
政党会议和外事访问 　　236
被詹姆斯·卡拉汉挫败 　　241
新的政策和哲学 　　245
回顾 　　255

13 离选举一步之遥
"三个开心果" 　　258
不满寒冬 　　267
不信任投票 　　272
回顾 　　278

14 入主唐宁街10号前最后一搏
就任之前的等待 　　282
波澜不惊的竞选活动 　　286
掌权前夕 　　291
胜利 　　299
回顾 　　303

15 就任首相后的初步举措
开始 　　306

应对内阁 310
　　挑战政府行政部门 314
　　回顾 319

16　学习过程
　　在唐宁街10号 322
　　沟通桥梁的搭建者和不同的声音 328
　　"旧条纹"文件盒和首相的倔脾气 335
　　对鲁伯特·默多克施以援手 339
　　工作和生活中的性格特质 341
　　艾雷岛上的度假 344
　　回顾 346

17　外交事务的初步举措
　　向卡林顿勋爵学习 350
　　罗德西亚 357
　　欧洲 360
　　特殊友谊的缓慢启动 365
　　回顾 367

18　经济领域和内阁之中不祥的征兆
　　暴风前夕 372
　　打压吉姆·普莱尔 375
　　有魄力的"1981年预算案" 381
　　脆弱的首相 386
　　受打击决定重组内阁 389
　　回顾 395

19　马尔维纳斯群岛战争之一：序曲

蓄意破坏回租权　398

议会之战　403

送别黑格　413

回顾　421

20　马尔维纳斯群岛战争之二：开战

军事政治准备　426

"贝尔格拉诺将军号"和"谢菲尔德号"　428

更多的政治动荡　433

回顾　442

21　马尔维纳斯群岛战争之三：胜利

马尔维纳斯群岛之战　444

胜利　453

回顾　456

22　马尔维纳斯群岛战争之后

政治版图变化　460

经济和工会　464

私有化改革初始　469

反对党自取灭亡　472

大获全胜　476

回顾　479

23　艰难连任

塞西尔·帕金森和下院议长　482

其他早年过失 488
难题 491
她的财政宠臣 494
回顾 498

24　恐怖主义、爱尔兰和香港
挫败恐怖主义 502
英爱协定 511
接受香港的现实 517
回顾 522

25　在沙特阿拉伯为英国而战
世纪协议 526
与法国为敌 527
丹尼斯秘密信息通道 530
克服万难 532
首相的动力 536
回顾 537

26　工会与矿工
解决问题的敲门砖 542
亚瑟·斯卡吉尔的挑衅 546
大卫·哈特：她的"紫蘩蒌" 552
罢工运动的惨败 557
没有胜者只有败者 561
回顾 565

27 深化与罗纳德·里根的特殊关系
黄金矿层和断层线 568
个人的化学反应 570
群岛和矛盾 574
利比亚空袭 580
回顾 584

28 逐步赢得冷战
铁娘子为何转变 586
契克斯别墅与戈尔巴乔夫初谱友好序曲 593
为莫斯科和华盛顿牵线搭桥 600
与里根的分歧 603
在莫斯科的明星表现 609
回顾 614

29 不满之声
与内阁大臣的矛盾 618
与赫塞尔廷决裂 623
韦斯特兰事件爆发 629
血腥女人 637
回顾 640

30 进入第三任期
接近1987年大选 644
第三次赢得大选 647
大胆但有瑕疵的开端 654
没有怀特洛的岁月 658

回顾　　662

31　与奈杰尔·劳森之间的矛盾
　　性格爆发点　　666
　　因汇率机制爆发的第一次冲突　　668
　　紧跟德国马克的相对汇率　　670
　　成败在此一举的预算案　　675
　　豪爵士激化汇率机制矛盾　　680
　　回顾　　682

32　倾向欧洲怀疑主义
　　一直是个怀疑主义者　　688
　　被《单一欧洲法案》欺骗　　690
　　对杰弗里·豪深感失望　　694
　　布鲁日演讲　　699
　　回顾　　703

33　欧洲问题爆发
　　布鲁日演讲的余波　　706
　　马德里危机　　710
　　将杰弗里·豪免职　　714
　　回顾　　717

34　财政大臣退场，掩护性候选人登台
　　试图稳定政府　　722
　　艾伦·沃尔特斯引发的问题　　724
　　劳森失控　　727

掩护性候选人　　　　　　　　　　　730
　　　重大事件　　　　　　　　　　　　733
　　　回顾　　　　　　　　　　　　　　738

35　政变倒计时
　　　入侵科威特　　　　　　　　　　　742
　　　人头税的毒害性影响　　　　　　　746
　　　欧洲问题的最后一战　　　　　　　749
　　　豪准备出击　　　　　　　　　　　754
　　　回顾　　　　　　　　　　　　　　761

36　终局
　　　豪直击要害　　　　　　　　　　　766
　　　海瑟尔丁参与竞选　　　　　　　　770
　　　彼得·莫里森过于乐观　　　　　　773
　　　巴黎漫漫长夜　　　　　　　　　　778
　　　回顾　　　　　　　　　　　　　　782

37　退出
　　　初探　　　　　　　　　　　　　　786
　　　内阁倒戈　　　　　　　　　　　　789
　　　华丽的告别演讲　　　　　　　　　796
　　　新领袖选举　　　　　　　　　　　800
　　　回顾　　　　　　　　　　　　　　806

38　下台之后的痛苦
　　　创伤和愤懑　　　　　　　　　　　810

  旅行、演讲和写作 814
  作为议会议员的最后岁月 818
  蓄意阻挠继任者 822
  回顾 826

39 退休生活剪影
  战略性想法和私人会话 830
  心系英伦 835
  苏格兰高地休短假 838
  70岁生日 842
  找到精神家园 844

后记
  健康衰退 850
  体面的暮年生活 857
  道别 859

缩略词 863

注释 863

致谢

我谨在此，对所有在本书前期调查、准备以及写作过程中为我提供过帮助的人表示由衷感谢。

首先，有关撒切尔夫人的两份珍贵档案给我提供了很多有价值的信息。一份是藏于牛津大学丘吉尔学院的撒切尔夫人档案。感谢馆长艾伦·帕克伍德博士以及撒切尔夫人档案管理员安德鲁·赖利先生的帮助。另一份档案来自玛格丽特·撒切尔基金会及其网站，他们为我提供了更多重要的相关信息。基金会会长朱利安·西摩先生和网站编辑克里斯托弗·柯林斯先生尤其值得称赞，正是因为他们的专业眼光和辛勤工作，研究撒切尔夫人的学者、学生、历史学家，还有传记作者才能够轻松地获得玛格丽特·撒切尔如此卷帙浩繁的历史资料。

此外，我也阅读了很多其他史料，在此向大英图书馆工作人员、大英图书馆报纸、丘吉尔档案馆、肯特大学坦普尔曼图书馆、鲍里斯·约翰逊先生提供的剪报档案以及汉斯·塔斯姆卡剪报档案馆一并表示感谢。

农业上有句俗语说，"农夫的脚步就是最好的肥料"，这句话同样适用于政治。在此，我对帮助过我、为我提供向导的人表示衷心谢意，感谢他们带我参观玛格丽特·撒切尔生活和活动过的地方。

首先感谢格兰瑟姆的迈克尔·汉尼布和黛安娜·汉尼布夫妇。他们曾经是凯斯蒂文和格兰瑟姆女子文法学校的老师。在他们的陪同下，我参观了格兰瑟姆小镇的很多地方，包括玛格丽特·罗伯茨以前就读的学校和罗伯茨一家去过的教堂。我要特别感谢格兰瑟姆当地的历史学家马尔科姆·G.克纳普先生和芬金大街卫理公会教堂的德尼斯·兰利先生。此外，我还要感谢凯斯蒂文和格兰瑟姆女子文法学校校长助理伊恩·托德先生、档案管理员珍妮特·汤普逊夫人、办公室主任黛安·巴雷特女士，以及格兰瑟姆亨廷托尔路小学的校长马克·安德先生和办公室主任玛格丽特·洛克伍德女士。北帕拉德路"健康生活"小店的店主桑德拉·古德先生带我参观了原罗伯茨食品店旧址底层的店面，还有楼上罗伯茨一家居住的公寓，包括玛格丽特·撒切尔出生的房间。

牛津大学著名历史学家富兰克林·普罗查斯卡先生（他的太太是萨默维尔学院院长爱丽丝·普罗查斯卡博士）带我参观了玛格丽特·撒切尔在萨默维尔学院住过的宿舍和整个萨默维尔学院。

此外，副总督、陆军少将彼得·柯里先生、迪克·惠廷顿神父带我参观了切尔西皇家医院，并介绍了相关情况，我深表感激。

本书最有趣的资料莫过于人们对玛格丽特·撒切尔事业发展的见证，其中九十余名见证人接受了我的采访。我向他们表示感谢，并在本书最后列出他们的名单。

我还要向先前为玛格丽特·撒切尔写过传记的其他作家致谢。大多数传记作家或多或少地都会借鉴前人的作品，我也不例外。因此，我要特别感谢撒切尔夫人早年的传记作者帕特里夏·默里先生、厄恩利·莫尼先生、乔治·加德纳先生、拉塞尔·刘易斯先生和彭尼·朱诺先生。此外，我还要感谢以下作家及其传记作品：雨果·扬格的传记《和我们一样》、约翰·坎贝尔先生所著的两卷本传记，以及查尔斯·摩尔先生今年年初刚刚出版的第一本官方传记。

最后，我向我的调查员和秘书员团队表示深深谢意。

在我四处采访、撰写本书的两年时间中，杰奎琳·威廉斯女士承担了主要的资料调查工作。她吃苦耐劳，挖掘第一手史料非常用心。两位来自牛津大学的高才实习生助手马克·福尔摩斯和汤姆·佩兰也给予威廉斯女士大力帮助，他们在通读本书手稿时的积极和热情深深地感染了我们，并给我们提出了很多修改意见。我还要将谢意送给我的女儿维多利亚·艾特肯，她一直鼓励我并帮助我进行相关调查。

本书手稿的文字录入工作由普鲁·福克斯小姐负责，她的工作非常出色。海伦·柯克帕特里克和罗斯玛丽·古丁女士担任她的助手。擅长行政调度的苏珊娜·詹南斯女士则承担了烦琐的采访安排和初稿校对工作。

我还要感激负责本书出版的布鲁姆斯伯里出版社的每一位相关工作人员，尤其要感谢本书的编辑罗宾·贝尔德-史密斯先生以及他的助理编辑乔尔·西蒙斯先生。

最后要感谢的是我亲爱的妻子伊丽莎白，她绝对是第一个支持我、鼓励我、分担我工作压力的人。在整个写作过程中，她一路对我扶持帮助，不离不弃。本书就是献给她最好的礼物。

乔纳森·艾特肯

2013年7月

序言

通常，掌声的肯定之后便是功过是非的客观评价。

掌声是玛格丽特·撒切尔葬礼上最感人至深的一幕，当英国皇家礼兵肩抬灵柩走出圣保罗大教堂，教堂唱诗班吟唱着斯坦福爵士所作《西缅之颂》G大调，美妙的歌声震撼人心。送葬队伍走出教堂的刹那，人群中即刻爆发出一阵阵掌声。

这是始料未及的。我们这些安坐在克里斯托弗·雷恩所设计的基督教会大教堂穹顶下参加葬礼的人对此感到震惊。多日来，伦敦媒体确已预料到必然会有敌对势力的抗议。此时此刻我和正在参加葬礼的许多人都在猜测，这是否会是我们听到的反对撒切尔的最后的声音。

真实情况远非如此。情况很快变得明朗，这巨大的喧嚣声绵延路德门山和其他临近圣保罗教堂的街道数英里，其中无疑掺杂着人群洪亮的欢呼声。

人们究竟为什么欢呼？他们中的有些人太年轻，不会切身了解撒切尔时代的含义。更多的人可能并不认同她倡导的价值观和所做出的政治决策。但是，在她葬礼当天，绝大多数人似乎是特地前来向她致敬，对她一生的功绩、重大的成就和她在时间这广袤的沙滩上所留下的足迹给予肯定和赞扬的。

在葬礼场合，掌声通常是不合时宜的，然而这掌声却与玛格丽特·撒切尔不断打破传统探索极限的一生不谋而合，因此在她的葬礼上再打破一项葬礼习俗反倒使人感觉并不突兀。如果她在世，想必会为这掌声感到欣慰。这掌声不仅代表着她的支持者对她的真挚感情，也意味着她与她的政敌较量的最终的胜利。

作为领袖人物，撒切尔政治立场分明。有推测称，她军方左翼的政治敌手必然会在送别这位老政敌的最后时刻喧闹起哄。我在去往圣保罗大教堂的路上遇到了他们之中的一些人。这些潜在的捣乱分子态度很不友善，嘲讽挖苦我和其他一些身着礼服参加葬礼的人。但是同一人群中一个面颊红润的女人态度友好地对我们说："你们不必太担心这些人，"她说话带着独特的西部地区的颤音，"我们的声音会盖过他们的声音。"他们也的确做到了。

玛格丽特·撒切尔性格当中很重要的一部分是细致和精细，然而这部分却在很多时候都被掩盖了。她自己掩藏了很大一部分。她政治态度谨慎，但表述语气倾向于傲慢极端。她对于个人隐私有强烈的保护意识。她从政一生从不谈及个人情况，将不安全感、私人情感及一些会引发社会不良影响的真相藏匿在她精心树立起的果敢自信的面具之后。高调率直的政治风格使她成为世界上最有名的女人。然而在她性格中不为人所知的方面，她比人们所预想的更加复杂，有时会难以相处。

长久以来我对玛格丽特·撒切尔性格当中的矛盾性很感兴趣。见她第一面大约是在50年前，我当时便意识到她顽强的性格是她最重要的特性。正是这种性格的力量促使她不断前行，克服行进路上的种种障碍，也正是这种力量影响了她对于英国未来前景的规划，并使她连续三次赢得了大选。她在英国国内和国际政治上的成功从未对她好辩的本性产生影响，也未磨平她性格当中锋利的棱角。她激怒了很多政治同僚，得罪了大部分的政治对手，只要有机会，她就会对大家一致认可的社会现状提出质疑。对她远距离欣赏比与她近距离共事要容易得多。她私下里对于她的团队成员态度友好，但对于无法使她产生情感共鸣的观点或不幸，她态度冷淡，置若罔闻。她从来就不是一个随和的人。

因为以上这些以及许多其他的复杂性，我希望一部关注玛格丽特·撒切尔性格特点的传记作品能够对于她的历史评价有所帮助。但是如果对于她的刻画不是基于她如何追求、获得、行使以及失去权力的叙述，那这部作品必定会流于一种心理学空洞而毫无意义的絮叨。因为权力是她生活的前提背景。

人生的阅历改变了她的性格。她从一个格兰瑟姆杂货店主的女儿成长为一位高贵的首相，从谦逊的卑微转变为傲慢的自恃，从维护自我利益的现实主义的勇敢无畏的少女，蜕变为骑着骏马在天空中任意驰骋无所顾忌的瓦尔基里女战士*。

莎士比亚剧本中所描绘的天谴式的政变发生在她身上，给她造成了极度的痛苦，这从之后她所流露出的痛苦和愤恨便可见一斑。这些重大变故所引发的性格的变化在这部传记中也会有所阐释，有时带有批判性，有时会赋予其同情。

＊ 瓦尔基里是北欧神话中奥丁的侍女，骑着马飞行的女战士。——译者注

1
早年岁月

出生地

玛格丽特·罗伯茨的童年生活印刻着六个特点，其中最重要的是严格自律，它成就了首相玛格丽特·撒切尔的职业生涯，而另五个则各有优缺。

五个特点中，优点包括性格坚毅、说话直率、信仰坚定。另两个缺点则因为玛格丽特的刻意掩饰而不那么明显。这两个缺点是，缺乏安全感和对与自己观点相左的人（尤其是她的母亲）难以苟同。

如果以上种种特点看上去有些奇怪或狭隘，没有涉及童年生活本应有的一些特点，比如愉快、欢笑、轻松、家庭生活和父母的疼爱，那也是因为玛格丽特的成长过程本就是极其不自然和严苛的。童年时她的生活拮据，父母古板。

1925年10月13日，玛格丽特出生于林肯郡格兰瑟姆市北帕拉德路一号她父亲街角小店楼上的房间里。从外观看，这座三层小楼还算不错，但其实里面居住环境拥挤，仅有最基本的生活设施。

小店差不多就是家里的全部财产。起居室在二楼，只能从柜台后面的楼梯爬上去，穿过主卧才能到达。玛格丽特和姐姐穆里尔（出生于1921年5月24日）在顶楼各有一个小房间。家里没有自来水和集中供暖设备。但最尴尬的是没有独立洗澡间，全家人都得在铁制的澡盆里洗澡。这个所谓的底楼洗澡间位于小店后院，同时也兼做室外厕所。家里没有花园和室内厕所。

即使以20世纪20年代的标准来看，玛格丽特的成长环境也算是清苦节俭的，但节俭并非因为贫穷。玛格丽特的父亲阿尔弗雷德·罗伯茨在格兰瑟姆拥有两间杂货店，完全有能力为家里安装当时房地产代理商所说的"现代化便捷设施"。但他是个坚持原则的人，认为家庭生活应当勤俭节约。他信奉省钱而不是花钱，并对自己的女儿说，从第一次工作在商店当伙计起,他就一直信奉这条原则。那时,他一周赚14先令,其中12先令用于食宿。至于余下的钱,"省下多少钱,才有多少钱可以花"[1]。玛格丽特的父亲以经济为重,严格管理财政,所以才不愿意花钱在家里安装自来水。

玛格丽特的一个同学玛乔丽·李解释说:"罗伯茨议员之所以能发财,是因为他不需要操心诸如自来水管之类的生活细节问题。"[2]

玛格丽特却十分关注这些生活设施。担任首相六年后,在一次采访中,她语出惊人,告诉米里亚姆·斯多帕德:"当时家里真的很小,没有任何现代化的生活设施。我还记得那时最大的梦想就是住在一个漂亮的房子里,嗯,房子里的设施要比我自己家多得多。"[3]

生活中的不确定性因素是阿尔弗雷德·罗伯茨不愿意花钱改善家庭基础设施的另一个原因。马尔科姆·克纳普与玛格丽特是同时代人,是当地一位历史学家,至今仍在格兰瑟姆镇居住。他回忆说:"玛格丽特童年那会儿,格兰瑟姆人的生活都很困苦。1930年,我们这儿的失业率高达40%。到了1933年,肯特公爵曾探访过的贫民施食处数量只多不少。阿尔弗雷德先生那时一定经常担心他的顾客口袋里没钱付账。"[4]

大萧条时期的艰苦生活迫使住在小店楼上的这一家人必须努力不懈地干活儿。

"你总是肩担责任。"[5]玛格丽特回忆往事时说的这句话既适用于小店老板,也同样适用于政客。尽管阿尔弗雷德·罗伯茨在两家杂货店雇了三个伙计帮忙,他的店很大程度上还是家族生意。他是个亲力亲为的老板,常常在柜台后面切熏肉。他的妻子和岳母负责招呼客人;两个女儿也要在店里帮手,特别是学校放假的时候。玛格丽特还记得很小的时候曾在店里帮忙称糖:把批发来的装在大袋子里的糖散称成一磅或两磅的小袋装。

担任首相后,玛格丽特·撒切尔喜欢称自己的父亲为"杂货店老板专家"[6]。这种画蛇添足式的称呼可能源自玛格丽特对父亲十分敬重而产生的浓浓自豪感,同样的自豪感也曾使另一位英国首相特德·希思情不自禁地称自己的父亲为"建筑工大师"。[7]

事实上,两位首相的父亲都只是普通商人。罗伯茨一家位于北帕拉德路的小店只是街角一家普通的杂货店,售卖各种糖果、巧克力、面包、宠物食品、水果和蔬菜。这家店也兼做小邮局,本地居民经常过去买邮票、取养老金或者兑现邮政汇票。尽管阿尔弗雷德·罗伯茨因为店里进货的质量好于附近的英国合作社商店而颇有些名气,但他这种杂货店在20世纪30年代的英国小镇很常见;店里顾客的经济窘困在这种杂货店也是极其寻常的。可是经营这家杂货店并塑造玛格丽特修养的这家人的性格却绝不常见。

家庭矛盾

阿尔弗雷德·罗伯茨是个店老板、传教士,也是当地一名政治家。他有着坚定的宗教信仰又饱览群书。但是阿尔弗雷德最大的成就在于,他精心培养了自己的小女儿,使她日后能够在远比格兰瑟姆更大的舞台上登台演出、施展才华,尽管当时他并不清楚这个舞台到底在哪里。

阿尔弗雷德出生于1892年,身高6.2英尺,年轻时是个帅小伙,长着一头浓密的金发和一双深邃的蓝眼睛。他唯一的弱点是近视严重,所以很早开始他就得佩戴双焦点眼镜。

1914年第一次世界大战爆发后,阿尔弗雷德自愿报名参军,但是因为视力缺陷而被拒绝入伍。自那之后他又先后五次尝试参军。只有一次成功了,但只入伍了两天而已。他在林肯营穿了48小时军装后,在一次视力检查中因为视力差再度出局。每次他报名参军,都是因为体检不合格,以失败而告终。[8]

报名参军的梦想受挫后,阿尔弗雷德并没有继承他在北安普敦郡的父亲的修鞋事业,相反,他在各种商店打工学会了做买卖,这其中便有奥多中学的食品店。21岁时，阿尔弗雷德在格兰瑟姆一家名为克利福的杂货店当上了副经理。他还经常在格兰瑟姆镇图书馆借各种各样的书来阅读。图书馆的管理员被阿尔弗雷德对知识的渴望深深地打动，称他为"格兰瑟姆最爱读书的人"。[9]

阿尔弗雷德在当地的卫理公会教堂认识了比阿特丽斯·埃塞尔·斯蒂芬森。之后两人于1917年喜结良缘。新娘比阿特丽斯比阿尔弗雷德小四岁，是土生土长的格兰瑟姆人。她的父母分别是火车站行李寄放处的管理员和工厂工人。只要见过比阿特丽斯年轻时的照片便会明白，为什么阿尔弗雷德会深受吸引。比提（他是这样叫她的）的确是个美人。她颧骨很高，乌黑光泽的头发在脑后挽成髻，蓝色的眼睛水汪汪的，嘴唇性感，身材微胖而显得很有曲线美。外表的刚硬也反映了比提性格的刚毅。

格兰瑟姆一些和比提同龄的人说，在管教女儿方面，比提比阿尔弗雷德还要严格。贝蒂·莫利是穆里尔·罗伯茨的闺蜜，上学时经常去店里玩。在她的印象中，比阿特丽斯"非常严厉，一点儿都不亲切"。[10]

作为母亲，比提对子女的严厉也得益于她的家庭主妇身份，所以十分在乎实用性。她讲究家庭的摆设，十分注重家里的干净整洁。和阿尔弗雷德结婚前，她自己开了一家小裁缝店。她是个出色的裁缝，女儿所有的衣服包括校服，均出自她手。同时，她也擅长厨艺，又勤俭节约。

到了1919年，夫妻俩已经节省出一笔钱，又用了点儿抵押贷款，买下了位于北帕拉德路一号的小店。在小店楼上的卧室里，比提于1921年生下了穆里尔，接着在1925年又生下了玛格丽特。

玛格丽特出世的消息刊登在《格兰瑟姆报》的生卒婚讯公告栏内。[11]但是穆里尔出生时却没有发布这样的公告——或许这说明了在两个女儿出生相隔的四年间，罗伯茨一家的社会地位逐渐上升了。

玛格丽特很小的时候显然就和父亲更亲近一些。而在和母亲相处方面，有种种迹象表明，小女儿和比提有许多争执。玛格丽特·古德里奇，一个和未来首相同龄的女生回忆说："我过去偶尔会觉得，她相当厌恶自己的母亲，却喜欢自己的父亲。"[12] 穆里尔对妹妹的授权传记作者查尔斯·摩尔发表的评论更是强化了这种负面印象："玛格丽特心里根本没有母亲。"[13]

母女的冷战关系在玛格丽特离开格兰瑟姆去牛津大学读书、结婚、从政后显得更加糟糕。在撒切尔夫人从政后接受的一系列采访中，除了称赞母亲家务活做得好以外，她似乎很难用合适的词语或语气正面赞扬比提。"与其说她像玛丽倒不如说她像玛莎"* 便是撒切尔夫人描述自己母亲的一个明显的例子[14]。另一个例子发生在1961年，撒切尔夫人成为首相的18年前，那时候她刚刚当上议会议员。被《每日快报》记者戈弗雷·温问及自己的母亲时，撒切尔夫人如是回答："我很爱自己的母亲，但是15岁以后我和母亲已经没有太多可以交流的了。这不是她的错。她一直待在家里，被家庭的重担压得透不过气来。"[15]

这些话说明玛格丽特并不太喜欢自己的母亲。但是，有迹象表明，真正的问题并不是两人互不喜欢，而是这两个强势女人彼此性格相冲。比提不是一个只会做饭、缝纫，性格顺从的家庭主妇。一些格兰瑟姆的同龄人把她称作"相当守旧的母老虎"，有自己独立的思想和言论。[16] 所以这样一位强势的母亲和固执己见的女儿间产生分歧不足为奇。

北帕拉德小店楼上家里还住着另外两位成员。其中一位是玛格丽特的姐姐穆里尔。她选择淡出媒体视线，因为媒体的关注足以毁灭一位首相所有的近亲。穆里尔于2004年逝世，她生前极少接受媒体访问。穆里尔比她声名赫赫的妹妹年长四岁。贝蒂·莫利是穆里尔的闺蜜，后来两人又成为高尔夫球友。在她的记忆中，穆里尔"性格开朗、讨人喜欢，但是不像玛格丽特那样认真刻苦。姐妹俩相差四岁，所以不是特别亲

---

* 在钦定版《圣经》中玛莎被描述为"家务缠身……"（路加福音10章：40节）。

近。但是她们小时候,特别是在共同反抗母亲的严厉管教时,相处还是很愉快的"[17]。

这种严厉管教源于遗传。部分遗传自罗伯茨家庭的第五位成员,即比阿特丽斯的母亲菲比·斯蒂芬森。她是个令人生畏的老太太,总是穿着黑色长裙,裙子一直拖到脚踝,扣子扣得严严实实。她非常喜欢老生常谈,比如"清洁近于圣洁","如果事情值得一做,就应当好好做"。玛格丽特将自己的外祖母形容为"相当相当维多利亚时代式的守旧,相当相当严厉"。[18]

快乐(或许没有快乐)

由于这种严厉,玛格丽特·罗伯茨童年时代鲜有快乐。"对我们来说,充分享受快乐简直就是罪孽,"她说道,"生活不是用来享受的,而应该努力做事。"[19]

在这种严厉的氛围中,许多天真的娱乐消遣都被禁止了。参加小伙伴的晚会、跳舞、骑自行车、打牌、下棋(即便是蛇梯棋)、去郊外散步、去戏院看戏,这些都是绝对禁止的。礼拜天的时候,规矩就更严了。主日那天,绝对不可以看报纸,约朋友喝茶,甚至也不能做针线活。但1934年外祖母菲比·斯蒂芬森去世后,其中一些规矩也没有那么严格了。外祖母去世以前,一家人几乎很少去格兰瑟姆以外的地方旅行。童年时的玛格丽特最长的一次旅行就是坐汽车去52英里以外的海滨小镇斯凯格内斯度假。那一次,比阿特丽斯、穆里尔和玛格丽特住在一家自助式公寓旅馆,拎着铲子和小桶在海边过了一个最普通的英国式假期,而阿尔弗雷德则留在家里看店。

在斯凯格内斯度假时,玛格丽特生平第一次欣赏到了现场表演的各种音乐和轻喜剧小品。她回忆说:"外祖母一直到我10岁时才去世。如果她还健在的话,我们家的生活绝不可能变得丰富多彩。"[20]

另一项禁忌在外祖母去世后也被打破了，即禁止在家里安装无线电设备。1935年秋，北帕拉德小店楼上的起居室里装了一台收音机，这让玛格丽特非常兴奋。但是两个女儿能够收听的广播节目却受到严格限制。谈话节目和新闻是可以听的，音乐节目则不可以。极少接受访问的穆里尔·卡伦（娘家姓为罗伯茨）在1975年接受英国作家厄恩利·莫尼访问时解释说，当年她和只有10岁的妹妹玛格丽特只有等到父母都出门了，才能把收音机打开收听舞曲或轻快的管弦乐曲。[21]

阿尔弗雷德·罗伯茨才智过人，并不完全支持如此狭隘的限令。妻子和岳母曾一度坚持的强硬的清教徒式严格简朴的作风，在菲比去世后开始瓦解，他也逐渐放宽了这些严格的限令。除了承担一些公共事务和传道外，阿尔弗雷德有时在生活中也表现出性格里轻松幽默的一面。

贝蒂·莫利和罗伯茨一家相交甚深。"阿尔弗雷德很幽默，不拘礼节，"她回忆说，"我还记得他和我父亲打完保龄球后一起去游乐场玩。他真的在享受生活。他甚至在游乐场的一两个小摊那里小赌了一把。"[22]

赌博在火眼金睛的比提那里是绝对不允许的。她既负责管理家人的行为表现，同时又严格掌控着家庭的财政大权。"每当我说：'呀，我的那些朋友都有这有那'，我记得（我的母亲）就总会说，'哎呀，我们还没到那个条件呢！'太多次都是这样了。"玛格丽特如是回忆道。[23]

尽管罗伯茨夫妇开着两间店铺，经济并不是特别紧张，比阿特丽斯还是小心翼翼，非常节俭。玛格丽特·撒切尔担任首相后，在一次采访中不经意间提到了与母亲一起购物的辛酸往事。那时她特别渴望买些更漂亮的东西，但是因为价格更高，她也只能压抑着自己的渴望。

"我们出门买东西，其实就是给家里的长沙发买新沙发套。但这可是笔……大花销，也是件大事，所以得出门去看货。等我挑了外表非常漂亮、色彩轻快的印花沙发套时，我的母亲只会来一句：'一点儿也不实用!'那时我是多么希望自己能够有机会买些不实用的东西啊!"[24]

如此节俭既有好处也有坏处。比阿特丽斯喜欢自己在家做衣服,所以玛格丽特小时候总是穿得非常漂亮。随着自己逐渐长大,玛格丽特也渐渐能够深刻地明白,要充分发挥金钱的价值。她特别佩服母亲维持家庭开销的能力。"家里从不浪费,我们家一直量入为出,"她回忆道,"对一个家庭最糟的挖苦就是'这一家子小气吝啬'。"[25]

小气吝啬一两回对于玛格丽特来说可能还是挺有趣的,但是若在北帕拉德小店里想只偶尔吝啬一两回却是绝对不可能的。这种节俭吝啬也是有好处的。因为玛格丽特·罗伯茨很快就学会了自创娱乐,并在父亲的鼓励下,开始从图书馆大量借书,探索阅读的乐趣。

音乐是玛格丽特发挥创造力的另一种途径。儿时的她钢琴弹得很好,曾多次在当地的音乐节获得奖项。她还有着一副女低音的好嗓子,并参加了卫理公会教堂唱诗班。在唱诗班的演出中,玛格丽特主要演唱清唱剧,包括亨德尔的《弥赛亚》、海顿的《创世纪》,还有门德尔松的《以利亚》。玛格丽特对音乐的喜爱承袭于她的父亲。阿尔弗雷德·罗伯茨曾经是唱诗班歌手,也是格兰瑟姆乐团的一员。

玛格丽特早年生活的显著特点就是缺乏生活乐趣。但是后来她对此极力否认。在回忆录里,她把自己在格兰瑟姆电影院观看好莱坞电影的热情大大渲染了一番;也向她的第一个传记作者崔西娅·默里热情洋溢地描述了她对大型乐队演奏的音乐和一些音乐家的作品的喜爱之情,这些音乐家包括杰罗姆·科恩、科尔·波特、艾文·柏林、理查德·罗杰斯和劳伦兹·哈特。这些对电影、音乐的品位可能在她十几岁时就已有培养;又或者是玛格丽特自己后来对它们刻意修正的结果,因为成年后的玛格丽特·撒切尔似乎从来没有时间或兴趣去看电影或听音乐。

少年时代,玛格丽特生活的常规从来不是轻松娱乐而是严格自律,这种自律精神最初养成于童年,并相伴其一生。"在家里我们从来不懒散，"她回忆说，"因为懒散就是罪过。"[26]

然而，玛格丽特还是有过一段惬意的生活的。这段日子里她忘却现实，彻底放松，懒散度日。然而这绝对不是罪过，因为这段日子是由卫理公会的牧师罗纳德·N. 斯金纳带着她度过的。他邀请11岁的玛格丽特离开父母独自和他一起拜访他在伦敦汉普斯特德的家人。"我在那儿待了整整一个星期，"她后来对崔西娅·默里说，"生平头一次享受到了快乐的日子！"[27]

对一个来自小镇、出门最远的一次就是从格兰瑟姆到海滨小镇斯凯格内斯度假的女孩来说，伦敦绝对令她大开眼界，兴奋不已。玛格丽特参观了各种景点，包括白金汉宫门前的卫兵换岗仪式、伦敦塔、圣保罗大教堂和伦敦动物园。"我们被带到了剧院，欣赏了一部名为《沙漠之歌》的音乐剧。剧院里人头攒动、灯火通明，我非常兴奋。"[28]

近半个世纪以后，玛格丽特·撒切尔这位前首相在写作自己回忆录的上册时，以同样的热情强调了这次童年经历的非比寻常。"我对伦敦和斯金纳夫妇依依不舍，他们主随客便、热情周到的款待使我体会到了法国外交家塔列朗的话：'la douceur de la vie'——生活是多么甜蜜'。"[29]

伦敦这次令人兴奋的旅行和格兰瑟姆工作狂式的冷静生活形成了强烈对比。玛格丽特吝啬的母亲的训诫约束已然开始碎裂。对母亲训诫的怀疑也没有得到母爱的肢体语言的弥补。玛格丽特小时候，尽管比阿特丽斯也拥抱、亲吻过她，也曾抱着她哄她睡觉，但这些母爱特有的肢体接触都少得可怜。玛格丽特自己后来生了双胞胎、做了母亲以后，给孩子的肢体接触同样也少得可怜。* 玛格丽特的童年可以说令人难以置信的沉闷且无趣。只工作不玩耍没有让玛格丽特成为一个傻姑娘，反倒成了一个与众不同的姑娘。其与众不同之处在于，她所受到的教育极大地激励了她，这既包括她在格兰瑟姆上学时受到的教育，

---

* 2005年，马克·撒切尔对我说："妈妈一点儿也不喜欢触碰我们。"（乔纳森·艾特肯：《英雄与英雄的同龄人》，延续出版社，2006年，第135页。）

也包括她从父亲那里得到的教育。

第一所学校

1930年9月3日，玛格丽特·罗伯茨在亨廷托尔路公立小学注册入学，这一天距离她的5岁生日还有六个星期。亨廷托尔路公立小学是格兰瑟姆镇公认的最好的小学，现代化的校舍是16年前修建的。阿尔弗雷德·罗伯茨选择让女儿就读于这所学校，主要是因为亨廷托尔路小学是一所非宗教学校。在两个女儿的教育方面，阿尔弗雷德一直思想开明。

入学之初，玛格丽特就因为拒绝使用学校的厕所而给班主任格里姆伍德太太留下了有些古怪的第一印象。按照玛格丽特的同学琼·布里奇曼的说法，因为一些学生家里没有冲水厕所，不知道上完厕所后怎么放水冲厕所，所以这个被大家羞涩地称为女生"办公室"的厕所总是又脏又臭。玛格丽特因为过于挑剔，一直不愿意用学校的厕所。于是她开始训练自己一直憋尿憋到午餐时间。午餐时间一到，她就走上一英里回家上厕所，下午也是如此解决上厕所问题。这样一来，等于玛格丽特每天要走四英里路——对一个孩子来说算是有些远了，尤其是内急的时候。[30]

能更好地印证玛格丽特性格坚毅的，则是格里姆伍德太太告诉全班同学可以参加全镇学生书法比赛这件事。玛格丽特强调，她在提交参赛作品时非常仔细，写得非常工整。"我一定会入围，也一定会得奖的。"她说。[31]的确，她后来获奖了。

玛格丽特·罗伯茨上小学时的另一件事就是，她擅长用一口"时髦腔"朗诵诗歌。这种"时髦腔"把她早年的林肯郡鼻音抹得干干净净。因为父亲给她上过私人发音技巧课，改善了她的语调。所以和学校里大多数孩子的土话方言腔比较起来，玛格丽特说话的腔调要显得优雅得多。

第一次接受发音技巧训练50多年后,玛格丽特在一次首相问答环节的激烈争论中,一不小心又用上了自己曾用过的粗俗的格兰瑟姆土话。1983年4月,她站在公文箱后大声指责丹尼士·希利不敢参加选举。"尊敬的议员阁下居然害怕选举,不是吗?害怕了?吓坏了?吓死了?吓死了,吓死了!"[32]*

随着所受教育越来越多,玛格丽特·罗伯茨已经很少犯类似的方言口误了。1934年,玛格丽特9岁时,她凭借清晰的吐字在当地的某个节日当天获得了诗歌朗诵比赛一等奖。校长玛格丽特·格伦小姐祝贺她获奖,说:"玛格丽特,你真幸运。"玛格丽特却直言不讳:"这不是幸运,是我应得的。"[33]

玛格丽特·罗伯茨如此努力获得成功,主要目的是争取奖学金,进入当地的文法学校学习。为了进文法学校,她非常刻苦地备考。玛格丽特一直都是个勤奋的孩子。早在到亨廷托尔路公立小学上学前,她已具备了良好的读写能力。上学第一学期,她就显得比实际年龄要成熟一些。此后,她就一直在班级独占鳌头或名列前茅。写家庭作业时,玛格丽特总是特别用心。她的同学还记得,那时玛格丽特每天到学校上学时都背着沉沉的书包,背都压弯了。书包里装满了书,想把书包松开来都困难得很。

有记载显示,除了努力学习外,玛格丽特·罗伯茨上学期间还参加了一些皇室活动。

1935年5月6日,英王乔治五世和玛丽皇后庆祝25周年银婚纪念。学校参加了一场露天表演,表演的亮点就是在温德姆公园让镇上的孩子列队组成"格兰瑟姆"几个大字。半个世纪后玛格丽特·撒切尔任首

---

* 下议院里发生的这次争吵,官方记载中描述说玛格丽特·撒切尔只说了一次"吓死了"。但是我和其他许多在场的人都亲耳听到她情绪激动地重复了三次。英国国会议事录也是如此记录的。

相期间，收到了格兰瑟姆当地居民杰拉尔德·塔平寄来的乔治五世银婚纪念那年庆祝仪式的各种纪念品。她在唐宁街亲手回信给杰拉尔德，信里写道："那天真是美妙极了，是我童年中相当兴奋的一天。我好像记得那天我们负责站队组成格兰瑟姆几个字母中的 M。"[34]

更庄重的一次活动是在1936年1月21日，学校收到讣告：英王乔治五世驾崩。第二天，玛格丽特和学校里的一群学生被选中前往格兰瑟姆市政厅聆听新国王爱德华八世的登基公告。

除此以外，亨廷托尔路公立小学的日常工作日志中还描述了玛格丽特·罗伯茨上小学的最后一年当地发生的一些重大事件，这些事件威胁着当地291名学生的生命。流感、麻疹、百日咳等疫病直接影响了学生的出勤率，最糟的时候甚至一度只有82个学生来上学。铁路上的一次事故夺去了她两个同学的父亲的生命。5月24日帝国节那天，玛格丽特所在的班级给全校同学演唱了好几首爱国歌曲。[35]学校花了两英镑买了个二手无线电广播设备，又对其进行改装，调高音量，使得全校所有学生都能听到广播。

学校里专供学生的牛奶封装在三分之一品脱容量的瓶子里出售，售价为每瓶半便士。每周一早晨，学生们都得带2.5便士到学校，交上他们一周的牛奶钱。任教育部部长时，玛格丽特因为取消了学校给学生免费供应的牛奶，得了个"抢奶贼撒切尔"的外号。*她小学时交牛奶钱的经历恰好和此事遥相呼应。

玛格丽特幼年经历的最重要的事发生在1936年7月13日。学校那天的工作日志中记载着："玛格丽特·罗伯茨荣获奖学金。尽管她年纪非常小（才10岁零6个月），学业成绩却相当出色。"[36]

获得这笔奖学金意味着玛格丽特可以去镇上最好的凯斯蒂文和格兰瑟姆女子中学（KGGS）读书。虽然玛格丽特获得奖学金完全在意料之内，但是回忆起消息传来那一刻，她还记得自己感觉"兴高采烈"。[37]

★ 参见第8章。

成功拿到奖学金是玛格丽特·罗伯茨童年时期的一个转折点。

父亲的鼓励

玛格丽特·撒切尔就任首相后第一次入住唐宁街10号时，曾站在首相官邸前的台阶上接受访问，回答了一名记者提出的有关她父亲阿尔弗雷德·罗伯茨的问题。"嗯，没错，我的一切都多亏了我的父亲，"她说道，"确实多亏了父亲。他把我养育成人，教导我相信我所选择相信的一切事情，这些信念中所包含的价值观正是我在大选中奋力一搏的基石……"[38]

在这情绪激昂的时刻，玛格丽特·撒切尔对父亲一番饱含孝心的言辞既令人感动万分，又充分报答了父亲曾给她的悉心教育。只要对玛格丽特·罗伯茨早年生活有所研究的人，都会认为恰恰是与父亲的相处帮助塑造了玛格丽特的性格，激发了她的梦想。父亲对玛格丽特的影响至少在以下四个方面得到深刻体现：家庭教育、在卫理公会得到思想价值观培养、初涉政坛的经历和个性发展。其中，玛格丽特的个性发展深受父亲严格自律风格的影响。

阿尔弗雷德·罗伯茨年轻时最初想做个老师。但是这个梦想因为家境贫寒而破灭。13岁时阿尔弗雷德就被迫辍学谋生。后来他自己养成了广泛阅读的好习惯，并坚持了一辈子，用以弥补自己儿时未能受到的教育。

阿尔弗雷德生活的重心之一就是努力让两个女儿接受比他自己更好的教育。在这个决心下，玛格丽特成了父亲真正的掌上明珠。这也许是因为阿尔弗雷德膝下无子，所以一直在心里把玛格丽特当作儿子来培养。也可能是因为玛格丽特身上特有的书卷气质和能言善辩与阿尔弗雷德自己爱好读书、喜欢参与政事不谋而合。尽管阿尔弗雷德失去了做教师的机会，但是他在教育玛格丽特的过程中又重获了做老师的感觉。

父女俩关系融洽的一个非常重要的因素就是两人对诗歌共同的爱好。阿尔弗雷德对英语的节奏和韵律非常敏感,他将《牛津英国诗歌集》奉为圭臬,并要求玛格丽特背诵里面的许多诗歌。1934年,玛格丽特在当地节日那天举办的诗歌朗诵比赛中荣获冠军,所朗诵的正是诗歌集里瓦尔特·德拉·梅尔的《倾听者》。这次得奖和她父亲的悉心指导不无关系。父亲还教玛格丽特朗诵维多利亚时期诗人的各种诗作,因为这些诗作富有道德寓意。

玛格丽特儿时就熟记于心,成年后也经常引用的两节诗是:

此路可是登山路?
没错,一路直至山之巅。
登山可需一日行?
朋友啊,日出行至日落时。

(克里斯蒂娜·乔治娜·罗塞蒂《登山》)

伟人达到和保持的高度,
并非一蹴而就,
当伙伴熟睡时,
他们在深夜里艰难攀登。

(亨利·沃兹沃思·朗费罗《圣奥古斯丁之梯》)

实际上,童年的玛格丽特很多时候都是"在深夜里艰难攀登",其中有时甚至对她来说是难以忍受的。她不能出去和别的孩子一起玩耍,课外必须要比别的孩子多学习、多看书、多读诗。有一次,她向父亲请求和小伙伴们一起出门散步,父亲却无情地拒绝了,并对她说:"永远不要因为别人这么做,你也这么做。"[39]

初听这句话时,玛格丽特也许还心怀沮丧,但是后来她却因为这句话时时赞扬父亲的严格教导。"其实，这是他最爱说的几句话之一，"她回顾说，"我想学跳舞时，他这么说；有时我想去看电影或者想出门玩，他也会这么说。无论这话在我心里造成什么感受，无疑都是对我有好处的。"[40]

阿尔弗雷德·罗伯茨对小女儿的种种教诲示范正是她前进的指路明灯。一些评论家，尤其是撒切尔夫人的传记作者约翰·坎贝尔认为，阿尔弗雷德对女儿成长的引导作用实际上已在反复的叙述中被不断放大了。坎贝尔说："玛格丽特在她伟大的父亲生前对他的尊敬远不及父亲死后对那个被神化的父亲形象的尊敬。"[41]

这种观点也只有在评论未来首相的政治生涯时才算有些道理。因为玛格丽特成功的政治生涯实际上受惠于许多其他父亲式的人物，她对此也一直深怀感激。然而只有阿尔弗雷德·罗伯茨一人直接给予了她精神和道德方面的引导。作为一名父亲、一个传教士和一位导师，阿尔弗雷德对玛格丽特的影响绝对是最大的，这种影响也为她日后的生活奠定了基础。玛格丽特说过："父亲曾非常仔细地教育我们如何明辨是非。有些事一定不能做，绝对不允许。责任二字也被深深地印在我们的心里。父亲经常向我们强调责任心的重要，教育我们要认真履行责任，按时上教堂，与邻居互帮互助。"[42]

上教堂绝对是各种责任的重中之重。阿尔弗雷德和比阿特丽斯都是虔诚的卫理宗教徒。两人就是在位于格兰瑟姆镇最贫困地区之一的布里真德路教堂结识的。到玛格丽特出生时，夫妻俩已经是芬金大街卫理公会教堂的教徒了。这所教堂靠近镇中心，在社会上享有较高声誉。因为1932年拒绝加入不列颠与爱尔兰循道公会，芬金大街教堂成为20世纪30年代卫理公会教派的避难所。据说芬金大街教堂的精妙在于，这里是"虔诚布道艺术的灵感补给站。如果有人邀请你在芬金大街教堂布道，那么一走进这里，你自然就会变成一名牧师"[43]。

阿尔弗雷德·罗伯茨的确走进了这座教堂，因为他不仅布道技艺高超、受人尊敬,还是当地的高级传教士。他的正式头衔是教区统管,即负责组织安排牧师在格兰瑟姆教区32所卫理公会礼拜堂和教堂讲道。他自己也坐着名为"教区巡回的士"的教堂专车,在林肯郡各个城镇村庄穿梭,去教堂讲道。玛格丽特有时也会跟父亲一起去。有一次,她甚至还批评父亲布道时用了一种"说教的语调"。但她还是非常欣赏父亲的布道技艺的,后来还称赞说父亲的布道蕴含"智慧"。[44]

阿尔弗雷德·罗伯茨的一部分布道经历有幸被记录在他的旧笔记本里[45],印证了玛格丽特的溢美之词。笔记充分展现了阿尔弗雷德对神学独到、豁达的见解。虽然里面有个别错别字(比如"belife","desease"*)[46],但考虑到记笔记的人13岁就辍学了,这些美中不足也是可以谅解的。阿尔弗雷德在笔记本里引用了大量牧师作家的话,反对在卫理公会内专断独裁,提倡道义自由。

尽管父亲的布道很有意义,但是对于一个小女孩来说可能还是过于晦涩沉闷。可是即便玛格丽特·罗伯茨那时年纪还小,也已经是个一丝不苟的铁娘子了,尤其是在遵行宗教仪式方面。每周日,她都要去教堂参加四个活动。参加活动时她通常坐在教堂中间左手过道旁边的四排家庭长椅上。周日上午10点半,她要上主日学校,然后11点去做礼拜。阿尔弗雷德·罗伯茨把这个做礼拜戏称为"三明治式的礼拜",因为整个礼拜共分三层供给精神食粮:唱赞美诗,祷告,再唱赞美诗;读《圣经》,唱赞美诗,读《圣经》;布道,读《圣经》,唱赞美诗。[47]

或许一天只做一次礼拜、上一次主日学校并不够虔诚,所以玛格丽特下午3点还得回到芬金大街教堂再上下午的主日学校,主要是练习弹钢琴。有时,她也会晚上6点半再回到教堂做晚礼拜;或者跟父亲一起去教区,聆听他的布道。玛格丽特自然有时也会觉得周日这种按部就班的生活"适得其反,偶尔也想摆脱"。[48]但是这种年轻人偶尔的叛

---

* 正确的拼写应为belief和disease。——译者注

逆，即使无法完全适应教堂各种繁复的礼拜仪式，也很快因为玛格丽特对教堂教义的虔诚而有所收敛。

卫理公会所倡导的精神修养在玛格丽特·撒切尔的童年占有重要地位。她对《圣经》了如指掌，喜欢唱查理·卫斯理做的赞美诗，尤其是《看，他驾云降临》和《它会是我应该得到的吗》这两首。[49]她还将《卫理公会问答手册》熟记于心。这本小册子一共16页，定价"3便士"，被玛格丽特完好地保存了下来。有趣的是，里面关于悔改的句子下画了线。在后来的人生中，玛格丽特还经常引用各种文字、语句。这些文字、语句均出自玛格丽特的父亲、学校校长格拉迪斯·威廉斯或者格兰瑟姆的知名卫理公会牧师亨利·蔡尔德对她的谆谆教诲布道。这些也许并没有把她变成那种约翰·卫斯理理想中的"灵魂着火的人"，但是至少说明，玛格丽特有着一颗善思好问的心，非常看重精神修养、尊重宗教教义。

阿尔弗雷德·罗伯茨是当地社区的精神领袖以及政治领袖。玛格丽特出生两年后，他被选为格兰瑟姆自治议会议员，并连任25年。尽管阿尔弗雷德是作为纳税独立候选人参选的，但按照女儿穆里尔的说法，"他内心深处一直是个自由党成员"[50]。然而到了20世纪30年代，阿尔弗雷德已经是一名坚定的保守党成员了。参加1935年大选时，阿尔弗雷德让只有10岁的玛格丽特充当跑腿，从投票站外保守党点票员那里收好投票纸，送往最近的保守党委员会办公室。这给玛格丽特带来了第一次政治体验。同时，玛格丽特还负责折叠保守党候选人维克托·沃伦德爵士的传单。沃伦德爵士后来以少数票当选，并给他年轻的选举小帮手留下良好的印象。"他非常英俊，一开口说话，你就会听他的……因为他清楚，个人魅力可以拉到选票。"晚年时的玛格丽特如此回忆。[51]

除了对竞选活动痴迷外，玛格丽特也对父亲担任市议员和市长以及由此承担的各种职责表现出巨大的兴趣。玛格丽特童年时，她父亲还多次担任各种职务：扶轮社主席、商会主席、劳工教育协会主席和国民储蓄委员会主席。阿尔弗雷德在这些地方志愿组织担任领袖，一定也给玛格丽特灌输了社会公共服务的价值观。

拥有正确的价值观和担任公职对阿尔弗雷德·罗伯茨来说同样重要。他总是将卫理公会的教义与自己的政治追求相结合。每每回忆起母亲一直跟她说的："你爸爸总是坚持原则"，玛格丽特总是不由得将父亲为人处世的哲学概括为"个人责任感是他的格言，财政稳健是他的追求"。[52]

阿尔弗雷德·罗伯茨遗传给小女儿的一个不同寻常的原则就是明白坚持的重要。和父亲一样，玛格丽特也对自己认为是正确的东西坚信不已。但与父亲不同的是，在坚持自己的观点时，她会脾气暴躁、发火。阿尔弗雷德则是公认的性格温和、宽容忍让的人；尽管有时也会固执己见，但多数时候他还是一个愿意达成共识的议员、一个没有偏见的市民。他从不发表犀利言论，更不会和格兰瑟姆哪个人大吵一架了。在这方面，玛格丽特和她奉为学习榜样的父亲迥然相异，这种相异早在她求学时期便已可见端倪。

回顾

关于玛格丽特·罗伯茨童年生活的各种已有和正式版本的描述是有所漏缺的，这主要是因为这些描述大多来自玛格丽特本人的自述。

从1975年担任反对党党魁、记者开始追溯她详细的成长经历起，玛格丽特已经通过自己的描写和接受的各种采访，将她童年时代大部分的激进记录重新加工修饰了一番。铁娘子喜欢对有关自己童年生活的描述实行铁腕控制。她对家庭私事有着强烈的控制欲，不允许姐姐和其他亲戚谈论家事。即便是玛格丽特自己的孩子，也对母亲在格兰瑟姆的成长岁月鲜有所知。

所以，玛格丽特·罗伯茨在每一次自叙中都一直努力净化自己的童年生活，正如她在其自传第一章"边陲小镇，童年生活"中描写的一样。这一章初读时给人的感觉是在刻意描写一个性格温和的孩子，里面极少涉及玛格丽特各种好坏不一、令人惊奇的性格特点，而恰恰是这些特点使她成为英国乃至世界政治舞台上颇有争议的人物。

同时，其自叙中也暴露出那些一直困扰童年玛格丽特的各种社会、经济的不稳定因素。在初具社会等级意识的格兰瑟姆小镇，罗伯茨一家只是做小生意的，在镇里镇外都绝对不算是小康或富庶之家。玛格丽特站在北帕拉德小店柜台后招呼的那些上流社会的顾客从不认为玛格丽特是"我们上流社会的一员"。节俭的生活、家里自制的衣服和小店老板的女儿这些社会角色，都会使玛格丽特在去她那些林肯郡上流社会同学家玩时，深深地感到自卑。

玛格丽特自称在学校的年度野炊活动中，去过当地贵族布朗洛勋爵在格兰瑟姆镇边上的贝尔顿庄园。据说因为她的个性、智慧和在自家店里的优质服务，玛格丽特得到了布朗洛勋爵和其他卡茨家族成员的注意。但是，因为家里是"做小买卖"的，玛格丽特其实直到50多年后担任了首相，才被邀请去贝尔顿庄园赴宴。*

20世纪30年代，格兰瑟姆的社会等级界限森严，加上上流社会的排斥、家庭内部矛盾冲突和缺乏安全感，这些因素一起影响了玛格丽特·撒切尔日后在其自传以及后来的采访中对自己童年生活的叙述；但这些因素却从来没有被她正面提起过。没有这些，她童年时代的生活就是不完整的；同样地，没有这些，她对自己童年性格的自我描绘也是不完整的。这种刻意回避带来了不少有趣的问题。

在玛格丽特·撒切尔出任首相、权力如日中天之时，评论家认为

---

* 担任首相后不久，玛格丽特·撒切尔应邀作为贵宾在贝尔顿庄园参加了一次私人午宴。此后，布朗洛勋爵仿照林肯郡议员马库斯·金博尔的做法，把他收藏多年的一套银餐具借给玛格丽特，供其在唐宁街10号使用多年。

她暴露出了性格中的缺陷。有时她表现得急躁好斗，脾气火暴，对年长的同事盛气凌人；有时她会表现不满；在别人看来，她对社会上的穷人缺乏同情心；她总是武断地判别喜恶，并很少改变态度。对那些她认为喜欢溜须拍马的部长和公职人员，她总是没来由的态度粗鲁。对其他女人，包括那些她觉得无趣的部长夫人们，她也是漠不关心，甚至经常蛮横无理。有些人认为，这些性格中的蛮横无理和过分的固执己见源于玛格丽特内心深处安全感的极度匮乏。即使这样的说法不免有些夸张，但如果说促成这种说法的种种性格缺陷从来没有在玛格丽特的童年显露端倪，未免也是相当不可思议的。

悖论之处就在于，正是玛格丽特本性中好坏力量的冲突，才造就了未来首相身上如此复杂的性格。玛格丽特在日后公开描写、叙述自己性格形成时期的经历时，不得不小心翼翼地强压住深藏在内心的瑕疵，这也是令人叹惜的。

1983年大选期间，在接受一名记者采访，被问到她童年有什么收获时，玛格丽特回答道：

> 我们受到的教育告诉我们，要努力学习，要证明自己的实力，要自力更生，量入为出。而你们受到的教育却告诉你们，清洁近于圣洁，要自尊，要乐于助人，对自己的国家怀有强烈的自豪感。[53]

尽管这话出自玛格丽特的自传，但其所言属实，只是可能并非完全真实。真相或许是，真正的童年时代的玛格丽特·罗伯茨比她自述描绘的那个顺从的女儿要更叛逆、更好辩、更缺乏安全感和更令人不快。这种自传与真相的强烈冲突表现在玛格丽特与自己强势的母亲的争吵中，也表现在她与文法学校校长的争执中。极有可能的是，那些怒气冲冲的对峙正是童年玛格丽特性格的一部分，却同样也是首相玛格丽特性格的一部分。

所以,玛格丽特成长岁月中的优点远胜于缺点。正是因为在童年时代表现出来的极其自律和坚毅的性格,玛格丽特才能去往比格兰瑟姆更高更远的地方;而格兰瑟姆这座小镇本身也因为第二次世界大战逐渐变得重要起来。

2
战争，文法学校，与女校长的分歧

战争期间的格兰瑟姆

第二次世界大战,特别是德国发生的种种事件,对小玛格丽特·罗伯茨产生了重大影响。这段时间,她刚强的特质已经在心里萌芽,并且影响了她任首相后的各种决策看法。她的爱国热情、对军人的尊敬、对犹太人的同情、对德国的质疑、对英美同盟的尊崇,在玛格丽特少女时代性格的形成时期,在她格兰瑟姆的经历中,都有迹可循。

二战爆发时,玛格丽特还只是个13岁的女孩,但是早在18个月前罗伯茨一家收留了一名从奥地利逃出来的年轻难民时,玛格丽特就已经与希特勒对犹太人的迫害有了正面接触。通过和来自奥地利维也纳的学生爱蒂斯·米尔鲍尔交谈,以及受父亲国际视野的启发,玛格丽特深刻了解并强烈反对纳粹对欧洲的统治。

在格兰瑟姆当地一家卖炸鱼和薯条的食品店发生的一件小事,说明玛格丽特在战前已对希特勒怀有厌恶之心。1938年一个周五的晚上,玛格丽特在那里排队购买炸鳕鱼片和薯条,作为家人的晚饭。排队时,人们谈到了德国元首希特勒;一个顾客说,至少希特勒给德国人挣了些面子。年仅12岁的罗伯茨小姐则对此表示强烈反对。她据理力争的辩驳引起队伍里其他顾客的极大不满。争论越来越激烈,最后还是食品店的老板娘出来打圆场,笑着说道:"嗨,这孩子就是老喜欢辩论。"[1]

玛格丽特之所以能有条不紊地辩论,得益于她与家里这位犹太客人的交谈。爱蒂斯·米尔鲍尔17岁,是维也纳一个银行家的女儿。1938年3月13日,希特勒吞并了奥地利,维也纳第一批17万名犹太人被纳粹党卫军送进集中营。爱蒂斯给她的英国笔友穆里尔·罗伯茨写信,询问自己是否可以到英国躲避纳粹的迫害。

随后,爱蒂斯的父亲又写信给阿尔弗雷德·罗伯茨,提出了同样的请求。阿尔弗雷德收到信之后在格兰瑟姆扶轮社的集会上读了这封信，扶轮社成员纷纷慷慨解囊。

这些扶轮社成员组建了格兰瑟姆照顾小组，每位组员自愿让年轻的小难民来家里住上一个月左右。他们还负担了爱蒂斯的旅费，并且每周给她1畿尼零花钱。爱蒂斯到英国后投奔的第一个家庭就在北帕拉德路街角小店的楼上，和罗伯茨一家住在一起。

爱蒂斯在这儿投宿也不是很安分的。格兰瑟姆有传闻说，这位维也纳来的世故小客人涂口红、抽香烟，还跟男孩子打情骂俏，以致阿尔弗雷德·罗伯茨担心她会对自己家教甚严的女儿产生不良影响。而对17岁的爱蒂斯来说，与罗伯茨一家共同生活也多少有些尴尬不适。"那时我们家没有像样的洗澡间，而她早就习惯用好东西了。"玛格丽特回忆。[2]

虽然爱蒂斯·米尔鲍尔在北帕拉德街只待了几个星期（1940年去巴西投奔亲戚前，她在大约18个扶轮社员家里住过），但她的困境给玛格丽特留下了深刻的印象。[3]玛格丽特从爱蒂斯那里听说了诸如德奥合并、"水晶之夜"等迫害犹太人的重大事件，还了解到爱蒂斯的一些亲戚在被带往奥斯维辛集中营前，曾被送去扫大街。听说了这些以后，玛格丽特从图书馆借来一本1938年6月出版的重要新书，即道格拉斯·里德所写的《狂妄场》。这本书是对德国反犹太主义的有力控诉。

爱蒂斯·米尔鲍尔一事表明，阿尔弗雷德·罗伯茨富有同情心，具有国际化视野。他信奉卫理教派，担任格兰瑟姆扶轮社国际服务委员会主席，这都使阿尔弗雷德得以洞悉纳粹逐渐扩张、侵略欧洲的野心。虽然阿尔弗雷德早先支持内维尔·张伯伦，也支持1938年签订的《慕尼黑协定》；但德国入侵捷克后，他的政治立场发生了转变。

1939年8月，德军入侵捷克，战争爆发，也立刻影响到了年仅13岁的玛格丽特的生活。学校教室的周围都垒上了防爆沙袋墙，操场一侧挖了战壕，学校里还每天演练如何紧急疏散和躲进防空洞。老师们还得练习如何扑灭燃烧弹。[4]

很快，这些演练就派上用场了。格兰瑟姆之所以成为真正的战争前线，部分是因为两家主要的军工厂都设在镇上；还有一部分是因为英国皇家空军的很多军官都临时驻扎在这里。

二战爆发最初三年，格兰瑟姆一共遭受德军21次空袭，80个家庭被毁，70人丧生。阿尔弗雷德那时担任主管民防和预备役的总后勤官，负责镇上的防空警报（ARP）。因为防空警报员要和监狱长一样值很多夜班，阿尔弗雷德旋即开玩笑说，防空警报的首字母缩写"ARP"其实代表的是"阿尔弗雷德·罗伯茨的炼狱"。

但忍受这种煎熬的不只他一人。北帕拉德的家里没有花园，没法挖地下防空洞。每次夜里防空警报响起时，玛格丽特和父母只能一起挤在厨房的餐桌底下，等警报完全解除后才可以爬出来。穆里尔那时已经不在家了，她做了理疗师，先在伯明翰工作，后来又去了黑潭。[5]

战争中姐妹俩因为天各一方，所以有了很多书信往来。据玛格丽特·撒切尔的授权传记作者查尔斯·摩尔说，这些往来信件"展现出的撒切尔夫人的私生活比之前所有其他史料都要多得多"。[6]

其实姐妹俩的通信并没有对1939年至1943年这段时间发生的事情有太多的启示。这段时间，玛格丽特还是在格兰瑟姆读书。她信里的主要内容无非还是"埋头苦读"准备毕业考试，毕业考试各门科目的成绩（化学、算术、代数成绩优异），收到什么样的生日礼物，去格兰瑟姆电影院看电影，等等。[7]然而，和姐姐这么多次的通信中，玛格丽特居然没有提到任何关于战争的话题。

其实战争贯穿了玛格丽特·罗伯茨的少年时期。因为战争，镇上的民居和工厂被严重炸毁，凯斯蒂文和格兰瑟姆女子文法学校被迫停课，身为议员的父亲为备战肩负了更多的责任，格兰瑟姆街上和空中出现了英国皇家空军。所有这一切，都对玛格丽特产生了巨大影响。

林肯郡此时又被称为"轰炸机之郡"；设有皇家空军49个飞机场，第一和第五轰炸航空兵群也在这里驻扎，负责指挥皇家空军在林肯郡的斯坎普顿、科宁斯比、克兰威尔、东柯比和迪格比空军基地。年轻的玛格丽特早已习惯头顶上兰开斯特重型轰炸机传来的轰鸣声，也习惯了在镇里镇外看见驾驶这些轰炸机的飞行员。她的父亲与当时负责"德国鲁尔水坝"轰炸偷袭的飞行中队指挥官、维多利亚十字勋章、金十字英勇勋章、杰出飞行十字勋章的获得者盖·吉布森至少见过一次。玛格丽特自己也多次在格兰瑟姆遇见时任第五轰炸航空兵群司令、空军少将、人称"轰炸机哈里斯"的亚瑟·哈里斯。许多人对哈里斯颇有微词，但玛格丽特·罗伯茨认为他是个英雄。

自玛格丽特学生时代与这位战时司令相遇50年后，1992年5月，"轰炸机哈里斯"的雕像在伦敦圣克莱门特·戴恩斯教堂外举行了揭幕仪式，由轰炸机司令部协会的保护人、英国王太后伊丽莎白亲自揭幕。身为前首相的玛格丽特·撒切尔也参加了这次仪式。她之所以会来，是因为我清楚她与哈里斯在格兰瑟姆有段渊源，所以特意托英国皇家空军给她发了邀请函。

当时我刚任国防部长，担心许多高级官员因为害怕揭幕仪式上会出现抗议活动而不愿意出席，所以特意致电玛格丽特·撒切尔，想邀请她出席。

"没问题，我会来的，"她说，"小时候我就在格兰瑟姆见过他。他是轰炸机司令部一名了不起的司令。没有轰炸机司令部，就没有我们当年的胜利。我一定会去的。"她的确去了。

格兰瑟姆在战争年代的氛围给玛格丽特·罗伯茨留下了难以磨灭的印象。"我们心系前线。"[8]多年后她回忆起战时一家人围在无线电收音机旁，收听由阿瓦尔·利德尔播报的六点钟新闻和关于首相温斯顿·丘吉尔的战况广播时，如是说道。玛格丽特和父亲从图书馆借来各种书籍一起讨论，使得家庭里浓厚的爱国热情得到进一步升华。对玛格丽特产生重大影响的两部书分别为芭芭拉·卡特兰德的《罗纳德·卡特兰德》和理查德·希拉里的《最后的敌人》。第一本书主要描述了芭芭拉·卡特兰德弟弟的生平,她弟弟在敦刻尔克战役中阵亡;第二本描述了战争初期英国皇家空军飞行员的生活悲喜。

玛格丽特十几岁时参加了英国女子志愿服务队[*],主要负责在餐厅帮忙,她在那里遇见了轰炸机司令部许多年轻的皇家空军飞行员,其中很多人阵亡沙场,再也没能回到林肯郡的飞行基地。战争临近结束,玛格丽特从牛津大学放假回到格兰瑟姆时,发现镇上已经全都是美国军人了。

1943年下半年,英国皇家空军将格兰瑟姆地区的12个飞行场划拨给美国第九航空军第82空降师,以供其大量调度士兵进攻法国,解放欧洲。美国军队的出现很可能坚定了玛格丽特对战争胜利的信心,也使得她一生都热衷于维护英美友好关系。

玛格丽特·罗伯茨零碎的战时经历对她的性格形成有着隐性的巨大影响。尽管她并没有真正经历过战场厮杀,但这些战时经历影响了她的价值观和个性发展。不过玛格丽特生活中受到的最显性影响来自于她顺利升学,拿到奖学金,实现了进入牛津大学学习的美梦。

凯斯蒂文和格兰瑟姆女子文法学校

玛格丽特·罗伯茨最重要的求学岁月是在凯斯蒂文和格兰瑟姆女子文法学校度过的,当地人也简称之为KGGS。KGGS共有在校学生350名,个个都是精英,来自社会不同阶层。学生的家长都经过学校的经济状况审查,经济困难的学生可以减免学费。其余剩下大约有三分之二的学生每学期需要交3英镑10先令的学费。尽管玛格丽特入学时获得过奖学金,阿尔弗雷德·罗伯茨还是得为女儿缴纳这笔学费,此外,他每学期还得给女儿的钢琴课支付2畿尼的学费。

凯斯蒂文和格兰瑟姆女子文法学校的女学生来自社会的不同阶层,

＊ 英国女子志愿服务队后来改名为皇家女子志愿服务队。

经济状况参差不齐。她们当中有来自镇上最穷苦家庭的女儿，也有农场主、商人和社会中上流阶层的女儿。

玛格丽特·罗伯茨在同学中一直不太合群。值得注意的是，和她关系最好的同学不是格兰瑟姆镇上的，而是住在林肯郡乡下、来自上流社会家庭的女孩。也可能是因为这个，别人给她起了个外号，叫她"势利鬼罗伯茨"。玛格丽特·罗伯茨其中一个好友名叫玛格丽特·古德里奇，她的父亲坎农·哈罗德·古德里奇是附近科比格伦教区的牧师，据说那里的牧师待遇是全林肯郡最好的。另外一个好朋友贝蒂·莫利，她的父亲在林肯郡大庞顿开了一家轮胎制造公司，生意非常好。还有一个朋友名叫凯萨琳·巴福德，她的父亲是位知名企业家，创建了艾威林·巴福德集团公司。凯萨琳和玛格丽特是在1936年9月的同一天入学到凯斯蒂文和格兰瑟姆女子文法学校就读的。"我就和玛格丽特成了好朋友，"她回忆说，"我首先注意到的是，她学习特别刻苦。其次，她和她父亲很亲近。"[9]

玛格丽特去巴福德家的乡下别墅喝过几次茶，这标志着她与凯萨琳的友谊更近了一步。但她之所以能受邀喝茶，也是因为两个女孩的父亲间有了生意往来。巴福德集团公司那时正在拓展业务，需要找到简易住宅，为招聘来的员工提供住宿。阿尔弗雷德·罗伯茨恰好是房屋委员会的委员，所以能帮上忙。阿尔弗雷德在当地政府的仕途也是平步青云，担任财政委员会主席后，当地报纸的头条干脆戏称他为"格兰瑟姆的财政大臣"。[10]

阿尔弗雷德对国内国际事务的关注及其诚实正直的品格是出了名的，因此备受大家敬仰。他的政治活动也对自己的女儿产生了影响。玛格丽特·罗伯茨在凯斯蒂文和格兰瑟姆女子文法学校入学第一年，成绩就名列班级前茅。但大家印象最为深刻的，还是她的卓越不凡和对到学校做演讲的人提问时那种优越感十足的神情。

"我对她有印象是在一次讲座上……著名作家和演讲家伯纳德·纽

曼来学校做关于间谍的讲座。"玛格丽特·古德里奇回忆道。

讲座结束后，他像往常一样请大家提问。结果，六年级的同学没人站起来提问，倒是这个双目炯炯有神、长着一头金发的四年级小女生站起来向他提了一个问题。不过令她的同学非常不满的是，这个女生居然用一种议会式的官腔提问道："议长是这样认为的吗？"[11]

对玛格丽特·罗伯茨在讲座上刨根问底的发言风格大为恼火的另一位同龄人则是玛格丽特的同班同学玛德琳·爱德华兹。"玛格丽特只要一站起来肯定会问些尖锐的问题，"她回忆说，"每到这个时候，我们都面面相觑——大家都在翻白眼，仿佛说，'唉，她又来了'。"[12]

这些提问其实事先早已经过反复训练。她的同学们并不知道，阿尔弗雷德·罗伯茨一直在培养女儿的演讲能力。"言之有物、条理清晰，就是出色演讲唯一的秘诀。"他对女儿说道。[13]阿尔弗雷德经常周四晚上带女儿去参加诺丁汉大学在格兰瑟姆举办的课外讲座，并鼓励女儿在讲座上向演讲人提问。[14]

玛格丽特强烈的自信心还来自于她所参加的一系列小组讨论。这些讨论基本由她的父亲组织，参加讨论的组员基本都是在芬金大街教堂做礼拜的卫理宗教徒。大家感情笃厚，所以通常在周日晚礼拜结束后，由玛格丽特父亲的朋友们轮流做东请大家吃晚饭。玛格丽特虽然在众人里年纪最小，但非常喜欢参与席间的讨论。她还记得讨论的主题"远不只宗教和格兰瑟姆发生的各种事情，还包括了国内外的政事"。[15]

也许战争对玛格丽特在女子文法学校的成绩起到了负面作用，但阿尔弗雷德·罗伯茨却在女儿的教育方面发挥了积极的深远的影响。1940年，玛格丽特进入六年级第一学期时，她的各科平均分头一次滑到70分以下。她在自己最喜欢的科目上，比如化学、生物、动物学和地理，依旧得了最高分；但是她的弱势科目，比如法语和英语，都只得了F("差")，拉低了平均分。

　　玛格丽特的父亲对此很重视。对玛格丽特在家进行课外辅导势在必行，部分是因为玛格丽特的成绩亟待提高；还有一部分是因为，1939年卡姆登女子中学从伦敦疏散到格兰瑟姆，要跟凯斯蒂文和格兰瑟姆女子文法学校共用五个学期的教学楼，所以学校显得格外拥挤。这导致学校开始实行"双轨作息制"，即凯斯蒂文和格兰瑟姆女子文法学校上午上课，卡姆登女子中学下午上课。两个学校的学生在校时间都缩短了。[16]

　　于是阿尔弗雷德开始尝试下午和周末在家辅导玛格丽特的学习。他的自然科学不是很好，但这并不要紧，因为凯斯蒂文和格兰瑟姆女子文法学校有一位非常出色的化学老师凯小姐，玛格丽特认为她善于启发学生。而其他科目方面，自学成才的阿尔弗雷德比凯斯蒂文和格兰瑟姆女子文法学校的许多老师都要强得多。他教历史比玛格丽特的历史老师奥菲莉娅·哈丁小姐要更好。"相当令人失望。她是个衣着俗气的中年女人。"这是玛格丽特对哈丁的尖酸评价。玛格丽特姐姐穆里尔的闺蜜贝蒂·莫利也对这位历史老师印象很差，说她"是个草包……上课要么没话说，要么胡言乱语"[17]。

　　没话说和胡言乱语绝对不是玛格丽特·罗伯茨成长的特点。她喜欢辩论，辩论时总带着那种她从父亲对自己的说教以及卫理公会那里学来的坚定与热情的口吻。她总喜欢和年长于自己的人辩论，特别是与她的父亲以及和父亲周日共进晚餐的那群教友辩论。

　　对于学校的同龄人来说，玛格丽特绝不是一个令人印象深刻或合群的学生。她参加唱诗班，体形微胖，被看成是书呆子。她还有个小小的语音缺陷，不能很好地发"R"音。后来的一系列朗诵技巧课终于改善了她这个发音缺陷。朗诵技巧课也帮助玛格丽特塑造了她颇有名气的用词精准、用语精妙的演讲特点，40多年后这些精巧的词语让她的政敌们听得心烦意乱。不过读中学那会儿，玛格丽特的精妙用语只是让她显得有些不一般而已。

"对玛格丽特的最佳描述就是，她总是很淑女、很理智，也很严肃，"玛格丽特的同学格拉迪斯·福斯特说，"她学习非常刻苦，在家把很多时间都用来读书和学习。"[18]

玛格丽特·罗伯茨在凯斯蒂文和格兰瑟姆女子文法学校留下的勤奋刻苦但毫不起眼的刻板印象，终于在她读中学的最后两年得以改变。由她精心设计、向来校做讲座的演讲人发出的提问（她永远都是第一个提问）虽然依旧令她的一两个同龄人恼火不已，但真正使学校老师注意到玛格丽特的，是她居然同当时凯斯蒂文和格兰瑟姆女子文法学校的校长多萝西·吉利斯小姐大吵。两人争吵的原因是，玛格丽特·罗伯茨下定了决心要走自己的路。

自己的路

玛格丽特·罗伯茨在凯斯蒂文和格兰瑟姆女子文法学校上学期间，有过两位著名的校长。她对其中一位敬重有加，对另一位却鄙夷不屑。对两位校长截然不同的态度主要是因为玛格丽特本人不喜欢屈尊俯就，与校长产生了一系列意愿冲突。而这种不愿屈尊俯就的态度正是玛格丽特的性格特点，即使在她从政后依然如此。

1936年，玛格丽特进入凯斯蒂文和格兰瑟姆女子文法学校读书时的校长是格拉迪斯·威廉斯小姐。她是曼彻斯特人，个头矮小，活力充沛；从1910年建校之初起她就一直担任校长。20世纪20年代，她在学校一次授奖日演讲中提到了自己的愿景，这个愿景后来也经常被人引用，以教育之后各届女生："我们学校教育的目的不是把女孩子培养成老师或打字员，更不是家庭主妇；而是竭尽全力地把女孩们培养成有能力并渴望为全世界的事业做出杰出贡献的人。"[19]

这种愿景可能深深地吸引了阿尔弗雷德·罗伯茨。1941年，他就已经做上了文法学校的校董，开始管理学校，也开始管理他野心勃勃的小女儿。文法学校的奖学金、格拉迪斯·威廉斯小姐的热情和感染力以及她的布道说教，都使玛格丽特深受启发。大约47年后，玛格丽特还引用过威廉斯小姐曾做的一段布道。

1976年，玛格丽特·撒切尔和我一起在肯特郡参加完周日礼拜，从教堂出来时她对我说，牧师布道讲的虽然是罗马百夫长的故事，但布道却"非常一般"。*她继续说道："实际上真的非常一般——至少和我此生听过的最好的布道相比是非常一般的。"

"你听过的最好的布道是什么？"我问道。

"是在一次仪式上，为纪念我的老校长光荣退休所做的一次布道，"这位反对党党魁答道，"这次布道讲的也是罗马百夫长的故事。我的老校长也把'因为我是当权者'[20]这句话作为她布道的文本。她用极富创见的语言解释了这个百夫长对自己的权力拥有绝对自信，同时也深知他的长官也拥有自己的权力。"[21]

聆听完这次布道后几个月，玛格丽特·罗伯茨便和文法学校高层、她的新校长多萝西·吉利斯小姐发生了激烈的冲突。

吉利斯小姐是来自爱丁堡的古典主义学者，她以前教过的一名学生把她形容为"相当厉害……操着一口和电影《布罗迪小姐的青春》里玛吉·史密斯一模一样的爱丁堡莫宁赛德口音"。[22]据凯斯蒂文和格兰瑟姆女子文法学校校史记载，吉利斯小姐"苛求完美，纪律严明"。[23]吉利斯小姐身上的这些特点本应使她和同样严格自律、追求完美、日后注定成为她最有名气的学生玛格丽特之间，形成自然融洽的关系；但结果却恰恰相反，她俩的争执在学校成为一段传奇。

---

* 玛格丽特·撒切尔一生都对牧师非常挑剔。一次周日在契克斯的时候，因为牧师的布道太长，耽误了午饭开饭时间，她对客人说，"这个牧师永远不可能成为主教"（《贝尔勋爵访谈录》）。

两人争执的主要原因是，吉利斯小姐的职业生涯指导意见和罗伯茨小姐自己的职业规划产生了严重的分歧。玛格丽特告诉校长，说她想在大英帝国的顶尖职业领域中做个佼佼者，而女人想在这种领域获得成功相当艰难。"她跟我说想去做印度文官，"多萝西·吉利斯回忆说，"我表示非常吃惊，并向她指出，这个行业和当时几乎所有的行业一样，都是以男人为主导的。玛格丽特却回答说，'那再好不过。如果我成功了，那么我的成功就是最值得称赞的'。"[24]

想做印度文官，除了学业成绩要求特别高以外，各种性别问题也造成了很大障碍。印度文官入职考试竞争相当激烈。倘若能从千军万马中挤过独木桥胜出考试，无疑便意味着从此以后踏上金光大道，可以去印度拿到各种金光闪闪的奖项。通过印度文官考试，就等于拿到了通往社会头等舱的车票，跻身于总督、理事、法官、行政官以及下属领域内各地区官员之列。但是吉利斯小姐也告诫玛格丽特，当时还没有女性成功问鼎过这个帝国的巅峰职业。尽管玛格丽特·罗伯茨无视性别歧视、迎难而上的做法值得称道，但是在努力成为印度文官的奋斗之路上，她同时也是缺乏政治洞察力的。后来经过父亲的指点，加之20世纪40年代局势动荡，玛格丽特才逐渐明白，印度很可能不会再受英国文官管理。最后，在一番家庭争论后，玛格丽特彻底地放弃了做印度文官的想法。

玛格丽特的理想还包括努力获得前往牛津大学深造的奖学金。在凯斯蒂文和格兰瑟姆女子文法学校32年的校史中，仅有9名女孩获得过这项奖学金。不过比玛格丽特高一级的玛格丽特·古德里奇刚刚获得了这个奖学金，顺利进入牛津大学玛格丽特夫人学堂学习。所以玛格丽特·罗伯茨非常想效仿自己这位好友。但是吉利斯小姐根本不看好玛格丽特，认为她不可能成功。吉利斯校长极力劝诫玛格丽特，让她放弃拿奖学金的想法，于是两人发生了激烈的争吵。"她就是想阻碍我实现自己的梦想。"玛格丽特抱怨说。[25]

但这种阻碍此后再没有出现过。拉丁文是牛津大学萨默维尔学院入学考试的必考科目。吉利斯校长很肯定地告诉玛格丽特，尽管凯斯蒂文和格兰瑟姆女子文法学校向低年级学生教授入门级的拉丁文（最简单的课文），但是学校六年制的课程安排中并没有开设高级拉丁文课程。玛格丽特则坚定地回答，这种问题可以通过请拉丁文私人家教解决；请家教的事是由玛格丽特·古德里奇帮忙解决的。吉利斯小姐拒绝帮玛格丽特找家教，因为她认为，玛格丽特那时刚刚开始学习高级拉丁文，已经比普通学生晚了一年，即使学了也不可能在短短两个学期的时间内达到萨默维尔学院入学考试的要求。请拉丁文家教的事导致玛格丽特和吉利斯小姐两人再度发生争吵，争吵以吉利斯小姐的失败而告终。最后，吉利斯小姐同意玛格丽特做无望之试，但要求玛格丽特只能利用课余时间补习拉丁文。即使这样苛刻的让步也是勉强达成的；吉利斯小姐之所以同意向玛格丽特让步，仅仅是因为玛格丽特的父亲阿尔弗雷德·罗伯茨即将成为凯斯蒂文和格兰瑟姆女子文法学校的校董事会主席。[*]

据玛格丽特格兰瑟姆的同学马尔科姆·克纳普说，玛格丽特亲自去北帕拉德路55号一个邻居家里登门拜访，才解决了课外补习拉丁文的问题。玛格丽特拜访的这个人名叫V. R. W.沃特豪斯，是个老师。因为长着一只大鼻子，他在格兰瑟姆国王学校得了个"鹰钩鼻"的外号。

"鹰钩鼻"沃特豪斯先生虽然不是古典主义文学老师，但他精通拉丁文。所以玛格丽特·罗伯茨问他："你能教我拉丁文，帮我顺利通过考试，进入牛津大学读书吗？"他给予了肯定的回答，并和玛格丽特的父亲谈妥了学费问题。[26]"鹰钩鼻"先生也确实是位不错的家教。在经过20周的强化训练后，玛格丽特的拉丁文水平经测验，已经达到相当高的水平，足以通过拉丁文入学考试了。但罗伯茨小姐和吉利斯小姐

---

[*] 1943—1969年，阿尔弗雷德·罗伯茨一直担任凯斯蒂文和格兰瑟姆女子文法学校的校董事会主席。

一直相持不下,难以融洽相处。

校长同她这位好斗的六年级女生的意志之战中出现了些有意思的情况,充分地说明了这个女学生的个性。这些情况表明,玛格丽特每遇争论,必勇猛无畏;每遇实践,必全力以赴。这些品质赋予她足够的信心,认为"做无望之试"并非一定会像传说的那样,困难重重、毫无希望。然而她性格里除了这些优点外,还有一个缺点。后来所发生的事情表明,玛格丽特很记仇。

剑桥大学丘吉尔学院有关撒切尔的档案里有一篇她在凯斯蒂文和格兰瑟姆女子文法学校上学时的发言稿,日期不详。在标题"幸运的学校"下,有成年后的玛格丽特亲笔列下的要点。这些要点主要是为了比较她的两位校长。小标题"威廉斯小姐"一栏下写着各种赞赏性的要点,比如说"意志坚定,精益求精"。与之截然相反的是,在"吉利斯小姐"一栏里却仅仅赫然地写着两个字:"难搞"。[27]

这些信封背面的随笔可能是玛格丽特·撒切尔当上首相以后,在1982年重返凯斯蒂文和格兰瑟姆女子文法学校发表演讲时做的笔记。那次演讲中,她尽情地称赞了威廉斯小姐的高尚品德,却故意对吉利斯小姐只字不提。但比起1960年她新任国会议员、初返母校时对自己第二任校长的态度,这次的态度无疑要好很多了。那一次,其他在场的女孩都觉得,玛格丽特肆意冒犯吉利斯小姐,冷遇她,对老校长讲的拉丁文莫名其妙地挑刺。[28]玛格丽特·古德里奇也参加了那次晚宴,她是这样评价闺蜜的粗鲁无礼的:"她就为那么点儿小事毁了整个晚宴的气氛。非常不明智。"[29]

而多萝西·吉利斯小姐本人却非常有涵养地忍受着这些报复怨恨。退休后,她曾向自己过去的一个学生透露过自己当时的感受:"我想我对自己所有的学生都产生过影响——唯独对玛格丽特·罗伯茨毫无影响。"[30]

和吉利斯小姐间的争执可能也很好地激励了17岁的玛格丽特。她在1942年年底最后的五个月里刻苦学习，准备萨默维尔学院的入学考试。当年12月，玛格丽特参加了考试。考试结果对她来说可能"有些打击"[31]，因为她并没有得到奖学金。不过玛格丽特还是拿到了一个安慰奖：她将在1944年10月秋季学期开学时，在牛津大学得到一个位子。

这个安慰奖也有不少好处，但是和奖学金相比，终究还是显得有些不足。这些不足包括：上学的学费得由玛格丽特的父亲支付；入学时间必须推迟一年；而且根据英国战时的规定，玛格丽特只能在牛津大学读一个为期两年的战时文凭，之后到她20岁时必须要应征入伍。这些规定尽管令玛格丽特非常失望，但对此她也只能说，"我毫无办法"。[32]

就这样，玛格丽特·罗伯茨极不情愿地在凯斯蒂文和格兰瑟姆女子文法学校又多待了一年。在六年级的第三学年，她成为学校的两个女监护之一。"我希望她能在等待进入牛津大学的日子里，支配好自己的时间和精力，做好自己的工作，展示她的才智。只有这样，她才能充分证明自己的实力。"[33]吉利斯小姐对这个刚刚在牛津大学获得学习机会的学生不无贬损地写下这样的评价。

不过幸运女神还是眷顾了玛格丽特。开学六周后，萨默维尔学院拍来电报说，有个新生没去注册，所以学院里又空出了一个位子，可以提供给玛格丽特。这项提议立刻被玛格丽特接受了。1943年10月的第一个星期，距自己的18岁生日还有好几天时间，玛格丽特·罗伯茨动身离开了格兰瑟姆前往牛津大学读书。

回顾

"因为这所学校我才得以入住唐宁街10号。"[34]1986年，首相玛格丽特·撒切尔回格兰瑟姆参加罗伯茨礼堂剪彩仪式时如此说道。这所礼堂以玛格丽特父亲的名字命名，是为了纪念罗伯茨先生长期以来担任学校校董事会主席所做出的卓越贡献。1992年，玛格丽特获得了"凯斯蒂文撒切尔女男爵"的头衔。这个头衔没有用她的家乡或出生地，而是用了文法学校来命名，足见玛格丽特以更加庄重的方式在向自己的母校致敬。

尽管玛格丽特·罗伯茨后来对自己的母校称赞致敬，其实她在文法学校就读的那五年间根本不顺心如意。换校长一事让玛格丽特大为不满，以致她对吉利斯小姐一直态度恶劣、针锋相对。学校实行"双轨作息制"导致上课时间经常不固定，使玛格丽特无法获得良好的教育。同时，惨淡的战事报道以及格兰瑟姆遭受的爆炸空袭也时时令她心神不宁。

在这样恶劣的情况下，玛格丽特能够获得去牛津大学学习的机会是相当难能可贵的。在文法学校读书的过程中，她充分展示了自己勤奋好学的不凡才干，以及勇敢克服前进途中重重阻碍的坚定决心。她的成功完全在情理之中。

然而，玛格丽特在文法学校读书的岁月还有两个谜团待解。第一个谜团是，她和其他女孩子的关系如何。尽管相关证据混杂不清，还是有迹象表明，玛格丽特和文法学校的其他女同学难以融洽相处；特别是在有些同学看来，她是非常不合群的。这一性格特点后来在玛格丽特的政治生涯里也引起了类似的问题，她和其他政治领域的女性也相处困难。不管是在文法学校读书还是后来从政，玛格丽特似乎都比较孤僻，完全不想"融入群体"。

第二个谜团则是，中学时代的玛格丽特一直想努力迅速地记住太多东西。这可能部分是因为战时相关的教育政策，也有可能部分是因为她明白，距离自己应征入伍的日期不远，时间有限，所以要抓紧时间学习。可是正因为这些压力，玛格丽特·罗伯茨才能在16岁时报名申请进入牛津大学学习，并最终在17岁那年成为牛津大学的一名学生。17岁就进入牛津大学读书可能还有些稚嫩，但玛格丽特绝对不是那种机会来了不知道抓紧、任其溜走的人。

3

牛津，男朋友，
政治抱负

牛津最初的不快

玛格丽特·罗伯茨初到牛津大学读书时并不愉快，这种情形是非常奇怪的。因为对牛津大学大多数的学生来说，这里无疑令人感到惬意、兴奋，而对像玛格丽特这样经过一番勤奋苦读才能入学的学生尤其如此。但从最开始玛格丽特就觉得牛津大学"冰冷森严"。[1]这种失落感直到大学二年级才有所好转。

玛格丽特作为牛津大学的学生，居然感到失落，实在是令人有些费解。这有可能是因为她离家读书时年纪还太小，感到非常孤独，常常想家，经济也比较拮据。还有一个原因是她选择了化学专业——这个专业不但没法让她发挥丰富的想象力，同时还需要她长时间地独自待在实验室里。不过玛格丽特之所以感到不快，最主要的原因还是她性格中缺乏安全感。她被牛津大学里的氛围给吓坏了，她被萨默维尔学院里那些老师和比她更聪明的同学看不起，同时她的第一次恋爱也很不成功。

但是除了这些令玛格丽特不快的种种消极因素外，大学生活中还有不少积极有趣的东西，尽管这些积极因素得以发挥作用仍需时日。大学时代的玛格丽特是个小有成就的学生政治积极分子，参加了学校的保守党协会，为协会里各种枯燥的行政事务奔波忙碌；直到大学四年级，她才被选为牛津大学保守党协会（OUCA）主席。

除政治活动外，玛格丽特还参加了各种课外活动，她参加合唱团，也去卫理公会教堂做礼拜。大二时，她和一个男孩认真地谈起了恋爱，同时还被其他男孩追求。大四毕业时她很快找到了一份不错的工作。尽管玛格丽特在大学里成绩斐然，但她给人的感觉依然是与牛津大学格格不入，她的性格也和牛津大学不太对路。对牛津大学的不满后来在1985年演变成互相仇视，因为牛津大学拒绝授予她任何名誉学位。一句话，玛格丽特总是与自己就读的学校关系紧张。

因为战争，玛格丽特读大学时牛津城里的娱乐生活极其匮乏，这没给玛格丽特带来多少好处。很多年轻的男孩都推延学业，报名参军。战争年代学校实行灯火管制，学院小教堂的彩色玻璃被钉上了木板，这些都令战时入学的大学生们感到恐惧而不是快乐。对玛格丽特·罗伯茨来说，她最大的困扰是孤独。

玛格丽特感到孤独的个中原因难以解释清楚。当时她在萨默维尔学院有一间宿舍，也和其他同学一起去学院餐厅吃饭。但她交朋友的速度并不快，可能是因为她一直没有安全感而备感焦虑。玛格丽特在牛津与自己的老友玛格丽特·古德里奇重逢时，在两人一次颇有意味的交谈中透露了自己缺乏安全感的痛苦。古德里奇还记得当时玛格丽特·罗伯茨问她："难道你不希望自己过去能上个切尔腾纳姆女子学院或者其他什么中学，只要不是凯斯蒂文和格兰瑟姆女子文法学校就行吗？"[2]

玛格丽特的另一位同龄人，同时也是她化学专业的同学葆琳·考恩也感觉得到她的不安全感。"玛格丽特和我都是学院里家里比较穷的学生。我们的教育背景相似，都在公立中学念书，我上的是格拉斯哥女子学校。所以我们这样的学生在大学里很容易感到比其他家庭条件优越的学生低一等。我想我俩都能感觉到，那些切尔腾纳姆女子学院的学生有点瞧不起我们。"[3]

因为在学校里感到越来越孤单，玛格丽特的不安全感又深深地加重了。她初到牛津读书那阵，古德里奇夫妇到学校看女儿时，也会顺便看看这个格兰瑟姆镇来的女孩，几个月前这个女孩似乎还非常热衷于社交，喜欢到他们家做客。但到牛津后，他们发现玛格丽特·罗伯茨独自一人待在房间里*，心灰意懒地做着烤煎饼，显然很不开心。

---

* 玛格丽特的宿舍在萨默维尔学院的彭罗斯宿舍楼一楼。宿舍房间比她在格兰瑟姆的卧室要小（长12英尺，宽12英尺），光线也比较暗。卧室窗外只能看见光秃秃的后院。可能这样的居住环境也导致她心情不佳。

后来玛格丽特自己也承认了初上大学时的痛苦感受。她对作家崔西娅·默里说:"我一直特别想家。我觉得如果你一点儿不想家,那只能说明你的家庭生活非常糟糕。"[4]

因为想家,加之缺乏安全感,大学的第一年玛格丽特过得相当不好。这段时间,她生平头一次也是唯一一次花大量时间来散步。散步是种独处的活动,她可以独自一人在查韦尔河沿岸或各种公园里漫步。后来她一直声称,自己在这些散步中"享受独处和思考之乐"。[5]

考虑到玛格丽特一生都不喜欢锻炼和在户外呼吸新鲜空气,这种说法可信度并不高。此外,玛格丽特还长胖了,这也表明她可能过得并不开心。玛格丽特一直喜吃甜食,而且在父亲的店里很容易就可以吃到各种糕点,所以她一直都是个小胖妞。但是读大学时,玛格丽特变得更胖了。在牛津上到大二,她的体重已达150磅,这个重量对于身高仅5英尺5英寸的年轻女大学生来说确实有些超重了。

另一个就是钱的问题了。因为要给女儿全额支付牛津大学的各种学费、食宿费等费用,阿尔弗雷德·罗伯茨的经济比较吃紧。这样一来,玛格丽特只有少得可怜的一点儿零花钱,用以购买一些奢侈品或用于学生娱乐活动。玛格丽特的化学老师多萝西·霍奇金发现学生的经济窘境后,悄悄帮她在萨默维尔学院申请了微薄的助学金。此外,教育信托基金还为玛格丽特提供了一些补助,有时玛格丽特假期打工也能挣些钱。1944年夏天,玛格丽特教了一个假期的自然科学,省吃俭用,终于攒够了钱买了她人生中第一辆自行车——这车是她在牛津往来于实验室和教室的必需装备。

对于玛格丽特·罗伯茨来说,刻苦学习永远是生活的重头戏,至于她究竟有多么爱学习则不得而知。她在大学里学习化学专业和以前一样用功。不过她的老师多萝西·霍奇金发现"她似乎对化学专业有些心不在焉"[6],继而又补充道:"我还是把她列为好学生。因为她总能写出论证合理、语言精准的好论文。但可惜的是,有些同学具有的品质她偏偏没有。"[7]

萨默维尔学院的院长珍妮特·沃恩爵士对玛格丽特的专业能力就更不看好了。"我的意思是没人看好她。她只是一个相当不错的二流化学家，小化学家而已。"[8]

珍妮特爵士对学院这位最有名的毕业生不以为然，不仅是因为玛格丽特在自然科学方面的学术能力不足，也因为她在社交、政治方面都有所欠缺：

> 她这个人不是很风趣，当然一谈到保守党她还算是比较有趣的。我过去常邀请很多年轻人来家里做客。如果我能找到风趣幽默的人和我待在一起，怎么也不会想到要请玛格丽特·罗伯茨到家里来的。因为跟她聊天挺没劲的，除非跟她聊保守党的事。[9]

这段回顾性的评价贬损多于称赞，是玛格丽特·罗伯茨从牛津毕业40年后，BBC采访珍妮特爵士记录下的。珍妮特爵士语气中的故意贬损显然是因为她与身为保守党首相的玛格丽特政见有分歧。不过玛格丽特读大学那会儿，受到的评价还是比较客观正面的。期末考试期间，她身患流感，没法到校参加考试，只能在医院的病床上完成几篇重要的论文作为期末考试；因为论文写得出色，所以她最后的总成绩在班级名列第二。也是因为学习成绩优异，大四时玛格丽特获准在牛津大学参与相关研究，如此一来大学毕业时她不仅获得了文学学士学位，还拿到了一个二类理学学士学位。[10]

和许多大学生一样，玛格丽特广泛的兴趣爱好拓展了她的视野，使得她的眼界不只局限于学业上。可能刚到牛津时她还有些郁郁寡欢，但很快就重新振作起来，发展了各种兴趣爱好，不再孤僻独处，也不会独自长时间散步、闷闷不乐了。音乐是玛格丽特治愈孤独的良方。

她参加了由托马斯·阿姆斯特朗*负责指挥的牛津大学巴赫合唱团。

玛格丽特在团里唱女低音，参与演出过谢尔登剧院上演的《马太受难曲》，也演唱过波尔菲里耶维奇的《伊戈尔王》、贡斯当·兰伯特的《格兰德河》以及霍斯特的《耶稣赞美诗》。

当然，宗教对她也同样重要。C.S.刘易斯的《纯粹的基督教》一书对玛格丽特影响很大。她第一次听说刘易斯是在名为"基督徒的行为表现"的广播节目里。玛格丽特也经常去卫斯理纪念堂做礼拜，她还是卫理公会研究小组的积极分子。这个小组属于卫理公会运动的福音派，经常派组员结对去牛津郡各教堂、礼拜堂传布福音。玛格丽特·罗伯茨就是其中的一名传道士。

吉恩·骚赛斯特是萨默维尔学院的学生，也是一名卫理公会教徒。她还记得玛格丽特·罗伯茨布道的一篇文本，"你们应当先寻求神的国和神的义，这一切都将加给你们了"。[11]据骚赛斯特说，玛格丽特的布道相当"出色"。[12]果然，有其父必有其女。有趣的是，这位未来首相在做政治演讲前居然做过布道演讲。

浪漫情事

目前大家公认的是，玛格丽特·罗伯茨在格兰瑟姆的成长期内并没有任何男朋友。她的第一个男朋友是在牛津认识的。尽管第一次恋爱就痛苦遭拒（主要是因为男友的母亲极力反对），玛格丽特很快就恢复了；不久便拥有诸多钦慕者，这其中有一个人格外认真，是她在1944年秋季学期认识的。

大一时，玛格丽特在恋爱方面天真单纯，对那些她觉得有魅力的年

---

* 托马斯·阿姆斯特朗（1898—1994），风琴手、指挥家，1955—1968年担任英国皇家音乐学院院长。他的儿子是罗伯特·阿姆斯特朗（爱米斯特的阿姆斯特朗勋爵），1979—1987年担任玛格丽特·撒切尔的内阁秘书。

轻男性总是坦率地表达自己的爱慕之情。在萨默维尔学院食堂吃饭时，如果贝蒂·斯柏丝或其他同学跟玛格丽特开玩笑，讨论玛格丽特男友的备选男性，"她肯定会羞得脸一直红到脖子"。[13]持同样看法的另一名萨默维尔学院的学生是葆琳·考恩。"大家都知道，玛格丽特曾经努力吸引过一个年轻男人，那人既有钱又有爵位，"她回忆道，"开始很顺利，但那人把她带回家过周末时发现自己的母亲不喜欢玛格丽特。"[14]

这次恋爱故事的其他版本也在玛格丽特·罗伯茨很多牛津同学中流传着。不过这些不同版本最终由玛格丽特的第一个传记作家彭尼·朱诺做了总结。朱诺首先表明，玛格丽特苦心追求的男士参加过牛津大学保守党协会；继而她说：

> 她彻底地爱上了一个伯爵的儿子，这人后来成为保守党内的名人。她从不隐讳自己炽烈的感情，毫无顾忌地谈论他，根本没意识到这么做只会让食堂里在场的其他女生更有机会取笑她。这些女生早已清楚，玛格丽特生性喜欢利用别人，所以越发看透了她的心思。她们认为，如果玛格丽特俘获一个贵族，这简直叫人无法忍受。不过玛格丽特没能俘获这位贵族。见过这位男士的母亲后不久，两人的恋爱关系就告结束。[15]

这位贵族男友就是克雷格迈尔勋爵，他的母亲极力反对儿子和玛格丽特·罗伯茨交往。1944年夏天他21岁，在剑桥大学基督圣体学院读现代历史专业。他和玛格丽特相熟是因为两人都是保守党学生积极分子。在玛格丽特回忆录的第一卷里，他有些不自然地出现在一张照片里。照片中有三个穿晚礼服的年轻男性，旁边的文字写道"牛津大学保守党协会舞会"。除了相貌英俊、衣冠楚楚外，"克雷吉"即克雷格迈尔还有其他特质，玛格丽特在萨默维尔学院跟其他女孩闲聊时都提到了。而担任首相后，玛格丽特对相貌英俊、衣冠楚楚的男性也还是时不时地显得毫无抵抗力（比如，塞西尔·帕金森、汉弗莱·阿特金斯、艾伦·克拉克和约翰·摩尔）。

克雷吉已经继承了父亲的爵位。他是一家大型船厂的继承人；这家船厂属于他的外祖父英奇凯普伯爵，也即将成为克雷吉的产业。此外，克雷吉还是个虔诚的基督教徒，对社会时政热点问题非常感兴趣。除了是女孩青睐的追求对象外，他也被认为具有学生领袖的气质、善于社交、对朋友热情周到。但克雷吉也是个相当害羞的年轻人，和母亲的关系非常亲密。他的母亲是英奇凯普伯爵的长女，经常到基督圣体学院的宿舍里去看儿子。如果克雷格迈尔夫人认为乡下来的罗伯茨小姐绝非儿子女友的合适人选，她的意见即便不会直接彻底否决两人的恋情，至少也会阻碍恋情。那么这个生活在母亲阴影里的克雷吉是否真的伤了年轻的玛格丽特的心呢？

似乎如此，萨默维尔学院的同学都知道，玛格丽特和克雷吉是非常认真的恋爱关系，所以克雷吉才会带她去自己位于伦敦博尔顿斯街的家里过周末。但是和克雷格迈尔夫人的会面并不成功。英奇凯普伯爵的另一个孙子坦洛勋爵解释说："我的婶婶玛格丽特是个令人生畏的人，像极了布拉克内尔夫人。她见到克雷吉在牛津的新女友后评价说：'做生意和搞科学研究！这两行我们家可是一个人都不认识啊！'"[16]

可怜的玛格丽特·罗伯茨！不过尽管她套牢一个有爵位的丈夫的美梦因为这位母亲的势利而破灭*，至少玛格丽特苗条的身材、修长的腿以及亮晶晶的眼睛很快就吸引到其他众多追求者。玛格丽特也开始对服饰、化妆品等女性话题更感兴趣了。从1944年起，她在牛津写给姐姐穆里尔的信里，谈的都是连衣裙、鞋子、丝袜和怎么买得起这些

---

* 因为其他原因，克雷格迈尔勋爵（1923—1998）可能并不是玛格丽特的最佳伴侣。他性情古怪，任上议院议员后，他穿着一套皇家海军志愿后备队普通水手那种喇叭形制服做自己的首次演讲。另外，他还是个非常虔诚的天主教徒，这个身份也不可能令阿尔弗雷德和比阿特丽斯·罗伯茨夫妇满意。同时克雷格迈尔还有嗜酒的坏习惯。

东西。玛格丽特在一封信里描述了她第一次去邦德大街的情形。她买了一双棕色的"少女拉内特"鞋子来搭配她棕色的"马歇尔和斯内尔格罗夫"手袋。"我还想买一条深棕色的裙子,相当正的那种棕色,这样就能浑身上下都配成棕色了。"[17]

玛格丽特如此努力采购,让自己穿得"浑身上下"都魅力十足,主要是希望吸引异性。在牛津随后的几年里,玛格丽特和其他人也恋爱过,包括罗杰·格雷(后来做了女王的皇家大律师和皇室法庭大法官)、尼尔·芬德莱以及约翰·斯特宾斯;其中约翰·斯特宾斯来自肯特郡,相貌英俊,是个游泳健将,后来做了律师公会主席。然而,这些恋情都只是玩玩而已,至少与玛格丽特跟托尼·布雷的恋爱相比要随意得多。托尼·布雷于1944年10月以军校学员的身份到牛津大学参加一个为期半年的军训课程。

起初两人因为对牛津大学保守党协会的政事都很感兴趣,彼此惺惺相惜。1945年夏天,开始两人开始频繁约会。两人参加过好几次学院的舞会,还在伦道夫宾馆参加过一个特别的舞会。玛格丽特在写给姐姐穆里尔的信里对当晚的情形大事渲染,俨然一副热恋的模样:

> 我终于借到了一件漂亮的宝蓝色天鹅绒斗篷,跟我那条蓝色裙子很搭……我特别开心……舞厅装修精美……茶点很好吃。反正,这是我参加过的最好、最大的一次舞会。[18]

两人认识之初,托尼就送给玛格丽特一束莫伊西斯·史蒂文斯花店订购的康乃馨,后来又陆续带她去伦敦的多切斯特餐厅吃饭、去皮卡迪利酒店参加下午茶舞会,还去剑桥剧院观看了小施特劳斯的歌剧《威尼斯之夜》。不久,玛格丽特就邀请托尼去格兰瑟姆和她的父母共度周末。尽管这次格兰瑟姆之行稍显尴尬,但毕竟说明玛格丽特对托尼非常喜欢。

然而玛格丽特的全情投入似乎并没有得到对等的回应。托尼比她小了将近两岁，才18岁的他还没有准备好要和一个这么厉害的女朋友结婚成家，也是情有可原的。

查尔斯·摩尔后来找到了老年的托尼·布雷进行过一番采访。作为一名玛格丽特的授权传记作者，摩尔几乎无所不知。他经过调查后得出结论，尽管玛格丽特"对身体的亲密关系很感兴趣"，但两人"从没有发生过关系"。[19] 随着托尼的短期军训课程结束，两人也分手了之。分手三年后两人于1948年重逢，无奈激情难再。不过不管怎样，1945年的夏天无比辉煌，不仅发生过诸多重大事件，比如诺曼底登陆、盟军胜利在望；而且年仅19岁的玛格丽特·罗伯茨也生平头一次正式经历了一场浪漫爱情。

在保守党协会从政成功

无论托尼·布雷对玛格丽特·罗伯茨有多么重要，终究比不过政治在她心里的分量。因为玛格丽特对保守党怀着强烈的热情，萨默维尔学院的同学都把她看成是一个极其无趣的怪人。葆琳·考恩回忆说：

> 她劝说我加入保守党协会的那股执着劲儿让我吃惊。即便我跟她明确表态说我支持反对党，对加入保守党协会毫无兴趣后，她还是一直反复跟我提入会的事。她反应真是特别迟钝，好像保守党协会就是她唯一关注的事……她和大家的关系不冷不热。我常常感觉到她过得非常不开心，在学校里没有要好的朋友。当然每天早晨我们都在大家合租的房子里一起喝咖啡聊天，不过聊的通常都是我们的工作和抱怨房东太太做的几样早餐——热沙丁鱼罐头和土豆泥。我想自那以后玛格丽特和我都不敢再看任何沙丁鱼了。[20]

沙丁鱼和保守党在具有左翼传统思想的萨默维尔学院都处境艰难。尼娜·鲍登*是玛格丽特·罗伯茨的同学，她曾经竭力想说服玛格丽特脱离保守党。1944年夏天，这两个学生被分派在一起担任火灾警戒的工作。尼娜是工党的狂热支持者，她说所有参加保守党协会的人"都像污水一般毫无生趣"。根据鲍登的说法：

> 玛格丽特像瓷娃娃一样笑得很甜美，她承认那时参加工党协会的人更多……不过，在某种程度上，这种状况无意间正合了她的心意。她想进议会，参加成员较少的保守党协会意味着会有更多"出名"的机会，因为保守党协会的很多会员都是平庸之辈。[21]

玛格丽特被动地接受了保守党协会内的平庸，说明她和当时大多数保守党员一样，完全没有意识到英国政坛即将发生一场翻天覆地的变革。20世纪40年代中期，牛津大学保守党协会的各个领袖纷纷把自己的名字改为复姓，想借此变身为世袭贵族或上流社会成员。M. 罗伯茨（在保守党协会的学期演讲安排卡上她用的是这个名字）能获得大家的关注是因为她在担任保守党协会萨默维尔学院代理一职期间，工作非常卖力，不过这个职位的回报却少得可怜。因为成功地把学院内很大一批政治立场摇摆不定的保守党积极分子招入协会，玛格丽特声名鹊起，开始总管全牛津大学各学院的代理，并当上了协会的主管干事。总代理的工作非常枯燥乏味，大部分学生政治积极分子因为讨厌这份工作的烦琐复杂，都极力避免任职。然而总代理也是相当高级的职位，是保守党协会里由选举产生的地位第四高的职位，仅次于协会主席、财务主管和秘书。大二结束时，玛格丽特·罗伯茨当选为牛津大学保守党协会的主管干事。

---

* 尼娜·鲍登（1925 — 2012），小说家，儿童文学家。曾在牛津大学萨默维尔学院攻读政治、哲学、经济专业（PPE）。

自从1935年9岁的玛格丽特去格兰瑟姆保守党委员会办公室当帮手以后，她就对保守党的竞选机制非常感兴趣。1942年2月，格兰瑟姆举行战时补选，她又再度得到锻炼，熟悉了竞选机制。那次补选令格兰瑟姆当地的保守党人大为恐慌，因为他们的候选人以367票之差输给了格兰瑟姆独立党候选人。尽管玛格丽特那时只负责发传单，但她还是对选举结果大为吃惊，并批评保守党行政管理不完善，导致选民不愿意投票给他们。"后来很长一段时间，保守党都一直骄傲自大"，她总结说。[22]

玛格丽特·罗伯茨任保守党协会主管干事后，坚决杜绝骄傲自满。在她"女皇般威严的管理下"，《爱西斯》杂志报道说，协会会员总数超过1000人，创20世纪20年代历史最高纪录。[23]

在1945年夏天的大选活动中，她又招收了一批学生宣传员，帮助牛津大学的保守党下院议员候选人昆廷·霍格*保住席位。最终昆廷以微弱优势先后打败工党竞选人弗兰克·帕克南和朗福德勋爵。

1945年大选晚些时候，玛格丽特·罗伯茨还回到格兰瑟姆，并在家乡发表了生平第一次媒体参与报道的政治演讲。她首次登台演讲，支持的是保守党候选人空军少校G. A.沃思。《格兰瑟姆报》报道说，玛格丽特继承了"她父亲的演讲天分"，还评价认为"一名年仅19岁的少女能有如此坚定的信仰，绝对可以在选举时极大地影响女性选民的投票"。[24]

当地另一家报纸《斯利福德公报》对玛格丽特坚定的政治信仰有更加详细的报道。这则篇幅长达两栏的报道中提到，市参议员年仅19岁的女儿表达了两个观点。这两个观点在她40年后担任首相时重又风靡流行。玛格丽特提出的第一个观点在1945年那种情势下完全是意料之中的，即反对纳粹德国："德国将全世界卷入战乱之中，必须让德国缴

---

* 昆廷·霍格（1907—2001），大律师，保守党政治家，1979—1987年任玛格丽特·撒切尔内阁财政大臣。

械投降，重归和平……要对德国施以制裁。"第二个观点则有些出乎意料，玛格丽特呼吁说要加强发展英国和苏联的关系，并对丘吉尔和艾登一直"不遗余力地致力推进英苏合作"大加赞赏。[25]

工党在1945年的大选中很快以绝对性优势大获全胜，人们的注意力都被吸引到这件事上去了；所以这位英国未来的第一位女首相、时年仅19岁的"加温"演讲人早年发表的各种观点也就自然被人们渐渐地遗忘了。除"加温"演讲外，玛格丽特还参与了格兰瑟姆选区的计票工作，空军少校沃思最终在选举中惨败。得知了格兰瑟姆的计票结果后，玛格丽特又跑去格兰瑟姆"电影屋"影院查看全国票选结果。和大多数保守党积极分子一样，看到选举结果后，她大吃一惊，目瞪口呆。玛格丽特始终不明白，为什么广大选民要把温斯顿·丘吉尔逐出唐宁街10号。

长假过后回到牛津大学，身为保守党协会主管干事的玛格丽特·罗伯茨似乎并没有因为保守党的惨败而一蹶不振。她首先采取的行动就是与别人合作编写牛津大学保守党协会政策委员会报告。报告叙述了协会为振兴牛津大学的保守党而采取的种种措施。报告中收录的玛格丽特的好几篇文章中都有着她一贯的那种不容置疑的语气，这些文章以一种近乎恐吓的方式告诉保守党协会会员，协会"绝不可以像现在这样漫无目的了"，必须要变成"一个积极进取、支持改革的组织，并且要有自己积极的宣传政策"。[26]执行这些政策的重任则落在了主管干事身上。

改革和宣传事务并没有影响到玛格丽特·罗伯茨学生政治生涯的发展。1946年3月和10月，她先后当选为牛津大学保守党协会的财务主管和主席。玛格丽特成功的原因之一，就是她对自己演讲能力越来越强大的自信心。这种强大的自信心得益于S.M.盖特豪斯太太，此人是牛津大学保守党协会的公共演讲培训师，她在协会整个20世纪的发展进程中始终占有一席之地。

斯特拉·盖特豪斯是牛津郡一名牧师的妻子，20世纪30年代保守党中央总部聘请她每周给牛津大学保守党协会的学生会员上演讲培训课。她性格古板，但说起话来用的语言颇有乔伊丝·格伦菲尔的味道。盖特豪斯对说话结巴的新学员亲切温和，但对年轻气盛、自以为是的学员却态度恶劣。她的课堂气氛热烈，好几代野心勃勃的议会议员都上过她的课，被训练成演讲好手。1938年到1970年间，有将近20名未来保守党大臣先后被"盖夫人"或哄或骗地提高了自己的公共演讲水平。

盖夫人绝对是演讲天才的伯乐。1961年，有人请她预测，她教过的哪位学生最有可能在政治上获得成功。她说："首先是迈克尔·赫塞尔坦，其次是玛格丽特·撒切尔。"[27]当时赫塞尔坦根本连议会议员都不是，而玛格丽特只是个名不见经传的下院后座议员，所以这样的预测确实很有前瞻性。

从玛格丽特·撒切尔任反对党党魁初期的一两次议会演讲中，我想我能听出恰当运用盖特豪斯夫人推荐的演讲技巧而表达出的丰富韵味。这些技巧包括：使用醒目标题，比如"在演讲最后一段结尾处用一句强有力的话总结你的论点"；"演讲的语气要逐渐加强，但话语则要简短和有力，每次最多不超过六个字"。1976年，下院投票厅举行的一次辩论快结束时，我和玛格丽特·撒切尔交谈起来。当时我就问她，那天早些时候她发表的演讲是否是盖特豪斯夫人演讲技巧课指导的结果。"没错，盖夫人确实提高了我的演讲技能"，玛格丽特回答道。[28]

牛津大学保守党协会主席的主要职责之一就是制定"学期演讲安排卡"，即本学期访问演讲人的名单。邀请演讲人需要有毅力，还要做很多外联工作。经过选举上任的这位协会主席玛格丽特·罗伯茨在吸引著名、风趣的演讲人方面相当有先见之明。受邀前来演讲的人包括两位未来首相，安东尼·艾登和亚力克·道格拉斯-霍姆；一位未来上议院大法官，基尔穆尔勋爵，他曾在纽伦堡审判中担任公诉人，早已名声大震；另外还有一位未来的财政大臣，彼得·桑尼克罗夫。

公开演讲前或结束后需要在伦道夫酒店宴请这些贵宾，玛格丽特·罗伯茨自然也从中获得新的社交机遇，进入新的社交圈。正是保守党协会的这些经历使得玛格丽特开始考虑进入议会。

关于玛格丽特到底什么时候、在怎样的情况下萌生进入议会的雄心，有好几个不同版本。玛格丽特自己的版本（在不同场合对好几个记者反复提过）说，渴望进入威斯敏斯特宫的念头在她脑中突然闪过，要么是在林肯郡的一次舞会上，要么是在一次去乡下的短途旅行后，她半夜时分和"同行伙伴中一个男孩"发生争吵时产生的，参加这次旅行的有英国皇家空军年轻的飞行员。所有这些让玛格丽特改变梦想的经历都发生在1945年之后，并且她在每次叙述中都刻意表达了自己的信誓旦旦，还用了诸如"突然间我对这个念头一清二楚，我明白了过来"[29]等字眼儿郑重地说明自己心意已决。

可能这些不同版本故事间的差异可以借用苏格兰诗歌集里的准则来消除，即"相同的另一个版本"。所以从故事的繁简程度和消息来源考虑，最可信的版本来自于玛格丽特·古德里奇。

按照她的说法，根本没什么飞行员、舞会或者信誓旦旦。玛格丽特真正产生进入议会的想法是在格兰瑟姆附近的科比格伦教区古德里奇牧师的住处。坎农·古德里奇和太太于1944年12月在家里为女儿21岁生日举办了一次"别开生面的生日聚会"。聚会上并没有喝酒，也没有播放音乐，大家更没有跳舞。快午夜时分，庆祝活动临近尾声，好多女孩子围坐在厨房的餐桌边喝着可可饮料聊着天儿。这时，古德里奇太太问玛格丽特·罗伯茨将来想做什么。玛格丽特给出的回答坦白直率、令人难以忘怀："我会成为一名议会议员。因为我想做一名议会议员。"[30]

玛格丽特言辞里的确信无疑给大家留下了深刻印象。这些话也充分地体现了年仅19岁的牛津大学保守党协会主管干事越来越有自信，已经开始进行"宣传"了。可能她觉得自己完全可以早早地在这样一个比较私人的场合展露自己的抱负，因为古德里奇家是个安全的地方。

大约两年半以后，玛格丽特·古德里奇再次体会到了这位闺蜜政治野心背后无比强大的自信心。那时正值牛津学期末，两个玛格丽特在校园里沿南帕克斯路走到罗德楼附近时，玛格丽特·罗伯茨说："当然，对我来说牛津的学位根本没有做议会议员那么重要。我现在一定要努力去读法律。"[31]

这番话无疑进一步佐证，玛格丽特从牛津毕业时已经找到了自己的职业方向。

回顾

在牛津读书的岁月凸显而不是发展了玛格丽特·罗伯茨的性格。她当初从格兰瑟姆来到牛津时就性格倔强、心怀抱负，大学岁月只是让这些性格特点更加突出，并没有让它们深化发展。玛格丽特和大多数大学生的不同之处在于，从一开始她就知道自己的奋斗目标是什么。

但是她的奋斗之路崎岖坎坷，因为一路上要克服各种或公开或隐蔽的歧视偏见。大男子主义仍然是女性的顽固绊脚石。玛格丽特本可以加入牛津辩论学会，逐步提高自己的辩论技巧，无奈这个学会直到1963年才开始接纳女性会员。从牛津大学戏剧社到蒸馏器协会等各种学生俱乐部都如出一辙。蒸馏器协会是所有自然科学专业学生聚会的场所，但女生除外——玛格丽特自然也被排除在外。

另一种形式更为微妙的歧视则是来自社会的势利偏见。玛格丽特·罗伯茨感受到社会的势利，包括萨默维尔学院那些切尔腾纳姆女子学院毕业生对她的鄙夷，第一任男友的母亲对她的鄙视，以及其他各种场景里遭受的歧视。那段时间，牛津大学被描述为一个拥有7000名一流专家的大学。在这种环境下，一个杂货店主的女儿必然得忍受不公正的待遇、他人的鄙视以及冷遇。但是身上强烈的不安全感却成为玛格丽特实现个人抱负的绝佳鞭策。

玛格丽特上牛津大学主要是为了实现自己的政治梦。然而大学期间，玛格丽特关注的并不是政治观点，而是各种选举机制以及进入保守党协会后的种种机遇。她虽然的确曾在1944年阅读过哈耶克的著作《通往奴役之路》，不过那时她所受的启发却是微乎甚微的。直到30年后，她在基思·约瑟夫爵士的指导下重读此书，才逐渐明白个中要义。玛格丽特加入牛津大学保守党协会只是为了更好地发展自己未来的事业，与求知欲毫无关系。

协会同时也是玛格丽特结识优秀男青年的好地方。她所有的男朋友均来自保守党阵营。玛格丽特交好的许多男性，比如爱德华·博伊尔、莫里斯·钱德勒、约翰·达尔基思（后来成为巴克勒公爵）等，都是保守党协会里的积极分子。为自己找一个好丈夫也许只是玛格丽特潜意识里的计划之一，所以和托尼·布雷的恋爱陷入僵局后，她根本没有做出任何挽回的努力。

很多牛津大学学生"生活的甜蜜"似乎在玛格丽特·罗伯茨的大学生活里基本都销声匿迹了。可能她也曾有过一些欢乐时光，但总体来说，玛格丽特还是太过争强好胜了。四年里大部分的时间，她都在科学实验室里做实验和在保守党协会开会，根本没机会对牛津大学产生好感。

后来，因为牛津大学的最高权力机构——全体教职员大会一致投票拒绝授予玛格丽特荣誉学位，她和母校的关系就更加糟糕了；牛津大学的拒绝对这位在任首相来说无疑是前所未有的冷遇。尽管受到牛津大学的羞辱打击，玛格丽特·撒切尔对萨默维尔学院仍怀有深挚感情；对于学院的种种需求她总是慷慨施助，还帮忙出资建成学院的中心礼堂。这所礼堂坐落于学院校园的中心，并以玛格丽特的名字命名。

玛格丽特对萨默维尔学院所怀的特殊感情还表现在1984年10月的一天。那天，印度总理英迪拉·甘地在新德里遇刺，距离英国刚刚发生的布莱顿旅馆爆炸案仅两周时间。从自己的政治秘书斯蒂芬·舍伯恩那里听到印度总理遇刺身亡的消息后,玛格丽特·撒切尔紧紧抱住舍伯恩说:"多可怕的消息啊!刚开始他们想杀死我,现在又想杀死她。我们都是萨默维尔学院毕业的啊。"[32]

不过这些刺杀事件距离英国首相和印度总理在萨默维尔学院读书的时日毕竟已太遥远。1947年从牛津大学毕业后,玛格丽特·罗伯茨首先要考虑的就是自己眼前的出路——怎样找到人生的第一份工作,怎样继续她对保守党的政治热情。

4
初涉政坛

年轻的保守党员

玛格丽特·罗伯茨21岁从牛津毕业时就已经决心从政,但是对她来说从政之路仍有很多实际困难需要克服。这些困难包括:找到她的第一份工作;让自己位列保守党中央总部认可的候选人名单里;以及在自己的选区获得提名。玛格丽特在大学毕业接下来的两年时间里逐一克服了困难达成目标,可见其精力之旺盛、决心之坚定。

不过这一路走来也绝非一帆风顺,因为玛格丽特性格里的某些特点极有可能触怒别人。她在全国各地奔走,寻找工作,也不断地经历着打击和失望。她曾去位于北约克郡比灵赫姆的一家隶属于帝国化学公司的工厂面试,参加面试的一位经理认为玛格丽特不合格,并在评定意见报告中写道:"此女子个性太强,不宜在此工作。"[1]

不管怎样,玛格丽特的性格特点仍旧继续给别人留下或好或坏的印象。最终,她在1947年9月被BX塑料公司研发部录用;该公司位于艾塞克斯郡的曼宁特里,玛格丽特在那儿做研究员。刚到公司的前几个月她过得并不开心。

和玛格丽特一起工作的研究员同事认为她有点故作清高;因为玛格丽特说话总喜欢带点时髦腔,而且她坐公司的班车上班时居然穿着巴宝莉的大衣、戴着巴宝莉的手套,未免显得太做作。于是大家给她取了"公爵太太""玛格丽特姑妈"这些难听的绰号。[2]

在BX塑料公司上班,玛格丽特总喜欢大胆地表达自己的政见,却不考虑同事的想法。她的一个同事乔伊斯·达根一直喜欢跟玛格丽特开玩笑嘲弄她,"哎呀,未来的首相来了"。[3]对于公司同事的这种嘲笑,玛格丽特常常欣然接受并默默地忍受了下来。但是乔伊斯·达根还记得,一旦谈到时下热点的政治问题,玛格丽特总是非常较真,经常跟人吵得面红耳赤。

玛格丽特的老板斯坦利·布斯对这位研究员的政治热情也不太感兴趣。"她的观点似乎都过于简单，"他回忆道，"她认为……人们都应该自力更生。我能坐到今天的位置也吃过很多苦，但是我丝毫没法认同她的观点。"[4]

无论公司的同事怎么看她，玛格丽特·罗伯茨可绝对不会错过任何施展自己政治才华的好机会。她是保守党的青年积极分子，并于1948年成为保守党协会科尔切斯特分会的秘书。此外，她还参加了全国演讲大赛，并在伦敦周围各郡和英格兰东南部参加当地的各种青年保守党党员会议。1948年夏天，她在肯特郡参加会议时，在会上发表了一番关于经济的演讲，给当时肯特郡的保守党协会主席留下了深刻的印象。这位主席就是阿尔弗雷德·博瑟姆[*]，梅德斯通地区的议员。"罗伯茨小姐，你的演讲是迄今为止我所听过的青年保守党党员所做的最出色的演讲，"阿尔弗雷德·博瑟姆如是说道，"能否允许我把你推荐为保守党党员人选？"[5]

议员阿尔弗雷德·博瑟姆的指导

虽然阿尔弗雷德·博瑟姆只是英国政坛的一个小人物，但他对玛格丽特·罗伯茨的生活和事业却有着重大影响。他是下院的保守党后座议员，经济富有但名气不大。遇见玛格丽特之前，他最有名气的一件事就是丘吉尔曾经说过有关他的俏皮话，后来被多次引用。1931年刚当选为保守党梅德斯通地区议员的阿尔弗雷德·博瑟姆在下议院的阳台上被引见给了温斯顿·丘吉尔。两人相见时丘吉尔心情不错。"博瑟姆，博瑟姆，一个有趣的名字，"丘吉尔评价说，"这名字真是有点

---

[*] 阿尔弗雷德·查尔斯·博瑟姆（1881—1965），梅德斯通地区议员。1953年成为准男爵，1960年成为终身贵族。他的儿子克莱夫·博瑟姆爵士也是保守党议员，1957年成为玛格丽特·撒切尔的第一任议会私人秘书。

四不像啊。"[6]

1932年，博瑟姆家中惨遭不幸，他的妻子和长子在一次空难中同时丧生。但是这位梅德斯通议员化悲愤为力量，加倍致力于自己的政治事业，在两个方面表现尤为突出。"我的父亲在政治事业上为自己打造出一个特殊的地位，"阿尔弗雷德的儿子克莱夫·博瑟姆爵士说，"他擅长举办聚会，提携自己的女学生。玛格丽特·罗伯茨既是他年轻的著名客人，也是他的学生。"[7]

20世纪早期，阿尔弗雷德·博瑟姆在纽约、达拉斯和休斯敦设计建造了很多摩天大楼，因此发了财。他出生于英国，后来经过训练成为一名建筑师。1926年他回到家乡伦敦时，已经成为建筑界的名人，还负责设计了伦敦的地标、位于公园大道的多切斯特酒店。阿尔弗雷德·博瑟姆在建筑界的成功帮助他顺利进入政界，并买下了卡尔顿花园区5号的大房子安了家，此处风景绝佳，在家里就能直接看到伦敦的林荫路。

阿尔弗雷德·博瑟姆在这所大房子里非常热情地款待自己的客人。因为经常举办各种奢华的政治晚会，又待客大方，所以很多人认为阿尔弗雷德是二战前经常举办同类宴会的传奇社交名媛伦敦德里夫人的继任者。每年新一届议会会期开始前夜，阿尔弗雷德都会在家里举办礼服晚宴；一年一度的晚宴已经成为保守党精英的固定活动，内阁全体成员以及保守党历任首相包括斯坦利·鲍德温和安东尼·艾登等人都参加过这个宴会。1948年11月，玛格丽特·罗伯茨首次受邀参加礼服晚宴。

很多人认为，阿尔弗雷德·博瑟姆除了是个热情好客的主人外，还善于在保守党内众多胸怀抱负的候选人里发现人才。他经常参加肯特郡的保守党会议，每次都从伦敦开着那辆黄色的劳斯莱斯汽车去，一周常常跑上三四回。由他挑选的保守党青年党员最后都顺利地进入议会，他们的成功和这位梅德斯通议员的鼓励和支持是分不开的。而当时尤为特别的是，阿尔弗雷德特别偏好帮助那些有抱负的保守党女性候选人。

因为，思想颇为美国化的博瑟姆认为，英国需要更多的女议员；"我们有义务发掘阿斯特子爵夫人的接班人"，他一直这么说。[8]

二战结束以来，他先后培养出两位女保守党员继承阿斯特子爵夫人的角色，进入英国议会。第一位是帕特里夏·霍恩斯比-史密斯*，她长着一头红发，是保守党青年党员的支部书记，后来成为奇斯尔赫斯特的议员；第二位就是玛格丽特·罗伯茨。

阿尔弗雷德·博瑟姆是国家级的政治人物中第一个发现玛格丽特·罗伯茨政治潜力的人。他以最切实际、最有效的方式成为玛格丽特的导师和资助人，并且介绍她接触保守党上层。他对玛格丽特帮助有加：资助她到各地开展政治活动；支持她申请成为保守党议员候选人；邀请她参加自己举办的各种午宴、晚宴；对她的演讲提出建议；指导她参加选区的选举会议；劝说她结婚；在卡尔顿花园区5号帮她举办婚宴；还曾尝试让她继任自己做梅德斯通地区的议员，尽管最后并没有获得成功。

只要能得到一位好导师和资助人一路扶持，胸怀理想的政治家都将无比幸运。玛格丽特·罗伯茨需要的正是博瑟姆的鼓励与支持，因为尽管她野心勃勃，但在经济和政治上都非常缺乏自信。1949年，她甚至根本不敢尝试把自己列在保守党议员候选人的初选名单里，如她所说，这是因为"我自己没有额外的收入，仅靠那点工资根本当不起议员"**[9]。此外，玛格丽特对自己短期内是否能够顺利通过选拔成为选区

---

* 帕特里夏·霍恩斯比-史密斯（1914—1985），是马鞍商人和伞匠的独生女，任奇斯尔赫斯特区议员长达20年之久，她也担任过英国年金和国民保险部政务次长；玛格丽特·撒切尔是她的继任者。1947年她受封成为终身贵族。

** 1949年，一位议员全年的薪水收入是1000英镑，而议员每年的平均花销是716英镑。现在对应的数据分别为：29938英镑和21436英镑（数据来源：www.thismoney.co.uk）。

的候选人也很没有信心。玛格丽特牛津大学的一位好友约翰·格兰特问她将来是否想做议员，她回答道："嗯，是的，不过希望不大。我现在被选中成为议员初选候选人的希望都很渺茫。"[10]

不过有了阿尔弗雷德·博瑟姆的帮助，胜算大大增加了。1948年，玛格丽特在兰迪德诺参加了保守党年会。

年轻的候选人

直到获得阿尔弗雷德·博瑟姆的支持，玛格丽特·罗伯茨才决定参加1948年举行的保守党年会。阿尔弗雷德全力帮助玛格丽特加入肯特郡保守党青年党员代表团，这样才有可能去兰迪德诺参加会议。虽然参加青年党员代表团的努力没能成功地让玛格丽特参加保守党年会，但她还是设法获得了参会资格。最终她作为牛津大学毕业生保守党协会（OUGCA）的代表出席了年会。[11]

博瑟姆资助了玛格丽特的差旅食宿费用，还给予她额外关照，让她参加自己为梅德斯通以及肯特郡地区代表举办的宴会。玛格丽特原本准备在年会上发言，谴责工党政府取消议会里大学席位的动议，不过很可惜她没能得到机会发言，因此感到非常失望。会后，玛格丽特带着沮丧的心情从北威尔士返程，但不久这种沮丧便烟消云散，因为她意外地收到了去兰迪德诺码头餐厅参加午宴的邀请。

午宴的邀请人是达特福德保守党协会主席约翰·米勒。他需要在北肯特郡为达特福德地区物色一名议员候选人，却始终没能找到合适的人选，所以保守党中央总部一直在催促他。玛格丽特的一位好友恰好开会时和米勒坐在一起，便向他引荐了玛格丽特·罗伯茨。

"哦，但达特福德是个工业重镇。我想一个女性恐怕不行吧"[12]，这是米勒当时的回答。不过他还是反复地考虑了这个提议。米勒联系上了罗伯茨小姐，邀请她和达特福德代表团的主要成员共进午餐，地点就在兰迪德诺码头尽头处的一家餐厅，时间是保守党年会开始后的第一个周六，午餐后他们一起去听了保守党领袖温斯顿·丘吉尔发表的最后一次演讲。

玛格丽特·罗伯茨在这次午宴中表现出色。达特福德代表团的几位代表都被这位初次相见的年轻女子所持的鲜明政见折服；但还是有些代表对于玛格丽特是否适宜担任工业重镇达特福德的保守党候选人心存疑虑。他们的疑虑不是对候选人能力的怀疑而更多的是对玛格丽特性别的犹豫，因为20世纪40年代保守党女性议员仍十分罕见。约翰·米勒认为，罗伯茨小姐身上那种旺盛的精力正是保守党人亟须的奋斗精神，可以在气势上压倒占绝对优势的工党人，并可以给死气沉沉的保守党协会内部带来活力。

虽然达特福德最初面试传达出来的信号似乎说明一切顺利，但是接下来的三个月里玛格丽特一直没有收到任何消息。约翰·米勒利用这三个月的时间列了一份候选人名单，虽然他早已青睐罗伯茨小姐，不过名单上还是有26人入选，因为他希望选择的范围能够更广一些。米勒考虑过的候选人里，有一位名叫丹尼斯·撒切尔的当地商人，他作为地方纳税人协会的代表参加了市议会选举。面对推举他做保守党议员候选人的提议，他的反应是"我毫不犹豫地反对"。[13]

达特福德保守党遵循了选区协会传统的选拔过程，分两轮面试了米勒所列的一长串名单中共26名候选人，最终名单被刷到只剩5个人。从这5个人中挑选出最后的议员候选人是在由50名委员组成的保守党协会执行委员会会议上进行的。会议于1949年1月在达特福德的布尔酒店举行。

玛格丽特·罗伯茨顺利进入这轮面试，并且因为获得保守党协会主席的大力支持，她无疑是5个人中获胜希望最大的。参与过所有几轮面试的保守党中央总部的地区代理把她的演讲才能和政治知识描述为，"比其他所有候选人都要优秀得多"。[14]

如果这种言论说明决胜局前别人对她的看好的话，玛格丽特·罗伯茨亲自把这种看好变成肯定胜出。她在15分钟的发言和之后的回答问题环节都表现出色。她的出色表现使得她不仅得到了台下观众的认可，而且还遥遥领先于其他对手。这些对手中表现最好的就是面试亚军安东尼·克肖，他是一位律师，伊顿公学毕业，音质圆润，智力超群。此人善于社交，后来当上了格洛斯特郡的议员，并于1970年到1974年间在希思首相的政府里担任次长一职。不过1949年1月31日那晚，如此优秀的他也绝不是玛格丽特·罗伯茨的对手。第一轮投票玛格丽特就以绝对性优势胜出。

达特福德保守党和他们的新候选人之间建立亲密关系的下一个里程碑是玛格丽特参加的那场正式任命会。这个会议十分庄重，按照保守党的传统，应该算是一次加冕仪式；因为被选中的候选人会被介绍给保守党协会的全体成员，并获得他们的祝贺。玛格丽特的这次任命会有两个不同寻常之处：其一，参加会议的人数史无前例的多；其二，出席会议的有她的父亲和未来的丈夫。

尽管1949年2月28日晚上寒风凛冽，还是有380名达特福德保守党员参加了任命会，检视并认可了保守党协会执行委员会挑选出来的这位候选人。他们并没有失望，保守党中央总部的地区代理向中央总部汇报说："任命会相当精彩，是达特福德选区这么久以来所举办的同类会议中最好的一次。罗伯茨小姐做了精彩发言，大家一致认为她适合做议员候选人。"[15]

玛格丽特的发言之所以精彩，可能主要得益于她唱诗班似的说教。她的发言主要用简单却富有爱国激情的语言对工党政府的经济政策提出了尖锐批评："政府应该去做任何称职的家庭妇女在金钱紧张时要做的事——检查账目，找出问题"，这位候选人大声说道。而且，"如果所谓的社会主义者继续执行他们灾难性的政策的话，大规模失业和其他社会问题必然会出现，工人群众一定会受苦不迭"。[16]

玛格丽特发言里表达的经济收紧和反对社会主义的观点肯定和台下一位观众的观点十分合拍，此人的出席对台上的候选人来说意义非凡——他就是阿尔弗雷德·罗伯茨。这是父女俩头一次在同一个讲台上发言。父女俩的二重奏发言打动人心且富有政见。在保守党领袖温斯顿·丘吉尔极力争取自由党选票的时候，阿尔弗雷德·罗伯茨却想证明，他们一家一直支持自由党，而现在是保守党人举起了老自由主义的大旗。[17]

会议大厅里另一位注定成为玛格丽特·罗伯茨家庭生活重要人物的听众就是丹尼斯·撒切尔。对这位新当选的候选人发表的反对社会主义的言论，他热烈地鼓掌表示赞同，并且特意在会后就她的发言向她表达赞许之情。任命会结束后，两人在保守党的坚定支持者斯坦利·索华德夫妇举办的晚宴上找到了进一步交谈的机会。斯坦利·索华德在达特福德选区埃里斯地区一家名为阿特拉斯的防腐剂公司上班，丹尼斯·撒切尔是这家公司的总经理，也被邀请参加了这次晚宴。

丹尼斯的公司是家族企业，而他则深受员工爱戴。因为曾参加过二战，大家都称丹尼斯为"少校"。但丹尼斯是个腼腆的男人，面对女人时尤其如此。所以晚宴快结束时丹尼斯主动问新候选人："罗伯茨小姐，你等下怎么回家啊？"还是非常出人意料的。[18]

丹尼斯主动提出开车送新候选人回家也是非常及时的，因为玛格丽特那时还买不起车。那个年代，肯特郡和艾塞克斯郡之间还没有达特福德隧道。玛格丽特跨过泰晤士河、回到她位于科尔切斯特的公寓的唯一方法就是先坐车到伦敦市中心，再坐火车去往泰晤士河的北岸。所以当丹尼斯·撒切尔说他非常愿意开车带玛格丽特去利物浦大街地铁站时，倒是帮玛格丽特解决了深夜回家的交通难题。

不过开车去地铁站的时间比两人想的都要长，因为等他们到达利物浦大街地铁站时，开往科尔切斯特的最后一班列车已经走了。玛格丽特只能在地铁站坐等第二天一大早3点40分出发的送奶列车回家。

丹尼斯非常殷勤地陪她一直等到送奶车来为止。或许丹尼斯早已倾心于玛格丽特，因为他的好友斯坦利·索华德邀请他参加玛格丽特的正式任命会时曾对他说："过来一起吃饭吧，我想你见见一位非常漂亮的姑娘。"[19]不过不幸的是，这位漂亮的姑娘、新晋的保守党议员候选人似乎对丹尼斯·撒切尔的一腔热情无动于衷。玛格丽特在给姐姐穆里尔的信中这样描述那晚的情景："一位撒切尔少校（大约36岁，很有钱）也过来和我们共进晚餐，他半夜开车把我送回城里。这人不算特别有魅力——观点相当保守，但人还不错。"[20]

丹尼斯却对自己搭载的这位乘客印象极佳。多年后，他的一位橄榄球球友的太太问他，到底最初觉得玛格丽特哪里有魅力时，丹尼斯回答道，"很多很多；她的双腿很漂亮"。[21]

三个受摆布的男人

这双漂亮的腿跟随玛格丽特·罗伯茨开始奔波忙碌于达特福德选区的各种活动，变成了一双活力十足的腿。除了承担公共事务、在各种会议上发言、拉选票以外，玛格丽特也在她稍显复杂的私生活里显示出自己的才干。1949年到1951年间，她同时和三个男人约会，并认真地考虑与其中每一个人结婚的可能性。这三个候选者包括一位苏格兰的农场主、一位声名卓著的外科医生和丹尼斯·撒切尔。玛格丽特·罗伯茨同时应对这三个男人的高超手段表明，她既善于操控他人又善于脚踩几条船。

那位苏格兰农场主名叫威利·卡伦。他见到玛格丽特并爱上了她，但最后却与玛格丽特的姐姐穆里尔结了婚。这出罗伯茨姐妹自编自演的轻喜剧背后所使用的伎俩和其中的撮合搭线是相当复杂的。

威利·卡伦是苏格兰人，34岁，从家乡南下到艾塞克斯郡的富尔敦·霍尔地区购买农场。他和玛格丽特在科尔切斯特的一次保守党活动中结识后，对玛格丽特十分倾心，想方设法地追求她，请她吃饭、看戏，送她巧克力、长筒袜等各种礼物；其中一些礼物他还亲自送到了玛格丽特在 BX 塑料公司的办公室里。玛格丽特后来在科尔切斯特市政厅举办的苏格兰舞会上做了卡伦的女友和舞伴，之后不久她给穆里尔写信说："他（威利）相当可心；我开始喜欢上他了，和他在一起很轻松，我很喜欢。"[22]

这种好感促使两人有了更多的约会，出去吃了很多次饭，看过很多场电影，送了很多香水一类的礼物，还一起观看了很多场比赛。玛格丽特很认真地与卡伦交往，但还没有认真到考虑让卡伦做自己丈夫的程度。玛格丽特和威利在他富尔敦附近的农场生活过一阵后，得出结论，认为卡伦更适合自己的姐姐。

穆里尔当时刚和男友分手，这无疑促使玛格丽特开始扮演丘比特的角色。为撮合两人，她想尽办法。首先穆里尔被邀请到了艾塞克斯。她与威利·卡伦的相见也经过了精心设计。最终卡伦被鼓励着去爱罗伯茨姐妹中的姐姐，并且他后来也的确爱上了姐姐。虽然他更加倾心于玛格丽特，但后来却渐渐地发现，玛格丽特有意把他对自己的爱恋转移到姐姐身上去。"虽然我挺喜欢他，但是并不爱他，"玛格丽特给穆里尔的信中写道，"如果我和他结婚，两三个月后肯定激情消退。我俩的人生观迥异，彼此的朋友也完全是不同类型。我跟他一起觉得挺舒服；但是他和我一起却会觉得非常不自在。"[23]

玛格丽特就是用这种方法把一潭清水留给了穆里尔。而威利·卡伦也许是自己跳入了水中，也许是被推入了水中。1950 年 4 月，威利和穆里尔结婚，两人婚后生活幸福。可能真实的故事要比喜欢保护个人隐私的姐妹俩叙述的版本复杂得多。整个事件中一直是玛格丽特操控全局。也许她内心深处明白，自己不可能安于做一个农场主的妻子，所以设计了这么聪明的一招，为姐姐做了件好事。或许也是因为，玛格丽特自己有更大、更好的鱼可钓。

这条医学领域的大鱼是个名叫罗伯特·亨德森的外科医生，47岁，未婚；他曾经为小儿麻痹症患者发明了人工呼吸器，并因为其在医学界的杰出贡献而获得了大英帝国司令勋章。罗伯特是在1949年年底和玛格丽特相识的。那时他在拥有1700个床位的达特福德南部医院做院长。尽管两人年龄相差24岁，但是医生和议员候选人非常投缘。罗伯特带着玛格丽特参加舞会，请她吃饭，开车去肯特郡的森林兜风，去伊斯特本过周末。这段时间玛格丽特所写的信件中有很多细节表明，罗伯特的殷勤追求使他成为玛格丽特最青睐的爱慕者。

不过丹尼斯·撒切尔并没有从玛格丽特的生活中淡出。玛格丽特的任命会当晚，两人一起开车去利物浦大街地铁站，这位玛格丽特觉得不是很有魅力的"完美绅士"一直和她保持着联络。丹尼斯和玛格丽特有过一系列的约会：请她观看皇家军事锦标赛、不列颠音乐节，参加全国油漆协会宴会，还带她去伦敦西区欣赏歌剧《王子殿下》。一开始，玛格丽特假装冷遇丹尼斯，不给他太多希望。"我想自己真的不是很喜欢晚上和他一起出去，"看完歌剧后玛格丽特写信给姐姐穆里尔说道，"他性格不那么讨人喜欢。"[24]

要么玛格丽特刻意掩饰自己的感情，要么她在两人的交往过程中慢慢改变了主意。1950年年初，丹尼斯的一位密友大卫·罗突然造访单身汉撒切尔在切尔西的公寓。"我吃惊地发现，一位非常可爱、面带微笑的女孩在屋里和我们打招呼，"罗回忆道，"丹尼斯介绍我俩认识后，她就跑到厨房里去了，剩下丹尼斯和我一起坐着聊了一会儿天儿。她回来时给我们端来了茶水，然后坐在地板上，和我们一起聊天……这个女孩名叫玛格丽特·罗伯茨。"[25]

这个故事给人的印象是，即使玛格丽特和丹尼斯没有住在一起，两人已经俨然一对夫妻。但与此同时，玛格丽特仍经常和罗伯特·亨德森外出约会，对于和罗伯特的约会玛格丽特显然更有激情。有人可能会把玛格丽特的这种做法叫作"脚踩几条船""两边下注"或者干脆叫"劈腿"。矜持的罗伯茨小姐的真实私生活可能有很多都不为人知，但她真正在乎的是自己的公众生活。

1950年大选

对于初涉政坛的新人而言，人生第一次竞选活动就像初恋一般令人情绪激昂。玛格丽特·罗伯茨用两句非常炽热的口号开始了她的大选竞选活动："投右派的票，保住剩下的东西"；"停止腐朽，赶走无能"。玛格丽特的观点和其他保守党候选人的观点截然不同。包括来自贝克斯利区的爱德华·希思在内的许多保守党候选人一致认为，工党的国有化改革、加大社会保障公共开支等举措应该在战后被保留下来。

2月3号的集会上，玛格丽特·罗伯茨正式作为保守党议员候选人，发表了自己的首场竞选演讲。演讲中，她把大选形容为"两种生活方式之间的战役，一种必然导致奴役；另一种则通往自由"[26]。

为期三周的竞选活动激动人心，也令玛格丽特筋疲力尽。和许多新人候选人一样，玛格丽特还没有学会自我调节；不过因为年轻力壮，加上肾上腺素的分泌，她一直情绪激昂，才得以把竞选活动坚持了下来。那个年代还没有电视，所以但凡精力充沛的候选人每晚都必须要在两到三个公共集会上发表演讲。玛格丽特的公共集会上人总是出奇的多，有时集会开始前15分钟会场的大门就得提前关闭，因为里面已经挤满了人。集会上气氛狂烈，台下支持者和反对者热火朝天地争论着。最初在克雷福德的一次集会上，一位工党提问者大叫："你到底有什么我们没有的东西？"另一位保守党人朝他喊道："头脑！"[27]

这个反驳恰如其分，因为玛格丽特·罗伯茨的知性智慧和年轻美貌已经渐渐获得关注。《每日邮报》《每日写真报》《旗帜晚报》和《伦敦图片新闻》等国内媒体都对她给予正面报道，称她是全国最年轻的女保守党候选人，还刊登了许多她的照片。《每日邮报》刊登了一张玛格丽特在达特福德工人俱乐部站在吧台后倒酒的照片。[28]《周日人民报》整版刊载了她的照片,并在报纸头条把她说成"大选的魅力女性",还报道说:"她很年轻,才24岁——而且很漂亮。有着美丽的头发、迷人的蓝眼睛……并且,她还很有头脑。"[29]

在吸引媒体方面,玛格丽特·罗伯茨的确善于出风头;但是她在给选民演讲时却非常严肃认真。白天演讲,她会穿一套合身的深色西装,头戴一顶黑帽,帽子上饰有羽毛和蓝丝带。晚上演讲,她则穿黑色天鹅绒长裙。玛格丽特站在讲台上发表的许多政策性警告都忧心忡忡。她一再提起的话题是,因为工党实行社会主义改革失败,英国正逐渐在世界丧失影响力,国内经济也逐渐衰退。竞选活动之初,玛格丽特给《格雷夫森德和达特福德报道》写了一篇1500字的文章,文章里她用一长串反问句表达自己的观点,最后还加上了一句话,"一切由你决定"。[30]

玛格丽特提出的最迫切要求——1979年她任首相时也再度提出同样的要求——就是希望政府财政稳健。她在1950年的这篇文章里写道:

> 你想让这个从来不愿接受救援、一度自傲的岛国民族继续遭受动荡飘摇的所谓社会主义财政的诅咒,不得不一次又一次地蒙受经济危机之苦吗?还是你选择相信保守党计划实行的稳健的财政政策和合理的公共开支方案?一切由你决定。[31]

竞选活动进行到第三周,《达特福德纪事》杂志认为,玛格丽特胜算较大,他们可以在选区内借此策划制造出一场轰动。玛格丽特·罗伯茨和许多年轻的候选人一样,也开始幻想自己能获得实际无望的席位,并且想着想着就信以为真,认为自己真的会胜出。"我们那时真的以为会赢",她告诉自己的第一个传记作者崔西娅·默里。[32]

不过保守党中央总部年长的高层却一直头脑清醒,但他们同时也被这位达特福德候选人为竞选所做的不懈努力深深地打动。

"我认为获得席位的可能性连百分之一都没有,"保守党中央总部英国东南部郡区地区代理贝里尔·库克写道,"不过我确信大多数人还是会大吃一惊。这次大选将会是罗伯茨小姐个人的全面胜利。"[33]事实的确如此。玛格丽特使工党的优势选票减少了三分之一,工党的诺曼·多兹议员得到的选票数从19714减少到13638。

大选结果虽然振奋人心,但也有负面影响。因为在达特福德乃至全国范围内,倒戈转投给保守党的选票数量非常多,而且大选的结果显示工党和保守党选票数量相当接近;所以玛格丽特·罗伯茨很快便意识到,如果她继续留在达特福德的话,以后竞选难有获胜的希望,但如果她想换一个更好的选区也会是非常困难的。

沮丧,振作,奋战

一年内第二次大选即将来临,玛格丽特·罗伯茨别无选择,只能继续留在达特福德再度竞选。留在达特福德继续竞选虽然从政治层面上说令玛格丽特颇感沮丧,但保守党内同人的热情温暖又在精神上鼓舞着她。她觉得自己在情理上不应该弃达特福德的保守党成员而去,所以1950年3月玛格丽特再度成为达特福德的候选人。在保守党协会一次气氛热烈的特别会议上,玛格丽特收到了一份礼物,其中有一枚铁质胸针,还有一幅由991名保守党支持者共同签名的卷轴。玛格丽特和她的一些支持者也逐渐成为挚友,这其中就包括达特福德保守党协会主席约翰·米勒,还有她的房东雷蒙德·伍尔科特和露西·伍尔科特夫妇。

当然,玛格丽特在1950年大选中也有着不俗的成绩。连她的竞选对手诺曼·多兹都对玛格丽特的竞选技能大加赞赏,还邀请她到下院共进午餐。此外,这两人还被拍到在伦敦市长的慈善舞会上一起跳舞。

跳舞前，多兹坚持要玛格丽特决定跳什么舞、用什么舞曲。玛格丽特选择了一首快节奏的探戈，她说探戈是"她最喜欢的舞曲"；她这么说有政治意义上的弦外之音——"嫉妒"。[34]

事实上，两人虽是政治对手，却并没有多少过节。诺曼·多兹是一位颇有骑士风度的守旧工党分子，对他年轻的对手敬重有加。两人公平竞选，互相尊敬。

保守党内部对玛格丽特·罗伯茨的敬重之情也日渐增加。大选过后保守党内反思认为，玛格丽特不仅在自己的选区表现出色，而且还做出了很大贡献，最终帮助特德·希思在他的贝克斯利选区以133票的优势胜出。保守党中央总部认为，玛格丽特在竞选大战中的活跃表现把不少工党的支持者从贝克斯利选区吸引到了达特福德，这就相应地减少了贝克斯利的工党投票。不过对玛格丽特的侧面帮助希思本人并没有表达额外的感谢。这两位邻近选区的候选人之间实际上早已经有了冷战之意。玛格丽特觉得即使是"在他最和蔼可亲"的时候，希思仍然"有些孤芳自赏"。[35]

玛格丽特·罗伯茨也从她在达特福德第一次竞选的成功中获得了自信。她在年轻政客的隐形市场上身价大增，不断出席保守党候选人协会的各种聚会，声名大振。她放弃假期休息，去约克郡的保守党党校斯温顿学院上课，参加政策讨论。在所有这些以男性为主的聚会中，玛格丽特作为极少数的女性候选人出席，颇有一枝独秀之势。参加聚会的部分男性候选人不久后即将与玛格丽特争夺那些有望获胜选区的候选人席位，他们对玛格丽特的态度比较矛盾。

这群人中，有一个名叫爱德华·杜坎*的，是西沃尔瑟姆斯托的候选人。他回忆道：

---

* 爱德华·杜坎爵士（1924— ），大英帝国爵级司令勋章获得者，1956—1987年任汤顿区议员，1965—1967年任保守党主席，1972—1984年任保守党委员会主席。1951年大选期间，爱德华·杜坎首次作为保守党候选人参与竞选西沃尔瑟姆斯托的议员席位。当时他的对手是工党首相克莱门特·艾德礼。

> 她相当有魅力，并且看得出很聪明，是一个动作敏捷的人。但是她对自己的要求太严格了，人缘也不太好。做事总是太极端，而且还有点傲慢。每次开会，她都一定会第一个站起来提问，问的尽是些不太好回答的开放性问题。大多数候选人都觉得她这种做法让人很不舒服：都认为她太尖刻、太专横。[36]

尽管同人对玛格丽特的尖刻专横不满，保守党内资深元老对玛格丽特却赞不绝口。阿尔弗雷德·博瑟姆对她的事业依旧表示支持。他经常邀请玛格丽特去他伦敦的家里参加各种盛大的政治晚会，还帮忙安排她到肯特郡各地区演讲。

玛格丽特也希望在全国舞台上崭露头角。最令她兴奋的机会终于在1950年6月7日到来。她应邀去皇家阿尔伯特音乐厅参加一个保守党妇女集会，会上她将作为附议者发表演讲，向温斯顿·丘吉尔致谢。这是她生平第一次亲眼见到这位伟人，他的战时广播演讲多年前曾深深地启发了玛格丽特，那时玛格丽特只有十几岁，还在格兰瑟姆上学。可惜的是，卸任首相和未来首相见面后到底说了些什么并没有文字记录。[37]

行将就木的1950—1951年这届工党政府正式倒台一共花了18个月的时间。这段时间内，玛格丽特·罗伯茨的事业毫无起色，但是她想嫁个好丈夫的心愿却逐渐有了眉目。

1951年年初，阿尔弗雷德·博瑟姆带自己的儿子克莱夫和玛格丽特一起外出吃午饭。那时克莱夫刚刚当上法弗舍姆区保守党议员候选人。克莱夫·博瑟姆回忆说：

> 父亲跟我们俩说了一大堆年轻政治家什么能做什么不能做的注意事项。最后，他突然变得特别严肃，对我们说，"搞政治可是会非常孤单的，所以我想对你们俩说，要去找个合适的人结婚，

这样你们就可以跟这个人一起放松休闲、一起分享生活的喜怒哀乐"。我注意到，父亲说这番话时，玛格丽特一直不断地点头。[38]

玛格丽特在点头时脑子里究竟想到的是谁，连她自己都搞不清楚。那时她还是在两个追求者间犹豫不决。罗伯特·亨德森仍然是她的首选。大选投票后的第一个周末，他带玛格丽特去伯克利酒店吃饭、跳舞，那天玛格丽特穿着一条白色的新裙子。"几乎每个周末还有每周工作日的一个晚上，我都会和他出去，"1950年春她给穆里尔写信说道，"但是我们到底会不会修成正果，我还是不确定，因为他觉得我俩的年龄差距太大了。"[39]

同年6月，罗伯特胃部做了一次手术，术后需要很长时间恢复，两人的感情因此逐渐冷淡了下来。与此同时，玛格丽特在哈默史密斯的J.莱昂斯食品厂找到了一份食品研究化学师的新工作。她还在皮米里科租了一间公寓。玛格丽特搬家的一个原因是，她在达特福德的房东太太伍尔科特夫人对她的私生活过于关心。"你知道我非常讨厌自己的私事被弄得尽人皆知，"玛格丽特在给穆里尔的信里提道，"罗伯特现在不肯到家里来，我几乎每次都得走到路的尽头，在红绿灯那里跟他碰面。"[40]

在自己伦敦的公寓里等罗伯特当然要比在达特福德路口的红绿灯那里等他舒服得多。玛格丽特在自己的公寓盛情款待罗伯特。"上次他过来的时候，我做了一顿非常丰盛的饭，一共有四道菜，就是想好好跟他露一手！"她对穆里尔说。[41]但是出于某些原因，玛格丽特苦心经营的爱情眼看即将修成正果，却在1951年夏的某一天突然无疾而终。这样的惨淡结果显然令玛格丽特心痛不已。1951年9月25日，阿尔弗雷德·罗伯茨在给女儿穆里尔的信里写道："罗伯特的事让玛格丽特非常伤心，不过一切都会过去的。"[42]

这其中究竟发生了些什么只能靠猜测了。作为一个年近48岁、一向行事谨慎的资深单身男士，罗伯特·亨德森一直对和年仅25岁的玛格丽特订婚一事犹豫不决。可能玛格丽特觉察到了他的犹豫，当面质问他，让他下不来台，他才决定分手的；因为两人分手时似乎非常痛苦，而非平淡了事。玛格丽特父亲的话，"罗伯特的事让玛格丽特非常伤心"，说明两人分手是很突然的。

正当罗伯特·亨德森为向玛格丽特求婚一事犹豫不决时，丹尼斯·撒切尔却早已做出了结婚的决定。从1950年大选起他就一直和玛格丽特约会，请她去伦敦的"绿藤""白塔"和"法国盾"等高档餐厅吃饭。而玛格丽特至少有一次邀请丹尼斯到自己皮米里科的公寓来喝酒，有时她也会去丹尼斯在切尔西的公寓里为他做饭吃。玛格丽特对丹尼斯显然不如对罗伯特·亨德森那么殷勤浪漫，不过她还是设法鼓励丹尼斯·撒切尔与自己保持恋爱关系。然而这种鼓励带有欺骗的性质，因为玛格丽特一直对丹尼斯隐瞒自己的秘密以及她和罗伯特的恋爱关系。

丹尼斯下定决心向玛格丽特求婚，并不是在他去玛格丽特公司看她时，而是在1951年8月他开车周游法国的途中；当时他和一个名叫肯特·格林的老同学一起开着那辆被他称为"甜蜜的牢笼"的车周游法国。

后来他告诉自己的女儿卡罗尔，当他看到那些骑着摩托旅行的人时突然灵光一闪，想要结婚。"我在旅行途中突然想到，'玛格丽特就是我要找的女孩'。"[43]

不过丹尼斯在和玛格丽特于自己的公寓共进晚餐时突然求婚并没有当场得到对方的应允。玛格丽特需要时间认真考虑。同时，她还想让未来的丈夫见见自己的父母。玛格丽特认为，父母可能会和自己一样，担心她变成第二个撒切尔夫人。

第一次婚姻破裂对丹尼斯造成的实际情感创伤要比他自己透露的更深。他的第一次婚姻源于二战期间一时的激情。那时他还是个年轻军官，在公园大道的格罗夫纳酒店举行的一次茶舞会上结识了一位迷人的女孩，并疯狂地爱上了她。这个女孩名叫玛戈特·肯普森，家乡在赫特福郡,是个会骑马的美人;她在皇家女子空军做运输司机。1942年3月,她和丹尼斯结婚。婚后不久丹尼斯就被派到海外作战。丹尼斯在皇家炮兵团任参谋一职,在意大利西西里岛和法国的战场上都有英勇的表现。他曾两度在军部发往总部的电报里被点名表扬,并成为军事类大英帝国勋章获得者,1946年他以少校军衔光荣退伍。退伍回家后却不幸地发现自己的婚姻已经走到尽头。一位密友这样描述离婚对丹尼斯的影响:"大家眼中的他是个英俊勇敢的少校——婚姻的破裂却把他击垮了,他似乎一下子失去了方向。"[44]

丹尼斯·撒切尔一生都努力在温和的外表下把自己所有的情绪隐藏妥当,所以他绝对不可能让玛格丽特觉察到离婚带给他的任何一丝痛苦。尽管和玛戈特·肯普森离婚已有三年之久,他的心中仍一直隐隐作痛。他对再婚一事也一向小心翼翼。这可能也解释了他在向自己的第二任妻子候选人求婚前,为什么会一直与其谨慎相处、颇有耐心。但是,玛格丽特的美丽、智慧和斗志都让丹尼斯沉陷其中,越来越无法自拔。

丹尼斯的求婚也是玛格丽特从未想到的。当丹尼斯向她求婚时,玛格丽特心里的感受和丹尼斯是一样的。她也许早已对优柔寡断的罗伯特心灰意懒。玛格丽特其他的一些疑虑也都被身在格兰瑟姆的父母的反应一扫而光。阿尔弗雷德·罗伯茨把这次求婚告诉了穆里尔,并清楚地表态说,丹尼斯的第一次婚姻绝不构成任何障碍,在他看来:"我跟玛格丽特说,她完全可以忽略这一点,因为离婚绝对不是丹尼斯的错,事实上丹尼斯是个非常不错的人。当然,他的经济实力也非常雄厚。"[45]市参议员罗伯茨先生后来还在这封信里提到,丹尼斯拥有一辆"凯旋"跑车和一辆1948年的"捷豹"汽车;另外,丹尼斯还打算买一辆最新款"马克5号"捷豹汽车。这位准女婿在格兰瑟姆见岳父岳母时唯一的小事故是,玛格丽特跟父母说丹尼斯喜欢喝酒。"我敢说她父亲只好把尘封已久的雪利酒拿了出来给我喝",玛格丽特的未婚夫这样回忆那时的情景。[46]

尽管丹尼斯向玛格丽特的求婚得到了女方父母的首肯，但是因为政治原因，两人订婚的消息直到五周后才公之于众。1951年10月，工党政府摇摇欲坠，首相克莱门特·艾德礼组织新一轮大选，投票日就定在了10月25日。

玛格丽特认为，宣布她和一个离过婚的男人订婚的消息也许会令达特福德的选民不满。所以整个竞选过程中，丹尼斯在公开场合只是她忠诚的竞选帮手，而不是未婚夫。不想选举前一天，玛格丽特订婚的消息突然被保守党中央总部透露给了伦敦各个晚报社。对此，玛格丽特觉得无比愤怒，担心这样的伎俩反而可能会适得其反。订婚的消息引起轩然大波，但并没有对选民产生多少明显的作用。

这一次，玛格丽特·罗伯茨仍然像上次参加竞选活动那样，非常敬业并且慷慨激昂。《每日写真报》拍下了她在阿特利大道演讲拉票的场景，成为整个竞选活动的亮点。但总体而言，1951年的大选相比上一年玛格丽特的第一次大选要平静、单调得多。意识到自己曾经幻想的激情、获胜的美梦都将再度折翼，玛格丽特心里难免产生和一年前大选时同样的沮丧之感。

即便如此，达特福德的大选结果仍然相当不错，工党的优势选票又减少了1304票。但是玛格丽特在票选结果公布后发表败选演说时，心中一定早已决定，绝不会在同一选区第三次参加竞选。这次真的该换个地方了。

回顾

26岁时，玛格丽特·罗伯茨已经参加了两次竞选，并且和一位合意的选民订了婚。达特福德让她收获颇丰。但那时玛格丽特已不再仅仅是一个普通的地方议员候选人了。在更广阔的政治舞台上，她一直被看作是一个必将在国内政坛叱咤风云的年轻女性。

当然,不是所有人都认同玛格丽特。保守党候选人协会的成员往往互相妒忌,而她绝对是别人愤恨妒忌的对象。尽管如此,那些资深老到的政治评论家对玛格丽特出色的才干还是赞许有加的。

"无论从哪方面来说都是个出色的候选人",颇有名望的英格兰东南部选区地区代理贝里尔·库克评价道。这句话出现在库克女士为达特福德候选人撰写的总结报告里,她在报告里还继续写道:

> 我估计她可能会暂时从政坛隐退,但很快就会复出。毕竟她还年轻,这么做完全没有问题。但我们绝对不能忘记这位女士,因为她才华相当出众,并且具有强烈的个人魅力和动人的外貌。[47]

这绝对是保守党中央总部对玛格丽特高度的评价。但中央总部忽视了这样一个不利因素:20世纪50年代,女性候选人在很多保守党选区都会遭受非常严重的性别歧视。这也将成为新晋的玛格丽特·撒切尔夫人后面必须克服的巨大障碍。

5
结婚，生子，芬奇利

结婚

1951年12月13日，玛格丽特·罗伯茨和丹尼斯在城市路的卫斯理教堂举行婚礼，玛格丽特正式成为玛格丽特·撒切尔。当天虽然天气寒冷、大雾蒙蒙，新娘灿烂的微笑却让天气变得晴朗了些。玛格丽特的父亲亲手将女儿交给丹尼斯。尽管婚礼在伦敦最有名的卫理公会教堂举行，阿尔弗雷德·罗伯茨还是觉得结婚仪式有点"半调子"[1]，显得不够庄重，可能是因为丹尼斯为婚礼选择了英国圣公会的传统赞美诗。第二首赞美诗的歌词写道——"带领我们，圣父，请带领我们，渡过世上最险恶的海洋"——撒切尔夫妇的生活后来证明，这歌词相当恰当。

丹尼斯是二婚，所以玛格丽特没有穿传统的新娘白裙。不过她还是精心地挑选了衣服，打扮得像个公爵夫人。因为玛格丽特所穿的礼服正是模仿画家托马斯·盖恩斯伯勒在查茨沃斯庄园所画的著名肖像画中德文郡公爵夫人乔治亚娜所穿的那件经典礼服做出来的。这件礼服由宝蓝色天鹅绒制成，配有礼帽，帽子右侧饰有硕大的鸵鸟毛。

婚宴原定在达特福德的布尔酒店举行。后来阿尔弗雷德·博瑟姆爵士听说玛格丽特订婚的消息，提出了新的想法。"最近我们在卡尔顿花园区我自己的家里，为我儿子克莱夫和他的新娘举办了一场非常幸福的婚宴，"这位热情好客的梅德斯通议员说，"你们愿意在我家里举办婚宴吗？"

"那再好不过了"，玛格丽特说。她经常参加博瑟姆爵士在他那所可以俯瞰伦敦林荫路的豪华寓所举办的聚会。[2]尽管经常去博瑟姆家，玛格丽特这个准新娘为保险起见，还是要求先去看看博瑟姆家的厨房再决定是否接受这番好意。

撒切尔夫妇的新婚夜是在萨伏伊酒店度过的。第二天，这对新婚夫妇就乘坐水上飞机去往马德拉岛度蜜月了。这是玛格丽特第一次出国，可惜蜜月旅行安排并不合她的意。水上飞机着陆时过于颠簸，吓坏了这位新撒切尔夫人，所以她决定此生再也不坐这种交通工具。夫妇俩后来是坐船返程回家的。不过坐船穿过大西洋到达葡萄牙花了整整三天时间，加上玛格丽特晕船晕得很厉害，所以自此以后她一直都讨厌坐船。³

回到伦敦过了新年后，夫妻俩搬进丹尼斯位于切尔西天鹅公寓大楼112号的家里。玛格丽特·撒切尔回忆录里用两句话把他们夫妻俩最初的婚姻生活描述得非常舒适，像极了简·奥斯汀笔下对那种幸福美满婚姻的描写："只要你的婚姻是幸福的，生活环境又舒适，作为一个已婚的年轻女人，总是件幸福愉快的事；我的婚姻就是这么幸福愉快的。而在50年代，在那样舒适的环境里做一个已婚的年轻女人简直像在天堂。"⁴

玛格丽特·撒切尔婚后第一年天堂般的居住环境和金钱有很大关系。20世纪50年代初，阿特拉斯防腐剂公司销售额持续增长，这意味着丹尼斯每周可以赚100英镑，每年的薪水加分红总计超过5000英镑——这个数目按照2013年的物价水平相当于15万多英镑。而天鹅公寓的房租只有一周7英镑。所以他们夫妻俩有足够的余钱用来重新装修自己的公寓和支付娱乐费用；他们甚至还奢侈地购买了两张极其昂贵的票，到威斯敏斯特大教堂入口对面的议会广场上有遮阳篷的看台上观看1953年6月伊丽莎白女王的加冕仪式。

舒适的生活环境意味着，撒切尔夫人根本不需要出门工作，但过分舒适的生活也很可能根本不符合她的本性。所以玛格丽特集中精力把全部的空余时间用来学习法律，还去法律教育委员会听课。听完课后，玛格丽特就在内殿律师学院吃饭。1953年7月，她顺利地通过了律师资格考试的第一级。

与此同时，玛格丽特也一直心系自己的政治事业。她在达特福德做议员候选人时声名大振，所以不断有人邀请她去做演讲，偶尔她也会在媒体露个面。最有趣的一次是，她应邀为《星期日写真报》撰写一篇讨论女性社会角色的文章，题为"伊丽莎白新时代的曙光"。1952年2月6日，伊丽莎白女王二世顺利登基。11天后，《星期日写真报》打算邀请一位和女王同龄的女性，就新女王登基后女人可能获得的发展机会发表一些评论。这家报纸非常有先见之明地挑选了撒切尔夫人（仅比女王大6个月）来写这篇文章。当然，玛格丽特也热情饱满地完成了这个任务。

文章里，在"醒来吧，女人们"这个标题下，玛格丽特·撒切尔向心怀抱负的职业女性大声发出呼喊。对于女人应该为丈夫、家庭牺牲自己的事业这一观点，她则极力反对。玛格丽特自己所持的观点是非常前卫的，在20世纪50年代甚至可谓相当有革命性；她提倡所谓的"事业家庭两不误"，对自己钟爱的政治事业她也持这样的观点。她不仅希望下院能有更多的女性议员，还期待女性议员能在国家层面担任最高职务："如果女人能够承担和男人一样的任务，那么我想说，请允许女人和男人享有同样的机会，在内阁担任领袖吧。为什么不可以有女内阁大臣——或者女外交大臣？"[5]

除了玛格丽特，还没有任何政界人士敢在1952年发表这样的观点。这篇文章发表时，英国仅有过两位女内阁大臣——劳工大臣玛格丽特·邦德菲尔德和教育大臣埃伦·威尔金森。这两个人都是工党成员，未婚，且在内阁中职位较低。玛格丽特·撒切尔心怀远大目标，不过那时也并没有远大到想当首相。

整个1952年，玛格丽特都在想方设法地获得一个议会的席位。尽管结婚前夕她曾告诉过保守党中央总部，她想"暂时搁置"自己的政治梦想，但几个月后就很快地改变了主意。

1952年6月，她去保守党总部见了"贝里尔阿姨"——她一直这么称呼自己这位保守党总部的好友贝里尔·库克。她告诉贝里尔说："没有用，我必须面对政治，我不想被遗忘在政治之外！"[6]于是贝里尔·库克安排她和负责候选人事务的保守党副主席、议员约翰·黑尔见面。在了解到玛格丽特的丈夫同意她重返政坛、再度参加议员竞选后，约翰·黑尔对玛格丽特表示支持，并把她列入内伦敦的边缘选区霍尔伯恩和圣潘克拉斯的候选人预选名单。

黑尔万万没有想到，玛格丽特·撒切尔居然拒绝了他的提议，还口头解释说："我还是不要在离伦敦中心这么近的选区做候选人了，因为这些地方根本没有自己的社区生活。"[7]

这样的解释有些虚伪。真正的原因是，玛格丽特觉得自己应该去一个更好的选区，而不是这种在2000个选票中工党支持者占绝大多数的边缘选区。

从选区的胜算率考虑，玛格丽特其实更想去坎特伯雷选区。虽然参加了面试，但是她连一个预选名额都没有拿到。这样的结果自然令玛格丽特很失望，可同时也在提醒着她，她的讲话可能会误导自己的听众。有时，她的讲话甚至会对听众产生比误导更糟糕的结果。

有不少尴尬的史料显示，玛格丽特在1952年夏天曾经冒犯过萨默维尔学院一位俗气的女校友。那次聚会一起用餐完毕后，玛格丽特·撒切尔非但没有说些应景的餐后俏皮话，反而就婚姻和家庭生活发表了一通沉闷的讲话。

"太可怕了。我再也不会请她讲话了"，萨默维尔学院院长珍妮特·沃恩爵士结结巴巴地说道，她的观点和参加聚会的另一位撒切尔风格的批评家安·达利的观点一致。达利认为这位贵宾发言时尖锐的口吻特别难听，发言的内容也因为玛格丽特的惺惺作态而"难以理解、令人不快"。[8]

无论玛格丽特·撒切尔的发言得到的是积极的还是消极的反应，她努力寻找选区当议员候选人的尝试不得不在1953年暂时中止，因为她发现自己怀孕了。政治事业必须要让位给怀孕生子。不过玛格丽特万万没想到，这一让就是五年之久。

生子

玛格丽特·撒切尔孕期反应很大。她早晨恶心呕吐得非常厉害，长时间觉得身体不适。这些不适反应是因为她怀的是双胞胎，不过怀孕那阵她并不知道。因为怀了双胞胎，产妇情况不稳定，所以妇科医生决定必须立刻进行剖腹产手术，那时候距预产期还有6个星期。于是，1953年8月15日下午，这对双胞胎儿女马克·撒切尔和卡罗尔·撒切尔就在哈默史密斯的夏洛特女王医院来到了人世。

孩子的父亲因为预计一切正常，"非常明智地"（他妻子这么认为[9]），跑出去看英格兰对澳大利亚的国际板球决赛。等他看完球赛从椭圆板球场回家时，发现自己已经成了一家四口之主了。这只是他与玛格丽特结婚带给他的诸多惊喜中的第一个惊喜而已。

孩子出生后，玛格丽特很不耐烦却又相当高效地应付着母亲的角色。那时，产妇产后一般要住三个星期才能恢复出院，但玛格丽特却说服自己的医生两周后就让她出院。因此，当她发现自己又有了多余的时间后，开始了新的不安分。玛格丽特一向不习惯太清闲，所以这回她开始利用空余时间填表申请参加最后一级的律师考试，申请表填好后她连同预付的考试费一起寄了出去。玛格丽特对此解释说："我对自己耍的这个小小的心理策略，将能确保我带着自己的一双儿女，一回到天鹅公寓就可以立即投入到法律学习中。"[10]她还记得当时自己想："如果我现在就把报名表填了，为了保住面子，我绝不会让自己考不过的。"[11]

从心理上决定了要将照顾宝宝和准备律师考试两者结合起来开始自己的新生活，玛格丽特·撒切尔便在生下马克和卡罗尔仅四个月后正式着手备考最后一级律师考试。[12]

作为一名年轻的母亲，玛格丽特非常关心孩子，且能给孩子提供优厚的物质生活。孩子们需要什么，她都一定满足；并且她给孩子的物质享受远远多于孩子想要的。但这样慷慨的物质满足只是为了弥补她没有能给孩子的母爱。她像自己的父母阿尔弗雷德·罗伯茨和比阿特丽斯·罗伯茨对自己和姐姐穆里尔那样，不肯跟马克和卡罗尔有多少肢体接触，和他们的关系也不是很亲近。即便玛格丽特母爱的本性使她对孩子没有很多严格的约束，并在家里为孩子创造出一个宽松、自由的舒适环境，但她还是抽不出太多时间陪伴一双儿女。她似乎认为，只要精心计划安排，所有的事都可以找到时间完成。

所以玛格丽特不喜欢把母亲的职责假手他人完成。"早在雪莉·康兰提出那个新词之前，她就已经是个'女强人'了"，卡罗尔·撒切尔评价道。卡罗尔这番话旨在说明，母亲居然能抽得出时间给她和马克织宝蓝色外套作为他们的生日礼物。玛格丽特之所以在家能如此高效地织毛衣，是因为她想跟孩子们的保姆芭芭拉一决高下——芭芭拉是个织毛衣的好手。[13]

玛格丽特给孩子的另一个惊喜发生在他们4岁生日时。为了给两人庆祝生日，妈妈做了意大利面给他们吃。她还花了好几天的时间，又烘烤又雕花，最后做出两个巨大的生日蛋糕。一个蛋糕做成汽车的模样，是给卡罗尔的；另外一个做成杏仁蛋白糖味，送给马克。[14]

这样费尽心思地表达母爱确实令人感动。但实际上保姆才是那个每天悉心照顾孩子的人。

初为人母，法律和政治就占据了玛格丽特·撒切尔大部分的时间。为了应付年底即将到来的最后一级律师考试，也为了保全自己的面子，玛格丽特只能承受巨大的备考压力。

1953年12月见证了玛格丽特人生中三个重要的转折点：结婚两周年纪念，在城市路卫理公会教堂为两个孩子受洗，顺利地通过了律师考试第二级全部九门科目的考试。

1954年1月，玛格丽特取得了律师资格，接下来她还得去见习，大律师都把见习叫作"学徒"。玛格丽特的第一个见习师傅是弗雷德·劳顿,后来他成为一位伟大的律师和法官。六个月的实习期,玛格丽特共付给劳顿50英镑的费用,此外还给了劳顿的书记员5畿尼。"因为花了丹尼斯好多钱,"玛格丽特给穆里尔写信说,"我要等到身上的衣服都穿破了再买衣服。"[15]

劳顿认为玛格丽特·撒切尔是他所有徒弟中最优秀的,后来他回忆说,如果玛格丽特当初留在法律界,一定会成为一名非常成功的皇家大律师。但他也对查尔斯·摩尔说:"我觉得她不可能成为第一名女上议院法官,因为她没有成为上院法官所必须具备的那种深邃的思想。"[16]

但不管怎样,见习期间,玛格丽特·撒切尔开始形成了新的信条——这一信条在她担任首相以后再三被提起——法治和她称为"法律基础上的自由"这两者是奠定自由国家的基础。

在法律界寻找自己合适位置的努力经过几次小小挫折后,玛格丽特·撒切尔决定转向税务法,并在皇家大律师C.A.J.博纳的事务所得到了见习的机会。玛格丽特决定专攻税法,这导致了她和丹尼斯之间短暂的争吵,这是丹尼斯为数不多的几次直接干涉玛格丽特事业的行为之一。1955年年初的一天晚上,他回到家发现妻子正忙于填写特许会计师协会的申请表格。

"这到底是什么?"他问。

"我想学会计。"

"究竟是为了什么?"

"嗯,他们跟我说,如果我想做税法律师,就得懂点儿会计知识。"

"算了吧。"丹尼斯说。[17]

一想到学会计还要再花上四年时间进行专业学习,通过各种考试,丹尼斯就感到后怕。他心意已决,坚持要妻子放弃这个想法。他的建议后来被证明是正确的。正如玛格丽特很快便发现的那样,没有会计资质做税法大律师也是完全可以的。

玛格丽特·撒切尔在决定要专攻税法时，很可能已经预见到她终将进入议会。她在做税法律师期间，也成为律师学院保守党协会的活跃分子。协会的会员里有不少极有政治抱负的年轻大律师，包括杰弗里·豪、帕特里克·詹金、安东尼·巴伯、迈克尔·哈弗斯和艾瑞·尼夫。这些人后来都成了议员。在这样的圈子里，玛格丽特一定已经意识到，进入内阁的最常用方法就是，首先成为后座议员，争取在下院的年度财政法案辩论中脱颖而出；而这项由财政大臣提出的法案最终会变成法律。

因为职业原因，玛格丽特·撒切尔选择做税法律师时，或许心中也早已打算好要借此为自己从政做准备。她的策略是正确的，因为20年后，正是她在关于1974—1975财政法案的辩论中发表的一系列演讲，使得她脱颖而出，为她赢得保守党党魁的位子立下了汗马功劳。

通往芬奇利的崎岖道路

虽然玛格丽特·撒切尔婚后生活幸福，对她的事业而言，20世纪50年代中期却是有些沮丧的。玛格丽特在法律界并没有多少出色表现，争取议会席位的努力似乎也是挫折不断。无论在法律界还是政治界，玛格丽特的受挫主要是源自那个时代对有抱负女性的歧视。

律师界和保守党内部都拒不承认存在这样的性别歧视，但性别歧视却是真实存在的，也是玛格丽特·撒切尔不得不面对的。在找律师事务所就职和找机会做案情陈述方面，玛格丽特遇到过重重困难，这主要是受潜在的大男子主义思想影响。大男子主义在当时法律界的书记员、皇家大律师、大律师、实习律师和律师学院都非常盛行。和狄更斯生活的年代相比，20世纪50年代的性别歧视并没有多少差别，顶多只是有天分的女性能获得少许的表现机会而已。

保守党内部也是大男子主义泛滥。不过奇怪的是，性别歧视更多地来自选区保守党协会里那些女性积极分子，而这些女积极分子在议员候选人选举委员会上又有着很大的决定权。通常，她们对女候选人态度恶劣，对玛格丽特·撒切尔则尤其恶劣。

在坎特伯雷选区的尝试失败后，玛格丽特又经历了一系列失败。虽然保守党中央总部非常支持她，但她在奥平顿、贝肯纳姆、赫默尔亨普斯特德和梅德斯通等选区的最后一轮候选人面试中都先后败北。在奥平顿，当地一个叫唐纳德·萨姆纳的人以微弱优势险胜，成为候选人；面试组看中他是因为他在讲话中提到选区需要的是"真正了解这个选区的一切的议员——一个知道洛克斯博姆特姆（奥平顿旧名）各个道路状况的人"。[18]玛格丽特·撒切尔对对手的这番话一笑了之，但接下来的连续三次失败却让她感到"受伤和失望"。[19]

玛格丽特的困境在于，从这一次又一次的失败中，她已经觉察出某种令她担忧的模式了。和那些备选的男性候选人不同，她总是被问些尖锐的问题，这些问题似乎在暗示，她无法既做个好妻子、好母亲，又做个好议员。

这些矛盾在梅德斯通迅速激化。玛格丽特初到梅德斯通参选时是最有希望获胜的，有一部分是因为已经退休的阿尔弗雷德·博瑟姆爵士帮她说过不少好话。最后一轮面试只剩下两个实力不强的对手，约翰·利奇菲尔德上尉和约翰·韦尔斯。无论是演讲能力还是政治知识，这两人都绝不是玛格丽特的对手。

面试最后要求就给定的话题"如果我被选为梅德斯通的候选人会实行什么样的政策"做演讲。据当时参加面试的一个评委比尔·亨德森说，玛格丽特"遥遥领先"。但最后，显然他和其他评委一致认为，玛格丽特回答问题时"彻底砸了"。[20]保守党中央总部地区副总代理约翰·恩特威斯尔的报告中解释说：

考虑到她有丈夫和孩子，我们问她作为一名议员，她是否有能力处理好家庭和工作的关系，我觉得她的回答不是很好。她说家里有个能干的保姆，还说如果担任议员的话，她早上会有空儿照顾家里（完全忘记了议员早上也要开会）。她还说周末也会有时间照顾家庭，根本没提到周末会留在梅德斯通。不过她倒是提到担任议员后会放弃律师的工作。[21]

从这段报告的字里行间可以推断出，玛格丽特没有回答好"是否有能力处理好家庭和工作的关系"这一问题，导致她失去了候选人席位。事后，她向丹尼斯抱怨说，无论是有着四个不到4岁孩子的约翰·韦尔斯还是有两个孩子的利奇菲尔德上尉，都没有被问到同样的问题。选拔委员会似乎有失公允。

最后，约翰·韦尔斯在最后一轮投票表决中获得40票，战胜了只有27票的玛格丽特·撒切尔，被提名为候选人。韦尔斯是伊顿公学的毕业生，为人和善但有些冷漠，他是水果种植园的农场主，28年来一直是梅德斯通的候选人。本质上他绝对是那种极少参加投票的下议院议员，对下议院最大的贡献就是善于保持沉默，不发表任何见解；他向议院提的议案也主要集中在为当地修路或种植苹果树等方面。韦尔斯被选为候选人那晚，也有少数评委对选拔结果表示不满，认为玛格丽特·撒切尔没有受到公平对待。其中有12个人一反常态地在会议结束时遵循惯例一起举手拒绝选择韦尔斯为候选人。亚军受到不公正对待的这种感觉在梅德斯通保守党协会主席给中央总部的信里也有所反映。这位协会主席不遗余力地称赞玛格丽特：

撒切尔夫人：性格极佳；是个演讲高手，说话语气平静却吐字有力、直击要点；有深刻的政见；政治上是坚定的右派；聪明而富有"魅力"。这位女士不日定会进入议会。[22]

可是这位女士本人却在梅德斯通选拔败北后备感沮丧。要是那时她知道，在她下一轮竞选的目的地芬奇利，人们最初对她也有很深的歧视，一定会更加沮丧。

芬奇利的约翰·克劳德爵士是前届议会解散后竞选连任的议员，当他听说玛格丽特·撒切尔准备参加选拔、继任他的位置时，禁不住向当时的保守党主席黑尔什姆勋爵抗议说，保守党中央总部是想操纵整个选拔活动，让芬奇利在"一个血腥的犹太人和一个血腥的女人"*之间做抉择。[23]

这些歧视性的观点今天听来简直不可思议，但是对于20世纪50年代的保守党来说却极其平常。

实际上，保守党总部根本不支持任何女竞选人。保守党中央总部伦敦北部地区副总代理（她自己就是个女人）在报告里这样说："我想向你们汇报，我得到消息，芬奇利决定让一些女人参与选拔，不过这些女竞选人来只是走个过场。要是他们真选中了哪位女人做候选人，我一定会惊呆的。"[24]

芬奇利是伦敦北部的一个选区。人们都认为保守党在这里获得席位的胜算比较大，因为这里有白领居住区，比如托特里奇、惠茨通、汉普斯特德花园郊区和福莱恩巴尼特等，地区相对比较富裕。这里还有很大一片犹太人聚居区，犹太选民占选民总数的20%。

大家都认为保守党协会和芬奇利当地的议员约翰·克劳德爵士关系不和，并对他不满。克劳德为人飞扬跋扈，是个地主，毕业于伊顿公学，并一直担任保守党后座议员，是1922年委员会的高级长官。据

---

* 这个故事里的"血腥的犹太人"是保守党研究部部长彼得·高曼。他虽然报了名参加芬奇利候选人的选拔，但是临阵退出。后来他于1962年3月15日在奥平顿的补选中当选为保守党候选人，但不幸的是自由党最终在大选中获胜。

说，参与芬奇利选拔面试的考官都希望尽量找到一个与他们的老议员截然不同的新人。玛格丽特·撒切尔至少在这方面是符合要求的。她从大约150名申请者中突围而出，和另两名候选人一起进入将于1958年7月14日举行的最后一轮面试。

这场面试可谓喜忧参半。值得庆幸的是，最后三名候选人之一，克里斯托夫·蒙塔古·蒙蒂·伍德豪斯因为被选为牛津区的候选人，突然宣布退出投票。90名执行理事决定议员候选人最终人选时，伍德豪斯无疑是玛格丽特最强有力的竞争对手；因为他是希腊战役中的战斗英雄，还是皇家国际事务研究所的研究员，并曾在那里任所长。

蒙蒂·伍德豪斯退出投票后，执行理事会必然不可能让仅剩的两名候选人，即托马斯·兰顿和玛格丽特·撒切尔单独对决。这样一来，面试中分别名列第四和第五的伊恩·弗雷泽和弗朗西斯·理查森就获得了票选资格，最后一轮投票的候选人数扩大为4名。

除了玛格丽特以外，其他三名候选人都是已婚男性。他们带着自己的妻子一同来参加选拔，而撒切尔夫人却没有丈夫的陪伴。因为丹尼斯那时正好在南非出差，"去谈生意"，她见到执行理事会时就是这么说的。[25]虽然玛格丽特觉得丈夫的缺席可能会影响自己的运气，但也只能默默地接受。非洲的通信在20世纪50年代非常不发达，所以丹尼斯完全不知道妻子已经顺利地进入最后一轮票选。玛格丽特虽然也写信告诉了丈夫这一喜讯，但是信丹尼斯根本没收到。

不管怎样，芬奇利候选人的投票大战即将拉开帷幕。第一轮投票，玛格丽特·撒切尔以一票的优势险胜。她获得了35张选票，而托马斯·兰顿获34张。兰顿是陆军旅长，二战期间在战斗中失去了一条腿，也因此获得了军功十字勋章；他在芬奇利当地人缘很好，但是没什么候选人经验。另两名候选人得票总计只有22张，所以退出下一轮投票。

第二轮投票，撒切尔夫人又以微弱优势获胜*。她得了46票，兰顿得了43票。但这并不是最后的胜利。因为按照保守党投票选举的通行惯例，即便候选人所得票数非常接近，也必须要由执行理事会一致举手同意得票最高的候选人，才能确定最终人选。

不幸的是，芬奇利保守党执行理事会就是有一小部分人坚决不肯按惯例一致同意玛格丽特为候选人。协会内部这一小群人提出异议，坚决反对女人做议员，所以他们坚决拒绝同意玛格丽特·撒切尔为候选人。但是他们希望重新投票选拔候选人的努力还是落空了。就这样，玛格丽特当选为议员候选人，她的正式任命会定在月末举行。[26]

媒体对于她的当选大事宣传。"保守党选出了美女"出现在伦敦《旗帜晚报》头条："保守党公认的最美丽的女党员当选芬奇利候选人。"[27]

两天后，一位乘客从约翰内斯堡去往尼日利亚首都拉各斯，在那里转机准备飞回伦敦希思罗机场时，偶然间捡到了一份别人丢下的《旗帜晚报》，这个人就是丹尼斯·撒切尔。丹尼斯前一晚和生意伙伴喝得酩酊大醉，刚一"摇摇晃晃地登上飞机"，就看见了《旗帜晚报》上报道妻子在芬奇利当选的消息。他自然为妻子感到骄傲和欣喜，但是也以自嘲式的幽默回应了这则消息。"幸好我那时不在，因为票选双方简直实力相当，"他回忆道，"要是那些投票的人看到我，一定会说，'我们可不想选这对夫妻'。"[28]

选区的任命会旨在正式宣布执行理事会选择了某位人选作为候选

＊ 查尔斯·摩尔所著的授权传记中提到过这件事，说玛格丽特·撒切尔获得芬奇利的提名是因为芬奇利的保守党协会主席伯蒂·布拉奇使诈欺骗。据说，他对自己的儿子说："她根本就没有赢。赢的是那人（托马斯·兰顿），不过我想：'他出身富贵，自然会在其他地方获胜的。所以我就把自己原来投给兰顿的两票改投给了她'。"（参见摩尔：《玛格丽特·撒切尔》，第一卷，第135页。）这个故事可信度不高。因为保守党中央总部的工作人员会在选区的执行理事会上当场计票，并且要求必须有投票监督员在场监督。所以无论哪个协会主席都不可能把投给某个候选人的选票撤出来重新投给另一个人。最后一轮投票必然竞争激烈，至少和前面一轮一样激烈，所以无论如何投票监督工作也必定会相当严格。

人，这种任命通常都会很顺利，但偶尔也会出现意外。保守党中央总部一直担心7月31日晚芬奇利的任命会上可能出现麻烦，因为执行理事会里小部分反对者可能会趁机在会上发表反对言论。

尽管有着种种不祥的预兆，玛格丽特·撒切尔还是在1958年7月31日晚举行的任命会上获得了个人巨大的成功。大家都说，她在会上的演讲很精彩，让那些批评她的人不战自败。地区代理给保守党中央总部汇报玛格丽特任命会的报告中，也提到与会的人中有一小群人一向反对女人做候选人，但报告中继续写道："撒切尔夫人在会上做了精彩发言，任命会一切顺利。"[29]

任命会上正式宣布玛格丽特的任命后，据当地报纸报道，接下来"台下有大约五位前辈【原文如此】看上去样子很傻，气得脸都红了"。[30] 芬奇利的媒体，甚至把任命宣布后，那一小群反对派的反应给添枝加叶地描述了一番：

> 这些保守党本想过来看热闹，结果灰溜溜地走了。就算有人想来唱反调，但是这些人最后走的时候已经完全转变了观点……撒切尔夫人发言不拿讲稿，讲话富有感染力，并且总能一语中的；她在讲话中先用流畅的语言准确分析了中东地区的局势，然后仔细解读了苏联的政治宣传分子，认为他们就像家庭主妇做饭时对各种食材的用量一清二楚那样，也完全清楚该在什么适当的时候为苏联宣传造势；接下来她把埃及总统纳赛尔比作是坏了一锅汤的那颗老鼠屎；紧接着她又谈到了英国国内的许多问题（特别关注工人工资和工会问题）；最后她信心满满地向台下听得入迷的观众宣布：保守主义一定会创造美好的未来……不管喜欢与否，台下这群如痴如醉的观众都感受到了保守主义准备扬帆起航的愉悦。[31]

和在这篇报道中旁征博引、夸夸其谈的记者相比，玛格丽特·撒切尔显然要务实得多。但是她还是为没能彻底征服那些反对自己的人感到有些失望。反对派的提前离场令她不安，这位年轻的候选人隐隐地感到，一些保守党人"仍然铁了心要跟她过不去"。³²

接受任命几天后，玛格丽特写信给新任保守党中央总部主管议员候选人的副主席唐纳德·卡伯里议员："历经千辛万苦，我还是感受到，尽管我的任命会非常成功，可一些保守党协会成员依然不肯改观，对女性仍旧怀有强烈的歧视。我希望自己上任后通过努力工作，最终消除这种性别歧视。"³³

玛格丽特·撒切尔所理解的努力工作就是"把芬奇利当作获胜希望不大的选区开展竞选活动"。³⁴ 她开始举办各种会议、集会；每周去选区三次，并在晚上到选区的各小区游说，争取选民的支持。

面对保守党内对她当选候选人的质疑，玛格丽特非常明智地没有去理会，不过大家都一致认为芬奇利获胜的希望很大。芬奇利选区属于伦敦北部比较富裕的地区，居住在这儿的人不是经纪人就是白领，多数拥有自己的房产，因此保守党拥有绝对的优势选票。大选获胜可能存在的障碍只有两个。第一个是，区内的广大保守党人死气沉沉、不够团结；第二个则是，芬奇利的自由党候选人善于开展竞选工作，且已经开始向区内的广大犹太人拉票；因为几年前当地一些保守党积极分子曾有强烈地排犹倾向，不允许犹太人加入芬奇利当地的高尔夫俱乐部。

玛格丽特·撒切尔非常轻松地梳理出这两个难题后，自己跑去见了保守党首席党鞭特德·希思，向他简述了选区面临的问题。希思对她的积极予以帮助，组织安排了许多著名人物到芬奇利演讲。这些人要么是当时的内阁大臣，要么曾经担任过此职，有些即便当时不是，后来也都担任了内阁大臣，包括伊恩·麦克劳德、彼得·桑尼克罗夫、约翰·博伊德-卡彭特和基思·约瑟夫爵士³²。最后一位人物虽然被芬奇利的媒体丑化，被说成是"一个板球运动员"，但他是全国犹太社区的领袖人物。*基思·约瑟夫对玛格丽特的支持，让那些有关玛格丽特·撒切尔允许芬奇利高尔夫俱乐部或其他任何地方进行排犹活动的谣言不攻自破。其实，玛格丽特后来政治生涯里的表现显示，她本人一生都和犹太人保持着亲密关系。

当选

到1959年9月大选即将开始时，芬奇利保守党协会的状况已经比14个月前玛格丽特·撒切尔刚刚当选为候选人时大有改善，而且协会内部更加团结了。玛格丽特一直以一个忠诚、主流的保守党员形象开展竞选活动。对于英国政府在苏伊士运河事件中的举措她表示支持，对于英国政府同意解除非洲殖民地管制、加速帮助这些殖民地独立的做法，玛格丽特也表示赞同。"保守党让你的生活更美好，不要让工党破坏了"，这是保守党的宣言，玛格丽特对此也表示热情支持。因为公共开支增长了5000万英镑，哈罗德·麦克米伦的整个财政班子只能在1958年1月集体引咎辞职，哈罗德·麦克米伦诙谐地称之为"小小的局部困难"，并说自己毫不介意。尽管玛格丽特在回忆录里说自己对哈罗德·麦克米伦的这一做法"深表不安"[36]，但是她在芬奇利的竞选活动中并没有公开表达过自己对麦克米伦事件的质疑。玛格丽特发表的竞选演讲清楚地表明，她自己完全支持麦克米伦的经济扩张主义。

玛格丽特在选区里的竞选活动可谓一帆风顺。1959年，保守党声

---

* 基思·约瑟夫爵士（1918—1994），世袭准男爵，牛津大学万灵学院毕业，1956—1987年任保守党利兹东北部议员；1959年第一次和玛格丽特·撒切尔相识，当时他是英国议会住房及地方政府事务大臣，曾帮助指导玛格丽特将她提议的非官方议员条例草案变成法律；1970—1974年任社会服务大臣；1979—1981年任工业大臣，1981—1986年任教育及科学大臣。1974—1979年他组织建立了英国政策研究中心并任中心主任一职；玛格丽特·撒切尔担任反对党党魁期间他在思想和政策制定方面对玛格丽特的影响是最大的。1987年他被加封为约瑟夫勋爵。

势正盛，芬奇利的非保守党选票由自由党和工党各执一半，所以两方都不可能对保守党构成很大威胁。

工党候选人是埃里克·迪金斯，后来成为詹姆斯·卡拉汉政府的一名次长。他认为玛格丽特·撒切尔有坚定的政治信仰，绝对是政治上的有力竞争对手。但是，在个人层面，他又把玛格丽特看作是"我在生活里见过的极少数完全没有人情味的那种人"。[37]

三名议员竞选人同台竞争的集会共有四次，每次都人满为患。埃里克·迪金斯对其中一次集会记忆犹新，因为玛格丽特·撒切尔教会了他做好充分政治准备的重要性，这次集会由伦敦主教主持。会上各竞选人就当时英属殖民地肯尼亚发生在奥拉拘留营的残忍暴行，展开了激烈辩论。自由党和工党候选人都对殖民地的这种暴行表示强烈谴责。

玛格丽特·撒切尔却从包里拿出一份审查委员会的相关调查报告。"主教大人，我可能是几名候选人里唯一一个曾从头到尾地将这份文件研读一遍的人"[38]，她说道。然后玛格丽特在这份足有两英寸厚的报告里截取了重要段落，并向观众大声朗读了其中的详细内容。这样一番细致有调查的发言立即挫败了对手粗鄙空洞的攻击。"那晚，这场辩论简直就是为撒切尔夫人专门设立的"，迪金斯回忆说。[39]

玛格丽特·撒切尔十分了解辩论的主题，的确是个辩论高手。但她有时说话过于盛气凌人。埃里克·迪金斯还记得竞选集会上发生的一件小事。当时坐在前排的一位保守党女支持者总是不停地插嘴，搞得他很不舒服，最后冲她大喊："你怎么还不闭嘴？"这么一喊一下激发起一旁的保守党候选人好为人师的劲头。"迪金斯先生，公共集会可不应该这么表现！"[40]玛格丽特·撒切尔大声斥责迪金斯。她似乎忘记了，集会上真正有资格管候选人的只有主持会议的主席。

大选期间保守党阵营内部也出现过很多矛盾。据保守党中央总部一份报告中记载，那些一直反对任命玛格丽特·撒切尔为议员候选人的中坚分子在竞选过程中依旧态度恶劣。并且据说，芬奇利的这位候选人一直"不待见"保守党的选区代理。但是无论玛格丽特对他说什么做什么，这位代理总是宽容大度，因为报告结尾说"他对她的竞选活动除了赞赏别无二话"。[41]

这种赞赏也被1959年10月9日零点30分在芬奇利计票站公布的计票数证明是正确无误的，计票数甚至比原先想象的还要好。

票选结果可谓相当好。玛格丽特将保守党芬奇利的优势选票增加了近3500张。在这种大好形势下保守党乘胜追击，最终在哈罗德·麦克米伦重组政府的这次大选中，以100个席位获得大选胜利。

玛格丽特·撒切尔终于在34岁时进入议会，成为新一届下议院最年轻的议员之一。

回顾

玛格丽特·撒切尔在她35岁生日到来的前两周顺利当选为议员。显然，她顺应了传统的观点，"进议会要趁早"[*]。能跻身议会可是个不小的成就，对一个女人来说更是如此。

玛格丽特在达特福德初次参加议员竞选便有不俗表现，随后她向议会行进的这一路可谓是坎坷崎岖。选区议员候选人的选拔往往有些碰运气的成分，但是为什么玛格丽特居然一连五次都没能够榜上有名呢？显然不是能力问题，因为那些先后打败她的男人——唐纳德·萨姆纳、约翰·贝克·怀特、菲利普·古德哈特、詹姆斯·阿拉森和约翰·韦尔斯（他们分别当选为奥平顿、坎特伯雷、贝肯纳姆、赫默尔亨普斯特德和梅德斯通的候选人）——这些人的演讲口才都欠佳，后来在议会中也几乎没有太多出色的表现。

对女性候选人根深蒂固的歧视可能是这一系列挫败的原因之一。

---

* H. A. L. 费希尔第一个写下这句关于议会的金玉良言，但是据说还有很多人都曾说过同样的话，包括小皮特、F.E.史密斯和温斯顿·丘吉尔。

另一个原因则不太明显。这个原因是，玛格丽特·撒切尔没能明白，在选区候选人选拔比赛的演讲环节中胜出，除了要有扎实的基础知识外，更要有相当的亲和力。有亲和力的关键在于候选人能在自己和选拔理事之间建立一种良好的氛围。对于"清楚三柱门的高度"这句板球行话，或许丹尼斯比玛格丽特更能体会其中的含义；不过这句话也可以用来总结在保守党选区协会内获得选拔理事青睐的技巧。

这样就可以非常容易地明白，为什么年轻的玛格丽特·撒切尔想要一言成名，却不幸在选拔过程中一直无法得到选拔理事的青睐了。每每在选拔比赛中，她都表现得咄咄逼人而不是和蔼友善，争强好胜而不是美丽可人，她更擅长煽动政治热情而不是激发温情。不过即便如此，这么绝顶出色的一个女人为什么会在选拔中竟然连续败给一群二流男人，还是令人有些费解。

不管落选时有多么沮丧伤心，玛格丽特最终还是实现了自己的目标。然而成功的背后，玛格丽特也失去了一些东西，虽然那时她极力否认：她的家庭生活受到很大的影响。

玛格丽特·撒切尔退休以后在和朋友的多次聊天中，都很痛惜自己没能为马克和卡罗尔的成长多投入一些时间和精力。1995年，她甚至对迈克尔·斯宾塞爵士说："如果能重来一次，考虑到从政会对家庭带来的影响，我是绝对不会步入政坛的。"[42]无论玛格丽特在80岁的耄耋之年如何真心实意地表达出自己的感伤，但这种感伤都无法代表她在30岁、40岁和50岁时的真实感受。所以对于玛格丽特在回顾往事时表现出来的懊悔我们都不应该太当真。

玛格丽特·撒切尔一向都是一个有抱负、有追求的人。她永远都把自己的事业摆在第一位，把自己所应该承担的妻子和母亲的责任摆在第二位。在她心里，大家重于小家：这就是她一贯的风格。所以我们不应该因为这个而对玛格丽特有所抱怨，更重要的是丹尼斯、马克和卡罗尔自己也从来没有为此公开埋怨过玛格丽特。

尽管玛格丽特作为一名母亲，的确存在太多不足，这些不足有时令人痛苦；但她又是一个聪明的女人，所以才会不得不权衡，做出选择，把生活的重心都放在了政治上。也许玛格丽特自己身边最亲近最在乎的人因此而受伤不已，但是不管怎样，1959年芬奇利获得了一位杰出的议会议员，1979年英国获得了一位不同寻常的首相。无疑从一开始玛格丽特就明白投身公共生活的代价。

6
议会的早年岁月
1956 — 1964

幸运的立法委员

玛格丽特·撒切尔刚担任议员那段时间是相当幸运的。她刚刚进入议会，就在普通议员议案讨论的抽签中抽到了第二名，这好比在下议院的年度抽签中抽中了二等奖一样（概率大约是三百分之一）。每位后座议员抽到的次序直接决定了其提交的议案在下院具体的讨论次序，次序越靠前，议案越有可能立法。玛格丽特凭借自己出色的工作能力和勇气抓住了这次机会，不过在提交议案的过程中她得戒骄戒躁，甚至常常要对议案做重大调整。

抽签抽到第二名时，玛格丽特·撒切尔根本还是议员里的无名之辈，从没有在议会发过言。玛格丽特想要弄明白议会里晦涩难懂的各种议事程序、行事方法和搞清楚威斯敏斯特宫的复杂地形，都比议会的其他普通新人要难得多。这就好比一个根本不是"男孩"的新人想在一所传统男校里搞清学校的情况一样，可谓是困难重重。

1959年的下院还是个以男性为主、具有强烈大男子主义色彩的地方。630名议员中仅有25名是女议员，其中12个是保守党员。这些女议员在议会备受排挤，无论是办公设施还是人际关系都境遇不佳。大多数女议员得在公共的"女议员室"处理自己选区的各种事务。玛格丽特也是在这里处理选民来信、口头指导自己的秘书帕迪·维克特·史密斯给选民回信的。如果女议员室坐不下的话——其实经常坐不下——唯一的选择就是在走廊里再加张办公桌。

20世纪50年代，下院对新晋的后座议员都相当吝啬。他们每人只配有一个储物柜和一个文件柜，所有人的秘书都挤在一间大打字室里办公，办公条件仅此而已——因为议会的经费很有限。这些新人唯一的优待是免费停车和免费打电话，只是打电话得在电话亭里和别人共用一个半公共的电话线。

玛格丽特·撒切尔对于办公设施的不完善毫无怨言。但是她一定觉察到了议会里对女议员普遍的歧视，并感到无法忍受。玛格丽特的一位女同僚帕特·霍恩斯比·史密斯曾经大声斥责过一位男同事，因为这位男同事要她不该"用她那美丽的小脑袋来操心"议事日程表上的某项动议到底该使用什么术语。[1]尽管玛格丽特·撒切尔早年政治生活的记录中没有提及她曾受过类似的羞辱，但身为最年轻的后座女议员，她一定经常遭到蔑视，被性别歧视者评头论足，甚至被人暗地中伤。

玛格丽特刚进议会那段时间，保守党议员里流行男人至上主义的功利思想。因为不少议员都有同样的当兵、参战经历，所以这种思想非常盛行。这种近乎团体主义的思想有很多令人讨厌的地方：比如吸烟室里烟雾弥漫；保守党议员的茶室里挤满了男议员，导致玛格丽特·撒切尔无论是年轻时还是后来年纪大了，一般都尽量避免入内。尽管议院里到处都是男人的地盘，男人们表现粗鲁，可是议院也仍有一个遵循公平原则的地方，即下议院的会议厅。这里对所有新议员的评价标准只有他们发言质量的优劣。

一名新议员职业生涯的第一个障碍就是在议会所做的第一次演讲，因为演讲必须遵循很多历史惯例。按照传统，首次演讲的议员发言内容必须是没有争议的，要对自己选区的情况做简要介绍（通常都很枯燥，偶尔会有趣），还要对自己的前任议员加以赞赏。整个演讲过程不得被打断。为了保证自己的演讲不被打断，新议员必须确保自己的讲话内容没有任何争议。

玛格丽特·撒切尔第一次演讲就违背了所有这些惯例。她之所以无视这些惯例，是因为她想利用自己在议会首次亮相的机会，既发表自己的处女演讲，又能谈及自己抽签所中的普通议员议案的提案。这绝对是她事业大胆而创新的开端。

在正式提出议案前，玛格丽特必须要花上整整一周的时间，疯狂寻找自己的议题,还要请保守党首席党鞭、大臣和政府普通行政人员一起帮忙修改议案措辞,并由一名议会法案起草人指导玛格丽特准备议案的各种细节条款。所有这一切对玛格丽特来说都是新的。她的应对方法也显示出其性格中有趣的一面。

凡抽到普通议员议案提案的第一名或第二名议员,在抽签结束后都立刻会收到来自各方的建议。但玛格丽特·撒切尔决定要凭自己的直觉做选择,希望自己的提案能够削弱"封闭式工厂"制度的权力。她对这一话题感兴趣主要是因为她一直在关注"卢克斯对巴纳德"的案子。案中一名航空公司员工因为拒绝加入工会而惨遭辞退。同时她还阅读过律师学院保守党协会出版的探讨同一问题的小册子《巨人的力量》。该书大部分由一位当时没什么名气的年轻大律师杰弗里·豪所著。[2]

限制工会权力是当时保守党部分成员非常关心的问题,但这个问题对于一贯奉行中庸政策的哈罗德·麦克米伦政府来说还是争议性太大。议会党鞭办公室明确地告诉玛格丽特·撒切尔说,这种希望改善"封闭式工厂"制度的提案是不可能得到政府支持的。如果要坚持这个提案,获得议会通过的概率肯定不大。所以玛格丽特做出了第一次重大调整,放弃了这则提案。

她的第二项提案是清除法律中关于藐视法庭罪的某些条款,因为这些条款导致媒体在报道某件轰动的谋杀案时,和政府检察官产生了争议。玛格丽特·撒切尔这一提案虽然帮助了媒体,使他们的工作更便利,但同时也得罪了检察官。议会人称"扈凌·曼勒"的检察总长雷金纳德·曼宁厄姆-布勒爵士*就看不上芬奇利议员的这项提案。他认

---

* 雷金纳德·曼宁厄姆-布勒(1903—1980),1943—1962年任北安普敦郡议员,1954—1962年任检察总长,1962—1964年任上议院大法官,并受封为迪尔霍恩子爵;他的女儿是女男爵伊莱扎·曼宁厄姆-布勒(英帝国高级女勋爵),于2002—2005年任英国军情五处处长,是军情处史上第一位女处长。

为，改变藐视法庭罪的法案"对于一个连'丝袍'*都没当过的后座议员来说未免太过于复杂"。

党鞭马丁·雷德梅因向玛格丽特·撒切尔传达了这则坏消息。两人还为此发生了激烈的争吵，双方各执一词。³ 不过玛格丽特没能说服这位党鞭，所以只好选择再次做出重大调整。

第三次提案终于获得了政府的支持。玛格丽特善于吸引议会新闻记者的注意力，这次她选择了一项"报纸编辑协会"主张的提案。这项提案要求，记者以及相关的公众成员都有权参与当地政府的市政会和委员会会议。

这一提案涉及了当时的热点问题，因为一年前由工党控制的大城市市政会拒绝向就职于当地报社并卷入当地印刷业劳资纠纷的记者提供正常的报道便利。这一公然滥用工会权力的行为引起英国国内广泛的关注，所以保守党在其1959年的大选宣言中承诺"务必确保报界在报道地方当局办事过程中享有应有的便利"。⁴

然而，玛格丽特·撒切尔再次前往督导办公室征询意见时，却失望地发现，保守党曾经承诺的宣言根本不是那么回事。议会督导告诉她，政府对这种问题的补救措施仅可能成为一项行为准则，绝不可能成为议会法案。玛格丽特将督导的态度称为"十分软弱无力"⁵，接着她又跑去找了主管地方政府事务的内阁大臣亨利·布鲁克。

布鲁克倒是富有同情心，但对此事的态度比较矛盾。他一直记得保守党当初承诺的宣言，所以给玛格丽特提供了一个权宜之计。为了煞煞玛格丽特的嚣张气焰，他把删减玛格丽特提案条款的重任丢给了自己的下属。但是对玛格丽特所提议案的调整协商最后几乎陷入僵局，因为部门内部出现了非常严重的异议，后来被玛格丽特称之为与政府工作人员的"胡椒式交流"。⁶

---

* "丝袍"（又称皇家大律师）是口头语，用来指称已经取得皇家大律师资质的高级大律师，皇家大律师享有穿丝质法袍的特权。

不过异议似乎并非来自这位芬奇利的议员，而主要来自另一位铁腕女士伊夫林·夏普女爵*，她是住房和地方政府部常务秘书。根据理查德·克罗斯曼**的日记中记载，女爵只想用最保守的议案对地方政府的权利施以最小的限制，以使记者无法参加政府的一些高级会议。而玛格丽特·撒切尔提出的措施显然涉及面太广，也更加刁钻。两人不仅观点严重相左，甚至她俩在探讨公共服务的会议记录中所使用的公文用语也有很大出入。

"我直截了当地警告她，"伊夫林·夏普女爵回忆说，"如果她坚持不对提案做任何改动就提交的话，我认为政府一定会建议议会投票反对这项议案。"7

女爵还提到和撒切尔夫人有过一次"极其难受的讨论"。讨论中撒切尔夫人似乎有意食言，完全与"我认为自己已经对她清楚传达的想法以及她在回复部长的信里亲口对部长做出的承诺"背道而驰。8

最后，玛格丽特只能再次做出重大调整。她清楚地认识到，只有得到部门内部的全力支持，她的提案才有可能进入法典，成为正式法案。于是，玛格丽特·撒切尔放弃了自己先前的想法，接受了最保守化改革的提议。提案终于有了进展，不过是以让步为代价换来的进展。

1960年2月5日星期五，玛格丽特·撒切尔发言介绍了自己经过修改的公共机构条例提案的二读。那时，星期五是下院的"休会日"，所以周五参加下院会议的人数通常都不多，会议讨论的主题也多为没有争议性的事务，比如休会辩论或普通议员动议。这种没有太多争议性的事务潜在的危险是，一些幸灾乐祸的人会对在议的议题故意作祟不参加二读，导致需要进行"表决投票"。参加表决的议员人数如果达不

---

* 伊夫林·夏普（1903—1985），1955—1966年任住房和地方政府部常务秘书，是政府公职人员中第一位担任此职务的女性；1961年受封成为英帝国高级女勋爵；1966年受封为霍恩西的夏普女男爵。

** 理查德·克罗斯曼（1907—1974），作家，内阁大臣，1945—1974年任东考文垂工党议员；1970—1972年任《新政治家周刊》编辑。

到法定要求的40人的话，动议就自动延期——延期往往意味着议案成为法案的机会将大打折扣。

为了让自己的议案免遭此劫，玛格丽特·撒切尔给保守党后座议员写了250封信，请求他们出席会议并为自己的议案投票。这的确是个很郑重的请求，因为大多数议员周五将返回各自选区处理区里的事务。不过玛格丽特诚心诚意发出的信件还是收到了不错的回应，当天出席二读的保守党议员人数超过了100人。

首次发言，玛格丽特·撒切尔难免有些紧张，但她站起身介绍自己的议案时，从其神色和声音里完全感觉不出她的紧张。玛格丽特身穿青铜色与黑色相间的织锦连衣裙，裙子前面一排纽扣，饰有黑色天鹅绒领子。她将自己的发言自作主张地分为两部分，先做了一个传统的首次演讲，接着开始对自己的选区和前任施以赞美之词。

《英国议会议事录》里议会辩论记录的官方报告有些平铺直叙、言而不实。事情过去半个世纪后，以现在的标准看来，玛格丽特·撒切尔的首次演讲即使还算合格，也未免缺乏生气和亮点。但在那时看来，这次演讲还是相当出彩的，立即让玛格丽特成为议会的焦点。令玛格丽特下院同事和议会新闻记者眼前一亮的是她的脱稿发言。玛格丽特对自己的发言主题了如指掌，演讲时慷慨激昂，词语信手拈来。这些高超的演讲技巧让玛格丽特立即赢得了议会的关注，成为当天全场的焦点。按照惯例，首次发表演讲的议员理应获得赞赏，但除却这个因素，下院上下真正被撒切尔夫人的演讲所折服，禁不住对其恭维称颂。

工党议员芭芭拉·卡素尔*称赞"她出色的首次演讲"。未来的外交大臣迈克尔·斯图尔特称赞玛格丽特的"表现可圈可点、令人印象深刻、难以忘怀"。

---

* 芭芭拉·卡素尔（1910—2002），工党内阁大臣；1945—1979年任布莱克伯恩议员；1984—1989年任欧洲议会大曼彻斯特北选区议员；著有《卡素尔日记》；1990年受封成为伊布斯通的卡素尔女男爵。

查尔斯·潘内尔早在1949年玛格丽特竞选达特福德议员候选人时就对她的才华赞不绝口,那时他在担任埃里斯工党委员会主席,而玛格丽特还叫玛格丽特·罗伯茨。这一次,他盛赞玛格丽特做了"一场异常精妙的首次演讲",称这次演讲"堪称为政府的前座议员做了一次良好典范,向大家示范了应该如何就议案发表演讲,而不是枯燥无味地向大家死念稿子"。

而政府前座议员那里,为二读辩论做总结陈词的主管大臣亨利·布鲁克同样也热烈地祝贺了玛格丽特:

> 此刻我的言语已无法充分表达我对这位好友、芬奇利议员精彩辩论演讲的赞许之情。不出我们所料,她言辞优雅,语言流畅,让我们在座大多数人艳羡不已,她开创了周五发言却能在议会一言成名的罕见成功例子。[9]

也许大家以为有了这么多溢美之词,玛格丽特的议案一定可以轻松通过。可事实截然相反。直到最后一分钟,亨利·布鲁克才终于同意(二读投票结果为152票,占总票数的39%)放宽规定,允许公众以及记者参加市政会议。不过执行这项规定必须以政府动议为前提条件,这一点非常重要,因为这样可以避免委员会陷入不必要的程序麻烦中。

想要让常务委员会通过议案,其实就是向了解情况的内阁大臣发出挑战。对于一个尚无经验的后座议员来说,想要实现这个目标,无异于攀爬一座高山。所以玛格丽特·撒切尔在这一过程中好几次出错也就不足为奇了。玛格丽特除了在委员会的辩论中出言不逊外,还出口冒犯了议会起草人——而这些人的帮助恰恰是她最需要的。其中一名起草人建议说最好不要为撒切尔夫人安排会议让她和下议院相关人员见面,并书面提醒别人小心玛格丽特的暴躁脾气:"如果她像对待我们那样对待他们的话,肯定会把他们弄得火冒三丈。"[10]

因为在辩论中表现得过分激进而不是平和，玛格丽特也失去了常务委员会的支持。她令一些保守党议员大为恼火，所以这些人坚决投票反对玛格丽特提出的重要条款，即所有行使代表职能的地方政府委员会必须向公众开放。议案相关条款被投票反对后，玛格丽特只能努力说服委员会全体会议通过自己的议案。《泰晤士报》的一位高层报道说，这么一来议案只能做"折中处理"。[11]

可即便是对议案做折中处理，只要议案最后能获得通过，对不愿意遵从常务委员会规矩的芬奇利议员来说仍算是大获全胜。议案尽管几经修改退让，还是成功通过了两院的各项议程，并最终在10月份获得御准，正式成为法律。议案的最终结局可能无法引起内阁和议会成员太多的兴趣，但其他人认为这项议案顺利通过成为法律绝对是玛格丽特·撒切尔的巨大成功和胜利。而由于玛格丽特的普通议员议案直接关系到媒体的利益，所以媒体从一开始就对议案的相关进展情况予以详细、正面的报道。

二读辩论结束后，日发行量达400万份的《每日快报》惊呼，"一颗新星在议会升起"。[12]《星期日电讯报》称"荣誉和玛格丽特·撒切尔交上了朋友"。[13]《每日电讯报》彼得伯勒专栏的报道预言，玛格丽特的首次演讲"几乎绝无可能被同龄人超越"；这篇报道极有可能出自议员威廉·迪兹*之手，他是丹尼斯·撒切尔的高尔夫球友。专栏报道接着又用夸张的语气称颂道："昨天她不仅展示了自己的智慧和辩才，也充分表现出她对下院相关政策神秘而迷人的直觉理解力。"[14]

---

* 威廉·迪兹（1913—2007），内阁大臣，记者，作家；1950—197年任阿什福德保守党议员；1974—1986年任《每日电讯报》编辑；1986年受封成为奥尔丁顿的迪兹男爵。他创办了《私眼》杂志里"亲爱的比尔"专栏（比尔是威廉的昵称——编者注），据说专栏里刊登的一系列讽刺风格的信件都是丹尼斯·撒切尔写给比尔·迪兹的。

进入下院

玛格丽特·撒切尔首次演讲便大获成功，使得她的议会生涯得以迅速启动。她出色的表现以及演讲后的谦和有礼都令下院印象深刻。

在自己首次演讲结束前，玛格丽特给同事写了250封信，请求他们周五留在议院出席会议，支持自己的议案。会议结束后，她又再次写信给应邀出席会议并投票支持自己的一百多名议员，表达感激之情。她甚至还亲自向其中的许多议员当面致谢。

玛格丽特当面致谢的人中，有一位就是我的父亲威廉·艾特肯，贝里圣埃德蒙兹区保守党议员。他一直喜欢跟我讲玛格丽特和他的故事，说他开始收到信时"压根不认识玛格丽特·撒切尔"。[15]但玛格丽特的信成功地说服他在那个周五取消原先返回选区的安排。接下来第二周，这位芬奇利的议员在茶室特意和他坐在一起，感谢他支持自己的议案时，我父亲就更吃惊了。表达完感谢后，玛格丽特紧接着问起了父亲在英国皇家空军服役的具体时间。

她想知道父亲是否是理查德·希拉里所著的讲述空军飞行员生活的经典回忆录《最后的敌人》里提到的那位威廉·艾特肯（他就是）。玛格丽特说这本书是她最喜欢的描写战争的作品。她还询问了父亲在战争中受伤的情况，因为她看到父亲走路要拄拐杖，而且身上还留有喷火式战斗机坠毁造成的严重烧伤疤痕。

我父亲自然被玛格丽特敏锐的观察力打动了。他回家后对妻子说："这个撒切尔夫人肯定会大有作为。她很聪明，善于察言观色。她似乎对英国皇家空军也非常喜欢。"

后来，我母亲却说，丈夫对这位芬奇利议员非常喜爱。"你父亲老是跟我说她有双蓝色的眼睛，金色的卷发；还把她和著名女演员弗吉尼亚·麦肯纳相比。"她对我说道。[16]

这则逸事也证实了当时其他议员的评价：年轻的玛格丽特·撒切尔非常性感。然而就算是在玛格丽特事业的起步期，同事对她的评价同样两极分化严重。

有早期迹象表明，玛格丽特·撒切尔在下院确实拥有众多追捧者。丹尼斯的好友比尔·迪兹就是发动追捧之风的人之一。后来的事实证明，他的专栏作家和《每日电讯报》未来编辑的身份对玛格丽特事业的发展发挥了极其重要的作用。其他曾聆听过玛格丽特首次演讲、后来成为撒切尔夫人或公开或隐秘的支持者的保守党议员还包括汉弗莱·阿特金斯、克莱夫·博瑟姆、罗伯特·格兰特-费里斯、帕特里夏·霍恩斯比-史密斯、比利·里斯-戴维斯和尼古拉斯·里德利。这些人中有些的确是赫赫有名的大人物，有些只是为撒切尔夫人帮忙打杂的小角色，但所有人都为撒切尔夫人的成功做出过贡献。

这其中，最重要的人物就是基思·约瑟夫爵士。他当时是住房和地方政府部的政务次官，对玛格丽特·撒切尔给予了非常重要的指导，帮助她修改议案，使议案最终通过常务委员会的审查。两人可能看起来并不搭。基思性格敏感、思想深邃、聪敏过人，毕业于牛津大学万灵学院。而撒切尔夫人争强好胜，思想过于极端，对立法程序知之甚少。但这样两个截然不同的人却联系到了一起，并且两人的政治关系后来改变了整个英国政坛。

在基思·约瑟夫的鼎力支持下，玛格丽特·撒切尔的议案成为法令；但是她并没能顺利地适应下院的集体规则，而这规则恰恰能帮助后座议员彼此形成融洽的关系。玛格丽特年纪轻轻就事业有成，让不少人深感嫉妒。首次演讲获得成功后，玛格丽特曾大言不惭地对一位新闻记者说，"我得等我的孩子们长大些才会考虑担任内阁职务"。[17]这番狂妄之言一出口，立刻冒犯了她的一些同事。

大家除了认为玛格丽特非常不谦逊外，还觉得她厚颜无耻、缺乏幽默感，这一缺点令一些作风和蔼可亲的同事大为不满。彼得·罗林森就一刻也不能忍受玛格丽特。他是埃普瑟姆区的议员，一位极有天赋的大律师，后来被任命为检察总长。罗林森对玛格丽特一向无礼，导致两人彼此厌恶。后来甚至因为这种厌恶，罗林森还一度把自己的最大梦想设定为要当上英国第一位信仰天主教的上议院大法官。

另一个老早就看玛格丽特不顺眼的人是大卫·沃尔德，德贝郡海皮克区的议员。一天下午，玛格丽特跟他和朱利安·克里奇利一起在议员餐厅吃午饭。她一走，沃尔德就立刻大叫："天啊！她简直就像我在海皮克的妇女委员会主席——但是这人明显让人讨厌。"[18]

玛格丽特·撒切尔在议会工作的最初几年，唯一可以明显感到她平等待人的事例就是，她曾在党内造反，投票反对1960年"刑事司法法案"。她支持右派修正案，认为必须在法案中加入新条款，支持用桦木条或笞杖鞭打那些第二次或多次犯有暴力罪行的年轻重犯。这一举动再度引起媒体对她的关注，她上了很多次头条，其中《星期日画报》为她起的标题最醒目："保守党最美丽的鞭打者。"[19]

阿尔弗雷德·罗伯茨在给大女儿穆里尔的信里非常忧虑地写道，他认为玛格丽特的反叛不会"使她在党内受益太多"。[20]这种悲观的忧虑其实是不必要的。公然就肉体刑罚问题向具有自由主义倾向的内政大臣 R.A. 巴特勒提出反对意见，是保守党党员享有的权利，而且也很常见。不过玛格丽特并非一直这么反叛。这是她在下院31年的政治生涯中唯一一次不按保守党方针投票的经历。

玛格丽特·撒切尔足足等了一年多，才终于等到自己的普通议员议案正式成为法案；在那之后她才在下院发表了第二次演讲。她选择在一个非常重要的场合发表了这次演讲——1961年财政预算案辩论。凭借精彩的演讲，她给大家留下了这样一个印象，即她希望被看作精通税务和国家财政问题的专家。她非常专业地分析了税务局对短期投机者征税的问题，这段分析深深地打动了财政大臣塞尔温·劳埃德。

还有令劳埃德非常吃惊的是，玛格丽特居然祝福他"在财务部顾问的帮助下，能平安度过他所必然经历的种种战役"。[21] 显然，对于内阁各位大臣必须与政府文官为税收问题开战一事，这位出言不逊的年轻议员的态度要比温和派的财政大臣更加消极。

玛格丽特·撒切尔针对财政预算案发表的演讲暴露了她性格的另一个弱点——缺乏幽默细胞。玛格丽特深知，说话时如果能顺便开个小玩笑，一定会在下院广受欢迎。所以她试着在演讲中以幽默的口气提到在她之前的一位发言人——赫维·罗兹，阿什顿安德莱恩地区工党议员。他在发言里以非常恰当的方式顺便提到了一位看猎场的好友。玛格丽特非常不明智地想由这个好友过渡到当时的热点话题，即D.H.劳伦斯的作品《查泰莱夫人的情人》被判为犯有淫秽作品罪。玛格丽特的这个玩笑开得非常拙劣。她说自己被要求在一位男士之后发言，"这位先生刚刚描述了自己和猎场看守员好朋友的友谊，他描述的语言非常生动，用了不少污言秽语"。[22] 赫维·罗兹根本没有在发言中使用任何《查泰莱夫人的情人》里著名的污言秽语，所以他和其他在场的议员都被玛格丽特这个原本想取悦下院议员、结果却搞得人人费解的玩笑弄得莫名其妙。这件发生在玛格丽特身上的早年逸事说明幽默绝对不是她的长项。

1961年夏，有人推测玛格丽特·撒切尔很可能在即将到来的政府改组中得到提拔，因为她的普通议员议案还有就财政预算案发表的演讲已经引起了党内高层的注意。保守党首席党鞭对她印象不错，尽管两人曾经为玛格丽特的议案发生过争执。塞尔温·劳埃德认为，玛格丽特成为他领导的财政部里一名政务次官"也不是没有可能"。[23]

不过玛格丽特最大的优势在于，政府里仅有的三名女性之一帕特里夏·霍恩斯比-史密斯决定下海经商，已经向年金和国民保险部递交辞呈，请求不再担任联合议会秘书一职。她同时也向保守党督导办公室推荐了玛格丽特·撒切尔，认为玛格丽特是接替她的最好人选。帕特里夏·霍恩斯比-史密斯之所以推荐她，是因为阿尔弗雷德·博瑟姆的关系。克莱夫·博瑟姆回忆说：

> 帕特和玛格丽特都是父亲在20世纪40年代培养的女门徒。父亲介绍她俩认识，还帮助促进了两人的友谊。帕特说想辞去政府职务时，议会督导问她对自己的继任是否有好的人选推荐，帕特就向他们推荐了玛格丽特。一方面是因为，她很清楚玛格丽特一定能胜任这个职位；另一方面，帕特也强烈认为政府里应该有更多的女政务次官。帕特后来也向玛格丽特透露她很可能会被选中在内阁任职。[24]

有了这样的明示，玛格丽特·撒切尔才坦言说"我甚至得到了关于我的未来职务的已不算很隐晦的提示"。1961年10月9日，玛格丽特正和姐姐穆里尔一起约会吃午饭时，突然接到通知说首相要召见她。[25]因为事先已经收到消息，知道很可能会有人去接她见首相，所以玛格丽特穿上了自己最好的宝石蓝套装赴约去见首相。

哈罗德·麦克米伦见到玛格丽特·撒切尔后，有些漫不经心地邀请她在政府任职。他告诉玛格丽特只要每天上午11点左右到年金和国民保险部转转，"在一些信件上签签字"就行了。[26]

这种漫不经心正是麦克米伦任命大臣时特有的风格。1962年，他对另一位议会政务次官同时也是北约克郡西尤尔猎狐师的詹姆斯·拉姆斯登说："当然，你周一、周五完全可以不用去办公室。你可以充分利用时间来继续做你的猎狐师。"[27]

尽管玛格丽特·撒切尔晚年时一直很喜欢提起这个"只要在一些信件上签签字"的故事，不过无论是她还是麦克米伦都不会对这话信以为真。首相对于玛格丽特的任命其实一直犹豫不决，他事先曾征询过塞尔温·劳埃德和马丁·雷德梅因的意见，也对年金和国民保险部大臣

约翰·博伊德－卡彭特表明过自己的犹豫。约翰·博伊德－卡彭特对任命玛格丽特表示"高兴",但实际私底下他也满腹疑虑:

> 坦白说,我觉得哈罗德·麦克米伦让她上任,于麦克米伦来说未免有点玩噱头的意思。她是个年轻貌美的女人,我认为,他找这么个美女任职显然是想重新提升整个政府的形象。[28]

就形象来说,这次任命还是非常成功的。不过《泰晤士报》虽然盛赞了这位新政务次官的年轻貌美、辩才出众,但是也在报道中加入了极有先见之明的评价:"那些了解她的人知道,在她笑靥如花的美貌背后,隐藏的是她倔强的性格,也有人把这种性格干脆叫作冷酷无情。"[29]

无论玛格丽特就职是因为她出色的才干,或是因为政府需要这么一位女性填补女政务次官的职位空缺,抑或是因为政府重组需要吸纳新人员的其他各种原因,不管怎样,玛格丽特·撒切尔现在的确跻身于政府部门。她也是历任政务次官中最年轻的女性。同时,她也是1959年当选的所有议员里第一位获得提拔的议员。她已经顺利进入下院前座,并一直在那里待了26年之久。

政务次官

玛格丽特·撒切尔的政务次官生活开始得还是相当顺利的。上任之初她就得到了首相的礼遇。而上班第一天,她早上9点30分到达办公室,这比哈罗德·麦克米伦跟她说的上班时间要早了一个半小时。内阁大臣亲自站在办公楼大门口欢迎她,这种热情令她终生难忘。玛格丽特任教育大臣后,也一直效仿卡彭特的这种做法,总是亲自欢迎新政务次官的到来。[30]

她的内阁大臣是约翰·博伊德－卡彭特*，因为在下院发言时总喜欢从脚跟到脚趾不停地摇晃，所以同事给他起了个"弹簧腿杰克"的外号。他是个辩论高手，管理自己的部门也非常有工作能力。但一开始，他对玛格丽特·撒切尔做出了些错误的判断。"她很烦人"，这是他第一次和这位新联合议会秘书见面后，向自己的高级文官埃里克·鲍耶爵士对玛格丽特做出的评价。[31]

博伊德－卡彭特也低估了玛格丽特吃苦耐劳的能力。"我知道她有两个孩子，丈夫在伯麦石油公司上班，他们一家住在肯特郡的大房子里，而且她和我们其他人一样还要处理选区的事务，所以我必须承认自己常常怀疑她到底能给我或者我的部门带来多少帮助。"[32]

但这种怀疑没有持续很久。养老金和国民保险部**（MPNI）素有"盐矿"之名，因为这个部门的工作任务是政府所有部门里最繁重的。政务次官需要花大量时间与议员通信，处理议员们代表各自选区提出的有关养老金领取、国家救济和国民保险等问题。这种工作相当繁重枯燥，政务次官每天要处理一百多封来信，并在上面签字。

玛格丽特·撒切尔又要求自己加倍勤奋工作，无形中也增加了自己的工作压力。她经常修改或重新撰写交给她签字的信件。有时她会在处理这些信件时大发脾气，甚至偶尔会把她认为写得非常糟糕的信撕得粉碎。所以养老金和国民保险部的官员有时对她愤恨不满，有时也会不得不对她表示钦佩。

亲眼看见玛格丽特因为那些她认为写得非常糟糕的信件而大发雷霆的，是她的好友兼私人秘书克莱夫·博瑟姆。

---

* 约翰·博伊德－卡彭特（1908—1998），1945—1972年任保守党议员；1955—1962年任养老金和国民保险部大臣；1972年受封为克鲁克斯·伊斯顿的博伊德－卡彭特男爵。

** 1966年，英国养老金和国民保险部更名为社会保障部；1968年，社会保障部和卫生部合并成为卫生与社会保障部。

她心烦意乱，用笔狠狠画去不需要的段落，然后在旁边空白处写上"垃圾！""语法错误"或"胡言乱语"等字样。有一两次，我看见她把信都撕得粉碎。不用说，写那些信的文官自然不喜欢她。我记得有一个内务部官员曾跟我抱怨说，"那个铁血的女人。她的职责是在信上签字，可不是读信"。[33]

尽管下属有时不满，但他们还是不得不对玛格丽特丰富的业务知识深表佩服。还有人曾半开玩笑半抱怨地对博瑟姆说，"这位政务次官似乎把贝弗里奇报告*全都背了下来"。[34]

事实证明，玛格丽特关心的不只是贝弗里奇的报告，她更关心的是人民的生活问题，她很想努力对法律实行修改，为寡妇提供更多的便利。她曾数次试图向部门大臣、还曾有一次向首相建议，要求放宽对寡妇母亲收入规则的相关规定："我认为如果一个失去了丈夫却还要抚养孩子的女人决定出门工作挣点儿钱的话，她不应该因此失去领养老金的机会。可能因为我也是女人，更能体会这些寡妇面临的困境。"[35]

不幸的是，因为一项关于公共服务的由来已久的争论，玛格丽特·撒切尔修改"收入规则"的努力终告失败。她的下属一直跟她说，如果修改"收入规则"的话，必然会造成社会福利系统里的其他部分发生"连锁反应"。当这个词儿迫使玛格丽特不得不在休会辩论中为不可辩之事做辩护，并就收入规则问题进行议会质询屡屡碰壁后，她开始渐渐痛恨起"连锁反应"这个政府的官僚词汇。后来玛格丽特卸任参与1964年大选时，却吃惊地发现即将上任的工党政府决定忽视所谓的"连锁反应"，像她之前所提议的那样，开始对收入规则进行变革。"这件事给我的启示是：官僚主义的逻辑决不能代替大臣政治上的理智判断"，她评价道。[36]她在心里牢牢记住了这个教训。也多亏这个教训，玛格丽特担任首相后，虽然常常因为公共事务与别人屡次发生分歧，

　★　贝弗里奇报告（1942）奠定了英国福利国家的基础。

但都能从中获益。

在养老金和国民保险部工作期间，她的内阁大臣对玛格丽特·撒切尔的工作能力终于慢慢改观了。约翰·博伊德－卡彭特最初很看不起自己的这位新手同事，他的理由是"在男人看来，她看上去仿佛总是早上去理发，下午去做衣服"，不过很快他就改变了看法。他越来越感觉，玛格丽特展现了"一位新晋议会秘书应有的魄力、能力和勇气……所以我最后得出的结论是，她的政治前途一定不可限量"。[37]

同样，玛格丽特也非常尊敬自己的这位内阁大臣，因为他是"一名真正的保守党人"，而且有执着的个人追求，喜欢种植蔬菜，还担任教堂执事长达40年之久。她从自己的内阁大臣身上学到很多，特别是他在下院出色的领导才干。1998年，玛格丽特在约翰·博伊德－卡彭特的追悼会上讲述了一件自己向他学习的逸事。那次两人参加一个议会辩论，为了让玛格丽特冷静下来，约翰·博伊德－卡彭特在前座悄悄对她说："玛格丽特，我知道你现在想由着自己的性子来，但是记住，我们的目的是让议案获得通过！"[38]

玛格丽特在下院最得意的日子是在"长刀之夜"结束以后到来的。"长刀之夜"是伦敦新闻界给当时处理相当欠妥的内阁改组事件起的新闻标题。这次改组发生在1962年7月13日，麦克米伦辞退了7名内阁成员，其中就包括他的内阁大臣塞尔温·劳埃德。保守党后座议员对这次虽无流血胜似流血的事件纷纷表示震惊和愤怒。但工党却高兴坏了。

在这地震山摇的时刻，玛格丽特·撒切尔紧紧抓住了机遇。这次改组原本可能会给她带来厄运，因为她突然失去了自己的内阁大臣——约翰·博伊德－卡彭特被提拔为财政大臣。在大臣惨遭辞退、内阁一片混乱的时刻（内阁重组牵涉的真正范围要更广，影响更糟），继任约翰·博伊德－卡彭特的合适人选一连好几天都没有决定。这样一来，就出现了一段难熬的真空期。

"长刀之夜"过后的周一即7月16日，将举行下院议会质询，按计划由养老金和国民保险部回答提问,但负责回答提问的大臣还没有到任。于是,玛格丽特·撒切尔不得不代替大臣,独自担负起回答14个提问的艰难责任。她兴致勃勃且成功地应对了这次挑战。会上,工党向玛格丽特提问,麦克米伦何时会下台领养老金,把这次议会质询推向高潮。而面对这种尴尬的局面,议会秘书故作认真地许诺说,要将反对党的这些评论转达给"我的新大臣"。然后在一阵故意的沉默后,她又小声说道,"等我有了新大臣后"。[39]

下院里一阵哄笑。玛格丽特总算学会了如何开玩笑。

在选区

和其他新议员一样,玛格丽特·撒切尔在履行自己对选区的职责时可谓煞费苦心。每周五下午,她都设一个"选民接待时间",芬奇利当地居民可以过去向她反映问题。在没有电子邮件的那个年代,"我要为这事去见我的议员"这句话象征了议员和选民之间沟通流畅。芬奇利的这位议员坚持奉行这个传统,让选民很轻易地就能见到她,并且凭借她对选民的良好服务,很快就赢得了不错的声誉。玛格丽特的一位保守党同事德里克·欧文斯回忆说:

> 要我说,她非常努力地为我们服务。每逢有案子要处理,她总是亲力亲为。刚当选那会儿,我记得我带她去我们区内最穷的地方之一北芬奇利的洛奇巷查看那些穷人的生活状况。我们走到一家非常破旧的房子里,屋里没有洗澡间,而且天花板都是漏的。结果我发现她对住在房子里的老太太的问题一清二楚,原来她之前已经来过两次了。"你好,史密斯太太。你的痤疮治疗得怎么样了?都消干净了吗?"这就是玛格丽特和老太太打招呼说的话。让我更惊奇的是,她甚至对选区里的各条小街小巷都了如指掌。[40]

1963年，玛格丽特·撒切尔在她的"接待时间"遇到了芬奇利当地一个剑桥大学基督学院五年级的学生，这人很聪明。他正在上普通中等教育证书考试高级水平课程，课上正好讲到了英国的宪法，所以他找到议员想问一些有关宪法的详细问题：到底是否该对投票系统进行改革，引入比例代表制？"你不支持自由党，对吧？"玛格丽特·撒切尔一上来就向这位年轻的选民提了这么个问题。很幸运，他不支持自由党。接下来玛格丽特就向这位年仅16岁的小选民详细讲述了她对这个问题的看法。"显然她很喜欢说教，"小男孩回顾道，"她给我的印象特别深刻，因为她的论证非常直截了当并且充满激情。"[41]

这位印象深刻的小男生就是乔纳森·萨克斯，后来成为英国正统犹太教的首席拉比。萨克斯十几岁时就和玛格丽特·撒切尔关系亲密，经常去她办公室为自己每周的小论文向玛格丽特求教；他还成功邀请玛格丽特去剑桥大学基督学院的辩论协会演讲。当天晚上演讲临近尾声时，大家纷纷鼓掌表示感谢，在场的一个学生把玛格丽特形容为"博阿迪西亚女王，身上带有议会议事录，头上还饰有帽针"。[42]这不失为对玛格丽特作为一名辩手所具有的激烈辩论风格的良好描述。

玛格丽特·撒切尔总会定期待在芬奇利，但她并不愿意过多亲近芬奇利。她选择不住在选区内，也不在那里购置任何备用公寓。玛格丽特在任芬奇利选区议员的34年时间里，从来没在芬奇利过过夜。

选区非常有趣的一点是，这里犹太选民相对集中，占选区总人口的20%。玛格丽特·撒切尔对犹太人这个群体有着特别亲密的好感。"她自己本身不是犹太人；但是她对犹太教有深刻的理解，并且她赞同犹太人的许多价值观，"萨克斯勋爵回忆说，"她尤其赞赏犹太人强调责任和义务，强调既要有创业的野心又不忘对他人施以同情，以及他们把回馈作为首要考虑的可贵精神。"[43]

乔纳森·萨克斯在20世纪60年代总结出的玛格丽特·撒切尔和犹

太人的亲密关系似乎在她出任首相的岁月里得到进一步确证。她所任命的犹太内阁大臣人数比英国历史上任何一位首相任命的都要多。据说哈罗德·麦克米伦曾经讥讽说,玛格丽特政府里的来自爱沙尼亚的犹太人比伊顿公学毕业的正统英国人还要多。即便这种现象是因为受到了芬奇利实际情况的影响,归根结底还是出于公众利益的考虑,因为这些玛格丽特亲自任命的犹太大臣和首相顾问都用自己的出色表现证明,玛格丽特的确慧眼识英。*

同时,从犹太人这边看来,非常有趣的是,20世纪60年代芬奇利地区保守党协会最大的捐款人居然是沙特阿拉伯王子纳伊夫·本·阿卜杜勒·阿齐兹·阿勒沙特。他在芬奇利最高档的住宅区托特里奇拥有两套房产。1964年大选,玛格丽特·撒切尔前往托特里奇拉选票,发现王子就住在位于洛克斯伍德路的别墅里。王子虽然对民主进程和女立法人一概一无所知,但还是在自己的家里热情地接待了这位候选人。两人语言不通,但在翻译的帮助下得以顺利地开展交谈。王子在得知这位议员是保守党人同时也是君主制主义者后,欣然捐赠了一张1000英镑的支票作为玛格丽特的竞选经费。[44]

玛格丽特·撒切尔在做选区议员时那种勤勉的精神并没有因为她日后政治地位逐渐提高就慢慢消退。担任首相后,她依然每个月在芬奇利公开出现两到三次,接待选民。首相别墅距离芬奇利仅45分钟车程,所以经常到芬奇利也非常便利;不过即使有这样便利的条件,玛格丽特在处理自己选区问题时那种勤勉刻苦的精神仍是难能可贵的。作为回报,芬奇利在一共九次大选中都为玛格丽特提供了坚实后盾。

---

* 犹太裔内阁大臣包括:基思·约瑟夫、奈杰尔·劳森、利昂·布里坦、马尔科姆·里夫金德、大卫·扬和迈克尔·霍华德。犹太裔首相顾问包括:大卫·沃尔夫森、诺曼·施特劳斯、阿尔弗雷德·谢尔曼、大卫·哈特和斯蒂芬·舍伯恩。

家庭生活

和其他许多年轻勤勉的政务次官以及议员一样,玛格丽特·撒切尔发现她的家庭生活受到自己繁重工作的极大影响。

令她伤心不已的是,格兰瑟姆和威斯敏斯特宫之间的差距让本来就不亲密的父女、母女关系更加生疏了。比阿特丽斯·罗伯茨于1960年12月7日过世。很多年来,玛格丽特和母亲的交流几乎为零。1961年,玛格丽特在《每日快报》的记者戈弗雷·温所做的采访中,对自己的母亲做了一次异常坦白地评价:"我很爱我的母亲,但是15岁以后我们俩之间就没有多少话可以说了。这绝不是她的错。她一直待在家里,被家庭的重担压得透不过气来。"[45]

妻子过世后的第一个圣诞节,阿尔弗雷德·罗伯茨搬去和玛格丽特、丹尼斯一起过节。他可不是个随和的客人,住在一起不久就让女儿、女婿头疼不已。"嗯,爸爸——他想尽量一直和我们住在一起,"玛格丽特给穆里尔写信说,"他讨厌回家。现在我们家里真是水深火热。"在信里,玛格丽特还跟姐姐说:"我能不能让爸爸1月14号星期六那天去你那里住会儿……你看行吗?"她跟穆里尔定了个非常具体的日子,好把父亲送回格兰瑟姆去。"不然,他肯定会一直在这里晃悠,就是没明白自己该回去了。"[46]

阿尔弗雷德·罗伯茨却对小女儿有些不满,因为女儿实在太忙,总是不能及时给他回信。有一年她甚至忘记了父亲的生日。玛格丽特不是故意要冷落父亲,但是父亲的确不再是她生活的重心。她的工作实在太忙,以至于根本没多少时间关心父亲。

玛格丽特家里的其他成员也对她有同样的不满。1960年《新闻晚报》刊登了对玛格丽特·撒切尔的一次采访报道。这则报道读起来颇具讽刺意味,因为她在采访中提到自己平时如何身兼两职,既做好母亲又做好妻子。"无论多忙,我总会在傍晚快6点的时候打电话回家给两个孩子,"她说,接着又把话题转移到丹尼斯身上以保护自己:"碰到晚上下院开会我没法回家的时候,你肯定在想我丈夫是不是在家照顾孩子。就算他没我忙,至少也跟我一样忙……他一周待在家里的时间几乎不超过一个晚上。"[47]

这话虽说没错,但有点言过其实。丹尼斯也在很努力地工作,可是妻子对工作的痴迷已经到了他无法忍受的地步。下班后他就去酒吧一直待到打烊。酒吧打烊后他往往直接去母亲和姐姐乔伊那里住——她俩一起住在诺丁山门。丹尼斯家庭生活的遗憾之一是,妻子和他的母亲关系向来不好。撒切尔老夫人活力充沛,说话风趣,她喜欢和自己的儿子一起吃饭,也喜欢在家里招待自己的孙子、孙女,还给他们讲一大堆笑话和好玩的故事。可恰恰相反,毫无幽默细胞的玛格丽特从来没有去婆婆家里吃过一顿饭。这种小事虽然无法解释原因,也没有什么趣味可言,但是说明了玛格丽特对婆媳之间的小矛盾向来比较记仇。

玛格丽特婚姻生活不和谐的另一个深层原因是,她非常喜欢周末出去做演讲,不管是在自己的选区还是在全国其他地方,她都乐意去。虽然玛格丽特只是一名政务次官,但她却喜欢在周六给别人做演讲,这远远超出了一名政务次官的职责要求。

1963年夏天的一个周末,她去英国西南部参观了那里的领养老金者协会。她的最后一站是汤顿的"核桃树中心"。当地的议员爱德华·杜坎回忆说:

> 她和那些领养老金的人相处非常愉快;但是结束后到我家里喝茶时,她跟财政大臣雷吉·莫德林发生了些不愉快。雷吉那时住在我家。他和我一样,那天一直在看我们村的一场板球赛。这场比赛的另一方是国内各大报纸的经济新闻编辑,包括弗雷德·埃利斯、

帕特里克·萨金特等鼎鼎大名的人物。雷吉性格随和，很好相处。但是他发现自己跟这个工作狂政务次官简直没法相处。因为玛格丽特只想跟他谈周六那些领养老金的人如何向她提问有关养老金的问题，她又是如何回答的。雷吉觉得玛格丽特一点儿不会放松自己，也不好相处。我还记得他说，'她这人太较真'。[48]

玛格丽特工作较真，经常出差，对自己的家庭也造成了影响。丹尼斯渐渐地开始喜欢在周末和自己橄榄球俱乐部的球友一起开着名为"温妮"的游艇出海。如果不出海，他只能回家面对空空如也的房子，或者在家里看着妻子从红色文件包里拿出各种文件，忙得不可开交。

玛格丽特的两个孩子也感受到了母亲的工作重担。她总是不在家。就算在家，也永远在忙工作。

发生在周六的一件小事可以说明玛格丽特在家工作时完全忘却了身边的家庭生活，专心致志地工作。那天，马克和卡罗尔在家里看电视，电视里正在吵吵闹闹地播着"流行之巅"的音乐节目。突然节目里传出一阵特别刺耳的声音，这时卡罗尔关切地问陪她坐在沙发上的母亲："电视吵到你了吗，妈妈？"

玛格丽特没有回答。卡罗尔又问了一遍。

"什么，亲爱的？你说电视？"玛格丽特吃惊地回答道，"哦，我不知道电视是开着的。"[49]

卡罗尔后来写道："现在看来我非常肯定，在母亲心里她的政治抱负——她是一心一意地追求的——早已让她忽视了家庭和其他一切社会生活。"[50]

丹尼斯也忽视了孩子们。他经常不在家，要么出国出差，要么就在周末参加体育运动。童年鲜有父母陪伴，直接导致这对孪生兄妹成长过程的失调。不过两个孩子并不爱抱怨。不管怎样，这一家人毕竟还是紧紧地凝聚在了一起，虽然需要些外人来做黏合剂，这其中最重要的人就是一个名叫艾比的勤劳的保姆。

1964年，丹尼斯变得几乎不怎么回家，因为生意遇上了大麻烦。当时他几乎精神崩溃。回忆起那段时间，他说：

> 医生跟我说，因为拼命工作我才把自己累病了；如果再那样下去的话，我就是在拿自己的健康开玩笑。紧接着他给我下了最后通牒。'你的身体没什么大碍，但是如果你还是这么拼命工作的话，身体肯定会垮。你最好还是找点儿时间休息一下吧。于是我买了张船票——玛格丽特被吓坏了——然后坐船去了南非。[51]

丹尼斯的休假可能吓坏了妻子，但是休假毕竟保全了他的健康，也保住了两个人的婚姻。丹尼斯当时的情况到底有多糟？卡罗尔·撒切尔在父亲的传记里引用了丹尼斯一位不知名的老友的话：

> 他情绪特别低落，决定去南非调整心情。我知道他不开心，因为他跟我说过这事儿。他的母亲和妻子都非常爱他，可是他的妻子完全醉心于自己的政治事业。[52]

丹尼斯在他喜欢的这个国家无忧无虑地过了好几个月。他和一些老朋友、亲戚见了面，并迷上了摄影。他还发现，无论是从好望角坐船出发长途旅行还是坐船经过长途旅行最终回到这里，都是非常惬意的。不管怎样，丹尼斯在南非考虑了很多中年危机的问题，认真思考该如何解决这些问题。

经过一番思考，他做出的最重大决定就是变卖自己的公司。阿特拉斯防腐剂公司虽然仍有盈利，但是已经出现资金短缺。丹尼斯决定减轻公司股东的负担，打算把公司出售给嘉实多润滑油公司。协议达后成六个月内便完成了所有收购手续。这次并购丹尼斯共计得到超过一百万英镑的收入。阿特拉斯防腐剂公司虽然仍旧由丹尼斯经营，但是公司背后已经多了一个实力雄厚的母公司支持。同时，丹尼斯顺利进入了嘉实多公司的董事会，拥有公司股权，并且公司给他专门配了一辆车，发给他丰厚的薪水，他退休后的养老金也由公司承担。这次并购后，撒切尔家的财政就逐渐稳定了。

并购顺利完成前虽然困难重重，但是玛格丽特一直表现镇静地渡过了一个个难关，尽管那时她的内心可能也非常忐忑。

选区也不太平。让玛格丽特心烦意乱的是，自由党人约翰·帕多参与竞选议员，并公然预测自己一定会胜出，这种预测有点夸夸其谈。果然，1964年10月大选中，芬奇利的投票结果比预计的还要好。玛格丽特·撒切尔以8802票的优势再度当选议员。

保守党的全国票选结果也比预计的要好些。史上最遭人嘲讽的首相亚力克·道格拉斯－霍姆爵士刚做上首相没多久，就在大选中落败了。而新的工党政府因为在一些边远选区特别是梅里登得票很多，所以在大选中以微弱的优势险胜，最终在新一届的下院里仅比保守党多拥有4席的优势。但不管怎么说，保守党到底还是失败了，玛格丽特·撒切尔的情绪也一落千丈。

丹尼斯直到11月下旬才从南非回来，所以整个竞选过程都没能陪在妻子身边。玛格丽特痛失政务次官的职位以及与此相关的一切时，根本无法得到丹尼斯的安慰。后来，她被任命在以前工作过的同一个部门担任反对党同级发言人。玛格丽特接到通知后大失所望，可惜丹尼斯同样不在她身边。论工作能力，玛格丽特理应得到一个比在影子内阁养老金和国民保险部继续担任政务次官更好的职位。她的事业似乎遇到了障碍。

和事业上的挫折以及对丹尼斯的担心接踵而来的，是玛格丽特意想不到的健康问题。她原本就心情不好，无论是情感上、政治上还是身体上，她都相当低落。1964年年底，玛格丽特的胸腔感染恶化成了严重的肺炎。1965年1月24日，温斯顿·丘吉尔爵士逝世。玛格丽特因为病得太厉害，只能卧床休息，没法去威斯敏斯特议会厅瞻仰她崇敬的这位英雄最后的遗容。失去政府职位，丈夫不在身边以及感染肺炎同时向玛格丽特袭来，让她在这个冬天过得特别辛苦。这是玛格丽特一生中最低落的阶段——比这次更低落的时期直到26年后她被罢黜首相职位才出现。

回顾

进入议会工作的头五年，玛格丽特·撒切尔的政治生活的确在前进，但家庭关系却逐渐恶化。不过她似乎对这种失衡不以为然。也许家庭关系的恶化影响到了马克、卡罗尔和丹尼斯，但是他们都默默地忍受了。他们一致选择沉默不语，继续过着这种有些失调的生活。

到了1964年年底，玛格丽特·撒切尔的事业似乎止步不前。她用出色的表现证明自己是养老金和国民保险部最能干的政务次官，远远超过了同一部门里另两位政务次官，两人在任的部门大臣分别为约翰·博伊德-卡彭特、耐尔·麦克佛森和理查德·伍德。然而，玛格丽特却没能从这艰苦繁重的工作中平步青云，先后两次与升迁失之交臂。第一次机会是在1963年10月，当时哈罗德·麦克米伦因为健康原因辞职。亚力克·道格拉斯-霍姆爵士出乎意料地继任为首相。在保守党"惯行的征询意见的程序"中，玛格丽特对他表示支持——保守党这套用征询意见来挑选新领导人的程序非常神秘也不够民主。不幸的是，亚力克爵士当上首相后并没有对玛格丽特有所回报。于是玛格丽特·撒切尔只好继续做她的养老金政务次官。同样的命运在1964年大选保守党败北后再度降临在她身上。反对党前座要重组，但是她的职位没有任何变动。有谣言说，这是因为玛格丽特在保守党督导办公室那里失宠了。面对党内这么好的一次升迁机会，她却没法趁机升职，内心一定沮丧无比。

　　起步虽易，
　　可是你会就此止步不前吗？

　　玛格丽特儿时在格兰瑟姆学过的这句小诗，反映了她进入议会五年后的艰难处境。起步时她的确前途无量。但是目前，她却只能止步不前。

7
反对党前座议员

入职反对党

年初困扰玛格丽特·撒切尔的健康问题，还有对丈夫的担忧很快就烟消云散。她的肺炎痊愈了，而丹尼斯也解决了自己的危机，婚姻和家庭财政都重获了生机。不久，玛格丽特成为反对党前座议员，她不断奋斗，出任过的职位多得出奇。

议会里有句老话："反对党总有很多机会。"玛格丽特·撒切尔凭着自己的兴趣加上一些运气，抓住了自己的机会。从1964年到1970这6年间，保守党一直在野，但是玛格丽特却被任命为反对党前座议员，先后在6个部门担任不同职务：养老金事务发言人、土地与住房事务发言人、财政事务发言人、燃料及动力事务发言人、交通运输事务发言人和影子内阁教育大臣。担任最后三个职位时，她得以进入影子内阁。1970年，玛格丽特被任命为新一届政府的教育大臣。她的表现非常不错。特德·希思给予了玛格丽特很大的帮助，尽管两人的关系并不是很融洽。

亚力克·道格拉斯－霍姆看上去就不像能长期担任反对党领袖的样子。在希思的支持者一番极不客气的活动后，他选择于1965年7月引退。对于自己这位领袖的离开，玛格丽特·撒切尔感到"吃惊和伤心"，并富有正义感地对那个"神秘的阴谋小集团"加以斥责，这个小集团显然根本没有在意过玛格丽特对亚力克的支持。[1]

无奈保守党新领袖的选举活动已在筹划之中。爱德华·希思和雷金纳德·莫德林是竞争保守党领袖的两位人选。玛格丽特·撒切尔一开始倾向于支持莫德林，但基思·约瑟夫劝说她改变了主意。其实玛格丽特跟两位候选人都不太熟。如果莫德林当时能及早找到玛格丽特的话，也很可能会得到她的投票，因为玛格丽特更喜欢莫德林的性格和他制定的政策。可惜莫德林过于自大，根本没有向自己的支持者拉票。

相反，希思阵营在彼得·沃克的带领下显得秩序井然，他们制订了一整套方案，请那些关系相近、能够说服别人改变投票的同事找每位议员拉票。沃克获得了约瑟夫的支持，而约瑟夫反过来获得了撒切尔的支持。让玛格丽特改变主意的似乎不是基思·约瑟夫对莫德林缺点的剖析，而是他对希思个人能力的强调。"特德有一种拯救英国的热情"，这句话最后说服玛格丽特改变了主意。[2] 她在做决定时，总是优先选择积极热情的工作态度而不是懒散冷漠的消极工作态度。

尽管玛格丽特对特德·希思从来没有好感，但还是站在了他这一边。最后，希思获得150票，战胜了只有133票的莫德林。另一名候选人伊诺克·鲍威尔被大家认为是个特立独行的人，他只得了15票。

希思当上保守党领袖后，立刻对前座议员进行了重组调整。他把玛格丽特·撒切尔调任为住房和土地事务部影子政务次官，在老领导约翰·博伊德-卡彭特手下工作。她在这里可以肆无忌惮地攻击工党政府设立土地委员会的提议——土地委员会是个设立不当的机构，设立的初衷是为了控制房价上涨。玛格丽特在好几次发言和好几篇文章中都向有关土地委员会的立法以及倒霉的政务次官弗雷德·威利发起过无情攻击；不过土地委员会还没来得及建立，哈罗德·威尔逊就于1966年宣布提前进行大选。

这场大选对保守党来说没有任何悬念。玛格丽特·撒切尔和许多人一样，私底下都对保守党的竞选宣言"只行动，不空话"[3] 深感不满，因为这句话显得死气沉沉，没有信服力。对保守党竞选宣言的评价同样适用于保守党新领袖特德·希思。他在大选中远远落后于哈罗德·威尔逊，而威尔逊却在处理罗得西亚危机中展现了其精湛的外交技巧；而且就电视演讲来说威尔逊也远比希思更善于表现自己。

我23岁那年，作为保守党梅里登的议员候选人第一次参加了1966年大选，梅里登是国内胜算比较小的选区之一。竞选活动中，我有幸第一次见到了玛格丽特·撒切尔——这次相见虽然短暂却非常有趣。

我们相见的背景情况是，虽然全国民意测验预测工党必然获胜，但一些选区的民意测验显示，由于特殊的"中西部因素"，伯明翰地区的大选情况可能有所逆转，保守党会在一些优势微弱的选区赢得席位。梅里登就是被预测可能会出现逆转的选区之一，而我将在那里奋力一战，以求击败工党364票的微弱优势。

"中西部因素"刚一成为大选的热点话题，保守党中央总部就立刻加派人员，集中火力重点对付梅里登。十天内，先后有九名前座议员发言人在中西部地区参加竞选巡游活动时来到我的选区。这些大名鼎鼎的人物中有三位分别是卸任、在任和未来的保守党领袖——亚力克·道格拉斯-霍姆爵士、特德·希思以及玛格丽特·撒切尔——那时大家都万万不会想到住房和土地事务部的反对党发言人竟会成为未来的首相。

保守党中央总部给玛格丽特安排了一个去梅里登跑龙套的活儿。我是在科尔斯希尔的一个购物中心见到她的，她身边的助手告诉我，玛格丽特只逗留15分钟。于是我们利用这15分钟的时间和行人打招呼，分发宣传单，还邀请这位影子政务次官拿着装电池的扩音器现场给大家说几句话。

我对玛格丽特·撒切尔的第一印象还是不错的。她极力想对我这个政坛新手表现得和蔼可亲。她向我提到，1950年她在达特福德参加大选时，也是全国最年轻的保守党议员候选人。"你能迅速学到很多东西，对吧？"她说。我非常高兴她用这种方式把我和她归纳在一起。[4] 考虑到玛格丽特行程匆忙，我觉得她根本不可能认识我。但她却让我大吃一惊。"我见过你，你在下院边座听过议会辩论"，她说。对此我解释说，听议会辩论是我工作的一部分，因为我同时也是塞尔温·劳埃德的兼职私人秘书。"做功课啊——很不错！"她评价说。[5]

可惜的是，梅里登的扩音器很不听使唤，总是发出非常刺耳的声音。我的选举代理人吉尔·罗杰斯显然很不喜欢玛格丽特的手不断颤抖甚至抽搐，更讨厌这位初来乍到的访客所表达的对选举毫无帮助的观点，"就是她的声音才让扩音器那么难听的"。我没有把这话告诉玛格丽特。诚然，玛格丽特·撒切尔的声音可能有些尖锐，但是扩音器糟糕的音效把她的声音弄得更难听了。不过玛格丽特没有被设备故障所干扰，她坚持了下来，大声控诉"这种社会主义式的强占土地行为会夺走我们基本的个人自由"。

玛格丽特的发言没有给路过的行人留下很深的印象，同样她的一身打扮也没有给欢迎她的保守党女党员留下太多印象。她帽子的形状像个茶壶的保温套，顶上打了一个艳丽的蓝色蝴蝶结。"很有个性，但是不适合科尔斯希尔这样的地方"，市参议员玛乔丽·利奇夫人评价说。她是大英帝国勋章获得者，梅里登妇女咨询委员会主席。[6]

大家还没来得及深入讨论时尚或政治，玛格丽特·撒切尔就宣布，"时间到了！我得起程去考文垂了！"[7]于是她匆匆忙忙离开购物中心，那快步流星的走路方式一定是在模仿当时正流行的发条娃娃。除了玛格丽特离开时，大家从后面看到她摇摇摆摆地迈步走，觉得有点好笑外，她的这次1966年梅里登之行并没有什么值得记忆之处。

从保守党的视角看来，更难以记忆的是那年大选的最后结果。在梅里登，甚至在全国各个选区，保守党都惨败，有4%～7%的选民改投工党。哈罗德·威尔逊重返唐宁街，工党表现出色，获得了97个席位的优势。在全国一片惨败的形势下，芬奇利却成了保守党罕有的例外。芬奇利的工党得到的票数不升反降，玛格丽特·撒切尔把自己的优势选票提高到9464张。她是全国范围内仅有的得票数比以前有所升高的三名保守党候选人之一。

大选过后，媒体一直猜测玛格丽特·撒切尔可能会被提拔进入影子内阁。但她不相信媒体的报道，因为她清楚自己的上司不太喜欢她。"我和特德相识，"她故弄玄虚地说，"但我俩从不会冒险成为好友。"[8]可是特德的确短暂考虑过擢升玛格丽特为他的前座议员里的

"法定女议员"。同样地,他也很快否决了这个建议,建议是他的私人秘书吉姆·普莱尔提的。

普莱尔这样描述他在反对党领袖办公室提名撒切尔夫人后的情景:"特德沉默了许久,然后说'是的,威利(即保守党首席党鞭怀特洛)也认为她是最合适的人选,但他说一旦我们把她召进来,就再也别想摆脱她了。所以我俩一致认为,还是默文·派克比较合适'。"[9]

被温和派的默文·派克取而代之,对玛格丽特·撒切尔来说只是暂时的失落。很快她就获得了两个补偿。丹尼斯给她买了一只漂亮的象征永恒的戒指[*];影子内阁财政大臣伊恩·麦克劳德向希思提出要玛格丽特在自己的反对党财政部里担任重要职位。希思同意了这一提议,任命玛格丽特为反对党财政事务发言人。在这个候补职位上她大放异彩,远比进入影子内阁要好得多。

伊恩·麦克劳德的发言人

因为运气好,再加上自身格外勤勉,玛格丽特·撒切尔在伊恩·麦克劳德的反对党财政部任职18个月中,事业不断进步。

玛格丽特的好运得益于工党政府宣布开征"选择雇佣税"(SET)的提议。"选择雇佣税"是詹姆斯·卡拉汉在1966年预算案中提出的。这项税收政策可能是英国战后历届政府提出的最不明智、最复杂、最不成功的税收新政。而花费大量精力、做好充分准备来反对"选择雇佣税"的艰巨任务就落在了财政事务发言人玛格丽特·撒切尔的肩上。

这项匆忙间提出的"选择雇佣税",其目的在于既提高实际税收又确保表面上看来不违背工党在选举中做出的"不大幅度增加税收"的诺

---

[*] 这枚戒指是在伦敦维多利亚炮兵街一家名为 J. 麦卡锡(始建于1798年)的古董珠宝店老板威廉·马林斯那里花220英镑买来的。撒切尔一家45年来都是这家店的老主顾。马林斯先生虽然只是个店老板,但在撒切尔一家人心目中颇有地位,所以受邀参加了2013年在圣保罗大教堂举行的撒切尔夫人的葬礼。

言。这项税收政策旨在向制造业业主每周征收每位男性员工25先令（相当于1.25英镑）的税收，将税务负担从服务业转移到制造业，制造业业主可以于6个月后申请退回"选择雇佣税"税款，最高可获得每位员工7先令6便士（相当于0.37英镑）的补贴。而服务业却什么补贴也得不到。因为制造业和服务业的产业划分本身就有不同标准，而且制造业内有大批的女性员工和兼职人员，所以这项税收政策看上去非常怪异。但是对反对党财政事务发言人玛格丽特来说，却是一次绝妙时机。

玛格丽特·撒切尔于1966年5月5日在第三次财政预算案辩论中第一次以反对党财政事务发言人的身份发言，展现了她犀利的风格。她把"选择雇佣税"的提议人以及不得不帮这些提议人一起辩护的倒霉的财政部首席大臣杰克·戴蒙德变成了彻底的笑料。玛格丽特把这项愚蠢可笑的税收政策比作吉尔伯特和沙利文的滑稽喜剧，还对财政部大臣每周按每位制造业员工收取25先令的税收、再于6个月后返还32先令6便士的想法狠狠奚落了一番。她质问道，为什么不直接发7先令6便士给这些员工就算了呢。

> 这简直荒谬透顶……我真心认为在座各位尊敬的先生需要给财政部招一名女性大臣……如果我的首席大臣跑来向我提交这么一份糟糕的提议，我一定会问他是不是生病了。[10]

杰克·戴蒙德对玛格丽特的发言加以反驳，但都被毫不留情地顶回去了，让他非常尴尬。玛格丽特斥责戴蒙德，说他没能考虑到这项税收政策对必须要出钱支付孩子费用的职业女性造成的影响。"这位尊敬的女士忽略了一点，"他抱怨说，"我们现在所讨论的税收政策仅限于雇主。"

"一点儿没错，"她反驳说，"我觉得这位尊敬的先生根本没有听我在说什么。我所说的是，已婚女性和寡妇就是雇主。"[11]

玛格丽特·撒切尔说完后坐下，会场立即爆发出保守党雷鸣般的掌声，就连她的对手都不由得对她表示钦佩。

玛格丽特的上司伊恩·麦克劳德也对她赞誉有加。辩论结束后他在吸烟室喝茶时，曾对安格斯·莫德透露，"听完玛格丽特今晚的发言，我再也不怀疑，总有一天我们会有一位女首相"。[12]

几天后，麦克劳德对自己的这位发言人公开发表赞美之词。"我听过许多女政务次官以及前座或后座女议员做的辩论发言，"他在《每日邮报》的文章中写道，"但是唯独这次的辩论可以称作大获全胜。"[13]

伊恩·麦克劳德取代了原先约翰·博伊德－卡彭特的位子，成为指导玛格丽特·撒切尔进行议会辩论的新导师。就这样，玛格丽特经常和她的新上司一起坐在议会前座，参加议会辩论，一直忙到深夜。两人的确是一对好搭档。玛格丽特精力充沛，做事细致，而麦克劳德这两方面都不擅长。但是在攻击辩论对手方面，麦克劳德却颇有大将风范，擅长厉声驳斥、猛烈抨击对手。显然，他这位女学生在任财政事务发言人的一年中，向自己的影子内阁大臣学到了不少辩论技巧。

同年10月，玛格丽特·撒切尔在布莱克浦举行的保守党年会上做了一个有关税收的辩论总结发言。这是六个月来玛格丽特第二次针对"选择雇佣税"发表严厉谴责，同时第二次大获全胜。

我在1966年3月的大选中当选为保守党议员候选人，那次年会我坐在会议大厅的中西部选区代表席，所以对玛格丽特那次发言的三件事记忆犹新。发言结束后，全体参会代表都站起身来大声喝彩——这在那个年代是相当罕见的。

我记得的第一件事是，玛格丽特非常大胆、剑走偏锋地取悦听众。她一开始发言便说，"选择雇佣税"绝对"不是迈向社会主义的一步，而是迈向共产主义的一步"，尽管台下一些人听了这话表示害怕，但保守党的忠实分子立刻鼓掌喝彩。[14]紧接着，发言立即转入了正题。

第二件事情是，我自己全神贯注地聆听了玛格丽特如何对"选择雇佣税"的固有缺陷和怪异之处加以详细解析，越听越有味道。总结陈词时，玛格丽特对卡拉汉的税收增长记录加以连珠炮似的猛烈抨击，最后还说："卡拉汉这个家伙应该辞职！"[15]

这番话也许本身听来很普通，但在年会那样热烈的气氛中，无疑振奋了参会代表，他们纷纷起身鼓掌表示赞同。现在看来，这次演讲绝对是玛格丽特职业生涯早期至关重要的转折点之一；正是因为这番发言，保守党的忠实党员一致把玛格丽特看作党内的一名新秀。

第三件事是，我和其他的中西部选区议员候选人以及议员在发言结束后去酒吧喝酒时，聊到了玛格丽特·撒切尔的成功。大家对她最有趣的一句评价是，她显然从伊恩·麦克劳德那里学到并成功模仿了一些会议辩论发言的技巧。麦克劳德绝对是个辩论专家，擅长把诸如"我想从一个更高的角度来说"这样平铺直叙的话用他的音调变成感人的号召，达到一种响彻云霄的效果。我们这群选区代表里有人模仿麦克劳德强有力的男高音，说了一遍麦克劳德先前结束演讲所说的五字短句，并把麦克劳德的音调和玛格丽特·撒切尔说"卡拉汉这个家伙应该辞职"这句话时那种铿锵有力、抑扬顿挫的音调相比较。这一比较，我立刻想起了牛津大学保守党协会演讲口才培训师盖特豪斯夫人曾经对玛格丽特·罗伯茨和下面几届学员上课时所讲的话："演讲结束时，要用不超过五六个词语的简短句子铿锵有力地收尾！"[16]玛格丽特果然一直擅长学习。

麦克劳德在他的《每日邮报》专栏文章里，把撒切尔夫人这次年会上的发言同她在财政预算案辩论会上的发言做比较，称这两次发言是"卓越非凡的一对"。[17]这只是媒体对玛格丽特发言的诸多溢美之词中的一例而已。

《太阳报》把新闻标题拟为"一个厉害的金发女郎警告人们正在走向灭亡之路"，以此盛赞玛格丽特所发表的"鲜有耳闻、满腔热情、精彩绝伦的演讲"。[18]

媒体和出席保守党年会的党员都一致认为，玛格丽特·撒切尔正逐渐成为一个引人注目的女人。

加入影子内阁

玛格丽特·撒切尔在年会以及议会的种种表现获得广泛称赞后，伊恩·麦克劳德就一直力劝特德·希思让玛格丽特进入影子内阁。特德·希思也的确照做了，只是真正让玛格丽特入阁是在一年以后，因为影子内阁仅剩的女性成员默文·派克因为健康原因退休了。这一次，玛格丽特·撒切尔终于进入了保守党的最高层，可惜她的表现并没有获得别人的好评。

虽然玛格丽特任职影子内阁燃料及动力事务发言人后很快就熟悉了自己的工作职责，在下院会议上就阿伯凡矿难*的调查报告慷慨激昂、富有同情地发表演讲，可惜她与特德·希思的关系一直欠佳。

两人关系欠佳的一个原因，据《星期日快报》的"中立议员"专栏说，是因为玛格丽特"永远在辩论"。[19]经常参加影子内阁会议的影子内阁检察总长彼得·罗林森回忆说，好多人私下抱怨玛格丽特话太多。"大家都在说她……我想她实际上根本没有意识到，自己有多么令人讨厌。"[20]

相反，影子内阁不少其他同事却对玛格丽特在参加内阁会议时的沉默寡言感到吃惊。"我可不认为她在特德的影子内阁里受到广泛关注，"卡林顿勋爵回忆说，"她一点儿也不受关注。"[21]

而在玛格丽特·撒切尔自己看来，希思影子内阁会议上的讨论"不是很活跃"。[22]她把这种不活跃的讨论归咎于一些资历较深的同事。其实，影子内阁的核心人物，特别是特德·希思、雷吉·莫德林、伊

---

* 1966年10月21日，由于阿伯凡的煤矿碴堆坍塌，导致116名儿童和28名成人死亡。国家煤炭局因为灾难发生后施救措施不得力，受到了严厉批评。

恩·麦克劳德和伊诺克·鲍威尔等人彼此间关系都不太好，这已是一个公开的秘密。这些影子内阁的核心人物对于工党政府的政策可以轻易地达成一致，但对影子内阁政府自己的政策却很难达成共识。

不过并没有明显证据显示，玛格丽特·撒切尔在保守党内部的这场理念之争中扮演过任何重要的角色；而这场争论让保守党内部分裂为希思和鲍威尔两派。伊诺克·鲍威尔认为——后来玛格丽特·撒切尔也逐渐持有相同的观点——必须通过紧缩的货币政策把通货膨胀控制在最低水平；汇率必须由市场因素来决定；国家的干预，不管是工资调整还是收入政策，都应该减少到最低。同时，对于欧共体侵害英国国家主权的行为，鲍威尔也公开表示过强烈谴责。

鲍威尔的这些观点恰恰令特德·希思大为不满。他惧怕鲍威尔的智慧，也不认同这位竞争对手的理念。希思认为，应该在他所谓的"国家至高利益"之间达成共识，这种至高利益包括大型的商业和贸易集团。希思支持政府干预，认为应通过提高国有化公司的效率，来促进企业的发展。希思根本无意于进行国家改革，更不必说实行国家改组或者引入自由市场竞争机制了。他政治理念的核心观点就是要确保英国顺利加入欧共体。

最终玛格丽特·撒切尔选择支持鲍威尔而不是希思。不过20世纪60年代她在影子内阁却一直没有正面表明过自己的政治观点。对自己的职务范围内的事，她处理得井井有条；但是她一直扮演着善言的辩手而不是有独立思想的政策建言者角色。在影子内阁任职的两年半时间里，她和其他同事一样，从来没有提交过任何有关国家政策的议案。

不过还是有一两条有趣的线索表明，玛格丽特对鲍威尔以及鲍威尔思想的认同要比她实际表现出来的强烈得多。1968年4月20日，伊诺克·鲍威尔就移民问题做了一场颇有争议的演讲，发言中他引用了诗人维吉尔在《埃涅阿斯纪》中的一句拉丁文句子："我有一种不祥之感。和那罗马人一样，我似乎看见台伯河里鲜血四溢。"演讲第二天，特德·希思打电话给玛格丽特和其他影子内阁成员说:"我已经决定了,伊诺克必须辞职。"所有影子内阁成员里,只有玛格丽特·撒切尔一人极力反对让鲍威尔立即辞职。她对希思说,她认为"目前最好还是让事情冷却下来比较好,以免危机恶化"。[23]

实际上,在英国涌入大批新英联邦移民这个问题上,玛格丽特对鲍威尔的激进观点是认同的。她认为,有人对鲍威尔的演讲断章取义,同时她也相信鲍威尔绝不是种族主义者。可惜希思没有心情听这些解释。"不,不。他必须辞职",希思回答道。[24]

就这样,鲍威尔离开了影子内阁。但这并不意味他对保守党的政策制定和玛格丽特·撒切尔不再产生影响。

玛格丽特作为影子内阁燃料及动力事务发言人,一直努力寻求发电私有化的机制。1968年,在限制国有化公司权利的大环境下,这种提议仍然是激进之举。尽管玛格丽特亲自走访了很多发电站,也和许多商人有过商谈,这项发电私有化的调研最后还是"不了了之"。[25]

然而玛格丽特还是在对自由市场竞争机制优势的其他相关调研中取得了丰硕成果。她定期参加经济事务研究所的会议;研究所是一个提倡企业自由竞争的激进智库机构,由拉尔夫·哈里斯负责。玛格丽特之所以获准参加研究所,是因为所里的成员认为玛格丽特赞同研究所以及伊诺克·鲍威尔的一些观点。但玛格丽特作为政界的一个小人物,在希思一心想除去鲍威尔的时候,根本没能力帮鲍威尔说好话。即便如此,玛格丽特·撒切尔受邀在1968年保守党年会上做重要演讲时,还是隐晦地表达了她对鲍威尔提倡的货币主义的赞同。

玛格丽特选择的演讲题目是一个问句:"政治上出了什么问题?"她的演讲集中讨论政府对私人事务干预得越来越多,尤其体现在工党政府实施的收入政策方面。演讲的后半部分,玛格丽特说:

> 我们现在过多地强调政府要控制收入,却忽视了政府最基本

的职能：控制货币供应量……政府多年来开支一直超标，超标的这部分金额最后只能靠印钞票来弥补。[26]

玛格丽特虽然在演讲中悄悄地提到了鲍威尔关于控制货币供应量的理论，但那时几乎没人对此有所察觉。大家更多关注到的是玛格丽特在演讲中对共识政策的批评。她将共识政策斥责为"努力满足那些对一切都没有任何意见观点的人"。相反，她希望政府决策应奉行"一种哲学和政策，这种哲学和政策因为足够合理，所以能获得足够数量人民的赞同，从而保证在大多数人中达成共识"。[27]从这番话中已经可以窥见撒切尔夫人未来坚持的"信仰政治"。这种"信仰政治"因为玛格丽特先后两次出国访问，而进一步得到深化。

亲美远苏

世界上第一个严肃预言，说玛格丽特·撒切尔有朝一日会成为英国第一位女首相的，是美国人。做出这样预言的美国人之一就是迪安·马欣，华盛顿特区政府事务研究所主任。马欣当时在负责一个"美国国务院国际交流访问"项目，项目旨在邀请外国有望担任未来国家领袖的精英以及其他正在平步青云的政坛新秀赴美访问。

由于美国驻伦敦大使馆政务首席秘书威廉·J.加洛韦在报告中的力荐，玛格丽特·撒切尔得以受邀前往美国进行为期六周的参观访问。不过为她安排的行程计划档次远比其他受邀的英国议员的档次要高得多。"显然，美国大使馆那时可能已经猜到玛格丽特会成为英国第一位女首相，"迪安·马欣回忆说，"之所以给撒切尔夫人安排那么多高级会见，原因只有一个：她极有可能成为未来的首相。"[28]

美国大使馆在1966年就能有这样的预见是非常难能可贵的，因为当时英国国内没有一个人预测到玛格丽特·撒切尔未来会成为首相。

美国人这种前瞻性带来的结果是：玛格丽特第一次造访美国，参观了许多地方，并为这个国家深深倾倒。

1967年2月20日，玛格丽特抵达华盛顿，在接下来的五天时间内她参与了28次会面，会面的部门包括了联邦储备金监察小组、国务院、布鲁金斯学会、最高法院、国际货币基金组织以及国家安全委员会。玛格丽特还在国会山与美国一些国会议员见面，这其中就包括了两位著名的参议员：玛格丽特·蔡斯·史密斯和约瑟夫·克拉克。之后，她去了纽约，会见了纽约州长纳尔逊·洛克菲勒，即后来杰拉尔德·福特时期的副总统。

不过这次为期六周的旅行所涉及的远不只政治事务。玛格丽特还陆续参观了特拉华州的美国杜邦公司总部、位于休斯敦的美国国家航空航天局、位于内布拉斯加州奥马哈的战略空军司令部、芝加哥粮食交易市场、加利福尼亚大学伯克利分校、洛杉矶美国国家广播电视公司第一间彩色电视工作室，以及哈佛大学商学院。整个访问期间，玛格丽特既进行实地调研，一路遇到许多有趣的人，还观赏了不少美景。她最喜欢的城市是旧金山；"是所有城市里最美丽的"[29]，她在寄给姐姐穆里尔的明信片上写道。

所有这些在美国的经历都让玛格丽特对美国人的友好、好客以及美国企业的自由经营发展非常感兴趣。但是她当时的反应比较平淡，并没有特别强烈的表现。然而，长远看来，这次美国之行不仅促使玛格丽特下定决心致力于发展英美联盟，而且也让她深刻地感受到了美国经济管理的成功。返回英国威斯敏斯特宫不久，玛格丽特对美国的青睐很快就在她的议会发言和各种文件报告中表露了出来。她格外强调美国的自由市场和低税率的好处，并指出，美国高收入人群所交的税率最高仅有60%，而同样的情况在英国税率竟高达91.25%。

1968年，英国国际英语联合会组织安排玛格丽特第二次赴美访问，参观纽约和其他城市，让玛格丽特与美国的关系变得更加亲密了。玛格丽特在议会曾做过一次题为"为未来做好准备：论英美关系"的发言。这次发言是她第一次尝试对发展英美"特殊友好关系"的种种好处做详细说明，当然后来到了20世纪80年代她对发展英美关系就更加关注了。

1969年，玛格丽特也终于获得机会亲自体察社会主义的种种实际状况。当时玛格丽特任影子内阁交通运输事务发言人，应苏联政府邀请前往苏联参观那里的新莫斯科地铁等交通项目。玛格丽特出发前坚决要求不让苏联人负担差旅费用，以免造成错误印象，好像她有意占苏联便宜似的。到达苏联后，玛格丽特参观了克里姆林宫、莫斯科大学，还有列宁格勒*。她在苏联亲眼观察了普通民众的艰苦生活，也从苏联给自己指派的随身陪同那里亲身感受到，苏联在宣传社会主义的优越性。

玛格丽特偶尔也会找到机会发表一番激烈的言论，狠狠地批评苏联。有一次在一家美术馆外，随身陪同邀请玛格丽特欣赏一座刻画铁匠用铁锤铸剑的雕像。陪同自豪地说，"这就是共产主义"，玛格丽特·撒切尔反唇相讥："其实不是。雕塑的故事来自《旧约》。'他们将把利剑锤炼成犁头，把长矛锤炼成锄头。'"[30]你绝对可以相信这位卫理公会传道士的女儿有能力牢牢记住"以赛亚书"第42章第3行的句子！

无论美国国务院乐观的平等主义者是如何预测玛格丽特的未来的，20世纪60年代的英国尚没有一位政治家胆敢根据玛格丽特当时事业发展的状况大胆预测，玛格丽特·撒切尔有朝一日终会成为人上人。就连玛格丽特自己也跟朋友说，她事业的"终极目标"就是成为财政大臣。[31]

20世纪60年代，女人当首相这种事简直让人无法想象。《星期日泰晤士报》在预测1967年竞选保守党未来领袖的各候选人胜算概率时，把玛格丽特·撒切尔的概率算为千分之一。[32]在他们眼里玛格丽特根本连匹黑马都算不上。

★ 现称为"圣彼得堡"。

准备进入政府

可是玛格丽特确实在影子内阁悄悄升迁。1969年，玛格丽特在牛津大学保守党协会的老朋友爱德华·博伊尔爵士退出政坛，去利兹大学任副校长。博伊尔离职后，教育部就多了一个空位。特德·希思最初想让基思·约瑟夫去教育部任职，但是莫德林在这次改组中拒绝合作，不同意接替基思·约瑟夫的职位，无奈之下，希思只好任命自己原来的备选人选玛格丽特·撒切尔为影子内阁教育大臣。

玛格丽特任职之初并不顺利。当时一直困扰保守党的教育问题是：到底是该发展综合学校还是发展选拔制招生或文法学校？玛格丽特·撒切尔受过文法学校的教育，所以她自然非常支持选拔考试制度和传统的教育方式。但是20世纪60年代，大多数地方教育局根据工党政府的指导，已经把所有的中学都变成了综合学校。

玛格丽特·撒切尔深知，自己已无力颠覆大家一致认同的综合学校体制，所以就把她的主要精力花在全国各地奔忙、发表演讲，做一个政治名人。她的很多演讲话题都远远超出了她在影子内阁的职务范围。有一次演讲是1969年下半年在中西部地区商会做的。可惜的是，玛格丽特这场关于对小企业征税的富有政治智慧的演讲不幸被演讲的组织者兼商会主席的一场闹剧搅乱了。

商会主席是莫里斯·钱德勒，玛格丽特牛津大学的同学，也是牛津大学保守党协会的一名会员。钱德勒邀请玛格丽特去阿平厄姆的米尔班克俱乐部做讲座，讲座现场去了很多人。玛格丽特刚讲到一半，钱德勒突然想去上厕所。他没有选择穿过拥挤不堪的会场去厕所，而是选择从玛格丽特·撒切尔当时演讲所站的讲台后面的一楼窗户爬出去。结果爬窗突围的尝试失败了，身材魁梧的钱德勒卡在了窗框上。他一边头朝后院大声呼救，一边把肥大的屁股冲着台下观众向后不停扭动，会场立刻乱了套。但玛格丽特·撒切尔对身后不断传来的呼叫声和挣扎声根本不闻不问，继续演讲。最后当地有名的一个救援队爬上讲台，把被困得面色紫红的商会主席安全无恙地救了下来；可即使身后发生这么大动静，玛格丽特却依旧不动声色地继续自己的演讲。

"当时简直就是喜剧大师费多笔下的场景，"开着莫里斯1100汽车、负责从伦敦接送演讲人的律师迈克尔·帕默回忆说，"她扮演了一个强硬女人的角色，对台下的混乱和哄笑完全置若罔闻。后来我们开车回芬奇利的路上，她对这事还是只字不提。我想她压根没觉得这事很好笑。"[33]

闹剧式的幽默完全无法吸引到玛格丽特·撒切尔。刚刚担任影子内阁教育大臣8个月，国内政局就开始紧张，因为国内很有可能要提前进行大选。特德·希思选择周末在位于萨里的塞尔斯登帕克酒店召开了影子内阁会议，商讨保守党竞选宣言。这次会议被工党讥讽为"塞尔斯登人"开始右倾。[34]但对于参会的唯一一位女党员来说，会议可绝对不是这么回事。

保守党领袖在会议之初就简要地指出，保守党已经有了"我们自己的教育政策"，所以对玛格丽特·撒切尔负责的教育问题几乎没有安排多少时间进行讨论。[35]这就意味着，保守党默认地方教育局仍对制定学校的教育政策享有自主权。会上涉及的唯一有关高等教育的话题就是到底保守党竞选宣言里是否该讲到拟成立白金汉大学的提议。玛格丽特·撒切尔强烈赞同这项提议，并且支持马克斯·贝洛夫教授任校长一职，因为他非常想帮助白金汉大学获得皇家特许状。根据会议记录，希思打断了玛格丽特的发言，并且不屑一顾地说："不要跟我说什么皇家特许状。我一点儿也不相信马克斯·贝洛夫。国内大学已经太多了。"[36]

玛格丽特·撒切尔暗想，希思之所以态度如此粗鲁，显然是因为他还错误地认为，贝洛夫教授依旧像他二战前在牛津大学读书时那样，是个左翼社会主义者。塞尔斯登帕克酒店的一番谨慎言辞并没有让玛格丽特给别人留下很深的印象。会议期间一个周六晚上，玛格丽特离开酒店去芬奇利参加了自己选区里的年度宴会，受邀赴宴的贵宾就是伊诺克·鲍威尔。凑巧的是，玛格丽特因为鲍威尔的事缺席保守党会议并没有被她的领导察觉。

塞尔斯登酒店会议之后，玛格丽特·撒切尔正着手准备下院一项重要发言，反对政府加速建立综合学校的议案时，突然接到了父亲阿尔弗雷德·罗伯茨逝世的消息。父亲的去世不算突兀。玛格丽特数天前曾经回到格兰瑟姆探望他，那时阿尔弗雷德·罗伯茨已患有严重的肺气肿，要靠病榻前摆的氧气瓶呼吸维持生命。阿尔弗雷德生前最后做的意识清醒的事之一就是收听女儿在BBC一档讨论妇女问题的广播节目"衬裙巷"里的发言。听完节目后不久，他于1970年2月10日下午过世。

父女俩的关系早在玛格丽特·撒切尔任反对党前座议员六年的时间里就生疏了。这六年里，玛格丽特带着马克和卡罗尔仅回去探望过父亲两次。她也很少和父亲交流。"玛格丽特几乎很少给我写信或打电话"[37]，去世前九个星期阿尔弗雷德写信给穆里尔抱怨说。

小女儿的冷淡有一部分是因为她对父亲的再婚心存芥蒂。1960年，玛格丽特的母亲比阿特丽斯去世后，阿尔弗雷德续弦娶了林肯郡一个农场主的遗孀锡西·哈伯德。"我想父亲再婚是好事，"玛格丽特·撒切尔冷淡地说道，"她是个善良、顾家的小女人。"[38] 不过玛格丽特对父亲过世前锡西给予父亲无微不至的照顾还是非常感激的。

1970年5月，民意测验显示工党的支持率骤然上升，哈罗德·威尔逊显然因此大受鼓舞，宣布立刻举行大选。包括玛格丽特·撒切尔在内的大多数保守党员私下都认为保守党将在大选中失利。但是特德·希思从没有失去自信，并且还在保守党最后一次广播竞选讲话中发表了出色演讲。撒切尔夫人认为希思的讲话"把他塑造成一个深爱祖国并愿意为之做出奉献的忠诚的爱国者"。[39] 当时很多人都对希思持这种观点，也可能正是因为这样，保守党才在大选那天成功翻盘。

大选当夜的投票结果表明，有3%～6%的选民最后改投了保守党的票。玛格丽特·撒切尔当晚从汽车广播里首先听到了部分选区胜利的消息。惊喜之中，她对丈夫说，"如果这个结果无误，我们应该是赢了"。[40]丹尼斯接着开车带她去萨伏依旅馆参加了《每日电讯报》的聚会。凌晨时分传来的选举结果表明，特德·希思凭借超过30%的优势选票获胜，将负责组建新一届政府。第二天统计当选议员席位时，保守党最终获得压倒性多数票——含芬奇利的席位——超过了工党43个席位。玛格丽特·撒切尔把自己的优势选票提高到11185票。但是在6月19日星期五宣布的内阁大臣任命公告中，玛格丽特并没有名列其中。她一直在焦虑不安地等待唐宁街10号的召见。内阁大臣任命公告宣布的第二天早晨，她终于接到了召见通知。

回顾

等待内阁大臣任命的过程并不会特别紧张，因为玛格丽特进入内阁是必然的事。她之所以能获得进入内阁的资格，是因为在保守党任反对党的六年时间里，玛格丽特从一个名不见经传、资历尚浅的前座议员逐渐发展成为保守党内备受瞩目的资深人物。作为反对工党政府相关政策的专门辩手，玛格丽特的攻击效果仅次于伊恩·麦克劳德。但是她和同事的关系就不那么融洽了。无论在影子内阁还是内阁任职，都需要议员有良好的团队合作精神。可是玛格丽特不太合群，说话有些尖刻偏激。

特德·希思虽然对玛格丽特没有敌意，但是也不太喜欢她。或许希思也欣赏玛格丽特的才干，但是欣赏很快就因为她的喋喋不休而转变成了恼怒。玛格丽特对那些希思认为她完全一无所知的话题孜孜不倦地发表意见，令希思不由得生厌。他只是想让玛格丽特作为一个"固定的女性形象"加入自己的团队，而玛格丽特自己却觉得希思的想法令她屈尊俯就、难以忍受。

不过聪明的玛格丽特还是默默地忍受了下来。因为她明白，希思对自己的看法恰恰反映了议会内部大多数男性议员对女性的看法。大多数人都认为，女议员，哪怕是女内阁大臣，都是替补的替补。这种观点虽然纯属歧视，但是保守党新任首相无疑也认同这种歧视观点。

如果希思能对玛格丽特多一些接纳少一些排斥，可能两人的关系会更亲近些。他们从来都不算志趣相投，可是因为两人都是"开拓者"和"局外人"，所以还是有一些共通之处。两人的不凡在于他们虽出身平凡，却能在保守党森严的等级体系中逐渐获得发展取得成功；两人的家庭背景、成长经历相似，父亲都是小商人，家乡在小地方，做事谨小慎微；他们都在文法学校接受教育，在牛津大学读书；初出茅庐时几乎都没有稳定的社会地位。

这两人唯一的不同——1975年在两人争夺保守党领袖的位子时变得格外显眼——就是玛格丽特·撒切尔举止文雅，而特德·希思行为鲁莽甚至可谓粗暴。玛格丽特小时候在家里和父亲的店里都接受过严格的训练，所以非常懂礼貌。可希思的行为举止只能让人想起法国外交家塔列朗对拿破仑的评价："这样伟大的人小时候居然如此缺乏教养，真是可惜了啊。"[41]

希思和玛格丽特举止风格的差别在1970年6月20日星期六那天早上也表现了出来。玛格丽特·撒切尔一见到新首相，就立刻面带微笑地向他表达祝贺。而特德·希思对她说话却还是直截了当，直奔主题。就像玛格丽特后来描述自己和希思的差别时所说的，"我们没有花多少时间客套。他还是和以往一样直截了当、一本正经"。[42]希思这种简洁的行事风格虽然令人吃惊但并不是独独针对玛格丽特的。同一天被任命的其他内阁成员原以为这样的场合彼此应该互致问候，结果他们也被希思的冷淡吓了一跳。

不管被召见时的气氛如何，玛格丽特·撒切尔还是如愿以偿地获得了自己想要的职位。她被任命为教育大臣和枢密院顾问官。于是玛格丽特内阁大臣的政治生涯就正式开始了。

8
───
教育大臣

最初的系列举措

> 玛格丽特任教育大臣时表现出来的缺点和她后来担任首相表现出来的缺点是一样的，只是做了首相后这缺点更明显了。所有的事但凡要开始、继续或结束，都必须经过严密的论证。可这并不一定是办好事情的最佳途径。[1]

这段评价出自于玛格丽特·撒切尔的下属、教育和科学部政务次官诺曼·圣·约翰·斯特瓦斯，相信科学和教育部玛格丽特的其他下属也一定赞同这个观点。

1970年6月22日星期一，玛格丽特作为新任教育大臣，来到她位于柯曾街的教育和科学部办公室上班。上班头一天，她就递给自己的常务次官一张从学校练习本上扯下来的纸，纸上列有她这一天打算做的18项事情。常务次官威廉·派尔[*]其实也是个新人，将近50岁才获得提拔，刚刚擢升进入白厅高层。两人到任第一天，就在很多问题上发生了争执。

玛格丽特·撒切尔列的事项清单上，第一条就是通知当地教育部门，要求取消之前工党政府提出的强制实行中学综合教育的计划。这一决定不算突然，因为保守党先前在竞选宣言里已经做出过承诺。派尔将此事的通知初稿在自己桌上一直搁置到那天下班。于是就有了他和玛格丽特的第一次争吵。

玛格丽特·撒切尔希望的是迅速而简洁地撤销工党关于综合教育改革的通知。但是别人告诉她，撤销一项通知必须要同时发出一项新

---

[*] 威廉·派尔（1919—1997），1967—1970年任英国内政部副政务次官；1969—1970年任监狱管理局局长；1970—1976年任教育和科学部常务次官；1976—1979年任税务局局长；1971年受封为爵士，获爵级司令勋章。

的通知。这项新通知的初稿必须用大量材料详细说明教育和科学部对全国中学教育未来采用什么形式的具体看法。可是新来的教育大臣不喜欢这样做。她拒绝做详细论证，并且亲笔手拟了一份更简短的通知初稿，即10/70号通知。通知取消了工党政府强制实行中学综合教育的计划，通知后面还有一句话："本部大臣希望将教育方面的一般考虑、地方政府的具体需要与愿望以及妥善使用财力作为决定地方办学形式的主要原则。"[2]

新通知尽管在议院引起激烈争论，但绝不是什么反革命式的号召。地方学校办学究竟采用何种形式，决定权仍然牢牢握在地方教育局手上；而实际上地方学校已有70%实行了综合教育体制。所以尽管玛格丽特·撒切尔被人指责为"思想专横霸道"[3]，被人诋毁为"掌管教育的女版塞尔斯登人"[4]，她还是完全可以理直气壮地反驳说，自己没有阻止过任何人做任何事，也丝毫没有更改过法律。她只是把原工党政府推行教育改革的强制性要求取消，将自主决定权归还给地方教育局。如果已有的教育体制运行得很好，自然就没有改变的必要。"我看不出来我的通知哪里反动哪里极端"，玛格丽特在下院辩论中说。[5]虽然玛格丽特最终还是在辩论中获胜了，却因此树敌不少。

玛格丽特·撒切尔任教育大臣初期就被人指责为傲慢自大，从政治和个人层面来看都是不无道理的。在6月23日第一次内阁会议上首相就警告所有内阁成员说："制定政策不宜操之过急。"但玛格丽特对此充耳不闻。[6]她偏要反其道行之，十万火急地推行自己的新政策。

在个人层面，我们可以从1970年10月18日在格兰瑟姆芬金大街教堂举行的玛格丽特父亲葬礼上发生的一件小事窥见一斑。葬礼上，玛格丽特·撒切尔对姐姐抱怨说："他们居然不知道该怎样举办仪式接待内阁大臣，不是吗？"穆里尔酸溜溜地回答："这个仪式可不是为你办的。"[7]

玛格丽特的自大和过分自信在她与其他资深议员相处的过程中也暴露了出来。她最大胆的一次挑战就是公开反对财政部所做的将教育和科学部的预算缩减30亿英镑的决定。和信心不足的财政部首席大臣莫里斯·麦克米伦几番激烈舌战后，玛格丽特·撒切尔终于大获全胜。教育和科学部的财政预算一点儿也没有缩减，同时她还保护了财政部缩减财政预算最可能波及的两个方面不受影响：提高学生离校年龄和保留开放大学。

把学生离校年龄提高到16岁一事一直被工党政府搁置，财政部缩减预算旨在继续搁置此项议案。玛格丽特·撒切尔却对财政部的议员斩钉截铁地说，提高学生离校年龄是保守党竞选宣言里承诺过的。她最终得到了首相的支持。于是这样一项需要花费大量金钱的政策得以顺利通过。

保留开放大学则更是一项惊人之举，尽管此事在高级议员内部引起过震怒。为了节约开支，伊恩·麦克劳德决心要废除开放大学，因为他认为开放大学是哈罗德·威尔逊政府耍的鬼花招。威尔逊这位开朗外向的工党首相最喜欢告诉别人，他是如何在锡利群岛的圣艾格尼丝岛散步时，突然想到要开设这样一种面向所有人的电视广播大学的。麦克劳德把哈罗德·威尔逊称作"一个没有理想的魔术师"[8]，并讽刺地认为这种开放大学的提议应该和提议的发出人一起逐渐被淡忘。[9]

玛格丽特·撒切尔却认为，开放大学可以以较低成本为成人学生提供毕业机会。她在自己任教育大臣仅两天后的一次内阁会议上公开表示自己支持保留开放大学，公然与首相和财政大臣作对，令两人尴尬不已。麦克劳德当时还在医院住院，听到消息后心神不宁；而希思则是大为恼火。[10]要不是因为伊恩·麦克劳德*心脏病突发，于1970年7月底过世（享年56岁），这项保留开放大学的提议日后一定会在内阁全体会议上重新拿来讨论。

　　★　伊恩·麦克劳德（1913—1970），1950—1970年任西恩菲尔德议员；1957—1959年任劳工大臣；1959—1961年任殖民地事务大臣；1961—1963年任保守党主席、下议院领袖；1967—1970年任影子内阁大臣；1967—1970年任内阁财政大臣，任职39天后在唐宁街11号官邸不幸逝世。

在成功保留住本部门的财政预算后,玛格丽特·撒切尔在教育和科学部的主要工作目标就变成努力保留优秀的文法学校。按照1944年《教育法》第13条款规定,本部大臣有权对地方教育局呈送的所辖范围内学校总体改组计划予以认可或干预,但是允许干预的理由非常有限。之前保守党和工党的教育大臣都认为第13款仅赋予教育大臣"保留权力",玛格丽特·撒切尔则和他们的看法不同,她认为教育大臣理应实行干预,所以亲自审查了将近3500件改组计划。这样一来,她的工作量就极大地增加了。她心烦地发现,地方教育局呈送的改组计划有超过90%的计划都是正确无误的,并且都建议实行学校综合化改组。就算是在她的家乡格兰瑟姆,玛格丽特也不得不面对现实:她的母校出于实际因素考虑,必须转型成为综合学校,广泛设立六年制中学,以确保提高学生离校年龄。

不过玛格丽特·撒切尔还是成功地干预了326件改组计划,约占她审阅的综合学校改组计划文件总数量的9%。1972年6月,她在保守党年会上的讲话里提到,自己已经成功地挽救了94所"著名文法学校"。[11]不过其中一些文法学校只是暂时得到了挽救。就算是在玛格丽特自己选区所属的巴尼特市,虽然一开始她挽救了基督中学和伍德豪斯两所文法学校,但是三年后这两所学校还是被迫分别改组成为综合学校和只有六个年级的私立中学。

玛格丽特花费大量力气保留选择制教育,却没有获得成功,这导致在她任教育大臣期间,综合教育得到了前所未有的广泛的迅速发展。玛格丽特仅仅成功保留住了保守党控制的萨里、哈罗、沃尔索耳和伯明翰等选区内少量的文法学校。不过她的保留行动也并非完全失败,至少她保留住了公民的一点儿自由择校权。自由择校权在以后几届政府包括她自己的那届政府中都得到了大力发展。

关于综合学校改革的争论使得玛格丽特·撒切尔越发厌恨自己的常务次官比尔·派尔。一遇到争执,此人就变得精明固执,俨然电视剧里那个官僚主义的典型代表汉弗莱爵士。他和玛格丽特·撒切尔争执不断；每当派尔提醒玛格丽特，她无权开除那些她觉得不顺眼的职员或干涉她职权范围之外的事时，两人吵得就更厉害了。

有一次，玛格丽特和派尔吵到一半，直接跑去见了文官大臣杰利科勋爵，声泪俱下地要求把自己的常务次官调到其他部门。不过玛格丽特并没有为了让派尔调职而故意指出，派尔的妻子是苏联人，可能会威胁国家安全。特德·希思最后还是听从文官长威廉·阿姆斯特朗爵士的意见，拒绝了玛格丽特·撒切尔的要求。派尔继续留任原职。[12]

诺曼·圣·约翰·斯特瓦斯回忆说：

> 玛格丽特和比尔·派尔吵得很厉害。两人互相攻击，谁都不肯让步，每次吵完两人就各自从不同的方向大摇大摆地摔门而去。尽管有过多次争吵，但大多数时间他们还是能合作完成部里安排的工作，只是彼此态度冷淡罢了。玛格丽特和派尔发生争执的主要原因是，玛格丽特对部里那些她看不顺眼的职员总是严厉批评，还想开除他们，而派尔却不同意她这么做。[13]

教育大臣对其他政务次官也一样绝情。桑福德勋爵是玛格丽特讨厌的另一位次官，因为这人"黏糊"（这是玛格丽特任首相早期经常使用而出名的一个词语）。[14]桑福德勋爵是个富裕的英国国教牧师，继承了爵位，对综合教育改革的观点偏向自由主义。"她对他不是狠狠打击就是无情冷落，一直如此"，诺曼·圣·约翰·斯特瓦斯回忆玛格丽特和勋爵的关系时说道。

> 我过去一直认为她与他及其他高级文官相处的方式欠妥。要是她时不时地能表扬他们几句就好了！可她偏不，她就是要把他们贬得一无是处，然后还要接着把他们羞辱得体无完肤。[15]

不过玛格丽特毫不留情地批评甚至羞辱责骂的对象仅限于教育和科学部的部分政务次官和负责决策制定的文官。部里的其他中层或底层文官，凡是和玛格丽特一起工作过的，都非常喜欢他们的这位大臣。玛格丽特对他们彬彬有礼、关怀备至，有时甚至细心得像个母亲。每次这些文官和她一起加班工作到晚上，玛格丽特都一定会立刻准备好零食，帮他们冲好咖啡或倒上一小杯威士忌，热诚地感谢他们额外的辛勤工作。

玛格丽特的坏脾气似乎只有面对高级文官才会发，因为她打心底里认为这些高级文官和自己思想上有分歧。而高级文官认为玛格丽特是一个喜欢跟别人针锋相对的女人，她虽然来自伦敦周边郡区，却妄想把保守党的激进思想传遍全国各地。实际上他们都认为大家对全国教育模式已经达成共识并且国内教育运转顺利，根本没必要搞改革。争执双方都各有道理。如果双方能够用合作的方式工作，那么玛格丽特·撒切尔在当教育大臣的三年零八个月的时间里就不会因故和下属发生严重争吵了。可恰恰是在这段时间里，玛格丽特得了个"抢奶贼撒切尔"的绰号。[16]

抢奶贼撒切尔

在关于免费牛奶和在校学生一事的争论中，虽然有不少人为故意操纵的因素，可当时对玛格丽特·撒切尔的名声的确造成了毁灭性影响。"抢奶贼撒切尔"这个绰号是1971年工党年会上一名发言人起的；时至今日，这个绰号仍然被认为是20世纪70年代初最轻蔑、最损人的宣传口号。

1970年秋，这位教育大臣和财政部商谈教育和科学部的公共开支，她同意做出让步，部分取消学校免费供应的牛奶，以缩减800万英镑的开支。消息出来时社会上并没有任何负面评价。媒体也对玛格丽特保护教育预算的做法给予正面评价。《卫报》在提到取消牛奶供应一事时，称赞玛格丽特·撒切尔战胜了财政部，认为她的出色表现帮助避免了重大损失，使得"教育预算仅遭受到极为轻微的打击"。[17]

待到玛格丽特·撒切尔后来提出了一项法案，准备彻底终止向学生供应免费牛奶时，《卫报》以及其他媒体还有工党的态度来了个一百八十度大转弯。《太阳报》把玛格丽特说成是"英国最不受欢迎的女人"，还向读者发问："撒切尔夫人通人情吗？"[18]《卫报》把这项教育（牛奶）法案称为"一项心存仇恨的措施，根本不该提交议会讨论"。[19] 下院的辩论会上，工党议员也给玛格丽特起了各种不同的绰号："声名狼藉的政府里最吝啬最恶毒的成员"[20]"会变脸的吝啬鬼夫人""反动的野蛮原始女人"[21]。而杰拉尔德·考夫曼则认为，玛格丽特对英国教育的影响就好比"匈奴王阿提拉对西方文明的破坏"一样。[22]

但是和议会辩论最后阶段某位人物喊出的没有记录在案的漫骂之语相比，这些夸张尖锐的讽刺真的算是温和许多了。当时我在下院边座聆听辩论会最后的总结陈词，之前我就已经从辩论会发言人（我的教父）那里听到风声，说这次会议可能会有激烈争吵。果不其然。议会议事录里故意没有提到大家在会上大吵大闹给玛格丽特起的各种绰号，只用一个比较中性的词语"中断"简单略过了。事实上，反对党议席那里的叫嚣声极大，对教育大臣的奚落既有攻击嘲笑又有下流讥讽。"下流婊子！"就是其中极为侮辱人的话。那天晚上一直有人不断高声呼喊"撒切尔，抢奶贼"。那个年代下院辩论会的总结陈词讲话如果碰上这样混乱喧闹的场景，遭人狠狠讥讽的当事大臣肯定会惊恐万分。可是玛格丽特·撒切尔此刻毫无惧色；就算是之后一连好几个月出席公共场合时还能听到这些针对她的羞辱谩骂，玛格丽特也同样表现镇定。

玛格丽特感到不满的是这些负面评论里有人身攻击的意味。她认为从逻辑上看这些评论是有失公允的。工党早在两年前就取消了中学的免费牛奶供应，没有对国内学生的健康成长造成任何不利影响，也没有引起任何轩然大波。而20世纪70年代，英国很多小学生已经不再喝那种传统的三分之一品脱瓶装牛奶了，因为这种牛奶配方是20世纪40年代引入的，到了70年代这种牛奶的口味已经过时了。免费牛奶不再是一项特权或必需品——尽管玛格丽特·撒切尔保留了部分孩子获得免费牛奶供应的权利，因为这些孩子由于医疗原因必须要喝牛奶。玛格丽特认为针对她的种种抗议有明显的人身攻击倾向。总之不管怎样，这些针对她的谩骂羞辱还是深深伤害到了她。

玛格丽特的一位高级文官托比·韦弗回忆说，这场愤怒的风暴"深深伤了她的心"并且"让她一度一蹶不振"。[23]诺曼·圣·约翰·斯特瓦斯也注意到，她"非常焦虑，但同时又非常小心翼翼地掩藏自己的痛苦不被人发现。那段时间，她不再是铁娘子，只是个戴着铁面具的娘子"。[24]

这次骚动最伤人的地方在于，谩骂羞辱多是针对玛格丽特妻子和母亲的女性角色。漫画里居然荒唐地把玛格丽特画成一个邪恶的女巫，从年幼、饥渴、天真的孩子嘴边抢走了牛奶瓶。但是玛格丽特没能及时地觉察出取消免费牛奶一事可能带来的对自己的人身攻击，从而让她自己成为对手群起攻击的目标。

在议会辩论后玛格丽特受到严厉抨击，可她却因此责怪自己的下属没能提前提醒自己取消免费牛奶可能造成的剧烈反应。她这种怪罪别人的做法也是有失公允的。玛格丽特才是引致这场政治风云的根本原因。而且她的下属曾经就牛奶一事给她提过一次意见，玛格丽特却故意忽视了。在教育和科学部一次早期会议上，玛格丽特的文官提出，一些学生如果无法在学校喝到免费牛奶，这些学生就根本没机会喝到牛奶了。"先生，你们在座谁都没做过母亲，"她回答道，"没有哪个母亲不关心自己孩子的。"[25]但是玛格丽特却忘记了，供奶一事很可能被反对党拿来大肆渲染，利用学校供奶事件中伤她。

几个月后，"抢奶贼撒切尔"的风波刚刚平息，玛格丽特·撒切尔不小心又引发了第二次针对她的人身攻击,这原本是完全可以避免的。玛格丽特越来越强烈地认为,学生会正逐渐把会费花在左派政治事项上。这的确是个问题,但只是个小问题。她提议要求设立学生会登记员,负责监管学生会经费,这样可以减少传说中所说的将学生会经费过度用于政治开销。玛格丽特向内阁的内政和政治事务委员会提出这项建议后,立即遭到拒绝。委员会认为,在学生抗议运动甚嚣尘上之时,为了纠正这种小问题而立法,很可能对保守党造成负面影响。

但是玛格丽特·撒切尔执意违背委员会的意思,在第二次内阁会议上再次提出要解决学生会会费的问题。这一次,她没有提出立法要求,而是提议设立一系列规则,确保学生可以自愿选择是否加入学生会。玛格丽特后来发布了一份针对学生会会费的令人费解的咨询文件,文件使得她与全国学生联合会发生冲突。1971年,时任学生联合会主席的是杰克·斯特劳[*]。针对玛格丽特的文件,全国学生联合会表示,联合会给会员提供的诸如车票优惠的便利,其经费主要来自于会员义务缴纳的会费。

双方意见相持不下,最后逐渐演变为学生大规模的抗议游行。全国各个大学纷纷在校园里组织焚烧玛格丽特·撒切尔的画像。玛格丽特去英国各所综合大学(利物浦大学、利兹大学和伦敦经济学院)以及理工学院时,也常常受到大群学生闹哄哄的围攻,以致需要警察出面保护。最糟糕的一次,有超过2000名全国学生联合会的学生在现场大声叫喊,企图阻止玛格丽特在伦敦伊丽莎白女王大厅宣读南岸工业大学的命名文件。

这些麻烦让玛格丽特为自己十几岁的女儿卡罗尔担忧不已,因为卡罗尔当时刚刚进入英国伦敦大学学院读法律。那段时间对卡罗尔来

---

[*] 杰克·斯特劳(1946—),工党政治家、内阁大臣。于1997—2010年进入布莱尔和布朗两届政府内阁,先后担任内政大臣、外交大臣和下议院领袖。自1979年以来一直担任布莱克伯恩的议员。

说非常难熬,她后来写道:"在我的好朋友和同学看来,教育大臣就是他们的头号公敌,而我恰好是这个头号公敌的女儿……这就意味着,我永远不能把好朋友请到我们在切尔西福拉德街的家里来玩了。"[26]

因为自己而给家庭带来压力,才是玛格丽特·撒切尔最难以承受的压力。不过虽然玛格丽特不得不面对公众对自己的攻击而深感烦躁,但她绝不会选择临阵退缩。

最早为玛格丽特撰写传记的作者乔治·加德纳回忆说,学生的抗议示威以及对"抢奶贼撒切尔"的议论达到高潮时,一批1970年进入议会的保守党员开始私下攻击玛格丽特,说她是"该下台的撒切尔"。丹尼斯听到这些风言风语就问妻子:"该死的,为什么不能赶快停止这一切议论呢?"

玛格丽特立刻给出了回答,"不可能"。[27]

可能这个故事不足为信,但玛格丽特·撒切尔明显被这些骚乱搅得心烦意乱,不得不做出任内阁大臣后第一次重大调整。她彻底放弃了对学生会会费进行改革的建议。这种退让也是玛格丽特不得已而为之的,因为许多大学的副校长,包括她的好友、利兹大学副校长爱德华·博伊尔,都支持杰克·斯特劳以及全国学生联合会的抗议。

玛格丽特·撒切尔没法将这一次惨败的责任推卸给任何人,所以只好独自承担。仅仅为了一个小问题,她就捅了学生的马蜂窝,弄得学生们群情激昂,这种做法完全没必要。除了供应免费牛奶和学校综合教育改革引起的争议外,玛格丽特的种种作为还引发了其他本可以避免的争议;这位大臣开始惹出越来越多的麻烦,似乎难以胜任大臣这个职位了。

特德·希思听闻了许多对玛格丽特的非议,很多都来自于保守党内部议员,所以他曾一度有意开除这位爱惹麻烦的教育大臣。后来希思对玛格丽特一直态度尖刻,他抱怨说:"她这人一点儿也不好。她给我们惹了那么多麻烦,当初就该把她开除掉。"[28]这句话只是一种经过修饰的个人仇怨的表达。其实那时候，首相希思对玛格丽特施以更多的是保护。他不喜欢自己的行为被后座议员还有媒体控制，并且认为"抢奶贼撒切尔"的称呼对玛格丽特来说根本不公平。所以他做好了一切准备，帮助玛格丽特·撒切尔顺利驶离这场政治风暴。

首相相助

1972年1月12日，玛格丽特·撒切尔和她的教育和科学部高级文官被邀请至首相的契克斯别墅和首相一起探讨教育政策的相关问题。这是玛格丽特事业的一个转折点。去参会前，她还是个深陷困境、饱受攻击的教育大臣。但会议结束玛格丽特返程时，已经变成一个对自己的首相信心满满的内阁大臣了。

玛格丽特之所以能有这样的变化是因为，特德·希思觉得玛格丽特需要他给予支持。可能玛格丽特的所作所为的确让她不受欢迎，但对希思来说，玛格丽特却是他的政府里一个非常有价值的人物。尽管希思觉得玛格丽特实在让人生厌，但他也看到了玛格丽特身上的一些优秀品质，这些品质和他的管理才干惺惺相惜。和其他内阁成员不同，玛格丽特有强烈的集体主义观念；向来不会对记者泄露秘密；同时她对自己的政府很忠诚，愿意尽自己的一份责任参与协助财政部一起缩减财政开支。协助财政部一起缩减开支也直接导致了玛格丽特遭受外界诸多非议指责。希思非常清楚，造成对玛格丽特大量非议的根本不是撒切尔夫人提出的各种政策措施，真正原因其实是财政部缩减财政的政策。

当然，玛格丽特得以顺利渡过难关可能也有其他一些原因。政府需要在内阁里安排一位女成员，除了玛格丽特以外别无其他可靠人选。更重要的是，首相对于玛格丽特在契克斯别墅提出的未来教育发展计划很满意。希思愿意出手支持玛格丽特的远景计划，发展幼儿教育，大力招聘教师，增加高等教育机构数量。同时，希思也对玛格丽特就学校供应牛奶事件、学生会事件，还有文法学校争议等问题所做的详细简报表示出赞许之情。希思在玛格丽特身上发现了比她在实际工作领域展现出来的更为出色的政治才华，同时他也注意到，玛格丽特提出的一些新的辩论视角，有助于在下院为政府在教育方面的作为进行很好的辩论。

2月3日，契克斯别墅的讨论会过去三周后，特德·希思不得不面对一位首相所必须处理的多个问题，主要是些教育问题。他像击球员一样，以最佳状态出色地应对了这些问题，打赢了比赛。这局比赛虽然首相赢得非常漂亮，但真正的赢家其实是玛格丽特·撒切尔。

她的对手是杰拉尔德·考夫曼。考夫曼想把玛格丽特赶出内阁，因为她"小肚鸡肠，总是恶意干涉曼彻斯特的事"，因为她不愿意给在学校用餐的学生免费提供热饮（作为免费牛奶的替代）。哈罗德·威尔逊接着发言质问，如果教育大臣可以提出议案要求停止供应免费牛奶——"我们下院有史以来提出的最龌龊的议案"——那么她也完全可以很轻松地要求立法，允许地方教育局为学生免费提供热饮。希思事先早已得知自己内阁里最遭人诟病的大臣将受到来自工党的集中攻击，所以已经提前做好为玛格丽特辩护的充分准备。他断然否决了反对党领袖提出的设立新法让学校免费提供饮料的提议；他还提醒威尔逊，工党以前也曾把所有中学免费供应的牛奶全部取消过。接下来前教育大臣特德·肖特站出来谴责玛格丽特·撒切尔，说她总是"一意孤行地做出决策……拒绝地方教育局提出的重组综合学校的计划"，首相驳斥说玛格丽特完全享有正当权力根据每项计划的优缺点对之做出相应评判，希思还说，"至少她没有强行要求地方教育局接受统一的单一计划"。[29]

一番吵闹之后，保守党议员那里也慢慢地冒出了些玛格丽特的支持者。一位有备而来的保守党议员要求首相对撒切尔夫人任职期间的成就加以褒扬，希思立刻为玛格丽特说了一大堆好话。他在讲话中感谢玛格丽特大规模改善了小学的破旧校舍,增加了理工学院的数量,提高了学生离校年龄,保留了萨里的文法学校,招收了更多的教师。说完后,特德·希思起身离开下院会议厅,身后立即传来保守党议员的欢呼声,充分说明他已经帮助玛格丽特·撒切尔顺利扭转了局面。

政府里最遭人嘲弄的大臣不仅顺利躲过了别人公然的羞辱,还受到公开表扬。对工党前座议员、议会新闻记者还有保守党内那些一直积极要求"赶走撒切尔"的议员来说,攻击这样一位备受首相青睐的教育大臣显然已经毫无意义。

玛格丽特在其他方面的境遇也有了彻底转变。她在1972年4月举行的全国教师联合会年会上意外受到与会者的鼓掌喝彩。尽管年会观众里的极左派教师代表在玛格丽特发言前提早退场,但大多数温和派的教师代表颇有礼貌地留下来聆听了她的报告,并不由得喜欢上了她;因为玛格丽特在讲话里说要提高学生离校年龄、加强教师职业培训,倡导将规模较小的学校改组为综合学校。

一位新闻记者把玛格丽特在全国教师联合会年会上的发言报道为"玛格丽特·撒切尔的成名之作"。[30]有家报纸1月份刚刚在标题里把玛格丽特叫作"没人喜欢的夫人",到了5月却当众称赞她为"变得成熟老练的玛格丽特"。[31]紧接着6月份,《泰晤士报》发表了一篇人物简介,称赞她这次"了不起的政治涅槃"。[32]

这些积极正面的报道可能得益于教育和科学部一位新来的新闻秘书特里·珀克斯。他和自己的教育大臣相处愉快,七年后教育大臣当上了首相,顺便也把他带到了唐宁街10号,让他做了首相的新闻秘书伯纳德·英厄姆的助手。

媒体正面报道的高潮发生在1972年12月。玛格丽特发表了一份白皮书,名为《教育:扩展的纲领》。这充分说明,玛格丽特·撒切尔已经开始着手实施之前在契克斯别墅和特德·希思达成的教育高额开支计划。用于修缮校舍、增招教师和发展高等教育的经费都得到了增长。

白皮书里提到的最重要的一点是宣布要大力发展幼儿教育。玛格丽特声称，这个计划将满足90%的4岁儿童以及50%的3岁儿童的入学要求。这是英国政府最早实施的干涉政策，而戴维·卡梅伦目前内阁里的就业与养老金事务大臣伊恩·邓肯·史密斯也极力拥护玛格丽特的这一做法。

白皮书受到了玛格丽特·撒切尔后来所说的"意想不到的热烈欢迎"。[33] 对玛格丽特的白皮书出乎意料地表示热烈欢迎的人包括工党后座议员勒妮·肖特——她在那以前还坚决反对玛格丽特——还有《卫报》；《卫报》盛赞了玛格丽特的"进步纲领"，并附上了挖苦的恭维话，称"撒切尔夫人离令人向往的社会主义教育政策的目标已经不远"。[34]

玛格丽特·撒切尔在20世纪70年代的政治声誉起伏变化好比一场网球比赛，球网两边的对手都用力打球而让比赛变得更加精彩。玛格丽特在政治舞台上的身份也在不断变化，在不到18个月的时间里她一下从邪恶女巫变成了教育界的女英雄。但其实这两种角色都不适合她。事业得意时，她的成功不过是徒有表面的风光。玛格丽特宣布的许多所谓扩展纲领，特别是扩展幼儿教育的计划，最终因为公共开支的骤然缩减根本没有获得过真正实施。但媒体对她褒贬交加的报道使得玛格丽特成为英国最著名的政治家之一。在保守党内阁清一色的男性大臣中，她作为其中仅有的女性大臣而一枝独秀。在大众心中，玛格丽特在政府里排名第四，仅次于希思、莫德林和道格拉斯-霍姆。但也有少部分人——如果确有这些人的话——把她看成一匹黑马，正在抢夺未来领袖的赛跑中慢慢脱颖而出。

不只是教育

对玛格丽特·撒切尔职业发展潜力颇感兴趣的另一位外国人是亨利·基辛格博士。他对玛格丽特感兴趣主要是因为自己的妻子南希。

南希一直参与一项英美教育项目，这个项目让她有机会接触到英国的教育大臣。"和玛格丽特·撒切尔的接触给南希留下了深刻印象，所以她一直跟我说，我应该见见玛格丽特"[35]，基辛格回忆说。基辛格任尼克松总统的国家安全顾问时，两次到英国访问，都曾经试图安排与玛格丽特会面。不过英国内阁办公室没有帮助基辛格促成会面。两人的会面一直延误到1975年2月18日才得以实现，基辛格是那时与英国反对党新领袖见面的第一位国际政治家。

美国大使馆的工作人员自从1969年第一次资助玛格丽特·撒切尔访问美国后，也一直在密切关注她的动向，和她保持着密切联系。1973年6月25日，玛格丽特和大使馆一等秘书德克·格莱斯廷在康诺特酒店共进午餐时，对其他大臣做了一番轻率的评价。"迈克尔·赫塞尔坦，"她说，"拥有从政需要的一切条件，就是没脑子。""彼得·沃克，"她评价道，"没有一流政治家所必需的一流头脑。"对于杰弗里·豪，她觉得此人"太喜欢妥协"，怀疑他将来是否能"克服这个缺点"。[36]

而此时玛格丽特身上唯一的缺点就是，她只是内阁里一个不得势的大臣，除了自己负责的教育问题外，对其他国家大事能产生的影响很少甚至几乎没有。

到1972年年中，希思政府对全国事务逐渐失去控制。希思政府违背了之前承诺的放弃资助"无望企业"的政策，开始接济那些经营惨淡的企业，比如克莱德造船厂。部分公共开支被用于支付工业补助，原意是想减少工人失业率，没想到反而刺激了通货膨胀，导致工会罢工抗议。

各种经济政策也发生了一百八十度大转弯。政府开始出台法规控制物价和收入。希思政府面对的所有问题中，最可能造成威胁也最终确实发生的就是全国矿工联合会发起的罢工运动。1971年颁布的《劳资关系法》自公布之日起就一直遭到公然反抗。码头工人和新闻记者相继罢工，罢工代表的法定律师在其中斡旋调解，加上全国劳资关系法院出台的一些不知所云的法规，都使得这部法案面临被废除的危险。导致希思政府解体的最后几件重要事件包括：全国矿工联合会投票结果表明，81%的选票支持举行罢工；由于矿工罢工，石油配给制开始实行，每周仅有三天时间配给石油；内阁被解散，大选不得不于1974年2月28日提前举行。

希思政府的错误导致了当时社会的一片混乱，但是玛格丽特·撒切尔后来一直努力撇清她与希思政府执政错误的关联。可是当年，她在内阁没有发表过任何反对意见，在和其他同事讨论政府经济政策时也没有表现过一丝不满情绪。归根结底，玛格丽特就是希思的忠诚支持者。

正是由于玛格丽特对首相观点的鼎力支持，希思才会在1973年12月考虑擢升玛格丽特为欧洲事务大臣。[37]玛格丽特就欧洲问题发表的有文字记录的演讲，是在自己的选区里做的，在演讲里她只字未提英国主权正在逐渐遭到削弱的问题；这一问题当时实际已经引起了反对党人士伊诺克·鲍威尔、休·弗雷泽、约翰·比芬和特迪·泰勒等人的关注。与这些人不同，玛格丽特·撒切尔在20世纪70年代对加入欧共体可能削弱英国主权这一后果没有表现出太多关注。"我认为我们国家有轻微的孤立主义倾向，"她在芬奇利对一位观众说，"一旦加入欧共体，法国还是原来的法国，荷兰也还是原来的荷兰。我们将会对欧共体做出很多贡献。"[38]

尽管当时英国国内外动荡的局势使希思政府举步维艰，但是玛格丽特·撒切尔并不太热衷参与讨论政府的重大政策。1973年秋季举行的财政开支会议要求所有内阁大臣缩减财政开支，以应对当时严重的经济危机，玛格丽特却公然反对，坚持要求保留原有的教育开支。由于没法和财政部秘书长协商一致，玛格丽特去找了财政大臣安东尼·巴伯，未果；她又直接找到了首相。在这一次次反复的论战中，她成功地帮助教育和科学部争取到当时所有部门最小数额的财政削减——教育和科学部的总财政开支为35亿英镑，缩减的开支数额仅为

1.57亿英镑。[39]虽然玛格丽特在政府缩减财政开支一役中获得了胜利，可是1973年她在教育和科学部的工作进展却并不顺利。

1974年，特德·希思与英国煤矿工人的矛盾激化到了顶点，玛格丽特·撒切尔表现得比首相还偏激。她为每周三天的石油配给制辩护说，这种制度可以"保证石油储量，让大家像节约的家庭主妇一样，在用石油的时候也能精打细算"。[40]

更有争议的是，玛格丽特还说因为每周三天配给制效果很不错，全国矿工联合会害怕罢工会僵持不下。"在我看来，矿工工会的领袖们此刻肯定在努力迫使工人参与罢工，因为我们政府的策略非常成功，他们的策略却没有奏效"，她信心满满地说道。[41]

基于同样的观点，玛格丽特还希望希思能够比他最终决定的大选日期再提前几周举行大选，"问心无愧地"参与选举之战。她说："干脆就'谁来管理英国？'这个问题发表演讲参加大选。"[42]

在国内舆论一片沸沸扬扬之中，大选的最后日期还是定在了2月28日。议会正在处理解散政府前最后一些事务，这期间发生了一件小事。这件小事说明，无论玛格丽特·撒切尔就任内阁大臣时做出过什么样的成就，她始终还是没有培养出幽默细胞。

当时玛格丽特正和一群保守党议员站在下院议长座位后面，突然她的政务次官费格斯·蒙哥马利过来了。蒙哥马利举止文雅但有些柔弱，他那会儿刚刚拍好了自己的竞选照片。看到他精致的外表，玛格丽特忍不住称赞了他。"费格斯，你今天看上去很精神啊。"蒙哥马利听了心花怒放，心里暗自高兴，回答道："嗯，我刚刚去理过发。"玛格丽特·撒切尔听了正色答道，"我以为你刚给自己吹了个发型呢"（blow job）。[43]大家顿时哄堂大笑，笑声响得连发言人都忍不住从座位上转过头来，想弄明白大家哄笑的原因。可是玛格丽特·撒切尔却始终搞不明白为什么她会让大家哄堂大笑。

接下来的四个星期，保守党政治家们可就没什么笑话听了。大选结果很糟。选民们没有理会"谁来管理英国?"的问题,从而选出了一个无任何政党占绝对多数席位的议会。玛格丽特·撒切尔自己选区的选票数也大幅度下降(降到5978票,还算差强人意),而保守党则丢失了33个议会席位。保守党在下院席位共计297个,工党席位为301个。希思试图建议和自由党组成联合政府,但是没有成功,因为自由党领袖杰里米·索普没能得到自由党内其他同事的首肯。后来撒切尔在回忆录里写道,"这种交易让我们看起来很可笑"。[44]对此,希思后来反驳说,"她那时可没这么说过"。[45]

希思这话不假。对于首相在最后执政岁月里的行为表现,玛格丽特·撒切尔即使心存不满,也还是沉默不语:3月4日在希思内阁最后一次会议上,她还虚情假意地赞美了首相。[46]当着与会所有大臣的面,玛格丽特热情洋溢地表示,能在首相的带领下,在如此团结和睦的集体里工作,是何等的荣幸。这话是玛格丽特在装腔作势吗?还是她被当时临别的伤感气氛打动了真情流露?可能,玛格丽特说这番话只是因为,她在错误的时间说出了错误的话。

回顾

玛格丽特·撒切尔担任教育大臣期间经常说错话。虽然对她的攻击难免有失公允,但她自己也确实有不妥之处。

她和自己的下属因为性格不合发生过太多次不必要的争吵。她自己的公众形象以及她制定的政策都颇受争议。因为经验不足,她被丑化成一个令人厌恨的右翼分子。

尽管这些不能全怪玛格丽特,但她确实犯了很多严重的错误。任教育大臣仅一个月,玛格丽特上了一个名为"广角镜"的纪录片节目,出了不少洋相。至于到底哪一个场景让她最出洋相,很难说得清。有一个场景是在玛格丽特的乡间别墅里拍的。玛格丽特拼命修剪玫瑰,而丹尼斯则推着除草机在别墅两英亩大的草地上拼命除草,这个场景把玛格丽特塑造成一个住在郊区的有钱人,并且身上还带有这种有钱阶级特有的优越感。另一个更能体现玛格丽特情商不高的场景是在伦敦一所综合中学拍的。拍摄时,她用做作的声音问理科班的学生,做硫的化学实验应该使用什么样的勺子:"是早餐勺,你们都知道的,就是那种敲煮鸡蛋的勺子。如果勺子是银质的,把勺子伸进含硫的食物里就会变黑,那妈妈就得洗勺子了。所以现在我们更喜欢用不锈钢勺子,不是吗?"[47]

工党的政治化妆师或许已经趁机对那些没有含着银勺出生、来自普通家庭的选民抹黑玛格丽特,把她叫作"喋喋不休的百科全书女士"。

就算玛格丽特言辞得体,也很难获得太多称赞,因为她为人孤僻。她的铁腕给她带来了负担。很多同事认为,玛格丽特没有个人魅力。她得好好读读戴尔·卡耐基的《如何交友及影响他人》。就连那些对她给予过帮助、她原想回报的人,最后都可能被她冒犯。诺曼·圣·约翰·斯特瓦斯是他的教育大臣的铁杆支持者,他也提到过一件奇怪的逸事。那次他跟玛格丽特说,自己的母亲是爱尔兰人。"我想这边大多数的爱尔兰人应该都是劳工的后代吧",玛格丽特·撒切尔说。圣·约翰·斯特瓦斯以为玛格丽特是在开玩笑,其实根本不是。[48]

尽管玛格丽特·撒切尔这位新任内阁大臣粗鲁无礼又经常说错话,可她却获得了最关键部门的青睐——唐宁街10号。特德·希思虽然犯过许多错误,可他对自己的同事却很照顾。玛格丽特深陷困境时,他给予坚定支持。虽然玛格丽特很快就忘记了这段受人恩惠的日子,而希思却一直牢记在心。随着两人逐渐成为保守党政治舞台的核心人物,这件事就成了两人后来关系紧张的一个导火索。

9

日暮西下的希思

保守党的曙光

1974年2月大选的结果不明朗，保守党内部因此也一片混乱。在一群意志消沉的同事心目中，玛格丽特·撒切尔的地位有所提高，这主要是因为她不是特德·希思。保守党组建联合政府的提议未果，导致工党组建了少数派政府，哈罗德·威尔逊因此再度成为首相。这些都让希思受到了广泛批评。政界人士纷纷预计1974年年底将举行第二次大选，保守党议员最大的意见就是对党内现任领袖极不满意。与这种强烈的不满情绪相比，党内小部分人士对玛格丽特·撒切尔的支持显得很微弱。直到同年秋天，玛格丽特才被看作是保守党领袖的可能人选之一。

希思与撒切尔之间渐渐浮现的权力之争其实完全源自希思本人遭到的批评与质疑，和玛格丽特并没有多少关联。想要明白这个不容忽视的真相就必须清楚地看到1974年2月的大选结果：尽管保守党得票率略胜工党，但在下院仅赢得了297个席位，说明国人对希思严重不满。

那次大选我生平头一次当选为议员，选举结果公布后我也为大家对特德·希思的怨恨深感吃惊。希思的家乡在布罗德斯泰斯，恰好在我的新选区东塔奈特岛中心，所以我跟他的父亲和继母彼此很熟悉。在他们位于当普敦公园路的家里我曾多次与特德·希思谋面。尽管我非常敬重这位来访的首相，但也发现他待人死板冷漠，导致他与朋友之间产生嫌隙。

一次周六早上在布罗德斯泰斯发生的一件小事充分说明了这个问题。那天早上特德正坐在父亲威尔·希思和继母玛丽·希思的花园里读《星期日泰晤士报》，突然间他勃然大怒，原来是为了报纸上刊登的玛格丽特·莱恩为他写的系列传记中的一个句子，"特德·希思没有一个好朋友"。[1]

希思嘴里不断骂着"一派胡言"。为了反驳这句评价,他找到了自己在布罗德斯泰斯的一位邻居爱德华·特迪·登曼。登曼是英国劳埃德船级协会的保险经纪人,和希思一家相识多年。特德·希思把载有这篇攻击性报道的《星期日泰晤士报》扔给登曼先生看。

"你看看,特迪!没有一个好朋友!他们怎么能这么写?他们根本不知道我和你的关系有多好,对吧?"过了一会儿,特迪·登曼偷偷地小声对我说:"刚才特德的话你听到了吧?哼,到这会儿我都完全没感觉到他在心里把我当成好朋友。"[2]

1974年3月5日,我正式当选为议员,进入下院。那天我在吸烟室和特德·希思的几个"朋友"一起喝东西,不由得想起了布罗德斯泰斯的这段对话。当时我们刚刚参加过保守党后座议员1922年委员会[*]的一次会议。大家纷纷对刚刚大选失利的首相表示诚挚的支持和同情。唯独来自蒂弗顿选区的罗宾·马克斯韦尔-希思洛普质疑到底希思是否应该继续留任保守党党魁。不过他的观点不太成熟,其他议员对此只是小声表示不满;相比之下,希思在会场出现时,大家都兴奋地拍打桌子,并大声欢呼以示欢迎。

后来大家在吸烟室里边喝威士忌酒边聊天,我才逐渐发现,1922年委员会会议上欢迎希思的掌声其实和玛格丽特·撒切尔在希思主持的最后一次内阁会议上所说的溢美之词一样虚假。怨恨在大家的谈话中慢慢显现,主要是针对保守党党魁的个人表现而不是他的判断力。很明显,近年来希思一直冷落自己的后座议员,既不愿听取他们的意见,又常常怠慢他们的妻子。1966年至1974年间,我虽然只是个年轻的议员候选人,特德·希思却对我礼遇有加,所以听到大家对他的批评时我很吃惊。这些议员对希思的批评非常尖刻,所以我当时立刻意识到,他的党魁位置实际已经不像表面看上去那样稳固了。大家在吸烟室正谈着,突然有人说,"但是目前我们只能选择他"。另一个人则反驳说,"到下一次大选

---

[*] 1922年委员会又称保守党业务委员会。——编者注

就不用了——六个月后肯定举行大选"。他预测得很准。³

玛格丽特·撒切尔一定也察觉到了后座议员对希思的强烈不满，但她并没有刻意强化这种不满，而是依旧在影子内阁认真工作。她很高兴自己被调往环境部，调职后她的主要职责包括制定抵押贷款、住房和地方税的政策。因为哈罗德·威尔逊极有可能在秋季要求再度进行大选，所以保守党必须尽快制定出竞选宣言，确保既有新意又不否定先前保守党政府的作为。可是想两全其美并非易事。

玛格丽特·撒切尔绞尽脑汁地想让竞选宣言既有政治吸引力又能妥善解决财政问题。她比希思更加谨慎，最后迫于希思的重压才勉强同意在宣言里做出两项重要承诺。第一项承诺是保证取消地方税，第二项是许诺将抵押贷款利率控制在9.5%。还有一项承诺则是，在廉租房居住满三年的住户将有权按市场价三分之一的价格低价购买廉租房。但是，这个"有权购买"（由彼得·沃克最先提出）严格限制了购买人的资质并对购买条款附以详细说明。玛格丽特·撒切尔后来回想起来，认为自己此时出台的限定规则"既狭隘又缺乏想象力"。⁴担任首相后她再也不会犯同样的错误了。

玛格丽特参与起草的保守党竞选宣言8月底公布后立即受到媒体的广泛好评。"老于世故的记者们对竞选宣言几乎像他们对保守党中央总部的雪利酒一样表示欢迎"，《旗帜晚报》如是说。⁵但是在保守党内最高层面，玛格丽特·撒切尔更引人注目的是她的谨慎而不是创新思想。后来回顾往事时，她声称这段时间里其实自己一直忙于重新考虑保守党的政策。"1974年保守党大选失利后，基思·约瑟夫和我开始反思失利的原因。于是我们一起重新思考了保守党的政治思想"，她在1990年接受记者采访时说。⁶

这话有些夸张。基思·约瑟夫爵士其实是在他发表的一系列富有挑战性的演讲里开始慢慢重新审视自己和保守党的各项基本原则的。而玛格丽特·撒切尔要么工作太忙要么行事过于谨慎，根本不可能对他公开表示支持。《星期日快报》主编约翰·朱诺曾经想邀请玛格丽特在1974年夏效仿约瑟夫，也做一个关于保守党政治思想的演讲。玛格丽特却直接问，牛津大学哪些教师会帮她一起准备这个演讲，并点名要求罗伯特·布莱克*和休·特雷弗–罗珀**协助她做演讲。[7]或许玛格丽特对重新思考保守党政治思想确实有点兴趣，但她绝对不算是保守党内率先思考党的基本政治思想的先锋。

玛格丽特后来接受基思·约瑟夫的邀请，成为政策研究中心副主任，从这件事也可以看出，即便她有意重新评价保守党政策，也依然行事谨慎。政策研究中心是一个智库机构，由约瑟夫担任主任（希思勉强同意了设立这个机构），主要研究欧共体国家的社会主义市场经济，以求对英国的经济发展有所启发。事实上，政策研究中心很快就成为各种新鲜思想的发源地，这些新思想一致反对上一届保守党政府利用通货膨胀进行经济干预的做法。

玛格丽特·撒切尔起初一直刻意和政策研究中心这些容易引起争议的事保持距离。就算是基思·约瑟夫于1974年5月向影子内阁提交有关通货膨胀的议案时，玛格丽特也仍坚持她一贯的沉默作风。彼得·沃克回忆说，"除了曾经公开说应对基思提出的问题予以高度重视外，玛格丽特根本没有公开对基思表示过支持"。[8]

到了8月份，身为政策研究中心副主任的玛格丽特已经越来越多地参与政策中心的工作，开始帮助基思·约瑟夫准备他的演讲。然而从表面看来玛格丽特还是忠于希思的，尽管背地里她非常讨厌自己在制定地方税和抵押贷款政策时希思对她施加巨大压力，因为她认为这些政策只会加大公共开支、导致通货膨胀。

---

* 罗伯特·布莱克教授（1916—2003），1968—1987年任牛津大学王后学院院长，1968—1971年受封为布雷德斯顿的布莱克男爵。

** 休·特雷弗–罗珀教授（1914—2003），1957—1980年任牛津大学现代史钦定讲座教授、奥里尔学院研究员，1980—1987年任剑桥大学彼得学院院长，1979年受封为格兰顿的戴克男爵。

那个夏天特德·希思过得也很不愉快。因为没有买自己的房子，希思被赶出唐宁街10号后几乎无家可归，只能借住在自己的议会私人秘书蒂莫西·基特森家里，有时也会住在他父亲位于布罗德斯泰斯的家里。选民和媒体都不看好他。为了帮他熬过8月份的困难期，我选区里的保守党东塔奈特岛协会刻意为他组织了一系列集会，这样他可以通过在集会上演讲上电视。

从我们选区拉姆斯盖特的办公室更名为"希思之家"的庆祝仪式上，尤其能感觉出希思的日暮西下。庆祝仪式上，特德·希思作为贵宾发表了一篇自卫性质的演讲，称颂自己过去领导的政府的丰功伟绩。他来时在大街上遇到肯特郡一群矿工冲他起哄，被搅得有些魂不守舍。"希思之家"当地的保守党主要支持者都是希思在查塔姆楼文法学校的同学，他们准备一见到希思这个校友就说："你好，特德，还记得我们一起参加唱诗班吗？"意想不到的是，尽管站在他身边的议员不断地暗示，希思还是不记得唱诗班的事，也完全不记得这些自称从小和他一起长大的校友。事后我为了缓解尴尬，就跟这些人解释说，前首相当时可能身体不适。不想这个借口比我想象得还要准。一年后，希思被诊断为患有甲状腺疾病，已经连续折磨了他好几个月，弄得他精力衰竭了。[9]

9月初，大选在即，群情激昂。基思·约瑟夫准备以政策研究中心的名义就经济政策问题发表重要讲话。特德·希思担心这次讲话可能涉及对经济的重新思考，会引起媒体大规模讨论保守党内部分裂的问题，所以极力想利用玛格丽特·撒切尔作为调解人，设法说服约瑟夫不要发表演讲。这任务绝对不可能实现，因为玛格丽特已经看过了演讲稿，并称之为"我所看过的最有影响力和说服分析力的演讲稿"。[10]但是她却通过吉姆·普莱尔向希思传话说，她没有成功说服基思·约瑟夫。这掩盖了真相。

约瑟夫于9月5号在普雷斯顿发表的演讲的确引起了轩然大波。演讲呼吁要通过控制货币供应量来抑制通货膨胀。这无疑是在反对希思政府当年为了保证就业率而增加公共开支的政策。通过这次演讲，工党认为，保守党未来如果执政，会奉行货币主义政策，必然会导致失业率上升。媒体对保守党内的分歧争论大肆宣传报道。保守党领导层的观念分歧成为新闻头条。[11]特德·希思也成为焦点人物。

玛格丽特·撒切尔则像美国动画片里的"贝尔兔"一样，"保持低调不发表任何评论"。大选过程中，她避免对经济政策发表任何过激评论，只是一丝不苟地认真完成自己在影子内阁里的工作职责。玛格丽特是希思团队里唯一一个提出新政的议员，所以她在整个竞选过程中扮演着相当重要的角色。尽管几周前她还不愿意就住房和地方税问题公开承诺要予以财政扶持，但是在9月27日上午的一场新闻发布会上，玛格丽特却这么做了。她明确表示，抵押贷款利率有望于圣诞节前控制在9.5%。[12]媒体因此称她为"撒切尔圣诞老人"。[13]

这项政策广受欢迎，使得保守党暂时获得了很多选民的支持；同时也提升了玛格丽特·撒切尔自己的公众形象。她连续三次出现在保守党的电视政治广播节目里。因为第一次上节目就表现出色，所以她接着获得了第二次出镜机会。年轻的电视节目制作人戈登·里斯负责指导玛格丽特如何上节目，两人由此建立了良好的关系。里斯在接下来的几年里为玛格丽特重新塑造良好的电视形象发挥了重要作用。

"撒切尔圣诞老人"所做的关于降低抵押贷款利率和废除地方税政策的演讲，引起了保守党右翼分子里追求经济平稳的一群人的担忧，他们害怕这样会造成通货膨胀。玛格丽特·撒切尔虽然和他们有同样的担忧，不过私底下她却自我安慰地认为，这些经济政策承诺根本不可能有机会施行，因为她根本不相信保守党会在大选中获胜，民意测验和选区里的相关反应都已经清楚明了地传达出了这一点。希思在这场毫无希望的竞选活动中垂死挣扎，胡乱许诺要组建一个所谓的全国联合政府，这让希思在竞选的最后一周看起来更像一个战败的将军。

相比之下，工党阵营士气高昂，他们乐观地认为，工党必将以绝对优势赢得大选。甚至还有迹象表明工党很有可能意外获得芬奇利选区的席位。哈罗德·威尔逊特意去了趟芬奇利选区，给那里的工党议员候选人打气加油，"我听说你让亲爱的玛格丽特忙得焦头烂额"。[14]

10月10日大选计票那天，"亲爱的玛格丽特"的确表现得高度紧张，声音都变得"沙哑紧张"了。[15]不过她还是顺利地渡过了这一关，只是多数票第一次从4000票下降到3911票。这次的得票数是她任议员的33年中最低的一次。伴随着玛格丽特票选结果的是保守党在全国范围内得票数的整体下降。但保守党只是变成了在野党，并没有彻底溃败。

保守党失去了20个选区的席位，在下院占276个席位。工党以3票的优势获得了总席位多数，比保守党在下院多得了43个席位。这种议会的新格局给保守党未来反击提供了良好的基础。但是保守党领袖可不具备反击的良好基础，最后四次大选有三次结果惨淡，希思自然处境困难。

党内一场虚伪战争

大选结束后，希思显然最应该做也是最值得做的一件事就是引退，起码他应该立即在党内提议重新选举新的党魁。但是希思本人根本不可能听从朋友的这些劝告。相反，他想咬牙挺过这个难关，并动员自己的心腹和追随者支持自己。于是这些追随者各怀鬼胎，紧密围绕在他们的党领袖希思身边。因为希思的一再坚持，他们也坚决反对保守党内进行任何信任投票或举行选举选出新党魁。

希思和他的追随者的固执，导致保守党议员原先的不满情绪逐渐演化为反叛思想，只是还没有人站出来明确表示要组建一个"希思必须隐退"的政府。而且大家对于党魁的人选也没有达成一致。所以保守党内开始了一场夹杂着伪装、密谋、抱怨和混乱的虚伪战争。希思的一群信徒虚张声势，假装他们还可以维持原状。而党内的密谋者们则下定决心要除去希思，只是一直苦于找不到取代希思的合适人选，能带领他们一起行动。那些满口抱怨的人——可能议会里大多数留任的保守党议员都属于这种类型——经常聚在一起没完没了地议论各种观点、谣言、人选和选举，但就是始终没有个结论。此时，保守党已经群龙无首。

我和大多数后座议员在这场混战中都属于旁观者，所以对于混战的具体结果都不甚清楚。然而，在一团迷雾混沌中，还是渐渐地浮现出一位挑战党魁位置的候选人。玛格丽特·撒切尔究竟如何一步步变成党魁的挑战者，绝对是个神奇的故事。如果非要找出一个醒目的标题概括她的成功之道，美国海军陆战队的作战口号再合适不过了：

嘿，冲啊冲啊，
一直向前冲！

1974年大选几周后，玛格丽特·撒切尔并没有以党魁候选人的姿态采取任何行动。10月31日，留任议会的276名保守党议员齐聚第14号保守党委员会会议室，参加新一届议会保守党议员1922年委员会全体大会。玛格丽特·撒切尔也出席了会议，坐在离我不远的位子上。会议进程多次被打断，她每次都不由得皱了皱眉头，但皱眉可能更多是为了掩饰她自己的真实感受，而不是对会上讨论的话题表示任何异议。

会议的前几个发言让我想到了大卫·沃尔德议员说过的一句广为引用的话："'1922年委员会'上的前三个发言人通常都有点不正常。"塞文奥克斯选区的约翰·罗杰斯爵士第一个发言，他非常傲慢地说，我们应该稳住自己的阵脚，忠于党的领袖。"行了，约翰，他肯定给了你不少好处"，有人在下面起哄。第二个发言的是受人尊敬但没什么名气的来自拉特兰郡选区的议员肯尼思·刘易斯，在说了一大堆陈词滥调后,他突然讲了一句很有深意的话。他说我们党的领袖是"有任期的而不是永久的"。台下有人开始窃窃私语地表示赞同。休·弗雷泽接着说,"我非常赞成哈里斯先生的观点",他开口说道,连前一个发言人的名字都讲错了。"你先把名字搞清楚再说吧,休",马库斯·金博尔大声说。他这么一讲,引得下面哄堂大笑,玛格丽特·撒切尔不由得眉头皱得更紧了,休·弗雷泽也被惹得勃然大怒。"我是很认真地说的!"他大喊道,"这是委员会有史以来最重要的一次会议。我们必须要有所改变。"

弗雷泽的愤怒顿时改变了会场的气氛。接下来有20多个人站起来发言。其中18个都是批评特德·希思的。只有1个人和约翰·罗杰斯爵士的观点一致。会议最后推迟一个小时结束,但会议结束时保守党领袖的最终命运已经确定了。即便如此,希思也没有采取任何行动。有人说:"特德根本不想让步。在他看来,1922年委员会只是表达了大家的观点而已。"[16]

接下来几个星期,党内人士密谋策划了许多办法,以确保能让特德·希思做出最后让步。我对其中一个办法印象尤为深刻。那是在休·弗雷泽在他位于坎普登山广场的家里举办的一次宴会上。参加晚宴的客人大概有十几个,包括艾瑞·尼夫、尼古拉斯·里德利、尼古拉斯·费尔贝恩、温斯顿·丘吉尔*,还有我——都是保守党议员。大家讨论了许久,越发地感到沮丧。我们都同意,不能让希思继续担任党魁。但是,接下来大家在党魁候选人上产生了很大分歧。一个又一个候选人被提名后又紧接着被否定。"基思·约瑟夫——太张狂";"爱德华·杜坎——能力不够";"罗伯特·卡尔——太窝囊,完全不用考虑他";"理查德·伍德——做事得体但不够聪明"。最后有人说,"不如选你吧,休"。"我已经准备好拔剑出鞘了",弗雷泽大声说,边说边做着找剑鞘的动作。大家以为是开玩笑,都笑了起来,但我们的宴会主人可是有些

---

* 是英国前首相温斯顿·S.丘吉尔的孙子。——编者注

当真。[17]就是根本没人提到玛格丽特·撒切尔的名字。

这次宴会以及保守党议员其他很多次讨论得出的结论都是，1974年10月那时保守党议员里顶尖优秀的人才极度匮乏。保守党内根本没有适宜担任最高职务的人选。众多候选人里能力最突出的还要数威利·怀特洛。他毕业于温彻斯特公学，人缘很好，颇有政见，机智过人又谦逊有礼。他有丰富的领导经验，在担任保守党首席党鞭、北爱尔兰事务大臣和劳工大臣期间均表现出色，顺利地渡过了一次次难关。但是怀特洛的党魁路上有三大障碍。第一大障碍就是特德·希思，因为怀特洛对希思是绝对甚至极度忠诚。只要希思想继续留任党魁，这位希思的继任人就一定会无条件地服从。

第二大障碍是，怀特洛始终认为自己能力有限，对任未来首相一事态度保守。他对担任党内最高职务没有迫切的渴望。内心深处他凭直觉认为自己缺乏做领导人的魄力和能力。缺乏自信是怀特洛最大的不足，以至于他在担任保守党领袖这个绝佳的机会面前只能裹足不前。

第三大障碍是，怀特洛在20世纪70年代塑造的公众形象致使他完全不适合担任保守党领袖。怀特洛的行为举止相当落伍，他仿佛时光穿越回到了过去，那个年代流行乡绅、打松鸡、绅士俱乐部、特色年份的波特酒，还有老野鸡。除了过时老土的生活方式以外，怀特洛也比较好说话，像个好好先生，很容易成为漫画讽刺的对象。伯纳德·莱文在《泰晤士报》上撰文写道，"怀特洛先生……只要在头发上插上冬青树的树枝，就立刻会被人错当成圣诞布丁了"。[18]

文章同时对玛格丽特·撒切尔可能做党魁给予了积极的评价，但最后的结论还是认为她不可能成为党魁，因为在这样一个大男子主义盛行的国家里，玛格丽特的性别就是她无法逾越的障碍。玛格丽特的另一个障碍是，她为人处世方面甚至比特德·希思还冷漠。莱文认为："保守党把一个冷漠的领袖换成另一个冷酷的领袖，根本没有任何意义。"[19]

玛格丽特·撒切尔或许对这些负面议论心怀不满，但她同样也认为，自己的时机还没有成熟。她在一档"回答问题"的广播节目里曾就党魁一事发表过很多言论，还给出了自己的答案，这个答案听上去很坦率，但实际非常圆滑：

> 我现在不会因为自己有望成为保守党党魁而感到高兴……而且我也不认为我们国家已经能够接受一个女人来做领袖……除非有迹象清楚地表明，根本没有合适的男性人选。目前我还是觉得未来十年内英国不可能有女首相。所以我们就不要再多想了。[20]

玛格丽特·撒切尔把自己表述得越来越——如果她所言非虚的话——谦逊，并全心全意支持当时最有希望的男性党魁候选人。在她看来，这个人选就是她的思想导师基思·约瑟夫爵士。在她的鼓励支持下，基思·约瑟夫现在终于走到了聚光灯下，正式成为同希思竞争党魁位置的对手。

基思·约瑟夫爵士的成与败

表面看来，基思·约瑟夫的确是保守党领袖的有力竞选人。他连续在麦克米伦和希思两届内阁任职，分别担任过住房大臣和社会服务大臣。他是第二代准男爵，继承了大笔遗产。在经商方面他也很有成就，曾做过家族建筑企业宝维士公司的总裁。虽然哈罗德·麦克米伦曾经轻蔑地把他描述为"我认识的唯一一个没有幽默感的犹太人"[21]，但约瑟夫拥有着过人的智慧。他的学术成就包括：在牛津大学学法律时取得一级荣誉学位，后又被选为牛津大学万灵学院研究员。

可是这么多荣誉并没有给予约瑟夫充足的自信，而自信却是政治战争的必备品，是自我防御的重要利器。约瑟夫喜欢纠结，甚至于有时纠结到自我折磨的地步。他的智慧总是和各种观点相互纠缠，使得他深陷自我怀疑的泥沼，甚至在处理政务方面产生羞愧感。这些缺点早已为很多同事熟知。但随着约瑟夫独自起程，寻求保守党全新的政策主张，这些缺点便越发明显起来。

寻求新政策主张的航程最开始鲜有同伴。自1974年2月大选保守党失利后，玛格丽特·撒切尔扮演更多的是约瑟夫的同情者而不是同行者。玛格丽特本人对约瑟夫自然很忠诚，但在政治上她刻意与约瑟夫保持着距离。保守党内虽然有一小群议员公开支持政府财政实行货币主义政策，但玛格丽特绝不在其中。这些倡导货币主义的先锋人士包括尼古拉斯·里德利、乔克·布鲁斯－加戴恩、伊恩·高，另外还有一位行事比较低调的杰弗里·豪。最后两位在1974年春天强烈建议约瑟夫与希思竞争党魁位置。不过相比升迁而言，基思爵士更感兴趣的是政治策略，所以他拒绝了这些人的提议，至少当时是这样。相反，他集中精力往约瑟夫这艘头等航船上装载货物，并以政策研究中心的名号扬帆起航，研究中心的智库则为航船前进提供燃料。

约瑟夫还聘请睿智犀利的演讲撰稿人阿尔弗雷德·谢尔曼为自己航船的炮手长，即政策研究中心研究主任。阿尔弗雷德·谢尔曼过去是一名共产主义者，参加过西班牙内战，后来思想发生巨大转变，从一名极左分子变成激进的右翼分子。到1974年时，他对自由市场、货币主义经济以及弗里德里希·哈耶克思想的着迷程度已丝毫不逊于他对爱德华·希思政治主张的鄙视程度。约瑟夫和谢尔曼是一对奇怪的组合，两人在新成立的政策研究中心相互配合，研究提出了很多新思想。如前所述，玛格丽特·撒切尔后来加入政策研究中心成为该机构的副主任。她之所以加入中心，主要是因为与约瑟夫的旧交情；部分是因为她很钦佩谢尔曼的才华（玛格丽特曾直接把谢尔曼称作是"一位天才"[22]）；还有一部分是因为玛格丽特那时非常想寻找自己的政治理念并建立自己的政治地位（她之前从来没有表现过类似的兴趣）。阿尔弗雷德·谢尔曼评价玛格丽特是一位"有信仰却没有理念的"政治家。[23]

这话的确很有道理。但是玛格丽特正在悄悄改变自己。她先在经济事务研究所受到拉尔夫·哈里斯的鼓励，接着又受到政策研究中心两位奠基人的鼓励，于是开始了新的探索。玛格丽特给自己设立各种奋斗目标，并努力学习基思·约瑟夫在各种公开演讲里逐渐提出的自由市场思想。

约瑟夫最初开始宣传自由市场思想时，提到了一个惊人的发现。"直到1974年4月我才真正转变成一名保守党员，"他写道，"我以前一直认为自己是保守党员，但现在我才发现自己以前根本就不是。"[24]

玛格丽特·撒切尔虽然非常敬重约瑟夫，但根本没时间做类似的理论思考。她是个非常务实的保守党员，凡事不求对错之分，只求稳当保险。当代政坛司空见惯的反悔策略玛格丽特当时根本还不会用。所以，尽管她私底下非常支持约瑟夫，但直到1974年10月大选保守党不出意料地落败之前，她在公开场合一直都和约瑟夫保持着距离。大选失利后，她又立即改变冷淡的态度，全力支持约瑟夫竞选党魁。不过她在约瑟夫竞选党魁中所起的作用根本不像她自己对外宣称的那样重要或活跃。她在回忆录里写道，大选结束后的周末"我事实上已经成为基思非正式的竞选经理人"。[25]

经理人的虚拟任命完全是玛格丽特个人一厢情愿的想法。担任党魁竞选人的经理人需要有远见和组织能力，善于在一系列微小但重要的场合组织开展富有活力的各种活动：比如收集情报、游说拉票、确定会投赞成票的人数以及通过各种交易让步争取选票。没有任何证据显示玛格丽特·撒切尔着手组织过其中任何一项活动。新一届议会选举出来后，议会成员接连好几天都没有开会见面，就算开会也很简短，不是议会议长的选举仪式就是新议员的宣誓就职仪式。早在这些仪式完全结束前，基思·约瑟夫就已彻底失去了出任党魁的希望。10月19日周六那天，他在伯明翰的埃吉巴斯顿地区发表了一番演讲，终于引爆了自毁的炸弹。

玛格丽特·撒切尔没有参加这次要命的演讲，她甚至连演讲的内容都一无所知。这次演讲和约瑟夫在大选前几个月一直做的系列演讲毫无关联，之前的系列演讲都旨在重新定位保守党的政治思想。一般来说，玛格丽特都能在演讲前第一个拿到基思·约瑟夫的演讲稿，但这次却没有。

10月18日周五那天，她在滑铁卢车站偶然捡到一份《旗帜晚报》，才第一次看到约瑟夫的演讲稿。《旗帜晚报》违背了演讲前禁止媒体公布演讲稿的禁令，在头版头条刊登了讲稿全文。"我的心情沉重起来"[26]，这是玛格丽特读到报上可怕的新闻标题"'下层人民禁止生孩子'——基思爵士"[27]以后的第一反应。

媒体对此发起恶意攻击，批评约瑟夫已经从经济学研究转向了优生学。约瑟夫非常不理智地说，"我们人类群体"正在遭受处于"社会第四、第五阶层"少年母亲过分大量生育出来的孩子的威胁。[28]

这段言论所导致的对约瑟夫的诽谤咒骂，远远超过了玛格丽特·撒切尔被诬陷为"抢奶贼撒切尔"时所遭受的非议。玛格丽特内心坚强，完全可以抵御别人肆无忌惮的流言蜚语；但是基思·约瑟夫实在是太敏感了，他被外界的谴责讥笑给压垮了。"避孕套先生"这个绰号更让他成为全国人民的笑料。另一个绰号"魔僧"则在威斯敏斯特宫的议会里引起巨大反响，导致约瑟夫在议会的支持者人数锐减。

真正麻烦的是，无论约瑟夫如何努力挽救、费尽唇舌解释自己在演讲稿里原本想说的意思，这些解释只能让他看上去更像一个闭塞的修道会里刚刚出家、言辞可疑而又受尽折磨的新修士。他运气很差，演讲稿里逻辑非常混乱的语句让情况变得更糟了。搞政治本来就很困难，希思的支持者让约瑟夫的政治事业变得难上加难。狗仔队在约瑟夫家门前安营扎寨；议会的保守党员指指点点，批评约瑟夫的表现"缺乏判断力"。[29]在这种情势下基思·约瑟夫爵士只得认输投降。如此，表面看来希思似乎再没有敌手了。但玛格丽特·撒切尔一直在暗地里耐心地观察等待着。

回顾

  1974年是玛格丽特·撒切尔人生重要的转折点。这一年，机遇出其不意地来到玛格丽特身边，让她有机会担任保守党的领袖。

  然而更不为人注意的是，玛格丽特在1974年这一年里种下的许多种子中有一粒直接导致了她任首相以后事业的毁灭。因为在特德·希思领导的影子内阁担任环境事务大臣时发现地方税收体系存在不公平的问题，所以玛格丽特后来公开承诺要取消地方税，并打算对地方政府采用一种更加公平的税收方法。这就是后来玛格丽特在1988年至1990年间非常不明智地推行的"旗舰政策"里的"社区税"（又称"人头税"）的起源。

  无论是取消地方税还是备选保守党党魁，都展现了玛格丽特·撒切尔政治个性中有趣的一面——她的实用机会主义思想。

  从历史角度来看，玛格丽特的确是一位讲原则的政治家。但是她在1974年10月的保守党竞选宣言里提出要取消地方税以及将抵押贷款利率控制在9.5%以内的政策又都是一些毫无原则性的策略。这些政策无疑都是为了取悦民众、取悦保守党领袖。倘若真的施行，必然导致通货膨胀和政府开支猛增。玛格丽特自己也深知这些政策可能带来的危害。对自己毫无原则的承诺，玛格丽特给出的唯一解释就是，她认为这些承诺永远都不会造成任何实质伤害，因为保守党大选必败，根本没机会施行政策。

  尽管玛格丽特避而不谈通货膨胀的风险，却一直强调自己取消地方税背后深层的道德考虑。任影子内阁环境事务大臣期间，玛格丽特·撒切尔在1974年发表的讲话里屡次提到：一位独居寡妇得从自己仅有的养老金收入里掏钱纳税，住在同一条街上的另一个家庭有不止一位成员能出门工作拿工资，他们全家总收入比寡妇多，缴纳的税款数量却和寡妇一样多，这是很不公平的，涉及道德问题。玛格丽特早在担任年金和国民保险部政务次官时就对寡妇怀有深切的同情，所以对地方税中的不公平因素反应特别强烈。对地方税制改革的巨大热情最终导致了"人头税"的出台，也加速终结了玛格丽特的首相生涯。而这一切的一切，始于1974年。

更为重要的是，1974年也是玛格丽特·撒切尔党魁梦萌芽的时刻。最开始，玛格丽特一直刻意掩藏自己的党魁梦。她非常了解基思·约瑟夫，知道他天性善良、机智过人，绝不可能坚持到最后，参加党魁竞选。就算约瑟夫从没发表过决定他命运的优生学演讲，他容易焦虑的性格和喜欢全面考虑所有问题的行事风格都使得他看上去不够强势，缺乏担任保守党领袖必需的素质。影子内阁所有其他党魁候选人因为各种不同的问题，也同样缺乏党魁的必备素质。在一群能力不足的男人里，能干的女人自然有望脱颖而出，打破庄家的预测。早在玛格丽特正式参选党魁前，她严密的逻辑思维能力已经让她想到自己有脱颖而出的可能，于是她开始做起这个完全无法想象的美梦。

无论1974年头10个月里玛格丽特到底在想什么，她在政坛的表现都无可挑剔。玛格丽特本质上忠于特德·希思，又在政治上支持基思·约瑟夫，唯独不肯泄露自己的野心。与她同台竞争的所有对手都在犹豫不决、举步不前，而她却早已勇往直前。这绝非偶然。在成为铁娘子之前，玛格丽特已然是个铁腕竞选人。

10
获选党魁

决定参与竞选

在媒体对基思·约瑟夫大肆攻击、发表负面报道的一个月里,玛格丽特·撒切尔静静等待着自己时机到来。约瑟夫的尴尬处境给特德·希思十足的信心,让他可以放心准备改组影子内阁。但是议会对希思新任命的内阁成员的态度反倒削弱了这位党魁对自己领导地位的坚定信心。

如果希思能够从保守党右派分子中挑选一些新议员进入影子内阁,或者直接提拔玛格丽特·撒切尔,也许他至少可以在一段时间内平息大家对他的不满议论。爱德华·杜坎时任1922年委员会主席,影响力越来越大,却拒绝加入影子内阁。影子内阁仅有的两名新成员尼克·斯科特和提姆·雷森都被认为是左倾分子。这两名左倾分子当选内阁大臣立即引起右派分子的强烈不满。

内阁改组前,媒体一直猜测玛格丽特·撒切尔会出任影子内阁财政大臣。但希思根本不想对玛格丽特委以如此重任。为了挫挫她的锐气,希思没有任命玛格丽特为内阁大臣,而是让她做了罗伯特·卡尔的副手。罗伯特·卡尔是个平淡无奇的人物,任内政大臣期间表现不错,但没有什么建树。卡尔与他的新任副手不同,在辩论方面绝对不是工党大臣丹尼士·希利的对手。这无疑给玛格丽特·撒切尔大放异彩提供了绝佳机会。

和八年前她担任伊恩·麦克劳德的副手后第一次演讲一模一样,玛格丽特第一次出席议会,代表反对党发表演讲,就是参与财政预算案辩论。她在发言中不断拿工党财政部官员开玩笑,赢得了保守党后座议员的阵阵欢呼支持。工党财政部首席大臣、出身富裕之家的百万富翁哈罗德·利弗恭贺玛格丽特新官上任后,玛格丽特即刻回答说,她的财政知识永远不可能比得上哈罗德,因为"获取金钱的四种方法:造钱、挣钱、与有钱人联姻和借钱，他似乎在这四个方面都经验丰富"。[1]

发言的后半部，玛格丽特又当场和丹尼士·希利产生了争执。她引用报纸上一则关于希利在苏塞克斯新购房子的报道奚落希利。新闻里报道希利的话说，"我从来不存钱。一有钱我就出去给家里买些东西"。[2]希利不仅出于谨慎，严正抗议新闻报道失实，损毁自己的声誉，而且还故意避而不提自己在乡间买别墅的事。对此，玛格丽特反驳道："我很高兴我们能了解这样一个事实，财政大臣是位乐于存钱的好手。我知道他主张在保守党员集中居住的好地方购置房产。"[3]

在唇枪舌剑中战胜希利这个工党政府最炙手可热的辩手，对参与财政预算案关键辩论的玛格丽特·撒切尔来说，是个不错的开始。同时，在保守党议员士气低下之际，她那富有攻击性的发言一下振奋了党内后座议员的士气。一些后座议员议论纷纷，认为应该更认真地考虑把玛格丽特当成保守党党魁的候选人。就这样，玛格丽特再一次利用议会辩论的机会表现自己，抓住了机遇。同时，玛格丽特还在议会委员会讨论"财政法案"的初期会议上表现出色，巩固了自己党魁候选人的地位。

几天以后，玛格丽特再次抓住一次更加重要的时机。11月21日，玛格丽特正在下院办公室埋头研究"财政法案"，突然饱受困扰的基思·约瑟夫来办公室找她。"很抱歉，我真的不能参加竞选了，"他说，"自从那次演讲后，媒体就一直围在我家房子外面。他们一点儿也不讲情面。海伦（他的太太）受不了了，所以我真的不能做候选人了。"[4]

玛格丽特·撒切尔回答说，"如果你不参与竞选，那就我来吧，总得要有一个代表我们观点的人出来竞选"。[5]那天晚上很晚的时候，她回到福拉德街的家里，对丈夫说自己打算竞选党魁。"你一定是疯了，"她回忆丈夫当时说的话，"你根本没戏的。"[6]丹尼斯却回忆说自己当时的反应是，"希思会杀了你的"。[7]

各种版本的故事都值得怀疑。撒切尔夫妇当时对玛格丽特在保守党内获得越来越多的支持都信心满满，根本不像两人后来回忆的那样。

保守党议员早在好几个星期前就怀疑玛格丽特可能成为党魁候选人。自从基思·约瑟夫发表演讲导致他在同事心中的地位下降后，大家突然开始关注玛格丽特。而在财政预算案讲话后，她的呼声就更高了。玛格丽特·撒切尔自然很清楚大家对她越来越看好。她还知道，在一些意想不到的方面自己也得到了越来越多的支持。

权贵对撒切尔的支持以及其他惊喜

最早对玛格丽特·撒切尔竞选党魁表示支持的，并非像当时误传的那样，是党内"农民起义"*的普通议员。玛格丽特的第一批支持者反而是党内的有钱人、乡绅和财政部专家。

我第一次听到玛格丽特·撒切尔的名字被当作党魁候选人提起，是在1974年6月。当时我在下院的球场刚刚和切斯特选区的议员、29岁的彼得·莫里森打完壁球（我俩是好朋友）。

那是个与众不同的早晨，他表现得很自大。"我刚刚见过玛格丽特·撒切尔，"他透露，"我跟她说她应该出来竞选，我可以帮她拉到不少选票。"我听到这里表示很吃惊，并问他玛格丽特当时什么反应。

"她说，我是1974年新进的保守党议员里第一个跟她说这话的人，"彼得·莫里森回答，"然后她说自己没多少希望。但是紧接着她问我觉得有多少人支持她。我回答说，'嗯，放山居肯定能帮你拉到票的。我父亲一直说他相信你就是我们下一任领袖。'"[8]这则消息很诱人。彼得的父亲约翰·莫里森玛加岱尔勋爵是个传奇人物，在保守党内很有影响力。约翰·莫里森少校是议会议员，连续多年担任1922年委员会主席。他是行将消失的后座议员重要组成部分"郡骑士"成员之一。同时

---

* "农民起义"是朱利安·克里奇利专门为1975年党魁竞选所起的绰号。他于1970—1997年间任保守党奥尔德肖特选区议员。朱利安·克里奇利是个记者，为人机智，注重生活享受，喜欢用幽默的词汇来描述一些历史事件。

大家普遍认为是他扶持亚力克·道格拉斯－霍姆于1963年当选保守党党魁并帮助特德·希思在1965年大选获胜。他也因此得了个"精明少校"的绰号。他的两个儿子都是现任议员，小儿子就是彼得，大儿子名叫查利，是迪韦齐斯选区的议员。

玛加岱尔勋爵巨大的影响力还得益于他在自己位于威尔特郡的乡间别墅"放山居"举办的聚会，这个聚会定期在周末举行，吸引了很多政要参加。如果"放山居拉票"真的能够帮到玛格丽特·撒切尔，的确是很不错。不过我当时对彼得·莫里森说，他可能完全搞错了情况。

"那行，咱们就拭目以待吧！"他激动地回答道，"当然，现在还为时尚早，但是已经有权贵准备支持撒切尔了。"

这次交谈过后三个月，在经历了夏季的休整和10月大选后，我们果然拭目等到了结果。但是回溯到新一届议会会期开始时的壁球场，我们虽然谈到了玛格丽特·撒切尔，仔细讨论了她，但只是把她当成一个希望渺茫的党魁竞选人。

"我已经加入了怀特俱乐部，现在我就类似她的议会督导"，彼得透露说。怀特俱乐部的大名在保守党高层圈子里有着重要含义。20世纪70年代，仍有一批大约40名守旧派议员参加了圣詹姆斯街的各种绅士俱乐部，包括怀特俱乐部、布德尔俱乐部、布鲁克斯俱乐部、普拉特俱乐部和卡尔顿俱乐部。保守党议会督导里交际比较广泛的一位督导（那时是斯宾塞·勒·马钱特）一般都会被要求晚上去这些俱乐部执行任务，即和那里的会员一同吃饭，趁机拉选票。所以我很能理解彼得·莫里森所说的他的角色的重要性，但我还是认为在这样的俱乐部圈子想帮玛格丽特·撒切尔拉到选票几乎是不可能的事。

"这事儿可不好办吧。"我说。

"哎呀，你这家伙可真是两耳不闻窗外事，"他回答说，"我的好多朋友都跟我说想加入玛格丽特的阵营呢。"

"比如？"我问。

"比如罗宾·库克、艾伦·克拉克、比尔·贝尼昂、迈克尔·安克拉姆、马库斯·金博尔、朱利安·埃默里、莫里斯·麦克米伦,还有斯蒂芬·黑斯廷斯。我父亲也在帮她跟这些人说好话呢。"[9]

听到这儿我就更加吃惊了。这些人没有一个来自玛格丽特·撒切尔自己的选区。玛格丽特是市镇选区的女议员,不是集中于郊区的郡选区议员。前面提到的所谓支持者都是些家财万贯、喜欢住在郊区大宅、和老校友交往的守旧派。

"肯定有问题",我引用了《私眼》杂志里一个著名的句子。

"绝对不可能!"彼得坚持己见。他非常了解这些和他相交匪浅的显贵和俱乐部会员。趁着我俩在壁球场的更衣室擦干身子换衣服的间隙,他成功地使我相信,一些居住在著名府邸的社会名流,比如亚森汉普顿大宅的罗宾·库克、海格洛夫庄园的莫里斯·麦克米伦、恩格尔费尔德庄园的比尔·贝尼昂、邵特伍德古堡的艾伦·克拉克、洛锡安大宅的迈克尔·安克拉姆、弥尔顿大宅的斯蒂芬·黑斯廷斯和放山居的莫里森家族都打算支持撒切尔。

"但是为什么要支持她呢?"

"因为我们认为她是唯一还有希望获胜的人,不过她是个年轻女人,也不算是理想候选人,"他回答说,"而且现在她的呼声很高,完全有可能获胜。"

那时候的彼得·莫里森非常干练、富有活力又热情洋溢,所以在说服人方面很有一套办法。他在保守党议会团的上层社会名流里居然拉到了大约30张甚至更多的选票。撒切尔后来的支持者(包括艾瑞·尼夫在内)正在踌躇不决之际,彼得早已经全力以赴地为她奔忙开了。彼得那时的重要作用被大家低估了,但是玛格丽特·撒切尔并没有轻视他,甚至她的一些不为人注意的亲信,比如戈登·里斯[10]和表面保持中立的保守党首席党鞭汉弗莱·阿特金斯也从来没有轻视过彼得。

彼得·莫里森早年的殷勤奉献最终赢得了党魁候选人玛格丽特对

他持久的信任。1979年玛格丽特当上首相后，立刻任命彼得为就业大臣，后来的11年里又让他担任其他职务。彼得担任的最后一个也是最糟糕的职务是在1990年保守党决定性的党魁选举中出任玛格丽特的议会私人秘书。彼得在为玛格丽特任职最后时期的失败遮蔽了他最初为玛格丽特奔波拉票的成功。彼得的成功始于16年前"为撒切尔向权贵拉票"。他是玛格丽特第一个坚定的支持者，玛格丽特也从来没有忘记过彼得的支持。

除了权贵的帮助外，玛格丽特还得到保守党一批聪明议员更为精明的支持。这些议员大都精通财政事务，这群人以约翰·诺特为首。1974年2月保守党大选失利后，他在伯麦石油公司的董事会上遇到了丹尼斯·撒切尔。"你太太可能会接替特德·希思"，诺特说。"天啊，我希望你说的是错的"，丹尼斯答道。[11]

约翰·诺特是"经济问题聚餐小组"的创办人之一。这个小组由对财政事务感兴趣的保守党议员组成，他们每个月在彼此伦敦的家中一起边吃饭边讨论财政问题。小组成员还包括尼古拉斯·里德利、乔克·布鲁斯–加戴恩、伊诺克·鲍威尔、彼得·霍登和约翰·比芬。玛格丽特·撒切尔受邀参加过聚餐小组的几次晚餐聚会后，就被提名为该小组20世纪70年代的组员候选人。"但最后有人反对她加入，因为她讲话太啰唆"，诺特回忆说。[12]

1974年3月，终于没有人再反对玛格丽特进入小组，所以这位未来的党魁终于得以定期参加经济问题聚餐小组聚会。玛格丽特非常认同小组成员主张的自由市场、浮动汇率和货币主义政策。所以玛格丽特开始着手准备竞选时，经济问题聚餐小组的成员们自然对她全力支持。

随后，保守党财政部的经济专家也在1974年财政法案辩论会上对玛格丽特表示了支持。这些支持者主要是下院的后座议员。由于玛格丽特·撒切尔在辩论会上表现出色，既专业地揭露工党政府的真实面目，又一举否定了政府修正案，所以这些人纷纷给玛格丽特提出宝贵建议。这其中就有财政法案辩论中出现的优秀新人，即两位未来的财政大臣诺曼·拉蒙特和奈杰尔·劳森。

前座议员里，一位新任的克罗伊登议员约翰·摩尔同样也对玛格丽特参与党魁竞选表示强烈支持。这位未来的财政大臣自告奋勇地做了撒切尔的第一个竞选助选人。另一位支持者彼得·里斯也在财政法案辩论中发挥过重要作用。他来自多佛和迪尔选区，是我的邻座议员。彼得也是税收法方面的皇家大律师，后来做了财政部首席秘书。同时他鼓励我和东肯特选区的议员支持玛格丽特·撒切尔竞选党魁，因为她"就算是在情况如此复杂、对专业技术要求如此高的修正案辩论中都能有出众的表现"。[13]

因为财政法案是新一届下院议会头几个星期的重头戏，所以保守党内最出色的辩手都对玛格丽特·撒切尔大加赞赏，这样一来整个保守党内就产生了连锁效应。然而，党内大多数后座议员包括我在内，对自己在有可能出现的党魁选举中到底选谁做党魁始终没有确切的答案。尽管如此，党内权贵、财政部的经济专家，还有痛恨特德·希思的议员虽然没能成功地直接将玛格丽特·撒切尔推举为党魁，但至少为她的竞选造了势。

与爱德华·杜坎的协议

玛格丽特·撒切尔虽然对特德·希思表态，说自己打算竞选党魁，但她那时并没有多少获胜的把握。1974年秋，只有很少一部分保守党议员，比如彼得·莫里森，认为玛格丽特有望获胜。大多数保守党议员则是两面下注，一面嘴上说支持希思留任党魁，一面却暗自等待党内出现一位强有力的竞选人。可这个人会是谁呢？

除了断然拒绝竞选党魁的威利·怀特洛和中途临时决定退出竞选的基思·约瑟夫外，还有其他一些人迅速被提名为竞选人。这些人绝大多数都是些保守过时的显贵，比如克里斯托弗·塞姆斯、理查德·伍德、休·弗雷泽，还有朱利安·埃默里。希思非常自信，认为包括玛格丽特·撒切尔在内的这些人根本没有任何竞争力。但有一位候选人令希思非常紧张。这个人就是爱德华·杜坎，时任1922年委员会主席，历任保守党党魁和财政部经济事务秘书。杜坎的最大优势在于，他对特德·希思怀有强烈的不满，并且坚决想要希思下台。

11月初，在重新选举保守党1922年委员会后座议员时，爱德华·杜坎和其他17名成员都全部重新当选。对极力想挫败委员会的希思而言，这无疑是致命一击。因为保守党领袖希思和1922年委员会的争议之一就是，希思不希望重新选举党魁，而委员会决意一定要尽早进行党魁选举。

两方之间争执的激烈程度完全可以从1974年11月12日在保守党领袖办公室举行的会议上窥见一斑。保守党首席党鞭汉弗莱·阿特金斯邀请了6位资深同事一起讨论竞选党魁的问题，他们清楚这个问题将会成为1922年委员会下周四第二次全体会议上必然讨论的热点话题。与会同事包括威利·怀特洛、吉姆·普莱尔、弗朗西斯·皮姆、约翰·佩顿、黑尔什姆勋爵以及卡林顿勋爵。

黑尔什姆勋爵负责会议记录，这些记录后来被保存在他的文件里。记录显示，所有与会人员均认为，1922年委员会应举行保守党领袖信任投票或党魁选举。吉姆·普莱尔和特德·希思的观点一致，所以对两种提议都表示反对。而其他人则认为普莱尔的观点是站不住脚的。

"威利表达了他的担忧，担心杜坎在第二次选举中获胜"[14]，黑尔什姆在记录里写道。他在这话后面用了句号，说明委员们认为杜坎可能在第二次选举中会获胜成为党魁。后座议员也持同样观点。

尽管杜坎正在成为党魁的有力竞选人，但是卡林顿、黑尔什姆和怀特洛都说自己无法与杜坎共事。卡林顿趁午饭时间向哈罗德·麦克米伦汇报了会议情况。麦克米伦这位前首相显然看不上杜坎，他说：

"为什么不直接去问蒂尼·罗兰呢？"这话是在讽刺蒂尼·罗兰和杜坎在商业上微妙的关系。两人在罗得西亚矿业和地产公司分别任董事会主席和执行总裁，该公司在非洲从事投机贸易，利润巨大。

黑尔什姆在11月12日所做的会议记录说明了很多问题。首先，这份记录中只字未提玛格丽特·撒切尔，说明参加讨论的人根本没有考虑过让玛格丽特·撒切尔做党魁竞选人。这也表明，保守党高层人士还是认为杜坎是希思的头号劲敌。杜坎不仅是党魁竞选可能的获胜者，也是确定是否举行选举的最终裁决人。

于是，杜坎朝党魁竞选的目标迅速迈进。他极力要求提早进行选举，并赢得了众人的支持。选举的日期定在1975年2月4日，竞选人提名则相应地提前两个星期完成。

但是，除了信心满满的特德，谁还会被提名为竞选人呢？

玛格丽特·撒切尔虽然曾经公开表示愿意参加竞选，但还没有下定决心要这么做。事实上，她对自己参选的前景很没有把握，所以早在12月初便主动提出要退出竞选，以帮助杜坎更好地参选。玛格丽特向瑟比顿选区议员、1922年委员会委员奈杰尔·费希尔提出退选请求。费希尔性格温和，是个奉行中庸之道的后座议员，对希思却非常反感。这种反感要追溯到唐宁街10号举行的一次宴会，宴会上希思对费希尔极端粗鲁无礼。当时这位首相对费希尔说，和其他客人相比，他"相当无知"。[15]希思经常喜欢莫名其妙地贬损伤害那些与自己观点不和的同事。曾受希思挖苦伤害的人现在积极地想把希思弄下台，也可谓是合情合理了。

11月底，奈杰尔·费希尔着手组织同事写联名信，请求爱德华·杜坎站出来参加党魁竞选。两天后，包括艾瑞·尼夫在内的25名议员在联名信上签字，另外还有30名议员也有意向加入。在准备联名信的过程中，费希尔遇见了玛格丽特·撒切尔。玛格丽特那时潜在的支持者绝对不可能超过50名，而且她也根本没有什么竞选经理人，没法帮她计算支持者人数。当她听到奈杰尔·费希尔描述,帮杜坎拉票进展相当顺利时,就说,"请一定帮我转告杜坎,如果他决定要竞选的话,我一定退出"。[16]

听上去玛格丽特·撒切尔似乎遇上困难就想退缩,尽管这非常不符合她的个性。但是爱德华·杜坎听了奈杰尔·费希尔的汇报后却一点也不吃惊。"我觉得她这么说就是精心计算的结果,"他回忆说,"我有人投票支持,但她没有。"[17]

爱德华·杜坎绝对是议会这个大鸟笼里与众不同的一只鸟,但是他能一路飞进唐宁街10号吗?他的履历不错,以前做过财政部大臣和保守党主席;同时,他演讲才华出众,擅长主持各种会议。但是杜坎也有政敌,他们正在密谋设计反对杜坎。这些政敌包括威利·怀特洛,他已经明确表态绝不会在杜坎政府任职;还有杜坎曾经的生意合作伙伴彼得·沃克,他一直偷偷跟别人说杜坎在伦敦的声誉不佳;最关键的政敌是特德·希思,希思曾把杜坎从保守党主席的位置赶下台,并且坚决不让他加入1970年至1974年的政府内阁。

议会里的人都清楚,希思和杜坎是截然不同的两种人。一个生性粗鲁,另一个性格温和。杜坎还善于赞美同事。"杜坎夸人"的许多故事里有一则说的是他夸奖议会新成员皇家海军司令官约翰·克仁斯[*]。他对克仁斯说:"我知道你在潜艇里工作,多么英勇啊!"[18]另一则故事显然有点假,有人问杜坎几点了,杜坎回答说:"你希望现在几点呢?"[19]

杜坎赞美别人惯用夸张精致的词语,这被同事认为是一种独特的风格而绝不是严重的缺陷。或许并非所有党员都会选杜坎做领袖,但是和玛格丽特·撒切尔相比,他在党内的地位还是要高很多。玛格丽特是唯一一个公开表示要参加党魁竞选的人。即便杜坎尚未公开表态

---

[*] 皇家海军指挥官约翰·克仁斯(1915—1985),1949—1964年担任哈特尔普尔区保守党议员。作为英国海军远东舰队"紫石英"号护卫舰舰长,他带领全舰于1949年从中国共产党控制的长江上逃脱。这段历史被好莱坞改编为电影《扬子江事件》。

要参选，大家也都认为他最有可能击败希思。持这种观点的资深议员绝不止奈杰尔·费希尔一个。阿宾登选区的议员艾瑞·尼夫[*]也以杜坎竞选经理人的身份在帮助杜坎。年轻议员里，彼得·塔普塞尔也在帮杜坎拉票。杜坎的势头日渐兴盛强大，其中一个重要因素是，大多数保守党议员还是认为党领袖理应由男性担当。爱德华·杜坎似乎是最具实力的男性人选，也是因为这个因素，他的呼声才会那么高。

整个11月和12月，杜坎面对各方提议他做党魁竞选人一直态度暧昧。对此，他有一个很好的解释：身为1922年委员会主席，他拥有是否进行党魁选举的最终裁决权。所以他不想因为随便表态而对自己的职位造成负面影响。他担心，如果自己贸然变成现任党魁希思的竞选对手，很可能会被人指责为滥用职权。

大选最终定在2月4日举行，准备工作一切就绪后，杜坎的这些担忧也就没有什么必要了。1975年年初，奈杰尔·费希尔亲自到杜坎在萨默塞特的家里劝说他参选时，杜坎虽然有些犹豫，最终还是被说服了。不过随即出现了一个新问题，就是杜坎的妻子萨莉·杜坎对丈夫竞选党魁的态度。他们夫妻婚姻当时已经出现危机，后来离了婚。两人的矛盾争执之一就是家庭未来的发展方向。奈杰尔·费希尔拿出所有杜坎支持者署名的环形签名请愿书后，这位党魁候选人最重要的支持者、他的妻子却极力反对丈夫参选。"萨莉邀请奈杰尔一块儿出去散步，并跟他说自己一点儿也不赞成参与竞选的主意，"爱德华·杜坎回忆说，"既然她这么说了，我只好全盘接受。妻子的反对是我要求奈杰尔立即放弃帮我竞选党魁的最主要原因。"[20]

在奈杰尔·费希尔完全放弃帮助杜坎竞选之前，他安排了玛格丽

---

[*] 艾瑞·尼夫（1916—1979），金十字英勇勋章获得者，军功十字勋章获得者。1940—1942年成为战俘。他是第一个从德军科尔迪茨集中营成功出逃的英国军官。1953—1979年任阿宾登选区保守党议员，1975年任玛格丽特·撒切尔党魁竞选经理，1975—1979年任玛格丽特首相办公室主任。1979年3月，被爱尔兰国民军暗杀。

特·撒切尔和爱德华·杜坎见面。这次神秘的会面目的主要是在于达成全新的协议——必须由杜坎亲自向玛格丽特保证。玛格丽特希望杜坎向自己担保，他绝不参加竞选。

会面在位于威斯敏斯特自治市罗德诺斯街14号杜坎的家里进行，丹尼斯·撒切尔陪同妻子参加了会面。爱德华·杜坎回忆说：

> 这次绝对是我们三个人的私人会面。我记得会面刚开始气氛非常紧张。玛格丽特和丹尼斯一起坐在客厅沙发的边上，两人看上去紧张得像是来求职的保姆和管家。我跟他们表态说自己肯定不会参加竞选以后，两人顿时放松了下来。如果我最终决定放弃竞选，那么玛格丽特肯定会参加竞选。她这个心思当时根本没人知道。令我印象深刻的是，丹尼斯是唯一知道玛格丽特心里秘密的人。两人得知我退出竞选，当时就高兴坏了。[21]

爱德华·杜坎的印象正确无误。自从玛格丽特·撒切尔对特德·希思说自己打算竞选党魁后，就不断地受到希思的阻挠，有好几次事件都意图暗中打击玛格丽特。对玛格丽特声誉造成最大伤害的，是彼得·沃克借助玛格丽特在竞选前接受一家名为"退休前的选择"的小杂志采访大做文章，恶意中伤玛格丽特。采访中玛格丽特向读者建议要囤积罐装食品，特别是听装的"价格昂贵、富含蛋白质的食品：火腿、口条、三文鱼、青花鱼、沙丁鱼"，免得这些食物将来价格上涨再去买就不划算了。[22]

这样一个简单的故事却被刻意曲解，污蔑玛格丽特·撒切尔是一个"囤积食物的人"——这个词让人联想到二战后实行"定量供应"那些不愉快的日子。这番攻击也让大众回想起"抢奶贼撒切尔"的往事，只是更多了些讽刺意味。这无疑是在暗示，格兰瑟姆小杂货商的女儿就是在暗自囤积食物，"全然不顾公众利益"。这段指责是由前保守党首席党鞭、时任哈罗斯百货商店副董事长的马丁·雷德梅因在电视采访里单独提出的。[23]

为了回应这些指责，玛格丽特·撒切尔邀请英国伦敦新闻界的大批记者去她位于福拉德街的家里拍摄，请他们向公众展示自己家食品柜里仅存了有限的一些食物。这期电视新闻报道中还着重提到，玛格丽特参选党魁无疑导致了保守党高层的恐惧和仇恨。

经过一到两周的媒体大战，这种愤恨之情才渐渐地消失。尽管这次新闻大战对党魁选举的投票没有产生任何影响，但当时着实惹怒了玛格丽特·撒切尔。"我那时确实很难过，"她回忆说，"有时几乎要落泪。有时气得我浑身发抖。"[24]

"囤积食物"事件对撒切尔一家造成了巨大伤害，他们那年的圣诞节过得很不愉快。同时，丹尼斯也在为他自己的生意发愁，因为伯麦石油公司董事会遇上了大麻烦。不过好迹象也还是有的。议员里一小群支持者紧随彼得·莫里森的脚步，一起跑去探望撒切尔夫人，并表示会投票支持她做党魁。这些前期的支持者包括杰弗里·金斯伯格、罗宾·库克、比尔·谢尔顿、约翰·戈斯特、大卫·克劳奇、休·罗西和威廉·里斯–戴维斯。这些人都不是保守党内的重要人物，也根本没人把他们放在心上。但他们作为先驱，开创了支持玛格丽特的活动。这进一步表明自发组建的撒切尔阵营正逐渐运转起来。

相反，尽管希思阵营在"囤积食物"一事中表现相当强势、狠毒，但他们的表现也说明希思阵营没法拉拢到新的支持者。1974年2月和10月两次大选，新进的年轻议员大都对党内现状表示强烈不满。希思就像一件破损过于严重的货物，根本不可能有东山再起的希望了。他之所以还能继续把持党内重要位置，部分是因为那些想要竞选党魁的对手缺点太多，还有一部分是因为希思仍掌控着党内大权。这赋予了希思有利条件，帮助他组建了自己独有的竞选团队，队员都是他的同事，这些人非常擅长开展有效的竞选宣传活动。然而这种状况也改变了艾瑞·尼夫，使得他终于决定做玛格丽特·撒切尔的竞选经理人。至于艾瑞·尼夫为什么能做上竞选经理，他又是如何帮助玛格丽特展开竞选宣传的，这些都很有趣，也让他成为下院的神秘人物。

艾瑞·尼夫的加入

很多与艾瑞·尼夫共事过的保守党议员都对他感到困惑。大家对艾瑞·尼夫的称呼各种各样，"一个健壮的人""影子一般的神秘人物"，还有"优质操作员"。[25]对他健壮的评价主要来自于他的二战记录，他曾先后获得军功十字勋章、金十字英勇勋章和法国英勇十字勋章。他也是第一个从德国科尔迪茨集中营成功"逃回家"的英国军官。

尼夫的神秘莫测主要是因为大家普遍认为，他在战后一直为英国军情五处工作，和情报部门关系密切。这可能也是尼夫本人想给别人造成的印象。他应该能很好地诠释英国间谍小说家约翰·勒卡雷笔下的"马戏团"里的人，尼夫即便是走路、说话也都有种隐身的感觉。他在下院的走廊里走过，就仿佛一只螃蟹沿着墙边的缝隙行走一般令人难以察觉。他讲话多用省略句，喜欢小声嘟囔而不是大声吐字。想弄清楚他的观点就像想抓住一束月光那样困难。

尼夫到底是保守党左翼还是右翼分子？是支持还是反对欧共体？他到底支持参加党魁竞选的哪位候选人？所有这些答案都不甚明了。

关于艾瑞·尼夫，唯有一件事确凿无疑：他非常讨厌特德·希思。据传两人发生过争执（后来被希思否认），虽然此事不能说明他们意见不和，但到底还是无中生有地诽谤了保守党领袖希思。吸烟室里流传的故事（受伤的尼夫一直谨慎地点头眨眼吸引大家转述这个故事）说，尼夫1959年患上心脏病，他跑去向保守党首席党鞭希思解释说因为健康原因自己不能继续出任麦克米伦政府的政务次官。"那你的事业就算到此为止了。"希思非常冷酷地对他说。[26]

不管当时那种场合希思到底用了什么样的措辞，这两个人从此结下了仇怨。另一个更深的原因是尼夫认为自己被剥夺获爵士称号的机会，有失公允，其他几名非"郡骑士"也有同样的不满。因此有人认为，艾瑞·尼夫想尽办法设计陷害希思更多的是出于私怨而不是政治考虑。

事实上，艾瑞·尼夫先后找过威利·怀特洛、基思·约瑟夫和爱德华·杜坎，要求做他们的竞选经理。这些党魁候选人均持不同政见，可见尼夫主动提出帮助他们竞选根本不是出于政见考虑，他的首要目的就是把希思赶下台。

尼夫扮演的竞选经理发挥相当出色，并且他还得到奈杰尔·费希尔*的帮助，顺利为杜坎拉到将近70名支持者。不过很多议员口是心非，这些数据并不那么可靠。即便如此，尼夫拉到的支持者人数也远比玛格丽特·撒切尔手下那位不切实际、效率低下的政务次官费格斯·蒙哥马利所宣布的，为玛格丽特拉到的支持者人数要多上两倍。

1975年1月中旬，因为爱德华·杜坎突然退出竞选，所有的谣言、数字、胜算和候选人一下变得清晰明确起来。但是只有玛格丽特·撒切尔、丹尼斯·撒切尔和爱德华·杜坎知道杜坎退出选举的消息。在对外公布杜坎退出竞选消息的几小时前，尼夫和负责为撒切尔夫人计算支持者人数的斯特立汉选区议员比尔·谢尔顿交谈了一次。谈话中尼夫暗示，两人应该达成"某种协议"，这样原先支持杜坎的人可以转而支持玛格丽特。这个协议很容易就达成了，谢尔顿也做出让步，成为尼夫的副手，尼夫则成为帮助玛格丽特竞选的第一经理人。这所有的一切只要得到候选人玛格丽特的许可就都可以实现了。

1月15日当晚，下院开会一直开到半夜。第二天艾瑞·尼夫跑去见玛格丽特·撒切尔。他以勒卡雷笔下的间谍人物乔治·斯迈利独特

---

* 奈杰尔·费希尔（1913—1996），1950—1955年任保守党希钦选区议员，1955—1983年任瑟比顿选区议员。1972—1979年任保守党1922年委员会委员。

的方式询问玛格丽特，谁在帮她组织竞选活动。玛格丽特装模作样地回答，自己根本没有参加竞选。一问一答道底哪个更虚伪，很难说得清。但根据玛格丽特·撒切尔的叙述，接下来"艾瑞说：'我看最好由我来替你做这件事。'我很热情地同意了。我知道这意味着他会尽可能把杜坎的支持者都拉到我这边来"[27]。

艾瑞·尼夫之前曾经向其他党魁候选人毛遂自荐过，玛格丽特这么快就相信他实在有些出人意料。不过早在1950—1951年保守党议员候选人协会的几次会议上，玛格丽特就已经和尼夫相识并对其深表赞赏。两人还在法律界相同的几家律师事务所工作过。况且玛格丽特一生都对战斗英雄和情报特工怀有浪漫的看法。对玛格丽特来说，尼夫就是一个在正确的时间出现的正确的人。

艾瑞·尼夫上任为玛格丽特·撒切尔组织竞选活动后，玛格丽特获选的希望大大增加。从此，她再也无须遮遮掩掩，拥有大批可靠的支持者、竞选活动组织者和选民的帮助，转而成为一名正式的党魁竞选人。虽然没人清楚第一轮和第二轮投票（如果有第二轮的话）的结果究竟会如何，但随着竞选拉开帷幕，投票结果的难以预测反而让玛格丽特一跃成为备受关注的一名候选人。

第一轮投票结果惊人

接下来的三个星期，事情进展神速。艾瑞·尼夫组织的竞选活动相当细致和顺利。这主要得益于尼夫开展了细致耐心的游说和精确的计票，安排举棋不定的议员与玛格丽特单独见面谈话，还精心策划了各种假消息。相反，希思从来没有安排自己与那些举棋不定的议员单独见面，因为他觉得这样低声下气地拉票有失身份。圣诞节前夕，他去布罗德斯泰斯听圣诞颂歌音乐会，我恰巧有机会跟他单独待一会儿，所以趁机建议他亲自和1974年新进入议会的保守党议员好好谈谈。"事实上，我可不这么想，"他回答我说，"这些人都清楚我的立场。"[28]

音乐会结束后他又反悔了，于是让自己的私人秘书提姆·基特森于1月份在巴克斯俱乐部一个包间陆续组织了一系列午餐会，和议员谈话。这些午餐会不过徒有其表，每次参会都只有二十来人，议员们碍于情面提的问题大都比较客气，而希思的回答官腔太重。所以午餐会仅有一点儿甚至根本没有改善大家长期以来对希思的厌恨。

在竞选提名结束前夕，休·弗雷泽突然也报名参加选举。弗雷泽此举一度对撒切尔阵营造成打击，因为撒切尔的支持者们担心选票会被弗雷泽抢走。但这种担心完全是没必要的。尽管弗雷泽在麦克米伦政府任内阁大臣时表现出色，但他绝对不是强有力的竞争对手。弗雷泽来自苏格兰高地，生性浪漫，是洛瓦特勋爵的弟弟，他富有创见，好高骛远，手上一握有王牌就喜欢立即出牌打败对手。不幸的是，这段时间他手上根本没有牌，更别说什么王牌了。

休·弗雷泽看不起希思，但暗中却很敬重撒切尔。可他依旧认为英国还没有准备好接受女首相作为领袖，尤其是这位女首相对外交事务不太热心——很多人也经常这么批评玛格丽特。不过弗雷泽同时也觉得玛格丽特·撒切尔的时机或许已经来临，在未来由威利·怀特洛主持的政府里她适合做一名出色的财政大臣。

弗雷泽的最后一个观点同样也被那些一直聆听玛格丽特·撒切尔财政法案辩论发言的保守党议员逐渐认可。玛格丽特最出色的一次发言是在1月22日那天，当时她正代表反对党针对工党提出的征收"资本转移税"展开攻击。

辩论刚开始，她攻击丹尼士·希利，并举例人们有权一代代地继承家产，坚决为自己的观点辩护。"为什么大臣阁下要如此费力地反对别人的孩子继承家产呢？"她问，"有人认为继承家产根本就是公民的责任和特权。"[29]

为了回应玛格丽特在辩论结束时说的这番话，希利第二天用了一个形象的比喻来反驳玛格丽特所用的"特权"一词。他把玛格丽特·撒切尔比作西班牙内战时期的传奇女英雄多洛雷斯·伊巴露丽，讽刺玛格丽特是"享有特权的热情之花"，还说玛格丽特"要让站在她那一方的人被看成是非常富有的极少数人"。[30]

在条理清晰地表述了自己的一系列论点后，玛格丽特·撒切尔最后使出撒手锏。"有的财政大臣是微观经济学家，有的财政大臣理财有道，可这位财政大臣却是个廉价货。"[31]

保守党后座议员立即欢呼起来，冲着尴尬的希利大声喊道"廉价货，廉价货，廉价货"。而此时的希利垂头丧气，看上去像是个刚刚在学校被女生狠狠摔倒在地的恶霸男孩。

顷刻间的情绪激昂立即让保守党议员士气大振。玛格丽特·撒切尔顺势把辩论推向高潮，接着针对"资本转移税"发表了最后一通暴风雨般的猛烈攻击，批评该税"不但会影响他（希利）提到的千分之一的人，更会影响到所有人，包括那些和我一样生来并不富有、没法享受继承特权的人。该税不仅会影响我们，也会影响信奉社会主义的那群百万富翁"。玛格丽特最后的总结陈词是：

> "资本转移税"必将破坏私有企业、农场、林场以及船运，而且实行这项税法会将原本属于私人的权力和财产集中到国家手里，从而彻底破坏我们社会的本质……我们相信，未来的自由必将与公民私有财产的广泛分配密不可分……我们无法同意这项税法。该税法提案理应撤回。[32]

最后这句简短有力、热情昂扬的结尾一定会令玛格丽特以前在牛津的演讲导师盖特豪斯夫人备感欣慰。

在场的许多保守党后座议员听到这样充满斗志的演讲，都认为玛格丽特·撒切尔借此契机抓住了竞选党魁的先机。在此之前，整个竞选活动都开展得非常单调乏味，不是攻击对手的性格缺陷就是游说拉票失败，计算选票还要弄虚作假。突然之间，这位富有激情的候选人一下子将竞选大战升格到有关信仰和原则的更高层次之争。

20世纪70年代中期，保守党深陷失败主义的泥沼。由于一连串事件的打击以及与工会交战的失利，保守党逐渐失去了自信。而就在那天，玛格丽特·撒切尔在下院仿佛给保守党打了一剂强心针。她勇战希利的事迹立刻成为接下来几个小时茶水间里闲谈的主题。同样被广为谈论的，还有玛格丽特对财产继承、家族生意和私有财产的拥护，这些都是她所谓的"自由主义未来"的重要组成部分。

我还记得格拉斯哥－卡斯卡特选区的议员特迪·泰勒当时说"我们今天听到了领袖的声音"，他也在顺便暗示自己将会投票给玛格丽特，这话是非常令人吃惊的。因为特迪·泰勒一直被认为是希思的忠诚支持者，尽管他之前因为希思政府权力下放的问题被迫辞去政务次官的职务。泰勒这件事和其他许多事都说明，玛格丽特·撒切尔的辩论发言为她自己拉到了不少选票。议会新闻记者也敏锐地捕捉到保守党内全新的动向。《泰晤士报》报道说，"与半个月前她（玛格丽特）刚刚宣布参选党魁相比，议员里反对女人做党魁的呼声已经越来越小了"。[33]

距离第一次投票还剩不到两周时，艾瑞·尼夫带领着他的核心竞选团队里六七名玛格丽特的忠实支持者，积极有效地开展各项竞选游说活动。对于一位精通谍报技术、善于迷惑敌人的情报员而言，竞选活动组织者这个角色再合适尼夫不过了。他的最基本策略是，对外假称玛格丽特没有拉到足够的选票，并对所有人宣传说"特德一定会赢"。[34]这个预测让很大一部分保守党议员深感不安，因为他们虽然不看好玛格丽特·撒切尔，却希望威利·怀特洛、吉姆·普莱尔、弗朗西斯·皮姆或者其他人能做上党魁。尼夫的副手之一诺曼·特比特则专门负责悄悄联络其他议员，说服他们投票给撒切尔，确保能让玛格丽特进入第二轮投票。"我跟好多同事都谈了话，并用上述理由说服他们投票给玛格丽特",他回忆说。按照特比特回忆,被说服的议员中有一位就是迈克尔·赫塞尔坦。[35]

最阴险狡猾的游说任务全部由艾瑞·尼夫自己承担。有一次他对我说,玛格丽特"表现不错,但还不够出色"。因为知道我和休·弗雷泽关系很好,他就问我是否能说服休"把他的一张或两张选票转送给玛格丽特"。[36]尼夫极力想给我留下这样一个印象:他的竞选人支持率不高,难以获胜。

我也亲眼看见艾瑞·尼夫和约翰·罗杰斯爵士在半夜交谈。后者当时微醉,一直不断重复地说他"忠于特德,但也受够了特德……那家伙一定要受点儿打击,好让他知道不能太怠慢我们"。

"那就把票投给玛格丽特给他点儿打击吧。玛格丽特赢不了,但是可以狠狠吓唬他一下",尼夫说。

说这番话的时候,尼夫早就反复再三核对过拉票的反馈情况:承诺要投票给撒切尔的已达120人,而希思只有80人。可惜罗杰斯不幸中计,后悔万分。票选之后好几个月,他一直抱怨自己因为"被骗"才没有投票给特德。[37]

玛格丽特·撒切尔到底是否清楚尼夫使用了卑鄙欺诈的手段,值得怀疑。但是她非常聪明地刻意远离这些不公平交易。任何同事提出要求想与她见面交谈,她都会答应。除此以外,她还接受了几次新闻采访。玛格丽特把自己的主要精力都集中在财政法案辩论上,并且只肯对丈夫丹尼斯一人袒露心扉。

与不知疲倦大搞暗箱操作的艾瑞·尼夫相比,特德·希思的竞选活动组织人(他的议会私人秘书提姆·基特森和肯尼思·贝克)则显得过分自大、骄傲蛮横。他们和自己的领袖一样,根本不相信曾经的首相会被一个没有任何领导经验的女人打败。同时,尼夫散布假消息说,玛格丽特·撒切尔选票不足,需要费尽心思地为她拉票。希思的两位副手信以为真,觉得希思当选完全不成问题。由于认为希思会稳操胜券，他的竞选团队在正式投票前最后那段时间根本没做任何额外的努力。投票前夕又有消息表明希思的支持率非常高，所以特德·希思和他的手下都非常有信心能够获胜，他们抱着一副置身事外的态度，静静等待最后的投票结果。

第一轮投票当天，玛格丽特·撒切尔与罗斯柴尔德银行约了午餐会。这次午餐会由就职于罗斯柴尔德银行、年仅32岁的诺曼·拉蒙特议员安排。"我们一起去投票吧，投完票再一起去你银行"，玛格丽特对诺曼·拉蒙特说。她想趁着两人一起去保守党委员会第14号办公室填写选票的机会，让对方觉得她很想弄清楚到底拉蒙特在选票上画去了谁的名字。

罗斯柴尔德银行的午餐会进展得并不顺利。除了伊夫林·罗斯柴尔德以外，罗斯柴尔德的其他家族成员都借故缺席午餐会。而出席午餐会的非罗斯柴尔德家族的银行高管对玛格丽特提倡的经济政策都"相当无礼"。"下次再也不要带我来这个红色的银行了"，玛格丽特对拉蒙特说。在回下院的路上，玛格丽特又看见《旗帜晚报》的海报上写着"各选区共同支持希思"。"又是特德在利用媒体针对我"，她抱怨说，声音里有些许紧张的味道。[38]

第一轮投票于2月5日下午3点30分结束。10分钟后票选数据才出来，结果出人意料。艾瑞·尼夫找到了焦急等待着的玛格丽特·撒切尔，轻声告诉她："好消息。你的票数领先了。你得了130票，特德119票。"休·弗雷泽只有16票。[39]

玛格丽特·撒切尔又惊又喜。她从来不敢相信自己能赢，就算赢她也绝不会料到自己居然会胜出这么多票数。希思很快宣布辞去反对党领袖的职务。虽然按照规定应该要进行第二轮投票，但是大多数参加投票的议员都认为玛格丽特·撒切尔当选党魁势在必行，因为她只要再得31张票就可以最终获胜了。

尽管玛格丽特暗中为自己的成功感到高兴，可是这位胜利在望的候选人依旧谨言慎行,避免过早流露出必胜的神色。虽然支持者们纷纷向玛格丽特举杯祝贺,她还是平静地回到办公室继续工作。"敬我们未来的领袖——她去哪儿了?"玛格丽特的支持者在吸烟室打开香槟,举起银酒杯想要庆祝时,却发现玛格丽特不见了,不由得惊呼起来。[40]

过了好一会儿,大家才明白原来玛格丽特又回去继续参加财政法案辩论,准备三读了。玛格丽特那天在财政法委员会办公室针对各项复杂的财政修正案发言辩论、投票表决,一直忙到深夜。就算是胜利前夕,胜利对玛格丽特来说也不过是一件寻常事——第二轮投票已经确定于2月11日举行。

回顾

> 这并不是凡人能够获得的成功;
> 然而,我们会做得更多,森普罗乌尼斯,因为我们值得这样做。
>
> (约瑟夫·艾迪生 悲剧《卡托》第二场第一幕)

艾迪生所写的这句台词是对玛格丽特·撒切尔之所以能够在竞选中立于不败之地的最好阐释。在几年以后,特别是在她作为反对党领袖陷入低谷的那段时间里,人们都喜欢说她不过是幸运而已。然而,事实并不是如此。凭借着勇气,凭借着早期的宣言和在财政法案辩论上所显示出的专业水平,她在自己的第一轮投票中得以崭露头角。

即使是因为她运气好,这运气也不过占了很小的分量。她最大的幸运就是伊诺克·鲍威尔不切实际地在1974年1月放弃了他在伍尔弗汉普顿的席位,从而将自己限制在竞选之外,并且还建议选民为工党投票。如果他仍旧是保守党议员,他很有可能轻而易举地获胜。

特德·希思性格乖戾并因此累积了相当多的反对者,这对撒切尔而言当然是莫大的好处。然而，别人的错误并不能将她推上赢家的位置。当这场竞赛进入白热化阶段时，促使她赢得胜利的是她自身的品质，而这是她最早的支持者——那些富家子弟和为撒切尔服务的融资专家们早就已经认定了的。无论20世纪70年代的保守党对于女性有着怎样的偏见，她都是最勇敢的、最优秀的和最好的候选者。

这是她应得的胜利。

11

反对党领袖
不确定的开端

赢得最后一轮选举

保守党领袖第二轮投票几乎毫无悬念。虽然外界媒体积极造势，使竞选看上去仿佛是一场激烈的势均力敌之战，但多数下议院保守党议员非常清楚，竞选大局已定，唯一不明确的是玛格丽特·撒切尔最终会以多大优势赢得竞选。

不出预料，威利·怀特洛以候选人身份参与竞选党魁，他的参选似乎是众望所归，但他其实已经错过了最佳时机。至少一半的保守党成员决意支持第一轮竞选投票的获胜者，另外一半意见存有分歧，支持包括怀特洛在内的其他候选人。保守党内部并未形成一股足以"击败撒切尔"的强势力量，这很大程度上应归功于艾瑞·尼夫的多方权谋运作。他安排撒切尔夫人的秘密拥护者，尤其是立场远非中立的首席党鞭汉弗莱·阿特金斯，鼓励其他影子内阁大臣在第二轮投票中参与竞选。这些首次参选者心中也有打算，他们认定如果在这次竞选中有所表现，有朝一日撒切尔一旦下台，他们便能在下届领袖选举中占得先机。虚幻的政治前景吸引了包括吉姆·普莱尔、杰弗里·豪和约翰·佩顿在内的三位竞选者。反撒切尔的势力因此真正彻底地分裂了。新参与竞选者的三足鼎立局势使怀特洛无法募集到足够的选票，因此对票数领先的撒切尔无法构成真正的威胁。

相比之下，玛格丽特·撒切尔的竞选之路却是一片坦途，她是唯一一位气势魅力兼备的候选人。民众突然意识到英国这个西方民主大国将要诞生史上首位女性政治领袖，全国的情绪也由震惊转变为兴奋。

第一次和第二次投票中间有一周的间隔时间，我决定对我所在选区保守党协会的执行委员进行意向调查。大约有30个萨尼特岛东部地区保守党活动家参与其中，他们与特德·希思是同乡，有些儿时便与其相识，之前一直是他的忠实拥护者。而现在，他们中三分之二的人改弦更张，一致拥护玛格丽特·撒切尔。他们分别用"勇敢""非常漂亮""有气势，能够给威尔逊一些教训""一个绝妙的选择""赢家"等形容词盛赞撒切尔。[1]在这次基层意见考察过后，我回到威斯敏斯特，为撒切尔夫人投上了自己的一票。

其他同僚都有相似的体验。保守党党部认为老怀特洛是合适的人选，但撒切尔富有革新精神，能够鼓舞斗志，代表了人心所向。她以146票轻松击败威利·怀特洛的79票，杰弗里·豪获得19票，吉姆·普莱尔19票，约翰·佩顿11票，均远远落后于撒切尔。英国诞生了一位新的反对党领袖。

在刚就任主席几个小时的时间里，发生了一些令人意想不到的趣事。竞选期间她对下议院议员态度宽厚温和，而在第一次新闻发布会上她的态度一改往常，变得非常专断，对问题的回答过于简单，有时会有打趣之嫌。当被问及外交事务的时候，她颇具风情地回答道："我完全赞成他们的做法。"对于大多数媒体记者来说，整个新闻发布会步调过快，她的答复简短而不连贯，并用命令的口吻不断催促记者提问，"快点，下一个问题，下一个问题"。不仅如此，她还宣称："你们这些家伙不喜欢简短、直接的答案。男人都喜欢冗长含糊、杂乱无章的胡扯。"[2]

新闻发布会之后，她参加了在竞选团队副手比尔·谢尔顿位于皮姆里科的家中举行的庆祝活动，随后与保守党首席党鞭汉弗莱·阿特金斯共进工作晚宴。丹尼斯似乎在新领袖的选举过程中被忽略了，诺曼·特比特看到他独自一人在下议院的走廊上闲逛，就邀他一起参加了晚宴。

其间发生了一段不和谐的小插曲，有些投撒切尔反对票的议员对她有强烈的抵触情绪。伊恩·吉尔默不论之前还是现在，对保守党这一选择一直抱有不满的怨恨情绪，那天晚上借着醉意，他斥责道："我们都疯了，她撑不下去的……她不可能撑得下去。"[3]坐在吸烟室与他围坐一桌的人中，点头表示赞同的人不在少数，这令人深感不安。

工党对于保守党的选择普遍抱着嘲笑讥讽的态度。选举当晚，我在"克里姆林"酒吧和我的工党搭档，来自赫姆斯沃斯选区的议员亚力克·伍德尔及他的一群来自约克郡矿区的议员朋友一起喝酒。他们一遍又一遍重复说的都是新的保守党领袖将来"必定绝对不可能赢得选举"。[4]这是未来好几个月里政府前后座议员共同秉持的信念。

2月11日晚上，下议院忙于分组表决投票。其中一个部门是玛格丽特·撒切尔当时仍旧供职的财政法案委员会。她参加了晚上10点20分对修正案的投票。在那之后，工党主席，理查德·克罗肖对她道贺。她的回答颇像一篇告别词，既展示出魅力，也不乏严厉，她开场说道："我想，因为一些我无法控制的外界因素，我被赋予了更高的使命，因此，我可能不会在委员会里待太久了。"接着她说在她不在的这段时间，法案的进展似乎比以前慢，而她归结的原因是"女人的谈话总是更加高效简练"[5]。

大约午夜的时候，她回到了福乐街的家中，急匆匆地去看女儿卡罗尔，她正睡在一位邻居家的客房床上。"她敲门进来的时候，我半睡半醒；我不记得我们彼此究竟说了什么，但是我清楚地记得她看上去已经具有领导人的气质了：权力的荣光萦绕着她，几乎像是圣人头上的光环一般。"[6]

她女儿的溢美之词有点言之过早。当庆贺和赞扬之声消退之后，严酷的现实摆在眼前，玛格丽特·撒切尔必须面对竞选获胜之后党内分裂的困难局势。

不确定的开端

玛格丽特·撒切尔成为反对党领袖伊始地位并不稳固。国会政党并未达成一致态度支持她。她对影子内阁成员仅仅进行了微调，内阁内部弥漫着不安和不满的情绪，成员之间存在着意见分歧。她做出的对保守党中央总部的高层人员调动体现出她在政治上还不够老练。艾瑞·尼夫被任命为她私人办公室的主任,而他在这个职位上的表现却远不及他担任撒切尔竞选团队领袖时那样成功。最令人失望的莫过于她从未在下议院树立起政党领袖应有的权威。

尽管不利因素众多,然而也有一些其他的因素缓和了局势。特德·希思针对她宣泄的满腔怨恨反而对她有益。保守党副主席威利·怀特洛为人宽厚,尽管私下偶尔会流露出轻蔑的情绪,但是公开场合表现出的忠诚堪称典范。与下议院的国会议员不同,各选区协会对撒切尔表达了更多的热情。从更广泛的领域来说,媒体对于她代表的新风貌持赞赏的态度,对于她要面临的问题表达了同情。然而即使将这些积极因素考虑在内,她的地位依旧不稳固。

当选第二天的上午,玛格丽特·撒切尔前往特德·希思位于威尔顿街的家中拜访他。这次会面对双方都很艰难。她提议希思加入影子内阁,他拒绝了。她伸出了第二个橄榄枝,邀请他在对欧洲事务进行全民公投时带领保守党与工党对阵,他也同样拒绝了。然后她就如何应对新闻媒体向他求教,他又拒绝回应。整个会面仅持续了不到5分钟的时间。

这次会面,希思的举止唐突而且粗鲁。就在会面之前,他的议会私人秘书提姆·基特森看到他书房里仅有的三把椅子的两把上都堆满了书,这使到访者根本无法就座。玛格丽特·撒切尔进入书房时,他也没有从桌子后站起来。她不得不把椅子上的书移开后才坐下。有种说法称撒切尔对他所做的两次邀请,他给予的回答分别是"不愿意"和"不会",就像小孩子发脾气时使用的单音节词汇。然后她问他:"我还能说些什么呢?"他回答道:"没什么好说的。"[7]

谈话结束了,玛格丽特·撒切尔离开了书房。她在楼下和提姆·基特森漫无目的地闲聊了15分钟左右,希望尽量降低等在门外的记者对于他们之间关系做出负面报道的可能性。她第一次试图缓和关系的努力彻底失败了，正如在未来几个月里她做出的其他友好举动同样会以失败告终一样。问题的关键在于这位下了台的领袖盛怒难消，他不仅拒绝和他的继任者讲话，对于同意加入撒切尔影子内阁的他的那些老朋友们，他一样拒绝与他们交谈。甚至是威利·怀特洛，吉姆·普莱尔和彼得·卡林顿也发现他们的"老上司"一连几个月都拒绝与他们来往。

玛格丽特·撒切尔没有抓住机会重组内阁，她太过小心翼翼，既没有大刀阔斧打破旧格局也没有为其融入新鲜面孔。这部分是因为后座议员中并没有足够突出的政治人才储备，新任领袖无法轻易从中挑选出足以替代影子内阁大臣的人选。最终这次改组收效甚微，除了两位退休的前座议员外，只解除了彼得·沃克的职务。雷吉·莫德林被委任为影子内阁外交大臣，杰弗里·豪担任财政大臣，艾瑞·尼夫担任北爱尔兰事务发言人兼撒切尔私人办公室主任，这几项任命很是耐人寻味。

艾瑞·尼夫在竞选期间精明果断，斡旋于各方政治势力之间，帮助玛格丽特·撒切尔赢得选举成为党魁，然而在其成功后，却几近偏执地谋划削弱她的地位。他表现出的毫无必要的过分猜疑在党内造成一种紧张压抑的氛围。

我就曾遭遇过类似的麻烦。那大约发生在他任命之后的一个月左右，他把我叫到他的办公室，并质问我为什么对领袖不忠，他还拿出了英国《侦探》杂志的报道作为罪行的证据。报道中称我参加了贝鲁特的一次晚餐宴会，其间在讨论以色列和埃及在1975年签署的西奈协议时，有几个中东人想知道玛格丽特·撒切尔对于协议草案中哪些章节条款或分款持赞成态度。

这一报道称，当这次轻松愉快的晚宴进行到晚些时候，我说道："她对中东了解太少，她可能会认为西奈是鼻窦的复数形式呢！"[*8]我并

★ 英语中，西奈（Sinai）和鼻窦（Sinus）词形相近。——译者注

不否认这则报道的真实性，但我尽力解释，称这俏皮话过于牵强，而且只是私下场合用来调节气氛的题外话，并没有任何实际意义，然而尼夫仍坚持认为我应该向领袖做出正式道歉。他提议我在晚上10点议会分组表决投赞成票时致歉，又多此一举地补充说，"她会穿绿色裙装"，我如期见到了身着绿色的撒切尔，并对她表达歉意，而她对整个事件表现非常大度，并不在意："哦，你完全不必担心，基思和我在晚餐会上经常会说最恶毒的话诋毁中伤彼此。"[9]

这次事件表明，玛格丽特·撒切尔对于那些曾投票反对她甚至是那些嘲笑她的后座议员努力表现出友善，而这却并非她的一贯风格。她敏锐地意识到希思犯过的错误，因此在希思表现出不悦的时候，她努力表现得和善。希思的厉声厉色，她代之以和声和气。她认真记住所有人的名字，即使是那些职位最低微的同僚，她也经常问候他们的妻子和子女。

这并非她的天性，但她表达的关切得到了人们的赞赏。好几个议员出现家庭或健康问题时都曾收到她亲笔写的慰问短信，这使他们大为感动。我因感染伤寒住院八周期间，也曾两次收到这样的信件。她就任早期在下议院作为反对党领袖并没有任何实质作为，而她在人际交往中所做出的这些友好举动一定程度上维护了党内的稳定。

在"首相质询会"这剑拔弩张的论战环节，氛围时常变得激烈喧闹，要想掌控全场，必须兼备机敏和才智，同时要融入其中，游刃有余。尽管在最开始的一些辩论当中，玛格丽特·撒切尔经常获胜，然而在任反对党领袖期间，她仍旧缺乏应有的应对技能，在"首相质询会"过后，她的团队经常士气大跌，离开议会时情绪低落。我记得一次这样的情景，在茶室里，克兰利·翁斯洛，后来的1922年委员会主席，评论道："她还是无法进入比赛场地，是吧？"尼古拉斯·巴金回应说："她那尖锐的嗓音更让人担心。"[10]

她嗓音尖锐刺耳，的确是个很大的问题。戈登·里斯为她推荐了一位语言培训专家，教导她呼吸技巧，使她的嗓音有了很大改善。除了语言矫正课程，她还经常重复吟诵"Ingakokka"这个神秘的词汇以使自己的音调变得低沉。里斯也就她的视觉荧幕形象提了一些建议，例如"避免在面部周围佩戴过多珠宝首饰……关注背景色调，避免与你的着装不协调"。[11]

虽然在媒体前的形象有所提高，在下议院所做的演讲内容却没有任何改进。她就任初期在议会中的表现几近彻底失败。

1975年5月22日，她提出一项反对党议案，谴责政府未能成功遏制加速增长的通货膨胀率。因为当时的通货膨胀率已高达21.7%并且仍在上涨，她的攻击目标相当明确，且成功率很高。相反，她详述了一长串单调乏味的数据，使议员们产生厌倦情绪，并且未提供任何替代性解决策略。哈罗德·威尔逊轻而易举地挫败了她。媒体对于这次演讲多持批评态度，《星期日泰晤士报》描绘它是"一次令人失望的惨败……既缺乏活力，又缺乏原创性，她的声音跟往常一样，很适合花园派对的场合"。[12]

在国会表现令人失望，影子内阁内部存在分歧，这意味着玛格丽特·撒切尔在威斯敏斯特的支持根基不够牢固。威利·怀特洛态度忠诚，压抑住很多批评和不满的怨言，然而就连他也时常不满于她咄咄逼人的人事管理方式，感觉受到了侮辱。其中一次导火索是，她在就任前几周突然解除了中央总部主席迈克尔·沃尔夫的职务。

这次分歧毫无意义，本是可以轻松避免的。迈克尔·沃尔夫是一位称职而且很有见解的保守党管理者，他之前曾担任英国《每日电讯报》的社论作者，也曾担任伦道夫·丘吉尔之子温斯顿爵士所著的卷帙浩繁的传记的前两卷的首席研究员。沃尔夫唯一的问题只是因为他是受特德·希思委任成为中央总部主席的，玛格丽特·撒切尔正是基于这个原因解除了他的职务。

她似乎并不知道，在保守党党部成员的组织中，迈克尔·沃尔夫和他的妻子罗斯玛丽的人际关系网中多是有实权的人物。领袖拥有在政党中央管理部门安插与自己政见一致人员的权力,这一点毋庸置疑,但人事调动的方式却有优劣之分。她没有采取循序渐进地对其降职或调动其职务的策略,而是采取了暴君般武断的方式开除了沃尔夫,给他人造成了刻毒的印象。吉姆·普莱尔对她持同样看法,而且因为这次事件差点辞去职务。

站在沃尔夫立场表达强烈抗议的还包括威利·怀特洛、彼得·卡林顿、伊恩·吉尔默以及杰弗里·豪。回顾整个事件,似乎有些小题大做,但在当时,却是一次相当严重的集体反叛行为。在开除沃尔夫的当天晚上,我记得吉姆·普莱尔怒气冲冲,用力击打下议院投票大厅墙上的木制护板,并拒绝对反对党提出的财政法案议案投票,他的嘴里反复念叨着:"龌龊下流!龌龊下流!"[13]

《泰晤士报》认为沃尔夫免职事件是一种"彻头彻尾的傻瓜行径"[14],这种描述似乎很恰当。玛格丽特·撒切尔错误地判断了这次事件会造成的严重后果,因为一次小的人事调动,激起影子内阁内部重臣的敌意。这次早期事件也是一次警示,说明她对于人事关系的处理方式会使她成为一个不受众人拥戴的领袖。

相比之下,她的私人办公室内部氛围愉快而融洽。特德·希思之前的私人秘书卡洛琳·斯蒂芬斯继续担任她的秘书,负责整理她的日程登记,在未来的15年里,也成为她最亲密和信任的助手。另一个重要人物是她的选区秘书——艾利森·沃德,她负责玛格丽特·撒切尔私人生活的方方面面,例如做发型预约、着装以及与家人之间的联络。25岁的理查德·赖德*是《每日电讯报》一位才华横溢的作家和行政管理人员。他逐渐成为反对党领袖事实上的私人办公室主任,艾瑞·尼夫

---

* 理查德·赖德(1949—),1975—1979年担任反对党政治秘书;1979—1981年担任首相政治秘书;于1981年与负责首相日程登记的秘书卡洛琳·斯蒂芬斯成婚;1983—1997年担任诺福克中部选区保守党议员。于1997年获封温森木赖德勋爵。

的实权逐渐落到了赖德的手中。理查德·赖德和卡洛琳·斯蒂芬斯发展了一段办公室恋情，撒切尔对此予以暗中鼓励，两人于1981年喜结连理。试想撒切尔做红娘似乎与其形象不符，然后这次的丘比特之箭却是正中红心。

撒切尔内部的团队对她感情真挚，服务周到。他们注意到她性格发展中一两个有趣的特点，有些特点在她的唐宁街岁月中为众人所熟知，而另外一些则从未被完全发现，这些特点却是玛格丽特·撒切尔性格当中最重要的部分。

首先，在一对一的私人会面场合，而如果同时她又抱着学习的心态，那么她会是个很好的聆听者；但在人数众多的场合，而她又要实现自己的目的时，她对别人的提议置若罔闻。影子内阁是这种群体性聚会中最令人焦躁不安的场合，部分原因是她自己说得太多，几乎完全忽视了同僚的意见。

其次，她对于事情的轻重缓急以及时间的分配杂乱无章，毫无条理，令人震惊。她对工作任务的分派极不合理，对于那些与她政见一致的人过分关注。就任早期她对有些政党人士有所偏爱，其中包括政策研究中心的阿尔弗雷德·谢尔曼、苏联事务专家罗伯特·康奎斯特和成为《世界新闻报》专栏作家的前工党议员伍德罗·怀亚特。

再次，在她斩钉截铁的果断和坚定自信的外表下，隐藏着不安全感和脆弱的本性。有时在一些社交聚会的场合，她会表现得缺乏自信。一次参加卡林顿勋爵及其夫人举办的晚宴，临出门时，她紧张地询问她的秘书卡洛琳·斯蒂芬斯："你觉得我是不是应该戴上白色的手套？"[15]

在参加一些皇室成员会出席的场合前，她总是会有关于着装方面的疑虑。蒂尔尼夫人有时会就这些疑问给她些建议，她是保守党利物浦韦弗特里选区议员约翰·蒂尔尼爵士的妻子。这些建议是否对她有所帮助我们不得而知，但有一点毋庸置疑，那就是玛格丽特·撒切尔，这个来自格兰瑟姆小镇的裁缝的女儿，对于着装有着自己独特的品位。

正如吉尼韦尔·蒂尔尼对她朋友所说的:"玛格丽特对于服装的色调以及高品质的款式设计有着本能的天赋和鉴赏力。"[16]

玛格丽特·撒切尔对于自己的才智并不是很自信。她相信自己机智聪慧,但并不是大智之才。这种谦逊意识使她在对待包括基思·约瑟夫和伊恩·吉尔默在内的聪明的同僚时表现出一种夸张的崇敬之情。她意识到自己必须广泛汲取他人思想,因此经常征询学界人士的意见,尝试从哲学中寻求解决途径的理论支撑,重获信心,提高和加强自己的政治觉悟能力和感知能力。

她很少向她的核心团队亲信助手以外的人展露她情感的脆弱面。她经常觉得感情受伤,有时是因为一些针对她个人的批评,或者是家庭烦恼,还有时是因为国会议员表现出的傲慢嚣张,或者她预期会与她意见一致的人却倒戈相向,拒绝与她统一阵线。在1978年9月接受《女性世界》采访时,她表达出了自己受伤的情感:

> "有时候我晚上回到家,感觉到一切的一切已经超出了我的承受能力,这时我会一个人默默地流泪。"她说她是一个非常情绪化的人,"我从未见过有人能够对伤害无动于衷,我也不例外"[17]。

对于她周围熟悉她的那些少数人来说,玛格丽特·撒切尔性格中这些柔弱的方面使她更加温柔,更加富有魅力。在她就任反对党领袖的早期,地位尚不稳固,因此她性格中的缺点极易被党内人士察觉。不论是在《红星报》的通篇报道中(这家报纸在1976年首次使用这一昵称),还是英国的政治舞台上,那位果敢坚定、勇往直前的"铁娘子"大展拳脚的时代尚未来到。对于那些严阵以待等候时机的政界人士来说,她仍旧被看作是一个临时过渡性的领袖,可能无法坚持到任期结束。

尽管她的演讲在威斯敏斯特议会反响平平,而从整个国家来看,她造成的影响要大得多。但是即使那些对于保守党最赞同的听众,也认为她的演讲不过是新瓶装旧酒而已,并没有像之后逐渐形成的撒切尔主义一样提出任何有创见性的思想革新,或者新的政策纲领。她承诺对抗社会主义极端主义,倡导节俭和独立自主,认为创造财富优先于分配财富。这些观点唯一的新奇之处在于它们的提倡者是一位女性领袖人物。在执政早期,即使她的政策主张中有些根本的转变,也是微乎其微,不易察觉。

她在一两次的政治活动中取得了一些成绩。首次造访苏格兰,她受到人们热烈的欢迎,爱丁堡市中心聚集人群数量史无前例。在伦敦南部地区的西伍利齐选区举行的保守党候选人补缺选举中,她打破政党领袖不参与的传统,支持彼特·博顿利。1975年6月,彼特·博顿利以超过工党3500张选票的绝对优势赢得竞选,获得席位,这是保守党两年来首次在选举中赢得胜利。玛格丽特·撒切尔对于在她领导下取得的这初次的进展感到非常兴奋,对着媒体镜头兴高采烈地摆了个胜利的"V"字形手势。滑稽的是,她把两个手指的方向举反了,甚至当别人解释她犯了什么样的错误时,她仍旧难以理解为什么她的手势表达的竟是淫秽下流的意思。

虽然伍利齐的补缺选举将政府的绝对优势从四成降低到三成,唐宁街10号内部人员仍旧信心大增,他们认为这位反对党领袖太过稚嫩,必定无法与老练的首相对抗。伯纳德·多诺修是哈罗德·威尔逊"首相质询会"的首席信息通报官。他回忆说:

> 我们对自己的好运感到难以置信。起初哈罗德对于要面对一位新的保守党领袖感到非常紧张。他痛恨希思的离职,说道:"我与那人共事已经十年了,他的任何一步举动都逃不过我的眼睛。现在我要一切从头再来了。"但是在与玛格丽特接触几个月后,他知道她完全不是他的对手。他太过老练多谋,而她过于简单呆板。她只是一味宣读预先准备好的问题,而这样做是无法掌控住整个

下议院的。[18]

她在演讲席上的议会发言缺乏灵活性,不能随机应变,这日渐引起她身后后座议员的不满,人们的怀疑和抱怨声也逐渐增加,保守党议员不断提出诸如"我们是否犯了个严重的错误"和"我们怎样才能帮助她表现得更好些"[19]此类的问题。

有一个典型事例很能说明这段时间她的困顿境况,我记忆中是在由彼得·莫里森发起组织,1974年下议院选举产生的保守党同僚们参加的一次夏日晚餐宴会上,大家在谈话中都表现出了一些忧虑。莫里森极富幽默感地以一位长发工党党员的名字来将这个俱乐部戏称为阿尔夫贝茨俱乐部,因为这人的左翼观点激怒了他。除了彼得和我之外,俱乐部成员还包括迈克尔·斯派塞、乔治·扬爵士、艾伦·克拉克、阿拉斯泰尔·古德拉德、提姆·伦顿、利昂·布里坦、约翰·穆尔以及其他几个人。我们在1975年7月底讨论的主要话题是:"撒切尔夫人能否撑得下去?"

总体来看,我们觉得她能撑住,至少能撑一段时间,然而除了莫里森和穆尔两个她的铁杆拥护者,其他人似乎都因心存怀疑而略显底气不足。我们所有人都希望她能坚持下去,然而大家心中始终萦绕着一丝忧虑,担心她最后不过只是暂时占据这个职位,到1975年我们各自开始漫长的夏歇度假计划时,玛格丽特·撒切尔的领袖地位依然不稳固。

私生活掠影

1976年的夏天,我开始和卡罗尔·撒切尔约会。我们俩对这份持续了三年多的感情都很认真。反对党领袖,或者说"妈妈",对此并不是完全支持。她奉劝她22岁的女儿小心,尽量不要和已经33岁的来自东萨尼特选区的单身议员有什么牵扯。这次警告发生在她看到我们俩在激烈地讨论关于一只皮姆牌的酒杯之后，那是在约翰·穆尔和他妻子希拉在位于温布尔顿的家中主办的一次酒会上。

与上司的女儿发展恋情总是要冒一定风险的，但是年轻时候的爱情对风险总是难以察觉。卡罗尔和我对于父母的警告反对之声以及他们冷若冰霜的态度都置之不理，依旧不管不顾地我行我素，这正切合了被司汤达称作是"两个人的唯我主义"所表达的思想。几个月之后，气氛稍微有些缓和，我应邀参加了斯科特尼城堡的周日午宴，斯科特尼城堡是英国国家基金会位于肯特地区的一处地产，玛格丽特和丹尼斯·撒切尔在这里租了一套公寓。

对我的到来大家反应不一。丹尼斯一如既往地和善，询问关于"我那一片区"，即我所在选区的情况，提出的问题很有见地。阿特拉斯在拉姆斯盖特向我认识的一些客户出售了大量的涂料，这成为我们谈话的一个主题。而马克在闹别扭，因此根本没有跟我说话。卡罗尔在生她弟弟的气。玛格丽特·撒切尔对姐弟之间的矛盾完全不予理会，关注的仍旧是政治话题。她想就中东问题进行一次严肃的谈话，"我好像记得你认为我对这个话题知之甚少"，她说这话的时候眼睛里流露出的是愤怒而非愉悦。她刚从那边访问回来，谢天谢地她去的是叙利亚首都大马士革和埃及首都开罗，而不是西奈。

在对这个地区的政治局势滔滔不绝地做了一段长篇大论之后，她提到在与叙利亚总统哈菲兹·阿萨德会晤后，他的大使阿德南·奥姆兰赠送给她一枚制作精美、镶有宝石并附有伊斯兰文字的徽章。"就在那儿，"她指向餐厅壁炉架上悬挂的一个镶有金框的徽章，"你阿拉伯语说得怎么样？能不能告诉我那上面写的是什么？"也许可以称得上不幸，我那点有限的阿语水平刚好能做到这一点。"写的是：'只有一个神，他的名字是真主阿拉。'"

"我的天啊！"玛格丽特感叹道，她看上去有些慌乱，显然没有意识到她居然在自家的墙上展览《古兰经》的第一条教义。"幸好我们没有邀请神父共进午餐。"丹尼斯开玩笑说。

"或者芬奇利选区的选民。"我用打趣的口吻补充道，这不过是指她所在的芬奇利选区犹太选民比例很高的一句玩笑话，而玛格丽特并未被逗乐。她用严厉的目光瞪着我，语气中带着责备："我想邀请谁来吃午餐，我就会邀请谁。"

尽管有时会有些失礼的举止，我对斯科特尼城堡包括这次在内的多次拜访仍旧是非常愉快的经历。丹尼斯和卡罗尔很友善，性格温和而可爱。玛格丽特的性格与两人完全不同，然而她的气质和活力很具有吸引力。作为餐宴女主人，她体贴周到，有时近乎偏执，她会坚持亲自为宾客倒酒，做饭、洗刷餐具都是亲力亲为，她会不时专横地对站在一旁的与会宾客命令道："当心！""哎呀，胳膊肘拿开！""留神！""让开！"以及"喝光它！"

她的拿手菜包括周日烤肉和香芒鸡肉。她在厨房里麻利而奔忙的样子像极了将电视频道按快进键后做菜大厨的样子。她每天早上正是以同样快的速度为丹尼斯做早饭，丹尼斯要求培根必须按照某种特定的方式烤炙，否则他一整天都会心情不爽。

据我观察，撒切尔家的家庭生活从不单调，却也不会轻松。即使不提及政治，家庭氛围仍不失紧张。这位非凡的女性，在治家方面也沿袭了高效率的作风。她时常对家人发号施令，但大家似乎对她的命令反应并不积极。丹尼斯闷头看《每日电讯报》的体育版面，卡罗尔躲开母亲的指责和非难，马克又太急于想获得母亲的关注，因而家庭关系不时陷入异常。面对反对党领袖这一身份的挑战，他们生活中的一切都只能降为次要地位。玛格丽特就像钢琴弦一样，时刻保持紧绷状态。她的表现令人钦佩，但却与常人相异。我的判断可能并不准确，因为我总是过于紧张不安。

因为偶尔有机会看到撒切尔夫人家庭生活的一面，我发现了这位外表强硬的女领袖性格中令人意想不到的方面。有三件事值得一提，由此可窥见她的节俭、脆弱和母爱。

有件小事体现出她的节俭。有一天晚上，我买了在国家剧院上演的诺埃尔·科沃德的喜剧《欢乐的精灵》的四张票。她起先以为这些票是我为她和丹尼斯免费拿到的保留座位，因为我的妹妹玛丽亚·艾特肯在剧中是主角埃尔维拉的扮演者。当天晚上，卡罗尔纠正了这种看法，玛格丽特马上提出："我坚持与你平摊票钱。"我直接否决了她的这一提议，尽管她表达了强烈的抗议，我仍拒绝告诉她票价的总额，然而她并不轻易妥协。第二天，在下议院议员大厅我的信件格里，她放了一张签有玛格丽特·希尔达·撒切尔名字的空白支票。当她通过银行对账单发现我从未填写兑现这张支票时，她对我相当生气。

她把自己的脆弱隐藏得很好，但这并不表示它不存在。一天晚上，在下议院11点半的投票结束后，我把卡罗尔送回福乐街的家中。玛格丽特独自一人坐在起居室里看文件。我把头伸进门里，准备说晚安，却看到她眼睛红肿，显然情绪很低落。我询问她发生了什么事，她抽了抽鼻子说："没什么大事，今天有个同僚在投票大厅对我态度极其恶劣，他说我正在毁掉我们的政党……"这件事似乎不太可能成为伤心哭泣的缘由，因此我满不在意地说："他可能只是有些生气，不值得因为这点小事伤心。""要知道，我也会受伤的。"她说着站起来，离开了起居室。这是我第一次意识到铁娘子的内心也是很柔弱的。

在我与卡罗尔情感发展初期，我就发现，通常母女关系中母亲对女儿表现出的温柔爱怜，在撒切尔夫人身上极少见到。然而，下面讲到的这个周末滑雪事件却说明她们深藏的母女亲情。

1978年冬天，卡罗尔的父母允许她在瑞士度假胜地韦尔比耶度过十天的假期。我计划在她假期进行到一半时去瑞士和她会合，共同度过一个悠长的周末。因为这时正是滑雪旅游旺季，所以航空机票比较紧张，如果我想实现周末度假计划，只能买到周一晚上从日内瓦飞回伦敦的返程机票。不巧的是，我刚买好了往返机票，这个周一却被反对党选定要对一项有争议的议题进行国会投票，并下达了"三线鞭令"*，要求所有保守党议员当天下午3点半必须出席。因为我无法同时出现在滑雪道和投票大厅，而又没有其他可选航班，我和卡罗尔在韦尔比耶共度周末的计划便不得不取消，这使我俩都很失望。

我接受了这个令人沮丧的现实，但身在韦尔比耶的卡罗尔却没有。我并不知道，卡罗尔拨通了她妈妈的号码，在电话里痛哭抗议反对党下达的"三线鞭令"毁了我们浪漫的周末计划，并控诉其不公平。显然，玛格丽特心软了，很快卡罗尔便兴高采烈地在电话里对我宣布道："妈妈说她可以把周一的投票改到其他时间。""这不可能"，我回答说，但是我错了。因为在最后的时刻"三线鞭令"被撤销，这项反对党日常事务被确定择日再议。卡罗尔和我在阿尔卑斯山一起度过了一个开心愉快的周末。

我回来的第二天就回到了下议院投票大厅，看到反对党领袖离我仅有几英尺远。我走过去，正准备就她为了我们改变国会事务原定计划的惊人善举表达谢意，她把手指放在嘴唇上，说了声"嘘！"向我调皮地眨眨眼，问道："你们两个玩得高兴吗？""非常高兴"，我回答。"那就跟我说说。"

5分钟后，我坐在反对党领袖办公室里的一张扶手椅上，和玛格丽特·撒切尔一起喝着苏格兰威士忌。她踢掉脚上的鞋，并说我不需要感谢她，因为她的首席党鞭汉弗莱·阿特金斯本来就有意要更改保守党的投票计划。之后她说自己非常想知道我俩在韦尔比耶的所有情况，

　　★ 根据英国政党实行的"党鞭"制度，负责传达党领导意见、监督本党议员行为特别是投票的"党鞭"会根据不同的情况发出三种"鞭令"。如果是"一线鞭令"，本党议员可以选择不参加投票；二线鞭令，本党议员必须参加投票，但如果不按党的指示投票不会受到党内处分；"三线鞭令"最严格，不仅必须参加投票，还必须按党的指示投票，否则将受到处分，包括下届选举时党部不予助选或提名等。——编者注

询问关于雪场的情况、滑雪道、酒店、当地的芝士火锅,以及卡罗尔是否还有其他的朋友和滑雪的同伴。"我想到卡罗尔一个人在那里就非常担心",她解释说,语气里透出焦虑。更令人动容的是,我正要离开她办公室的时候,她说:"你不会跟卡罗尔说我担心她,对吧?不然她准会认为我令人难以忍受了。"

玛格丽特对于儿子马克则过于娇纵。她总是对儿子的健康问题小题大做,对于他未通过会计资格考试或者经济出现困难过分紧张。20世纪70年代中期她至少两次为他还清了透支账单。早在1982年的一场汽车拉力赛中他在撒哈拉沙漠短暂迷路事件发生之前,她就总是担心他开机动车辆时的安全问题。1979年的一天,马克参加了威廉姆斯一级方程式车队的测试驱动轨道活动,深夜依旧未归,她因为担心而痛哭流涕,完全无法自控,她要求我给我的朋友弗朗克·威廉姆斯打电话,弄清楚马克是否受伤。

我喜欢玛格丽特作为母亲、丹尼斯作为父亲时候的他们俩。我对于他们最美好的回忆停留在斯科特尼城堡,那里有非常漂亮的花园。一天上午,我从窗户向外望去,看到玛格丽特和丹尼斯手牵着手,正绕着花园散步。我想起这是我第一次看到这个家庭里的两个成员之间关系友好而温暖。他们四个人并不习惯于通过拥抱、搂抱和亲吻等肢体接触的方式表达情感。多年以后我曾问过马克我的这种印象是否正确,他回答说:"是的,妈妈一点儿也不喜欢肢体接触,她是通过注视你的方式来表达她的爱意的。"[20]

尽管玛格丽特·撒切尔可以通过眼神传达自己的情感,然而自从她成为反对党领袖开始,家庭成员之间的沟通少了,关系也淡了。她太过专注于公共事务,几乎抽不出任何时间给家人,即使是最亲近、最深爱的人。除了丹尼斯之外,她还有任何可以倾诉和信赖的朋友吗?我怀疑她没有。她也许可以向影子内阁中的同僚吐露政治机密,但是没有任何迹象表明她曾对他们表达出私下的亲密关系,甚至热情都谈不上。她办公室的团队也是一样的情况，也许辛西娅·克劳福德，或称为克劳馥是个例外，她担任玛格丽特的私人助手和服装师，以其特有的女性魅力，后来渐渐成为玛格丽特某种意义上的知心朋友。玛格丽特·撒切尔核心团队的工作人员与她保持专业上，而非人际关系上的紧密关系。

她非常欣赏忠诚的美德，这很令人开心。任何人只要对她忠诚，她一定会予以数倍回报，尤其当他们处于艰难时期。一次，她的前议会私人秘书弗格斯·蒙哥马利议员被指控在商店行窃，玛格丽特·撒切尔在他遭到指控的第二天找到他说："弗格斯，你今天在下议院一天都待在我旁边，我想让每个人都知道我确信你是无辜的。"[21]

玛格丽特·撒切尔回报忠诚的另外一个更加有趣的事例牵扯到一个不同寻常的国会人物，被称作是"独臂匪徒"的威廉·里斯-戴维斯，王室法律顾问、下议院议员，他来自西萨尼特选区，与我所在的选区相邻。

比利为人招摇，行事古怪。他曾经是郡板球队里的快速投球手，也曾风光无限；他还曾是战斗英雄，在战场上失去了一只手臂；他还是一个大名鼎鼎的投机商人，也是一个颇受争议的刑事辩护律师。在20世纪70年代后期，他竟然陷入一连串的困境之中，得到了广泛的关注。他的麻烦包括警局丑闻、因未偿还债务引发的纠纷、与他在希腊房产的房客之间就屋里出现臭虫引发的争吵以及一次酒后驾车的指控。他因为在本应该出庭的时候却在赛场上而受到法官的训诫。他与他所在的选区协会之间也存在一些问题，他们威胁要将他罢选。他在选区内的一些问题源于他对特德·希思的激烈反对，因为特德·希思是萨尼特本地居民。

也许是因为反希思的立场，比利·里斯-戴维斯很快成为玛格丽特·撒切尔最早也是最坚定的拥护者之一。她对比利并不很钟爱，不过因为他热心拥护她成为领袖候选人，她还是回报了他的忠诚。因此当这次罢选传言威胁到他的政治生涯时，比利请求领袖的帮助，而她也同意给予他支持。

这次帮忙发生的整个过程令人忍俊不禁。比利在位于萨尼特芒克顿的乡间别墅主办了新年晚会，玛格丽特和丹尼斯·撒切尔，还有我都应邀出席，宾客名单中还包括西萨尼特保守党选区委员会所有的执行委员。因为政党领袖的出席，那些反比利阵营成员心中的不满情绪已得到缓解，当晚会进展到临近午夜之时，他们纷纷表示，也许他们的议员先生并非他们之前认为的那么不堪，领袖表达了强烈的赞同，当他们开始喝香槟酒的时刻，气氛逐渐变得友善。

晚会进行到晚上23点45分左右，比利敲响了大厅里的报时钟，要求西萨尼特保守党选区委员会主席、市议员哈里·阿尼什进行简短发言。主席表达说在这样一个欢庆的节日场合，同时保守党主席也在场，我们最好让过去的事情都过去，满怀信心地为我们的议员投上一票，希望他和我们的领袖新年快乐。玛格丽特·撒切尔高声附和道："请一定这样做。"众人立即进行了口头表决。我们齐声唱"因为他是一个老好人"，接着唱"因为她是一个老好人"，一直到钟声敲响12点，是时候该唱"友谊地久天长"了。

这一定是保守党历史上最不同寻常，也最不符合章程的选区委员会会议了，不过却很成功。选区委员会的委员们不再提起罢选的话题，而比利·里斯–戴维斯成功续任西萨尼特选区下一届议会的议员。

当玛格丽特·撒切尔深夜离开肯特郡，准备驱车开往斯科特尼城堡时，有人问她对萨尼特两名议员的看法，她给出的结论是："他们都是非常优秀的议员，很有才华。"[22] 不论她心中真实的感受如何，她对一位处于重压之下的朋友表现出了忠诚，而且在保守党的普通议员中间具有很高的威信。

回顾

玛格丽特·撒切尔担任反对党领袖早期的表现很容易使人低估她的实力。

尽管她对于议会就像对于宪法一样，抱有最崇高的敬意，作为一名议员，她从未真正融入其中。对于下议院，她没有任何情感，更不用说任何热爱。她无心关注议会的整体氛围，对于很多值得敬重的议员经常表现出急躁和不耐烦。她在议会的发言偶尔会获得认可，但她天性不愿意改变自己，附和大多数议员的观点，与他们达成一致。这就是为什么她在"首相质询会"的激烈辩论中表现总是不尽如人意的原因。她准备得过于充分，但缺少应变能力，而这却是即兴辩论中取胜的关键。芭芭拉·卡素尔对她的评价是"太过僵硬，不懂变通"，她是工党前座议员，对玛格丽特·撒切尔怀有女权主义的同情态度，"当她最终……射出她的箭的时候，不会完全错失目标，却也不会（或者极少数极少数情况下）一箭致命"[23]。

在议会她无法完全统率她的政党，在影子内阁会议上她同样无法掌控全局。"每次玛格丽特过于谨慎或不够坚强，无法对保守党内老资格的一派提出挑战的时候，气氛总是非常紧张压抑。"约翰·诺特回忆说，他是玛格丽特提拔到影子内阁中少数几个与她政见相似的成员之一，"大多数的皮姆们、普莱尔们、卡林顿们、吉尔默们以及他们这些政见一致的人，他们相信她最终肯定会下台的，届时大家重新恢复理智，会一致同意将其替换掉。"[24]

在伦敦很多其他的政治部门，这种认为玛格丽特·撒切尔只是一个暂时过渡性领袖的观念也很盛行。保守党研究部主席克里斯·帕滕是一位精英知识分子，他称呼她为"希尔达"（Hilda）*。她不得不忍受他

---

* 希尔达（Hilda）在英语中有战争的意思，因而有讽刺之意。——译者注

人对她声音的挑剔、对她的着装品位的不屑以及对她的中间名的嘲讽。朱利安·克里奇利甚至建议给她写信的署名应改为"反对党领袖，由迪金斯&琼斯转交"[25]。

尽管保守党内的老资格党员、伦敦的政治精英以及一些社会势利之徒自认高人一等，看不起玛格丽特·撒切尔，普通民众对她却表现出了由衷的热情。她作为西方民主政体中的首位女性领袖人物的独特身份使她赢得人们的兴趣和关注，并赋予她无人能及的气质和魅力，这是男性政治人物无法办到的。她摒弃了对民众做出某种具体的承诺的传统做法，通过宣称她个人所持的价值观和信念，运用她的个人魅力来获得普通民众支持的选票。

从民意调查和补缺选举的结果看，英格兰中部地区的选民很赞赏玛格丽特·撒切尔性格当中的这一方面。选民当中相当一部分人也意识到当前的重中之重在于采取措施阻止这个国家持续地没落，同时要切断工会力量对政府的钳制。不过这位新的保守党领袖能够临危受命担此重任，解决这些棘手的问题吗？

国家判评委员会对于这些关键性的问题仍旧难以决断，人们不喜欢哈罗德·威尔逊的政府。但是从他的犬儒主义主张的对一切抱有怀疑态度过渡到玛格丽特·撒切尔对一切都确信无疑，至少在这一届议会任期刚进行到一半的时候来说，却是太大的一次转变。而如果不接受改变，这种停滞混乱的状态似乎会在这届议会接下来5年左右的任期里持续下去。

对玛格丽特·撒切尔来说，有三个方面的优势：首先是她富有革新性；其次是演讲才能，她很擅长在大型公开场合以及电视荧幕上进行演讲，令人印象深刻；再次就是她对于新思想和新的解决方案抱有兴趣。即便她拥有这些优势，议会上的失利表现使她仍旧频频受挫。而随着工党新的领袖人物詹姆斯·卡拉汉的上台，她在这个舞台上已然非常糟糕的表现更是每况愈下。作为首相，他行事相当高效，很长一段时间，他的表现明显胜过这位经验不足的反对党领袖。

尽管在下议院大多数重要的投票表决中都只占有微弱的优势，而他上台时面对的也是危难和不稳定的政局，詹姆斯·卡拉汉仍旧牵制了玛格丽特·撒切尔三年，使她饱受挫折。在这段时间，她的地位仍旧不稳固，在议会中没能有效地领导自己的政党，一直到"不满寒冬"改变了这一局势。

12
三年挫折岁月

政党会议和外事访问

在下议院之外的领域里，玛格丽特·撒切尔作为反对党新领袖的表现要更好。在选区和地区性的集会上，她对于那些拥护和支持者们产生了深刻的影响。尽管这种政治行为无异于对着唱诗班进行布道，她的表现却是无可挑剔。的确，如果说早期有任何迹象表明她作为一名国家领导人具有明星潜质的话，那就是她的第一次政党大会。1975年10月，超过4000名代表（自1963年以来人数最高值）来到布莱克浦冬季花园，准备检验一下这位他们未曾预料到会当选的领导人。即使用媒体评论员对一切都抱怀疑态度的标准衡量，她也是大受欢迎的。

她的演讲中有想法，也不乏幽默。演讲准备的过程经历了极大的痛苦，但从对它的接受看来，却是一次巨大的胜利。演讲开篇语气谦逊，赢得听众青睐，她回忆起1946年第一次参加会议时的情景，当时还是温斯顿·丘吉尔当权。接着她很快地对她之前的每位前辈领袖都给予了高度的赞扬，包括特德·希思，她认为他"在1970年成功带领政党赢得胜利，并在1973年带领国家加入欧洲共同体，做出了卓越贡献"。[1]考虑到两晚前希思拒绝参加威利·怀特洛在帝国酒店组织的和解聚会，她的这一做法已是非常大度。她这种不计前嫌的谦和作风使听众肃然起敬，纷纷从座位上站起来为她鼓掌，很多人期待坐在距演讲台仅几英尺的前领袖至少应该主动与她握手，但是希思看起来就像狮身人面像一样，面无表情，纹丝不动。他对她采取的冷落怠慢的冰冷态度反而使听众对她关于经济和个人自由的主题演讲抱以更大的热情。

> 让我告诉你们我的想法。一个人有权根据自己的意愿工作，有权花费自己所得，有权拥有个人财产，也有权将政府看作服务机构，而非管控部门，这些都是英国人一代代传承的遗产，它们

是自由经济的核心,我们所有其他的自由依赖于经济自由。

她精彩的演讲继续,做了一个有趣的类比,将工党比作一个卖光了淡啤酒的酒吧,"如果没有人马上采取行动,那么剩下的将只有苦啤酒了;而左翼工党将只会感到痛苦"*。

她强调创造财富的重要性,因为只有创造财富,才可以帮助那些病患和残疾人;她同时强调了法律和秩序的首要性,之后她大胆地提倡经济和个人发展权利的不平等性。她演讲的结束语放大了她在格兰瑟姆成长过程中所信奉的哲学:

> 我已经尝试着告诉你们我个人的一些想法,以及我认为这个国家赖以为基石的一些根本原则,正是依据这些原则,我们曾经繁荣富强过,而最近几年,我们却严重偏离了这些根本原则。我觉得,我们已经走到了漫长历史当中另外一个转折点。我们可以选择继续前行,也可以继续没落,或者我们可以停下来——坚定意志,果断地喊出:"够了!"[2]

在那个时代,保守党会议参会代表总是会对领袖的闭幕词致以热情的掌声,但这次人们的热情和赞扬达到了前所未有的程度。这种激情产生的部分原因是她恰到好处地表达了个人以及政党对于当时通货膨胀率已经高达26.9%的现行经济体制的失败的不满。更重要的是,玛格丽特·撒切尔提倡独立自主,缩减政府权力,并宣扬通过辛勤努力工作才能得到更好回报的经济权利,这些都触碰到了保守党信条当中最核心的部分。

---

* 此处原文是 "all that's left will be bitter. And all that's bitter will be Left." 这里以苦啤酒做比喻。在英语中,left 可以指剩下的,也可以指左翼,这句话第二个 left 首字母大写,指的是左翼,因为工党常被认为具有左翼倾向,这里的 left 具有双重含义。——译者注

我记得她的演讲在东萨尼特我所在选区的选区代表大卫·佩蒂特身上所激起的高昂的情绪。他是来自拉姆斯盖特的一名蔬菜水果商。当我们步行离开冬季花园的时候，他快乐地单腿跳来跳去，踩着舞步转圈，一遍又一遍地重复说道："她代表我做的演讲！她代表大街上的普通人发言！她代表我的顾客们讲话！"阿尔弗雷德·罗伯茨一定会克制自己不跳舞，但是他必定和这位来自拉姆斯盖特的蔬菜水果商感同身受，对这次演讲感到兴奋。英格兰中部找到了他们的代言人，正如《每日邮报》第二天对于领袖的评论："如果这是一次'右倾'，就像她的评论家所声称的，90%的人很早之前就已经右倾了。"[3]

这篇演讲稿虽然经过好几个擅长文字的工作人员的雕琢打磨，不过她是唯一一个真正算数的，因为她完全主导了讲稿创作的这段痛苦的过程。她演讲稿的创作团队里最不同寻常的人员是新吸收进来的剧作家罗纳德·米勒[*]。他被戈登·里斯紧急召集到布莱克浦，引用玛格丽特·撒切尔的简令，"要使整篇讲稿如行云流水一般"[4]。这是一项无法完成的任务，因为她自己不断地在改变它的流向。

在他风趣的自传《两翼观点》中，米勒重温了当时的情景：虽含辛茹苦，却苦中作乐，他和克里斯·帕滕以及亚当·里德利一起写演讲稿，对其进行更改、重写，一直工作到第二天凌晨。讲稿的草稿页散落摊放在桌子上、椅子上，甚至是套间的地毯上。领袖对草稿不断提出批评指正意见，并对其进行修改。还有一项额外的工作，因为玛格丽特·撒切尔没有任何幽默感，米勒必须对写的一些笑话进行详细的解释，并帮助她反复排练，这项工作耗时耗力。在这个演讲稿中，关于淡啤酒和苦啤酒的句子经过了很多次润色，因为她两种啤酒都没喝过。整个过程一直持续到5点10分，他们都已经筋疲力尽，这时丹尼

---

[*] 罗纳德·米勒1972年在英国保守党总部第一次见到玛格丽特·撒切尔，他当时为特德·希思撰写演讲稿。她当时正处在"抢奶贼"风暴的核心，矿工们也正在进行罢工。在一次断电后不得不点上蜡烛就餐的晚宴上，米勒回忆道："她看上去光彩照人，年轻得令人难以置信。"（罗纳德·米勒：《两翼观点》，第219页）

斯走进来，责令他的妻子上床休息。这个例子第一次印证了在她的核心工作圈子里反复被重复的一句话，"没人为玛格丽特·撒切尔写演讲稿，他们是和她一起写演讲稿"[5]。

这次演讲即将开始前，玛格丽特·撒切尔非常紧张，她对罗尼·米勒说："真希望演讲已经结束了。"他当时心里想："她看上去年轻、脆弱，美丽而恐惧，我突然产生了要保护她的欲望。"[6]

演讲刚结束时，她起初因为人们的赞扬备感振奋，但是两个小时以后，她陷入了深深的不安，担心明年保守党大会她还是否能够有今年这样好的表现。"明年在布莱顿我可能会表现得很糟糕，令人大失所望的。"她担心地说道。[7]

据米勒说：

> 丹尼斯再也忍不住了。"我的老天，你这个女人，你刚刚才赢得了那么大的胜利，你现在就开始杞人忧天地担心明年了！我是不是该把那些人喊来，啊？然后你就可以再花上一整个晚上的时间做准备了。我是说，很明显，你已经没有时间可以浪费了……"我悄悄地走开了。只要这个男人在她身边，她就一定会没事的。[8]

玛格丽特·撒切尔离开故土，分别到纽约、华盛顿、苏黎世和汉诺威做了高水平的演讲。这些外事访问扩展了她的视野，使她逐渐对外交政策有所了解，同时，她会见了当时国际上的一些领导人物，包括美国总统杰拉尔德·福特和吉米·卡特、法国总理雅克·希拉克和联邦德国未来的总理赫尔穆特·科尔。他们所有人都表现出了浓厚的兴趣，想要见见西方民主政体中有可能成为女首相的这道新风景，但并非所有人都对她印象深刻。

吉米·卡特通常拒绝会见反对党领袖，这次在总统办公室与她进行了长达45分钟的对话以表示欢迎，令他感到吃惊的是，她却用了三分之二的时间论证他对于禁止核试验条约谈判所做出的努力是一个巨大的错误。

撒切尔的活力和观点赢得了早期赴伦敦访问的美国国务卿亨利·基辛格博士的赞赏。玛格丽特·撒切尔赢得领袖选举一周后，他们在克拉里奇饭店共进早餐。因为他的妻子南希的推荐，他从1972年起就有意见见她。

1975年2月18日第一次接触时，玛格丽特·撒切尔表现出的对英美之间"特殊关系"的热情支持以及她坚定的反共产主义立场都对基辛格产生了很大的触动。她问他既然越战已经结束，他认为当前世界面临的最大的问题是什么。他提到了拉丁美洲的债务危机。"那怎么算得上问题呢？"她问，"你借了钱，你就必须要还。"[9]她的有些观点听上去似乎过于单纯，但是基辛格比世界上任何其他的政治家都先一步意识到她抓住了问题的关键。

两人在克拉里奇饭店见面之前，他本以为这次会面定会令人失望，因为他保守党内有一些身居要职的朋友，在会面前一晚，他们表达了对玛格丽特·撒切尔的看法，其中"带有明显的偏见"。[10]但是会面后，这位美国国务卿却对她爽直的个性非常欣赏，即便如此，基于英国保守党内当权友人的意见，对于撒切尔能否当选他仍旧持怀疑态度。在克拉里奇饭店会面发生后的三个月里，基辛格对总统杰拉尔德·福特提供建议时，"认为玛格丽特·撒切尔不会撑到任期结束"[11]。对于反对党领袖政治前景的这一看法，在1976年到1978年间，很明显已有所改变。在这段时间内，每次玛格丽特·撒切尔到华盛顿，基辛格都会以东道主的身份设宴款待。他的宾客中包括当时外交政策机构的一些达官显贵，例如参议员山姆·纳姆和理查德·卢格，白宫的高级顾问，《时代周刊》《新闻周刊》《纽约时报》的编辑，《华盛顿邮报》的当家人凯·格雷厄姆，以及美国最高法院的首席大法官沃伦·厄尔·伯格。

亨利·基辛格及其夫人南希之所以不辞辛劳盛情款待玛格丽特·撒切尔，其中一个原因可能是他们觉得英国驻华盛顿大使彼得·杰伊对她态度冷淡，因而为她感到愤愤不平。这样的指责可能冤枉了彼得·杰伊。在玛格丽特·撒切尔对华盛顿的每次造访中，杰伊似乎都尽其所能地帮助她。如果说大使和反对党领袖间关系冷淡，那也是可以理解的。因为彼得·杰伊由政府委任，且与工党关系异常紧密，他的岳父，詹姆斯·卡拉汉是新一任的英国首相。他是玛格丽特·撒切尔的政治发展进程中一位强劲的对手。

被詹姆斯·卡拉汉挫败

1976年3月哈罗德·威尔逊出乎意料地引退，这对于玛格丽特·撒切尔来说似乎预示着一大优势。然而情况却远非如此。她在下议院的议会发言中，在与詹姆斯·卡拉汉的正面交锋时，明显表现得更加糟糕。

威尔逊做出离职声明的当天，她没能抓住时机好好表现。在这种场合，按照下议院的传统，反对党领袖应当表现出风度，与大家一道对离职的首相致敬。而她却完全错误地估计了当时的状况，选择采取狭隘的党派立场，要求立即举行选举。这种做法不仅引起保守党内党员的不满，也遭到工党的抗议。之后在茶室流传的说法认为她对于议会没有任何情感。

在与卡拉汉一次次的交锋失利后，这种说法更是甚嚣尘上。卡拉汉的技巧是采取一位智慧的老练政治家的姿态，轻易地将一位求胜心切的挑战者的高声抗议或喧闹否定，认为不值一提。他这种居高临下的态度使她极为恼怒。一次当她对于政府借债提出质疑时，他回答说："我相信将来总有一天这位尊贵的女士阁下会对这些事情有更加透彻的了解。"话里透露出屈尊俯就的傲慢，同时含有对她的贬低。[12]

卡拉汉在下议院逐渐稳固了自己的权威地位，她也越来越难以戳穿他的盔甲。一次她抨击他"伯父般慈爱地兜着圈子说敷衍的话"，但他和蔼地反驳道："我经常会以多种方式看待这位尊贵的女士阁下，但从没把她看作我的侄女。"[13]

尽管卡拉汉的敷衍之语取得了令人惊异的成功，工党在1977年3月遭遇了一次严重的危机。权力下放问题失去了威尔士和苏格兰民族党议员的支持，整件事情变得十分棘手，并导致议会短暂的混乱。玛格丽特·撒切尔提出一项对政府的不信任案，但卡拉汉在仓促之间居然与自由党达成了协议。一些保守党的后座议员认为，他们的领袖本应该采取同样的措施，她却坚决反对这种做法，在私下的场合她曾说过："我永远、永远也不会考虑和那些只能削弱政府的力量形成联盟，那样的政府必定缺乏决断力，没有坚定的立场。"[14]

卡拉汉促成的协议，后来被称作自由党－工党协议，挽救了他的政府，使他轻松地击败了反对党提出的动议。玛格丽特·撒切尔在辩论开场的演讲也帮了他的忙，她自己也承认这是她曾做过的演讲中的最差演讲之一，引起了很多负面的反响。我还记得当时她支支吾吾地念她那篇拙劣的讲稿时我们后座议员们脸上的痛苦表情和厌烦情绪。

在议员们无精打采地喊出赞同声的间歇，玛格丽特·撒切尔回到座位上，这时来自坎特伯雷选区的议员戴维·克劳奇低声咕哝说，"这次演讲过后，他们一定会通过对我们的不信任案了"。[15]

坐在贵宾席的人中包括一个知名的华盛顿专栏作家约瑟夫·奥尔索普，他是来听辩论的。后来我在皮金厅和他一起喝茶的时候，他拉长音调慢吞吞地说道："我来到这里，因为我听说她是希望之所在，我即将离开，却认为她名不副实。"[16]

奥尔索普的观点逐渐成为持怀疑态度的保守党圈子里的共识。爱德华·杜坎时刻关注保守党内议员们的风吹草动，他回忆道："相当多的同僚对玛格丽特进行攻击，不仅持续时间长，而且强度大，他们关注的一个不断重复的主题是：'我们已经犯了一个错误：怎样才能纠正它？'"[17]

纠正这一错误的办法之一就是建立一个联合统一政府的概念，这种方法得到支持的人数之多，令人惊讶。这一做法是特德·希思在1974年10月逐渐陷入政治败局时首先提出的。1976年到1978年间，一些知名的商界领军人物先后重提这种做法，包括《泰晤士报》，甚至还包括已经沉默了13年之久的英国前首相哈罗德·麦克米伦。几天后，玛格丽特·撒切尔前去拜访他，"去听听他真实的想法"。[18]他们的会面并不成功。她的表述是"令人愉快，却毫无结果"。会面结束后他回到了查茨沃斯庄园，这里的女主人，德文郡公爵夫人问他："你们谈话了吗？"麦克米伦尖刻地答道："我们没有谈，一直都是她在谈。"[19]

然而，普通民众似乎已经准备好听从玛格丽特·撒切尔传达出的信息。她继续参与到保守党候选人的补缺选举活动中，而且取得了一系列的胜利，在北沃尔索尔、沃金顿、斯德奇弗德到阿什菲尔德的广大选区里，工党占多数席位的局势被逆转。她严格控制公共花费的观点获得了广泛的群众支持，很明显即使在工党内部也得到赞同。财政大臣丹尼士·希利因为受到来自国际货币基金组织的压力，不得不推行一项严格的开支缩减计划，詹姆斯·卡拉汉在党内大会上也表现出了有勇气的一面，他宣布政府无法通过促进消费的方式走出经济衰退。

一系列的民意调查结果也令人振奋，并证实保守党在全国范围内，而非在下议院赢得了这场辩论。这些调查中显示出最大优势的一次，发生在玛格丽特·撒切尔经过权衡考虑，对作为禁忌的移民问题做了适当干预之后，这次保守党对工党的优势大幅提升，以48%比39%的优势获胜。

选民对于移民人数问题的关注程度与日俱增，然而这却成为英国政治中的一个刻意被回避的问题。伊诺克·鲍威尔在1968年做了题为"血流成河"的演讲引发了骚动和激愤，在之后10年多的时间里，保守党前座议员对于种族和移民问题一直感到焦虑不安,因而保持缄默。影子内阁的内政大臣威利·怀特洛曾经谈到过,但也只是模棱两可地讲了些老套的陈词滥调。

1978年1月27日,未曾与任何同僚协商过,玛格丽特·撒切尔在回答《世界在行动》*的提问时,明确无误地就移民问题表达了自己的看法:

> 人们感到非常恐惧,害怕这个国家会被如此大量涌入的来自不同文化的人群所吞没……因此,如果你想要良好的种族关系,就必须消除人们对于人数的恐惧感……因此,我们确实必须给予人们一个希望,即禁止移民入内,当然,除非是因为人道主义的同情的情况。因此我们必须要严查涌入的人口中,哪些有权利进入我们的国土。[20]

这次表态是在伍尔弗汉普顿市的种族暴力事件发生两天之后,"吞没"这个词语所表达出的明显情绪倾向引起了激烈的反应。财政大臣丹尼士·希利指责玛格丽特·撒切尔"搅浑了种族偏见这一潭死水"。内政大臣莫林·里斯声称她正在"制造大量的种族仇恨"。自由党领袖戴维·斯蒂尔说她的评论"确实相当邪恶"。[21] 威利·怀特洛怒不可遏,甚至曾考虑过辞职。

但是不论政治精英们反应如何,公众的反应却是非常支持。民意调查中保守党的支持率激增了11%,保守党候选人在北依尔福德选区的补缺选举中意外获胜,市场调研机构收集到的一些其他证据也证实玛格丽特·撒切尔的观点在普通民众中产生了共鸣。尽管保守党对于移民问题的政策基本没有发生变化,但保守党领袖玛格丽特的表态听

---

* 《世界在行动》(World in Action)是英国格兰纳达电视台(Granada TV)的一档节目。

起来仿佛是想要采取新的措施。她听从了自己的本能，公然反对她的同僚的意见，成功表达了自己的观点。这将是她在保守党和在政府工作期间多次重复的一个处事风格，玛格丽特·撒切尔性格中令人出其不意的特性逐渐开始得到人们的赏识。

新的政策和哲学

在她担任反对党领袖四年的时间里，对于玛格丽特·撒切尔存在着两派截然不同的看法，双方互不相让，争执不下。积极的看法认为她是一位信念坚定的政治家，勇于接受任何可能阻止英国没落的新思想，并逐渐获得选区内选民的支持。对她的负面看法是她的政敌热衷于大肆推销的，把她刻画成一个狭隘、强硬、呆板的右翼分子的刻板化形象，认为她永远都不可能赢得选举。

这两派观点之间激烈的拉锯战直到1979年年初"不满寒冬"的时候才有所缓解。同时，关于她的争论却仍在继续，两派观点针锋相对，势均力敌。

有些时候，对她积极的看法会压倒负面看法，其中一次是发生在她对于苏联的抨击演讲之后，并使她的支持率在短期内飞速上升。这两次演讲是在肯辛顿和切尔西的保守党大本营举行的，听众都是忠实的保守党支持者。她对于外交政策一贯态度谨慎，这次对待苏联的批判言辞却异常激烈。她支持北大西洋公约组织，赞同英美联盟，表现得尽职尽责，然而在1975年就英国在欧洲经济共同体成员国身份的全民公投中，对于争取投赞成票的运动，她并不很热衷。但是当她站到了批判苏联扩张的立场，激烈反对英国在与苏联的国际关系中采取的缓和立场时，她惹怒了很多人，尤其是影子内阁里的大臣们。

玛格丽特·撒切尔对共产主义的批判态度由来已久，可以追溯到她还在格兰瑟姆的岁月。她在切尔西所做的演讲是受到了赫伯特·埃加、亚历山大·索尔仁尼琴和罗伯特·康奎斯特的启发,在演讲中,她呼吁对苏联持不同政见者所遭遇的生存困境予以关注,对他们的命运寄予同情,并警告在这一问题上,《赫尔辛基协定》中只包含一些模糊的字眼,条例并不明确。

在六个月后的肯辛顿演讲中,她更进一步,批判苏联在世界范围内军事力量的扩张:

> 她【苏联】由一群有耐心、有远见而且意志坚定的男人组成的独裁政权所统治,他们使自己的国家一跃成为拥有世界上最强大的海军和军事力量的政权。他们这样做,并不仅仅是为了自卫。像苏联这样幅员广阔的内陆国家并不需要建立世界上最强大的海军力量保卫边疆,不,苏联人意在称霸世界,而且他们动作很快,用尽办法试图成为世界上有史以来最强大的帝国。……苏维埃中央政治局的官员不必担心公众观点的起伏变化,他们对公众秉承的是大棒政策,而非胡萝卜政策,而我们崇尚武力之外的其他任何政策。他们知道,他们只能在一种意义上称得上是超级大国——那就是军事方面。他们在人权和经济领域只能算是彻底的失败。[22]

苏维埃中央政治局的官员对于来自西方政治领袖人物这一言辞激烈的抨击感到猝不及防,而且颇为不满。他们不喜欢被称作"独裁政权",憎恶玛格丽特·撒切尔对于他们所采取的国际关系缓和措施以及国防措施的指手画脚的做法。感觉受到了她的侮辱,他们决定用讽刺的方式予以反击。在她演讲几天之后,苏联军报《红星报》刊登了他们能想到的对她的最大的侮辱,他们戏称她是"铁娘子"。[23]

这个称号风靡全世界各大报纸头条,玛格丽特·撒切尔对这个名号颇为得意。"他们真是帮了我一个大忙。"她评论道。[24]在民意调查里,她的领袖支持率攀升了7个百分点。在整个世界范围内,她被赞颂为反苏联霸权主义的女英雄。但是这次演讲在影子内阁内部却对她造成了不利的影响。

雷吉·莫德林,影子内阁外交大臣,之前曾因为撒切尔做过一个反莫斯科的演讲而未事先与他协商而跟她在私下场合发生过一次争执。这次,他更是义愤填膺,抗议她"对苏联政府激烈而持续的抨击"。[25] 其他几个影子内阁大臣很可能都赞同他的观点,因为外交部一致的看法认为应当鼓励与苏联稳定缓和的关系。

莫德林对领袖支持的收入政策、工会改革的观点并不赞同,而今对于她对待苏联的外交政策也持反对意见。更糟糕的是,他在1976年11月的影子内阁会议上开了个玩笑,打趣玛格丽特·撒切尔。当时玛格丽特·撒切尔正对同僚们谈起她与美国的总统当选人吉米·卡特的第一次会面,她说自己对他印象平平,"不过,有时候工作可以成就一个人"。

"是啊,"雷吉·莫德林评论说,"我还记得温斯顿曾说过:如果你用蜂王浆来喂养一条幼虫,它总有一天会长成蜂王的。"

玛格丽特·撒切尔对他的嘲弄报以冰冷的眼神,因而也止住了几个同僚不合时宜的笑声。吉姆·普莱尔对此评论道:"我想雷吉在下次改组中机会渺茫。"[26]

这一预言在几周后得到了应验,在一次激烈的冲突中,玛格丽特对他说:"你妨碍到我了。"[27] 之后莫德林即被开除出前座议员席。

她将迈克尔·海瑟尔丁从工业大臣的职务调离,贯彻的也是同样的思想。因为他干涉主义的观点与她相左。他不情愿地接受了影子内阁环境大臣这一并不合心意的职务,不过他得到了撒切尔的保证,就是在政府中他不会被委以这个职务。

两周之后,影子内阁苏格兰事务大臣阿历克·布坎南-史密斯因与玛格丽特·撒切尔反对苏格兰权力下放政见不同而提出辞职。接替他职务的右翼保守党员泰迪·泰勒与威利·怀特洛和弗朗西斯·皮姆意见发生分歧，他们二人支持权力下放政策。内阁内部还存在一些不和谐的声音，尤其是伊恩·吉尔默（影子内阁国防大臣）和吉姆·普莱尔（影子内阁就业大臣），他们对于反对党在经济和工会政策上采取的不甚清晰的方针政策持批评态度，从任何一个角度看，影子内阁都不是一个团结和睦的整体。

对于少数几个了解玛格丽特·撒切尔真实想法的人来说，她显然积极致力于扭转英国没落的局势，采取全新的经济政策，对工会政策也有很大转变。但是她处事过于小心翼翼，没有将自己对这些问题真实的想法以政策决议的形式呈现出来。

对于工会问题，她支持两个非正式聘任的顾问，约翰·霍斯金斯和诺曼·斯特劳斯的观点，他们提交了一份名为"垫脚石"的报告，提倡与工会正面对抗的策略。其中提出的主要的政策意见包括通过立法宣布关门的商店和次级纠察行动为非法行为，并终止法律赋予工会的豁免权。不过尽管这项计划是以非常委婉的方式提出的，仍旧引发了影子内阁内部严重的分歧。尽管这项计划得到了包括基思·约瑟夫、威利·怀特洛和杰弗里·豪以及领袖本人的支持，然而彼得·桑尼克罗夫特、吉姆·普莱尔、伊恩·吉尔默、卡林顿勋爵以及弗朗西斯·皮姆竭力要中止"垫脚石"计划。

约翰·霍斯金斯回忆道：

> 玛格丽特真心实意地支持我们极端的改革措施，但是她从不允许"垫脚石"计划正式发布，她在公开场合也从没有接受这些观点，直到"不满寒冬"完全改变了公众观点的舆论风向。因此在1978年年末之前，我们对于工会改革完全无能为力，只能原地打转，尽管她清楚地知道必须要做什么。[28]

对于经济政策，玛格丽特·撒切尔的态度同样混杂了个人坚持的极端主义和公开场合采取的谨小慎微。在私下场合小规模的同僚聚会当中，她表达出对于自由市场、自由工资谈判、低税率、取消交易控制、大幅削减公共开支以及严格控制货币供应等措施的支持，但在公开场合，她却从未对这些措施的细节和优势进行阐述，在她担任反对党领袖期间唯一提出的政策文件就是"正确的道路"（1977）。她自己对它的评价是"敷衍的表面文章——但是暂时还可以接受"[29]。

对撒切尔政府是否应该采取收入政策这一关键性的问题，公众形成了一种模糊的印象，认为她会为了统一的国际利益而赞同这项政策。然而，在很多私下的谈话中，她却表达了完全相反的态度。

这种做法并不是不诚实的表现，而是玛格丽特·撒切尔短期内的政治思考和长期内的哲学理念的不同表达。对于这一现象，伊诺克·鲍威尔有敏锐的观察，他把这种矛盾性看作是一种女性的思维方式：

> 思想和语言之间的一致性并不是她从根本上所关注的，这一点——同时作为一个女人——使得她年复一年忍受下来，内心深处存储下来并打上标记，注明"我不同意这点，我不喜欢这个……但是我目前什么都做不了"。……这很像是一个人在某种心境下说道："我不喜欢那种做法，当我有能力算账的时候，我再来算清这笔账。"[30]

伊诺克·鲍威尔对于玛格丽特·撒切尔性格当中这种矛盾性有如此深刻的感知，很可能是从1976年到1979年期间，他们俩都参与保守党哲学研讨小组的私人聚会时她的发言中总结出来的。尽管她并不是每次都参加这些聚会，但她在这些场合表现出的自我比公开场合下更加真实，她对于小组所提倡的哲学思想和价值观抱有浓厚的兴趣。

玛格丽特·撒切尔之所以能来参加保守党哲学研讨小组的聚会，

都是因为艾瑞·尼夫。起初他怀疑这些聚会是为了策划阴谋反对她。他的这种偏执的做法发生在1975年5月，当时他把我叫到他的办公室。"你们这些人是在试图谋划右翼党员针对领袖的颠覆性活动吗？"他问道，"我听说你们创办了一个小派别支持休·弗雷泽？"[31]

这是保守党领袖选举造成的不稳固局势的错综复杂的后果之一。休·弗雷泽是第一轮领袖候选人中得票率最低的一个，他成为新的保守党哲学研讨小组的主席，哲学小组的主要发起组织者是哲学家罗杰·斯克鲁顿，剑桥教师约翰·凯西博士和我。因为我们邀请了包括罗伯特·布莱克、弗里德里希·哈耶克、迈克尔·奥克肖特、米尔顿·弗里德曼、休·特雷弗-罗珀、休·托马斯、佩里格林·沃索恩、安东尼·奎因顿、理查德·尼克松和保罗·约翰逊在内的顶级知识分子作为演讲人，因此艾瑞·尼夫不难看出保守党哲学研讨小组的主旨在于为政党提供新的思想，而非揭开旧伤疤。玛格丽特·撒切尔显然也相信这一点，因此几天之后艾瑞·尼夫略显尴尬地问我："你们能否邀请领袖参加你们的小组活动？"答案当然是肯定的，因此我给她送去邀请函，她也爽快地接受邀请，参加了我们下一次的晚餐会。

她性格当中当时还不为人知的一些有趣的方面在参加哲学研讨小组的活动过程中得以显露出来。很清楚的一点是她热爱辩论，而且投入的热情经常使参与集会的同伴们感到非常震惊。一天晚上，威廉·韦德教授，剑桥大学康韦尔科斯学院的院长做了一次演讲，支持英国人权法案，因为他认为这对于"保护我们免受政治极端做法的迫害"是必需的。

"但是在我们一方来看，我们从未走极端"，玛格丽特·撒切尔反驳道。韦德教授表示自己对此不敢苟同，接着列举了他认为前保守党政府做出过极端政治行为的一两个例子，这引起了两人观点的激烈交锋，气氛一度变得非常紧张，迈克尔·奥克肖特教授有意想要搞个恶作剧分散他们的注意力。他看到我住所壁炉架上放着一个维多利亚时期镀金的鸟笼，里面放着两个微缩的红雀模型，就上紧了发条。这时发条装置控制的小鸟叽叽喳喳地开始唱歌报时，小组里的几个成员也禁不住笑出声来。但是玛格丽特·撒切尔丝毫不为这些噪声干扰，而是继续与韦德唇枪舌剑，直到他和报时鸟都陷入沉默。

还有一次晚上的讨论也是异常热烈，反对党领袖成为辩论的主导方。那次爱德华·诺曼博士做了关于教会和政权关系的演讲，不知怎么的，这场辩论演变为关于如果是共产主义政权，基督徒是否有义务为国而战的争论。

休·特雷弗-罗珀教授是诺曼博士的老对手，他提出质疑，不明白为什么这件事值得如此大惊小怪，他提醒我们当初异邦人洗劫罗马城的时候，基督徒积极报名参军，为异邦军队效劳。

"你这是在有意挑衅，"玛格丽特·撒切尔宣称道，"不过请继续，这很有趣。"

伊诺克·鲍威尔打断说即使是共产主义政府，他也会为英格兰而战。

"但是你作战，只能是为了维护正确的价值观？"反对党领袖的口气更像是命令而非询问。"价值观存在于一个超越时间和空间的超验领域里，"鲍威尔回答道，"它们既不需要维护，也不会被摧毁。"

玛格丽特·撒切尔注视着他，仿佛这是她所听到过的最出色的言论。"锦上添花，亲爱的伊诺克，要锦上添花——不要火上浇油。"[32]她命令道。

大约在这个时候，我们在位于北洛德街的我的家中清晰地听到了表决钟响，下达的是"二线鞭令"。我们大多数人，包括反对党领袖在内，都已经与搭档协商好代替投票事宜，因此可以留下来继续研讨。但是有几个议员，包括伊诺克·鲍威尔在内，因为是联合阿尔斯特统一党的成员，必须要参与投票。

"你不应该丢下我们，亲爱的伊诺克，"玛格丽特·撒切尔在他临行前抗议道,"你今晚本应该找好投票搭档的。"[33]

这些小插曲表明,她参加保守党哲学研讨小组的活动过程中,有时会表现出她的幽默感。在这些私下的场合,她性格当中富有魅力的一面会流露出来。她的热情、对思想辩论的热衷和本能的政治觉悟与她如德累斯顿陶瓷般冰冷审慎的形象形成了鲜明的反差。与志同道合的朋友在一起,她会更加放松,而且看上去也更像一位风趣的未来首相。

玛格丽特·撒切尔参与到保守党哲学研讨小组的活动中,这表明她在为未来的政策框架积极寻求道德和思想上的依托。不过哲学研讨小组在这方面的影响无法与另外两个智囊机构对她的影响相比——其中一个是由基思·约瑟夫主导的政策研究中心,另外一个是拉尔夫·哈里斯负责的经济事务研究所。她参加这两个机构组织的研讨和演讲活动,偶尔会提出问题,大多数时候都会做笔记。

毫无疑问,玛格丽特·撒切尔在寻找新思想的过程中,对她产生影响的最重要的两个思想家是弗里德里希·哈耶克和米尔顿·弗里德曼。然而,她既不是一个完全的哈耶克思想支持者,也算不上一个弗里德曼学说的货币主义者。英国政治的实际情况,加上她自己本能的谨慎,决定了她不会全盘接受任何人的学术理论或哲学观点。然而,20世纪70年代晚期,这两位权威专家的思想被介绍,或者说重新被介绍给她的时候,她受益良多。

当还在牛津大学读本科的时候,玛格丽特·撒切尔就读过哈耶克首版于1944年的著作《通往奴役之路》。然而,在议会的前15年的时间里,她忽略了这本书中反社会主义的激烈言辞,这段时间她在特德·希思政府中担任教育大臣,对当时的左翼正统思想做出过诸多妥协让步。但是基思·约瑟夫和政策研究中心使她转变了态度,变成哈耶克政治信条的热衷者。

据说有一次玛格丽特·撒切尔拜访保守党研究部,这个部门一贯倾向于达成一致的意见,她打断了一个研究员的发言,从手提包里拿出一本哈耶克的《自由秩序原理》,"这是我们所信奉的",她宣布道,并把书砰的一声扔到桌子上。[34]

她很多的信念都是受到了哈耶克著作的启发,尤其是她对于缩小英国信奉社会主义信条的区域范围的热忱。在玛格丽特·撒切尔与弗里德里希·哈耶克后来的通信中,她对哈耶克进行了高度的赞扬,因为她的很多思想都得益于他。"我们受益于您的经济和哲学思想,对此感激不尽",她在成为首相一年之后在唐宁街10号给这位思想导师的信中写道。四年之后,在1984年的寿辰荣誉名单上,她使他获得了名誉勋位。

弗里德里希·哈耶克对于撒切尔主义哲学运动产生了重要的影响,但是他从来不是一个货币主义者。反对党对于经济政策货币方面的新思想大多得益于米尔顿·弗里德曼。他宣扬缩减公共开支,严格控制货币供应量。1978年,玛格丽特·撒切尔在保守党哲学研讨小组和经济事务研究所都听过他的演讲。拉尔夫·哈里斯回忆起在经济事务研究所的时候,"撒切尔夫人是如何像个女学生一样全神贯注地听他的演讲,认真地记下他所说的所有话,并提出了一些聪慧却很基本的问题,仿佛这些她之前从未听到过"[35]。

尽管对哈耶克和弗里德曼的思想抱有浓厚的学习兴趣,玛格丽特·撒切尔在制定政策的时候却没有直接援引他们的思想。因为她深刻地认识到,在选举政治中应用他们的思想是一次冒险的听天由命的做法。然而,在她将要成为的国家领袖自我形象的塑造中,能够感受到他们影响的痕迹。

她所宣扬的价值观念涵盖了经济自由和社会保守主义,她倡导自由选择、自由贸易,抛开社会主义监管的束缚。常识性的经济学和健康的法律体制约束是她价值观的核心概念。但是这些概念很少形成具体的提案,相反,她通过树立个性的形象传达自己的信念。

她争取选民支持最重要的方式是树立个人形象。很多选民并不喜欢她的性格，但是越来越多的人感受到她性格当中的坚毅和力量，所以决定支持她。你们看到的正是你们将要得到的——一个异常勤奋、坚定和专业的政治领袖。在一群男性政治家主导的下议院所进行的演讲中，她经常会支吾迟疑，但在其他场合，她听起来开始像是一位有能力的候任首相了。这种形象上的改善很大程度上归功于她对于她的三位形象塑造师越来越信任。他们是提姆·贝尔、戈登·里斯和罗尼·米勒。他们辛勤工作的成果要到很久以后才会被认可，并且如果不是因为被称为"不满寒冬"的这一系列不寻常的事件，也许根本都不会被人们所知晓。

那个冬天距离1978年的春天还有8个月之遥，这时玛格丽特·撒切尔看上去并不像是一个一定会在下一届大选中获胜的赢家。民意调查的支持率在降低。卡拉汉在下议院保持着优势地位，经济也正在开始复苏，这最后的一个因素还是个未知数。国际货币基金组织两年来强制执行的对公共财政的管制为丹尼士·希利赢得了一些时间，使他得以在4月份的财政预算中制定了适度的减税措施。突然之间，由自由党－工党协议政府组成的这艘正在下沉中的船看起来更加经得住风浪了。

令人吃惊的是，考虑到过去四年当中政策和管理方法方面的诸多失败，工党看上去仍旧可能赢得选举。在夏季晚些时候组织的民意调查当中，工党甚至以微弱优势处于领先地位，而首相的个人支持率也比反对党领袖高出10~12个百分点。

这些迹象和征兆使很多保守党人非常担心，他们没有团结起来，谴责有记忆以来最失败的政府，而是再一次把矛头对准玛格丽特·撒切尔，指责诸如她的帽子和她说话的声调这类小事。这是保守党不满的夏天，也是她就任领袖以来的最低谷。

回顾

到1978年7月议会休会的时候，保守党议员对玛格丽特·撒切尔的不满达到了一个新的高度，引发了党内的动荡不安。在她当选反对党领袖三年之后，她在这个职位上的表现已经非常接近于彻底的失败。为什么在当时的工党政府陷于如此险境的情况下，她的表现竟还会如此糟糕？

这可能更多的是因为整个国家当时的困境，而非玛格丽特·撒切尔的政治能力问题。20世纪70年代中期，英国处于一种意志消沉、秩序混乱、对未来一片迷惘的状态。我们被叫作"欧洲病夫"是非常恰当的。但是当时英国政坛上的一线政治家没有人知道如何治疗这种疾病。连续两届保守党和工党政府在这项任务中都以失败而告终。不断恶化的通货膨胀、工会的激进好斗、生产力低下以及难以承受的公共开支水平，这些问题仍旧存在。比这些更加严重的问题在于人们逐渐丧失了民族自信心。

尽管作为反对党领袖的玛格丽特·撒切尔试图对这些危机提出解决办法，她的声音和她的观点却不像她当选首相后所表现的那样一致。她面临着三大困难。她的政党并没有团结在她的周围。她在演讲陈述中的技巧，尤其是在下议院的表现，仍旧无法令人信服。而且对于如何阻止英国没落，她也没有制定出任何真正有效的政策。

在她向唐宁街10号前进的途中，最后的一个障碍就是詹姆斯·卡拉汉，这位相当有分量的对手。所有的民意调查数据都显示出选民更加相信，是他而非玛格丽特·撒切尔能将英国从深渊当中拉回来。他经常被称为是"保守党中无人可与之匹敌的最优秀的首相"。考虑到他所面临的多重难题，难以驾驭的政党、激增的工资要求、无序混乱的工会以及工党并不占多数议会席位的劣势，作为一位受人尊重的国家领导人，他政治手段老练，表现异常出色。如果他在1978年的夏天或者初秋要求举行大选，他可能会获胜，而玛格丽特·撒切尔只能被贬为政治历史当中的一个脚注。她总是说作为反对党领袖，她从选民那里只能获得一次机会。1978年5月到10月的这段时间内，她看上去仿佛马上要失去这次机会了。

但是正如政治领域经常会发生的情况一样，这场政治游戏也被一些意想不到的发展所改变，那就是"不满寒冬"的一系列事件以及它们对于选民所造成的影响。玛格丽特·撒切尔在反对的声浪中时刻保持着紧张的备战状态，因此在这次事件中，她也准备好乘风破浪，勇往直前。这种动荡的局势似乎印证了她作为政党领袖在最困难的时期所说过的话，也证明了她所代表的信念的正确性。

13
离选举一步之遥

"三个开心果"

在政治风向变为有利于玛格丽特·撒切尔的"不满寒冬"时期到来之前,她仍然需要涉过波涛汹涌的海域,经历6个月的政治动荡时期。在这个时期,她需要朋友的支持,而她幸运地在广告界、公共关系领域以及戏剧界找到了三个最好的朋友,他们是提姆·贝尔、戈登·里斯和罗尼·米勒。她把前面两个称作是"我的开心果",这个称号同样适用于他们三个,因为米勒是三个人当中最富有幽默感的一个。他们组成的三人小组对待工作极其认真,正是他们给予了反对党领袖获得未来大选胜利所欠缺的一样法宝——陈述技巧。

1978年夏天,玛格丽特·撒切尔在下议院的表现很差。在7月下旬与卡拉汉的辩论中,她表现得更加糟糕,而这次辩论正是为了预料之中的秋季大选对立的双方划定不同的阵地。在辩论一开始,卡拉汉就对反对党领袖的领导能力发起进攻,他指责她"在工资问题上抓不住问题的关键","对于一些根深蒂固的问题总是提出过于简单的解决方案,这是在侮辱英国人民的智商",而且认为她基于"个人的偏见和喜好"制定外交政策。[1]他辩论的结束语意在将反对党领袖刻画成一个将会导致国家分裂的有争议人物。

他总结说:

> 这位体面尊贵的女士担任反对党领袖已有三年时间,然而在此期间,反对党秉持的究竟是什么立场,人们仍旧不得而知。他们之所以无法知道,是因为她自己也对此一无所知……保守党曾经立志领导一个国家,代表一个国家,而现在,很多的保守党党员却终日不情不愿、闷闷不乐,不得不听这种导致分歧的言论。英国人民早已经意识到,只有在公正公平的前提下团结一致,他

们才能达到最好的目标。²

玛格丽特·撒切尔没有抓住机会,像一位激情洋溢的斗士一样对首相的攻击做出有力的反击,相反只是以一个汇报者的身份对政府数据作了一个分析报告。卡拉汉故意指示他的后座议员不要打断她,结果她在一片可怕的静寂中作完报告,声音听上去"紧张而吞吞吐吐"。³她影子内阁中的成员诺曼·圣·约翰·斯特瓦斯对此感到十分尴尬,据他回忆,"这次演讲说明她对于下议院的氛围从不予以关注"⁴。这次辩论真是一场灾难。

当她从头到尾将保守党1961年到1964年的对比经济数据记录做了冗长无聊的陈述之后(有意省略了1970年到1974年希思政府执政时期的数据),坐在她身后的后座议员表现出了焦躁和不耐烦,而这正好印证了卡拉汉在之前声称的"她的政党成员'不情不愿、闷闷不乐'"。⁵

这对于保守党成员是一次不愉快的下议院经历,而财政大臣丹尼士·希利所做的政府总结性发言更是雪上加霜。他摆出一副末日预言似的姿态,谴责玛格丽特·撒切尔"对于冲突和对抗的心理的强烈痴迷",而且语气沉重地声称这次辩论是一次"历史性的时刻",因为这是她作为反对党领袖的最后一次发言。"斧头和刀剑已然磨得非常锋利",她和她的政党处于"衰落过程的最后阶段……注定要走向失败"。⁶

希利很明显认为一场大选迫在眉睫,尽管回过头来看,他当时的预言似乎只是一时狂热的猜测,显得有些愚蠢,然而在当时,他和卡拉汉对于反对党领袖的抨击显然触碰到了很多保守党党员的痛处。我清晰地记得当时同僚对于她的演讲的负面反应,即使那些她最坚定的支持者都认为这次演讲"水平失常""单调无聊"。我们大多数人都认为她仍旧无法从容地应对这些规定了固定模式的大型演讲,再一次印证了她这方面能力的欠缺。"但是在她输掉大选之前,我们注定要与她绑在一起了。"[7]尼古拉斯·费尔贝恩说道，他是来自金罗斯和珀斯郡的一位风趣有才情的苏格兰议员。1974年早期对特德·希思，议员们也做出过同样悲观的论断。

尽管这种极端的悲观情绪只存在于政党少数人之间，当夏日议会休会期到来时，我们感受到更多的是一种不祥的预感，而非满怀期待的心情。大多数保守党议员相信大选会在秋天举行，很多人感到获胜的机会最多只有50%。8月上旬的民意调查报告也显示工党领先保守党4个百分点，这更加剧了保守党党员的焦虑情绪。

8月对于当政的政府通常是有助于改善局面的大好时机。但是1978年的8月却因为这些"开心果"而成了例外。提姆·贝尔主动牵头采取攻势，让英国政坛首次见识了反抗性竞选活动的范例。他们初期发出的海报效果非凡，直接阻挠了卡拉汉将大选提前的计划。

"开心果"的称号源起于一次午餐会，发生在1978年7月撒切尔位于斯科特尼城堡的乡间公寓里。这次午餐会的主要目的是要为竞选拍摄一组照片，反映领袖在家中的放松状态。然而，就在这个早上，和睦幸福家庭生活的照片却很难拍到，因为撒切尔家的四个成员全都心情不佳。丹尼斯感到恼火，因为他被迫取消了周日的高尔夫球运动。玛格丽特怒气冲冲，因为丹尼斯自作主张地邀请了音乐节目主持人皮特·默里的律师妻子崔西娅·默里就她正在写的一本关于玛格丽特·撒切尔的书对她进行采访，并共进午餐。这位不速之客的到来打乱了她原本想要与这几位重要的媒体界顾问商谈竞选策略的计划。至于马克和卡罗尔，他们两个之前大吵了一架，沉浸在极端愤怒的情绪中。然而，贝尔、里斯和米勒到来时的热情开朗感染了他们，冲淡了他们的坏情绪。他们很早就到了斯科特尼近郊，为了打发时间，在一家当地的酒吧里喝了几瓶香槟酒。

在喝香槟酒的时候，罗尼·米勒对他朋友们讲了他海军生涯里的一些奇闻趣事，他谈到了当时有个司令官，他在军官室里永远不变的一个命令就是:"请给我拿一杯杜松子酒来。"在他们来到斯科特尼的客厅后,玛格丽特问米勒他想喝点儿什么,他又一次模仿了这位司令官这句令人捧腹的话,这引起了里斯和贝尔的一阵爆笑。玛格丽特·撒切尔不知道他们之前已经喝过香槟酒,也没有听出来这个笑话的笑点,她感到茫然不解,不过却假装感到很有趣。她立刻将他们命名为"我的开心果",而这个名字也一直沿用了下来。在当天,它缓解了紧张的气氛,而且在未来的12年间他们也非常擅长于此道。

玛格丽特·撒切尔之前就对罗尼·米勒非常信任,他是诺埃尔·考沃德的一个剧作家朋友,诺埃尔·考沃德自1975年开始就帮助她雕琢润色大会发言稿的语言。她也愈加信赖戈登·里斯,他是一个电视制作人,负责帮她树立起更加柔和的形象、降低她说话的声调、陪同她参加媒体采访,并对她的着装提出建议。1978年年初,她就委任里斯担任中央总部的宣传主管。对里斯来说,他是以偶像崇拜般的热情全身心地敬仰玛格丽特·撒切尔。这种崇拜的情绪很快感染了提姆·贝尔,他是他们三个当中最顽强、最睿智的一个。他从北伦敦的文法学校直接进入广告行业,因为在一些大型活动中所表现出的原创性很快在事业上飞黄腾达。1978年的夏天他已经成了盛世长城的执行总裁[8],*他决定接手处理保守党这个客户。

提姆·贝尔是盛世长城高层当中唯一的一个投保守党票的人,他与玛格丽特·撒切尔相处融洽,志趣相投。他们拥有相似的文法学校的教育背景,同样厌恶共识政治,而且说话都喜欢直言不讳。他们第一次见面是在玛格丽特在下议院的办公室里,她告诉他说:"你会发现

---

* 20世纪70年代,盛世长城是一家以创意著称的小广告公司。它的创始人是查尔斯·萨奇和莫里斯·萨奇两兄弟,广告公司以两兄弟的姓氏而得名。(盛世长城是"萨奇和萨奇"的音译,译者注。)它通过收购其他公司,同时也因为执行总裁提姆·贝尔的出色才华规模不断扩大。当戈登·里斯接触他们,邀请他们接受保守党这个客户时,两兄弟私下里说道:"我们一生中从未投过保守党的票。提姆,这事只能靠你了。"

政治家的手指很长，脚趾很大。你一定要十分小心翼翼，不要无意间踩到他们。"

贝尔郑重地表示他在这些政治课堂中一定会加倍小心谨慎。接着，她给了他更多的私人忠告，使他感到很惊讶，她说："我呢，我既没有手指头，也没有脚指头，我坚持要求你不管什么时候都对我讲真话，不管你认为这些话会对我造成多大痛苦。"

她最后的警告是："如果你为我树立起了一个不真实的形象，而我因此赢得了选举，那么我将无法做我想做的事情，因为人们将期待我做出一些其他的事情。"当这次不同寻常的见面结束贝尔正准备离开时，玛格丽特·撒切尔问他："你最喜欢的诗歌是什么？"

"《如果》，鲁德亚德·吉卜林的诗。"

"我最喜欢的也是这首。"她回答道。

从那一天开始，她和贝尔之间就形成了一种特殊的默契。[9]

在20世纪70年代，政党依赖于广告界宣传仍旧不是寻常的做法，尽管保守党在1959年的大选中曾经与科尔曼普伦提斯&瓦利广告公司合作过。但是玛格丽特·撒切尔凭直觉决定采用广告行业发展最具创新性的策略，相信提姆·贝尔。他提出了一套方案，通过传达情感信息调动起选民的本能反应，并对工党持续展开攻击，从而给他们造成不利影响。他在斯科特尼城堡的那个周日下午，在首次呈现在反对党领袖面前的一张海报上将这两个主旨含义很好地结合起来。

这张海报注定会成为一个政治传奇，海报上是失业人员排成的长队，一直消失在海报上目光所及的远处。海报上方的标语写着"Labour isn't Working"。贝尔告诉她这句话有两层含义。"这两层我难以察觉的微妙含义是什么？"她询问道。贝尔耐心地解释给她听，告诉她一个意思是表明工党政府无所作为；另外一个意思表明失业工人没有工作。然后她提出了一个不同的反对意见："不过，这张海报上最显眼的地方写的是我们对手的名字，这肯定不对吧？我们岂不是在给他们做宣传？"提姆·贝尔反驳说："我们不是在宣传工党，我们是在摧毁他们。"[10]最终她理解了其中的要点，同意了这个方案。尽管这张海报只在全国20个地方张贴，却引起了轩然大波。

在静寂的8月，无足轻重的消息也会变成重磅新闻。空气中弥漫着大选的紧张气氛，工党对于这幅海报发起了疯狂的反击，结果却只是扩大了海报造成的影响。电视和新闻媒体经常援引海报中的形象，提姆·贝尔后来曾夸口说保守党只花了5万英镑却获得了500万英镑的免费宣传。即使后来披露是亨登区的年轻保守党成员伪装成失业队伍拍的照片，仍旧无法削弱它所传达出的讯息。因为这次竞选活动提醒了数以百万计的选民持续恶化的失业状况所造成的恐慌，而这也正是工党在大选当中的薄弱环节。

卡拉汉比其他任何人都充分地意识到这一讯息造成的严重影响，因此改变了提前举行大选的主意。因为他曾经使人们相信他将会要求提前大选，甚至在9月5日举行的英国劳工联合大会上高唱音乐剧的一首经典老歌"我就在那里，在教堂里等着你……"两天之后，他宣布要在电视荧屏上对全国人民发表讲话。"我从没想到他会以首相电视讲话的形式告知大家不会举行大选。"玛格丽特·撒切尔说道，她当时正在西米德兰兹为争取边际选区的支持做巡回演讲。[11]几分钟后她接到了唐宁街10号给她打来的电话，告知她即将发生的事情。首相临时改变了主意，当天晚上他庄严地对全国人民宣布不会举行秋季大选。

卡拉汉为什么放弃举行大选，这是20世纪政坛的一大不解之谜。一种说法认为盛世长城的广告海报动摇了他的信念；另一种解释认为，他不像民意调查机构和其他的政治观察家那么确信自己一定能赢得选民的支持；第三种说法则相信他可能是要赌一把，寄希望于冬季的几个月经济状况能够有所改善，与工会合作制定出抑制工资支付水平持续上涨的政策。但是最不为人所知的，同时也许是最有说服力的，是他对他的唐宁街助手汤姆·麦克纳利所给出的解释。"在历史书上，担任首相三年比两年任期看上去要好得多。"卡拉汉这句不经意间的话传到了伯纳德·多诺修的耳朵里，他是唐宁街10号首相政策决策小组的主席，他评论道："这才是吉姆真正的心声。"卡拉汉想以"1976—1979年担任首相"的履历被记录在案，这是推迟选举的决定性因素。[12]

玛格丽特·撒切尔得到大选推迟的消息，起初感到有些失望。她打电话给提姆·贝尔，抱怨局势的突然翻转给她带来的挫败感。但是很快，她就转换了话题，讨论应该如何充分利用多出来的时间。"我们之前就一直忙个不停，"他回忆道，"不过一旦她以一种既成事实的口吻说我们必须一切从头开始，我们立刻全身心地投入进去，为新年的政党政治宣传制订出一套全新的方案。"[13]

政党宣传节目被公认在20世纪70年代对改变选民支持具有重大的影响力。保守党被许可在竞选活动期间做5次节目，每次10分钟的长度；而在选举日前几周的时间可以再做两次节目。三个"开心果"对这些宣传机会投入了极大的热情。但他们最首要的任务是设法使领导人达到最佳的表现状态。

提姆·贝尔回忆道：

> 我们从一开始就把她当成电影明星。如果按照所得到的鲜花、发型和赞美来看，她丝毫不亚于索菲亚·罗兰。注意，她也看出了这一点。一天，我们正在拍摄一个政党宣传片，目的是要使民众相信将一位女性的手指放在核武器引爆器上是完全没有问题的。她不明白我们这么大费周章是为了什么，因此很难使她达到拍摄所需要的那种情绪。但是罗尼·米勒已经为她写好的台词中包含这样一句，"不论我们自己的意愿如何，我们都注定是创造出核武器的一代人的父母或者子女"。为了使她达到理想的语调，他帮助她反复演练。最后她非常气愤地说道："你们这些家伙的问题，就

是你们把我当成是安娜·尼歌尔了。"* 14

正是因为对于"你们这些家伙"寄予完全的信任，玛格丽特·撒切尔和保守党赢得了大选的胜利。他们三个人深深敬仰她的政治作为，而她的个人魅力在一定程度上对他们也有着强烈的吸引力。在她就任首相的前几年，罗尼·米勒是她机构内部的语言大师，负责对她的演讲词进行"罗尼化"处理，这几年对他来说是与她相处的最美好的时光。即使他们意见不一致，也不会影响到他高效率的做事风格。有时候他非常辛苦做出的成果，她却弃之不用，并声称"亲爱的，这不是我的风格"，这时他会感到非常沮丧。不过她也学会了用更加温柔的方式来缓解他失望的情绪，她会对团队里的其他成员解释说："你们要知道，罗尼是非常感性的一个人。"15

戈登·里斯和提姆·贝尔不属于个性非常敏感的类型，因此她对于他们两个的态度有时会非常粗暴。有一次，他们两个因为严重违反了规则，使玛格丽特·撒切尔大发雷霆，差点被解雇。

1978年的夏天，保守党中央总部收到来自英国广播公司的一封信，询问反对党领袖是否同意在竞选活动期间，参加一次与首相和自由党领袖的电视辩论。里斯和贝尔觉得这对于反对党领袖弊大于利，因为与卡拉汉对阵，失败的可能性要更大。同时他们也看不上自由党，认为与他们在节目中平等对话，对反对党没有任何好处。因此戈登·里斯给英国广播公司写了封回信，拒绝了他们的邀请。

英国广播公司收到了詹姆斯·卡拉汉和戴维·斯蒂尔的拒绝函之后，尝试着给玛格丽特·撒切尔写了第二封邀请函，这使得她非常困惑，因为里斯从来没有给她看过第一封邀请函。她问他第一封信他是

---

* 安娜·尼歌尔（1904—1986），著名舞台和银幕女演员，因出演英国真实女性人物故事而走红，曾扮演过艾迪斯·卡维尔护士和维多利亚女王。在二战期间和战后时期，她处于演艺生涯高峰期，取得了巨大的票房成功。

怎么处置的,"哦,我们做了回复,"他紧张地说道,"要知道,在形象问题上,卡拉汉是个长辈一样和蔼的人物,而你有时候会显得咄咄逼人,非常强势。因此我们认为看到他在电视荧幕上遭到……的抨击可能不太好。"

"遭到我这个粗暴恶毒的家庭主妇的抨击",玛格丽特·撒切尔声色俱厉地补充道。

"不,我不会用这样的词语来形容……"里斯吞吞吐吐地说道。

"让我来把这件事情搞搞清楚,"反对党领袖大声说道,她的声音已经达到了里氏震级8级的高度,震耳欲聋,"你们收到了英国广播公司的信件,然后你们没有咨询我,就私自回了信。滚出去!和提姆一起滚出去!滚出去!"

这两个犯了错的人从福乐街仓皇地逃了出来,丹尼斯送他们俩到门口,他看上去也有些精神不振,低声地对他们说道:"她明天就会没事的。"[16]

他的保证并没有使里斯和贝尔感到些许安慰。玛格丽特·撒切尔的雷霆震怒使他们两个情绪低落,他们觉得他们之间的联系可能也会因此而终止了。因此他们当天晚上剩下的时间都用来借酒浇愁。

第二天早上7点半的时候,他们俩还宿醉未醒,就接到了卡洛琳·斯蒂芬斯的电话,她负责反对党领袖的日志整理工作,"你们9点钟能到福乐街吗?"当他们出现在福乐街的时候,一切工作照旧。没有解释、指责或者道歉,玛格丽特·撒切尔再也没有提起过英国广播公司辩论的事情。

尽管电视媒体在之前的大选当中起到过一定的作用,但是到了1979年,它被认为在未来选举活动中具有举足轻重的作用。玛格丽特·撒切尔非常幸运,拥有三个顶尖的传媒专业人士,他们带领她走入这个政党宣传片和滚动电子新闻公告成为主要竞选手段的新时代里,并与她一路相伴。她非常信赖她的专家们。她的头脑告诉她在技术层面必须要遵从他们的指导,她的心告诉她要完全相信他们的为人。

提姆·贝尔说道:

> 我觉得这是因为我们理解她作为领导人所感受到的孤独。她周围每个与她政治上有牵扯的人都想要从她那里得到些什么,甚至是想要她失败。我们只想要她成功。我们把她看作一个女人,理解她,几乎可以说爱她——这很重要。而且我们三个人完全支持赞同她坚定的信念。我们差不多称得上是最原始的"我们自己人"的团队了。[17]

1978年的秋天,这个团队在忙于为竞选活动重写台词,重新拍摄5个政党宣传片,他们完全不知道外面的世界正在发生的一系列重大的事件将会完全改变局势,为玛格丽特·撒切尔的政治阵营带来更多的支持者和拥护者。

不满寒冬

在"不满寒冬"发生之前的那个秋天,保守党内部仍旧存在着分裂。10月份召开的保守党大会最突出的便是希思保守主义和撒切尔保守主义之间的分歧。不出所料,收入政策和工会政策仍是最棘手的问题。在第一个问题上,特德·希思发言表示支持政府每年工资增长不超过5%的工资支付标准,而玛格丽特·撒切尔支持雇主和工会之间就工资问题进行集体谈判协商。在第二个问题上,吉姆·普莱尔赞同对工会采取"温和的、宽容的"态度,而他的领袖却想要制定法律,采取罢工之前不记名投票、撤销对罢工家庭发放救济金、宣布关门店铺非法等方式对抗工会罢工。想要以影子内阁团结统一的假象来掩盖这些分歧已经变得越来越困难了。

第三个决定性因素是对罗德西亚进行恢复制裁的问题,这在大会上引发了激烈的争议,并造成下议院的一次秋季投票中114名保守党议员的集体反叛。这些意见分歧对保守党造成了负面影响。在会期过后,工党在民意调查中的支持率立刻提高了5.5个百分点。[18]而保守党10月26日在贝里克郡和东洛锡安举行预期应当获胜的补缺选举中却惨遭失败。盖普洛民意调查显示玛格丽特·撒切尔的个人支持率已经下滑到了33%,《每日快报》上刊载的莫里公司的抽样民意调查中,当选民被问及他们认为玛格丽特·撒切尔还是特德·希思将会成为一个更好的首相时,希思的支持率要高于玛格丽特·撒切尔22个百分点。[19]

1978年接近尾声,玛格丽特·撒切尔的政党领袖地位看上去也摇摇欲坠。她拥有一批忠诚的拥护者,但人数太少,远远无法稳固她的地位。1975年的选举中支持她的好几个议员,在三年半之后,对于他们的选择感到越来越不确定。少数几个私下里已经改变了立场。但玛格丽特·撒切尔至少确信在即将到来的大选之前自己的领袖地位不会被撼动,因此她完全不理会不利的环境因素,而是表现出一种所向披靡的大无畏精神。

诺曼·特比特是负责为玛格丽特·撒切尔准备"首相质询会"的"四人小组"成员之一。一次,她对特比特轻声说道:"你是怎样做到——不沮丧的?好吧,咱们一起打败这些浑蛋。"即使她的这位铁杆拥护者也为她挑衅的用词感到震惊。"她极少使用骂人的词语,我当时都惊呆了,"他回忆道,"但是那一次她的话里透露出了某种失败主义的情绪。"[20]

与维多利亚女王相似,玛格丽特·撒切尔的字典里不包含失败的字眼。即使如此,在斯科特尼城堡度过的12月份的那些周末一定非常难熬,"我们在民意测验中处于落后地位,看上去似乎甘于永远做在野党,"她回忆道,"我们离胜利还有很长一段路要走。"[21]

突然,圣诞节前后,工业领域出现了一些令人意想不到的变化,改变了局势的发展。政府为解决工资支付问题，制定出了最高5%增幅的工资支付限制方案。但它们就像一些仓促之间用纤细的薄丝勉强胶着在一起形成的蛛网，根本无法经受住暴风雨的考验，推行不久就证明彻底失败。12月份，医疗卫生服务部门和地方政府的工作人员一起反对这一方案，声称他们将在新年举行罢工。1979年1月份，运输与普通工人工会纠集了一群公路货运司机，提出高达25%的加薪要求，而油罐车司机也跟风效仿。英国国家医疗服务系统的体力劳动者（包括垃圾工人、医院护工、保洁人员以及太平间助手）组成了第二波罢工浪潮的主力。

到1月中旬，整个国家陷入了一片混乱。缺少燃料供给意味着在极端严寒的天气条件下必须断电。很多商家也因为无法通过公路运输获得商品供给而停业。学校闭校，医院只能接收急诊病历。工厂、码头和发电站外发生的暴力纠察活动画面震惊了整个国家的电视观众。这场动乱当中最震撼人心的，莫过于大街上堆积如山的垃圾和医院外因罢工纠察队的阻止而无法下葬的死尸，它们因腐烂变质而发出一阵阵恶臭。这些暴行逐渐演变为一种完全混乱的无政府状态，工会好勇斗狠的嘴脸也从未如此丑恶不堪。

1月22日，工会领导人纠集了150万工人，号称"全国行动日"。这是自1926年大罢工以来规模最大的一次罢工行为。而政府面对这一系列事件，既无能为力，也无所作为。

这次动乱发生期间，卡拉汉正在瓜德罗普岛参加西方七国首脑会议。英国正在社会动乱中挣扎颤抖，而电视画面中的首相却是西装革履，与瓦莱里·吉斯卡尔·德斯坦、赫尔穆特·施密特和吉米·卡特沐浴在加勒比海的阳光中，尽享休闲时光，这些都是危机公关处理方式上的败笔。但是卡拉汉也因为其自满得意的态度使自己在民众中的形象降到了冰点。他回来后在希思罗机场举行的新闻发布会上对于这场动乱并未予以充分的重视。《太阳报》上刊登的大字标题"危机？什么危机？"正体现出了这一点。[22]

卡拉汉本人的原话并非如此，这是提姆·贝尔以一名新闻媒体工作者的身份巧妙地为《太阳报》的编辑拉里·兰姆提出的建议，而这也真实地刻画了首相想要淡化这场危机严重性的息事宁人的态度。卡拉汉从来没有摆脱掉这次错误给他带来的负面影响。

随着这场大动乱发展到高潮，玛格丽特·撒切尔的本能反应是要直取政府的要害，一剑封喉。但是她自身处事的谨慎，以及同僚提出的建议都使她克制住自己，采用更加高明的手段来处理这一戏剧性事件。

玛格丽特·撒切尔与英国选民之间关系的重要转折点，发生在1979年1月17日的政党政治广播当中。这并不是她之前准备好要传达的信息，之前已经拍摄好的宣传片传达的是一种对抗精神，在最后的时刻被否定掉。最后播出的宣传片旨在达成团结一致的共识。她在听从了多人的劝说之后，最终决定采用第二条宣传片。

政党主席彼得·桑尼克罗夫特陪同他的三个演讲稿撰写人罗尼·米勒、克里斯·帕滕和提姆·贝尔手持新的演讲词去见她的时候，她问道："你们知道你们正在做什么，是吧？""你们正在要求我放卡拉汉一马。""不，"桑尼克罗夫特温和地说，"我们正在请求你把国家的利益置于政党的利益之上。"[23]这个充满爱国主义的观点说服了她。已经拍摄好的政党宣传片被放弃，代之以一篇全新的演讲词，她在下议院的办公室面对镜头对公众做了一次直播演讲。

当"保守党政党宣传节目"几个大字以正式标题的形式从全国观众的电视屏幕上消失的时候，玛格丽特·撒切尔开口说道，"的确，严格说来，这应该是一次代表保守党立场的政治宣传节目。"

> 但是今天晚上我并不打算利用这段时间来陈述政党立场。我认为你们也不希望我这样做。我们国家这次面对的危机太过严重，也不容许我这样做。这是一场我们整个国家、整个民族共同面对

的危机，并非一个政党，或者一个政府。此时此刻不应当把政党利益置于国家利益之上。我的发言始于此。[24]

玛格丽特·撒切尔以国家统一领导人的身份发言，向政府提供反对党的支持，前提是政府应当制定法律，禁止罢工者对于雇主的次级纠察，禁止为罢工投票提供资金支持，并与基础服务行业签订禁止罢工协议。在前一天的下议院发言中，她已经提出过这些提案。首相却因工会是工党的主要支持者和中坚力量而受制于工会组织，对她所提出的超越党派立场的处理方式置之不理。但当她再一次在电视屏幕上重申这些提案的时候，她占据了道德的制高点，因为她代表的是英国民众。

目前的情况异常严峻；如果不对工会的权力进行限制，我们的困难将无法得到解决。而如果对工会的管制是当前最主要的，那么为了国家的利益，政府和反对党应当联合起来，为实现这一目标共同努力。

她以一句警语结束这次演讲："我们必须再一次学会成为一个国家，否则总有一天我们将无国家可言。"[25]

玛格丽特·撒切尔一段时间之后才意识到这次演讲是一次多么巨大的成功。卡拉汉是最早做出回应的其中一个，他对这次演讲给予了高度赞扬。就在演讲发生后的第二天，反对党领袖和首相在参加完悼念仪式，沿着威斯敏斯特大教堂的走廊一起离开的时候，卡拉汉对她说："你昨天晚上做的演讲真是太好了……我希望是我说了那些话。做得好。"[26]

玛格丽特·撒切尔以为他是在揶揄她，因此对他的赞扬反应很冷淡。但是几秒钟内，她又听到了同样的赞扬声。我当时碰巧站在大教堂西门附近,挨她很近。她问我:"你能和我一起出去吗?"我陪同她穿过拥挤在她车子周围的一些摄影记者,并祝贺她演讲取得的成功,告诉她我当时正在肯宁顿的一家叫作南伦敦的酒吧里。"每个人都很安静,"我说,"当你最终以那句'一个国家或者没有国家'结束演讲的时候,酒吧里的很多人都在为你鼓掌。"

"我们保守党人吗?"她问。

"不,只是酒吧里的一些普通工人。"

"哦……"她说道,"这是一件很了不起的事情,是吧?"[27]

很快,她从很多人那里听到了相似的评价。

三个"开心果"感到兴高采烈。提姆·贝尔甚至认为"正是这次演讲赢得了大选"。[28]

这次演讲的确使得民意测验的结果向玛格丽特·撒切尔一方倾斜。突然之间保守党领先于工党19个百分点,玛格丽特·撒切尔的个人支持率激增了15%,高达48%。[29]"不满寒冬"将她从一个引发分歧的人物转变为一个未来的候任首相。政府在泥沼中陷得越来越深,而她也准备好为胜利做最后一搏。

不信任投票

作为一名反对党领袖,玛格丽特·撒切尔的主要任务是击败现任政府,然而她对于投出这致命一击所表现出的迟疑不决令人感到费解。性格当中的谨慎小心使她犹豫不定,而大部分的后座议员却没有这样的担忧。我清楚地记得"不满寒冬"期间"1922年委员会"集会上涌动着的恼怒焦躁的情绪。朱利安·埃默里不耐烦地喊出的一句:"以上帝的名义,快动手吧!"[30]与他父亲利奥·埃默里在1940年就内维尔·张伯伦的辩论所发出的倡议如出一辙。

小埃默里继承父亲的衣钵,吹出行动的号角的表现,受到了吸烟室里议员们的交口称赞,但是领袖本人却仍旧顾虑重重。她的理由是"除非我们有十足的把握能够成功,否则我们极度不情愿提出不信任动议"[31]。这个理由对于普通议员并不具有说服力。在3月上旬的一次气氛热烈的深夜例会上,只要影子内阁成员来到茶室我们所在的片区,我们一群人就会抛出这个问题:"我们还在等什么?"保守党越来越像因托马斯·麦考莱在《古罗马叙事诗》里的记载而被人们永远铭记的那些下达命令、反抗命令以及混乱无序的情景了,诗句里写着:

> 那些后排将士喊着"前进!"
> 而那些前排的却喊着"后退!"[32]

玛格丽特·撒切尔之所以裹足不前,是想要对议会内部改变了的混乱局势做出一个清晰的判断。在"不满寒冬"动乱之后,工党因为权力下放政策的失败遭受了又一次致命的打击。3月1日在威尔士和苏格兰的普通公民投票结果否定了这一政策,因此表面看上来似乎下院议员不再愿意继续支持政府了。在自由党-工党协议关系破裂之后,自由党急于尽早举行大选。这个脆弱的同盟关系曾经使工党政府顺利地渡过了过去几个月的难关,如今一旦破裂,就意味着政府即使在下议院,也不再拥有足够的票数确保其政权的稳固。

然而,缺少多数票支持并不意味着工党一定会被赶下台,这最终取决于12名北爱尔兰议员,而他们之间也存在着分歧,至少分成3个不同的派系。玛格丽特·撒切尔声明自己坚决反对与这些分裂派系中的任何一个达成协议,以免在成功担任首相后,会被束缚住手脚。尽管如此,影子内阁北爱尔兰事务大臣艾瑞·尼夫还是曾小心翼翼地接触过10个联合阿尔斯特统一党成员。但是,因为这个政党四分五裂,并非全体都是联合主义者,也不完全来自阿尔斯特地区(伊诺克·鲍威尔已经成为其中的一名成员),尼夫政治交易的结果仍旧隐藏在爱尔兰重重迷雾的包裹之下，不甚明朗。

时间到了3月份的第三周，后座议员们的抗议之声甚嚣尘上，势不可当。尽管按照玛格丽特·撒切尔那一贯一丝不苟、井然有序的处事方式看，预计选票的数量还无法达到理想的数字。她仍旧顾虑一旦失败，工党政府的执政期限可能会延长到秋天，她依然不情愿地决定铤而走险，提出了反对党动议："下议院对于女王陛下的政府没有信心。"[33]

对不信任议案进行辩论的当晚，是我记忆当中最令人激动的议会之夜。作为一名年轻的议员，在1974年到1979年议会会议期间，我坐在划分前座议员和后座议员过道后面的第三排，按规定，资历较浅的保守党员和联合阿尔斯特统一党的党员都坐在这一排。3月28日，这个座位使我有幸耳闻目睹了北爱尔兰议员如何在风云变幻的政局中扭转乾坤，决定动议的最终结果。

玛格丽特·撒切尔在辩论开场所做的演讲同样乏味而平淡无奇，不过这次却无关紧要。议会大厅内群情激奋，斗志昂扬，因而即使反对党领袖表现平庸，似乎也无关大局。她的演讲持续了29分钟，详细分析了英国经济为什么在过去的5年里持续下滑，议员们感到厌烦，保持着沉默。只有演讲最后的几句话得到了众人的欢呼：

>首相之所以陷入了困境，是因为他认为相比于解决议会当前面临的问题，政府成功渡过难关更加重要，他感到这是完全正当而合情合理的。这种观点非常普遍，而正是它使政府和首相失去了权威、信誉和尊严。[34]

尽管权威遭受了重创，在过去两年的重大议会交锋中，首相第六次以出色的表现压过反对党领袖。卡拉汉轻松应战，取笑玛格丽特犹豫不决，直到发现自由党和苏格兰民族党会投票支持的时候才敢提出不信任议案。"她从他们那里找到了自信的勇气。"[35]

但是这一天,票数,而非话语,拥有最终的决定权。阿尔斯特统一党党员之间彼此低声交谈、运筹帷幄,时间悄悄地逝去。伊诺克·鲍威尔显然在竭力劝说同僚放弃投票。伊恩·佩斯利牧师坐在我的邻座。他低声与同僚交换意见,扭动着他那不可谓不庞大的身躯,时而站起来,时而坐下,时而转向一侧,动作幅度如此之大,以至于与他同坐在由紧绷绿色条状牛皮带制成的座椅上的我就像是网球一样被弹上弹下。

辩论的大部分时间都是代表英国相对偏远选区的议员在发言,这些选区包括西岛区、喀麦登、伦弗鲁郡、南安特里姆、卡那封郡和北唐。在演讲过程中,我低声咕哝说这些发言人"过于紧张以致大汗淋漓"。佩斯利牧师斥责我说:"地狱里可不潮湿!"*36

一整天,在威斯敏斯特宫的酒吧和走廊里流传着邪恶的,或至少称得上是恶意的谣言。其中一个谣言声称工党来自巴特利和莫利选区的身处绝症晚期的议员阿尔弗雷德·布劳顿爵士,在被从约克郡的临终病榻上送往议会大厅的途中不幸过世。然而,只要在威斯敏斯特宫的庭院里能够看到他的救护车,那么即使他已经过世,他的选票仍然会被"点头通过"(这项程序允许议会辖区内病重议员的选票在分组表决当中仍旧作数)。然而,这将对议会的传统提出极端的挑战,因为从法律意义上说,还从来没有人在议会的辖区内被正式宣布死亡。

在辩论即将结束的几个小时里,有些谣言散布者生拼硬凑地虚构出一些滑稽可笑的故事,全都是无中生有,这个也不例外。卡拉汉和他的首席党鞭都认为,让垂死的布莱顿议员往返400英里的M1高速路来参加投票是不道德的做法。因此他的救护车没来,他的选票也不作数。

---

* 作者用的是"as wet as hell",字面意思"像地狱一样潮湿",指人因经验不足,感到紧张而大汗淋漓,hell 这里强调的是紧张程度。而议员的反驳中"Hell is not wet!"采用了其字面意思,并对其进行反驳,所以就是"地狱里可不潮湿!"——译者注

在这紧张异常的局势下，玛格丽特·撒切尔更是因为一件意料之外的事情而大动肝火。事情的起因是反对党的副党鞭伯纳德·杰克·韦瑟里尔主动提出要与布莱顿结为投票搭档。他之所以这样做，是要履行之前就存在的一个约定，那就是不论是哪一方的病重议员，必须获准拥有自己的投票搭档。但是政府的副党鞭沃尔特·哈里森用同样值得称赞的理由拒绝了他的这一提议。因此在投票人数上没有变化，但是后来的很多事件都表明撒切尔和韦瑟里尔之间的关系因为此事而恶化。

即使不包括阿尔弗雷德·布莱顿爵士，专家们估计工党也能赢得胜利，因为他们把希望寄托在北爱尔兰的两个反联合主义议员的身上。他们是社会民主工党领袖杰瑞·菲特和爱尔兰共和党人弗兰克·麦奎尔，他曾因《特别权力法案》被关押了三年，因而对保守党政府没有任何好感。

作为费马纳和南蒂龙选区的议员，他给人的印象是要么缺席，要么保持沉默。在被选作议员的五年时间里，他连首次演讲都没有做过。然而，这次他来到威斯敏斯特宫，看上去是要为政府投票，坐在我旁边的阿尔斯特统一党党员个个欣喜若狂。"魔王来啦！"罗伯特·布拉福德喊道，"工党这次稳操胜券了！"在看到这位特立独行的麦奎尔先生之后，这成为很多片区的议员们公认的看法。

杰瑞·菲特和弗兰克·麦奎尔之间长期的恶斗和积怨将在最后的时刻改变投票结果，但是当时没有人能够理解这一点。情况正相反，传言增多了，议会大厅内部的气温攀升，政治气氛也愈加紧张。

3月28日晚上的下议院是一个地狱般的场所。议会大厅人满为患，闷热难耐，如同但丁在《神曲·地狱篇》中所描述的情景，而且几乎每个人都饥饿难耐。"不满寒冬"的影响也波及了议会的餐饮部门，员工们都在这一年中最繁忙的夜晚参与了罢工。因为害怕议员们外出吃饭会导致政党失去关键性的选票，保守党和工党的党鞭禁止所有的党员离开议会大楼。这个决定使我们大多数人只能忍饥挨饿，福特纳姆梅森百货专程为玛格丽特·撒切尔送来了一大篮食物，因此她已经心满意足地用过餐了。

多亏了迈克尔·富特，辩论的最后环节既充满激情，又令人捧腹。富特嘲笑苏格兰民族党领袖（唐纳德·斯图尔德）和自由党领袖（戴维·斯蒂尔。富特指责玛格丽特·撒切尔带领着"她的军队参加战斗，自己却惬意舒适地躲在苏格兰民族党的盾牌之后，而戴维这小子正握着她的手"。[37]她可能是在场议员当中唯一一个没有笑的人。她的脸上毫无表情，可能是因为她没有理解笑话的意思，也可能是她觉得这个动议可能会以微弱的劣势被否定。

到了大规模的分组表决的时候，赞成票大厅里人声鼎沸，人们几乎到了疯狂的程度，但是玛格丽特·撒切尔周围却冷冷清清。她的首席党鞭汉弗莱·阿特金斯告诉她一个坏消息。受到弗兰克·麦奎尔和杰瑞·菲特投票的鼓舞，工党全员参与投票。而几个保守党党员违反了禁令，去怀特俱乐部用餐未归，因而无法投票。阿特金斯感到深深遗憾，汇报说工党可能会以2～3票的微弱优势而保住其政权。

反对党领袖坐在前座等候着投票数字的最终宣布，看上去情绪低落。突然影子内阁议席成员低声传达的消息使她站立起来。她的议会私人秘书汇报说双方票数已经持平。几秒钟之后正在否定票大厅对工党票数进行统计的保守党党鞭托尼·贝里竖起了代表胜利的大拇指。

刚开始的一刻，人们难以置信，但紧接着保守党席位上爆发出一阵雷鸣般的欢呼声。汉弗莱·阿特金斯也一改悲观的神态，大声对着领袖喊道："我们赢啦！"在这样一个时刻，这倒似乎显得有些多余了。

根据最后的票数统计，工党有一名重病议员无法投票（布莱顿），而保守党中两名外出吃饭未归的议员中的一个，温斯顿·丘吉尔，也就是温斯顿爵士的孙子，在最后的紧要关头从怀特俱乐部赶了回来。而两个积怨已久的爱尔兰议员却因为一些完全不符合逻辑的做法把他们所支持的工党赶下了台。在最后的时刻,弗兰克·麦奎尔说他"漂洋过海只是为了由本人亲自投弃权票"[38],而且也这么做了。杰瑞·菲特宣称他不能投票继续支持工党当政,尽管他会踊跃参加竞选宣传活动帮助其再次当选。因为这些毫无逻辑的宣称,政府失去了关键性的两票。

身高6英尺7英寸的前英国皇家禁卫队军官,现已成为保守党党鞭的斯宾塞·勒·马钱特以洪钟般的响亮声音喊道:"右翼赞成票共计311票,左翼反对票共计310票,所以右翼获胜。"议会大厅里顿时乱作一团,工党政府倒台了。

这是继1924年拉姆齐·麦克唐纳担任首相时的第一任工党政府遭受挫败之后,工党在下议院的信任投票当中第一次遭受失败。我们这些保守党的后座议员们欢庆到第二天的凌晨。玛格丽特·撒切尔更加谨慎小心,她在党鞭办公室喝了一杯酒,很快就在警卫力量的严加保护下离开议会前往福乐街的家中,想要告诉等待在那里的家人,"我现在有很多事情需要做"[39]。

这是一个值得纪念的议会之夜。

回顾

"不满寒冬"打破了英国政治的格局。在这之前,玛格丽特·撒切尔能否担任下一任首相还是未知数,但"不满寒冬"造成社会局面完全失控,促使玛格丽特·撒切尔成为首相的必然人选。

在竞选的最后环节,她从未清晰地表达出要挫败工会的信念。然而,她却能够使公众相信,她会用强硬的态度去迎接这个挑战。她性格中的魄力传达出了这样的信息。投票人并不确信他们喜欢她,但是他们感觉到他们需要她。大家越来越感觉到工党政府已经疲于应对工会的好斗分子,是时候需要一位严厉的女领袖,推行强制性的国家政策，恢复国家秩序。

后来发生的一系列事件证明玛格丽特·撒切尔的看法是正确的，她的公众形象和个人信心也得到提升。即便如此，她仍旧需要获得选民的信任，才能赢得支持，成为新政府的领袖。有趣的是，她选择承担这一任命的左膀右臂是三个与正统建制格格不入的人，他们都非政界人士。"你知道为什么我们和那位脾气古怪、冥顽不化的女士相处得那么融洽吗？"提姆·贝尔煞有介事地问一个朋友，"因为我们没有一个人想要当政治家。"[40]

这是玛格丽特·撒切尔性格当中的一个悖论。她自己是一位全身心投身政治生涯的职业政治家，但是她对于大多数其他的政界人士评价很低。他们一贯骑墙观望，多方下注以规避风险，见风转舵、寻求一致同意的政治立场。她对这三种做法都抱有鄙视的态度。她想要的是完全的忠诚，不惧怕正面冲突。因此她骋目四顾，寻找战斗的盟友，或者至少是能与她一起挑战既定观念的同道中人。在大选前的最后几个月里，她治党的方针和将来她管理政府的策略如出一辙。她在可用的人才储备当中四下寻找，直到发现她所仰慕的人才，与她一样在天性中对政治充满热情。对于保守党领袖来说，这是一种非正统，甚至称得上是具有革命性的领导方式。但是当时时局严峻，她侥幸取得了成功。

在赢得了不信任动议投票之后，她总是冲在政党的前面，陷入了比以往任何时候都更加孤立无援的境地。但是未来几周的时间表明，她的举措顺应了大多数选民的意愿。

14
入主唐宁街10号前最后一搏

就任之前的等待

不信任动议投票之后不久,组织的民意调查显示,保守党支持率领先工党9~13个百分点。[1]从来没有政党在大选之前以如此大的优势领先。玛格丽特·撒切尔和她的核心团队马上意识到,大选前占有明显的优势意味着他们在大选中要做的是努力保持住优势。他们决定在竞选中最重要的是采取尽量低调不张扬的策略,中规中矩是最为保险的上上之策。不强调右倾方针,不做引发争议的保证,避免失态言行,不制造麻烦,这样的策略并不符合玛格丽特·撒切尔好胜的性格,但为了赢得大选她还是同意遵守这些规则。

在竞选活动开始之前,艾瑞·尼夫遭到爱尔兰国民军的暗杀,他们是从爱尔兰共和军分裂出去的一支武装派系。暗杀发生在3月30日下午,当时玛格丽特·撒切尔正在她所在的选区参加例行聚会,保守党中央总部高级新闻发布官德里克·豪告诉她说:"我觉得你有必要知道下议院辖区内发生了炸弹爆炸事件,他们认为是在车库里。至少一个人伤情严重,但我们还不知道是谁。"[2]不到一个小时就得到证实,受害者是艾瑞·尼夫。有人在他的沃克斯豪尔骑士轿车底盘上安装了由开关控制的炸弹,一旦车子向上行驶到停车场出口坡道时,就会引爆炸弹装置。尼夫被困在汽车残骸里长达半个小时后才被解救出来,并被紧急送往威斯敏斯特医院。

玛格丽特·撒切尔收到消息时,正在英国广播公司准备录制政党宣传节目,她取消了节目录制。因为事情的发生太过突然,她整个人都惊呆了。她回到了下议院的办公室,得到消息说尼夫已经在手术台上过世了。"感谢老天,我们早上起床的时候并不知道在晚上睡觉之前会发生什么",她对工作人员说道。[3]然后她就退回到内室去亲手书写一份颂词,将以新闻稿的形式发布。她把尼夫描写成"一位为自由而战的勇士，英勇、坚定、真诚，他为信念而活，也为信念而献出了自己的生命。他是一个温和、勇敢而谦逊的人，是我亲密的朋友"[4]。

艾瑞·尼夫遭暗杀，对玛格丽特·撒切尔是一个巨大的打击。尽管过去一年左右的时间里，他对玛格丽特·撒切尔的影响力大不如前，但作为影子内阁北爱尔兰事务大臣，他仍然是一个她可以推心置腹的朋友。她从来没有忘记艾瑞·尼夫负责1975年保守党领袖选举时对她的帮助，她欠他一份感恩。他也是她在政治上最亲密的好友之一。但是她把对他的哀悼隐藏在内心，外表上，在为大选做准备，迎接政治和专业挑战时，她仍坚定不移，稳如磐石。

大选投票之日定在5月3日，这就意味着中间有长达9个月的竞选时间，是英国政治有史以来最长的竞选时期。本着商定好的保险为上的竞选策略，竞选团队决定领袖的拉票活动不宜开始得太早。因此4月份的头10天，玛格丽特·撒切尔无事可做，而她感到完全无法适应。她表现很差，不时因为一些完全无关紧要的细节而焦躁不安，大发雷霆，弄得她私人办公室的整个团队在这段虚张声势的战争期间筋疲力尽，神经紧张。最终，她的一个秘书建议罗尼·米勒能否为领袖安排一些餐宴和戏剧活动，缓解压力。

玛格丽特·撒切尔和丈夫丹尼斯·撒切尔晚上并不经常外出看剧，不过在这一个周的时间里，他们去了三次剧院。罗尼·米勒安排的这些剧场活动虽未完全奏效，但确实有助于暂时将她的精力从政治上分散出来，米勒安排的三个剧目分别是伦敦帕拉丁剧院上演的喜剧《两个罗尼》、维多利亚宫大剧院上演的《安妮》和爱德华王子剧院上演的《埃维塔》。在她政治生涯中最大的一场战斗的前夕，这些剧目体现出玛格丽特·撒切尔人性当中不同的方面。

在观看《两个罗尼》的时候，丹尼斯喜欢每一个喜剧性的时刻，而玛格丽特只理解了其中几个。她理解的几个幽默都是荤段子，与她的品味不契合。但是她喜欢歌舞团里齐格菲尔德风格的舞女身上穿的镶有金属片的闪闪发光的长裙和装饰性的羽毛,她低声对米勒说,"我喜欢这一类东西……真美"。[5]这使我们想起她对于女性魅力总是有着独到的眼光和见解。

在后台会见全体演员符合首相候选人的身份和地位。她很擅长和演员拉近关系,即使她并不喜欢这场表演,也会极尽恭维之词,赞扬演员的精彩表现。但是在观看音乐剧《安妮》之后,她面临着一个棘手的问题,在祝贺他们演出成功的时候,扮演主角安妮的小演员正止不住地哭泣。保守党领袖将这个抽泣的小演员揽入怀中,她的母亲解释说她之所以这样难过,是因为按照青少年演员劳动法,她三个月内不能够再参加这出戏剧的演出。

"亲爱的,你一定不能再哭了,转眼之间你就会回到舞台上了,"玛格丽特·撒切尔说道,"时间会很快过去的,它总是飞快流逝。同时呢,你知道你必须要做什么。"正在号啕大哭的安妮脸上挂着泪珠问她应该做什么。

"你必须要写日记啊,那是你应该要做的事情",她语调欢快地回答道。按照罗尼·米勒的说法,"这个小演员对这个神秘的建议感到如此惊讶,以至于立刻止住了哭泣,而玛格丽特·撒切尔被所有在场的人赞扬是奇迹的创造者"。[6]

她在伦敦西区观看的第三场晚间戏剧是《埃维塔》,根据爱娃·庇隆的生平创作,由安德鲁·劳埃德·韦伯谱曲,蒂姆·莱斯作词,受到这部音乐剧中风靡一时的歌曲《阿根廷,不要为我哭泣》的感染,玛格丽特·撒切尔给东道主米勒写了一封感谢信,信中写道:"我在想,如果一个像那样毫无道德观念的女人(爱娃·庇隆)都能爬到政治的巅峰,那么但凡有点道德观念的人能够达到什么样的高度?"[7]

剧院的绚烂灯火只能使人暂时逃离现实,而当时首相和反对党领袖不得不共同面临的一个严峻问题就是,如何安排权力交接——假如有这个需要的话。尽管处于政府高层的这些汉弗莱爵士因为之前顺利的权力交接而感到骄傲，但是最后那一次的交接情形却令人震惊。

1974年保守党下台时，要入主的新任首相哈罗德·威尔逊的助理团队与即将离职的特德·希思的政治团队成员发生了争吵，双方恶语相向，曾经一度发生肢体冲突。卡拉汉对之前这些纠纷有所耳闻，打定主意杜绝这种不得体的事件再次发生。因此他对首席私人秘书肯尼斯·斯托做出指示，让他与玛格丽特·撒切尔办公室团队接触，洽谈如何确保权力顺利交接。

肯尼斯·斯托几个月之前曾领教了玛格丽特·撒切尔的疾言厉色，忍受了下来，也赢得了她的信任。这次事件表现出她性格当中的三个缺点：易于情绪失控、容易发生误解、不愿主动道歉。

那次冲突的起因在于一次有争议的议会投票，据称工党财政部首席秘书哈罗德·利弗破坏了与投票搭档的关系。这个事件造成了严重的后果，按照玛格丽特·撒切尔的指示，所有反对党和政府之间关于议会事务的合作都暂时中止了。她做出反击是对的，但是这样一来，下议院无法通过"常规渠道"对话（这是个委婉的说法，意思是首席党鞭秘书和反对党党鞭办公室就议会事务进行谈判）而继续行使职责，因此双方迟早要达成妥协方案。

在一段长时间艰难的延误之后，首相和反对党领袖最终同意通过会议协商来解决这一争端。迈克尔·富特作为议院领袖也出席了这次会议。肯尼斯·斯托负责做会议记录。他将这次会议描述为"一次艰难的磋商"。[8]但最终，谈判双方找到了解决争端的途径。按照一位优秀的政府行政人员的标准，肯尼斯·斯托把会议记录打印出来，呈送给这次谈判的各位主要参与者。

玛格丽特·撒切尔看了首相私人秘书的会议记录之后大发雷霆。肯尼斯·斯托被叫进了她在下议院的办公室，"她当时怒气冲冲，根本无法平心静气地说话，"他回忆道，"她刚一见面劈头盖脸地就问我：'你并没有告诉我你带了录音机到我办公室。'"

"我没有告诉你是因为我根本就没有带。"斯托回答说。

"我不相信,"她愤怒地反驳道,"你一定是带了录音机,否则你根本就无法如此精确地记录下我的话!"

接着便是一场激烈的争论。"她真的非常生气——这是毫无疑问的,"斯托回忆道,"但是最终我成功说服了她,让她相信我之所以能如此准确地记录下她说的话,只是因为这是我职业能力要求的一部分。"[9]

在一些最后证明是她的过错的不愉快的争吵过后,她一贯的处理方式就是从不会为此而道歉,这次也是一样。但是作为补偿,她努力地表达出对于斯托的感谢,承认斯托的手写笔记是使这份记录如此准确完美、无可挑剔的唯一原因。"她最后对于我把她说过的话准确记录在案表示非常感谢,"他回忆说,"这是玛格丽特·撒切尔和我之间信任关系的开始。"[10]

通过这样不同寻常的方式所建立起来的信任关系,在权力交接的准备工作中发挥着不可估量的作用。理查德·赖德,反对党领袖办公室的政治主任,在大选之前多次造访唐宁街10号。他负责向领袖做详细汇报。因为她对于办公室分配的决定、她自己办公室的布局安排以及她对于工作事宜的计划,从詹姆斯·卡拉汉到玛格丽特·撒切尔的唐宁街10号人员的更替是现代历史上最轻松也最顺利的一次交接。

波澜不惊的竞选活动

保守党竞选宣言正式公布的当天,标志着竞选活动正式拉开帷幕。

与记忆当中以前所有其他的竞选宣言不同,她所推出的竞选宣言一个明显的特征就是缺少具体的承诺。它没有标题,就像是一个方便用户使用的理念展示台,详细阐述了过去四年她演讲当中所强调的主题。降低税率,削减公共开支,减少政府干预,拥护议会和依法治国是总括性的原则。丹尼士·希利风趣地说,要想在这个宣言当中找到方针承诺"就像是要在黑暗当中的煤窑里找到一只黑猫一样难"。[11]

这是个很公正的评价,但在一个意料之外的领域情况却并非如此。玛格丽特·撒切尔在与吉姆·普莱尔和大多数影子内阁成员的斗争中取得胜利,是得益于工会法律改革的方针,这也是"不满寒冬"造成的一个影响。因此她确实在竞选宣言中承诺要限制次级纠察,为因拒不关闭商店而遭解雇和为工会选举邮寄选票的工人提供补偿。这与她想要真正实现的对工会进行彻底改革的议程相去甚远,但较之过去至少有所改进。

在收入政策方面,宣言当中言辞模糊,像希利所说的黑煤窑一样晦暗不明,这并不是领袖的初衷,但是她必须遵从同僚的意见,尤其是政党主席彼得·桑尼克罗夫特的意见。他负责暗中确保竞选当中双方的均衡,成了最具权威的人物。这意味着要斡旋期间,使玛格丽特·撒切尔远离可能引发争议的领域,这并不是一项容易的差事。

桑尼克罗夫特采取的策略在一段时间内发挥了作用。复活节周末三天的时间里,双方敌对态势得到暂时缓解,保守党中央总部主持下的竞选活动尽可能简短而平静。当然,领袖还是要按照计划安排在全国范围内参加一些活动。但整体来说,日程安排强调的重点是一些轻松的出镜机会,而非沉重的政治宣传。

她参观工厂时派头十足。在布里斯托尔的一家克妮兹毛刷制造厂,她模仿使用一把新扫帚,清扫蜘蛛网,好似一部哑剧。在莱斯特一家服装厂里,她坐在缝纫机前熟练地缝好了一件蓝色工作服上的口袋,使在场的人大吃一惊。这是她从母亲那里学到的裁缝技巧。在伯恩维尔,她以熟练的手法将吉百利巧克力包装好。随行跟拍的一大群摄影记者非常喜欢这些形象。她在照片中看上去很好,但一旦远离了镜头,她为自己被局限于这些平静的活动而越来越感到痛苦。

在吉百利巧克力工厂为拍照摆姿势时,她得知彼得·桑尼克罗夫特坚持要她对当晚将在伯明翰举行的大选第二次大型集会的一篇演讲词做大的删减。他想要删改的段落主要是对工会不当行为提出的指控，这是由工党的保罗·约翰逊起草的，他是一个历史学家，最近改变信仰，转而支持玛格丽特。政党主席认为这个段落"太具有挑衅性"。[12]在电话里与他发生了激烈的争吵过后，玛格丽特·撒切尔愤怒地从准备好的演讲稿中将令人不快的那几页撕去，这是她与中央总部最高统帅之间的第一次摩擦。

她和桑尼克罗夫特之间爆发的最激烈的冲突发生在竞选活动最后一周的周末。她刚在格拉斯哥度过了非常有成就感的一天，正在放松休息，这时他让副主席珍妮特·扬传话说下周一举行的新闻发布会上，他想要邀请特德·希思共同出席。这使她的怒火彻底爆发了。

"胆小如鼠！他们都害怕了，"玛格丽特·撒切尔怒气冲冲地说，"这就是他们的问题所在！竟然产生这个念头！他们怎么敢！"[13]

她这种愤怒的情绪不仅蔓延到当天晚上剩下的时间里，而且接下来的12个小时里一直如此。正如丹尼斯第二天上午跟一位朋友倾诉时所说的："因为和特德·希思共同出现在演讲台上这整件事，导致她一晚上都没有合过眼，我以前从没有看到她这个样子。"[14]

这种状态一直持续到她回到伦敦。彼得·桑尼克罗夫特和领导层其他成员做了最后一次努力，想要说服她和特德·希思共襄盛举，她的反对如此激烈以致这项计划不得不搁置。

彼得·桑尼克罗夫特之所以提议保守党前任和现任领袖表现出团结一致的样子，是因为民意调查的结果出现了反复。选举学证据显示几周以来保守党的票数一直稳步领先，但中央总部收到提前预警，称NOP（全国民意测验）即将于5月1日公布的民意调查结果显示工党以43.1%的支持率的微弱优势领先保守党42.4%的支持率。[15]直接负责竞选活动的大部分团队成员在看到这些数据后陷入了恐慌，玛格丽特·撒切尔却不以为然。在得知这些数据后，她沉默了一会儿，接着平静地说道："我觉得我无法相信这个数据。"[16]她是对的，NOP提供的是虚假的调查结果。所有其他的民意调查结果都证实之前所预料的趋势，保守党将会以平均4%~7%的优势击败工党。[17]

在选举活动最后一周，支持保守党的报纸，尤其是《太阳报》，升级了对工党的攻击。但是玛格丽特·撒切尔要坚持的始终是平静的竞选模式。有一次例外，她参加了1979年4月24日由丹尼斯·图依主持的《电视眼》节目的唯一一次一对一电视访问，他提的问题都很尖锐，而她讨论问题时表现出要淹没他的声音的毫不示弱的气势使她看上去更加的强硬。他们二人口若悬河滔滔不绝，各执一词互不相让，其冲突的级别打破了"同步发言"的所有纪录。这事实上是整个竞选活动当中唯一一次她展现出好辩性格的一面。

尽管卡拉汉着力将对手刻画为一个危险的右翼理论家，然而，他对于游离的无党派选民并未产生任何大的影响。撒切尔夫人仍旧出巡各地，拍摄照片。这些出行当中最令人难忘的是去诺福克一家农场的经历。她怀中抱着一个刚出生的小牛犊长达13分钟，如果不是丹尼斯警告说他们如果不小心些，那只小牛犊可能会在她怀中死去，她可能还会继续同样的姿势以满足摄影师不同角度的拍摄需要。"这不是为了我，是为了这些摄影记者们，"她解释道，"他们是这场竞选当中真正重要的人物。"[18]

将竞选活动的重点放在摄影师、小牛犊和巧克力方面的策略，很大程度上要归功于她的形象顾问戈登·里斯。他清楚地知道自己正在做什么。多年之后他对我透露说，他是受到一本被小型受众奉为经典的作品的影响。这本书是由乔·麦金尼斯所著的《推销总统》，是关于1968年的美国的总统竞选的一本书。[19]书里详述了理查德·尼克松如何被精心包装，从而规避自由派媒体所提出的尖锐问题。

玛格丽特·撒切尔本人会毫不犹豫地回答这些问题，但是丹尼斯·图依充满敌意的质询仍旧使她备受打击。节目结束的时候，她对戈登·里斯抱怨她认为是他的过错所造成的一个劣势，"戈登，"她厉声说道，同时正快速从镜头前掠过，"我得知你昨天也在这里。既然摄影室工作人员当中已经有人穿米色衣服，你为什么还建议我穿米色呢？"正当他结结巴巴地想要做出解释时，她威严地举起一只手，说道："这事我们晚点儿再谈吧。"[20] 她决心在她的领域里一定要做女主人，尽管论及形象技巧方面，里斯称得上是她的老师。

在竞选活动最后几天的时间里，她越发自信，周身散发出候任首相的气势。在选举日前的最后一个周日，在温布利召开了保守党工会主义者大会。她刚进大厅，就听到了《你好，多莉》的大合唱，由罗尼·米勒新添的词，文思·希尔录音。开头是这样唱的：

> 你好，玛吉，
> 啊，你好，玛吉，
> 现在你正走在通往唐宁街10号的康庄大道上……

十四句歌词之后，结尾是：

> 因此这首歌送给你，玛吉，
> 给他们老式的一二，玛吉，
> 玛吉，我们也将一路挺你！[21]

倒数第二句歌词使这位明星大为困惑。"给'他们老式的一二'是什么意思？老式的一二是什么？"她问。米勒不得不解释说这是拳击术语*，指的是击倒对手大获全胜。[22]

玛格丽特·撒切尔偏爱在辩论中一招击倒对手，而不是按"得分方

---

* 原文的"one-two"翻译成中文指的是拳击赛当中迅速连击两次，连续猛击对手。如将歌词直接翻译，则无法解释为什么玛格丽特·撒切尔会困惑不解，因此译者采取了直译字面意思。——译者注

式"一点点获胜。但是在最后的政党宣传节目当中,她并未表现出这一点。她决定实实在在平稳安全地着陆。

在选举日前夕她对全国民众发表的演讲不只抹去棱角,而且矫揉造作:

> 让我们使这个国家成为一个能安心工作的地方;让我们使这个国家成为一个能轻松漫步的地方;让我们使这个国家成为一个能快乐成长的地方,让我们使这个国家成为一个能平静老去的地方……希望我们的国土,这片我们深爱的地方,能够重拾尊严,恢复和平,走向辉煌。[23]

"阿门",来自东萨尼特我的一位玩世不恭的支持者对围坐在电视机前观看这次演讲的我们这一群人说道。呼吸的停顿中散发出感伤的情调,整个演讲是一场蹩脚的演出。"这并不像是我所认识的玛格丽特·撒切尔",我对党内同僚评论道。[24]

但是谁又真正认识她呢?

掌权前夕

在竞选活动期间,我和玛格丽特·撒切尔通过两次电话,内容主要是关于我所在选区的游说拉票回馈结果(很明显地向保守党倾斜,大约高出5%)以及她的电视演讲的反响情况。她还谈了一些其他的话题,抗议影子内阁在竞选活动当中参与不够积极,只有泰迪·泰勒除外,她说他在苏格兰表现得犹如一个"出色的斗士"一般。

在竞选活动期间的大多数时间里,卡罗尔都待在我位于萨尼特的家里,她来看望女儿的时候,与我谈了这些情况。在她第二次来到我家时,我突然意识到下次与她谈话时,她将成为首相了。当我祝她好运时，她听起来对这一使命已经有十足的把握。"不是好运。我们能赢，是因为我们应该赢。"她说道。[25]

她的信心引发了我的一种不确定的情绪。根据我对她担任反对党领袖四年的观察，我认为她将会作为"未被公众认可的首相"入主唐宁街10号。不论是她的同僚，还是整个国家的民众都无法忍受她不同寻常的个性，更不用说这种个性可能对非常事态所造成的影响。相比大多数后座议员，我与她在私下场合接触的机会更多，但即使是我也犯了严重低估她的能力的错误。不过这种低估玛格丽特·撒切尔的情况在1979年非常普遍，部分是因为不了解，部分是因为她谨慎地隐藏了她性格当中的一些方面。

我仍清楚地记得在大选前夕我对她的看法，其中既有兴趣、兴奋，也有担忧。现在回想起来，当时的认识未免太过消极，但在当时不只我这样认为，很多议员私下里都有同样的看法，这事实上是当时政界内部人士的共同认知。

玛格丽特·撒切尔是我所遇到的议会领导层当中最不具有集体意识的政治家。这是因为她没有朋友。当然她结识了很多人，而她对他们也非常友善，而且还有些是她非常信任的。但这些都只是职业关系。如果出于需要，她可以和任何人共事，但是她并不与他们一起休闲放松。她对政治之外的任何事情都不感兴趣。与他人形成非利害关系的私人友谊或者拥有一块私人的活动空间的观念超出了她的理解范围，是她从未想过的。

她对于当下政治任务的强烈关注既令人佩服，又使人担忧。佩服她，是因为当前的一项重要任务是要把正陷于绝望和瓦解的泥沼中的英国拉出来；担忧是因为政府需要的是团队合作，而她却并不具有团队合作意识。在拿出能够挽救国家并使其步入正轨的药剂时，她能够把内阁同僚、她的政党支持者以及选民团结在一起吗？作为首相，她能够赢得下议院的支持吗？

很多人，包括她的议会党派中的很大一部分人都认为，作为领袖，她偏爱斗争性的处事风格可能导致她无法实现这些目标。

斗争性是她的本能。"我认为我们不需要花费太多心思去关注立场不明的中庸人士"，1977年在我家召开的一次哲学研讨小组会议当中她不经意地评论道。[26]"我不能把太多的时间花费在内部争论上"，在大选几周前就是否需要一个由志同道合的同僚组成内阁的问题进行探讨时，她对《观察家》报如是回答。[27]一定也是因为这个，她如此强烈地反对彼得·桑尼克罗夫特提出的在竞选活动最后阶段她应当与特德·希思联手的建议。

机缘巧合下，特德·希思在选举日前一个周末来到布罗德斯泰斯看望他的父亲和继母。我和他一起散步，从威尔·希思在康普顿公园路的住所走到海盗湾的一家酒吧。在之前的三周，特德·希思在全国的电视屏幕上出镜率很高，当天晚些时候他已经完全转变成一个忠诚的楷模，谈的主要是外交事务。据猜测他很可能在暗示他很乐意担当下一任外交大臣。我没有直接问他这个问题，而是提到他在竞选活动当中所做出的贡献很大，很多人都希望他和玛格丽特·撒切尔之间能够和解。

"嗯……"特德·希思回答道，"他们真的这么说吗？"我点点头。一段长时间的沉默之后，他最终说道："她会发现这很难，你知道，她会记恨别人，可能就记恨我。"我大着胆子说我觉得情况看上去好像正好相反。"你知道，她没办法把政治和个人的事情分开，"希思回答说，"她的想法总是太过狭隘，没有意识到你必须要妥协。她记仇。"[28]

尽管他的看法可能不合情理，但也许不失精准。在一些私下场合，我曾听说玛格丽特·撒切尔严厉斥责一些议员，而他们的错处也仅仅是因为在大选中曾经反对过她，（吉姆·普莱尔和约翰·佩顿）或者曾经反对过她的论点（迈克尔·海瑟尔丁）。她有时会过于针对个人，其程度令人惊讶。"在影子内阁里，她必须要使自己的论点具有充分的说服力，赢得每一次争论，"她的拥护者诺曼·圣·约翰·斯特瓦斯说，"而且对于那些不赞同她的人，她会感到愤愤不平。"[29]但是本着政界传统的虚伪原则，她在公开场合对待这些同僚还是很友善的。

玛格丽特·撒切尔在大选中同样采用了伪装艺术，将自己表现为一位温和的共识主义者。没有任何迹象表明她将会与矿工正面斗争，将大片的工业私有化，撤销收入政策或者要求欧盟退款。然而在私下场合她却经常谈论这些想法。她只是把这些观点和她的个人喜好一样都掩藏起来，一切都是为了赢得下一届大选。

玛格丽特·撒切尔在公开场合和私下场合的不一致也表现在一些个人事务上。我认为她比世人所感知到的更加具有吸引力。我认识的她勇敢、善良，具有女性魅力，对于她权力管辖范围内的成员，即使是地位最低微的人，也体贴周到。然而我知道她性格当中也有令人不快的方面，对于那些她认为对于政策讨论准备得草率马虎的同僚，她表现出盛气凌人的态度，但是至少她只斥责那些与她处于同一重量级的人物。

她的优势方面，最大的加分点在于她的勇气。这不只体现在大的舞台上，她敢于挑战特德·希思的领导权，对外交和国内政策勇敢地发表讲话。在许多小的决策上，她的处理方式也是无畏无惧。只举一个例子就可以说明：

1978年，我帮忙组织理查德·尼克松在水门事件辞职离开总统职务之后的第一次欧洲访问。那个时候，他在国际上是个被遗弃者。外交大臣戴维·欧文试图阻止他的私人访问。下议院议长取消了计划好的招待会。两届前任首相，特德·希思和哈罗德·麦克米伦都拒绝会见这位前总统。

在这些重要和优秀人物纷纷拒绝的风潮下，我询问玛格丽特·撒切尔是否愿意会见尼克松。她毫不迟疑地回答道，"当然，我非常荣幸能见到他"。当我把她的态度转达给紧张的议长乔治·托马斯的时候，他对于政党取消招待会的态度发生了一百八十度的转变。"这个女人太伟大了！太有魄力了！"他大声感叹道，"这就使事情的局面完全不同了。我觉得我可能还是要举行招待会的。"在下议院议长办公室玛格丽特·撒切尔和理查德·尼克松建立了友好的关系，后来在她就任首相后在唐宁街10号接待了他。[30]在未来，她将会通过自己"勇气和胆量的感染力"改变事件的进展。[31]这次的事件既不是第一次，也不是最后一次。

另外一个加分点是她的善良。对于因为厄运、疾病、失去亲人或者遭受任何形式不幸而处于人生低谷的人，她都会表达同情和关怀。在获得"铁娘子"的称号之后，她性格当中温柔的一面就被掩盖掉了，但是不论有多少反面的言辞，同情的确是她性格当中的一部分。我本人就曾经几次在一些小事上感受到这一点：对我临终教父塞尔温·劳埃德的关心；我住院期间收到的几个善意的便条；照顾艾瑞·尼夫的遗孀戴安娜；给其他一些生病或过世的同僚送去鲜花和信件；当中央总部的工作人员出现家庭问题，比如孩子生病的情况下，坚持要他们休几天假；等等。她后来作为一名冷漠的首相的形象具有其政治方面的合理性，但是在个人层面上她是具有关爱精神的。

玛格丽特·撒切尔另外一个鲜为人知的方面是她对于那些为她工作的人员的关切。在那些时日里，反对党领袖办公室的工作人员承受着高度的压力，面对严峻的考验和争议，持续超负荷工作。我与在那里工作的两个关键性人物非常熟悉——理查德·赖德，她私人办公室事实上的主任，以及卡洛琳·斯蒂芬斯，她的私人助理。他们谨慎处事，守口如瓶，非常擅长应付她情绪失控的局面。那是比他们言谈中所透露出来的更加令人难以招架的力量，但是他们彼此之间的尊重包容是同样强大的力量。正像对贴身男仆来说没有男人是英雄，对于私人办公室的工作人员来说，没有政治领袖是没有缺点的，但是这个格言对于她来说并不适用。

玛格丽特·撒切尔作为上司，对待工作人员总是体贴入微。在一些戏剧性事件当中,她可能有时候会做得太过分,而且事后也不会道歉;但是对于她的工作人员,她却始终保持亲切友好的态度。这两个形容词并不能与铁娘子自然地联系起来,但是在她担任反对党领袖期间,这却是事实。

她女性的一面很明显地体现在很多方面,首先就是她对于着装的品位,对于颜色的鉴赏力和对于窗帘、布料以及家具陈设的兴趣。我记得有一次她到我母亲的家中共进午餐,她花了五分钟的时间颇为专业地评论餐厅墙上的手绘中国墙纸,手指优美地轻轻滑过艺术家画笔流畅的线条。

至于她女性气质的其他方面,只需要一点儿男性的想象力,就会意识到玛格丽特·撒切尔是一个有魅力也有魄力的女人。在塞尔温·劳埃德的追悼会之后,我们被拍到一起离开威斯敏斯特大教堂。这张照片的拍摄时间是在1979年大选之前不久,她的帽子歪戴,一副俏皮的样子,她自信的双眼、丰满的臀部、圆润而匀称的体形以及优雅迷人的脚踝都给人以一个美丽女人的印象。

作为一名女性的政治领袖,她在政治舞台和媒体行业都引起了很大的反响,但我看得出来这一几乎独一无二的地位对她来说并不具有多大的意义。她对于女性主义事业也没有表现出兴趣。在与男性同僚争论的过程中,她不会乞求他们的同情,也不会对他们手下留情。这反而将他们置于不利的地位,因为对于她措辞激烈的辩论势头,他们不知道应该如何回应,对于她的谴责谩骂更是不知所措。

对同僚进行训斥是她最令人反感的地方,部分是因为除了持续不断进行谴责并越发引起他人的不快之外,主要是她不知道如何去处理这类事情。

丹尼斯经常遭到妻子的狠狠训斥,他曾经对我说:"你要做的就是,对于她的臭骂,左耳朵进,右耳朵出,完全不为所动,那样,即使是那些被骂得体无完肤的场合,对你来说也持续不了多长时间的。"[32]

有一次，我也领教到了玛格丽特·撒切尔的严厉训斥，那是在她担任反对党领袖期间发生的，至今想起仍令人胆战心惊。那天是在下议院，晚上很晚的时候，她把我叫到她的办公室，突然怒不可遏地对我大吼道："我听说你对威利·怀特洛说他就像是一只巴甫洛夫的狗一样。好吧，让我来告诉你……"三分钟之后，火山的熔岩流已经涵盖了威利的战争记录，对于同僚的不忠诚、我的傲慢自大、他感情受到的伤害，政党团结的重要性以及天知道还有什么其他的内容，我最终插上了嘴。

我回答说我并没有说她所认为我说过的话。这似乎进一步激怒了她。更猛烈地攻击朝着我的方向扫射过来。但是我坚持自己的立场，强调我当时只是评论说对于政府关于如何处理对警察的投诉问题的声明，反对党做出了"巴甫洛夫式的反应"，而这与对威利·怀特洛进行人身攻击还是有很大差距的。

玛格丽特·撒切尔根本就不理会我的辩解。她继续喋喋不休地斥责我，仿佛我把她的副手比作了阿道夫·希特勒。"但是这件事在议会议事录上有记载，"我抗议道，"你读一下，就会发现那是很温和的话，并不具有冒犯性。如果威利误解了，我感到很抱歉。"当她意识到我对于怀特洛的批评并不是私下的人身攻击，而是在下议院的公开场合对政策所做的评论时，她的态度终于缓和了一点儿——但是并没有缓和很多。维苏威火山继续隆隆作响，但已经停止喷发。这次的训斥终于结束了。

第二天，官方的记录证实我的评论的确只是温和而且不带个人感情色彩的客观论断。也许这是我做出的一个错误的论断，但是丝毫没有任何理由可以证明玛格丽特·撒切尔训斥我的合理性。这整整一周的时间里，她费尽心思地对我表示友善——我意识到这是她纠正自己过激反应的方式。她不愿意承认自己是犯错的一方。

这次的小事件是玛格丽特·撒切尔每次发怒的一个很典型的事例。

有好几个同事都遭到她无休无止的指责和带有个人情绪的抨击，感觉受到了伤害。颇具讽刺意味的是，其中的一个是威利·怀特洛，他在1976年对朋友发牢骚时说，"我这一辈子都没有被人那样训斥过"，那次他因为没有完全熟悉内政部简报，遭到她的严厉呵斥。[33]

只有少数几个政治对手掌握了应对玛格丽特·撒切尔的一些特殊的技巧，政府当中有一两个人非常擅于此道。1975年到1979年间，她身边只有少数几个人知道如何应对她反复无常的情绪变化。他们是卡洛琳·斯蒂芬斯、理查德·赖德、罗尼·米勒、戈登·里斯和提姆·贝尔。他们透过她独特的女性特质，不仅看到了她巅峰时刻的成就，而且理解她低谷时候的脆弱，因此虽然方式不同，但他们都能将她身上最好的一面激发出来。当然还有丹尼斯，他要容忍很多，但是他却是她最终自信心的来源，是她最终信任依靠的坚固磐石。

随着选举日的临近，人们越发觉得英国面临的是一场分水岭式的大选。不论他们忠实拥护的是什么，大多数人都意识到20世纪70年代不论经济还是政治方面都遭受严重挫败的艰难状况不能再持续下去了。对这一时期英国政治地壳构造般的巨变有深刻认识的一个重要人物是詹姆斯·卡拉汉。在选举活动的收尾阶段，他对工作人员发表过一两次自己的看法，充分揭示了他对于选民情绪上所发生变化的了解。当他的演讲词撰稿人交给他一份含有对他政治对手进行人身攻击的草稿时，他否定了它，并说道："我不会用那样的言辞攻击撒切尔夫人。大概一周之后，她可能就是英国的首相了。"[34]

伯纳德·多诺修是首相最亲密的政治助手，他察觉到卡拉汉心中对于玛格丽特·撒切尔在竞选发言和节目宣传当中所传达的信息越来越感到钦佩。即使民意调查显示两党之间的差距在逐渐缩小，卡拉汉私下里对于他自己未来获胜的前景仍旧持怀疑态度。选举日前最后的一周，在驱车离开工党集会的路上，多诺修提出如果当前的势头持续下去，胜利将还会属于他们。当汽车绕过议会广场时，首相表达了不同的意见：

> 每三十年左右，政坛都会发生一次翻天覆地的巨变……那时不论你说什么或做什么都无关紧要。民众想要的和他们赞同的都变了。我怀疑这次正在发生的就是这样的一次巨变——而且情况是有利于撒切尔夫人的。[35]

在选举日前夜，这场翻天覆地的巨变正是玛格丽特·撒切尔取得成功的最后一剂原料。她正乘着波浪的顶峰踏上权力的宝座。她周围凝聚着一股强大的力量，令人振奋。她周身所蕴含着的强大电量，既吸引人靠近，又将人拒斥于一定的范围之外。你一旦靠近她电力所及的范围，便立刻感受到那股强大的电流。你感受到她将会使整个民族遭到电击——但这会使整个政体恢复活力还是使它彻底崩溃？她对于答案有着十足的把握，但是议会中政党的大多数成员，对他们希望的或惧怕的是什么，并不很确定。

胜利

当选举日最终降临的时候，玛格丽特·撒切尔心中对于最终的结果已感到确信无疑，尽管她声称感到很紧张。上午9点在切尔西市政厅为保守党候选人尼古拉斯·斯科特投票之后，她不自然地开了个玩笑："在蛋还未孵出时，我们从不会忙着数小鸡的数量。在唐宁街10号还未撒切尔化之前，也不能算胜利。"*[36]这是她自己写的玩笑话，对于开玩笑她还未做到得心应手。

---

* 这里 hatched 和 thatched 两个词形相似。前一句是个谚语，表示蛋未孵，别忙着数鸡雏；后一句是撒切尔夫人想要稍加更改，将 hatched 换为 thatched 开的玩笑，thatched 本意表示用茅草覆盖的，这里是指撒切尔夫人正式入主唐宁街10号，因此译作撒切尔化。——译者注

民意测验和报纸反响都很不错。她最新的也是最热心的媒体支持者《太阳报》首次对广大的工党读者群发出强烈呼吁："这一次为保守党投票吧——这是阻止衰败唯一的途径。"[37] 鲁伯特·默多克在撒切尔担任反对党领袖初期是属于反撒切尔阵营的一员，但是在敏锐地嗅到她成功的气息后，他临阵倒戈。那些摇摆不定的中间选民也是如此。所有最后的民意调查结果都显示她领先2~10.5个百分点。但是当天下午像往常一样在芬奇利选区对委员会会议室巡查时，她努力压制住自己的乐观情绪。之后她回到福乐街，享受了一次难得的奢侈的午睡。

午夜后不久，她到达了巴尼特市政厅，查看芬奇利选区的票数统计，早期选票结果的走向就令人鼓舞，保守党将组建下一任新政府似乎是非常明显的。对于多数票的预测还在上升，但玛格丽特·撒切尔并没有做出草率的评论。她坐在旁边的一个小房间里，观看电视报道，将选举结果记在反对党中央总部工作人员为她准备的一个摘要记事本上。现在鸡蛋正在孵化的过程中，她终于可以数小鸡的数量了。但是在最终结果宣布之前很长时间，她就已经确定自己会成为下一任首相。

因为有一个投票箱暂时被放错了地方，芬奇利选区在凌晨2点25分才宣布结果，玛格丽特·撒切尔赢得了7878票[38]，以比对方票数双倍还多的多数票优势获胜。她说对于全国投票的结果她保持着"谨慎的乐观态度"，在凌晨4点钟之前抵达中央总部欢呼着的人群时，她将其改成了"乐观的态度"。

到处洋溢着胜利的喜悦，一位英国广播公司的电台记者听到她说这"让人非常激动……但是无论如何，必须要保持平静，因为你必须如此"[39]。在那个洋溢着幸福的清晨，在欢庆的狂欢当中，眼神中的平静成为她的标志性符号。她正式表达了对于每一位中央总部工作人员以及政党志愿者辛勤工作的感谢。她只在一个场合下表露了自己的情感。她把罗尼·米勒叫到一旁，问他在唐宁街10号台阶上将要发表的演讲词准备的是什么内容。

他建议她应当援引阿西西的圣方济各祈祷文：

> 在有仇恨的地方，让我们播种仁爱；在有伤害的地方，让我们播种宽恕；在有猜疑的地方，让我们播种信任；在有绝望的地方，让我们播种希望。[40]

根据罗尼·米勒的说法，"她很少表达内心的情感，但是在一夜的紧张和情感不断的跌宕起伏之后，她已经难以忍受了。她的眼睛湿润了。她擤了擤鼻子"[41]。

当她和她的选区秘书艾利森·沃德一起坐下，将这些诗行打印出来的时候，艾利森也哭了出来。在私下场合的情感宣泄之后，她清晨5点回到福乐街，接受公众的欢呼。在那里，她得以抽空睡了几个小时。

根据最终的结果统计，保守党大获全胜，以压倒性的绝对优势获得了43个席位。全国票数倾斜达到5.1%——南方地区（7.7%）比北方地区（4.2%）要高。[42]当晚遭到最沉重打击的是影子内阁苏格兰事务大臣泰迪·泰勒，他输给了来自格拉斯哥凯斯卡特选区的工党议员，失去了席位。但除了这个例外，卡拉汉所预言的翻天覆地的选举变化发生了。

5月4日周五上午11点30分，玛格丽特·撒切尔回到了中央总部，提姆·贝尔和戈登·里斯建议她不要采用圣方济各的祈祷文，因为听上去"太过于虔诚"。[43]她咨询了罗尼·米勒，他告诉她不需要理会他们，并援引了温斯顿·丘吉尔的名字来证明自己的观点，而这似乎说服了她。

"那我应该如何答复他们两个呢？"她问道。

"告诉他们在还没有施行吻手礼之前，不能临阵退缩。"[44]

她决定仍旧采用圣方济各的祈祷文。

电视报道称吉姆·卡拉汉已前往白金汉宫上交官印。半小时之后，电话响了，是特德·希思，他想要表达祝贺之情。玛格丽特·撒切尔决定不接电话。"非常感谢他"，她指示道。电话铃声再一次响起，每个人都屏住呼吸。"你不会相信的，"卡洛琳·斯蒂芬斯说道，"是一个打错的电话"。[45]

气氛变得越发紧张，玛格丽特·撒切尔踢掉了脚上的鞋子，活动活动脚趾。丹尼斯问她是不是把白金汉宫错当成了印度寺庙。她瞪了他一眼，不过还是把鞋子重新穿上。3点的钟声刚刚敲响，就接到了女王的私人秘书菲利普·穆尔爵士打来的电话。

"好的，我们马上出发。"她说着话，放下了听筒。

"首相……"马克开口说道。

"还不到时候，亲爱的。"他的母亲责备道。

"是啊，"丹尼斯插嘴说，"车可能会在半路上抛锚呢。"

"如果是那样的话，我会走着去。"这位首相当选人用夸张但坚定的口气说道。[46]

车子驶出史密斯广场的时候，她想起用汽车电话向落败的泰迪·泰勒表达关切。得知她是在去往王宫的途中给他打来电话，他感到非常吃惊。在这一时刻，她同情和善意的话语使他感动得流下了眼泪。[47]

在觐见女王45分钟之后，首相玛格丽特·撒切尔抵达了唐宁街。她在一片摄影机的长枪短炮前面停下，诵读了并不契合她心声的圣方济各祈祷文。她的语气并不是在炫耀胜利，与她将要施行的政府计划也相悖。正如她必定知道的，"在有仇恨的地方，让我播种仁爱"是她政治信条的对立面。

正当她准备跨过唐宁街10号的门槛时，一位记者喊道："撒切尔夫人，此时此刻，你对于潘克赫斯特夫人*以及你在政治上的导师——你的父亲有什么想要说的吗？"

---

* 艾米琳·潘克赫斯特（1858—1928），是20世纪早期为争取女性选举权而斗争，主张妇女参政运动的领袖。

尽管将这两者并列起来显得有些怪异，但提到她的父亲很明显打动了她。这位新首相没有理会潘克赫斯特夫人，而是借此机会向阿尔弗雷德·罗伯茨致敬。她回答道：

> 是的，当然，我所有的一切都得益于我的父亲。这是真的。他把我抚养长大，教会我去相信那些我现在真正相信的东西，而这些东西正是我在为大选而战的时候所信赖的价值观。我相信正是我在一所小镇的一个普通家庭所学到的那些东西，帮助我赢得了这次大选，这在我看来是极其有趣的。[48]

提起她平凡的出身是非常好的公关策略。但是在唐宁街10号前门的另外一边等待着她的使命，很快就会展示出与谦逊和圣方济各祈祷文完全不同的特性。

回顾

尽管玛格丽特·撒切尔赢得了1979年大选，将她推向胜利的主要力量既不是她的政策，也不是她的领导权或者她的形象，而是"不满寒冬"。

受到这场全国性动乱影响最大的是被民意测验机构称之为"熟练手工艺工"的群体。他们是一群掌握熟练技能的工人阶级，想要工作更长时间以挣得更多报酬，却受到工会激进分子的阻止，而工党却迫于工会势力屈从于这些做法，这使得他们对工党大失所望。这些熟练手工艺工很多都是《太阳报》的读者，这也是为什么这家报纸的编辑拉里·拉姆在大选前和大选期间与提姆·贝尔和戈登·里斯展开如此亲密合作的原因。[49]

拉姆对于他的读者有着自己的看法，他认为他们当中的很多人在玛格丽特·撒切尔身上看到了他们所希望实现的价值观。他们喜欢她，是因为她自力更生、勤奋努力、志向高远、意志坚定、热爱祖国，而且痛恨英国陷入混乱无序的没落之路。这些读者和选民必须要克服的障碍是他们和他们的家人传统上一直是工党的支持者。玛格丽特·撒切尔演讲、广播的巨大推动力以及报纸的报道最终说服他们"破釜沉舟"[50]，正如她所说的，第一次为保守党投票。

大选之后对于选票数据的分析表明这一策略取得了成功。在这些熟练手工艺工或者说掌握熟练技能的工人阶级选民中，保守党达到了11%的选票倾斜。而在不熟练手工艺工或者未掌握熟练技能的工人阶级选民中，保守党的票数倾斜达到9%。相比其余选民对于玛格丽特·撒切尔的投票数据，这个票数倾斜幅度达到了其两倍之多。[51]

她争取到了那些以前从未给保守党投过票的工党支持者，开辟了崭新的局面。在20世纪80年代的大部分时间里，这群蓝领工人的支持成为她坚强的后盾，是她实施改革政策牢固的基础。正是因为他们的支持，她才坚定地与自1945年以来统治英国的中庸共识政治彻底决裂。

如果相信在唐宁街10号的门槛前所大声宣读的阿西西的圣方济各祈祷文的内容符合这位新任首相的心声的话，那么没人会猜到这一点。那只不过是一次欠缺思考的判断导致的毫无特色的虚伪言辞。因为这些话语是否为那位圣人所说，仍存有疑虑，而且它无法代表玛格丽特·撒切尔真正的想法或者真实的本性——正如世人很快就会发现的一样。

15
就任首相后的初步举措

开始

"那么,肯,我现在该做些什么?"这几乎是玛格丽特·撒切尔跨过唐宁街10号的门槛后说的第一句话。[1]她说话的对象是她的首席私人秘书肯尼斯·斯托,在她担任反对党领袖期间就曾与他有过偶尔的接触,并逐渐熟悉而且建立了信任的关系。

她对媒体诵读阿西西的圣方济各祈祷文时,他就在那道著名的前门的另外一边等她。与他一起挤在入口大厅里的还有首相府邸工作人员的整个团队,包括负责茶水的员工,也包括政府高层公务人员。在他们的新上司进门时,他们鼓掌表示欢迎,这种热情以及迎接队伍的庞大阵容似乎打动了玛格丽特·撒切尔。与他们寒暄过后,斯托引领她走进内阁会议室,那里摆放着她需要阅读的几份简报,摆在最上面的是关于核武器以及紧急安全事件的常规程序。内阁大臣约翰·亨特对简报内容做了汇报,她作为首相的工作已经开始了。

"准备充分、活力充沛、完全公事公办的作风、非常清楚自己想要的是什么",这是肯尼斯·斯托对玛格丽特·撒切尔在唐宁街10号刚开始工作头几个小时的描述。她首要的任务是组成新一届政府。国家重要机关的大臣们包括威廉·怀特洛(内政大臣)、卡林顿勋爵(外交大臣)和杰弗里·豪爵士(财政大臣)。媒体之前猜测她可能会邀请特德·希思出任外交大臣,但是她心里从未真正有过这个想法。在刚开始重组内阁的时候,她的确向肯尼斯·斯托提起过他,但只是咨询她将如何告知希思他不会被委任以外交大臣的职务。她委托信差将一封手写信送到他的家中,解释称经过"长时间的深思熟虑,对于外交大臣这个职务",她已经"决定委任彼得·卡林顿担任——正如我肯定你会同意这一决定——他在此职务上将有出色的表现"。[2]在给特德·希思写信前她对私人秘书说道:"我之所以不能让他出任内阁大臣,是因为

他将会一如既往，对我摆出一副屈尊俯就的姿态。"³

玛格丽特·撒切尔不喜欢他人居高临下的态度，这也是为什么她从第一届内阁当中排除了另外一个政治高层人物，她按照以往经验判断他可能会因同样的原因冒犯她。这个人就是担任影子内阁议院领袖的约翰·佩顿，他对于花哨的讽刺言辞过于学究式的做派使她厌烦。她将议院领导权委任于更加风趣的诺曼·圣·约翰·斯特瓦斯，至少他自己认为，他关于"女领袖"和"被赐福的玛格丽特"的笑话在她心中留下了特殊的"特许宫廷弄臣"的印象。

她第一届内阁成员的委任之所以如此出乎意料，都是因为她谨慎的作风。大多数新任大臣的职务与他们在野时在影子内阁中担任的职务相同，并没有右倾的迹象。一些撒切尔主义的热情支持者，例如尼古拉斯·里德利和乔克·布鲁斯-加戴恩，都感到非常失望。他们之前预计她会选择一支全心全意支持她改革议程的团队。

相反，她组建的是一届非常传统的内阁，他们大多数人早在麦克米伦、道格拉斯-休姆和希思政府期间就已经在政界站稳脚跟。政治评论员总是执着于关注内阁大臣们的阶级背景，他们愉快地指出，新任22位内阁大臣包括：20个牛津毕业生，6个伊顿公学的老校友，3个从英国温彻斯特学院毕业，6个前英国皇家禁卫队军官，5个高级律师，3个准男爵，2个世袭贵族，还有7个拥有大量土地的地产所有者。除了玛格丽特·撒切尔之外，只有两位大臣在公立学校接受教育——约翰·比芬和彼得·沃克。⁴她是唯一的一名女性。在首相勇敢开拓的新世界里，女权主义、极端主义以及货币主义似乎并没有得到很好的体现。

这些表象有几分欺骗性。表面看来，她挑选的内阁成员大多数人似乎对于撒切尔主义固有的态度都不甚热情，甚至比较冷淡，其中包括詹姆斯·普莱尔（就业大臣）、弗朗西斯·皮姆（国防大臣）、伊恩·吉尔默爵士（掌玺大臣和卡林顿勋爵在下议院的副手）、马克·卡莱尔（教育大臣）、戴维·豪威尔（能源大臣）、彼得·沃克（农业大臣)、乔治·扬(苏格兰事务大臣)、黑尔什姆勋爵(大法官)和索姆斯勋爵(上议院领袖),这是一支由怀疑主义者和共识主义者混合而成的老派队伍。不论首相在正面对抗工会的时候,或在以米尔顿·弗里德曼的经济学说取代凯恩斯主义经济学的过程中,他们似乎都不可能成为她热心的追随者。

然而,在早期撒切尔主义的构架中也有一些平衡因素。她亲自精心挑选了一个由财政部和开支部门部长组成的核心团队,他们都是她忠实的支持者,为她保驾护航。他们大多都在关键性的内阁经济委员会任职。她每周都会和他们一起参加早餐会,探讨秉承货币主义信条应采取的方针政策。这些内部人士包括杰弗里·豪爵士(财政大臣)、约翰·比芬(财政部首席秘书)、基思·约瑟夫爵士(工业部大臣)、帕特里克·詹金(卫生和社会安全部大臣)以及约翰·诺特(贸易部大臣)。在内阁之外还有两位非常有影响力的货币主义的推崇者,他们是奈杰尔·劳森(财政部财政司司长)和伊恩·高(议会私人秘书)。

到目前为止,政府当中提倡改革最重要的领军人物是首相本人。她是埃德蒙·伯克的那句名言"一个秉持信念的人敌得过千军万马"[5]中的那个人的真实化身。如果尚存一丝疑虑,认为权力的压力会淡化玛格丽特·撒切尔改革的激情,那么这种怀疑在大选11天之后她的议会首秀时也已烟消云散。以传统的关于"女王致辞"的辩论开始,她勾勒出了政府在未来一年当中的立法项目,展示出非同一般的政治热情。

坐在后座议席上听着她激情澎湃的表演,只有少数几个人意识到玛格丽特·撒切尔要将陈旧的共识政治完全摧毁的决心,我是其中一个。看到保守党像弗朗西斯·皮姆和伊恩·吉尔默一样的达官显贵们不安地坐在前座议席座位上,而他们的领袖正以摧枯拉朽之势冲破障碍,以经济议程为首要任务势如破竹般勇往直前,我在想他们这些人在多大程度上赞同她正在做的这番"亲切的演讲"的基调。

玛格丽特·撒切尔首先提醒议会她赢得了这次"分水岭式的大

选……两党之间的选票差距高达200万张,是自1935年以来差距最大的一次",她公布了在竞选期间她非常小心地没有详细阐明的改革议程。必须削减公共开支,通过预算案在一个月的时间内降低所得税,每一位地方政府出租的廉租公房的租户有权购买他们所居住的房子,可办理百分之百按揭贷款,享受大量折扣。文法学院将得以保留,工会权力必须加以抑制,将要裁减公共部门,物价委员会和《社区土地法案》将被废除。企业当中国家持有的股份将被转卖,政府的方针是要重新在个人和国家之间建立平衡。[6]

她对演讲(由她亲自执笔)投入的激情使下议院的议员们目瞪口呆——如果你赞同她的观点,那么会满怀敬仰;如果不赞同,则会感到愕然。而这两种看法的分类并不一定是由对政党的忠诚来决定的。在首相坐下之后,我去了茶室。我记得一位苏格兰工党议员,迪克森·迪克·梅本博士说道:"太有勇气了!她正是选民们迫切需要的领袖!"[7]

好几个保守党议员态度反而更加犹豫。"应该用现实的冷水把她浇醒",来自沃金厄姆的保守党党员威廉·范·斯特劳本齐说道,他因为热衷于英国新教圣公会的陈词滥调而被人冠之以"主教"的外号。[8]托尼·本在日记中的记录捕捉到了左翼议员的心态,他描述她的演讲是"我一生在政府前座议席上听到的最放肆、最莽撞的右翼演讲"。[9]

6月12日公布的财政预算案比大多数观察家所想象的更加大胆,也更加右倾。尽管经济环境变得越发恶劣,通货膨胀率高达10%,而且还在上升,首相和财政大臣共同的目标却是坚定不可动摇的。玛格丽特·撒切尔和杰弗里·豪之间的关系最终将会恶化并导致她的下台,但在1979—1981年期间,他们默契十足,配合紧密,而两人之间真正的推动者是玛格丽特·撒切尔。

他们两人共同制定了一个财政预算案,将公共开支缩减35亿英镑,将最高税率从83%降到60%,标准税率从33%降低到30%,解除工资和股息限制,取消外汇管制。[10]最后一项举措在10月份分三个阶段实施，证明他们对于自由市场抱有的极大信心。解除对于资本流动的所有限制可能会导致英镑的崩溃。事实上，国际市场已经促使英镑升值，而且宣布这一举措的头天晚上，玛格丽特·撒切尔产生了片刻的动摇，甚至超出了杰弗里·豪的犹豫程度，导致这项举措差点夭折，而其最终能够得以实施，可谓死里逃生。

采取这些大胆的举措，是需要付出代价的。为了应付这些削减的税款，只能通过直接课税这一渠道，增值税在已有8%和12.5%的基础上大幅度提高，统一增长到15%。[11]通货膨胀率，受到急速上涨的原油价格的刺激，上升到原来的两倍多，在财政预算案实施后一年内从10.3%增长到21.9%。利率激增到17%。[12]失业人数逐渐攀升，最终达到被认为是骇人听闻的200万。同样增长的还有对于内阁产生怀疑的人数。

应对内阁

应对内阁并不是玛格丽特·撒切尔的强项，这最终也成为她下台的主要原因之一。但是在她执政早期，她在政府管理上还是表现了很好的合作态度。一些政界老手对她给予了肯定，把她与特德·希思相提并论，特德·希思对于政策问题上广泛的争论采取的更多是压制和限制的手段。

相反，这位新上任的首相非常鼓励内阁中展开激烈的辩论。她喜欢就某一话题首先发言，通常都非常具有说服力。她会毫不犹豫地打断那些与她的观点不一致的人的发言。在她担任首相的晚期，对于那些初到内阁的新手，她的这种风格被认为有些令人生畏。但是在早期，她周围的都是更加老练也更加有经验的同僚，他们不是那么容易就被吓到的。因此这种分享的决策过程相当有效，而这很大程度上也要归功于威利·怀特洛。他非常擅长总结内阁评议的结果，既能够安抚持不同意见者，又可以引导决策朝着首相想要的方向发展。有时候要实现这一目标会变得相当棘手，威利有一个习惯，那就是用他的右手拉起眉毛，仿佛要把他自己和他的听众们都一起拉向想要的结论。这是一个非常有趣的怪癖，不过似乎能够达到正确的结果。

有一种说法认为，玛格丽特·撒切尔从未真正了解内阁政府的概念，因此当1988年怀特洛因为一次轻微中风退休之后，她就完全丧失了掌控它的技巧。在她执政早期，一位重要的政治人物，虽然从未与她共事，但是却很清楚地指出了她的这一缺点。伊诺克·鲍威尔在我家的一次晚宴上开玩笑地说：

> 问题在于，内阁政府是男人的终极团队游戏。所有那些公学里的男孩子们，从童年时期就在足球队、板球队、军中团队以及政治的高层内阁团队中得到训练。但是她是一个女人。她的思维方式相当不同。女人为她们的男人、她们的孩子、她们的家庭而战，但是她们并不是团队作战。因此她不知道如何担任一个团队的队长，这丝毫不令人惊讶。她没有元首的概念。她是好莱坞电影当中被称作是"独行侠"的人。[13]

内阁中的一些人无法避开这位独行侠的子弹。对那些她觉得无能的大臣，即使是他同部门的官员都在场的情况下，她表现得也非常粗鲁，令人无法忍受。这种做法已经违反了首相行为之前所有的规则。但是玛格丽特·撒切尔处于战斗情绪的时候，不遵守昆斯伯里规则*或任何其他的规则。

最早成为她粗暴的申斥对象的内阁大臣之一是能源部及其大臣戴维·豪威尔。他是伊顿公学毕业的一位老校友，冷静理智，谦恭有礼，在希思政府期间的北爱尔兰事务上担任威利·怀特洛的二把手，内阁经验非常丰富。他的经济观念切合撒切尔主义，曾担任玛格丽特·撒

---

* 一种拳击规则。——译者注

切尔演讲稿撰写团队的领头人,表现令她相当满意。然而在政府当中,他发现在首相眼中,他所做的一切事情都是错的。他回忆道:

> 她从一开始就对我所在部门的一切事物和所有的人都充满着敌意,这就仿佛是她宣布了单方面的独立宣言,把我们排除在外。她把能源部看成是一个庞大的国有化工业机构,效率低下、开销巨大,尤其是煤炭、电力以及核能三个部门。她认为北海石油项目是官僚主义制造的烂摊子。她不喜欢常务秘书和常务副秘书,她对我很粗鲁,很不友好,情况变得越来越艰难。[14]

这不仅仅是一位受到围困的内阁大臣受到伤害之后的反应。戴尔·豪威尔的政务次官是诺曼·拉蒙,他对首相在其与能源部大臣的会议上表现出的咄咄逼人的挑衅态度感到非常沮丧,因而决定去见基思·约瑟夫爵士,私下向他诉苦。"哎,我也感觉到了她的敌对态度,"约瑟夫感到有趣,漫不经心地说道,"要知道,她用一种创造性的毁灭来强调她的观点。"[15]

在政府生涯的早期阶段,玛格丽特·撒切尔不时欺辱同僚的性格缺陷并不为世人所知,尽管后来她因为没有公正对待杰弗里·豪爵士的事情而变得声名狼藉。但是在内部的核心圈子里,她对于政治高层,甚至是对内阁成员的粗鲁态度,似乎也令人震惊。"这不只是一个错误,"当卡林顿勋爵为外交部的一些小的过失道歉的时候她呵斥道,"这是无能的表现,而且是源自于领导层的无能。"[16]

当大法官黑尔什姆勋爵正试图向内阁解释为什么最高法院的法官应当享有工资和养老金时,她诘问道:"他难道不是太讨厌了吗?他实在是太讨厌了!"一次上午很晚的时候,仍在讨论关于公务员的薪金问题,她瞥见索姆斯勋爵看了一眼手表(公务员薪金问题是由他负责的工作),于是批评道,"如果你想去吃中午饭,克里斯托弗——你现在可以去了"。[17]而对于那些太过依赖部门简报的大臣们，当然不止一位，她训斥道："你们手下的公务员又控制你们的思想了，我对此丝毫不感到惊奇。"[18]

这些攻击在内阁的会议记录上从未被记载下来。但是有很多次令大家印象深刻，毫无疑问，玛格丽特·撒切尔的领袖风格展示出令人颇感不适的尖酸刻薄。不过她还有一点可资弥补的可取之处，那就是她欺辱的对象大多数时候是那些与她地位相当的政治高层。不得不承受她粗暴抨击的是那些保守党的政要而非职位较低的官员。但有时情况会变得非常严重。在一次涉及下议院事务的风波之后，诺曼·圣·约翰·斯特瓦斯深受打击，在离开内阁会议室时评论道："没人会相信情况是这个样子的！"[19]

玛格丽特·撒切尔在内阁情绪爆发的最令人难以置信的一次发生在1979年11月20日，那是她执政的早期。帕特里克·詹金是卫生与社会安全部大臣，他当天下午要在下议院就《社会保障法案》进行二读，这个法案将会大幅度缩减公共开支。他向议员们列出了立法大纲的要点。"对于罢工者家庭补助金的削减体现在哪里？"首相询问道。帕特里克·詹金回答说，由威利·怀特洛担任主席的内阁立法委员会达成明确的决议，将在下一届议会会期提出一项单独的《社会保障法案》处理这一问题。

"为什么不在这一次一并处理呢？"首相盘问道。在得到同样的解释后，这个事件本可以就此作罢，虽然会令人有些失望，但是下议院议长诺曼·圣·约翰·斯特瓦斯却提出不同意见。他评论说，事实上在现存法案计划的附属细则当中，国务大臣们被赋予一定的权力，允许他们对罢工者家属削减补助金。

"很好，立即执行！"玛格丽特·撒切尔说道。

"那么我将不得不在今天下午的演讲当中告知下议院。"詹金回答说。

"不，你不必。让他们自己弄清楚这一点。"首相反驳道。

紧随其后的是一场激烈的争论。帕特里克·詹金说他不会也不能向议会隐瞒运用政治上如此敏感的一项权力的意图。

"不，你能。就等着让他们自己弄清楚就是了！"玛格丽特·撒切尔继续重复说道。帕特里克·詹金尽管遭到猛烈打击，但仍旧坚持自己的立场。"好吧，在解决这件事情之前，我们所有人都不能去圣玛格丽特教堂。"首相怒不可遏地宣布。她指的是威斯敏斯特圣玛格丽特教堂的追悼会，而很多内阁成员按计划在中午12点都要出席。

在一番唇枪舌剑的争论之中，威利·怀特洛和卡林顿勋爵都支持詹金，他们认为国务大臣不可能按照首相所建议的方法行事而不受到惩罚。面对两位重量级政治大腕的反对，玛格丽特·撒切尔做出了让步——但是表现得很没有风度。

"她脾气变得相当暴躁，"帕特里克·詹金回忆道，"而且当她傲慢地走出内阁会议室，出发前往圣玛格丽特教堂的路上时，她竟然对我大声吼道：'这是我们政府所做的最糟糕的决策！'"[20]

这一不快发生之后，情绪低落的詹金和他的老友财政大臣杰弗里·豪穿过马路，走向唐宁街11号。"好吧，帕特里克，"财政大臣安慰道，"你现在已经见识过她的缺点了——但是她的优点还是非常值得我们忍受这些不愉快的。"[21]

在豪内阁生涯的晚期，他放弃了这种观点。但是在那个时候，他的话成为他自己和其他高层内阁大臣坚守的信念。他们和玛格丽特·撒切尔都有过一些不愉快的过节，但是他们大多数人都相信她领导才能当中有利的方面。

挑战政府行政部门

《是，大臣》在1979年还未作为电视系列剧出现在电视屏幕上，但是它用夸张的手法所讽刺的文化已经深深地根植于玛格丽特·撒切尔的脑海中，她认为这是事实。她掌权以来，本能地不信任政府行政部门，这源自于她在教育部时的一些不愉快经历。她自始至终对于白厅的政治机构抱有不信任态度，但是她却对少数几个与她有着相似的才能和活力的政府公务人员越来越信赖。她对于政府机构的怀疑和对于机构当中少数个体的兴趣之间的悖论，使她的政府逐渐变得像是由一个叛军领袖带领的游击队。

"你没有被你的火星人唆使，是吧？"[22]这是她在1979年秋天向就业部政务次官彼得·莫里森提出的问题。这一意象非常具有启示作用。因为玛格丽特·撒切尔头脑中的一部分宁愿相信政府公务员住在另外一个星球上。她决心要攻击它，减少外星人的数量，取消他们的特权。这些星球大战结果不同，但是它们很快就突出了首相性格对政府机构的影响。

她的改革大刀伸向的第一个目标就是行政部。她终止了该部门的人才招聘，削减了14%的工作岗位，创造了她自己的"高效部门"，由德里克·雷纳爵士担任部门主任，他是玛莎百货的董事长，而他所在部门的审查为国家节约了超过2亿英镑。这些剧变给行政部的常务秘书伊恩·班克罗夫特爵士带来了很大的伤害，因为他成了她所痛恨的汉弗雷爵士。

第一次的冲突发生在1979年6月，他告诉她说这个月末，她的首席私人秘书肯尼斯·斯托将要被调任到贝尔法斯特担任北爱尔兰事务部常务秘书。玛格丽特·撒切尔反对这位一流的私人秘书的调离，虽然他们共事刚刚三周时间。伊恩·班克罗夫特提出反驳，解释说斯托的新职务是在原来公务等级基础上的晋升。首相反驳称在他当前的职务上，他将必然会被提拔到更高的公职。班克罗夫特拒绝了这一提议，而这在她看来是不可理喻的。* 最后在班克罗夫特不得不打出所谓

---

* 玛格丽特·撒切尔最终赢得这次争论的胜利，但是用时较长。首相私人秘书的职位现在已经升级到了常务秘书的等级。

的"同情牌"的时候，这一僵局才最终被打破。他争论说在历时四年为三位首相服务之后，斯托需要与他年轻的家庭共度更多的时光。玛格丽特·撒切尔性格中鲜为人知的一面是她非常为工作人员的家庭着想。因此她非常得体地做出了让步，并且为表达敬意，她为肯尼斯·斯托的调离举办了一次送别宴会，而对于班克罗夫特，她却怀恨在心。她对于他的怨恨在一次晚宴造成的灾难性后果之后恶化了，她后来描述这次晚宴是"我的整个政府生涯当中最阴暗的时刻之一"。[23]

根据当时出席了这次令人难忘的可怕事件的卡林顿勋爵的说法，这次晚宴的前景本可以向更积极的态势发展。这整件事情如何偏离正轨，能够非常清楚地揭露出玛格丽特·撒切尔的性格。

1980年年初，她邀请了所有白厅常务秘书和他们的妻子在唐宁街10号就餐。"以前没有任何一位首相这样做过，"卡林顿回忆道，"这些政府高官感到受宠若惊。他们完全听从她的摆布，甚至愿意为她做任何事情——那是在她站起来发言之前。"

玛格丽特·撒切尔对于这群经过精挑细选身居政府要职的公务人员所要发表的饭后演讲的主题就是要告诉他们，他们是一群毫无用处、效率低下的人，应当避免妨碍政府的公务，做他们被告知应当做的事情。这23个"汉弗雷爵士"并不是唯一感觉受到侮辱的人群。"我感到大为震惊，"卡林顿说道，"这样一位聪明的女性，竟然表现得这样毫无缘由的粗俗无礼，简直就是太愚蠢了。她本可以采取任何一种更好的方法来阐明她的观点，相反她却以一种家庭女教师式古板的恨意一股脑儿地展示出她最恶毒的一面。"[24]

不可避免地，对待她开场的抨击谴责，大家的回应非常冷淡。伊恩·班克罗夫特爵士作为行政部大臣，做了第一轮的回复发言。在首相的观点里，这是"一个满是抱怨和充满负面情绪的菜单"[25]，而问答环节则使情况更加恶化。

这次气氛压抑的晚宴碰巧发生在恐怖主义者围困伊朗大使馆的第

二天，这一事件最终以英国特种航空部队戏剧性地拯救出所有人质结束。晚宴上国防部的常务秘书之一，弗兰克·库伯爵士在问题环节暂时溜了出去。当他离开的时候，财政部常务副秘书劳伦斯·艾雷爵士低声咕哝说，他希望弗兰克已经去召集特种航空部队前来营救这些在场的人质。玛格丽特·撒切尔无意间听到了，但并不欣赏这个玩笑。

劳伦斯·艾雷爵士之后很快便被调离白厅，成为英国国内税务局的主席。但他的境况至少比班克罗夫特要好，他的整个部门在1981年被裁掉，其职能被委托由内阁办公室和财政部分担，而他也不得不提前退休。但是不论是从短期还是长期效果来看，玛格丽特·撒切尔宴请白厅高层官员的事件都是一次彻底的灾难。

首相采取的干涉主义策略并未终止于她与常务秘书之间发生的摩擦。她着手对每个主要的政府部门进行一次巡查。在白厅的底层部门，她的到访受到了欢迎。玛格丽特·撒切尔见到基层工作人员时，表现出了她迷人的一面，几乎具有皇家的风范，她感谢他们所做的工作，并对他们为政府做出的贡献表达了感激之情。但是当她会见高层的政府官员时，到访的和善女王瞬间化身母老虎。她会抓住某一个人，质问他们一些细节，使他们惊恐不安，仿佛想要展示出她比这些部门的专家了解得更多。他们中的有些人因为这次经历而萎靡不振，而另一些人则决定反击。

在她早期巡查吉姆·普莱尔的就业部时，一位负责政策和工会法的非常出色的副秘书长唐纳德·德克斯与她就次级纠察的相关法律进行争论时僵持不下。他对她表现出的无知感到非常恼火，最终他问了一个问题，使她沉默了下来。他问道："首相，你真的想了解事实吗？"这次的交锋之后，德克斯在政府公务人员晋升时再也没有得到提拔。吉姆·普莱尔认为他仕途的停滞不前都是源于那天下午德克斯被标记上的那个"黑色污点"。[26]

玛格丽特·撒切尔的确想要了解事实，但是这些事实如何传达给她,则是一门艺术,而只有白厅中那些最擅长沟通的政府公务人员才能够掌握这门艺术。那些聪明而且活力充沛的官员,通常以积极的解决方案而非否定性的警告的方式为她提供建议,对于这些人,她通常给予的是积极的回应。她偏爱那些思维活跃而且能够直率袒露想法的提议者,对于诸如"对您满怀敬意,首相"之类的言辞讲究,说话卖关子、兜圈子的人,她会变得非常没有耐心。

外交与联邦部的常务秘书迈克尔·帕利泽爵士[*]是她尤其反感的一个人。她既不喜欢他亲欧的观点,也不喜欢他过于讲究外交辞令的陈述风格。她更喜欢用争论和交战的方式对政策进行检验。对于温和的男性,她总是存有偏见,当这些人在想要使她确信目前的情势一切运转顺利的时候,她认为他们听上去高人一等,因而态度总是生硬粗鲁,很不友善。她对帕利泽的敌意最终使他未被授予终身贵族的身份,而通常外交与联邦部的常务秘书在退休时按常规会被授予此项荣誉。很多人,包括很多政界显要都认为她对待帕利泽"非常不公平"。[27]

在这些会面当中,第一印象非常重要。塞西尔·帕金森1979年时担任基层的贸易部长,他对首相见到政府公务人员时的第一反应做了非常有趣的阐释。当她对贸易部进行巡查时,他坐在她的旁边,看到她追问坐在桌子对面的每一位高级官员他们的职责和目标。他回忆道:

> 她手上有份清单,包含所有在场的官员的名字,当他们发言的时候,她就在他们名字的下面做上标记。他们有些人是以虚线标记的,而有些人则是实线。我很快意识到,虚线的意思是她眼中的那些恶人,而实线标记的是好人。只有两种分类,每个人被划分进其中的一种或另外一种。[28]

---

[*] 迈克尔·帕利泽爵士(1922—2012),1975—1982年担任外交与联邦部常务秘书以及外交部门负责人。积极的亲欧派人士,是英国驻欧洲经济共同体的第一位大使,并与欧盟创始人之一保罗-亨利·斯帕克的女儿成婚。

尽管她整顿白厅的方法不同寻常，然而政界显要们领会了她的用意，意识到这位新的首相下定决心要把她的观点和她的意志强加给整个政府机构。

回顾

在唐宁街10号11年半的执政期刚开始的时候，玛格丽特·撒切尔的领导风格令人费解，既有跟随直觉的决定，谨慎的举措，也有愤怒的回应和勇敢无畏的主动出击。

她的性格特点在工作中逐渐展现，很多人都在观察，但是很少有人能理解。她因为敬业奉献的精神，而非判断能力而受到大家的尊重。她赢得了大选，但是她的首相生涯能够持续多长时间仍旧无法确定。她有一种强烈的使命感，但是对于如何能够达成最佳结果，她却并未掌握其中的技巧。

她自己所感知到的虚弱环节在于她必须要领导内阁和政府行政部门，而他们并未决定投身于她所信奉的事业。当设法尽力解决政府内的复杂情况的时候，她意识到了一个非常简单的事实：她不得不在多条战线同时作战，才能实现她对选民所承诺的英国的复兴。

玛格丽特·撒切尔对于艰苦作战并不陌生。她的整个生涯都投身于战斗中，经常是要面对巨大的困境，要规避威斯敏斯特和白厅的精英世界针对一位地位不断升高的女性政治家所抱有的偏见、傲慢和蓄意阻挠的强大力量。她打败了他们，成为顶层的政治家，取得西方民主政体里第一位女性领袖人物的独特地位，她本可以摆脱掉在担任反对党领袖期间困扰她的不安全感和妥协的压力。然而那些经历既给她留下了创伤，也激励了她。现在她已经成为首相，却仍旧把自己看作是一个局外人，必须要为自己的每一寸土地而战。

局外人展示出的并非温和的性格,却是成功的政治家通常具有的性格特点。她使用激烈的言辞、严厉的手段和粗暴的态度来实现她的使命。她本性当中粗鲁的一面会伤害那些妨碍她行事的人以及那些她本能不喜欢的人。她倾向于迅速做出判断,而这导致了很多的不公平。她对她的内阁秘书,罗伯特·阿姆斯特朗爵士说过,"我通常在30秒钟之内就能对人做出判断,而且100次当中有99次我都是对的"[29]。

　　这番自我刻画很荒唐,然而在唐宁街10号的早期岁月里她的表现的确如此。有些场合她对于X大臣或者Y公务员过快做出判断,或者做出过于消极的判断,这对他们的政治生涯通常造成了严重的后果。首相的直觉通常是最终的决断。

　　她组建的第一任政府是一支令人不安的联盟,其中既有真正的拥护者,也有不忠诚的反对者。而经验的缺乏使她任命了太多隶属于后面一个派系的成员。大量内阁同僚和白厅高层官员把自己看作是英国没落过程中顺从的管理者,而这部分人的立场通常比较中庸,也给她的政策造成了拖累。当她决心要扭转这一局势的时候,她充满活力的极端立场和她周围那些中庸派的惰性之间立即产生出一种紧张的氛围。

　　她如何攻克了这种惰性的故事在有些阶段能够鼓舞人心,然而在其他时候却毫无吸引力。但是在她真正前行到能够推行她的使命的实质性环节之前,她首先必须要经历一段积累的过程,学会如何统治管理。

16

学习过程

在唐宁街10号

在成为首相的第一天晚上,玛格丽特·撒切尔举办了一个小型的晚餐会,这预示着她在唐宁街10号工作的基本方式,既热情好客,又朴素节俭,包括官方工作人员,也包含政界人员,气氛温馨友善,务实高效;晚餐会结束得很早,因为还有许多工作要做,要忙到深夜。

1979年,唐宁街10号的政府中心与布莱尔任首相期间扩张的庞大的政府机构相比,规模要更加适中,工作人员总人数不到100人,而与美国白宫或者法国爱丽舍宫相比,规模则显得过小。这里没有电脑,没有移动电话,也无须面对一天24小时循环新闻报道的要求。这里感觉更像是一个私人住宅,其核心被准确地命名为"私人办公室",包括6个白厅最优秀、最聪明而且志向高远的团队成员。玛格丽特·撒切尔只带来了屈指可数的几个外部成员。一个是她的政治秘书理查德·赖德,他在反对党领袖办公室大本营时就已经与肯尼斯·斯托就如何谨慎安排权力交接的相关事宜问题进行接洽,这项工作持续了几周的时间。

另外一个非常关键的新来人员就是卡洛琳·斯蒂芬斯,她曾担任过多位保守党议员的前任秘书,包括特德·希思。她的父亲担任议会书记官,这个背景使她在过去四年撒切尔担任反对党领袖期间一直是撒切尔团队当中一位非常有实力的成员。在唐宁街10号她的头衔是日程登记秘书,但是她的职责更像是高级行政助理、女性知己和私人信息的传达者。丹尼斯确保每个人都有一杯酒,玛格丽特·撒切尔则用勺子舀出肉馅土豆泥,这是她在位于福乐街的家中制作的,并监督着将其运送到唐宁街。

享用第一顿晚宴的宾客群体在接下来的几周里得到了扩充,由于一些补充的政治任命,尤其是伊恩·高,首相的议会私人秘书,或称为PPS，还包括约翰·霍斯金斯，首相政策决策小组的负责人，以及戴维·沃尔夫森，他是一位私人助理，他拥有的财富使自己被提拔到了政治办公室名义上的主任的职务，然而，在担任这一角色时，他逐渐变得越来越不活跃。"随着时间的推移，他所做的越来越少了"[1]，肯尼斯·斯托说道。沃尔夫森下午6点准时下班到"改革俱乐部"打桥牌的习惯与他上司勤奋紧张的工作伦理并不协调。

玛格丽特·撒切尔对于政府行政部门的理解局限于她在教育部与其他官员接触的经历。他们思想狭隘，孤立保守，在政治态度上是顽固的左翼分子，难以形容的高傲，对于右翼政务大臣抱有蔑视的态度。因为之前与可胜街教育神职人员之间发生的冲突，首相来到唐宁街10号时心怀错误的猜疑，认为整个白厅的工作人员都会是同样的敌对态度。但是，她发现整个私人秘书团队成员不仅智力超群，而且异常勤奋，他们夜以继日地辛勤工作，为她做好服务，这使她深受感动，因此决定在政府行政机构当中着手挑选出其他一些杰出的人才。"她想要找的是有才干的管理者，并不只是老练的政策顾问"[2]，她的内阁秘书罗伯特·阿姆斯特朗爵士说道。本着同样的精神，首相几乎是以列宁主义者的激情集合了一支由出色的政府官员组成的小型团队，他们将会帮助她使政府向着她设定的目标迸发，重新树立起英国的民族目标，重塑英国人的民族自豪感。

她所继承的唐宁街团队是由两个即将离职的高层政府行政人员精心挑选的，他们是首席私人秘书和内阁秘书。玛格丽特·撒切尔来到唐宁街10号后的几周内，这两个职务都换了人，并不是出于她的要求，而是遵循行政部门规定的轮换以及退休时间表。因此她不得不亲自指派这两个关键性职位的继任者，而她很大程度上依据的是自己的直觉。

她想要留住肯尼斯·斯托的努力归于失败，作为他的继任者她选择了克莱夫·惠特莫尔，一位国防部的技术官僚。他之前毕业于萨里郡的文法学校，有雄心壮志，之前在就核威慑力量的问题向首相做部门简报的时候给她留下了深刻印象。在之后动荡的三年内，包括马尔维纳斯群岛战争期间，他们持续了高效的合作，不过他们之间仅局限于专业关系，从未变成亲密的朋友。这种合作关系在她擢升惠特莫尔担任他之前所在部门的常务秘书时终止了，他当时才47岁，对于这个职位来说显得异常年轻。

她选择继任行政机构最高职位的人选是罗伯特·阿姆斯特朗爵士。"我想要你继任约翰·亨特的职位，担任我的内阁秘书，而且我想要你知道我不曾考虑过任何其他的人选"，这是1979年7月9日在她与他会面时的开场白。这既令他备感荣幸，也有些出乎他的意料。他之前对于自己能否获得这项任命并没有太多的信心，因为他曾在1970年到1974年间担任过首相特德·希思的私人秘书，与他关系密切，这被有些人认为是不利于他的一个因素。

尽管在处理希思-撒切尔关系时，阿姆斯特朗曾遭遇过一些艰难的时刻，她却逐渐喜欢并信任他。他们之间的交情也可以回溯到很久以前，1946年他们在牛津大学读书的时候都曾是"巴赫合唱团"的资深团员，这个合唱团的指挥是罗伯特的父亲托马斯·阿姆斯特朗爵士。这次对他进行任命的会面是以关于音乐的交谈结束的，当时罗伯特·阿姆斯特朗询问他是否可以在担任内阁秘书职责的同时，担任考文特花园皇家歌剧院董事会的秘书。"当然了，你可以继续在歌剧院工作，但是抽时间能否带我一起去。"首相回答说。他们的第一次皇家歌剧院之夜是观看莫扎特的歌剧《女人心》，她非常享受这一过程，但是评论道："故事情节太不道德了！"[3]

唐宁街10号的工作运转很快就受到了玛格丽特·撒切尔所信奉的原则的影响——符合道德规范、政治性和私人化。在私人层面上，她对于她的工作人员表现出明显的关切，当某个工作人员遭遇困难时，她会采取一些小的善意的举动；而且她对他们总是表现出慈母般的关心。她做出很大努力，了解她的工作团队成员的家庭情况，因为她想要在自己的圈子里创造出一种幸福的氛围。但是，在唐宁街10号和契克斯首相的乡间别墅的围墙之外更加广阔的世界里，不论是威斯敏斯特、白厅或是内阁，她都很少尝试这样做。

"她对内阁成员很刻薄，但是对她的工作人员则很关爱，"一位从外交部临时调派过来的私人秘书布莱恩·卡特利奇评论道，"我想那个时候唐宁街10号作为一个团队之所以能够配合得如此默契是因为它规模不大，而且每个人都彼此认识。"[4]

工作一直是玛格丽特·撒切尔生活当中的驱动力，而在她初上任的几个月里，工作的强度达到了顶峰。所有的首相都是超负荷工作，但是因为对于细节的强烈关注、想要提出批判性的质疑以及她寻求其他途径的建议的热情，她使本就超负荷的工作量加倍了。作为皇家权杖对应物的是首相的文件盒或者说多个文件盒，这是她管理的手段。这些红色牛皮制的文件盒里装有一些文件，每天晚上要送到她的公寓里，第二天凌晨要全部做完。"做完"这个词包含几个方面的内容，比如批准某项决策、确认某些任命，对会议记录做好注解，还要掌握好简报的内容。

记忆当中没有任何一位首相像玛格丽特·撒切尔一样以如此的激情和勤奋对待文件盒里的工作。"她会阅读她所拿到的每一份简报，而且永远都不会忘记对它加以评论，"她的一个私人秘书说道，"'不同意！''无稽之谈'，'需要更多的情况介绍'或者'再做一遍'是她最经常写的内容。"[5]她会经常要求私人办公室传送包含她的意见的信件，开头经常是："首相想要知道为什么……"或者"首相的观点是……"这些信件的效果是惊人的。政府之前的首相从没有如此深入地介入或者干涉白厅各部门的工作。

她的另外一项革新是经常要求面见她的红色文件盒里包含的这些文件的作者。在这些会面当中，她的风格通常是会仔细盘问她见到的这位行政人员，经常带有出庭律师攻击对方证人时的进攻性。其情形就像是神断法*，是她用来确认一项提案或者一个陈述能够承受住对手争论的一种测试方法。

特里·伯恩斯是一位新进人员，也没有逃过这场严峻的考验，他的父亲是达拉谟地区的一名矿工。作为伦敦商学院的一名教授，他出乎意料地在1979年被白厅招募为财政部首席经济顾问。他正计划对内阁作一个关于经济前景的报告，这时玛格丽特·撒切尔把他传唤到唐宁街做一次一对一的询问。伯恩斯回忆道：

> 那一次是我一生当中最可怕的经历。她提问很直接，而且不停发问，强度太大，使我感到精疲力竭。对于她所提出的问题，根本没有办法做出简短的回答，而她又不喜欢冗长的答案。而且她的思维非常跳跃。如果我用细节加以回答，她就会转而询问原则。如果我谈论的是原则，她就会要求我谈细节。整个过程中，她都在探寻发现我的本能，测试我的学识。这毫无疑问是我所经历的最使人疲惫不堪同时也是最令人兴奋的一次会面。[6]

玛格丽特·撒切尔早前的政府管理风格不仅包括考验她的行政人员和大臣们，而且也包括以身作则。对于自身道德准则的坚定信念是她主要的动力，不只局限在缩减公共开支的重要领域里。

为了树立榜样，她着重强调唐宁街10号一些闲置不用的房间里的灯都被关掉。类似的举动，包括减少她办公室里复印机的数量，按照约翰·霍斯金斯的说法，正是她"可笑的痴心妄想，认为我们必须要从节约蜡烛头的小事着手，从而使经济步入正轨"。[7]不论是不是她的痴心妄想，她传达出了早期的讯号，要求在政府开支的一些小件物品上要勤俭节约。

---

* 神断法是中世纪的一种神明判决的方法，被告要受到赤足蹈火、手浸沸水等考验，如果没有受伤，则被判无罪。——译者注

她有一个执着却古怪的念头，认为应当减少首相进行外事访问时带到国外的随行公务人员的数量。因此当她第一次对法国进行外事访问时，她坚持她的团队必须要挤进霍克西德利公司生产的 HS-125 型的商务机，而飞机上只有 8 个座位。当他们一行抵达布尔歇机场，这架小飞机停在红色地毯前时，从飞机里走出来的只有玛格丽特·撒切尔、卡林顿勋爵、她的私人秘书、政治保安处的保安人员以及三个外交部官员，法国总理和他阵容强大的随行人员几乎无法相信他们的眼睛。[8]

另外一个红文件盒里引起她注意的节约点，是一个请求她批准 1836 英镑款项的票据，这笔钱是物业服务部在她来到唐宁街 10 号之前用于整修楼上她的公寓的开销。尽管这对于清扫和小幅整修首相官邸并不是很大的一笔数目，她还是提出了疑问，并要求更进一步和更加清晰的细节详情。

一位私人秘书在 1979 年 6 月 25 日给她送去了一份记录，详细标注了整修开销。在替换餐具的 209 英镑和更换家用日常纺织品和枕头的 464 英镑的开支旁边，他评论道："我发现这些数字几乎令人难以置信。"

"我也这么认为！"玛格丽特·撒切尔在这一页的底部用潦草的字迹写道，"我可以用我自己的家用纺织品和我自己的餐具……要记住我们只用一个卧室，其他的能否存放起来？"她用笔标出另外一件她认为不应当由纳税人的钱支付的价值 19 英镑的物品，并做出指示，"我将自己支付烫衣板的费用"。[9]

她的红文件盒里的这些旁注表明了首相对于细节的关注，同时也表现出她坚持要在唐宁街 10 号做她自己的决心。她决心不要陷入后来被叫作官员生活和建议的"泡影"所铸造的牢笼里。为了避免这一点，她做出了坚持不懈的努力，要摆脱政治机构的掌控。她希望能够从外部的渠道获取到备选的建议，这被私人秘书们称为"不同的声音"。她也和团队里的一两个内部人员建立了紧密的联系，他们因为与外部世界的联系而被她称为"我的桥梁建造者"。[10]

沟通桥梁的搭建者和不同的声音

唐宁街10号与外部世界之间的两个最重要的沟通桥梁的搭建者是伊恩·高和伯纳德·英厄姆,他们分别是她的议会私人秘书和新闻秘书。两个人都是不同寻常的英国式人物,似乎是从狄更斯或者萨克雷小说书页当中走出来的人物一样。他们独特的个人气质、过人的才智以及对于上司近乎偶像崇拜般的情感使得他们在向议员们和新闻媒体传达首相个性的时候发挥了关键性的作用。

伊恩·高的一个特点是他为自己具有奉献精神的职业素养所披上的颇有吸引力但甚为古怪的伪装。他假装是历史作品当中的一个讽刺漫画里刻画的政治家,看上去不可能与玛格丽特·撒切尔建立和睦的关系。戴着半月形的眼镜,身着老派的西装马甲,戴着金表链,浮夸的说话方式以及对"白衣女士"(鸡尾酒)的喜爱,高似乎是维多利亚时期《间谍》漫画当中所刻画的可笑人物。首相1979年掌权时,他几乎不认识她,因此在大选之后的三天之内他的名字都没有出现在即使是最基层的部长级任命当中,他并不感到惊讶,只是感到有些不快。

但是玛格丽特·撒切尔已经注意到,对工党政府肆意挥霍公共开支的做法,伊恩·高坚持不懈且毫不留情地予以抨击。他尖刻的下议院智慧以及奇特的行为举止对她很有吸引力。而他作为皇家第十五和十九轻骑兵队的前任军官,曾在阿尔斯特处于最危难的时刻服役,而且他还是一个老派的乡村律师,擅长遗嘱和信托法,他同时还是教区教堂的教会委员,这些背景对玛格丽·撒切尔有很大的吸引力。她几乎在组建政府之后才想起来,任命伊恩·高担任无薪俸的议会私人秘书,当时她没有完全意识到他不同寻常的天赋或者是他必须要从事的工作的重要性。

尽管玛格丽特·撒切尔做了20年的议员，她从未真正理解议会的精髓，更不用说是她自己后座议员们的情绪了。她太过紧张，太缺少幽默感，太没有耐心，也许在议会部落这个男人的世界当中太过于女性化，无法完全了解议会中瞬息万变的情绪氛围。而相反，伊恩·高喜欢威斯敏斯特的生活，他对于下议院的议事程序和议会传统了如指掌，他奇特的风格加上坚毅的正直做派在很多圈子里赢得了朋友。最重要的是，他是一个有原则的人，这很快使他备受同样有原则的女性上司的青睐。

除了首相之外，高在唐宁街10号的工作时间比其他任何一个人都长。他在早上7点之前就到那里，而且经常在午夜之后才会离开。他有三大优点。

首先是他对于保守党议会政党百科全书式的知识储备，他们亲切地称呼他为"污点证人"。他汇报他们私下里的一些抱怨和可能引起麻烦的一些行为，言辞精确，语带幽默，满足了玛格丽特·撒切尔喜好闲聊的好奇心，同时也加深了她对于自己权力基地的适应和了解，这种深刻的了解在1983年高因为部长级的晋升离开她的核心圈子之后再也没有实现过。

其次，他与首相之间形成了一种私人间亲密融洽的关系，这是任何其他的政治同僚都无法企及的。在唐宁街10号楼上的公寓里，他们经常用平底玻璃杯畅饮威士忌，闲聊到深夜，通过这种方式，他对她所信奉的信念给予了强烈的支持。因为在每一个主要的政策领域，从与欧洲经济共同体的关系到平衡公共财政收支，高都坚持主张强硬路线，他秉持的是最刻板的观点，通常要比她的观点还要刻板。

再次，他是一个品行端正的正人君子，赢得了她绝对的信任。他在诸多事物上对她都产生了巨大的影响，小到她应当邀请谁参加晚宴，大到谁能成为一个好的大臣。1983年对高古怪但讨人喜欢的朋友艾伦·克拉克*的政府任命充分说明了他对于"女王的首席大臣"强大的说服力,这个称号是他坚持要称呼她的学究式的称号。

玛格丽特·撒切尔与她最亲信的顾问之间形成了一种紧密而微妙的关系。在职业范围内达到了高与她之间同样亲密程度的是她的私人秘书兼外事顾问查尔斯·鲍威尔,他们的关系开始于1983年,另一位是伯纳德·英厄姆,他从1979年10月开始,担任了她11年的新闻秘书。

英厄姆说:

> 如果说有哪个首相必须有一个新闻秘书的话,那就是她,因为在我面试这项工作的时候,我清楚地意识到她对于媒体除了抱怨牢骚之外,没有丝毫的兴趣。她就这一个主题不间断地谈了20分钟的时间,而她对我下达的唯一的简令就是她想要我把她的政策清楚地传达给那些相信它们的民众。[11]

这对于一个从来没有给保守党投过票的专业行政人员来说是一个非常奇怪的命令。英厄姆是一个坦率直言的约克郡人,在加入政府资讯服务部之前,是工党驻《卫报》的记者。然而,他与工党的根脉渐行渐远,因为他很反感工会激进分子对权利的滥用。"我已经受够了我们作为一个国家遭到他人的嘲讽,"他回忆道,"我想要看到改革,而这正是撒切尔夫人要做的,尽管这已经远远偏离了保守主义。"

这位新任的新闻秘书对于他的上司对报纸如此缺乏兴趣感到非常吃惊。为了克服这一点,他亲自动手制作新闻剪报的每日摘要,而且坚持要她每天上午都要进行阅读,而他通常坐在旁边监督她这样做。

这份资料汇编是她与媒体之间的唯一一道窗户。大多数的首相更

---

* 艾伦·克拉克(1928—1999),出庭律师,日记作家,历史学家,1974—1992年担任普利茅斯萨顿选区的保守党议员,1997—1999年担任肯辛顿和切尔西保守党议员;1983—1986年担任就业部的政务次官,1986—1989年担任贸易部大臣,1989—1992年担任国防部大臣。

倾向于担心关于他们自己的新闻报道,玛格丽特·撒切尔却对此几乎毫无兴趣。但她的确非常关注她所实施的政策的影响,而如果这些政策使那些主张共识政治的自由主义时事评论员感到非常沮丧,她不会感到担心。"你和我,伯纳德,都不是容易相处的人"[12],在他们共事的早期她如此对他说过。这是他们之间紧密联系的一个重要因素。"她为人直率,直接,处事不够圆滑——她也是我一生当中见过的处事最不够圆滑的女人了",英厄姆回忆道。他在应对那些被称作是"游说者"的心存恶意的政治记者群体时将同样的处事方式挪用过来,其方式有时相当残酷。他们获准可以参加每日唐宁街的新闻简报会,由英厄姆主持,而他采取了一种相当私人化的方式,言行过于粗鲁,这是前所未有的。他以皈依者的热情成为首相信仰的倡议者,他会毫不迟疑地将一个充满敌意的新闻记者的问题贬低为是"废话",或者向那些失去上司青睐的大臣们身上按一些不利于他们的事。这第二种做法在内阁内部造成了很多的伤害。

1980年的秋天,在一次大臣会议上,首相抱怨说她的政府正因为大量的信息泄露遭受到损害。"大多数的信息泄露都是直接源自这里的",索姆斯勋爵以低得不能再低的声音咕哝道。"你说什么,克里斯托弗?"首相质问道。这位上议院领袖勇敢地重复了一遍他的不满,她对此反驳道:"不,我们从不泄露消息。"[13]然而这明显是谎言。

随着1980年到1981年间经济形势的恶化,消息的泄露和保密之间的紧张局势加剧了。伯纳德·英厄姆在面对这一局势时,态度比任何人都更加强硬。他对首相过于忠诚,而对那些她曾经怀疑过的政府官员则毫无忠诚可言,这使他跨越了行政机关保持中立的界限。但是她总是保护他,而他也一直支持她。这是一种超越了常规界限的关系。然而,通过英厄姆的帮助,她的确"把她的政策传达给了民众"。他在传递玛格丽特·撒切尔所代表和相信的信念方面,是非常关键和成功的一位人物。这很大程度上是因为他也拥有同样的信念。他把她看成是给予英国普通民众新的自由、机遇以及繁荣的"救星"。[14]

玛格丽特·撒切尔担任首相头几年里所依赖的帮手当中，最非同寻常的是那些"不同的声音"。这是政府公务人员用以代指那些神秘人物的词汇，这些人员经常发生变动，他们总能在她工作之外的时间通过一些未被正式记录在册的会面、电话，或者通过一些非官方的渠道与她进行交流。因为她喜欢出其不意，所以经常会在一些重要的决策会议上引用这些不同的声音，她会说："我听说……"或者会从手提包里抽出一张纸，并从中引文作为证据证明她从政府机构之外的专业人士那里获得了权威性的建议。

有些行政官员会对这些"不同的声音"感到非常震惊。有些人则对此表示赞同，这意味着首相在他们圈子之外的政治活动中也保持着最佳的状态。她的第一位私人秘书肯尼斯·斯托非常高兴地看到摩根士丹利的执行总裁约翰·斯帕罗每周都会为首相写份周报，汇报伦敦市民对于政府经济政策的反应。很多知名的企业家，包括通用电气公司（GEC）的阿诺德·温斯托克爵士、联合饼干公司的赫克托·莱恩爵士、汉森公司的詹姆斯·汉森爵士以及玛莎百货的主席马库斯·塞夫爵士^{*}都与首相开通了电话专线。伊诺克·鲍威尔也多次由伊恩·高带领，通过唐宁街10号的后门去见她，在她任期初始的两年时间里，他们这种未被正式记录的会面至少有6次。[15]

对于政治和经济提出的建议有些来自平民阶层。首相经常提及唐宁街10号楼上的公寓清洁女工，把她作为普通大众心声的真正代表。最坚持不懈地通过电话途径提出建议的是伍德罗·怀亚特，他是前工党议员，《世界新闻报》的专栏作者，赛马比赛专家，广泛活跃于各大社交场合。私人办公室给他起个了绰号，叫作"看门人"，因为他总是在传递各种流言蜚语，但是怀亚特也是她与鲁伯特·默多克之间的沟通渠道，同时他也是她政治信念的坚定支持者。

---

* 首相不只听从他们的建议，而且将他们所有人都晋升到上议院。

在外交政策领域有很多不同的声音。外交部感到非常不安,因为她过于重视与参议员杰斯·赫尔姆斯的通话内容。他是美国参议院外交委员会的右翼主席。她也听取苏联专家罗伯特·康奎斯特以及哈罗德·威尔逊政府前外交部大臣查尔方特勋爵的意见。保罗·约翰逊会为她送去对当日实事议题从历史角度做出的评论。伦敦经济学院的彼得·鲍尔教授建议她有必要大幅削减英国的对外援助预算。"我们的援助是这样一个过程,有钱国家的穷人把钱捐献给贫困国家的富人",他告诉她说。[16]*

在外交事务上一个重要的对话者,同时在马尔维纳斯群岛战争期间大展拳脚的是休·托马斯教授,他关于西班牙内战的著作影响深远。她选中他替代基思·约瑟夫担任政策研究中心的主席,这个机构也是她最偏爱的智囊团。"你的主要工作就是要确保阿尔弗雷德在可控范围内",首相说道,她指的是阿尔弗雷德·谢尔曼,研究室主任。他是另外一个私下渠道里的不同的声音,会用备忘录当中的内容连续不断地对她提出质疑,并认为她的经济政策远远无法实现既定目标。

休·托马斯为玛格丽特·撒切尔撰写了很多篇发言稿,这是一个令人疲惫不堪的过程,因为她会就自己的观点进行激烈的争论,也会对应当使用何种言辞准确表达思想进行辩论,这一过程有时会一直持续到深夜。托马斯回忆道:

> 我记得一次特别长的争论,是关于"俯卧"和"仰卧"两个词语是否适合演讲的场合。我的确非常享受与她共事的过程,因为她的直率,她的原创性的思想以及她对于问题产生的历史根源的兴趣。我觉得她把准备发言稿的过程看作是一种通过智力辩论来

---

* 当玛格丽特·撒切尔1980—1981年试图实施鲍尔教授削减对外援助预算的建议时,她受到了卡林顿勋爵的阻挠,对此,他威胁要辞去外交大臣的职务。这些"不同的声音"的影响仍然存在局限性。

测试她的政策的一种方式。[17]

一旦她的政治圈子里的某个人被她定位为一个"不同的声音",她会就不同领域里的不同话题打电话给他们寻求意见,有时包括那些他们并不很熟悉的专业领域。在她与卡林顿勋爵争论如何处理罗德西亚问题的早期阶段,一次休·托马斯正在厨房里吃晚餐的时候,非常诧异地接到了首相的电话,她询问他关于伊恩·史密斯和穆左列瓦主教的一些细节性问题。

"到底是谁要跟你讨论罗德西亚?"电话结束的时候,休·托马斯的妻子瓦内萨问道。

"玛格丽特·撒切尔。"

"但是你对于罗德西亚一无所知。"

"我的确不知道——但是她相信我的判断。"[18]

这就是这些"不同的声音"的关键所在。他们的判断能力是她所信赖的,而且与那些主要政府机构,比如国防部和外交部的判断相比,她要更相信他们的判断。一位首相对于自己的大臣们和行政官员们存有如此多的猜疑,这是史无前例的。

最终,这种做法给她带来了很严重的冲突,最著名的是1990年发生在她的财政大臣奈杰尔·劳森和她的经济顾问艾伦·沃尔特斯之间的冲突。*但是在她担任首相初期,她与这些"不同的声音"之间广泛的接触看上去是令人耳目一新的革新。她清晰地感觉到要实施改变英国所必须要施行的改革措施,她需要更广泛的建议渠道,才能对白厅当中的共识政治观念提出挑战。让封闭的政府受到开放言论的挑战,这是这位新任首相有趣而吸引人的一个特点。

★ 见第30章。

"旧条纹"文件盒和首相的倔脾气

每天傍晚由私人秘书负责送到首相公寓的红色牛皮文件盒里包括一个明显与其他文件盒尺寸不同、颜色也不同的文件盒。这个文件盒被叫作"旧条纹"文件盒，因为在它的盖子上有一条长长的蓝色条纹横穿盒盖。玛格丽特·撒切尔总是首先打开这个文件盒。只有她和她的首席私人秘书才有这个文件盒的钥匙。这是因为"旧条纹"文件盒里装着的是每天由情报部门搜集到的最高机密文件以及一些其他被认为只能由首相才能阅读的高度敏感的材料。

她的工作人员认为她对英国军情五处、军情六处和英国政府通讯总部提供的材料"完全入了迷"[19]。在与那个时期的两位出色的安全部大臣建立紧密的关系之后，她的这种痴迷加剧了。他们一个是莫里斯·奥德菲尔德爵士，他是英国秘密情报局，即通常被大众称为军情六处的负责人，或被称为"C"；另外一个是安东尼·达夫爵士，他是军情五处的总处长，负责国内安全服务。

同时，在爱尔兰共和军发动恐怖袭击的时代，她需要定期听取关于北爱尔兰的威胁情况介绍。肯尼斯·斯托描述了她如何集中全部的注意力来关注这些问题，他曾引领北爱尔兰办公室情报处主任兼总管戴维·兰霍恩就一个具体的问题向首相汇报情况。"我清楚地记得这次会面，因为它打破了玛格丽特·撒切尔不擅长于倾听的谣传，"斯托说道，"戴维·兰霍恩向她做了20分钟的汇报。她一句话都没有说。坐在她椅子的边缘上，全神贯注地盯着他，把所有的内容都听进去了。"[20]

尽管她对于安全问题的专注值得赞赏，但这也导致了她对涉及军情五处和政府通讯总部所做的一些令人质疑的判断。她早期的一次过激反应震惊了整个安全部门，是关于安东尼·布兰特爵士的案子。

20世纪30年代，布兰特在剑桥大学就读时被招募进俄国情报机构。

40年代，在他为军情五处工作的同时，他也是一位苏联特工。他为俄国情报部门传递了很多战时机密。1945年之后，他离开了军情五处，成为一位美术史学家。之后在1952年，他被任命为女王艺术作品收藏的鉴定师。1964年，当时的政府提出可以给予安东尼·布兰特爵士豁免权，使其免于遭到起诉，条件是他在安全机构审查过程当中提供合作。布兰特接受了这一提议。白金汉宫也被告知了这一豁免协议，这就使布兰特在接下来15年的时间里能够继续留任当时的职位。

这就是玛格丽特·撒切尔就任时的情况，作为即将就任的首相她也接受了关于此事的汇报。但是在1979年10月，一位新闻记者安德鲁·博伊尔在书中揭露了布兰特的身份，这引发了一份书面的"议会质询"。20世纪50年代，正是菲尔比、麦克莱恩以及伯吉斯的间谍身份纷纷遭到披露的时代，公众对于剑桥间谍的第三个人、第四个人和第五个人的间谍身份暴露已经相当习以为常，因此博伊尔的书并没有造成太大的波动。因此，这份书面的"议会质询"本可以按照由来已久的传统方式轻松化解，即坚持按照长久以来确定的政府做法，对于影响国家安全的问题不予提供答案。

玛格丽特·撒切尔却没有选择谨慎的处理方法，她驳回了军情五处主任迈克尔·汉利爵士的建议，将事情公之于众。她在下议院证实了他之前的确是苏联间谍。这引发了不小的骚乱。在议会的一次辩论当中，她有选择性地讲述了布兰特故事当中的一部分，她的讲述有些不自然，提供的故事版本也难以让人信服。而这件事造成的实际结果就是进一步暴露了军情五处参与的一些其他的安全行动，最明显的是彼得·赖特的著作《抓间谍者》里所涉及的故事，这使首相非常气愤。这些暴露并没有被制止，而且其他的前任间谍再也没有因为与官方合作而获得免遭起诉的豁免权。

玛格丽特·撒切尔为了体现公开性而决定破坏与布兰特达成的秘密协议，使原本有效的运作机制归之无用。具有讽刺意味的是，对于安全问题，她之后再也没有倡议过任何其他形式的开放性或者审查行动。这一领域当中的一名工作人员把她对布兰特事件的处理方法描述成"撒切尔夫人头脑发热的一时冲动"。[21] 玛格丽特·撒切尔不愿意承认自己曾经做过任何错误的判断。而她也更加积极地干涉安全机构的事务，在对政府通讯总部和军情五处的干涉中也犯下了更多错误。

1980年，她对于政府通讯总部工作人员局部的罢工和工资要求感到非常愤怒，因而拒绝解决引发这一罢工的政府行政部门的工资纠纷问题。这件事在她眼里变成过于私人化的事件，她驳回了负责行政事务的索姆斯勋爵与工会谈判达成的合理的解决方案。索姆斯解决方案最终确定的7.5%的工资协议只比财政部的参考原则高出一个百分点。大多数的大臣，包括财政大臣杰弗里·豪爵士，都打算接受这一方案。但是内阁会议激烈的争论之后，玛格丽特·撒切尔威胁如果索姆斯协议通过，她将会辞职。威利·怀特洛不得不运用所有的解决争端的技巧使她冷静下来。几周之后，他成功说服首相接受了原先索姆斯协议中确定的数字。她不妥协的态度使政府损失了大约4亿英镑。罢工终止了，但是索姆斯勋爵的政治生涯也画上了句号。她在下一次的政府改组当中开除了他，显然是因为他犯了对于政府通讯总部和其他的公务员工会判断正确的罪过。

首相的执拗在安全机构事务上持续发挥作用。在她第二任期内爆发了一次关系到政府通讯总部的危机，起因在于她决心禁止工会的成员到政府通讯总部工作。她的观点是为政府安全机构的任何部门工作与成为工会会员是不相容的。即使当罗伯特·阿姆斯特朗爵士已经通过谈判达成了一项妥协计划，要求政府通讯总部工作人员在签署了一项不参与罢工的协议之后，可以继续保留他们的工会身份（这个协议在警察部门已经通行多年），玛格丽特·撒切尔仍然拒不同意。这一事件最终潦草收场，最高法院的判决兼顾了双方立场，开除了政府通讯总部的一些工作人员，而对于政府来说最终是一次得不偿失的胜利。这次事件的结果引发了不小的动荡，包括杰弗里·豪爵士，他把造成这一困境的责任归咎于首相的"专制主义者本能"。

"这可能是我目前为止所观察到的玛格丽特·撒切尔最悲惨的失败之一：不懂得鉴别，气量太小，狭隘的爱国主义，"他评论道，"一个公民，她似乎认为，在他或者她的口袋里，似乎永远也无法稳妥地被容许携带多出一张的身份卡，而在政府通讯总部，就只能是女王陛下的身份卡。"[22]

首相对待安全机构的"专制主义者本能"在布兰特事件所造成的另一个附带性后果中也得到了体现。她"头脑发热的一时冲动"在20世纪50年代引发了一阵文章和著作的创作高潮，满足大众对于军情五处行动的好奇心。这些出版物内容当中的一部分由唐宁街10号做出了澄清，尽管这些信息的来源显然是军情五处退休的行政人员。他们中的一个，彼得·赖特因而决定在他当时定居的澳大利亚出版自己的回忆录《抓间谍者》。玛格丽特·撒切尔敏锐地感觉到《抓间谍者》的出版意味着曾服务于安全机构的前雇员严重违犯了他们应遵循的保密协议。但是她错误的决定诉诸澳大利亚的法庭，要求其禁止该书的出版。

她的做法颇具殖民意识，因而注定会遭到失败。她委任内阁秘书罗伯特·阿姆斯特朗爵士作为英方代表。他在证人席上遭受到了一位好斗的年轻悉尼律师马尔科姆·特恩布尔严重的羞辱，这位律师后来在澳大利亚政坛晋升到了高级部长和反对党领袖的地位。在审判进展过程中，首相关切地给身在澳大利亚的罗伯特·阿姆斯特朗打过两三次电话鼓励他。这件案子最终以英国政府不光彩的失败而告终，因为澳大利亚法庭预料之中地允许《抓间谍者》的出版。当这位内阁秘书回到家的时候，玛格丽特·撒切尔把他叫到她的书房，给他倒了两杯苏格兰威士忌。这是她对于因为自己的执拗而派遣他跨越整个地球去执行一项不可能完成的任务而向他道歉的方式。

因为这些事件，首相对于国家安全机构的敬畏成了白厅内行家的圈内笑话。这与她对约翰·勒卡雷和弗雷德里克·福赛斯作品的痴迷不无关系。她后来的财政大臣奈杰尔·劳森发现她对于间谍机构、他们的基地以及他们的硬件设施如此痴迷的时候，觉得非常有趣。他认为，在这些方面的公共开支是"撒切尔时代严苛管制的公共生活领域当中少数几个没有被触及的领域"。[23]

在国防、外交和内政预算当中，有一些极端机密的费用支出因为被谨慎地隐瞒下来而避免了财政削减，这也得到了她的默许。在她担任主席期间，所谓的秘密投票委员会批准了几笔大金额的投入。这个机构是如此机密以至于他们从来没有碰过面。为"旧条纹"文具盒内的成果慷慨地付钱，是她正在学会用非正统的方式实现自己目的的一个例子。

对鲁伯特·默多克施以援手

玛格丽特·撒切尔担任首相的前两年里，一个最引发质疑的事件是她扭曲了垄断与兼并法则，允许鲁伯特·默多克收购《泰晤士报》和《星期日泰晤士报》两家报纸。这既说明了她对于默多克报纸的政治依赖性，也表明了她实行的冷酷政治强权，将自己的意志强加于政府和法律程序上。

对玛格丽特·撒切尔来说，这一戏剧性事件开始于1980年1月4日，那天鲁伯特·默多克来到契克斯首相的乡间别墅共进午餐。伯纳德·英厄姆对此谨慎地做了细节性的记录，并且按照首相的指示，这份记录并没有在唐宁街10号私人办公室之外传阅过。这份标记有"商业－秘密"的谈话记录很清楚地表明"默多克先生此次到访的真正目的是要向首相汇报关于他对《泰晤士报》的投标情况"。默多克运用这一特许的途径，描述了《星期日泰晤士报》的成功（即使是在当下严重的经济不景气的情况下，它仍在拒绝广告），但是强调了他这次竞标要承担的高风险，并解释说他可能会失去5000万英镑的财力，因为在工业如此萧条的情况下，"要扭转1300万~1700万英镑的损失会是一项非常艰巨的任务"。[24]

鲁伯特·默多克这些关于损失的言论包含着对其要完成竞标会遭遇到法律上的巨大障碍的隐晦的指涉。因为他已经拥有了《太阳报》和《世界新闻报》两家报纸，因此按照1973年颁布的《公平交易法》，他这次竞标必须要提交"垄断与兼并调查委员会"审查。如果首相或者默多克先生在契克斯都未提及这一问题，那将会令人感到非常吃惊。而如果他们没有谈及能使默多克这次竞标免除提交垄断与兼并调查委员会审查的唯一途径，那同样会令人难以置信。只有这家报纸，也就是竞标的对象，正在遭受巨大的亏损，以致"不能作为继续经营的企业赢得经济效益"[25]，默多克才能被授予这一豁免权，而这也是获得豁免权的唯一途径。

在关于《泰晤士报》和《星期日泰晤士报》竞标问题的漫长谈话过程中，两个像玛格丽特·撒切尔和鲁伯特·默多克如此直言不讳的交谈者竟然没有谈及垄断与兼并调查委员会可能造成的障碍或者可能免除提交审查的方法，这非常离奇。首相在1981年1月26日主持关于《泰晤士报》竞标活动的内阁委员会时丝毫没有顾虑。因为按照她通常的强硬做派，她提出了这一话题的讨论，并强调说尽管这次竞标必须要提交垄断与兼并调查委员会审查，"对于这一法则在《公平交易法》第58条第3款(a)项的规定中有个例外，它赋予了国务大臣以酌情决定权，那就是如果他确信达到了一定的标准，那么他可以酌情决定是否应该提交审查"[26]。

首相以这种方式提醒贸易大臣约翰·比芬拥有酌情决定权。他面对的问题在于只有当他确定《泰晤士报》或者是《星期日泰晤士报》都不能作为继续经营的企业赢得经济效益的时候，才能授予其免除提交审查的权力。他告诉委员会说他对这一点很确信，但是补充说道"尽管这一问题当中只有《泰晤士报》的情况非常清楚"。[27]

当宣布了他的决定，赋予鲁伯特·默多克的此次竞标免除提交垄断与兼并调查委员会审查的权力时，约翰·比芬面临着一场议会风暴，下议院展开了一场紧急辩论。所有反对党的发言人，以及几个政府一方的议员都提出质疑，想知道他为什么将《星期日泰晤士报》这样一家盈利的报纸确认为一家无法继续经营的企业。

作为一名保守党后座议员，我发言并投票反对约翰·比芬的决定，但是在这次争论之后，我私下与他进行了友好的探讨，仍然保留了我的异议。他感到有些难为情，然而不乏魅力地说："哦，这次事件里包含一定的政治成分。"他笑了笑，右手食指指向了天花板。[28]

伍德罗·怀亚特对于与默多克的共谋关系做出了更加直言不讳的解释，他说："我为他歪曲了法则……通过玛格丽特·撒切尔，我为他安排好，这次交易不会提交垄断委员会审查，而他们必定会妨碍到这次交易的。"[29]

这一插曲并未发生在玛格丽特·撒切尔政治生涯中最美好的时光，但是在1981年那些艰难的岁月里，她需要默多克报纸的支持。为了能够达成她的目的，她已经准备好要做一位手段强硬、绝不手软的首相。

工作和生活中的性格特质

为了实现自己的目标，玛格丽特·撒切尔的手段越发老练，但是她实现这一点的方式却揭示了她复杂的性格特点。认为她过于自信是一种错误的看法。正如她后来的首席私人秘书罗宾·巴特勒[*]敏锐地观察到的，"她处事风格的关键在于她并没有过多的自信心。相反，她缺乏自信。这就是她如此专断专行的原因。在一些大的场合，她必须使

---

[*] 罗宾·巴特勒（1938— ），1972—1974年担任爱德华·希思的私人秘书，1974—1975年担任哈罗德·威尔逊的私人秘书，1982—1985年担任首相玛格丽特·撒切尔的首席私人秘书，1988—1998年担任内阁秘书以及英国行政机构负责人；1998年被封为（爵位不能世袭的）终身贵族。

自己激情满怀,斗志昂扬"。[30]

在很多的小场合也发生过同样的情形。因为她缺乏自信,因而感到在参加会议之前需要对简报的内容全面掌握,即使最小的细节也不放过。这种通过挑灯夜战而做出的辛苦而充分的准备工作,使她能够吓唬住大臣们。她常采用的其中一个技巧,是就手头正讨论的主要的简报文件脚注当中的一些非常隐蔽的事实向他们提问。如果他们不知道答案,她就达到了贬低他们的效果。通过展示自己对于探讨话题的细枝末节信息的熟练掌握,她实现了对于同僚的统治支配地位。

支配性并非她性格的唯一方面。她在公共或半公共场合的论战中经常会使用这一策略。但在一些私下的场合,她会施展更加微妙也更加女性化的手段,包括审慎的阿谀逢迎,无害的卖弄风情,甚至有时在男性主导的会议上会精心上演"可怜的我"的戏码来博取保护性的支持。她会肆无忌惮地使出自己作为一个孤零零的女性的伎俩,使一些男性心中有所顾忌,从而不会对她的观点进行反驳。她的确拥有女性特有的气质,而在必要时,她会运用这一点作为一种武器。她喜欢自己的着装得到他人赞赏,她对一些有魅力的同事漂亮的外表也会非常敏感。她喜欢男性对她表达出的赞扬和殷勤,尤其是当她能够将其恰到好处地加以运用,从而赢得他人妥协让步的时候。

尽管她对激烈的争论表示欢迎,但是她几乎从来没有在这些交锋当中做过一次退让。然而,一天或者几天之后,她可能会将同样的观点拿来作为自己的观点进行陈述,仿佛她自己从来没有反驳过这一观点似的。

当她突然发怒的时候,她有时候可能会故意刁难一位大臣或者行政人员,毫无缘由地侮辱他们。"你真的读过这份文件吗,首席秘书?"她曾经这样问约翰·比芬。[31]对一个在持续一天的关于公共开支问题的讨论当中都保持沉默的高级行政人员,她会刻薄地询问:"你会说话吗,琼斯先生?"在午餐间歇的时候她会对他增大压力,问道:"你会吃饭吗，琼斯先生？"[32]

在这种不快和争斗当中，她表现出的尖锐和无礼经常是完全不公平的。她似乎有些心理障碍，从来都不会向他人道歉。但是偶尔她可能在晚些时候会做出一些补偿性的举动，比如就一个不同的话题给受害者写一张友好的便条，或者她会邀请那些正调养受伤情感的人到她的公寓喝上一杯。这是她能做到的最接近道歉或者放松状态的事情了。

她喜欢在傍晚喝点威士忌，放松一小时，聊些白厅或者威斯敏斯特的八卦新闻，或者偶尔到其他人的家中聚餐。她最喜欢的远足是到卡林顿家位于布莱德娄的乡村别墅，这里离契克斯很近，对于它的主人们来说似乎是一件喜忧参半的事情。或者她也会顺道到伊恩·高和妻子简在伦敦南部位于肯宁顿的一个很小的暂时寓所去喝上一杯。他们会盛情款待她，但唯一的问题在于夏日的傍晚，首相喜欢在高家的户外露台上喝酒。这使负责保护她人身安全的官员非常紧张，因为从议会大厦能够远眺到这个户外露台，但是她自己却并不担心。"狙击手会在切斯特路胡乱射击！"（高寓所所在的街道）她嘲讽道，"要让我相信这一点，可不是很容易的。"[33]

其他形式的放松休闲从来不会出现在她的议事日程上。她不知道应该如何放松。她没有爱好，没有放松的地方，也没有熟悉到可以让她完全不拘谨，很随和的亲密的朋友。给自己充电是她从来没有听说过的一种做法。她开足马力，全速前进，用额外的工作消耗掉多余的激情。但是尽管她强烈抗议称她既不需要睡眠，也不需要假期，有时候唐宁街10号她最亲信的助手们仍旧认为她不论身体上还是情感上都已经达到疲惫不堪的程度。尽管这些筋疲力尽的迹象发生在8月这个平静无波澜的时期，要成功劝服她休息也不是容易的事情——她作为首相第一次在苏格兰度过的假期能够充分说明这一点。

艾雷岛上的度假

在她就任首相的第一个8月，她使权力的机制继续运转，部分是通过制造一些任务，阅读一些简报文件。但是在伊恩·高和其他一些人多番谨慎的试探和劝说之下，她最终决定休一个短假，但问题是去哪里呢？

高为人机敏，足智多谋，他打电话给彼得·莫里森，询问他是否能够在"苏格兰你们家族的小岛上"[34]为另外两个客人提供食宿。莫里森立刻同意了，认为他要迎接的是高先生和他的妻子。当他被告知他要接待的客人是首相和丹尼斯·撒切尔先生时，他大吃一惊。

玛格丽特·撒切尔对苏格兰景致表达了出人意料的兴趣（"我喜欢苏格兰高地和岛屿"[35]），她出发前往艾雷岛上的艾雷别墅。这是一栋18世纪建造的府邸，占地73000英亩，所有人是彼得·莫里森的父亲玛加岱尔勋爵，这座府邸俯瞰大海，能够看到赫布里底群岛最南端的茵达尔海湖。因为首相的这次来访是仓促之间通知的，艾雷岛别墅的24个卧房已经住满了年轻的莫里森家族成员以及他们的朋友，但是玛加岱尔勋爵欣然地腾出了主卧室。这位贵宾愉快地度过了在岛上头几个小时的时光，她短途步行到茵达尔海湖的海岸边，接着又参观了当地的一些酿酒厂，丹尼斯也细细品尝了当地麦芽威士忌的样品。

在艾雷别墅，晚饭后传统的娱乐项目是看手势猜字谜游戏。首相心神不宁地耐着性子坚持到第一轮夸张表演的结束。之后她就退回到卧室里，这间卧室正好位于大家玩游戏的有着木镶板隔墙的舞厅的正上方。莫里森家族成员餐后大吵大嚷，并不安静。随着他们声音的分贝不断增加，他们很惊讶地发现欢庆的气氛被天花板上传来的几声尖锐的敲击声打断。不知什么原因，他们并没有把这些信号和楼上卧室里想要清净片刻的首相联系起来。

狂欢继续，从看手势猜字谜游戏变为一个名为"拉钥匙"的游戏。这个游戏首先将一把维多利亚时期的大的房门钥匙绑在一根绳子上，参加的人站成一排，把这根绳子从每个女孩的裙子下面和每个男人的裤子上面传递下去，然后在关键性的时刻，这把钥匙被沿着这条线拉下去，当然不可避免地伴随着刺耳的尖叫声、大喊声和大笑声。

这些噪声超过了玛格丽特·撒切尔能够容忍的程度。无法专心于阅读，她决定去做一次夜间散步。因此她披上披风，走进黄昏的暮色当中。伦敦警察厅选派的贴身护卫以为她已经就寝，因而都出发去当地的酒吧了。首相相信在她之前反对党时期的一次拜访当中已经熟知了艾雷岛的地理状况，因此在没有任何人陪伴的情况下，她独自一人穿过一片石楠花地散步去了。

然而，还有一位警员留守在艾雷别墅附近值班。他是斯特拉斯克莱德警察局的一位警犬员，主要职责是保证禁止任何闯入者接近首相。这位警员和他的狗在几百码外的山体岩石上值夜，处于警戒状态。他正孤身一人值夜班，突然，在深夜11点30分左右，他发现了一个头戴风帽的人影正迅速地穿过旷野。在暮色当中，只能辨识出正在行走的人的大致轮廓和行进方向，这时正朝艾雷别墅的方向走去。

这个警员向这个闯入嫌疑者大喊进行盘问，没有得到回答。因此他松开了拴狗的皮带。几秒钟之后这条阿尔萨斯狼狗猛扑向戴风帽的人影，她被向后击倒在地上，无法动弹。当这位警犬员走近事发地时，他震惊地发现狗爪子下被抓的嫌疑人不是别人，正是英国首相。

可惜的是，没有留下任何这位警员和首相之间的对话记录。所知道的情况只是一位蓬头垢面的首相、一位满怀歉意的警官，还有一条摇着尾巴的阿尔萨斯狼狗，在午夜之前一起回到了艾雷别墅。

彼得·莫里森一个劲儿地表达歉意，想要用幽默来化解这次事件。但是首相并没有心情开玩笑。"她的披风上都是泥土，受到了很大的惊吓，而且显得非常不耐烦，"他后来回忆说，"她直接上床睡觉了。但是第二天,她已经从这次事件当中恢复了过来。她态度有些冷冰冰的,不想这件事情再被提起。因此,当然了,我也没有把它声张出去。"[36]

所有这些事情都得到了谅解,也被遗忘了。这次事件在内部圈子里逐渐变成了一个传奇故事,并逐渐出现了一句妙语似的问题:"那只狗究竟怎么敢?"这是卡林顿爵士之前一句玩笑话的变体,当时一个同僚正假设性地提到"如果首相被一辆公交车撞到……"他打断了这位同僚的话,插嘴说"公交车不敢这么做"。[37]

回顾

公交车的类比将会在未来几个月里得到验证,在这段时间内,各种政治事件一件接一件地发生,全力以赴想要击垮玛格丽特·撒切尔。在经济和外交政策方面,她将要涉入危险的领域。

她之所以能够勇敢面对这些压力,表现出足够的坚定和强势的态度,其原因就在于她性格的力量。她对自己的目标非常确定,同时也有强硬的个性,能够坚持自己的主张。她的周围有一群核心的工作人员和顾问,她相信他们都是她恢复英国民族骄傲这一使命的支持者和拥护者。而且在这之前,她也为自己加油鼓劲,做好了充分的准备,欣然迎接来自各方面的反对的声音。

在玛格丽特·撒切尔所领导的政府内部和整个国家范围内对于她的认知之间,有一个非常有趣的不同。那些为她投票的选民想要她在"不满寒冬"的动荡局势之后取得成功。但尽管对她抱有如此多的善意,这却并未达成定论,而民众普通心存怀疑,认为她可能无法解决工会和经济问题。在保守党内部,对她的疑虑是显而易见的。特德·希思始终沉闷,若有所思,一副准备随时引发骚乱的姿态,而他绝对不是唯一一个心中另有他想的人。

约翰·霍斯金斯在被任命为首相政策决策小组负责人不到一个月

时，在一次步枪旅团部聚餐时碰到了市里一位年长的朋友，他问他道："你真的是在为撒切尔夫人工作吗？……你一定是最可怕的家伙。"[38]霍斯金斯在他的日记里写道，这个评论"完美地体现了我的朋友们对这届新任政府和它的领导人犹豫不决的矛盾态度"。[39]

然而，这种矛盾的态度在政府的核心机构白厅里却在逐渐减轻。为了对付每一个阻碍政府这把新扫帚起作用的"汉弗雷爵士"，她从一些年轻的副秘书或者助理秘书里挑选出了几个"表现优异的良才"。[40]

在一些她阐明政策的决策制定的会议上，他们近距离地遭受到了她激烈言辞的洗礼。他们逐渐发现，正像世人将渐渐注意到的，他们的新上司有着超凡的激情、勇气以及立志改变英国的决心。"这里普遍存在着一种感觉，那就是'终于，我们有了一位管家了'。"[41]外交部一位年轻的正在崛起的新星戴维·戈尔-布斯说道，他是在模仿1792年拿破仑到达法国巴黎后不久，法国官僚们的话。

不论玛格丽特·撒切尔多么努力地尝试成为她自己政府的新主人，她学习掌握政府管理的历程比她所预料的要困难得多，这体现在两个方面。

首先，经济领域对于她所开出的药方的反应过于缓慢；其次，她对于外交政策方面经验的缺乏给她与外交大臣卡林顿爵士之间造成了诸多颇有创造性的紧张时刻。

17
外交事务的初步举措

向卡林顿勋爵学习

作为首相和外交大臣，玛格丽特·撒切尔和卡林顿勋爵之间偶尔会发生激烈的争执，但是通常情况下则是非常成功的合作关系。因为他们两个人都是意志坚定、脾气火暴的性格，因此曾发生过多次激烈的辩论。他们争吵最激烈的一次发生在美国首都华盛顿特区，在1981年2月与刚就职不久的罗纳德·里根总统共同参加的政府首脑峰会开始前的几分钟内。

首相对于将要会见自由世界当中的新领袖感到既紧张又兴奋。里根在暂时离开政界期间，曾两次以加利福尼亚州前任州长的身份拜访伦敦，他们二人见过面，而她当时正在反对党任期内。她对于他俊朗的相貌、温文尔雅的绅士风度以及他的保守信条很有好感。现在他既然已经入主白宫，她希望他们能够重启英美两国之间的"特殊关系"，使两国之间的合作比她就任首相前20个月期间与里根前任吉米·卡特总统之间的合作要更上一层楼，且更富有成效性。

玛格丽特·撒切尔怀有这样的热切愿望，带领着她阵容强大的团队成员乘坐皇家空军的VC10飞机来到华盛顿。团队成员除了包括外交大臣，还包括罗伯特·阿姆斯特朗爵士（内阁秘书）、迈克尔·帕利泽爵士（外交部常务秘书）和弗兰克·库珀爵士（国防部常务秘书）。他们所有人都提交了简报材料，而她也对这些材料进行了研读，并且保持了一贯的勤勉风格，对其做了批注。

首相下榻在布莱尔宾馆*，2月26日上午她很早就起床，为上午10点钟与里根总统的面谈做些额外的准备工作。因为事先不了解他可能会在讨论中提出什么话题，她认真地把外交部为她准备的简报内容复

---

* 布莱尔宾馆是美国总统的客房，为外事访问期间国家和政府首脑下榻之所。这座宾馆建于1824年，是一座红砖建筑官邸，穿过宾夕法尼亚大道与白宫相望。

习了一下。其中一个关于中东的话题引起了她的不满。她在早餐期间对迈克尔·帕利泽爵士就这一话题做了一番严厉的评论，而对方简短的答复显然没有平息她的愤怒。因此她要求卡林顿加入他们的讨论，他还没来得及坐下，她就用指责的口气说道："你在巴勒斯坦的政策将会使我们在下一次大选中落败。"

"我觉得这是政府对于巴勒斯坦的政策。"外交大臣回答道。

他文雅的态度反而助长了她的怒气。她对于外交部"道义上的怯懦"表现进行了一连串的言语攻击，之后又绕回到关于巴勒斯坦的提案对于国内政治的影响上。

"还有，你的巴勒斯坦政策不仅会使我们在下一次大选中落败，"她对卡林顿威吓道，"它还会使我失去在芬奇利选区的议席……我一定会因为这份材料失去在芬奇利选区的议席的。"她大声喊道，把这份简报材料甩手扔到桌上。

现在该轮到卡林顿发怒了。"如果你认为英国的外交政策应该以你是否会失去芬奇利的议席为出发点的话，那你需要一位新的外交大臣了。"他反驳道，说完便气冲冲地离开了房间，砰的一声把门关上了。[1]

在这次冲突之后，说得委婉些，那就是在一起出发前往白宫与美国总统共同参加首脑峰会时，这两位英国代表团的高层成员之间暂时经历了一个冷静期。坐在大使的劳斯莱斯轿车里穿过宾夕法尼亚大道驶往白宫的短暂旅途里，两个人都沉默不言。但是在面谈和欢迎仪式结束后，两人之间恢复了待人的基本礼数。首相低声对外交大臣说道："今天早上我们的表现不是很好，是吧？"这，按她的标准，已经算是道歉了。

首相在布莱尔宾馆之所以表现得如此咄咄逼人，潜藏的原因可能是她担心亲以色列的罗纳德·里根将要就英国对于以巴关系进展的提案提出一些难以回答的问题。但是这位粗枝大叶的总统对于这些细枝末节并没有兴趣。他只是想要对这位同为保守党的政府领袖表达热烈的欢迎。因此这次首脑峰会除了表达总统对于抑制拉丁美洲共产主义传播的决心之外,并未触及很多实质性的问题,总体进展非常顺利。然而,上午早些时候的争执凸显了玛格丽特·撒切尔的恐惧,正如她所说的,她怕卡林顿"专注于采取一些我知道在实践中不会有任何成效的方针,考虑到总统对少数有限立场的不可动摇的坚持"[2]。事实上,卡林顿毫无此意,因此这次的争执既是不必要,也是毫无意义的。

卡林顿勋爵属于政界泰斗级人物,地位牢不可破,因而不会因为他上司的情绪反复无常而过于忧虑。正如在布莱尔宾馆所发生的情况一样,他只是有时会对她的无礼和固执感到困惑。但是他也清楚地看到了她坚定的意志和决心。他说道:

> 我非常仰慕她,尤其是她的勇气和她的性格。我理解在她满怀激情想要改变现状的过程中,她决定要忽略掉人,有时候甚至会伤害那些告诉她不能或者不应该采取这样一种路线的人。但是问题是如果你这样做了,而最后证明你是错误的,那你就要面临大麻烦了。[3]

在卡林顿-撒切尔外交政策合作关系的早期,发生了很多次的伤害事件。她对外交部整个部门充满敌意,且对于一些主要高层官员也是如此。她很不公正地对待常务秘书迈克尔·帕利泽爵士,主要是因为他考究文雅的风格与她对不按章法的激烈争论的偏爱正相反。而这也都只是基于,至少在她担任首相的前两到三年的时间里,对事实情况并不了解的偏见。卡林顿解释说:

> 你与她交谈,反应必须要非常迅速,因为她对于外交政策的直觉经常是错误的,但是她头脑很聪明。因此在那些直觉控制她的头脑之前,你必须要抢先一步,让她接受你的观点。如果你的

动作不够快，无法先发制人，那么要让她信服你的观点，你将不得不面临一场硬战，直到她的心相当不情愿地屈服于她极度聪明的头脑。老天，有时候这会是非常艰苦的工作！⁴

这些艰苦工作的其中一个领域就是对于苏联的政策问题。玛格丽特·撒切尔感觉到外交部对于克里姆林宫的政策太过缓和。"你们部门没有一个人真正了解那些苏联人"，她带着蔑视的态度对卡林顿说。

"你真是大错特错了。我有两个这方面出色的专家。你来见见他们"，他回答道。第二天傍晚6点，玛格丽特·撒切尔来到外交部，和顶级苏联问题专家克里斯托弗·马拉比和罗德里克·布雷思韦特会面。

卡林顿之前曾警告过他的高层官员们关于首相打断他人发言的习惯，当然，在马拉比开篇陈述的几秒钟之内，他就发现自己遭到了首相的驳斥。他以权威的姿态断然拒绝了她的打断，而是不顾一切地继续自己的陈述，说道，"请允许我继续下去……"当他和布雷思韦特都结束了发言时，首相已经完全被吸引住了。"她感到如此佩服，以至于从那时候起她的那些权威都只能靠边站了"，卡林顿宣称道。⁵这并不完全正确，因为她私下里仍然会听从反苏的不同的声音，例如罗伯特·康奎斯特。但至少她在一段时期之内更加重视外交部的建议。

在这次会面之后两周，首相和外交大臣在飞往在东京召开七国集团峰会的途中因为补给燃料的需要而在莫斯科做了短暂停留。令他们吃惊的是，在总理阿列克谢·柯西金的带领下，苏联政治局一半的官员都到场迎接她。为表达对她的敬意，他们在飞机场安排了一次计划外的宴会。在听取了苏联领导人陈词滥调的外交发言之后，玛格丽特·撒切尔做了尖锐而详尽的回复。她身着钴蓝色套装，戴着配套的帽子，看上去高贵而美丽。她提出了一连串的问题，并多次打断苏方的回应。

她主要的一个关注点在于越南船民所造成的困境，因为这对香港地区造成了一些困扰。苏联总理说所发生的事情不仅对于越南的政体是丑闻，而且也给整个共产主义政体抹了黑。当然苏联能够施加一些影响来阻止这一行为。"亲切友好的杜松子酒"总理，这是卡林顿对柯西金的昵称，无力地笑了笑，借口说道，这些船民"都是毒品贩卖者或者罪犯"。玛格丽特·撒切尔打断他说："什么，有一百万那么多？共产主义这么糟糕，以至于一百万人都不得不靠贩毒来谋生么？"[6]他们立即停止了这个话题的讨论。按照卡林顿的说法，当她一个问题接着一个问题地对他们进行训斥时，这些政治局官员的眼球都快要掉出来了，既震惊又困惑。对于遭到如此劈头盖脸的打击，他们感到惊讶，却也看到了撒切尔的力量和品质。[7]

首相在东京也受到了明星级的待遇，那里有超过一千名新闻记者守候在机场，竞相报道一位女性领袖人物这一奇特的现象。但是她对于第一次全球化峰会的经历却反应平淡。在出发去东京之前，她主要关注的是要确保英国代表团是参加七国集团峰会国家中人数最少的团队。她让负责国外事务的私人秘书布莱恩·卡特利奇对其他国家代表团的人数一遍遍地确认，希望他们的人数都会比英国代表团多。"最终，我们只是人数第二少的国家，"他回忆道，"我们被加拿大人打败了。她对此非常生气。"[8]

如果不是因为这次峰会毫无意义，她对于官方团队人数上体现出的过于执着的节俭精神可能会令人感到非常怪异。卡林顿说道：

> 这次峰会没有一点儿意义，完全是浪费时间——没有达成任何协议，没有实现任何目标。她对这整个过程的愚蠢至极感到困惑不解。我们都觉得根本无法分辨出主持这次会议的日本首相大平正芳是睡着了还是清醒的。唯一的意义就是她的确首次见到了卡特总统。她对他也感到有点难以理解。[9]

在地缘政治学的学习过程中，卡林顿是她的导师。有时候他待她就像是一个父亲般的人物，有时候是作为她的领头人物，有时候作为她机构内部的幽默家。一次在唐宁街与毛主席的继任者华国锋主席的会面当中，他逗得她开怀大笑。这位中国领导人在讨论中首先发言，进行了长达50分钟的独白，不允许首相插进一句话。卡林顿给她传了张小纸条，上面写着："你说话太多了，像往常一样。"她打开这纸条的时候，华主席正在说："现在我要谈谈大屠杀的悲剧……"他一定对于首相掏出手帕来避免自己忍不住笑出声来感到非常困惑不解。这些难以捉磨的英国人！[10]

然而，在这样的会面中，通常是玛格丽特·撒切尔掌控谈话的大部分时间。在至少两次这样的情况下，卡林顿不得不传给她一张小纸条，写着："他从1000英里之外来到这里，让他说点儿什么吧。"她通常都会接受这样的打趣，部分是因为，在一定程度上，她被一个真正的上层名流的不敬行为逗乐了；另一部分是因为她尊重他外交政策方面的专业见解。作为一名英国派往澳大利亚的前高级专员、英国海军大臣、国防部大臣、国际银行家以及力拓锌业公司的董事，他对于整个世界都有所了解，而且几乎认识每一个重要人物。要培养这位新任首相达到同样的认知程度是他面临的最大挑战。卡林顿回忆道：

> 坦白说，有些时候我会发现她令人感到非常气愤。她有时候会有一些非常不寻常的偏见。她似乎相信所有的黑人都是共产主义者。当我们第一次一起出访非洲时，在我们的VC10飞机马上要着陆卢萨卡机场之前，她戴上了一副墨镜。"你戴这个究竟是为了什么？"我问道，因为我们抵达的时间是晚上。"我绝对确信他们将会朝我的脸上泼洒硫酸"，她回答道。"我告诉她不要表现得这么没头脑，还告诉她非洲民众更有可能会为她欢呼，而实际情况也正是如此。"[11]

撒切尔和卡林顿为在卢萨卡召开的英联邦政府首脑会议做了大量的准备。议事日程当中最重要的是关于罗德西亚的问题。玛格丽特·撒切尔对于它的未来立场很坚定。自从1965年11月11日伊恩·史密斯政权单方面宣告独立之后，罗德西亚就一直是历届英国政府要面对的棘手问题。13年后，伊恩·史密斯与两个温和的非洲政党领袖人物达成了权力分享协议。这在1979年4月的大选中获得批准，由穆左列瓦主教担任首相，但这却遭到了两个主要非洲民族主义政党的共同抵制，大多数国际舆论也抱着谴责的态度。但是玛格丽特·撒切尔派往罗德西亚的私人特使，前殖民大臣，默顿的博伊德子爵汇报说，选举是公平而有效的。

在阅读了博伊德的报告之后，玛格丽特·撒切尔的本能反应是要认可史密斯–穆左列瓦协议，卡林顿却劝她不要这样做。这是一次重大的转变，需要他发挥出最强大的辩论技巧。他回忆说：

> 我们之间发生了几次热烈的论战。最后她同意听听我的论证，那就是每一个联邦国家，美国以及欧洲都不会赞同她想要采取的解决方案。但是她并没有完全被说服，直到飞往卢萨卡的途中。当时我们正在半空中共进晚餐，我对她说我认为我们在这次会议中能够得到的最好的结果是成功地将损害降低到最大限度。她声称她从未听过这样的词语——她称它为"典型的外交辞令"——然后她说道，"我想要比这更好的结果"。[12]

这是第一个清晰地表明卡林顿对于非洲情势的教导可能开始会起作用的信号。

罗德西亚

解决罗德西亚*问题是玛格丽特·撒切尔作为首相在国内外取得的首次重大成功。虽然她起初表现出顽固不化的态度，但在试图处理她并不熟悉的非洲外交困境时，她竟表现出惊人的务实立场和精明态度。在实现预期目标的过程中她表现出了勇气、魅力和相当大的灵活性。

在抵达卢萨卡时，她感到有些惊慌，而且有些担心。尽管她害怕硫酸泼脸的事情被证实是毫无根据的，正如卡林顿向她保证的那样，然而要走进人群（不戴墨镜），并且要应对充满敌意的媒体见面会，仍然是需要勇气的。在机场的混乱当中，她和团队人员被冲散了，包括她的新闻秘书亨利·詹姆斯在内。她因为胃病而感到身体不适，而且差点晕倒。然而她对待充满敌意的赞比亚新闻记者丝毫也不示弱，他们对待她就像是对待一个殖民地的硬纸板模型，而且把她描述成"一个种族主义者"。[13] 但是英国随行记者团认为她承受住了各方质询的压力，表现出了魅力和勇气。英国广播公司的约翰·辛普森报道说，她做了"一次精彩的表演"。[14]

英联邦政府首脑会议的整体氛围要更加友好。在受到热情的欢迎之后，玛格丽特·撒切尔对非洲的不信任态度有所缓和，这与女王从社会层面来主导这次会议的技巧有很大关系。同时，一些一线国家的总统，也就是博茨瓦纳、莫桑比克和赞比亚的总统们，在私下场合比在公开场合发表宣言时表现出的要具有更大的政治包容性和适应性。其他参会的27个国家的政府首脑中的很多人，在劝说主要政治领导人达成协议的过程中也起到了积极的推动作用。

---

* 罗德西亚（英语，Rhodesia），是位于南部非洲的英国殖民地，1965年11月11日单方面宣布独立后取的新名，沿用至1979年5月31日。1980年4月17日独立建国，更名为津巴布韦（并获国际普遍承认），沿用至今。——编者注。

表现最积极的政治领袖是会议的东道主国赞比亚总统肯尼斯·卡翁达。他不辞辛苦地劝说他的非洲同胞接受他们起初并不喜欢的英国提案。他也在一场舞池外交当中使玛格丽特·撒切尔为之倾倒。(或者是她使他为之倾倒？)赞比亚总统和英国首相之间轻快起舞的照片正是他们之间友好关系的象征。按照丹尼斯·撒切尔的说法，正是他们在舞厅中的旋转起舞使这次会议实现了预期目的。[15]

在现实当中，这次会议之所以能够实现预期目的，更多的是得益于玛格丽特·撒切尔对罗德西亚采取的立场的惊人逆转。她接受了一个大胆的计划，是一位非常敢于设想的英国外交联邦部的官员罗宾·伦威克的创见，那就是英国应当放弃作为一个殖民主义国家的角色，而承担起作为一名去殖民化的强有力的新角色。使与会政府首脑吃惊的是，首相宣布摒弃史密斯－穆左列瓦协议。英国，而不是联合国，会在实现黑人多数统治的过程中起到主导性的推动作用。罗德西亚首先会恢复到单方面宣告独立之前的殖民地地位，并会派遣一名英国总督监督罗德西亚进行直接选举，英国军队也会在此期间负责维护治安。之后将在伦敦兰开斯特宫召开由英国政府主持，非洲主要政治家罗伯特·穆加贝和约书亚·恩科莫共同参与的会议，来决定未来宪法的制度安排。这是一次重大的转变，却是按她的主张进行的一次重大转变。有些非洲领袖对这一提案并不热心，但是卡翁达表示支持这一计划，并宣布称"铁娘子为这片黑色的地平线带来了一线希望"，因此他们也都表示支持。[16]

玛格丽特·撒切尔对于她所赞同的这项计划也怀有一些忧虑。在会议结束，她宣读公报内容中她的那一部分时，她始终低着头，语速很快，语调单一，与通常宣布基于个人信念的政治宣言时所采用的音调相去甚远。但是在达成协议的兴奋之余，她最终决心致力于这一计划的实行。她由刚抵达卢萨卡时的心怀恐惧，转变为离开时的充满希望。正如卡林顿所说："她并不真正相信我们能够达成一个最终协议，但是一旦看到真正有希望能够达成一个协议，她就会全力以赴。"[17]

当这场旷日持久的罗德西亚传奇故事9月份在伦敦开场时，首相将兰开斯特宫立宪大会的细节问题交由外交大臣处理。与会各方经历了长达16周的艰难谈判。这并不是她的主场，但是她立场明确、勇气可嘉，为其顺利进展起到了两个至关重要的作用。

首先，她决意对整个谈判过程保持疏远的态度。罗德西亚的白人，受到了伦敦罗德西亚游说团体的怂恿，一直期待她能够扮演终极上诉法庭的角色，希望通过这一渠道使她的"骨肉同胞们"获得最后时刻的特许权。她决定绝不介入此事。她对于自己在卢萨卡所做出的黑人多数统治的承诺立场坚定。

其次，她派遣索姆斯勋爵以总督的身份到索尔兹伯里，承担了相当大的风险，因为当时罗德西亚仍旧战乱肆虐。他和负责保护他安全的英国军队分遣队很可能会被卷进暴乱之中。但是她下了这个赌注，而且也取得了成效。索姆斯在1980年3月得以监督自由、公平而和平的大选，并产生了一个决定性的结果。罗伯特·穆加贝成了首相，而权力也正式由英国转交到1980年4月17日独立的津巴布韦手中。

她和她的议会私人秘书伊恩·高一起在电视前观看独立仪式，在看到英国国旗被降下的时候，玛格丽特·撒切尔落下了眼泪。"可怜的女王，"她说道，"你意识到自从她登基以来，有多少殖民地从大英帝国手中被移交出去吗？"[18]

在接下来的15年左右，似乎很少有理由再为津巴布韦感到伤心落泪。尽管它很快成为一个一党执政的国家，悲观主义者所最惧怕的情况并没有成为现实。内战结束了，黑人和白人拥有的农场蓬勃发展，人民丰衣足食，婴儿死亡率减半，中学数量翻了两番。尽管穆加贝多次在演讲中传达出他的马克思主义信条，但他并没有将土地没收充公，也没有任何企业被强制收归国有。作为一个采用混合经济体制的国家，它的发展相对比较成功。只是在世纪之末，穆加贝才变成一个残暴的独裁者，对白人农民发起暴力行为，没收他们的土地，并将其交给他的老朋友掌管。他也通过残酷镇压和饥饿的方式残忍地对待他的人民。

因此，在1980年看起来像是一次外交上的胜利，到了21世纪初期都已经化为灰烬。我们不能将导致这一悲剧的罪责归咎于玛格丽特·撒切尔，那时她已经下台很久了。在津巴布韦的独立地位逐渐得以确立的那段时期里，她经常因为治国有道而赢得很高的赞誉。在她的内心深处，她可能更愿意维持英国的殖民统治，或者是采取和史密斯-穆左列瓦分享政权的政体方针。但是这些当时都无法成为选择。考虑到1979年卢萨卡会议期间非洲的政治情况，她找到了最佳的解决方案。令人遗憾的是，这种状况只持续了一代人的时间。

欧洲

"我逐渐意识到玛格丽特·撒切尔并不真正喜欢母语不是英语的人，"卡林顿勋爵说道，"她不相信欧洲人，而且她对待他们的方式经常令人感到非常难堪，因为她对每个人都很粗鲁无礼。"[19]

尽管在与欧洲政府首脑的交锋中，不信任和没礼貌是玛格丽特·撒切尔最突出的特征，同样值得引起注意的是最开始遭到无礼对待的对象是她，而不是欧洲其他的政治首脑们。始作俑者是法国和德国的领袖。

1979年5月，她入主唐宁街后迎接的第一位外事访问者是德国总理赫尔穆特·施密特。她刚开始觉得他很有人格魅力，但当发现他以高人一等的屈尊姿态对待她时，感到非常沮丧。然而，在比拼谁是自大狂的竞赛当中，他很快就被法国总统瓦莱里·吉斯卡尔·德斯坦超越。6月，在斯特拉斯堡举行的欧洲理事会首脑峰会上，法国总统有意怠慢英国首相，在举行的所有宴席上都拒绝与她邻座。作为国家元首，他并没有如大多数与会者所期待的那样表现出谦恭礼节，让欧洲第一位女性领袖得到优先招待，而是坚持自己的优先权。"愚蠢的做法，"卡林顿说道，"所有人的评论都是负面的。"[20]

斯特拉斯堡峰会的主题并不是怠慢玛格丽特·撒切尔，而是关于她认为当前至关重要的实质性问题，即后来被称为"该死的英国问题"，或者简称为BBQ的问题。尽管在英国驻布鲁塞尔的欧共体代表迈克尔·巴特勒爵士为首相准备的外交部简报上，关于这一事件的描述并非如此。

玛格丽特·撒切尔对巴特勒的材料很不满意，她认为这份材料表现出英国对欧共体预算问题的态度不够强硬，太过迁就，轻易做出妥协。因此她委托财政部提交一份备用材料。它的执笔人是一位年轻的副秘书长助理彼得·米德尔顿。她把他叫到契克斯乡间别墅对这份材料的相关内容进行详细询问。这是一次非常考验人的经历，但是他的表现很出色，给首相留下了深刻印象，因而促使他迅速升迁，四年之后就做到了他所在部门的最高职位，担任常务秘书。因为米德尔顿是玛格丽特·撒切尔在斯特拉斯堡所提出的归还"我们的钱"诉求的最初创始人。

"我们的钱"斗争的根源在于英国进口关税和欧盟预算中"共同农业政策补助金"之间的收支失衡情况。之前达成的一致共识是这些结构性的失衡应当通过预算回扣的方式退还英国，予以矫正。未达成一致的是，关于回扣的数额（根据米德尔顿的数据应当是每年10亿英镑）以及此事应当被赋予的优先地位。

玛格丽特·撒切尔到斯科拉斯堡，就是准备为此而战。她想要把退还英国预算回扣作为议事日程中的首要事项来对待，并区别于所有其他关于预算问题的讨价还价。而这并不符合法国和德国处理事务的方式。法国总统吉斯卡尔·德斯坦和德国总理赫尔穆特·施密特对于玛格丽特·撒切尔民族主义式的处事方式深感不满。他们对她抱有轻蔑的态度，只是勉强同意在下次会议上考虑这一问题。

卡林顿勋爵认为，欧洲领导人对待她的态度"非常愚蠢……目光极其短浅且极端自私"。[21] 相反，玛格丽特·撒切尔对自己的表现感到相当满意。"我觉得我给人的印象是并非随便说说，而是严肃认真，说到做到"，她说道。[22]

在6月召开的斯特拉斯堡首脑峰会和11月在都柏林召开的下一次欧洲理事会之间的一段时间里，英国首相的态度似乎变得越发坚定。她宣布她正在考虑拒绝对欧共体支付英国增值税，而这种做法是违反规则的。1979年10月18日在卢森堡发表的纪念温斯顿·丘吉尔演讲中，她把在欧共体预算问题上对英国的处理方式描述为"明显不公平"，而且是"政治上站不住脚的"。她继续说道："当我自己的选民正被要求不得不放弃在健康、教育、福利和其他方面的条件改善时，我无法对欧共体扮演美德姐姐的角色。"[23]

11月份在都柏林的理事会上，美德姐姐变成了好斗姐姐。她收到了3.5亿英镑回扣的提议，这是欧洲人在协商谈判过程中的第一步举动。她对这个数字不屑一顾，称之为"面包的三分之一"[24]，予以拒绝。之后，她花了整个晚上剩下的时间斥责其他国家政府首脑，卡林顿将这一过程描述为"一次大声咆哮"[25]，她滔滔不绝地用华丽的辞藻包裹着重复的信息，并不断提醒自己别喊出"我想要回我的钱"。[26]

赫尔穆特·施密特假装睡觉。吉斯卡尔·德斯坦在读报纸。根据欧盟委员会主席罗伊·詹金斯的说法，"她让我们所有人在餐桌前待了漫长的四个小时……她的发言没有停顿，但并非没有重复……除了她自己之外，每位在场的人都明显意识到她没有取得任何进展，只是在使大家疏远"[27]。

这种疏远是双向的。性格方面的冲突是问题之一。高傲的吉斯卡尔·德斯坦无法忍受这位过于喋喋不休的女士，他私下里嘲讽她为"杂货店主的女儿"。赫尔穆特·施密特对于这位杂货店主女儿的反共态度同样蔑视。他走出都柏林宴席时，因愤怒而浑身颤抖，说道："我再也忍受不了了……我无法与那样的人打交道。"[28]

但是玛格丽特·撒切尔对高卢人的轻蔑和日耳曼人的愤怒并未不安。她对于后来被她称作是"欧洲的法德部分"[29]表现出不信任的态度，并为此而自豪。

在她内心深处，她仍旧还是那个爱国的格兰瑟姆女孩，对于战争难以忘却。如果她听上去像是一个英格兰本土主义者，那是因为这就是她的本性。她透过英国利益的棱镜来看待一切事物，这种立场在她和大多数选民看来是完全正确的，而且也是一位英国首相应该采取的正当立场。

在都柏林那次糟糕的晚宴之后的第二天上午，玛格丽特·撒切尔就欧共体预算对英国的不公正性提出了更多细节性的论据进行争论。在这次峰会最后一次会议结束前5分钟时，她不甘地答应将这一问题推迟到1980年4月在卢森堡召开的下次会议上再次讨论。在那次会议上，她收到了7.5亿英镑的回扣提议，她的外交部顾问认为这是一个比较公道的数字。但令人大为震惊的是，她断然拒绝了这一提议，理由是这只是一个两年的协议。这种对于她想要得到的面包的四分之三傲慢拒绝的做法，不仅使她自己的团队目瞪口呆，而且使欧洲领导人大感意外。现在该轮到吉斯卡尔怒气冲冲地走出去，说道，"我不会允许这样令人可耻的场面再一次出现"，这是他离开前撂下的最后一句话。[30]

玛格丽特·撒切尔似乎很享受这种孤立的状态。她告诉英国广播公司广播4频道，她很高兴那些欧洲人称呼她是一个"女戴高乐"。[31]下议院对于她在卢森堡峰会上所做的发言给予了肯定。英国玛吉用手提包对布鲁塞尔的官僚主义者们进行无情攻击*的形象在全国反响很好。在当时国内的经济困境和欧共体内的谈判现实的情况下，这也是一个

---

* "用手提包无情攻击"（handbagging）这个术语，现在《牛津英语大词典》的定义是"一个用于坚持自己权利，并无情攻击敌手的习语"。这一用法第一次进入政治词汇正是玛格丽特·撒切尔在欧共体峰会时对于英国回扣问题进行激烈争论期间。

令人欣喜的转移人们注意力的方法。尽管法国和德国领导人对此非常不快,然而这次争论涉及的金额对欧共体财政来说,仅占相对较少的部分。因此在 5 月 30 日,新一轮的谈判在外长会议中展开——不包括玛格丽特·撒切尔。

英国的谈判代表,卡林顿勋爵和他的下议院发言人伊恩·吉尔默比预期的表现要好。他们将回扣条款金额提升了 5000 万英镑,并将时间延期到三年。因此他们在经历了布鲁塞尔一整夜的谈判之后,回国时心中颇感得意。但是到了契克斯首相乡间别墅后,玛格丽特·撒切尔却对他们的表现极度不满,甚至都没有给他们倒上一杯咖啡。"即使我们是去夺取家具的法警,"伊恩·吉尔默回忆道,"我们可能都会得到更加友好的接待。首相就像是燃线已经点燃的爆竹,我们几乎都能听到咝咝的响声。"[32]

这些爆竹磨炼了卡林顿。他的私人秘书助理史蒂芬·沃尔还记得"他的恼怒中夹杂着一些不情愿承认的敬佩,在他和吉尔默经过夜以继日的谈判才争取到协议之后……玛格丽特·撒切尔对待他们竟然就好像他们是没有按照标准要求完成作业的学童一样"[33]。

最后,学童智胜了女教师。吉尔默无视首相的严词谴责,向新闻媒体做了简短声明,宣布了这一外交上的胜利。卡林顿在内阁中坚定立场,坚持要求他在布鲁塞尔签署的协议必须要得到履行。面对这样的反叛,而且还有政府中其他高层人物对此做法的支持,玛格丽特·撒切尔不得不做出让步。同僚的集体意志迫使她不得不履行她曾经强烈反对的做法,这在她掌权第一年几乎是唯一的一次。

这些欧共体高峰会的早期经历并没有教会玛格丽特·撒切尔,她本可以从中学到的一些经验教训。她本应当意识到在欧洲外交中,一味地像主战坦克一样将所有枪一起开火攻击前进的做法,并不一定能取得进展。她也许不会喜欢法国的一个短语"以退为进",但是她需要知道采取更加细致的谈判方式才能达到预想的目标。

细致并不是她性格中天然的成分。这也是为什么欧洲政治最终会成为她下台的因素之一的原因。但是不论1979—1980年她尖锐犀利的处事风格造成了多少不愉快，她的确为英国谋取到了比任何人预料到的都要多得多的预算回扣。因此就短期而言，她毫无外交策略的外交手段取得了成功。这是一次重大且持久性的成就。

特殊友谊的缓慢启动

玛格丽特·撒切尔外交政策的重中之重在于加强英美联盟——这是她自战时格兰瑟姆童年时期就热诚相信的一项事业，那时美国军人在小镇驻扎，给她留下了难以磨灭的印象。但是到1979年时，这种同盟关系的特殊性正在慢慢退去。根据卡特总统1979年10月收到的一份美国中央情报局报告显示，"美国和英国之间的这层'特殊友谊'，最终，已经失去了很大一部分意义。与美国和其他主要同盟国家的关系相比，美国与英国的关系不再具有更明显的紧密性"[34]。吉米·卡特总统对这一评论做了注解，"部分正确，部分错误"。[35]

同样的矛盾观点体现在他对待新任英国首相的态度上。在她赢得大选后的一周，美国国家安全顾问兹比格涅夫·布热津斯基给总统送去一份外交备忘录，给他提出建议，"应付撒切尔夫人咄咄逼人的个性，和她倾向于威吓的特点，需要有耐心"[36]。

卡特似乎已经发现这个警告的准确性。"一位态度强硬的女性！相当固执己见，意志坚定，不能不承认她懂点儿政治"，是他在东京的七国首脑会议见到她后所做的私人评语。[37]

他们下一次会面发生在12月初她对华盛顿的访问期间。美国正处于伊朗人质危机的困境之中，位于德黑兰的美国大使馆被占领，52名美国外交官被困。玛格丽特·撒切尔起初持有错误的看法，认为这是美国国内的问题，到访的外国领导人不应对此公开发表评论。卡林顿勋爵不得不努力改变她的这一看法,并成功地做到了。

在白宫草坪的欢迎仪式上,首相发表了强有力的团结声明。"在这样的时刻,你们有权获得朋友的支持。我们是你们的朋友,我们坚决支持你们,而且我们也将支持你们。这一点是毫无疑问的。"[38]

这些话语与华盛顿当时急需亲密盟国慰藉的渴求发生了深深的共鸣,首相余下的访问行程取得了胜利的进展。在白宫宴会上,为向她表达敬意,由唱诗班为她演唱小夜曲,唱诗班中包括柯克·道格拉斯和美国国务卿塞勒斯·万斯。她在国会的演说和在纽约外交政策协会所做的演讲得到普遍的赞誉。两次演讲的观众当中都有一部分人事实上爱上了玛格丽特·撒切尔的个性。她回答问题时的直率,她对于从自由市场经济到苏联扩张主义一系列问题所持的鲜明坚定的观点,在美国保守党人中间形成了一个支持群体,其人数在很长时间都呈上升趋势。

在他们都当政的20个月的时间里,吉米·卡特总统和玛格丽特·撒切尔相处融洽,比他们两人所预期的都要好。她敬佩他坚定的基督教的信仰、广博的科学知识和待人的诚恳。但是她认为,他对于经济方面和苏联威胁的认知不够。

在苏联占领了阿富汗之后,他认为她是一个懦弱的合作搭档,隐藏在合法性和技术性之后,避免实施最严厉的制裁。"我希望你不会如此,请原谅我用这个词,坚决",他在12月28日给契克斯首相别墅打电话时说道,当时英国似乎对于美国提出的联合国安全理事会决议草案怀有太多的顾虑。[39]很明显,美国总统在与英国首相打交道过程中还没有了解到,对大多数事情表现"坚决"是她的本性。

尽管他们在政治和外交见解方面存在诸多不同,这两位领袖人物共同做出了很多有益的合作。他们的战略协议包括通过采购三叉戟核导弹系统替换掉英国老化的北极星核导弹系统,并达成协议允许美国在英国位于印度洋上的迪戈加西亚岛上扩建军事基地。但是吉米·卡特和玛格丽特·撒切尔并不是志趣相投的人，那种私人之间的友好关系以及伴随而来的"特殊关系"的复苏要等到罗纳德·里根当选总统之后才能实现。

回顾

卡林顿－撒切尔合作关系为英国外交政策取得了丰硕的成果。尽管缺乏经验，但她的确促使他和外交部门采取了更加坚定的立场。尽管他有着嬉笑怒骂式的玩世不恭，他却在她令人难以忍受的时刻坚决勇敢地面对她。因此，他们共同在罗德西亚问题上，在欧洲的英国预算回扣问题上，以及在加强与美国的"特殊关系"上取得了相当大的成功。然而有时他们之间的合作像极了一位贵族驯马师和一匹性情固执顽劣的赛马之间的较量。卡林顿能够劝服或者使她离开他认为是灾难性的轨道，但是他从没有成功地束缚住她的粗鲁无礼，尤其是对待德国人的时候。

"我亲爱的彼得，请你跟我解释一下关于玛格丽特·撒切尔夫人，"新上任的德国总理赫尔穆特·科尔在几次欧洲峰会中与她的不快经历之后询问道，"你能告诉我为什么她对待我就仿佛我是她内阁当中职位最低、最不重要的成员吗？"

"我亲爱的赫尔穆特，"卡林顿回答道，"她对我们所有人都是这样的——而且你很幸运，因为如果你确实在她的内阁里，她对待你的态度会比现在要差得多。"[40]

玛格丽特·撒切尔之所以从没有与她不得不与之打交道的四位法德领导人——吉斯卡尔、密特朗、施密特和科尔建立友好关系，是内心、政治和个人原因的共同作用使然。在二战中还是个孩子的她，难以忘却纳粹德国和维希法国所造成的阴影。她虽然已经离开原地继续前行，但是却无法像20世纪40年代英国深处孤境的那些黑暗岁月里，同样处于少年时期的大多数英国人那样能客观地对待那时的情况。

如果想说服她改变态度,可能需要欧洲重量级的领导人一方愿意通过法庭辩论的方式就欧共体的议事日程与她对战。但是这些领导人都是一些粗枝大叶的人,只懂得宣读意向书,而她精通的则是细节。这是一个难以弥合的差距。当她意识到他们都没有做足准备工作的时候,她对待他们的轻蔑态度,丝毫不亚于她对待国内大臣的蔑视。对于那些没有仔细研读他们简报材料的人,不论他们的地位有多么显赫,都不会与玛格丽特·撒切尔之间存在任何对话或者思想碰撞的可能性。

欧洲四位大人物之中,她只对密特朗总统颇有好感。刚开始的时候只是一种私人间的情感,之后由于他在马尔维纳斯群岛战争期间给予的帮助,这种情感也增强了。在他1981年5月赢得大选后不久,对契克斯首相别墅进行的首次拜访中,总统和首相之间建立了政府间友善的谅解。当密特朗一行驱车离开的时候,她的内阁秘书罗伯特·阿姆斯特朗祝贺她此次讨论进展顺利。"是的,"玛格丽特·撒切尔回答道,然后,在一个短暂的停顿之后说,"你知道,他喜欢女人。"[41]

这个不同寻常的评论反映了玛格丽特·撒切尔外交政策当中很古怪的一个方面。她能与之最好相处的政治家都是那些她发现有魅力的人——里根、戈尔巴乔夫和密特朗。那些她觉得没有吸引力的,特别是身材高大肥胖的大块头科尔、爬行动物般的吉斯卡尔和贫血般毫无生气的卡特,都被划归到她喜欢或者不喜欢的边缘地带。相貌对她很重要。这可能与她对待外交大臣们的不同方式有些关系。表情颓唐阴郁的弗朗西斯·皮姆和身材矮胖、喜欢东拉西扯的杰弗里·豪不是她喜欢的风格。体形匀称、风趣幽默的卡林顿勋爵对她则很有吸引力。他们之间的争论很激烈,但是他们很喜欢彼此做伴,丝毫没有任何对彼此的敌意。

她喜欢卡林顿,而且从他身上学到了很多东西。然而有趣的是,在他后来因为马尔维纳斯群岛问题*做出了请辞这一受人敬重的选择之后，她从没有邀请他重新加入她的政府，而那只是他名誉上转瞬即逝的污点。在他成为北大西洋公约组织秘书长之前或者之后，让他重回内阁本是很容易做到的。也许真正的问题在于，她想要做她自己的外交大臣。她不会欢迎一位外交事务方面的重量级人物加入到她的政府高层中来，尤其是一个能够成功阻止她用太过对抗性的方式处理欧洲事务的人。这是很可惜的，因为卡林顿作为一个政治家与她的合作对于她早期所取得的成功有着卓越的贡献。

★　见第19章，"马尔维纳斯群岛战争：序曲"。

18

经济领域和内阁之中不祥的征兆

暴风前夕

玛格丽特·撒切尔要治愈英国根深蒂固的经济顽疾的坚定决心可以通过她在1980年10月召开的保守党大会的发言体现出来:"如果你想要改变路线你请便——这位女士是不会改变的。"[1]尽管党内广大普通党员对这一决心报以雷鸣般的掌声,内阁中的很多人却认为她有勇无谋。因为到了这个时期,失业人口超过200万人,通货膨胀率上升到13%,而经济衰退仍在继续恶化。政府在这场战斗中采用的主要武器是控制货币供应和削减公共开支,想以此实现将节俭的精神重新注入国家财政的目的,然而这两项措施都不起作用。

普遍的预期是经济衰退的现实,尤其是失业率的上升,将会迫使经济管理策略发生改变。但是首相已经把自己的名誉押在了不会启动导致特德·希思政权覆灭的那种政策的一百八十度大转变的赌注上。而且,她比他当时的态度坚决得多,确信一定要坚持自己设定好的路线。然而直到1981年的秋天都未能解决的重要问题是:她的内阁能够坚定地追随她吗?

尽管内阁被描述成分裂为"懦弱派"和"强硬派",然而这很大程度上只是玛格丽特·撒切尔自己所做的夸张性描述。她喜欢自己作为身处交战之中的一名抵抗对手的改革者的传奇性形象。而且现实情况是,财政部的大臣们和内阁中与她志同道合的那些经济委员会的同僚们都是她忠实的拥护者,支持她的策略。还有另外两个支持她的强大堡垒力量,一个是威利·怀特洛,另外一个是卡林顿勋爵。"因为所有其他意图扭转经济衰落的灵丹妙药都已经失效了,我们觉得最好还是让她继续做她想要做的事情",卡林顿如此描述他们的立场。[2]因此,在内政大臣和外交大臣的默许下,内阁本身在撒切尔政府前两年的时间里极少讨论经济政策问题。"懦弱派"(吉姆·普莱尔、弗朗西斯·皮姆、索姆斯勋爵、诺曼·圣·约翰·斯特瓦斯、伊恩·吉尔默、彼得·沃克和后来的盟友）愤怒、夸张或者泄露消息，但是他们从未真正地实现所有人的支持。同时，财政大臣和首相继续推行他们的总体规划。

但是他们的策略究竟是什么？刚开始的时候，据说整个都是关于货币主义。但是计量，更不要说是控制货币供应被证明难以实现，最终以失败告终。主要的衡量标准被叫作英镑的"货币供应量"M3，意思是所有流通货币，包括纸币、硬币以及银行储蓄。1980年，英镑的"货币供应量"M3激增到18%，达到政府预期目标6%的三倍之多。伊恩·吉尔默在评论说货币主义就是用"不可控的东西去追踪难以确定的东西"[3]的时候，说得还是很有道理的。玛格丽特·撒切尔被他的批评激怒了，针锋相对地指出"懦弱派"发现英镑的"货币供应量"M3变化无常的行为可以成为晚餐宴席上合适的嘲笑对象。[4]她坚持认为，货币紧缩正在拉低通货膨胀率，而且比英镑的"货币供应量"M3数据所显示的更加有效。

策略的第二个重要部分是削减公共开支。杰弗里·豪爵士的确在1979年和1980年的预算中削减了30亿英镑的开支，但是这些都被国防部和卫生部的过度开支、补贴国有化企业的高额成本、公共部门迅速增长的工资要求，尤其是那些"克莱格委员会"[*]所批准的，玛格丽特·撒切尔在竞选活动最紧张时期也承诺会尊重的加薪要求，给抵消了。最终的结果就是公共开支仍旧持续增长。

在所有这些混乱之中，似乎唯有政府的"中期金融政策"有可能恢复一些秩序。这是才华横溢且果敢自信的奈杰尔·劳森创作的成果，他当时只是财政部的一名次长。玛格丽特·撒切尔对于一流的才智一向怀有敬畏之情，对奈杰尔·劳森尤其如此，因此她接受了中期金融

---

[*] 也称为可支付薪酬常务委员会，1979—1980年，由詹姆斯·卡拉汉创立，目的是解决"不满寒冬"的薪资纠纷，其主席是休·克莱格，华威大学劳资关系学教授。

政策的点子。它为未来几年里的货币增长和公共开支削减的既定目标设定了一套不可变更的规则,用以取代通常的一年预算。但是由谁来负责按照中期金融政策的规则具体执行呢?首相自己接受了这一挑战。"只有民众相信我们坚持执行这一计划的决心,中期金融政策才会影响民众的预期,"她宣布说,"它的可信度取决于……我个人对它忠诚的承诺,而对于这一点我不会让任何一个人心存疑虑。我不会屈从于通货膨胀的压力。"[5]

对玛格丽特·撒切尔绝不会做出一百八十度重大转变的承诺的信任和认可促成了整个计划实施过程中的重大转折。尽管她会因为自己的顽固、执拗、无情,甚至会因被认为在施行"施虐货币主义"[6]而遭到他人的诋毁中伤,然而在英国民众政治潜意识深层次的某个地方存在着一个共识,那就是应该给予她的坚定决心一个尝试的机会。

"不满寒冬"在民众的记忆中留下了如此的负面印象,以致大多数的选民,与怀特洛和卡林顿一样,都愿意对玛格丽特·撒切尔改革经济的药方做出一番尝试。但是对于数量颇为可观的少数人,包括她党内的很多人来说,她的治疗方法似乎引起了分歧。

大约在这个时期,一个首字母缩写词"TINA"进入了政治词汇。它来自于玛格丽特·撒切尔对保守党议员所做的简报会以及一些其他场合的发言中,她慷慨激昂,并不断重复这个短语,"没有其他选择"。这听上去是真的,因为那些"懦弱派"并没有提出任何不需要通过发行更多的货币来支付额外的开支的条理清晰而完善的经济备选计划。但是TINA也变成对首相不敬的一个绰号。我记得1981年春天的一个傍晚,在下议院的露台上时我曾使用了这个绰号,结果遭到来自索尔比选区的议员唐纳德·汤普森的指责。他是约克郡的一个真真正正的屠夫,每个周六仍旧会亲自剁碎动物尸体,给他的顾客们送去肉块。"啊,乔纳森,但是TINA的确是正确的,难道不是吗?"[7]

我逐渐地、很不情愿地开始赞同这种看法。很多其他的保守党议员，那些不属于撒切尔粉丝俱乐部"我们自己人"团体的人，也逐渐意识到了这一点。多亏了伊恩·高在后座议员中兢兢业业不辞劳苦的努力，首相在议会政党中的支持率要明显高于她在内阁中的支持率。开始起作用的正是玛格丽特·撒切尔嘲讽她的批评家们所缺少的要素——支持经济策略实施的勇气。当那些"懦弱派"正忙着用一种并不吸引人的手写风格表达忧虑和愤怒时，她正以坚韧不拔的决心和毅力独自一人耕耘着地垄。即使她难以改变他们的看法，也足够暖热他们的内心。

然而，对于这一政策还有很多未予回答的问题。最大的一个问题是：政府将采取什么措施抑制过度的工资要求和工会过于强大的权力？

打压吉姆·普莱尔

在玛格丽特·撒切尔担任首相的前几年时间里，吉姆·普莱尔是她在内阁中最强劲的对手。她是如何打压他、排挤他，并削弱他的影响力的，这个过程对于洞悉她的性格特点很有启示作用。

20世纪70年代，一个未予回答的政治问题就是：是谁在治理英国？不论是特德·希思政府还是詹姆斯·卡拉汉政府失势时的社会背景都说明是工会领袖，而不是选举产生的政治家才是经济和工业政策的真正操控者。玛格丽特·撒切尔下定决心要扭转这一局势，而且她相信她已经获得授权来做这件事。但只要吉姆·普莱尔还是她的就业大臣，她要惩处工会的改革热情就会受到阻挠。他们两人关系中另外的一个问题在于，他是"懦弱派"事实上的领袖人物，也是他们在经济委员会里唯一的代表。

吉姆·普莱尔喜欢扮演他萨福克农民的形象。他的这个角色是真实的，但他为人却远比从他那红润的面色与和善的举止当中所能想象到的要更加圆滑精明。作为一个采取中庸之道的哈罗德·麦克米伦式的保守党人，他对高失业率深恶痛绝。从性格上说，普莱尔对当时的政治问题寻求的是共识性的解决方案。他花费了大量的时间和精力与主要的工会会员建立良好关系。他怀着诚挚的期望，下定决心要避免回到一周工作三天的情况，决不让"不满寒冬"的情景再度发生。他相信通过个人外交，他能够慢慢地推动工会改变，使其更加克制自己的行为。因此在工会法律改革的问题上，他遵循的是"温柔且温和"的方针。当他在内阁中主张这一立场时，遭遇到的是"固执而执拗"的态度，这使他处在了与玛格丽特·撒切尔对立的立场上。

他们之间的第一次冲突是源于1980年的《就业法案》，这个法案还远远没有达到首相想要抑制工会权力过大的要求。她和大多数保守党后座议员都希望看到次级罢工行为被宣布为不合法，法令禁止商店关门，同时免除工会民事损害赔偿的法定豁免权。普莱尔提出的议程更加缓和。他的法案赋予了工人更多对于关门的商店的索赔权，但是并没有宣布关门商店本身的不合法性。次级纠察被认定为不合法，但是次级罢工行为仍旧是法律许可的。其中也没有提及工会的豁免权问题。

玛格丽特·撒切尔很长时间以来就认定要对工会特权进行大刀阔斧的全盘改革，正如约翰·霍斯金斯提出的、从未公开发表的政策文件"垫脚石"计划所阐述的一样。她竭尽全力试图说服普莱尔和她的内阁成员要强化立法。前几次的论战中，都以她的失败而告终，但是她找到了一些其他的途径赢得这场较量。

他们二者之间一个根本的问题就是玛格丽特·撒切尔和吉姆·普莱尔的性格有着天壤之别。当她委任他内阁的职务时，他们之间就曾发生过关于应该由谁担任他的副手的争论。"我决定要委任一个有主见的人到你的部门"[8]，她对他说道，并坚持要任命帕特里克·梅休担任他的政务次官。事实上，梅休的主见更倾向于普莱尔而不是撒切尔的方向，但是当时她威胁的蕴意是很明显的。问题在于从第一天起，首相就认为她的就业大臣是一个绥靖分子。她用轻蔑的言辞描绘他："吉姆·普莱尔是战后控制了保守党的那种政治类型的一个代表人物,但在我看来,正是他们损害了保守党的利益。我把这样的人物叫作'假乡绅'。他们有着典型英国佬的所有外在特征——红润的面庞、白色的头发、粗放的举止——但是在内心里,他们都是一些精打细算的政客,他们把保守党的任务看作是在左翼必然的进攻局势发生前,优雅而不失风度地撤退到后方。"[9]

对普莱尔来说,他无法忍受玛格丽特·撒切尔挑战他的提案时所表现出的不依不饶的尖刻和好斗性:

> 玛格丽特不只是以一种对抗性的精神开始,而是将这一精神贯彻整个辩论过程的始终。这不是一种讨人喜欢的风格,而且尤其是当挑战的发起者是一名女性,而被挑战者是一名男性的时候,更是如此。我必须坦诚我发现自己很难容忍这一点,而这种形式的男性沙文主义很显然是我的诸多不足之中的一个。[10]

普莱尔的"坦白"几乎是唯一一个被记录下来的男性大臣或者官员承认他们因为玛格丽特·撒切尔的训斥而产生厌恶女性的情感,而同时又不得不对这种情感进行控制的例证。产生同样的情感的例子可能还有很多。首席检察官彼得·罗林森承认在晚年的时候怀有同样的情绪,并苦涩地解释说,他对她怀有敌意的反应使他失去了"大不列颠大法官"[11]的职务。那一代的男性有时候的确很难接受一个女人粗鲁的风格和指责的态度——即使这个女人是首相。错误在他们身上,至少吉姆·普莱尔有雅量承认这一点。

普莱尔-撒切尔之战可能因为他们行事风格的相互抵触而恶化了,但是他们争论的核心问题在于他们二人意愿的不相容。1980年2月,《就业法案》正在经历委员会审议阶段,首相对普莱尔施加了很大的压力,要求他增加一项新的条款,规定次级罢工行为的不合法性。她甚至让伊恩·高在投票厅为被他称作是"玛格丽特对自己的政府法案的修订案"拉选票。这一颠覆性的活动失败了。但是它也成了议会的"爱丽丝梦游仙境",被看作是首相的议会私人秘书对就业大臣所提出的立法酝酿的一场反叛。

同时,英国钢铁公司的一场大罢工,伴随着次级纠察,造成严重的全国性的困境。作为回应,玛格丽特·撒切尔试图先发制人,在《就业法案》主体内容之外,抢先发布一条应急的只含一项条款的法案,立即禁止次级纠察。普莱尔认为,这会是一种恐慌应对,并准备因此辞职。在2月13日至关重要的经济委员会会议之前的一天,他开始对同僚们进行大范围的游说活动,说服了威利·怀特洛、卡林顿勋爵、迈克尔·海瑟尔丁、彼得·沃克、黑尔什姆勋爵、伊恩·吉尔默和诺曼·圣·约翰·斯特瓦斯支持他。

结果是普莱尔胜利了。他的"温柔且温和"的方针坚持了下来。这是少有的几个"懦弱派"的反叛赢得胜利的例子之一。但是他们的胜利很短暂。玛格丽特·撒切尔痛恨战败,因此自己提出了一项新的举措,表明她愿意对工会采取更加强硬的举措的决心。

在内阁辩论失败的24小时之后,她在"首相质询会"上做出了一项令人意外的声明,宣称政府很快将会对参加罢工者削减福利待遇。吉姆·普莱尔对这一声明大为惊讶,但同时又不得不敬佩她这一先发制人的举措的精妙之处。"她决心要把它记录在案,以防到了紧要关头,'懦弱派'占了优势,"他评论道,"而且这是她做事的惯常方式。非常有效。"[12]

"懦弱派"这个称号起源于普莱尔–撒切尔之间的分歧。她形成了一个习惯,在担任反对党领袖期间,在他的备忘录和信件的页面空白处潦草地写上形容词"懦弱的"[*]。普莱尔把懦弱的指控看作是一种荣耀的勋章。他向媒体记者夸耀这一称号。因此,这个单词就成了称呼那

---

[*] 英文中用的是"wet",有懦弱的意思。——译者注

些对玛格丽特·撒切尔担任首相前三年的时间里所实施的经济政策怀有深刻疑虑的人的一个专有名词。

吉姆·普莱尔的疑虑不仅仅局限于就业立法的问题。在那条战线上，他遭受到的大多是失利。他认为，他提出的1980年《就业法案》将会是政府对于工会的法律改革的最终定论。玛格丽特·撒切尔却判定这只是改革的第一步。在这项法案被纳入法令全书之前，政府发布了一个绿皮书，预示着对于关门商店进一步的控制，而且其他措施正在酝酿之中。但是因为普莱尔仍旧拒绝结束工会法定的豁免权，而这对于她来说是改革的当务之急，因此情况变得很清楚，只要情况许可，他作为内阁大臣的职务必须在下次的改组当中被免除。

普莱尔"蹩脚鸭"的地位很快就以不很隐晦的方式公之于众，把这整个过程称作"因多次泄密而亡"还是比较合适的。这是一种慢慢折磨的形式，在后来的几年里也被应用于其他几个大臣身上，但是就业大臣是原型受害者。在这个过程中，首先是一星半点，而后是持续不断涌现的媒体故事开始出现，用不同的版式报道声称普莱尔无法胜任这一工作，失去了首相对他的信任，无法实现工会改革，而且很有可能会被驱逐到北爱尔兰。在这场消耗战中，有一点以牙还牙的意思，因为普莱尔本来在对记者表达自己对于政府经济策略的忧虑时，也不很慎重。

然而，他不是这方面消息的唯一来源。其他人谈论得更多，只是更加巧妙。"懦弱派"里最滔滔不绝的成员之一，诺曼·圣·约翰·斯特瓦斯在1981年1月作为主要的泄密者被开除出内阁，尽管后来首相以不太具有说服力的方式撤回了这一指控。

对部长们进行的黑色宣传活动经常会被归咎于唐宁街的行政人员，她的新任新闻秘书伯纳德·英厄姆。他作为公务人员的专业性使他不可能做任何包含高层权威的负面报道。大多数的泄密都是由那些经常有机会获得玛格丽特·撒切尔对同僚们强烈斥责言论的其他的助手和途径操作的。

开除诺曼·圣·约翰·斯特瓦斯，就像是18世纪"船长拜恩"的行刑一样，被广泛地认为是首相"杀鸡儆猴"[13]的一步举措。在这之后不久，吉姆·普莱尔与她进行了一次会面，他认为这是他努力与上司之间恢复到正常的工作关系的表现。他决定要解决泄密和反泄密的问题。

"我知道你认为是我对媒体泄密，是的，我有时候是会这样做，有时是故意的，其他时候是无意的，"他开始说道，"但是，当然了，你也是一样的。"

"哦，不，吉姆，我从不泄密。"她回答道。

"那好，如果你告诉我必须要接受这一点的话，但如果是那样的话，一定是你的公务人员以及媒体人为你泄的密。"

"哦，这种看法是相当错误的：他们从来什么都不知道，那么他们又怎么会泄密呢？"[14]

这个回答中所包含的一本正经又理直气壮的厚颜无耻使普莱尔感到惊愕不已。他最终改变了自己的想法，认为首相之所以否认，是因为她只是从未想到她自己泄露的任何消息可能会成为泄密的源头。"即使她说过，"他总结道，"又怎么会存在任何泄密的问题呢？"[15]这一观点也许可以解释为什么她在唐宁街10号的后期阶段处理"韦斯特兰危机"和其他一些不道德的泄密事件时会采取那样的方式。

在泄密问题以及很多权力运作事件中，局势总是对首相有利。当他低声抗议要因为经济政策而辞职的时候，或者当他最初抱怨拒绝担任爱尔兰事务大臣的时候，她揭穿他，要他摊牌，明显占了吉姆·普莱尔的上风。她派怀特洛去强烈谴责他的不忠诚，而且认为他"拿枪对着首相的头"。[16]这使普莱尔不得不做出退让，使他看上去非常愚蠢。

总体来说，吉姆·普莱尔只是个好虚张声势的人，并不擅长密谋策划。他的生活态度与玛格丽特·撒切尔不同。他认为，她的领导风格造成了"有史以来分歧最大的保守党内阁"。[17]但是，除了对此大发牢骚之外，他在自己部门里行事低调，避免引人注意，而他也并没有挑起这些分歧,除非是首相因为他对工会态度太过温和或太过懦弱而攻击他的时候。就首相来说,她把他看作是一个无足轻重的人物。这在大多数人的眼里是很不公平的,但她却不这样认为。她喜欢提醒她核心圈子里的人,他在1975年的保守党领袖大选当中只获得了19票。她从不相信他会对她的地位造成丝毫的威胁。因此她逐渐地削弱他,排斥他,把他调动到内阁的外围职务。他最后一次造成严重难题是因为1981年的预算案。

有魄力的"1981年预算案"

"1981年预算案"是政府和玛格丽特·撒切尔声誉的重要转折点。当时,情况并非如此,因为它的接受情况是现代所有预算案里最差的。然而,如果我们用事后的智慧来看待的话,这一政治事件毫无疑问地证实了"这位女士不会改变"经济政策。它彻底击败了内阁中的"懦弱派",标志着英国自20世纪60年代初期以来漫长而惨淡的经济衰败的终结,而且它也表明首相和她的财政大臣的政治魄力值得赞赏。因为那个时候他们两人不得不独自抵抗专业人士、政治精英以及普通民众一边倒的观点,但是最终证明他们是正确的。

就在1980年12月圣诞节议会休会期之前,伊恩·高在下议院组织了一次小型的私人派对,以便于首相认识更多的新议员。他们中的一个议员询问她关于内阁会议的氛围。"啊,真的很孤独,"她回答道,"真的是只有杰弗里和我对抗所有其他的人。"[18]

这种孤立的感觉逐渐恶化。同样在圣诞节前夕这段时间,她要城市大学银行专业教授布莱恩·格里菲斯*来见她。他是她在经济政策方

---

* 布莱恩·格里菲斯(1941—),1977年担任伦敦城市大学银行与国际金融专业教授;1985—1990年期间担任首相政策决策小组负责人;1991年,获封弗里斯特法赫的格里菲斯勋爵。

面学术领域里的"不同声音"之一,但是却丝毫没有意识到她的担忧已经达到如此程度。"有两次她都几乎要落泪了,"他回忆道,"她感觉杰弗里把事情弄错了,他受到财政部像道格拉斯·瓦特等凯恩斯主义者的影响,总是试图找到一种折中的方法。她的情绪非常沮丧。"[19]

在她和财政大臣每周进行的会谈当中,他不断给她带来一些令人失望的消息,这进一步瓦解了她对财政大臣抱有的信心。在新年伊始的前几周,似乎国家所有的经济指标比任何人所预期的情况都要差。主要问题在于公共借款。补贴国有化企业的高额成本以及持续增长的失业救济金意味着公共部门的"借贷需求量"预测将高达115亿英镑。到3月份为止,这一预测数据已经增长到了145亿英镑。玛格丽特·撒切尔屡次声明削减公共部门借贷需求量的需要,但是现在它一路激增,已经无法控制。她能够迎难而上,通过征收更高的税额来降低公共借款吗?

1981年1月,她的顾问团队中新招募了一位鲜为人知的经济学家艾伦·沃尔特斯教授。他在唐宁街的第一个上午,首相就传达了一个清晰的信号,她认为财政大臣的决心应该变得更坚定。"她应该如何应付杰弗里呢?"沃尔特斯在他的日记里写道,"她能提拔谁呢?没有人。她说不论什么时候你有意愿,都能来见我。"[20]

沃尔特斯教授与权力之位的亲近程度起初给财政大臣,或者至少是他的妻子,带来了困扰。"埃尔斯佩思显然对于我出现在唐宁街10号感到很气愤"[21],在一次与豪夫人紧张的会面之后他写道。他是一个令人感到不安的卡珊德拉*,充分利用自己的机会,他坚持认为要将节俭的精神重新注入国家财政当中,将公共部门的借贷需求量控制在100亿英镑是最紧要的事,而要做到这一点,他认为需要征收40亿英镑的税款。在2月13日财政大臣和首相的会面中,当他敦促实施这一方法时,玛格丽特·撒切尔很生气,大声喊着她被选举出来不是为了提高税额的。"我

---

* 卡珊德拉(Cassandra),希腊神话中的凶事预言家。——译者注

也不是"[22]，杰弗里·豪爵士回应道，但是他继续用他坚持不懈的方式赞同沃尔特斯的观念，并大概列出了提高必需的额外税款的一些选择。

首相慢慢地改变了主意，转而赞同豪－沃尔特斯的观点。这一次教授和财政大臣一唱一和，立场一致。另外一个关键性的意见来自于约翰·霍斯金斯，首相政策决策小组的负责人，他赞成严厉的预算案。财政部内部团队的公务人员也是如此。但是这些顾问中没有一个是选举产生的政治家。玛格丽特·撒切尔在这些激烈的争论当中曾一度对霍斯金斯辛辣地评论道："对你们来说一切都很好。你们不需要在下议院里维护兜售这一策略。"[23]

她的谨慎态度是可以理解的。她将要支持的这一策略很可能会遭到内阁当中的大多数人以及议会里的大多数成员的反对，它公然违背了凯恩斯主义经济学以及那些专家和时事评论员所公认的看法。他们普遍的观念是，在持续增长的失业人口和日益严重的经济衰退时期，通过增加税收和通货紧缩来对已经萧条的经济施加更大的压力，这在政治上是一个不可能的选择。

玛格丽特·撒切尔预见到了这些风险，但是她不断受到艾伦·沃尔特斯的影响，他使她相信，要使经济走出衰退，当务之急就是降低利率；而如果不减少借贷，这一点将不可能实现；而实现减少借贷的唯一途径就是提高税收。最后，这一论点得到了霍斯金斯、豪和财政部完全的支持，也赢得了她的支持。"它对我的政府所造成的后果是难以预料的，"她回忆道，"然而在我内心的深处我知道只有一个正确的决定，而现在是必须要做出这个决定的时候。"[24]

一旦这个策略获得了认同，杰弗里·豪便巧妙熟练地将其付诸实践，表现出了极大的魄力。他没有提高所得税的标准税率，首相之前认为这可能是必要的举措，已经予以首肯。他决定要冻结所有的补贴和所得税起征点。她把这描述为"在通货膨胀率高达13%的时期所采取的一项极端大胆的举措"。[25] 其他令人痛苦的举措包括将酒精饮料、烟草、汽车以及交通工具的消费税的税率调整到原来的两倍。对银行和北海石油公司征收的额外税额组成了一整套严苛的计划，这会将公共部门的"借贷需求量"预测数据降低40亿英镑，从145亿英镑（占国内生产总值的6%）降到105亿英镑（占国内生产总值的4.5%）。这一计划的谨慎令人钦佩，但是没有人知道它在政治上的接受程度会怎样。在1981年预算案很快将公之于众的时候，首相对艾伦·沃尔特斯倾诉道："你知道，艾伦，他们会因为这项预算案把我赶下台的。"但是，她补充说，这是一项值得去冒险的事业。"至少我离开的时候，会知道我做了正确的事情。"[26]

对这些悲观的担忧是否正确的第一次检验，发生在将预算案所有细节内容向内阁披露的当天上午。英国政界中有一个传统，那就是第一和第二财政大臣（首相和财政大臣）有权将预算案的内容对内阁同僚完全隐瞒，直到向下议院和世人公布之前的三个小时左右。据说这种保密措施对于防止投机者趁机从事肮脏交易起到了至关重要的作用。在1981年，保密性对于阻止内阁大臣们的叛乱是非常必要的一项举措。

潜在的主要反叛者，尽管在这个角色当中他没有起到有效的作用，就是吉姆·普莱尔。出于对他职务的尊重，杰弗里·豪决定在预算案公布的前一天晚上向他做个简要的介绍。这位就业大臣大为震惊。"我告诉他（豪）我认为这项预算案糟糕透顶，而且绝对是一次错误的判断，"普莱尔回忆道，"它的局限性太大，公共部门的借贷需求到目前为止已经缩减得太多了，而且这会导致失业率上升。我对这份预算案不论做什么样的差评都不为过。"[27]

第二天上午，普莱尔和内阁中另外两位主要的"懦弱派"成员——伊恩·吉尔默和彼得·沃克分享了他消极的看法。他们谈及了因为这项预算案辞职，但这只是说说而已。这是他们最接近叛乱的一次举动。在内阁会议上，按照豪的说法，普莱尔"令人意想不到地语无伦次"。[28]不过因为这三个火枪手既没有开枪，也没有提出一个备选策略，他们的反对几乎没有任何动静就无果而终了。在忠诚的怀特洛的带领下，其他的大臣们紧密地团结在财政大臣和首相的周围。吉尔默和普莱尔后来说起过他们很后悔当时没有提交辞呈，但这些都是后话了。在当时这对于预算案的制定者来说是一次全面的胜利，尽管当天晚上艾伦·沃尔特斯在日记中有预见性地记录道："要发生大变动了。所有的'懦弱派'都怒气冲天。我们将度过一个异常热闹的夏天。"[29]

对预算案发表评论的群体所持的观点的确非常热辣，而且充满敌意。杰弗里·豪在做完演讲之后的"财政委员会"会议上遭到保守党后座议员的攻击，度过了非常艰难的一段时间。他们其中的一个，彼得·塔普赛尔要求辞职，他把这项预算案称作"完全不懂经济"。[30]

新闻媒体，从《金融时报》到《太阳报》，几乎都持否认的观点。所有这些评论里最无情的打击来自《泰晤士报》的一封信，由多达364名经济学家签字。他们预测政府的政策将会"加剧经济的不景气，损害经济的工业基础，而且会威胁到社会和政治的稳定"。[31]

玛格丽特·撒切尔对于这些末日预言丝毫不在意。她猛烈抨击那364个经济学家：

> 他们对于自己预言的准确性所怀有的信心让我感到震惊。但因为我自己是在一家店铺里长大的，所以有时候不禁会想他们是否是在用他们的钱支撑自己的预言。因为我情不自禁地注意到那些这样做的人——那些必须要通过自己的判断来实现业绩的投资机构——给予我们的是很不一样的反馈信息。[32]

将学术界经济学家和专业投资商的观点进行比较，得出的结论很值得怀疑。但是首相受到股市增长的鼓励，同时对于学术界的批评者抱着蔑视的态度，当时正处于一种格杀勿论的情绪之中。她嘲讽那些批评家，并大力宣传自己的信念，仿佛她就是圣女贞德在向她的信徒发出号召:"我并不是非常关心人们怎样评价我……这是我决心要追随的道路,这是我必须要走的路。我请求所有抱有同样信念的人——勇敢、坚定、心理上年轻的人——勇敢地站出来,在前行的途中加入到我们中间来。"[33]

预算案公布三周后,在伯恩茅斯保守党中央委员会上发表的这次演说产生了巨大的影响。约翰·霍斯金斯与她一起熬夜,帮助她写演讲稿,一直到发表演讲当天,即周六凌晨时分。他认为她把这项预算案变成了她个人意志力的宣言。"她让人们了解到,她比任何人所想象到的要更加顽强,更加坚定。"[34]

她性格当中的这种力量改变了局势。"懦弱派"被击败。股市正在重整旗鼓。反对派形成了一个新的社会民主党,由四个意见并不一致的前工党内阁大臣领导,他们分别是罗伊·詹金斯、戴维·欧文、雪莉·威廉姆斯和比尔·罗杰斯,因而内部也是一片混乱。似乎唯一确信国家应当去往何方的政治领袖只有玛格丽特·撒切尔。但是正如事态发展所表现出的,她在情感上仍然是一位脆弱的首相。

脆弱的首相

尽管玛格丽特·撒切尔对1981年预算案表现出的高涨的热情产生了一些良好的结果,比如伦敦市民增长的信心、更加积极的媒体报道,以及一些工业产量增加的早期征兆,负面的力量也在起作用。政府不得不屈从于可能会发生的矿工罢工,*这是由于煤炭储量过低而必须关闭矿井所造成的。公务员工会组织的劳工行动只是在支付了高昂的工资解决方案之后才结束的。失业人口持续上升,将达到300万。

最棘手的问题在于爆发了暴乱,首先是在布里克斯顿、南伦敦,然后是在莫斯赛德、曼彻斯特,最严重的发生在托斯德和利物浦。反

---

* 见第26章,"工会与矿工"。

对党和保守党政府内部的批评家们抓住了这一论据，宣称正是撒切尔－豪经济政策导致了这些社会动乱，首相对此并不认同。她同情那些受害者。"啊，那些可怜的店主们！"这是她在电视上看到托斯德遭劫掠的新闻报道时做出的第一反应。[35]

她把这场暴乱看作是警察需要处理的事件，而且态度坚决地宣称首要的当务之急就是要阻止暴力行为，维护法律并严惩违法者。这是正确的，但是开始她似乎没有表现出对这次动乱的深层背景进行探究的任何需要。在7月8日的政府宣传节目中，她在发言中表现糟糕，给人造成的印象是紧张不安、麻木不仁且事不关己。正如《泰晤士报》在7月10日的一则报道中对领袖所做的评论一样，"在需要从一种更加广义的角度去理解事件时，她已经不是第一次无法切中主题了"[36]。

迈克尔·海瑟尔丁仓促间被任命为默西赛德郡郡长，想要在这片备受暴乱蹂躏的区域里通过推行大规模工业干预主义政策来减少失业人口。首相对这一提议反应冷淡，私下里对艾伦·沃尔特斯说海瑟尔丁是"一个非常虚荣的人——他把托德斯看作是表现突出自己的一个基点"。[37]在7月15日召开的经济委员会会议上，吉姆·普莱尔提出一个慷慨激昂的请求，要求用10亿英镑的公共开支来对抗失业问题。

在这些紧张局势爆发期间，所有议会成员在7月23日会面探讨秋季开支情况的前景。战线已经提前划好了。开支当局已经提交了价码，额外要求超过65亿英镑的开支。财政部提交了一份报告，要求1982—1983年期间要进一步削减50亿英镑的开支，高于预算案公布时所发布的白皮书上已经缩减的开支总额。在当时暴乱频发以及失业人口数字居高不下的社会背景下，这次会议在政治上的重要性似乎可以与在"OK畜栏"所发生的枪战的重要性相媲美。玛格丽特·撒切尔深知其中存在的高风险。就在她从公寓下楼去主持内阁会议之前，她告诉丹尼斯说除非她的同僚们能够使这一策略顺利通过，否则她将无法继续担任首相了。[38]

她对于这次会议一触即发的局势的担忧被证明是正确的。在杰弗里·豪对于进一步削减50亿英镑开支的提案做出了总结发言之后，环境大臣迈克尔·海瑟尔丁带头反对财政大臣。会议前一晚托德斯刚发生过一场暴乱，海瑟尔丁认为豪的提案可能会在内城区引发绝望情绪，并会对政府选举造成灾难性影响。他提议冻结工资。如果采纳这一提议，这会是政府策略的一次一百八十度大转变。然而，这样一个与玛格丽特所代表的信念相悖的说法竟然得到了彼得·沃克和索姆斯勋爵的支持。大法官黑尔什姆所做的发言更加令人泄气，他用一种末日预言般的语气谈论了20世纪30年代失业问题是如何引发美国赫伯特·胡佛总统时期的经济大萧条以及催生了德国希特勒的纳粹党。尽管没有做出相同的比较，吉姆·普莱尔、弗朗西斯·皮姆以及伊恩·吉尔默对政府的策略几乎表达出同样的悲观情绪。

随着会议气氛的逐渐升温，玛格丽特·撒切尔变得"极端愤怒"，尤其是她最信任的一些同盟居然临阵倒戈，支持"懦弱派"。当约翰·比芬竟然第一次转变立场，认为公共开支应当被允许提高的时候，她震惊了。而在她眼中更严重的背叛是约翰·诺特，他对财政部的数据发起了声势逼人的攻击。"顷刻之间，"玛格丽特·撒切尔回忆道，"整个策略都存在争议，就仿佛是气温突变一样。"[39]

这些激烈的意见分歧使政府濒临分裂的灾难边缘。两年多来，与"懦弱派"的长期不和一直是一个痛处，但是突然间他们正在以一种清晰而无可辩驳的优势赢得胜利。威利·怀特洛竭尽所能地通过忠实的观点总结来掩盖这一裂缝。然而，即使是他，在拒绝工资冻结的提议后，也提出警告，要求首相不要跨越社会的容忍限度。[40]

玛格丽特·撒切尔不得不面对的现实是，只有她和另外23个内阁大臣当中的3个完全支持她的经济策略，他们分别是杰弗里·豪、基思·约瑟夫以及财政部新上任的首席秘书利昂·布里坦。她在一种压抑的氛围中结束了内阁会议，指示财政大臣重新提交一份新的报告，详细阐明双方的观点。她热切呼吁大臣们保密，尤其是关于正在讨论的工资冻结问题。她从这场争论中离开的时候，是一位受了伤的首相的形象。她的伤口很疼。除了9年后她被赶下台的时候，1981年的夏末是她唐宁街岁月中最低落的时期。

整个8月份，她都被一种不祥的预感笼罩，感到了对于她职位的严重威胁，并且有些小题大做地对她核心圈子里的一些信赖的成员吐露心声。"穿灰色制服的那些人已经来见我了"，她告诉提姆·贝尔，描述由桑尼克罗夫特勋爵带领的政党元老级人物代表团如何来警告她对于她提出的政策的支持率正在下降。"他们想要我出局。"[41]

在同样的情绪支配下，她对她的经济事务私人秘书迈克尔·斯格勒谈了自己未来暗淡的就业前景。"我总是能找到工作的，"她对他说，"我总能擦地板。如果他们把我赶走的话，我是会去擦地板的。"[42]

这些胡言乱语使她的工作人员非常担心。她最亲密的私人助理卡洛琳·斯蒂芬斯请求罗尼·米勒一起讨论关于首相"身体和精神的双重枯竭，冷酷无情的公共形象以及与朋友的疏离"问题。[43]米勒通常都能起到安抚的作用，但是他明显对于他的女英雄的前景同样感到心烦意乱，因此他和约翰·霍斯金斯以及戴维·沃尔夫森合写了一份语词严厉的私人文件提交给她，题目是"你的政治生存"。这后来逐渐成为坊间传说，被叫作"轰动一时的备忘录"。[44]它对玛格丽特·撒切尔产生了深远的影响。

受打击决定重组内阁

这份轰动一时的备忘录触怒了玛格丽特·撒切尔。这是可以理解的，因为这可能是唐宁街10号的工作人员送给首相的内部书信当中最无情、最直言不讳的一次。然而，尽管很多用词在个人层面上多有冒犯，但是它所传达出的信息在政治层面上效果显著。它读上去令人不快,但是却促使玛格丽特·撒切尔为了实现题目中所设定的目标"你的政治生存"采取了关键性的步骤。

这份备忘录不同部分的标题一定令她非常震惊。它们包括以下这些表述:

"你缺乏管理能力";
"你个人的领导风格是错误的";
"造成的结果是一个不快乐的团队";
"你绝对有义务改变你的管理方式"。

细节内容要比这些斥责更严重,在关于领导风格的段落里,作者们丝毫没有手下留情:

你破坏了人员管理所有的优秀规则;你欺凌弱小的同僚;你当着同僚彼此以及同部门公务人员的面批评他们;他们如果在他人面前为自己辩驳,看起来必然会对一位女性,一位首相无礼。你滥用了这一有利形势。[45]

这封轰动一时的备忘录在这些方面都是正确的,但是玛格丽特·撒切尔开始并没有看到这一点。"我收到你的信了。从来没有人曾对首相写过那样的信",她一时气愤,低声对霍斯金斯斥责道,因为她认为他是这封信主要的作者。事实上,它真正是他们"韦斯特维尔三人组"齐心协力共同创作的结果,这个称号是玛格丽特·撒切尔生气时称呼信件署名人的方法,这个称号来自于戴维·沃尔夫森位于牛津郡韦斯特维尔的乡间别墅,他们三个人就是在那里写就的这份备忘录。

他们的政治建议影响最大。他们赞赏她发起了"私人部门一场近乎革命的改革",但是警告说内部的叛乱"威胁到了你的地位"。它还督促她要对内阁结构做出彻底的调整，要撤去彼得·桑尼克罗夫特政党主席的职务。"你需要一名新的主席，一个对你完全忠诚的年轻人，而且你马上需要他。"这个备忘录最惊人的部分在于它的结尾，毫不隐讳地宣称除非她接受作者们的意见，否则她很快就会被赶下台，历史书上对她的最好描述只会是"最佳落败者"。[46]

怒火平息下来之后，玛格丽特·撒切尔见了约翰·霍斯金斯和戴维·沃尔夫森，讨论他们对她的批评。尽管艾伦·沃尔特斯本人并未参加这次会面，他在8月26日星期三的日记当中记载了它最重要的结果："约翰·霍斯金斯和戴维·沃尔夫森与首相的会面一直持续到上午11点30分。她受到了很大的打击——意识到她必须要改变——感到很累，需要假期。必须采取大胆且果断的举措，开除桑尼克罗夫特……讨论了关于重组事宜。"[47]

尽管她憎恶被她看作是忠诚支持自己的内部人员如此毫不留情地对她严加斥责，但玛格丽特·撒切尔对他们的政治建议依然非常重视，所以她采纳了他们主要的建议，重组了内阁，而且更换了政党主席。至于他们更加个人的建议，她对他们很愤怒，不愿改变自己的人员管理风格。这长期以来一直是她致命的弱点。但是从短期看来，她需要小心应付的那些人在未来几个星期的时间里都不在此地。他们在政策制定这一领域的缺席表明了议会一句老话的真实性，"议会休会期间是最容易获得成功的"。

1981年夏季议会休会期是一段炎热而幸福的时光。整个国家都沉醉在查尔斯王子和戴安娜·斯宾塞女士于7月29日在圣保罗大教堂举行的婚礼中。内城区的暴乱发生得蹊跷，此时也不可思议地消失了。那些最重要、最难缠的保守党大臣们此时已经分散到各地，在他们的乡间别墅、在松鸡猎场、在托斯卡纳的别墅里尽享美妙时光。政治和经济似乎从议事日程中退场。甚至是不喜欢度假的首相最终也停止工作，到瑞士阿尔卑斯山去度了几天假。她正在等待时机，计划对敌人展开报复。

7月份因公共开支问题发生过严重分裂的内阁，再次会聚到一起时，已经发生了人员变化。那封轰动一时的备忘录成功说服玛格丽特·撒切尔必须要大刀阔斧地重申自己的权威地位。因此，1981年9月14日，议会仍在休会期间，她从内阁中开除了三个重要人物，对七个职位做了调整，并更换了政党主席。这些变动的实际结果就是改变了政府当中的权力平衡关系，使其向一个支持首相政策和哲学的方向倾斜，形成了一个由更加忠诚的大臣们组成的团队。

三个被开除出内阁的大臣包括马克·卡莱尔、伊恩·吉尔默和索姆斯勋爵，在她看来他们都属于"懦弱派"。他们中的两个人并没有安安静静地离开。在遭到解雇之后，吉尔默立刻阔步走出唐宁街10号，告诉等在那里的记者说："偶尔将人抛入水中没有太多坏处，但是如果你正全速驶向礁石的时候这样做，是没有什么好处的。"[48]

索姆斯勋爵，处理罗德西亚危机的英雄，温斯顿·丘吉尔的女婿，保守党显贵人物，扣紧普德莱双管来复枪的扳机，对准首相两个枪管同时发射。这一定称得上是有史以来内阁被开除大臣采访当中最义愤填膺的一次，索姆斯打发她的私人秘书离开了房间，接着就开了火。在长达20分钟的时间里，他猛烈地抨击了玛格丽特·撒切尔对于公务人员罢工事件的处理不当以及她对同僚的粗鲁无礼。两项指控都是真实的。但是因为她在私人情感上非常不喜欢索姆斯，因此她始终对此无动于衷。她在回忆录中进行了反击，写道："我清楚地感觉到，他感到这违背了事物的自然秩序，而他似乎觉得自己是被他的女用人给开除的。"[49]

另外一个内阁当中的重量级人物几乎和索姆斯同样的沮丧——不过他是因为自己被贬低到了一个影响力较小的职务上。这个人就是吉姆·普莱尔，就业大臣。他想要待在经济决策的核心地位，而她想要把这个傲慢自大的"懦弱派"成员从决策中心踢出去，因此她提议普莱尔担任北爱尔兰事务大臣的职务。因为几个星期以来他一直对媒体表示他永远也不会接受这样一个职务调整，这件蠢事给他造成了不小的麻烦。在经过几个小时的犹豫之后，他意识到他的底牌已经被揭穿了。他知道如果他拒绝接受这一荣耀但危险的职位，他就会显得怯懦。但是他经过谈判，保留了在经济委员会当中的席位——而在这一职位上他将在政治谋略和票数上不断遭到打击。从那个时候开始，普莱尔作为"懦弱派"领袖人物的影响力就走上了下坡路。

内阁当中的新成员与首相志趣相投，拥有同样的政治信念。奈杰尔·劳森在担任财政部财政司司长的初级职务时就具有极大的影响力，他被任命为能源部大臣。诺曼·特比特在口才和思维方面都敏锐无比，他接替了普莱尔的职位。最令人惊讶的晋升是塞西尔·帕金森，政治观察人士几乎对他的政治作为没有任何认知。因为担任初级贸易大臣职务的关系，他多数时间都在旅途中，他以独特的魅力、能力以及俊朗的外貌引起了玛格丽特·撒切尔的注意。他取代了彼得·桑尼克罗夫特担任党主席，而且被授予以财政部主计长的身份参加内阁会议的权力。

其他职务变动包括将帕特里克·詹金调整到工业部，诺曼·福勒调整到卫生与社会安全部，戴维·豪威尔被降职到交通部。扬女男爵取代索姆斯担任上议院领袖。她是玛格丽特·撒切尔委任的唯一一位女性内阁成员，但是她在这个职位上只维持了20个月的时间。擢升女性大臣在玛格丽特·撒切尔的议事日程上从来都不是很重要的事情。

这次的重组降低了玛格丽特·撒切尔遭受高层同僚反叛时的脆弱性。在内阁当中，她仍旧没有多数派的"真正的信徒"，但是就像她曾说过的，"给我六个坚定忠实的人，我就能够挺过去"。[50]现在她终于实现了。

尽管她已经巩固了自己的地位，以防像7月23日内部叛乱造成她地位短暂不稳的事件再度发生，外部的压力仍旧持续造成负面影响。到新年年初的时候，利率已经涨到16%，而失业人口也攀升到了300

万。1982年1月26日,当这个具有象征性的可怕数字被宣布的时候,玛格丽特·撒切尔不得不面对下议院的"首相质询会"所提出的质疑,而她知道这些问题将喷涌出对她的愤怒和敌意。

她和她的经济事务私人秘书迈克尔·斯科勒一起为这场严峻的考验做最后的准备。他在政治上并不是撒切尔主义者,但是在这种情况下,他作为一名公务人员所具有的中立态度迅速被满腔的仰慕和崇敬之情所取代。他回忆道:

> 我们坐在下议院她的办公室里,钟表上显示的时间接近凌晨3点15分,我能感觉到她身体上散发出来的热量。我看到她正在出汗。当时我想道:"老天啊,这个女人真是勇敢。她敢于走出去,面对那些将会愤怒地对她大喊大叫的人群,我太佩服她了。"我知道她对于持续上涨的失业人口数据的担忧。但是她始终保持着镇静。[51]

当民意调查结果宣布玛格丽特·撒切尔将以25%的支持率成为人们记忆当中最不得人心的首相时,不仅是全国上下,甚至是整个下议院都需要有强大的意志力来承受这一消息。令人震惊的补缺选举结果也在加剧保守党的悲观情绪。自由党以24%的优势赢得了西北克罗伊登选区的席位。雪莉·威廉姆斯逆转了保守党1.8万张多数票的优势,为社会民主党夺得了兰开夏郡克罗斯比的热门席位。第三党派政治的突然出现使中期政治局面更加复杂化。政府在下一次大选中以压倒性多数票继续留任的前景看上去非常暗淡。威斯敏斯特、白厅和英国伦敦新闻界普遍的看法是,玛格丽特·撒切尔将会是一位只能持续一个任期的首相。

回顾

　　1981年是玛格丽特·撒切尔最黑暗的岁月。她的经济政策看上去正走向失败。她在内阁当中的权威地位也正在坍塌。她对于同僚们采取的管理方式正像那份轰动一时的备忘录上所描述的一样糟糕。"一个不快乐的团队"这个词语不足以表达政府内部正在直线下降的士气。

　　尽管因为笼罩在她周围不断变换的政治风云遭受到了很大的打击，首相却并没有丧失对自己的信心以及采取决策的能力。1981年9月份的内阁重组是她领导任期内的一次重大转折点。它包含了两层意义：发出她仍在坚持经济改革政策的信号，同时开始政治态度上的一场革命。

　　因为1981年预算案的成果开始显现，经济改革在1982年春天已经开始起作用了。国内生产总值增长的数据、生产力以及降低的通货膨胀率开始朝着正确的方向发展。尽管失业人口仍旧居高不下，它事实上已经达到了峰值。而且，全国上下对于玛格丽特·撒切尔决心要解决根深蒂固的问题的态度似乎比内阁的适应性更强。

　　这些态度上的改变反映在1981年9月进行的内阁改组上。达官显贵、"懦弱派"以及对工会采取的"温柔且温和"的方式都被肃清了。靠自我打拼成功的人、强硬派以及更加严厉的方式占据了支配地位。情况变得很清楚，首相已经掌控了内阁。因为她自己的坚定，也因为缺少其他条理清晰而完善的备选计划，她成功赢得了全国上下的认可，尽管有些不情愿，但不得不承认的确没有其他的选择。TINA 幸存了下来，而且越发蓬勃，尽管还远远无法保证选举获胜的希望。这样一种保证要绕过一个完全出乎意料的南大西洋的路径才能最终实现。

19
马尔维纳斯群岛战争之一：序曲

蓄意破坏回租权

在就任首相三个星期之后,玛格丽特·撒切尔邀请她的两位最高层的内阁同僚以及他们的夫人到契克斯首相乡间别墅共享周日午餐。操办这次聚会的本意是乘着大选胜利的余晖进行一番庆祝。刚开始的时候大家的确沉浸在这样的心境当中,因为有威利·怀特洛及其夫人西莉亚、彼得·卡林顿及其夫人艾奥娜四个如此亲切友善的客人相伴,同时还有丹尼斯从旁调制餐前加奎宁水的杜松子酒,心情不愉悦是很难的。

尽管在座所有人都怀着美好的意愿,当时的情况却演变为后来被称为"热核午餐"[1]的传奇故事。这次爆发的诱因是外交大臣提起的关于马尔维纳斯群岛的话题。

在吃第一道菜的时候,卡林顿勋爵用一种懒洋洋的谈话方式评论说,坐在他的位子上要面临的问题之一就是怎样处理马尔维纳斯群岛的问题。"我认为如果我们在和阿根廷的会议上继续什么都不说的话,那么我们很快就会有麻烦了,"他说道,"对我来说值得尝试的选择之一就是做出回租的安排,与我们在香港问题上采取相似的处理方法。"[2]

首相不只是反对这一建议,她对它感到厌恶。她勃然大怒,而且在接下来10分钟的时间里,她公开谴责对马尔维纳斯群岛尝试香港问题解决方法的这一想法。"我记得她大喊道,'这就是你们外交部的问题所在。部门里的每一个人都太过懦弱!'"卡林顿回忆道,"而且情况变得更糟了。她拍着桌子,一直说个不停,说我和外交部的人的一贯特点就是'想要把英国的领地都赠送出去'。"

卡林顿夫人和怀特洛夫人看到她的这种表现,都惊奇地瞪着双眼。这时丹尼斯对他的妻子说道,"亲爱的,我觉得你有点小题大做了",这才平息了她激动的情绪。[3]

尽管遭受到契克斯的这次"热核"攻击，卡林顿仍坚持想要找到一种绕过首相反对的解决途径，并为此做出了不懈的努力。他在1979年9月20日写给她的信中正式谈到回租的方式是解决马尔维纳斯群岛的最好方法。她在他这封信的顶端潦草地写道，"我不可能同意外交大臣所提出的这一方针。"[4]

这次的断然拒绝并没有使卡林顿放弃原来的方针，他后来先后在1979年10月和1980年3月两次内阁的"海外和国防委员会"会议上重提回租这一选择。玛格丽特·撒切尔最后做出了一些让步，允许外交部开始与阿根廷方面进行试探性的商讨。卡林顿将这一行动的责任委派给了他的国务大臣尼古拉斯·里德利，他被认为和首相志趣相投。在她担任反对党领袖的岁月里，她总是称呼他为"我们自己人"，因为她发现自己非常赞同他在"经济餐饮俱乐部"会议上发表的关于自由市场的观点。

尼古拉斯·里德利与领袖之间建立起了亲切友善的关系，因此当他发现自己没有被任命为财政部大臣时感到很失望。但是玛格丽特·撒切尔安慰他说，在她认为众所周知的懦弱的一个部门里，她需要有"一个明智的人"[5]，希望使这件苦差事变得容易接受一些。她还告诉他说，她不信任卡林顿的经济观点，需要一个同盟"使他严守正道"。这种说法使外交大臣感到非常有趣：

> 她根本就不知道我的经济观点是什么。它们事实上根本不存在！而且，她也没有意识到在那些日子里，外交部几乎从不讨论经济话题。因此，可怜的老尼克几乎无事可做，直到我要求他负责马尔维纳斯群岛问题。[6]

对里德利来说，这是一杯毒酒。众所周知，他在国内政治领域不够圆滑老练，在国际外交方面的初次尝试中他表现出相似的缺乏手腕。他对于马尔维纳斯群岛岛民太过直截了当,用隐含着威胁的口气告诫他们如果不愿意在主权问题上达成协议,就必须要"承担后果"。[7]他草率地满足了阿根廷人的要求,与他们的外交部副部长海军准将卡洛斯·卡万多利在纽约和日内瓦的私下会谈中暂时达成了99年的回租协议。

当他向海外和国防委员会汇报这一协议时,首相感到怀疑,情绪很是紧张。她的内阁秘书记录下她说的话,"我恐怕我们的后座议席会爆发一场可怕的争吵"。[8]令人遗憾的是,她在一旁煽风点火,把这一担心变成了现实。因为当尼古拉斯·里德利于1980年12月2日在下议院宣布他的谈判举措的时候,他无论如何也想不到对于他这一议案的激烈的反对意见不仅是由马尔维纳斯群岛岛民,而且是由首相的议会私人秘书精心策划安排的。

伊恩·高组织了一次谨慎的行动。"你对于马尔维纳斯群岛问题观点正确吗,乔纳森?"他在里德利发言的前一天问我。像大多数后座议员一样,对于像这样一个鲜为人知的殖民地问题,我并不认为有所谓正确或者不正确的观点。"那么我建议你和埃默里谈一谈,"伊恩·吉尔默心照不宣地向我眨了眨眼睛,"他了解实情。"[9]

朱利安·埃默里是一位前外交部大臣,温斯顿·丘吉尔的殖民大臣利奥·埃默里的儿子,他是20世纪80年代下议院仅存的固守帝国主义思维模式的最后堡垒之一。他掌握的马尔维纳斯群岛的内部消息非常有趣,因为他在最近几次召开的内阁海外和国防委员会审议会议上已经得到了详细的情况介绍。根据埃默里的说法,尼古拉斯·里德利已经向海外和国防委员会作了关于马尔维纳斯群岛回租提案的报告,借助于卡林顿勋爵和国防大臣弗朗西斯·皮姆的帮助,这一提案勉强获得通过。然而,首相对此持有强烈的保留意见。尽管做了有说服力的陈述,她最终争取到的只是所有的最终决定必须要获得马尔维纳斯群岛岛民的同意，他们的意愿必须要被"放在首位"[10]。即使如此，她仍旧感到不安。因此她要求她的议会私人秘书与朱利安·埃默里以及其他持相同观点的同僚接洽，并确保尼古拉斯·里德利对下议院做汇报时，岛民的意愿将获得充分表达。

伊恩·高把这项工作做得非常出色。收到唐宁街10号发出的这一鼓动，朱利安·埃默里增强了信心，组织了一小撮人在议会发起对里德利计划的反抗。其他的派系也由于马尔维纳斯群岛位于伦敦的游说办事处的劝说而处于全面戒备状态，这个部门在威斯敏斯特所有的政党里都有支持者。导致的结果就是当尼古拉斯·里德利做汇报的时候，他成了由朱利安·埃默里、伯纳德·布雷恩爵士、彼得·塔普赛尔以及克兰伯恩子爵等愤怒的保守党人带头发起的伏击战猛烈攻击的对象。他们也得到了反对党高层枢密院官员道格拉斯·杰伊、彼得·肖尔（工党）、拉塞尔·约翰斯顿（自由党）以及苏格兰民族党领袖唐纳德·斯图尔特的支持。他们都激烈地反对政府的政策。

那天下午，我也坐在下议院，我以前从未见过任何一位部长遭到如此粗暴的对待。充满敌意的起哄声震耳欲聋。尼古拉斯·里德利发言时采用的冷嘲热讽的语气使情况更加恶化，委婉温和的回答方式反而能够驱散人们的怒气，但是他的音调已经变得异常。没有一个政府的后座议员受到党鞭的鼓励声援，而好几个人却得到攻击他的指示。在他发言的30分钟时间里，遭到了恶毒的质疑和攻击，并伴随着下议院议长不断重复发出要求大家"安静"的喊声，到他的发言结束的时候，回租计划也彻底宣告失败了。

"我相信首相会很满意"[11]，我们一起走出会议室的时候，朱利安·埃默里愉快地大声喊道。她可能会如此。埃默里公开谈论伊恩·高给他发出的指示。玛格丽特·撒切尔有时候会让她的助理们暗中秘密地诋毁她的大臣以削弱他们的地位，这不是第一个例子，也不是最后一个。

回租协议的瓦解向布宜诺斯艾利斯的军政府传达了不一样的群岛信息。他们用一种令人难以捉摸的方式在马尔维纳斯群岛显示自己的实力。现在他们推断英国缺乏保护马尔维纳斯群岛的意志，也不具备诉诸军事力量所需要的财力。英国政府之所以给阿根廷造成这样一种错误的印象，玛格丽特·撒切尔也要承担一部分的责任。她在1981年坚持要大量削减国防开支，并任命了一位新的国防大臣约翰·诺特来实施国防预算的削减，因为他的前任弗朗西斯·皮姆以威胁要辞职的方式拒绝这种做法。

对于诺特的削减开支计划案所蕴含的战略意义，她并没有仔细推敲。他决定把改革的大斧落到水上舰队上。运营成本昂贵的"竞技神号"和"无敌号"两艘航空母舰必须停止使用。一个更加具有政治意义的决策是要放弃皇家海军在南大西洋上的流冰监视船皇家海军舰艇"坚持号"。它的退役只能省下300万英镑，但是这一财政削减的象征意义在外交层面上导致了灾难性的后果。正如卡林顿先后在三份会议记录里对诺特发出的警告一样，"坚持号"所具有的军事力量不强（2架直升机，20个皇家海军陆战队员以及4架高射炮），一旦放弃，可能会被理解为英国对于马尔维纳斯群岛岛民所投入的战略力量的削弱。[12]

在国防部和外交部就皇家海军舰艇"坚持号"所进行的这些交锋中，玛格丽特·撒切尔并没有参与其中。她对这艘舰艇的军事能力不屑一顾，说它只能"砰，砰，砰"[13]地交付到里德利的继任者理查德·卢斯手中进行处理。1982年2月9日在回答了她的前任卡拉汉在"首相质询会"上提出的问题后，她签字批准了"坚持号"的退役。卡拉汉在1977年曾派遣一艘潜水艇到马尔维纳斯群岛，成功处理了阿根廷方面之前的一次武力威胁。最终，1982年3月28日，玛格丽特·撒切尔仿效了他的做法，对海军发出了同样的命令，但是到那个时候，这种做法为时已晚，而且收效甚微。

同年早些时候，南大西洋曾发生过一系列令人费解的事件，包括军政府方面发出的一些威胁性的声音，1981年12月20日阿根廷一些废金属交易商未经许可擅自登陆南乔治亚岛，1982年1月在联合国的一次令人生疑的乏味无趣的英国与阿根廷双方会谈，以及布宜诺斯艾利斯报纸上一些要求归还马尔维纳斯群岛的挑衅性社论。

外交部过于掉以轻心，误解了这些危机的前兆。首相也没有关注这方面的动向。但是在3月3日，她的确对布宜诺斯艾利斯的英国大使馆发来的电报进行了批阅，电报汇报了阿根廷媒体的猜测，并写道，"我们必须制订出应急方案"。[14]然而，不论是她还是政府中的任何一个人在接下来的三周时间里都没有对这一事件做出进一步的举措。这在白厅看来似乎是一次无关紧要的疏漏，但是对于阿根廷一方却有着重大的意义。因为3月份是任何具有震慑意义的行动或者信息能够被传达到军政府的最后一次机会。可惜他们什么都没做。

议会之战

玛格丽特·撒切尔对军政府准备武装入侵马尔维纳斯群岛猝不及防。3月份的最后几天，她开始注意到这场迫在眉睫的战争。3月29日星期天，她派遣了两艘核动力潜水艇以及两艘护卫舰增强皇家海军舰艇"坚持号"的军事力量，"坚持号"当时正在实行退役之前的最后一次巡逻。但是这些潜水艇要两周后才能抵达南大西洋。首相感到很忧虑，但是她仍然不相信即将发生入侵行为。

她抱有的错误的乐观主义态度很快被粉碎了，3月31日星期三的晚上，她在下议院的办公室接到了一通电话，告诉她国防大臣想要立即召开会议，商讨关于马尔维纳斯群岛问题。约翰·诺特带来的消息使她惊愕。他汇报说阿根廷舰队已经离港起航，有可能在4月2日星期五入侵马尔维纳斯群岛。"如果它们遭到侵略，我们一定要把它们夺回来"，首相宣布说，但是她却被告知在国防部看来，一旦马尔维纳斯群岛被占领，则无法再夺回。对她来说，这件预料中要发生的事情是一个耻辱。[15]

这次会议笼罩在一片愁云惨雾之中，加剧了忧郁的气氛，部分是因为大多数的参会人员都是一些举棋不定、缺乏决断力的低级别大臣。卡林顿勋爵当时正在以色列，因而外交部由汉弗莱·阿特金斯和理查德·卢斯代表出席，两人在汇报中提出了一些善意但无效的外交举措。国防参谋长、海军元帅特伦斯·卢因爵士当时正在访问新西兰，因此军事建议由两位抱有悲观态度的文官约翰·诺特和国防部常务副秘书弗兰克·库珀爵士予以传达。他们提出马尔维纳斯群岛一旦被阿根廷一方占领，则无法夺回。玛格丽特·撒切尔对此表达了极端的愤慨，但是她越发意识到一种无能为力的感觉，这种愤怒转而变成了痛苦。

然后，就像是戏剧当中最激动人心的时刻一样，一位意料之外的闯入者成为众人瞩目的焦点，改变了整个事件的发展走向。他就是海军上将亨利·利奇爵士，第一海军军务大臣，海军总参谋长。因为"国防部协议"的缘故，他未被要求参加这次会议。但是当他听说正在召开这次会议时，他决定无论如何都要过来，因此他出现在了下议院，身着第一海军军务大臣的全套制服，气宇轩昂，精神抖擞，因为当天晚上晚些时候他要参加一次正式晚宴。

在下议院的圣斯蒂芬斯入口处发生了一些小的纰漏。海军上将穿在外面的大衣挡住了衣服上的勋章，而这些勋章引发了金属探测器的警报。一位处事刻板的警员坚持将第一海军军务大臣扣留在一个小房间里长达20分钟。伊恩·高把他从困境中解救出来，他最终抵达首相办公室的时候，情绪异常暴躁。"他怒气冲冲地冲进办公室"，外交和联邦事务部的代理副部长安东尼·阿克兰爵士如此描述海军上将进门时的情景。[16]

首相此时已对这次讨论做了一定程度的总结，她询问亨利·利奇爵士皇家海军能够做些什么。"我可以组建一支由驱逐舰、护卫舰、登陆艇和支援船共同组成的特遣舰队，它将由皇家海军舰艇'竞技神号'和'无敌号'两艘航空母舰率领，在48小时后即能准备好出发"，海军上将回答道，并向她保证这样的一支军事力量足以夺回马尔维纳斯群岛。[17] "我们不仅能做到，而且如果不这么做的话，我们将会成为整个世界的笑柄"，亨利爵士声称道。他如此有把握的态度与几分钟之前国防大臣对首相谈及军事解决途径时表现出的悲观态度大相径庭。首相即刻采纳了这一乐观的行动方案，因为第一海军军务大臣的策略正是她想要听到的。它改变了这次会议的整体发展走向。

当天晚上出现的两个因素将会支配马尔维纳斯群岛战争早期阶段的决策过程。第一个是皇家海军的准备就绪；第二个是首相的坚决果断。

皇家海军比政府中其他部门都提前为意料之外的突发情况做好了筹备工作。利奇上将和舰队总司令约翰·菲尔德豪斯上将在一个多星期之前就已经对发展中的马尔维纳斯群岛局势有了预见性的看法，当时白厅内部首次就是否应当采取防备措施，派遣潜水艇到南大西洋这一问题进行讨论。海军上将以及他们的属下利用这一个星期的时间，已经制订出了更加详细的应急方案。当时英国很多的军舰正在参加北约在直布罗陀海峡附近组织的一次大型军事演习，而这一点也使上将们的应急方案实施起来更加容易。因此亨利·利奇爵士相信皇家海军已经准备就绪，随时可以派遣出一支特遣舰队的非凡的自信是有充分根据的，它是基于一些明智的前瞻性的思考以及筹划的前提，同时也是在一支已经在海上参与北约军事演习的海军舰队的基础上而提出来的。[18]

玛格丽特·撒切尔因为第一海军军务大臣所汇报的情况而坚定了信心，表现得坚毅而果断。她马上授权海军特遣舰队准备出航，并于第二天上午提交内阁批准。但是尽管她对利奇的计划予以大力支持，当会议结束，办公室里只剩下她和约翰·诺特两个人的时候，首相问道:"我们真的能做到吗,约翰?"

考虑到他所在部门里除了第一海军军务大臣之外的所有人所表达出的普遍的担忧,国防大臣对此一点儿也不肯定。

"首相,我也不知道,"诺特回答说,"我对此无法给出正式的意见。这些岛屿在8000英里之外,我们无法确定能够处理好后勤保障工作。"

"约翰,我们必须要保障好!"[19]这是她的回答。

她的坚决为接下来48个小时之内忙乱的会议以及准备工作定下了基调。事态发展迅速,所有重大决定都是由军事统帅现场临时做出,并直接向首相汇报。整个政府行政机关,除了唐宁街10号的私人秘书之外,对此都毫不知情。玛格丽特·撒切尔对武装部队的专业性具有一种本能的信任,她鼓励他们时所表现出的坚决态度,使他们备受鼓舞。

尽管表现得果敢决绝,但在最开始的几天里,首相的信心远非不可撼动,因为她要承担所有的风险。4月2日星期五,阿根廷军队登陆马尔维纳斯群岛的消息得到了证实。表面上,唐宁街10号政府事务像和平时期一样正常进行。根据玛格丽特·撒切尔的日志,她按计划要主持大学副校长的午餐会。安排此事的高等教育大臣威廉·沃尔德格雷夫以为这一活动会被取消,但并没有。在小餐厅里举办的午餐会上,玛格丽特·撒切尔对学界的这些大人物说明应当如何管理大学事务,其间一直在阅读私人秘书送来的关于马尔维纳斯群岛的紧急通知。大学副校长们离开的时候,似乎备受打击。与沃尔德格雷夫单独留在房间里的时候,首相抓住他的胳膊,对他倾诉道,"威廉,问题在于我们不具备应有的空中掩护"。[20]

国内的政治局势起初看上去几乎和群岛的政治前景一样不稳定。4月3日周六的上午,下议院因为一次紧急辩论会而被召集在一起。在会议开始之前,保守党的后座议员在楼上拥挤的委员会会议室碰面,当时众人的心态都是激愤不已的。作为当时在场的60多个议员之中的一员，我清楚地记得诸如"国耻""耻辱之日""错过了警告性的一系列事件""有罪的人"以及"耻辱的时刻"这样的言辞在空中不断地回响。一些年长的同僚提及"另一次苏伊士"的危险。仅有一人说这是黑暗的一天，"但是仍有可能获得荣耀"。[21] 但是总体的论调几乎全是否定或批判性的。首席党鞭迈克尔·乔普林对整个过程都做了记录，他离开房间的时候似乎受到了很大打击。首相看起来也是一样，当她的车经过威斯敏斯特宫大门的时候，遭到来自民众的起哄嘘声。[22]

在辩论中站起来讲话时，玛格丽特·撒切尔已经恢复了镇静自若的态度。她从前一晚进行的民意测验中了解到，60%的民众把这场混乱发生的原因归咎于她。她意识到有些后座议员现在正在呼吁严惩部长级人员，一些高层政府官员甚至嘲笑夺回群岛的想法。财政大臣杰弗里·豪爵士在入侵行为发生后的那天开玩笑说英国已经在交战，但是"可能到下午茶时间就会结束了"。[23]

另外一个心存疑虑的内阁大臣是约翰·比芬。他是我一个很好的朋友，在辩论会马上快要开始的时候，我和他闲聊了一会儿，问他对此事的看法。"这次将会是我们这些可怜人的越南之战"，他用嘲讽的口气回答道。[24] 说得委婉些，这是一个令人不安的回答。后来的情况显示，前一天首相在内阁会议中挨个询问了内阁成员，询问他们是否支持派遣特遣舰队。除比芬之外的所有人都表示了同意。尽管他是唯一一个持异议者，事实上还有其他几个人隐瞒了他们的疑虑。玛格丽特·撒切尔在晚年很高兴地说，内阁"后来坚定地支持这一举措"。[25]

首相在辩论会开始的时候就对这一事件的严重性以及需要采取的果断行动做了恰当的表述。那次发言看上去有些低调，也许是因为她太累，也许是因为她的发言在那个情绪激昂的上午是最温和、最有节制的声音。那天上午议会的情绪有多高涨，从她对阿根廷方面的谴责得到下议院各个片区赞同的喊叫声中可见一斑。她指责"这是阿根廷政府对英国国土一次无缘由的挑衅行为。它毫无正当理由，也没有丝毫的合法性"[26]。当她做出最关键性的声明"一支大型的特遣舰队会尽快做好准备,出海起航。皇家海军舰艇'无敌号'将会带领整个舰队在周一上午离港"[27]时,回应她的是一片雷鸣般的掌声。

战争随时可能爆发,议会也陷入了爱国主义的极度激情当中。当反对党领袖迈克尔·富特宣称击退阿根廷的侵略行为,是英国的"道德责任、政治义务以及无可推卸的责任"[28]的时候,他的慷慨陈词以及雄辩的口才使议会的氛围达到了高潮。他的这一充满斗志的发言以及几乎每一位议员辩论会上的发言给人的最深刻的感觉就是,整个下议院已经团结在一起,决心要用武力扭转阿根廷对于马尔维纳斯群岛的侵略的态势。

认为派遣舰队只是一个外交上的谈判筹码而非反击手段的退却态度在辩论会期间已经烟消云散了。有一两个对跨越8000英里海洋发动战争做出警告的议员遭到了大家的集体声讨。"我们不想再听到任何关于后勤难度的言论——穿越长途距离能有多难,"1922年委员会主席爱德华·杜坎爵士宣布说,"我不记得威灵顿公爵对托雷斯韦德拉什抱怨过。我们现在除了荣誉,没有什么可以失去的。而我很清楚这份荣誉正安全地掌握在我尊贵的朋友的手中"[29]。

这段话预示着战争和国家的荣誉都被托付到她的手里,听到此处,有人看到玛格丽特·撒切尔在点头。在接下来的发言当中,伊诺克·鲍威尔用一种令人难忘的冷冰冰的语言表达了同样的意思:

> 首相在就职不久之后就得到了一个"铁娘子"的绰号。这个绰号的得来是因为她对于苏联以及它的同盟所做出的一些评论;但是我们没有理由相信尊贵的女士阁下不欢迎这个称号,或者说,她事实上对这一表述感到骄傲。在接下来的一周或者两周的时间里,下议院,整个民族以及尊贵的女士阁下本人将会了解,她自己到底是由什么金属组成的。[30]

听到伊诺克·鲍威尔这番挑战的时候,玛格丽特·撒切尔既点头表示赞同,其肢体语言中也表现出局促不安。我看着她,感觉她对他话语之中的深层含义已经心领神会。如果她对于破釜沉舟背水一战曾经有过任何疑虑的话,在那个周六上午下议院的辩论会中也已经被打消了。有些评论家后来将议会的这种心态描述成"强硬外交政策的""同心协力地准备应战",而且完全"过火了"。但是作为一个从始至终都参与其中的人来说,我毫不怀疑议事厅里的每一个政党议员所表达的呼声与他们在各自选区听到选民表达出来的感情是一样的。除了将阿根廷从马尔维纳斯群岛驱逐出去以外,没有任何一种办法能够满足全国上下民众的期待。因此不管是来自于单边主义左翼(迈克尔·富特)还是来自帝国主义右翼(朱利安·埃默里)的发言,语气上并没有多大分别。这是英国民众在面对外国独裁政府违背国际法、对英国人民施以暴行时表达出来的真实情感。玛格丽特·撒切尔表现出了这些情感,而这些本能的反应得到了议会上下团结一致的支持。她使所有的政党成员都支持派遣特遣舰队的决定。但是像伊诺克·鲍威尔所暗示的,任何削弱这个决定的做法都会将她的政治未来置于危险之中。

在这场辩论会之后几个小时的时间里,很多人在威斯敏斯特宫的走廊和会议室里私下表达出怀疑的态度,冲淡了在议事厅里公开演讲当中所表现出的爱国情怀和团结一致的立场。"她如果兑现不了自己的承诺,就会出局;如果兑现得了,她将会执政很长时间"[31],亚力克·伍德尔表达了自己的看法,他是赫姆斯沃斯选区的工党议员,一名前矿工,一位忠诚的工党老爱国者,也是我下议院的投票搭档,一位私人朋友。

那天下午尼古拉斯·里德利表达了另外一个有趣的看法。我发现他闷闷不乐地坐在吸烟室里,手持一瓶特大号的白兰地。

"我认为责任在保守党右派,"他抱怨说,"要不是他们,我们本来可以避免这种局面的。"

"你所说的'他们'包括玛格丽特·撒切尔吗?"我问他。

"是的,她是其中的一部分。但是现在我们必须要全力以赴地支持她。"[32]

在一些保守党圈子里,大家的表达没有这么直接,但言语间却充满着更多的恶意。这次辩论会的败笔在于约翰·诺特的结束发言。他似乎有些畏缩胆怯,在辩论中落了下风。他犯了个严重的错误,批评了之前的工党政府在先前处理马尔维纳斯群岛问题的时候宣称中的矛盾之处。他的发言被打断了很多次,而他也没有处理好这些打断他的人所提出的挑战,他坐下来的时候周围一片喧闹的喊叫声,要他"辞职!"——有些是来自于他自己政党的后座议员。这对于一个即将派出国家武装力量投入战事的政府来说是很残酷的做法,但是更坏的情形还在后面。

在辩论会结束之后,玛格丽特·撒切尔在下议院议长席后的首相办公室立刻召开了一次高层部长级会议。尽管约翰·诺特因为几分钟之前演讲所遭到的抨击而感到备受打击,但比起其他在场的人来说,他表现得还算镇静,特别是威利·怀特洛,被描述为"处于极端恐慌当中",而首席党鞭迈克尔·乔普林兴奋地汇报说整个政党"处于混乱当中"[33],而且党鞭即将递交辞职信,发动叛乱。玛格丽特·撒切尔同意了首席党鞭的建议,他提出稳定议会大军最好的方法是即刻在唐宁街10号召集政党会议,并由国防大臣和外交大臣发表演说。

这是一个错误的判断。参加这次会议的保守党后座议员包括我在内超过100人。会议刚开始时,议员们便像是一群愤怒的暴民,当两位内阁大臣走进来的时候,迎接他们的便是史无前例的嘘声和怪叫声。即使当疯狂的喊叫声平息之后,质疑的声音也是此起彼伏,充满敌意。艾伦·克拉克在日记中反映了当时的气氛。他怀着蔑视的态度写道:"这些意料之中的代言人的发言言辞闪烁,他们真正的目的是一旦事件发展走向耻辱或者灾难性的方向，他们能够为政变铺平道路。"[34]

在这次气氛紧张的集会中，我得出了不一样的结论。这些艾伦·克拉克认定为"意料之中的代言人"大声说出了他们的意见，但是那些委婉曲折的遁词使他们听上去懦弱而不可信。而且，通过下议院对其议员所实行的神秘的性格分析，一些言辞最不友善的人很久之前就被认定为平庸之辈。相反，有些深受尊重的同僚镇静而理智地为特遣舰队战略辩护，但是他们在人数上只占了少数。

卡林顿在这次会议上对提出的问题都做了恰当的回答，但是他误读了其中传达出的信息。作为一名贵族，他的一个弱势就是无法了解下议院提问者的性格以及名望。他只接受过上议院彬彬有礼的儒雅教育，对于选举产生的代表粗鲁无礼的斗争方式感到无所适从。他遭到一些无足轻重的议员攻击，但是无法将他们和那些真正有分量的议员区分开。因此他无法像在自己部门中一样对一些愚蠢的批评不予理睬，而是变得非常沮丧。[35]

周末，卡林顿咨询他的朋友他是否应当辞职。首相想要他留下来，而且用她通常直截了当的方式表达了自己的意见。4月4日星期天在多尼伍德的午餐聚会上，内政大臣提供了相同的建议，只是方式要委婉些。"哦，你知道威利的。他想要劝阻我——但是并没有太坚持"，卡林顿回忆道。[36]

另一个建议他继续留任外交大臣的政界元老是前任首相以及外交大臣霍姆勋爵。但是他的支持无意间被他的妻子破坏了。就在他认为已经成功说服卡林顿留任之后，他离开房间去往洗手间。伊丽莎白·霍姆走了进来。卡林顿询问她，她认为他应当怎么做。"哦，亚力克跟我说过，如果他处在你的位置上，他会毫不犹豫地辞职"，霍姆夫人脱口而出。[37]

如果还有任何疑虑，也被这个家庭的第三个成员查尔斯·道格拉斯－霍姆打消了。他是《泰晤士报》的编辑，写了一篇言辞激烈的社论抨击外交大臣,刊登在4月5日星期一的报纸上。对卡林顿来说,这是压垮他的最后一根稻草。几个小时之后,他坚持要提出辞职。"我认为我是在帮首相的忙,"他说,"总是需要有人来承担责任,我认为这个人应当是我。"*38

玛格丽特·撒切尔对他的这一决定惊讶万分。即使到今天,对于他离职是对还是错的问题,仍旧存在争议。卡林顿不应当为阿根廷的行为受到指责。他在就职后的几个星期之内,就已经在竭尽全力地谋求回租选择权的实现。对于从南大西洋撤回皇家海军舰艇"坚持号"的危险性,他曾三次在会议纪要中提到。如果他在任,他会比他的继任者弗朗西斯·皮姆采取更加强势的外交政策。如果部长级层面需要有人受到惩罚,约翰·诺特是很明显的候选人,尤其在他4月3日在下议院辩论会上那次失败的发言之后。他也提出了辞职,但是首相无法承担两位高层的同时离去。因此卡林顿出于"贵人应有的高尚",离职了;诺特由于政治需要,留了下来。

在卡林顿自愿承担所有罪责之后,玛格丽特·撒切尔必须要选择一位新的外交大臣。她曾想过要委任朱利安·埃默里,因为他的右翼立场与她一致,而且他在紧急辩论会上的发言观点鲜明立场坚定,在下议院所有片区中都引发了共鸣。但是在谨慎地咨询了威利·怀特洛的意见之后,她改变了主意。她并未注意到弗朗西斯·皮姆的判断力或者钢铁般的坚强性格,相反认为他作为一名"懦弱派"成员使她失望,而作为一位国防大臣并未给她留下深刻的印象,但她还是听从了怀特洛的建议,把这份工作委托给了他。正如她后来所评论的,她发

---

* 在政治生涯的早期,卡林顿就曾试图要"承担责任"。1954年"克里切尔高地事件"发生的时候,他作为一名初级部长,就曾提出辞职的申请。他的上司,农业大臣托马斯·达格代尔爵士因为这一事件而辞职,这经常被作为大臣因承担责任而得到尊重的经典案例。卡林顿的朋友,尤其是塞尔温·劳德温和亚力克·道格拉斯-霍姆在晚年时对我说,他总是因为没有与达格代尔一起辞职而心存内疚。也许克里切尔高地的回忆对他因马尔维斯纳群岛的辞职产生了影响。

现她已经"将一位风趣的辉格党员换成了一个悲观的辉格党员"。[39]比他的悲观情绪更加糟糕的是他的性情。在议会生涯中他曾有过一次精神崩溃,而且他的情绪起伏不定也是众所周知的。

与卡林顿不同,皮姆与首相之间并未建立起融洽的关系。他曾因为屡建战功获得十字勋章,首相对此很佩服,但是他在过去曾对她表现出高人一等的傲慢态度,使首相很反感。他们之间本就尴尬的关系也因为媒体和议会看法的潜在影响而变得更加不睦,他们认为如果马尔维纳斯群岛任务一旦失败,皮姆将很可能成为唐宁街10号新一任的继承人。因为所有这些原因的影响,新任外交大臣在和首相一起合作为议会委托他们负责的战争前景思考谋划的时候,感到异常不自在。

送别黑格

马尔维纳斯群岛战争开始时最动人的场景就是4月5日特遣舰队的离港远航。当航空母舰皇家海军舰艇"无敌号"和"竞技神号"以及作为它们的护航舰的驱逐舰和护卫舰巨大的灰色船体驶出朴次茅斯港的停泊区,出发驶向海洋的时候,很多人都清楚地意识到如果这些战舰返航时没有夺回马尔维纳斯群岛,这将意味着玛格丽特·撒切尔首相生涯的终结。

她也意识到了这一现实。没有任何证据显示她对于自己个人的职位有过任何特别的担心,促使她采取这一举动的动机是要恢复英国的荣耀。1956年英国在苏伊士的惨败发生时,她年纪够大,应该记得。当时派出了一支军事武装力量,但是没有达成目标,屈辱而归。当时已退休的首相温斯顿·丘吉尔就苏伊士战事的失败发表了令人难忘的讲话,以纪念死者,他说:"我不确定我敢开始这场战争,但是我很确定我不敢结束它。"[40]

玛格丽特·撒切尔下令派遣特遣舰队的那一周里,她曾多次对伊恩·高引用丘吉尔的这些话。从她得到议会对她这一大胆举措全力支持的那一天起，马尔维纳斯群岛回归英国政府和主权便是唯一能够接受的结果。她的这一目的从未改变。而且，从一开始她就清楚外交妥协对于双方来说都是不可能的。如果加尔铁里将军和他的军政府做出退让，无法确保阿根廷对马尔维纳斯群岛的主权，他们就会倒台。如果特遣舰队无法恢复英国对马尔维纳斯群岛的统治失败而归，她就会被迫下台。虽然对这些高风险有所理解，她坚定的信念却并未被动摇，除了战争之外没有其他选择，即使她不得不在口头上同意谈判协议的解决方式。

首相必须要努力维系政治、国内以及国际上公共舆论对自己立场的支持。在特遣舰队出航后，在威斯敏斯特她的政党内部持不同意见的人数开始增加。

在4月2日议会辩论会之后10天左右，首席党鞭迈克尔·乔普林送给外交大臣一封短信，汇报他打探到的28个议员对于马尔维纳斯群岛事件的反应。其中有21人与首相的本能反应不同，其中包括罗伯特·罗兹·詹姆斯（"无可救药的失败主义者，沮丧，不忠诚"），肯·克拉克（"希望没人认为我们要与阿根廷交战"），马库斯·金博尔（"让阿根廷方面占有马尔维纳斯群岛，尽量少干涉"）以及伊恩·吉尔默（"我们犯了一个大错误。这会使苏伊士看起来符合常理"）。[41]

与她同阶层的政界人士的摇摆不定，加上华盛顿以及其他一些同盟首府对此事所持的普遍的怀疑态度意味着尽管玛格丽特·撒切尔认为战争是不可避免的，她却不得不精心维持着一个假象，那就是她仍然为其他外交选择留有余地。

此时英国在联合国取得了一次意料之外的胜利，使这种情况变得更容易。在侵略行为发生一天之后，英国常驻联合国代表安东尼·帕森斯爵士成功为联合国安理会第502号决议赢得了必须的三分之二的多数票支持，该决议谴责了阿根廷的侵略行为，呼吁阿方撤退占领部队，直到达成外交解决方案。最后一张来自约旦的投票确保了联合国安理会第502号决议的通过，这多亏了玛格丽特·撒切尔在投票前最后的时刻通过电话向约旦国王侯赛因以个人名义做出的恳求。[42]

联合国安理会的决议强化了英国的道德立场。伦敦议会所表达出的愤怒起初被美国国务院官员比作吉尔伯特与沙利文轻歌剧[43]。现在这种态度被认为是具有高尚道德准则和国际意义的反侵略行为立场。

玛格丽特·撒切尔并非联合国的热烈支持者，但是联合国对她派遣特遣舰队决定的合法性予以认可，这使她非常感激。"阿根廷方面唯一能够做的，"她重复了很多遍，"就是尊重联合国安理会的第502号决议。"[44]这件事颇有讽刺意义，因为正是她经常心存疑虑的外交部门的专家们成功地说服了世人，证明了她所追求事业的合法性，从而为她的胜利添加了重要的筹码。

尽管在纽约联合国总部旗开得胜，玛格丽特·撒切尔却难以赢得华盛顿方面的全力支持。里根政府内部就马尔维纳斯群岛问题所持的普遍态度是矛盾和困惑。美国国务院将阿根廷看作是削弱拉丁美洲的共产主义和社会主义势力这一战略手段的关键盟友。受到持亲阿根廷立场的美国常驻联合国大使珍妮·柯克帕特里克大使的影响，美国政府相当一部分人对于军政府要求马尔维纳斯群岛领土主权的要求给予了同情。在侵略行为发生的当晚，柯克帕特里克在阿根廷大使馆仍以主宾的身份参加宴席，当首相听到这个安排的时候，勃然大怒。[45]但是不论美国国务院内部发出一些什么样的言论，玛格丽特·撒切尔相信里根总统本人是明确支持英国的做法的，但他不是。尽管在侵略行为发生之前的几个小时，他想要帮忙，给加尔铁里将军打了一通电话，恳请他收手，但这通电话后来被证明毫无效果。里根似乎不愿意在这场两个同盟之间的战争中将美国的政策倾斜向任何一方。

在出发前往好莱坞老友克劳黛·考尔白位于巴巴多斯岛的居所度复活节假期时，总统对于马尔维纳斯群岛危机仍旧未作表态。在4月7

日召开的国家安全计划组会议上,里根就这一问题与外交政策团队的高层们进行了探讨,其中包括国务卿亚历山大·黑格、国防部部长卡斯帕·温伯格、联合国大使珍妮·柯克帕特里克以及国家安全顾问威廉·克拉克法官。根据当时在场的人员之一,国家安全委员会委员吉姆·伦奇勒的说法,总统说道:"在我看来这次我们有机会做点儿好事。我们必须要做的主要就是让这两个打架的人离开酒吧。"[46]然而在这次会议晚些时候,当珍妮·柯克帕特里克施加压力,提出拒绝支持英国的主张时,里根回应道:"看,我很想要和阿根廷保持朋友关系,但是我认为如果出现最坏的情况,我们首先需要做的就是要站到英国人的一边。"[47]

这次会议仓促之间就结束了,因为总统穿着运动夹克和运动衫,显然急于要去往巴巴多斯岛度假,会议做出决定派国务卿前往执行这一项和平使命。他将效仿亨利·基辛格在20世纪70年代中期在阿拉伯国家和以色列之间所采取的有名的穿梭外交,黑格提议他应当拜访伦敦和布宜诺斯艾利斯两地,从而能在两国首府之间协商达成一份协议。

美国的这种做法预示着他们对于这次危机采取的是中立态度,首相对此不是很满意,不过同意以一个朋友和同盟的身份,而不是作为任何意义上的调解人的身份欢迎黑格。然而,在他抵达伦敦几个小时之后,国务卿清楚地告诉首相他的确是来进行调解的。她对这些全然不接受。

4月8日晚上在唐宁街10号的晚宴上,黑格将他的协议计划公之于众。他站在纳尔逊和威灵顿的两张画像的下面,不停地抽着烟,这两张画像是在首相的指示下特地为这一场合挂起来的。美国国务卿尝试劝她接受一种他称作是中立的"马尔维纳斯群岛的临时过渡性政府"的形式。这一暧昧的提议意味着如果阿根廷一方要撤军的话,加拿大或者美国驻军便会介入其中,而与此同时关于主权问题的谈判将会继续。

吉姆·伦奇勒陪同黑格参加了唐宁街10号的晚宴，根据他的日记所记载，玛格丽特·撒切尔听到这些提议，随后就爆发了。

"糊涂啊"，她心怀蔑视地愤愤说道，因为愤怒而提高了嗓门，两颊上也泛起了红晕。

> 我派舰队，并不是去做出一些没有任何权威性的模棱两可的安排……临时的过渡性政府！——要做什么？我请求你，我请求你想想1938年内维尔·张伯伦也坐在这同一桌子前，当时讨论的计划听起来非常像你今天要求我接受的计划：如果接受了这项计划，我将会受到下议院的严厉指责——而且也理应受到指责！英国是不会给侵略者任何好果子吃的——这就是我们从1938年的事件中得到的教训。[48]

在玛格丽特·撒切尔与亚历山大·黑格接触的过程中，绥靖政策的教训始终是玛格丽特·撒切尔思考的重点。如果说他在劝说她的过程中面对的是一项艰巨有挑战性的任务的话，他很快就发现他与阿根廷方面协商过程的艰难程度不亚于要爬一座更高的高山。

他从伦敦飞到布宜诺斯艾利斯，认为在那里他已经与军国政府的一个派系达成了一些妥协，但结果只是被另外一个派系公开蓄意地破坏了。黑格4月12日回到唐宁街10号，在原计划的基础上做了些修改，坚持要求英国政府接受这样一个新的联合的临时性过渡政府，并要求英国方面在就细节性问题进行谈判的同时，终止特遣舰队的军事活动。

"绝不可能，"首相反驳道，"任何人都不会再信任曾经尝试过偷取他人财物的入室盗窃者。不，亚*，不，绝对不行，舰队必须要继续行动！"[49]

4月13日，黑格离开了伦敦，他的任务彻底失败了。"他显然非常

★　Al是Alexander的缩写，这里是撒切尔夫人对黑格名字的简称。——译者注

失望"，玛格丽特·撒切尔评论道，语气中不全是同情。[50]但是国务卿从他在伦敦的谈话当中发现了一个英国内阁大臣可能会对美国的和平计划有些许赞同。这个人就是外交大臣弗朗西斯·皮姆，黑格在4月23日邀请他到访华盛顿。他对皮姆施加了巨大的压力，试图使他接受之前提案的另外一个修订版本，终止特遣舰队的军事行动，阿根廷从群岛撤兵，并成立临时政权，政权中将包括来自阿根廷政府的代表。

使玛格丽特·撒切尔惊骇的是，弗朗西斯·皮姆居然被说动了，而且劝她应该接受这一系列的提议。她认为这个提议是一种"有条件的投降"，最重要的是它并没有恢复英国的统治权或者主权。但是皮姆坚持认为他的建议应当由战争内阁共同讨论，这个组织是3个星期之前才刚成立的。这次会议在4月24日傍晚6点召开，开会之前，玛格丽特·撒切尔和她的副手威利·怀特洛单独见了面，并告诉他如果外交大臣的提议被接受，她将会辞职。[51]

尽管怀特洛支持首相，整个战争内阁的氛围却是焦虑不安的。弗朗西斯·皮姆得到了外交部门全体成员的支持，支持他这一新的提案，为他对接受这项议案做了有说服力的辩护，争论说这些提议是美国为避免战争而提出来的计划。

玛格丽特·撒切尔意识到皮姆的建议给她带来的问题的严重性。她面临着被孤立和被打败的严重危机。为了避免这一情况出现，她深入细致地分析了被称作是"黑格第二号计划"的文件，它是5个小时之前到达她手上的。她一个条款一个条款地查阅了整个文件的内容，就仿佛她是控方律师，以一种法医检验细节般一丝不苟的态度对档案卷宗的每一行每一列进行仔细盘问。在她的盘问达到了最激烈的时刻，她问道：我们为什么没有为岛民们争取到最低限度的自主权呢？对于这样一个对阿根廷移民毫不限制，而他们在获得财产方面与现有岛民处于平等地位的条款，我们怎么能接受呢？对于之前我们即刻拒绝的诸多条款，我们怎么会就接受了呢？她对于细节的掌握令人印象深刻，但是皮姆坚持自己的立场。尽管战争内阁的成员们与她同一立场,很明显的是首相和外交大臣的立场间出现了一条危险的裂缝。[52]

国防大臣约翰·诺特打破了这一僵局。他提出一个建议,那就是英国政府不应当对"黑格第二号计划"做出回应。相反,应当要求这一草案首先提交给阿根廷方面。如果军政府接受了这一提案,那么"黑格第二号计划"在这一基础上再提交给议会,而这在玛格丽特·撒切尔看来是不可能的。英国驻华盛顿大使尼古拉斯·亨德森爵士认为,诺特的建议堪称妙招,称它是"一个塔列朗都会为之感到骄傲的策略"。[53]首相对此策略丝毫不感到骄傲,但她暂时只能屈从于皮姆的压力,不情愿地允许将这个烫手的外交山芋抛给阿根廷政府。

布宜诺斯艾利斯的军政府没有让玛格丽特·撒切尔失望。4月29日,他们当即拒绝了"黑格第二号计划"。美国国务卿3.2万英里的和平穿梭最终归于失败。虽然他与阿根廷的外交大臣尼加诺尔·科斯塔·门德斯就提案进行过进一步的接洽,但最终仍是徒劳,大局已定,战事难免。[54]

另一个事件的发展也促成了马尔维纳斯群岛战争的不可避免。当黑格正在为令人沮丧的谈判过程忙碌奔走的时候,美国舆论开始向英国方面倾斜。不论是在美国国会还是在电视脱口秀节目当中,英国的两位大使,常驻联合国的安东尼·帕森斯和常驻华盛顿的尼古拉斯·亨德森对于转变美国有影响力的人物对玛格丽特·撒切尔所支持的事业的看法都起到了至关重要的作用。4月29日,美国参议院以79票对1票的优势通过了一项决议,宣布美国"无法保持中立立场",而且必须要帮助英国实现阿根廷武装力量的"全部撤退"。[55]美国国防部部长卡斯帕·温伯格主动下令美方应当给予英国最大限度的军事支持。他的帮助包括对英国对美国情报信息系统具有完全的访问权限,对阿根廷军事信号的解码活动,英国可以无限制使用美国位于阿森松岛军事基地的燃油和备用物资,加速购买美国的响尾蛇导弹,这种导弹后来被证明是这次冲突中最有效的武器之一。[56]美国海军部长、亲英派的约翰·雷曼与英国的皇家海军在共同的合作当中,起到了很大的帮助作用。

最终里根总统也放弃了中立立场。尽管私底下当他谈到被自己称作是"那边那一小块冰冷的领地"[57]的时候,从来都是一副困惑不解、冷漠的态度,他的确也改变了自己的立场。在与卡斯帕·温伯格私下谈过之后,里根告诉他,"把玛吉需要的一切都给她,保证她继续坚持下去"。[58]

在4月29日主持召开的国家安全委员会会议上,当正式决定要采取"明显的亲英立场"的时候,总统给首相写信,告知她这一新的政策导向。他同意不会公布"黑格第二号计划"的全文内容,"因为这可能会给你带来困难",而且在信结尾的地方写下了一些非常有帮助的话:"我们毫不怀疑女王陛下政府真心诚意地与我们合作,而且没有任何选择,只能基于自我防卫权继续当前的军事行动。"[59]正如他在私人日记里所写的:"我认为玛格丽特·撒切尔不应当再被要求做出任何让步。"[60]

自下议院那个喧闹的上午,议会议员对派遣特遣舰队给予全力支持的时候开始,对阿根廷政府做出让步就从未在首相的议事日程上出现过。她一直确信阿根廷方面将会拒绝就非法占领群岛做出任何让步。她要通过军事力量将他们赶出群岛的决心也同样坚定,毫无妥协的余地。但是她必须避免自己听上去过于顽固不化。正如她后来所回忆的,"我们……必须要坚决抵制压力,不做令人难以接受的让步,同时也要避免看上去毫不妥协"[61]。

外表上要装作随机应变而内心里却保持坚决的态度,这种立场是外交冲突时期玛格丽特·撒切尔必须面临的难度最大的挑战。如果换作其他任何一个20世纪的英国政治家,丘吉尔除外,担任首相,当华盛顿放出和平鸽,施加压力要求英国做出妥协,很可能发生的情况就是他们都会让步的。玛格丽特·撒切尔却一点儿也没有退让。"真是一个态度强硬的女性",这是黑格第一次就马尔维纳斯群岛问题见她之后回到宾馆时所说的话。[62]她还需要变得更加强硬,但是她已经赢得了第一轮的比赛。特遣舰队已经远航。

回顾

在对马尔维纳斯群岛危机做出初步举措以及反应的整个过程中,玛格丽特·撒切尔的性格起到了推动作用。

马尔维纳斯群岛刚被占领,她作为领导人的本能反应是勇敢无畏的。她性格的力量和坚定的决心促使英国为战事做出充分准备,也避免了无原则的外交解决方式。

然而同时也必须要意识到一个令人不快的事实,那就是玛格丽特·撒切尔之前的态度以及她对于外交事务的经验不足,扼杀了1979年5月到1982年3月之间能够避免这一冲突发生的所有机会。

在这一阶段所发生的一系列事件当中,卡林顿勋爵的立场是正确的,而首相的立场则是错误的。回租的解决方式是可行且明智的一个选择。如果她在早期支持这一计划,她早就已经以一种体面的方式解决了这一争端。这意味着她将鼓励卡林顿勋爵和尼古拉斯·里德利参与谈判,劝服大多数的后座议员接受这一做法,并使马尔维纳斯群岛的岛民们接受这一决定。对她来说,只有最后的这一重障碍难以跨越,但是大多数马尔维纳斯群岛的岛民也当然会认识到一个99年的租约或者甚至是一个999年的租约的优势在于(这两个选择在里德利的谈话中都曾探讨过),两者都会授予英国政府对群岛完全的管理权限,英国政府放弃的只是群岛的主权。在人口过剩的香港地区很有效的方式,在英国这片人口稀少的南大西洋属地必定会更加有效。

历史上的这些本来可能会发生的可能性永远存在着争议,但是这一次却比历史上大多数时候更加容易做出判断。玛格丽特·撒切尔赢得了马尔维纳斯群岛战争，应当获得最高的赞赏。她很幸运，没有想要为了早日获得和平而停战，她抓住了机会，从而逃脱了议会的指摘。

1979年到1980年间，她既没有阻挠也没有削弱与阿根廷选举产生的新政府达成与香港地区解决方案相同的协议。

1979年5月，在契克斯首相乡间别墅发生的"热核午餐"中，玛格丽特·撒切尔愤怒地拒绝了回租的提议，造成了比丹尼斯·撒切尔"有些小题大做"的表述更严重的后果。害苦了尼古拉斯·里德利，更不用说1980年11月在议会私人秘书伊恩·高的协助下诋毁他，这些都是首相采取的不同寻常的蓄意破坏举动。

她还首次提出了一个信条，那就是1800名马尔维纳斯群岛岛民的意愿在实施回租否决权时是最重要的考量。事实上，这个殖民地的居民从没有完全或者正式地被给予与香港解决方案一样的选择权。她也没有认识到皇家海军舰艇"坚持号"所具有的政治象征意义。

就玛格丽特·撒切尔对马尔维纳斯群岛问题早期的处理方式的争论将会持续几个世纪的时间。我的看法是，她对侵略发生之前的情况解读是错误的，但是在侵略发生之后所采取的措施是正确且值得称赞的。硬币的两面都可以从她强硬的性格里得到解释。

在侵略发生之前和之后的一段时间内，即1982年的前三个月的时间里，是情报的失察和白厅的惰性，造成了情况的含糊和不明确。如果说这一事件中存在任何错处，也不应当由首相负责。弗兰克斯调查委员会对于此次战争的调查报告当中的最后一句话总结道："将任何的批评或者指责加诸当前政府，让他们为阿根廷军政府在1982年4月2日对马尔维纳斯群岛的毫无缘由的侵略挑衅行为的决策承担责任，是不恰当的。"[63]

这句话似乎是为侵略行为发生前几个星期时间里的情报失察情况

进行开脱而提出的一个宽宏大量的理由，但是因为首相从来没有收到"联合情报委员会"对军政府内部不断升级的危险局势的警告，她不应当为没有对此做出应对举措而受到指责。

在侵略行为发生前几天的时间里，英国政府最令人意外的一个疏漏就是没能对布宜诺斯艾利斯的军政府发出最后通牒。在《马尔维纳斯群岛战争》这本书里，马克斯·黑斯廷斯和西蒙·詹金斯强调了这一失误，描述它为"战前一周的谜团之一……被认为是撒切尔参与的危机会议当中曾多次出现的一种失误"。[64] 两位作者将这一失误以及其他的缺点归咎于首相在国防和外交事务方面的经验不足。这是一个很公正的论断。

玛格丽特·撒切尔从一开始就拒绝了解决马尔维纳斯群岛问题唯一可行的提案——回租——而她自己又没有策略应对侵略行为发生之前的一系列事件，或者侵略事件本身。只是在海军上校亨利·利奇爵士戏剧性地介入到她3月28日在下议院召开的会议，并告诉她英国有能力而且应该派遣一支特遣舰队的时候，她才意外找到了一种解决策略。一旦派遣特遣舰队成为现实，玛格丽特·撒切尔的果断坚决和不屈不挠的强硬性格保证了外交政策的明确，也促成了战争的胜利。

在外交领域里，对于美国国务卿亚历山大·黑格最先提出的混乱且一塌糊涂的谈判解决提案，她予以断然否决，这种做法是正确的。他的任务也因为军政府混乱矛盾的回应变得更加难以实现。

玛格丽特·撒切尔在这次危机当中的一大优势就是她异常准确地读懂了布宜诺斯艾利斯敌方的想法。她明显出于本能地领悟到加尔铁里将军和他的部队下属绝对不可接受要求阿根廷部队从已占领地区撤军的妥协的外交做法。因此，在与亚历山大·黑格或者其他国际协调者提出各种举措以及反举措提案斡旋期间，不论说了什么，英国首相内心始终坚定无比，认为必须要通过英国武装力量重新夺回群岛。她以某种方式把这种决心传达给了指挥系统中的每个军官和特遣舰队的每名士兵。即使他们面对的风险令人畏怯，他们始终知道他们能够信赖唐宁街10号明确而坚定的领导。当特遣舰队出航之后，玛格丽特·撒切尔的勇气在最终的战争胜利中成为一种主导性因素。

20

马尔维纳斯群岛战争之二：开战

军事政治准备

"你是怎么打仗的?"玛格丽特·撒切尔在唐宁街10号楼上的公寓里一边喝着奎宁水杜松子酒,一边询问国防部常务次官弗兰克·库珀爵士。当时议会辩论已经过去了24小时,辩论决定支持玛格丽特出兵。[1] 两天后哈罗德·麦克米伦找到他曾经的下属、现任首相玛格丽特,表达对她的支持并向她提出忠告时,玛格丽特也请教了他同样的问题。在这两人的建议下,玛格丽特设立了最小规模的战时内阁——这个内阁人数非常少,所以财政大臣杰弗里·豪没能参加,这让豪非常伤心。豪之所以没能加入战时内阁,有一部分是因为麦克米伦认为在这样一场国家荣誉至上、超越一切财政问题的战争中,财政部根本发挥不了任何作用;其次是因为,首相已经感觉到,豪不太可能支持她开战达成战争目标,反倒更希望交战双方可以达成妥协。

战时内阁的五名成员中有四名是自己提出要加入内阁的。五名成员包括首相、她实际的副手威利·怀特洛、国防大臣约翰·诺特、新任外交大臣弗朗西斯·皮姆,还有塞西尔·帕金森。最后这个名字有些出人意料。帕金森当过贸易政务次官,表现出色,但他只是政治最高层的新手,新加入内阁做保守党主席和财政部主计长。在刚刚过去的几个月里,他俨然已成为撒切尔内阁备受首相青睐的一员。议会有传言说,帕金森之所以能获得晋升就是因为他外形英俊,长得像女观众迷恋的男演员。一个更为实际的原因是,帕金森作为绝密内阁小组委员会的成员,曾有过卓越的贡献,购买"三叉戟"核导弹系统就是这个小组委员会的决定。此外,约翰·诺特也极力推荐帕金森加入战时内阁。

玛格丽特·撒切尔也同意让帕金森入阁,后来她解释说自己之所以选中帕金森是因为他"特别擅长处理公共关系"。[2]

1945年11月,玛格丽特的父亲成为格兰瑟姆市长的一天,罗伯茨全家福。从左到右:穆里尔,阿尔弗雷德,比阿特丽斯和玛格丽特。

1950年大选中三位候选人参与肯特保守党舞会，所有人都面带笑容：玛格丽特·罗伯茨（左），特德·希思（中间）和帕特·霍恩斯比-史密斯（右边）。

1951年大选期间，玛格丽特·罗伯茨作为达特福德选区保守党候选人，在艾德里大道游说一位选民。

1951年12月13日,玛格丽特和丹尼斯·撒切尔在伦敦麦尔安德路卫斯理礼拜堂举行婚礼。

1959年11月9日，玛格丽特·撒切尔看着她的孩子卡罗尔和马克在一起玩耍。

1959年玛格丽特·撒切尔当选为芬奇利选区第一位女性下议院议员，并于1961年被委任为养老金和社会保险部政务次官。

1975年2月玛格丽特·撒切尔在保守党领袖大选第一轮投票中打败了特德·希思后,面对媒体时挥动着手指。

1975年就英国是否保留欧盟成员国身份进行全民公投时,玛格丽特·撒切尔带领保守党为争取赞成票而斗争,与特德·希思结成了不够稳固的联盟关系。

1979年5月4日，胜利之晨，首相当选人玛格丽特·撒切尔在福乐街寓所外面对人群挥手。

她第一次外交胜利是1979—1980年间解决了罗德西亚危机。在卢萨卡召开的联邦政府首脑会议上,她赢得了赞比亚总统肯尼斯·卡翁达的支持,丹尼斯说这支舞"扭转了局势"。

1980年与伊恩·高议员一起参加政治竞选活动,他是她第一任议会私人秘书(1979—1983年),也是她最明智、最风趣而且最热情的支持者,1990年遭到爱尔兰共和军的暗杀。

1980年6月,玛格丽特·撒切尔和她最具影响力的外交大臣卡林顿勋爵,他们正要离开希斯罗机场,出发前往另外一个引发争论的欧洲峰会。紧跟在他们之后的是内阁秘书罗伯特·阿姆斯特朗爵士。

1981年4月，玛格丽特·撒切尔与沙特阿拉伯国王法赫德交谈。她与他之间的机密交谈为英国赢得了巨额的国防出口合同，为英国争取到了超过50000份工作机会。

"你知道，他喜欢女人。"是玛格丽特·撒切尔在第一次会见法国总统弗朗索瓦·密特朗后对她的内阁秘书罗伯特·阿姆斯特朗爵士所做的评论。查尔斯·鲍威尔，1983—1990年，是她最亲密，也是服务时间最长的私人秘书，在密特朗后排右侧。

1983年1月在马尔维纳斯群岛斯坦利港会见"咱们的阿兵哥"

1984年12月,在契科斯首相别墅欢迎米哈伊尔·戈尔巴乔夫来访。在长达5小时的午餐会上,他们之间发生了激烈的争论,但是他们建立了联系、加深了了解。

1986年9月，铁娘子试驾英国最新的"挑战者号"坦克。像往常一样，她很有镜头感，对于吸引眼球的着装和爱国主义的背景很有鉴赏力。

1987年3月玛格丽特·撒切尔的莫斯科之行（与俄国扎戈尔斯克圣三一修道院的僧侣在一起）。

1986年面对媒体的提问，坐在她身旁的是她令人敬畏的新闻秘书伯纳德·英厄姆。"你和我，伯纳德，都不是容易相处的人。"她对他说道。

1987年7月，总统和首相在白宫露台共享美好时光。他们一起加强了"特殊关系"，使之达到了自罗斯福和丘吉尔时期以来不曾达到的高度。

1989年7月内阁成员合影，温暖的笑容造成的欺骗性假象。离开镜头之后，性格冲突一触即发，导致了外交大臣杰弗里·豪和财政大臣奈杰尔·劳森的辞职。

1988年7月为庆祝里根总统来访,在唐宁街10号宴会上发言,坐在她左手边的是国务卿乔治·舒尔茨。(手书字迹为里根所写,"亲爱的玛格丽特,正如你所看到的,我赞同你所说的每一句话,我一直如此。最诚挚的友谊。罗恩。")

1990年11月28日,玛格丽特·撒切尔最后一次以首相的身份离开唐宁街。

1995年10月16日，女王抵达克拉里奇饭店，参加玛格丽特·撒切尔七十岁生日聚会。

1997年在詹姆斯·戈德史密斯爵士位于法国望族的庄园树林里,在列宁雕塑前摆好姿势拍照。"我只是想要让他看看我们才是赢家",玛格丽特·撒切尔说道。从左到右:丹尼斯·撒切尔、毕蒂·卡什、玛格丽特·撒切尔和詹姆斯·戈德史密斯爵士。照片由议员比尔·卡什拍摄。

1996年玛格丽特·撒切尔在"克雷吉峰"上迎风而立,她脸上的表情反映出被迫退休岁月当中的痛苦和辛酸。

2008年2月在切尔西皇家医院，周围环绕着在切尔西皇家医院养老的残老军人，这里成为她晚年的第二个家，也是她骨灰最后的安息地。

2003年11月26日在上议院，凯斯蒂文的撒切尔女男爵，提前到达议会开幕式，新近丧偶，孤独的身影。

白厅取战时内阁英文全名的首字母，将之简称为ODSA*。ODSA每周工作日早上9点30分开会，周末就在首相的契克斯别墅开会。ODSA的内部成员观察说，ODSA是玛格丽特·撒切尔任首相期间白厅唯一一个重要的委员会，因为ODSA开会时玛格丽特听得多说得少。玛格丽特很清楚，自己作为战争的领导者，主要的任务就是对战役的总体战略给予政治上的指导，然后让下面的部队贯彻执行。战时内阁的海陆空三军代表、海军上将特伦斯·卢因爵士负责给玛格丽特就战役提供海军和陆军方面的信息。卢因凭借自己安静的气质和专业的素养，与首相建立了密切关系。他和所有的后勤主任既吃惊又高兴地看到，他们提出的战略战术首相都一概表示支持。而首相本人也对他们的专业判断表现出几乎绝对的尊敬，这是一支状态极佳的政治军事团队。一战时期的劳埃德·乔治以及二战时期的丘吉尔都没能像玛格丽特·撒切尔那样，与海军上将卢因这样的军队高层还有他的高级将领结成如此和睦的关系。

首相虽然和海军、陆军指挥官之间关系良好，但是她对战时内阁两位最举足轻重的政治伙伴却信心不足。

自从约翰·诺特发表了关于马尔维纳斯群岛战争的糟糕演讲后，玛格丽特在战争的前几个星期中就为他担忧不已。即便身处最好的外界环境，诺特也是个多变的政治家，有时情绪波动起伏得令人吃惊。玛格丽特认为，他是"金子、渣滓和水银的混合体"[3]，绝对不是能经受住伊诺克·鲍威尔所预见的战争考验的理想合金人选。但是随着马尔维纳斯群岛战役的发展，首相和国防大臣之间的共识越来越多。约翰·诺特虽然和首相有一两处分歧，但他仍是首相团队里最支持首相的队员。在首相看来，诺特比外交大臣要立场坚定，也更支持自己。

---

* 内阁海外和国防委员会设立了一个南太平洋小组委员会（The Overseas and Defence Committee of the Cabinet created a South Atlantic Sub-Committee），因此全名缩写为ODSA。

外交大臣弗朗西斯·皮姆可能因为在二战期间目睹了战争的恐怖，所以非常热切甚至是过分热切地想找出应对马尔维纳斯群岛问题的对策。皮姆认为自己是在为实现和平尽自己的本分。玛格丽特却认为皮姆会为了和平不惜任何代价。因此马尔维纳斯群岛危机期间，两人的矛盾一直不断沸腾升温。

战争爆发前夕，大家对首相的支持既有有形的也有隐形的。丹尼斯就是玛格丽特的一位支持者。他的从军经历，加上身为丈夫对玛格丽特的爱护，为首相在家里度过的孤独夜晚提供了隐形的精神支持。在那些孤独的夜晚，玛格丽特一直收听BBC世界新闻报道，令她在不安焦虑之余更难以入眠。

首相的另一位支持者是伊恩·高。他在自己4月8日亲手写给首相的便条中这么形容道，自己从一开始就知道玛格丽特"肩负的任务很孤独"。高对玛格丽特说，他是这样一群人中的一分子："无论未来怎样，他们都会因为有机会帮助过这位大家都想为之效劳的最优秀、最果断、最有远见的领袖而永远心存感激。"[4]

在这个时期这番话里隐含的意思、别人对玛格丽特·撒切尔的话以及对她本人的议论，都说明国内人民群情高涨，摩拳擦掌准备开战。有一个问题虽然经常被人提起，但从没有当着玛格丽特的面直接说过：她如何为战争引起的惨重伤亡负责？

"贝尔格拉诺将军号"和"谢菲尔德号"

4月份，战时内阁绝大部分时间都用在外交事务上，而军队则着手应对在远离家乡8000英里的异乡开战所必须面临的巨大后勤备战挑战。战时内阁的政治家们不顾皇家海军的建议，坚持要在开战之初就让战争看起来很容易取胜。开战第一役，战时内阁决定在转战马尔维纳斯群岛之前先攻下南乔治亚岛，因为拿下该岛可以迎合国内的公众舆论，也可以让阿根廷感受到英国开战的决心。尽管海军上将约翰·菲尔德豪斯爵士极力反对进攻南乔治亚岛，但是战争的最高统帅玛格丽特·撒切尔还是授意采取低风险的军事行动，将占领南乔治亚岛的阿根廷人驱逐出岛。玛格丽特后来听到战况汇报说驱逐阿根廷人的军事计划失败，异常震惊。

4月22日下午，约翰·诺特和海军上将卢因向首相报告说，已经登陆的英国特种空勤团和特别舟舰中队在南乔治亚岛遇到很大困难。登陆时天气情况恶劣，两架直升机坠毁，英国特种部队英勇的战士们因为南极洲的暴风雪只能在原地滞留，无法继续前进。首相听到英军可能因此有17名将士阵亡时，不禁悲痛地流下眼泪。听完汇报后，玛格丽特要出门参加一个由伦敦市长在其官邸举行的午餐会并发表演讲。正当她悲伤地准备离开唐宁街时，她的私人秘书突然冲过来带来了好消息：第三架直升机终于在恶劣的条件下成功登陆，并且营救出了特别空勤队和特别舟舰中队的所有官兵，无一人伤亡。"我继续走出唐宁街10号出门赴宴时，心情格外轻松"，她回忆说。[5]

在恶劣的天气状况下，首相与战争可能带来的风险第一次擦肩而过，一场原本的灾难竟然转变成完全的胜利。接下来的几个小时，特种部队和皇家海军的分遣队都登上了南乔治亚岛。两军激烈交火后，分遣队彻底击败阿根廷的潜水艇，接受了阿根廷当地驻军的投降，并随后在岛上升起英国国旗。战时内阁的第一次军事行动是一次高风险的冒险行动，但是冒险到底没有白费。约翰·诺特于4月25日深夜在唐宁街10号首相的官邸外对外宣布了第一次军事行动的战报。

诺特宣读过国防部的联合公报后，新闻记者开始向他询问具体的细节问题。玛格丽特·撒切尔趁机打断国防大臣，向记者表达了自己的看法。"欢呼吧！大家欢呼吧！"她用一种听起来像起床号的语调大声说，在发句首的祈使动词"欢呼"（Rejoice）时，玛格丽特卷舌发出了里面的"r"音。"请大家为这则新闻欢呼，向我们的特种部队还有海军表示祝贺……欢呼吧！"[6]

但在当时那种情境下，玛格丽特这样一番话实际是在批评新闻记者而不是真的让他们为战争欢呼。玛格丽特深知攻占南乔治亚岛一事十分危险，得知攻占成功后她心里只是松了一口气而绝不是胜利后的得意扬扬。

4天后，战时内阁做出了整场战役中最富有争议的决策。英国在马尔维纳斯群岛周围200海里处划出了一个海事管制区（MEZ），并警告说任何阿根廷战舰如闯入管制区，便可能被击沉。后来海事管制区制度被英军更严重的警告所取代，即英军特遣舰队所在的区域如有任何船只出现都将遭到袭击。这就形成了禁航区（TEZ），禁航区于1982年4月30日正式成立。

5月2日，英国南大西洋海军指挥官海军上将"金发"伍德沃德汇报说，阿根廷的巡洋舰"贝尔格拉诺将军号"带着两艘驱逐舰在禁航区边缘活动，正在针对特遣部队开展"一次典型的挑衅活动"。[7]他请求允许他下令让附近的英国皇家海军"征服者号"潜艇向"贝尔格拉诺将军号"发动攻击。海军上将卢因在战时内阁的契克斯别墅会议上提出这项请求后，内阁做出了马尔维纳斯群岛战役中最快的一次决定。

玛格丽特·撒切尔午餐前站在别墅的大厅里先仔细聆听卢因发表的关于攻击的提议，然后询问内阁所有在场的成员是否认为应该击沉"贝尔格拉诺将军号"。威利·怀特洛、塞西尔·帕金森、约翰·诺特、迈克尔·哈弗斯和刚刚取代弗朗西斯·皮姆任外交部政务次官的检察总长安东尼·阿克兰爵士——他当时还在纽约——都一致同意玛格丽特授权发动攻击。

关于是否发动攻击的讨论只花了不到15分钟的时间。"我没有半点犹豫，"阿克兰回忆说，"阿军巡洋舰到底在往哪个方向航行并没有多大关系，因为巡洋舰随时可以转向，而且巡航舰旁边还有两艘装有飞鱼导弹的驱逐舰，这三艘舰船距离正从大西洋向马尔维纳斯群岛驶去的特遣舰队的航行范围非常近。"[8]

皇家海军军舰"征服者号"接到内阁授权所下的进攻命令后，立即用鱼雷击沉了"贝尔格拉诺将军号"，船上共有321名官兵丧生。阿根廷的两艘驱逐舰显然担心自己成为下一个攻击目标，没敢救援落水官兵，立即调头返港。阿根廷的损失比预计的还要大，而这场袭击造成的悲剧在英国国内外都引起了巨大反响。

在英国国内，玛格丽特·撒切尔被指责为采取非法行动，甚至有人谴责她犯下了战争罪行，因为"贝尔格拉诺将军号"在调头准备驶离英军特遣舰队时被击中，最后是在禁航区外沉没的。对玛格丽特的另一项控诉是，她之所以下令击沉"贝尔格拉诺将军号"是因为想蓄意破坏秘鲁政府正在安排的和平调解计划。这两项控诉都没有任何实质证据。战时内阁根本没有听说秘鲁政府有施行和平计划的打算，这项和平计划和已经被否决的黑格方案几乎一模一样，都属于捕风捉影。至于"贝尔格拉诺将军号"复杂的航线还有具体的位置，考虑到英军早已向阿根廷发出过多次警告，这些都和玛格丽特所下的命令没有任何关联。玛格丽特·撒切尔和她的同事仅仅是接受了海军上将伍德沃德和卢因提出的建议而已。而且这项建议最终被证明是正确无误的。因为"贝尔格拉诺将军号"被击沉后，阿根廷包括"五月二十五日号"航空母舰在内的所有海军舰船悉数返回港口，再没有采取任何威胁特遣舰队的行动。所以，下令向"贝尔格拉诺将军号"发动进攻的决策进一步保护了英国的舰队和官兵，也充分表明这是战役中采取的最重要的军事行动之一。玛格丽特·撒切尔做出了正确的决策，理应被人称赞而不是被指责。

国际上对玛格丽特决策的反应则和英国国内截然不同。"贝尔格拉诺将军号"官兵的严重伤亡导致英国失去了联合国其他国家的同情。爱尔兰、意大利和联邦德国政府的态度都发生了变化。爱尔兰国防部长把英国描述为"侵略者"。[9]但是，随着阿根廷采取报复行动的消息传出,反英情绪又随即消失了。阿根廷两天后采取的报复行动导致英国皇家海军的"谢菲尔德号"军舰沉没。

我清楚地记得,5月4日晚上10点56分,约翰·诺特突然发表紧急报告,说英军损失惨重,全体下院成员都悲伤得一言不发。玛格丽特·撒切尔和诺特一起坐在前座,低着头,看上去有些受惊,显得悲伤难过。诺特向她汇报了皇家海军42型驱逐舰"谢菲尔德号"被阿根廷空军发射的一枚飞鱼导弹击中沉没的过程。"谢菲尔德号"被导弹击中后,大火蔓延,失去控制,英军不得不下令船上官兵立即弃船逃生。诺特在报告里估计说船上约有12名官兵失踪。[10]

议员们听到这则残酷的消息都沉默不语,战争显然已进入白热化阶段。

诺特的报告结束后,玛格丽特·撒切尔立即在下院她的办公室和伊诺克·鲍威尔秘密会谈。"能跟你聊聊对我真是一种放松。除了你,我没法跟其他人谈这种事",她说。玛格丽特在这次会谈中情绪激动,不仅因为皇家海军"谢菲尔德号"有人员伤亡,而且也因为来自内阁内部的政治压力,她担心自己会因为政治压力而被迫采取自己根本无法接受的解决办法。鲍威尔鼓励玛格丽特坚持自己的立场,并向她保证他会遵守枢密院顾问官的誓言,为这次秘密会谈的内容保密。"伊诺克,我愿用自己孩子的性命来相信你",首相回答说。[11]

这种夸张的语言可能也说明玛格丽特·撒切尔当时非常沮丧。早有人警告过她,战争不可避免会有人员伤亡,这一次不过是她第一次经历重大伤亡而已。玛格丽特曾经对下属说过,她最怕的打击就是舰船沉没。但现在,当她知道"谢菲尔德号"是二战以来因为敌人袭击而沉没的第一艘英军战舰时,心里自然觉得非常压抑。在那时之前,玛格丽特经历过的战争都仅限于想象。可突然之间,她就亲身体会到了战争。

回到唐宁街自己的公寓后,玛格丽特·撒切尔失声痛哭。可能年轻生命的逝去激发了她的母爱，令她情绪失控。她呜咽着说，在南大西洋淹死的士兵和她21岁的儿子马克一样大，而马克此时正陪她坐在家里的客厅中。他和丹尼斯想尽方法安慰母亲。但很快丹尼斯就对妻子过度夸张的反应感到不快。"你这么大惊小怪干什么？"他问，"你应该知道战争中不可能一直事事顺利。"[12]

马克的反应则比较温和也更敏感。他那时住在唐宁街10号，所以当晚一直陪母亲坐到很晚，第二天早晨又和母亲同时起床，因为母亲床头的电话5点钟响了，吵醒了马克。电话是值班的文员打来的，汇报说"谢菲尔德号"的死亡人数上升为20人。马克看到母亲听到消息后心情沉重，立即端来一杯茶，陪母亲一言不发地坐在卧室里。"我能看出来她当时备受煎熬，"马克回忆说，"我觉得有一个家人陪伴她、分担她的感受，她会好受些。不需要说什么话。"[13]

更多的政治动荡

几小时后，首相召集内阁全体成员于5月5日早晨召开紧急会议。各位大臣也对"谢菲尔德号"的沉没感到震惊。他们向海军上将卢因提出各种刁难的军事问题，比如，为什么我们的战舰在阿根廷的鱼雷面前如此不堪一击？特遣舰队是不是离大陆太近了？真的可以实现登陆马尔维纳斯群岛的计划吗？

内阁大多数成员听到解答后，都放了心。唯独有一位大臣帕特里克·詹金提出了与众不同的看法，认为"谢菲尔德号"的沉没意味着英国应该停止交战。

"贝尔格拉诺将军号"官兵的阵亡使得英国在外交方面饱受压力，必须尽快解决和阿根廷的争端。压力主要来自三方面——秘鲁提出和平方案、弗朗西斯·皮姆同意了秘鲁的和平方案、美国国务院以及白宫也支持这一和平方案。

玛格丽特·撒切尔向内阁报告说,她刚刚接到里根总统传来的消息,要求她接受秘鲁提出的和平方案。这则消息来得真不是时候,因为玛格丽特不久前刚刚收到"谢菲尔德号"沉没的消息。首相也没有告诉各位大臣,自己对美国总统里根心有怨恨,因为按照玛格丽特后来的描述,里根向英国施加"不断的压力来动摇我们的立场"。[14]

由于里根要求英国和解,玛格丽特只好坐下来给里根回了一封言辞激烈的信,信里毫无保留地表达了她对里根的失望。不过这封言辞愤怒的信没有寄出。

玛格丽特亲手写的草稿被保留在她的私人文件里。手稿清楚地展现了首相在5月初自己最脆弱的时候真实的愤怒之情。导致玛格丽特和美国总统还有美国国务卿分道扬镳的主要问题是,马尔维纳斯群岛的岛民是否拥有自主决定权。玛格丽特·撒切尔写道:

> 你说你们的建议和我们大多数人想要捍卫的基本原则一致。我很希望你们的建议的确如此,但可惜根本不是。自主决定权是民主的基础,而且马尔维纳斯群岛的居民在群岛被侵占前就一直享有自主决定权,但目前你们的提议根本没有涉及这一权利。我们严正要求你们的提议里必须涵盖自主决定权。黑格先生在给弗朗西斯·皮姆的回信里说,你们的提议绝不可能包括自主决定权,因为阿根廷不会同意。这等于是说,我们执行的原则也不再是我们信仰的原则,也不再是我们通过民主投票选择坚持的原则,而不过是独裁者奉行的原则罢了。[15]

以上这段文字在玛格丽特给里根总统最后的回信里被删减掉了,因为玛格丽特身边头脑清醒的人提醒她说,这段文字"可能过多地暴露了我的沮丧之情"。[16]不过尽管回信的语气有所软化,仍能感觉出玛格丽特对美国的谴责声讨。

她抱怨美国强迫英国达成妥协，并特意对里根说他是"唯一能明白我想表达的意思的重要性的人"。其实玛格丽特想要表达的依旧是由来已久的主题：有关法律和道德的重要问题正处于紧急关头。任何解决马尔维纳斯群岛危机的方法都无法"明确地提供自主决定权"。[17]而如果不能提供自主决定权，玛格丽特就绝不会放弃马尔维纳斯群岛。

尽管首相声称自己坚决拒绝考虑这种削弱英国主权、无视马尔维纳斯群岛岛民有权自主决定其未来的外交和解方案，但实际上玛格丽特对秘鲁和平方案的认可度要比当时她嘴上承认的高得多。玛格丽特之所以会认同秘鲁和平方案，部分是因为美国对其施加的压力；还有部分是因为她的朋友兼她的演讲稿撰写人休·托马斯教授一直为她提供的秘鲁秘密信息通道。

休·托马斯是拉美研究专家，著有许多关于古巴、墨西哥和西班牙内战的书。他与南美大陆联系频繁，与秘鲁总理曼努埃尔·乌略亚·埃利亚斯关系密切。4月和5月的大部分时间里，托马斯和乌略亚每天都互通电话。每次通话的重要信息都会由休·托马斯直接汇报给玛格丽特·撒切尔，然后托马斯再把玛格丽特的想法转告给秘鲁高层。

这个秘密渠道一直不为人知，但是美国方面却对此一清二楚。美国国务院对秘密渠道非常关注，特意派美国驻伦敦大使馆的公使艾德·斯特里特去和休·托马斯会谈。因为两人在社交场合对彼此都有所耳闻，所以托马斯对这次会谈并不感到意外，但是斯特里特问到他有关和曼努埃尔·乌略亚定期交谈的事时，却着实大吃一惊。"你怎么知道的？"托马斯问。"我们可是世界大国"，斯特里特回答。这番话传到玛格丽特·撒切尔那里后，她立即对休·托马斯说："以后打电话找我就打到契克斯别墅来。他们在那儿监听得没那么多。"[18]

如果美国果真利用休·托马斯窃听到英国首相和秘鲁总理之间的谈话，根本不会对两人的交谈产生这么大的兴趣。但是玛格丽特·撒切尔对待秘鲁方案的认真程度远比她在自己回忆录里承认的要多得多。

有趣的是，她居然有些认同所谓的马尔维纳斯群岛"阿根廷居民"这一概念。马尔维纳斯群岛的"阿根廷居民"可能和"海湾地区的英国居民"的概念有些相似，而"海湾地区的英国居民"是英国过去对阿曼的外交定位。由于马尔维纳斯群岛的"阿根廷居民"这一称谓对阿根廷自身的主权并无任何法律上的影响，所以阿根廷方面对此并不感兴趣。但这至少说明撒切尔首相愿意与阿根廷达成妥协。从休·托马斯和秘鲁总理夜间的电话会谈中（"有时能确切地听到电话里传来的响板声"*）[19]，玛格丽特逐渐清楚了阿根廷军政府的心态，这比她从自己的外交部能了解的情况要多得多。有一次她问托马斯，曼努埃尔·乌略亚为什么既对阿根廷军政府内部的情况一清二楚又有深刻的远见，托马斯回答说："首相阁下，您要知道秘鲁总理和每一个成功的秘鲁男人一样，都有一位阿根廷籍的第二任妻子。"

秘鲁渠道带来的更有趣的一件事发生在5月2日晚上。当晚曼努埃尔·乌略亚打电话给休·托马斯说，"贝尔格拉诺将军号"已经沉没了。托马斯闻讯立即打电话给玛格丽特·撒切尔（玛格丽特当时正在外面参加宴会，不在办公室），将船沉没的事汇报给玛格丽特的首席私人秘书。"你确定他是说船已经沉了吗？"克莱夫·惠特莫尔问。显然，唐宁街10号已经知道"贝尔格拉诺将军号"被皇家海军军舰"征服者"号的鱼雷击中的事情。但是"贝尔格拉诺将军号"巡洋舰沉没的最新消息居然来自于秘鲁，这说明秘密信息通道很有用。

由于玛格丽特·撒切尔使用更多的是传统外交方法，所以秘鲁和平方案逐渐给她带来了难题。她不仅遭里根总统施压，被迫同意了和平方案，而且外交大臣弗朗西斯·皮姆也于5月4日从纽约返回英国，再度发誓要力保平息冲突。皮姆推行的和平方案以仔细修改过的黑格方案为基础，而黑格方案早已被首相和战时内阁否决。

皮姆这次的黑格方案虽然只是做了细微调整，却得到了阿根廷在

---

　　* 响板是用于西班牙和拉丁美洲民族舞蹈的传统乐器。——译者注

拉美最亲密的盟友、秘鲁总统费尔南多·贝朗德的认可。

皮姆在5月4日战时内阁全体会议上提出黑格方案后，相比4月23日一口拒绝几乎相同方案来说，内阁这次的反应要积极得多。玛格丽特·撒切尔本人虽然依旧"对美国-秘鲁提案极其不满"[20]，但是投票表明，内阁22人中有20人支持继续和谈。玛格丽特只好极不情愿地向下院宣布，第二天政府将对秘鲁的提案做出"非常有建设性的回应"。[21] 政府官方报告里记录的玛格丽特的发言一点儿都不真实，因为她的话没有一点儿建设性的积极味道。此外，玛格丽特一改坚决不妥协的立场，表示愿意和谈后，工党左倾议员立即欢呼雀跃，这也令玛格丽特非常沮丧。接下来几个小时，首相的马尔维纳斯群岛战略计划到了紧要关头。

不过她的战略计划败局却因为布宜诺斯艾利斯军政府的刚愎自用得以转变。假如玛格丽特·撒切尔已经接受了秘鲁的和平方案，那她现在的处境就相当危险了，因为她可能不得不接受糟糕的和谈，这样就无法确保英国对马尔维纳斯群岛享有主权和管理权了。但幸运的是，阿根廷军政府以"谢菲尔德号"的沉没为筹码，提出更多的和谈要求。阿外交部部长尼卡诺·科斯塔·门德斯拒绝与秘鲁总统贝朗德达成和平协议，他转而大肆批评秘鲁方案里的细节问题，并希望能和美国达成更多的和谈条件。

弗朗西斯·皮姆在下院一场激烈的论战中心灰意懒地说，要不是因为阿根廷军政府执意不肯让步，双方早就"立即停火了"。他继续说道，"如果这一轮外交和谈努力已经结束……那么新一轮的外交和谈正在美国纽约进行"。[22] 此言一出，立即遭到在场后座议员的诘责刁难。

玛格丽特·撒切尔非常清楚，她自己顺利熬过了48小时的政治存亡关键期。她对弗朗西斯·皮姆几乎强逼自己遵循美国-秘鲁和平方案的行为愤怒不已。如果遵循了美国-秘鲁方案，就意味着英国对马尔维纳斯群岛行使主权的结束，一定程度上也意味着联合国将开始托管群岛，更意味着英国将违背长期治理马尔维纳斯群岛这块殖民地所一直奉行的最高原则，而不得不开始和阿根廷共同治理群岛。而她差一点就要签署文件被迫同意这么做了。

玛格丽特对自己的副手、政务次官伊恩·高非常信任，还经常向高讲述自己的担忧和愤怒。而高则向所有和自己关系较近、值得信任的后座议员透露了玛格丽特的担忧和愤怒。这群议员包括托尼·巴克、艾伦·克拉克、吉姆·斯派塞，还有我。也正因为如此，弗朗西斯·皮姆一提到纽约方面会继续进行外交上的努力时，台下议员纷纷抱怨，大叫"不行"。就算伊恩·高不这么跟别人说，议会里仍然有很大一部分人会认为，如果遵照秘鲁或者美国提出的条件达成和平方案，无疑意味着英国政府和首相的彻底溃败。

尽管如此，美国政府并没有放弃和谈努力。5月13日，罗纳德·里根致电玛格丽特·撒切尔，两人这次的交谈是美国总统和英国首相语气最刻薄的一次交谈。刚开始两人谈得还算不错，里根说他明白英国和阿根廷双方和谈的立场是有差别的。撒切尔语气坚决地告诉他，情况根本不是里根说的那样，接着她向里根详细解释了英国的立场。阐释细节从来不是里根的强项，所以他只好回答说，自己担心的是有传言说英国军队计划向阿根廷大陆发起进攻。结果他得到的回答是，传言是假的。接着他请求玛格丽特·撒切尔推迟军事打击行动，以使联合国有更多的时间安排和谈。但这样的请求对于玛格丽特来说实在太过分了。"阿根廷昨天刚刚袭击过我们的舰船，"她反驳道，"我们绝不会单单为了和谈推迟军事行动。"

里根的下一个策略是向玛格丽特评价说，国际舆论可能会把英阿对抗比喻成圣经故事里牧羊人大卫和巨人歌利亚之间的抗争，英国扮演的是巨人歌利亚的角色。"单就英阿之间相隔8000英里的距离来说，他这个比方就一点儿都不对。"玛格丽特反驳说。然后她开始抨击里根总统，质问他是否希望并愿意让美国受阿根廷那样的军政府的独裁统治。玛格丽特还严正声明，马尔维纳斯群岛许多居民在岛上居住时间相当长。她还向里根说明了马尔维纳斯群岛重要的战略意义，如果群岛被阿根廷占领，就等于巴拿马运河被关闭。

玛格丽特·撒切尔把这些交流称作"一次颇为吃力的谈话"。[23]

里根总统在日记里则轻描淡写地描述了这次谈话，"和玛格丽特交谈，但是我觉得自己没能说服她同意暂缓采取军事行动"。[24]

英国驻华盛顿大使尼古拉斯·亨德森爵士评价说："我看得出里根给她打电话时拼命想跟她辩驳，被她一将，就无话可说了。"[25]

尽管玛格丽特·撒切尔对和平提案已明确表态，阿根廷各方面的态度仍旧混乱不清。阿军政府共有54人，集团林立，彼此间经常有矛盾。各个集团都有自己的和谈代表。令黑格非常烦恼的是，联合国秘书长哈维尔·培雷兹·德奎利亚尔也提出了他设计的美国－秘鲁和谈方案，而美国驻联合国大使珍妮·柯克帕特里克则私下和阿根廷外交官会谈，商讨和平方案条款。和谈前各方观点不一，使得阿根廷军政府有机会不断和各方斡旋，拖延时间。

玛格丽特·撒切尔知道，剩余的时间已经不多，因为她深知南大西洋气候允许的登陆机会并不多。在战时内阁的支持下，玛格丽特下令同意军方于5月8日在马尔维纳斯群岛的圣卡洛斯湾登陆。特遣舰队余下的小分队则奉命从阿森松岛出发南行。5月12日，"伊丽莎白女王二世号"邮轮被军方征用，从朴次茅斯港出发，船上搭载了威尔士和苏格兰卫队共3000人，他们将向成功打头阵登岛建立海岸指挥部的海军和伞兵先锋部队增援。

借助这些提前很早采取的军事行动，加上5月21日登陆马尔维纳斯群岛成功（5月21日是南大西洋气候允许的几乎最晚的登陆时间），首相对那些想说服她做进一步外交让步的人越发不满。里根总统绝不是唯一一个在这个问题上受玛格丽特奚落的人。5月17日，在契克斯别墅的战时内阁会议上，玛格丽特和弗朗西斯·皮姆以及皮姆领导的负责起草阿根廷和谈方案最后通牒文件的外交部高级外交官团发生了激烈争吵。

这次内阁会议的激烈争吵充分反映出玛格丽特·撒切尔性格里最具攻击性的一面。她曾在不同的场合谴责过英国五位外交代表：安东尼·帕森斯爵士、尼古拉斯·亨德森爵士、迈克尔·帕利泽爵士、安东尼·阿克兰爵士和弗朗西斯·皮姆，批评他们"太窝囊，想出卖祖国，根本不顾英国的利益，不够坚决果断"。有一次，她问："外交部是不是根本没有原则底线可言？"不仅如此，玛格丽特还出言羞辱外交部，说虽然外交部"喜欢虚伪并和虚伪的人打交道，但我自己是个诚实的人"。[26]

此言一出，约翰·诺特立即反驳玛格丽特说她不够公正。玛格丽特则冲诺特大叫，说他粗鲁无礼，当场把他的声音压了下去。在场的很多人把这些粗暴的争吵形容为"一次相当恐怖的闲谈"，还有人高雅地称之为"撒切尔夫人与外交部的关键时刻"[27]，直接导致外交部最高长官辞职。"我一度觉得她当时的反应过激了，"安东尼·阿克兰回忆说，"我跟她说，'如果你真的想再找一个常务次官，那就这么做吧'。"一阵沉默后，首相让步了。"好吧，我不会再攻击外交部了。"她极不情愿地说。

阿克兰差点想说，"首相，我可不知道外交部免于被攻击能维持多久"，但是他还是忍住了，只说了句"非常谢谢您"。[28]这件小事充分说明，尽管记录显示外交部在整个马尔维纳斯群岛危机中一直力挺玛格丽特，但玛格丽特就是喜欢给外交部找碴儿。

有关这天在契克斯别墅发生的事情虽然有各种叙述版本，但都一致表明，好战的首相在努力打压力求息事宁人的外交部。不过事实并没这么简单。参加契克斯别墅会议的人都不相信阿根廷军政府会认同英国政府下的最后通牒。但是外交部的人想草拟出一份"确证无疑"的文件来证明——就像外交部一位官员一直说的那样——英国已经竭尽全力提出各种合理的方案尽量避免开战了。[29]但是玛格丽特·撒切尔把这种努力看成是浪费时间，甚至还会造成危险，带来新一轮争议，从而耽误特遣队在马尔维纳斯群岛登陆的时间。几天前玛格丽特在5月13日下院的辩论中坐在前座开会，她听到弗朗西斯·皮姆、特德·希思相继提议和阿根廷开展进一步和谈时，立刻面露愠色。

然而，这次下院的辩论会上首相也曾一度精神振奋过。当听到伊诺克·鲍威尔在二辩中请求议会慎重考虑马尔维纳斯群岛危机时，玛格丽特的肢体语言及频繁点头都说明她对鲍威尔观点完全认同。当初在4月3日的辩论会上，鲍威尔用他强有力的男高音宣称，接下来的几周内，大家将会明白到底是什么铸就了"铁娘子"，当时令很多人听了都不寒而栗。如今5月13日的这次辩论会上，他又攻击弗朗西斯·皮姆，隐晦地要求皮姆辞职，因为后者身为外交大臣所做的让步与特遣舰队出兵的原因完全背离。"如果有人对此有所怀疑的话……"鲍威尔继续用恐吓性的口吻说，"就请他们想象一下，特遣舰队穿过大西洋驶入朴次茅斯港口。那些负责派遣舰队，那些在舰队里工作的人会说'我们已经完成了出发时肩负的使命吗'？当然没有。"[30]

尽管玛格丽特·撒切尔对伊诺克·鲍威尔的观点有一些异议，但她还是非常赞同鲍威尔的这番话的。如果说玛格丽特对鲍威尔的观点有任何疑虑的话，那就是她能干的政务次官伊恩·高在1922年委员会周会前夕往往都会在委员会会议室的走廊里忙得团团转，原来他在忙着分发伊诺克第二个预警的文本。他边发边向大家说，"铁娘子已经将伊诺克的警告记在心上了"。[31]这件事再一次说明外交大臣已经上了首相的黑名单。皮姆在1922年委员会的日子自然也不好过。他在委员会大会上的发言受到冷落，在一片"绝不投降""绝不和解"的叫喊声中，皮姆只得匆匆离场，我也是大喊大叫的一员。几天后，伊恩·高悄悄找到我，用他特有的古怪的喃喃低语对我说："女王的首相特派我来向支持登陆塔奈特南岛的可敬的议员致谢，感谢他在1922年委员会给予的大力支持。"[32]

由于首相和外交大臣矛盾重重，在特遣舰队派兵登陆马尔维纳斯群岛一周前英国政府的立场一直比较模糊。但是，玛格丽特·撒切尔的脑子可一点儿都不模糊。在契克斯别墅会议上与自己的外交大臣发生正面冲突前两天，她在珀斯举行的英格兰保守党会议上发言，对参会的保守党员说，"如果我没能用最简单、最明了的语言警告你们——根本无法通过和谈解决问题——那我就没有尽到首相的责任"。[33]

玛格丽特这么做是正确的，因为阿根廷军政府果然不出意料地于5月19日拒绝英国提出的最后和谈通牒。寻求和平解决危机的努力终告结束。首相将这一消息通知下院，同时发布了白皮书，描述和谈失败的全过程。此外，玛格丽特还取消了和谈期间英国提出的所有让步。战争一触即发。[34]

回顾

议会能一致同意发布白皮书其实是因为玛格丽特·撒切尔用了策略。她从一开始就认定外交和谈绝不可能解决阿根廷侵占马尔维纳斯群岛的问题。想要坚持自己的观点，玛格丽特必须忍受来自美国、联合国以及她自己的外交大臣所施加的巨大压力。除了5月5日内阁投票表决是否和谈那天她的立场有些微动摇外，玛格丽特一直坚持着自己的观点。正是因为她拥有坚定的信心，才能不负她自己对马尔维纳斯群岛的岛民以及议会所做过的诺言。

很难想象还会有其他政治家能像玛格丽特这样，设立目标时能如此干脆利落，做出承诺后又能如此信守诺言。正是因为玛格丽特的个性和坚定的信念才能让她行事如此坚决。最欣赏玛格丽特这种坚决果断作风的当数那些即将上战场拼搏厮杀的男人们。

21

马尔维纳斯群岛战争之三：胜利

马尔维纳斯群岛之战

　　玛格丽特·撒切尔和军方的关系特别好。不知什么原因，和玛格丽特交好的军官不问级别，既有高级将领也有中级官兵，这一点是首相和其他政治家的区别。在战争年代，玛格丽特所特有的坚定决心和对"我们的男孩们"——她总是这么称呼那些士兵——的绝对支持，都极大地振奋了军队的士气。同时，玛格丽特从来不在事后对官兵的军事计划做任何品评，这是对军队的高级将领极大的鼓励。

　　5月18日，首相和战时内阁到国防部听取国防总参谋长的简要汇报，陈述他们对在圣卡洛斯海岸选取适当地点让特遣舰队的皇家海军陆战队和陆军伞兵团成功登陆的看法。英国政治家这才第一次明白，由于阿根廷空军将对此造成很大阻力，登陆的风险很大。不过就算首相因为担心登陆风险而心有畏缩，也绝不会表露出来。相反，她在会上提了很多问题，增加对战局的了解，但提问绝对不会质疑她强烈支持的战略计划。"她的提问里最关心的是要确保将伤亡人数降到最低"，内阁秘书罗伯特·阿姆斯特朗爵士回忆说。[1]

　　可是一旦战时内阁做出同意派出特遣舰队的决定并获得内阁成员一致认可，就意味着死亡的来临。5月21日这个既定登陆日期必须严格保密。21日当天英国国内举行各种活动掩护英军登陆。玛格丽特·撒切尔是芬奇利的议员，按行程安排她那天要参加几项选区的活动。她要出席一个仓库的开仓仪式，在仪式上接受别人献来的一束玫瑰花，要和当地居民代表会面商谈规划问题，还要在她的选区代理人的退休欢送会上发言。第二天，卡罗尔问母亲到底用了什么方法，在参加选区活动时居然能够让自己在媒体拍到的照片上显得那么从容不迫。"没错，我所有的心思都在南太平洋那里。我非常担心……登陆这事儿一切顺利至关重要，"卡罗尔的母亲回答说，"但是如果我不能正常工作

的话，人们就会认为出事了——我必须要跟平常一样。"²

玛格丽特·撒切尔一直保持勇敢的面貌，使自己看起来和平常一样。在去芬奇利的路上，她得到了一条早先来自登陆地点的坏消息，大受打击：两架羚羊直升机被击中，有三人死亡。玛格丽特虽然心情沉重，还是继续去参加了仓库的开仓仪式，仪式有皇家海军陆战队的一支乐队伴奏。她心里知道皇家海军陆战队正乘坐登陆艇靠近海岸，此时再听到陆战队的音乐，自然百感交集。待到离开时，玛格丽特尽管心中焦急，却只能努力不让眼泪夺眶而出。在选区稍后的活动即玛格丽特选区代理人的退休欢送会上，又传来了好消息：特遣部队已经成功登陆并在圣卡洛斯海岸建立了滩头阵地。"就是这个。我一整天等的就是这个。我们走吧！"玛格丽特·撒切尔精神振奋，大声说道。³她刚要转身准备走回唐宁街，突然又停下来向周围同样焦急等待的人群说："这些天我们一直在焦急等待，但是我们有一流的作战部队，每一个人都在支持着他们。我们打的是一场正义之战，所以祝愿我们的部队一帆风顺。"⁴

圣卡洛斯海岸的登陆行动比预计的要顺利些，共有4000名海军陆战队员和伞兵战士安全着陆。但是在圣卡洛斯湾，特遣舰队的战舰遭到阿根廷方面持续甚至是灾难性的攻击。英国的军官低估了阿根廷飞行员的勇气和效率，也高估了特遣舰队空防的火力和实力。天亮刚几个小时，皇家海军护卫舰"热情号"就被击沉，而另一艘皇家海军护卫舰"阿格诺号"和驱逐舰"智慧号"均遭严重损毁。在这次皇家海军自二战以来经历的最为激烈的战斗中，玛格丽特·撒切尔特意拜访了皇家海军位于诺斯伍德的舰队司令部。她在作战指挥部亲自聆听简报，直接了解到阿根廷军方"幻想号""天鹰号""普卡拉号"和"马基号"战斗机发动的猛烈攻击，这些战斗机以近乎坠机的超低高度飞越圣卡洛斯湾水面，向英国舰队投掷炸弹和导弹。

"我尽量让自己看起来信心十足"，她后来回忆说。其实玛格丽特言不由衷，她心里根本不相信被征作战舰、载有3000名官兵的"堪培拉号"能在一轮轮炸弹的密集轰炸中幸存下来。她知道，英阿双方这段时间其实势均力敌，战况将僵持不下。在离开诺斯伍德返回契克斯别墅的路上，首相把特遣部队的指挥官海军上将约翰·菲尔德豪斯爵士拉到一边。确信两人的谈话别人听不到后，玛格丽特才问菲尔德豪斯："这种僵局我们能熬多久？"[5]爵士的回答并无文字记录，但是他的回答既包含长期的焦虑，又似乎充满信心，认为阿根廷空军受英国鹞式战斗机和其所投射的由美国资助的响尾蛇导弹袭击，必将损失惨重。

尽管在契克斯别墅度过的周末和即将到来的新的一周充满了忧虑，但玛格丽特·撒切尔依旧坚持自己的原则，坚决不打电话到特遣部队位于诺斯伍德的总部询问最新战况。这种自制虽然值得敬佩，但也难免造成紧张气氛。周日晚上唐宁街10号楼上的公寓里只有首相的家人时，卡罗尔才问母亲这一天过得如何，玛格丽特的回答很痛苦："真希望我能知道战况，真希望我能知道战况啊。"丹尼斯听到后平静地说，"战争就是这样的"。[6]

圣卡洛斯湾成功登陆后的几天里首相最初收到的报告里都是些坏消息。5月25日星期二，玛格丽特正在下院办公室加班，约翰·诺特突然进来汇报说皇家海军驱逐舰"考文垂号"被阿根廷飞机的炸弹击中沉没，船上19名士兵失踪。

当天深夜，唐宁街10号当值的工作人员告诉玛格丽特，有18吨载重量的运输舰"大西洋使者号"被两枚飞鱼导弹击中沉没。玛格丽特·撒切尔知道，这艘运输舰上装有非常重要的军需品，包括19架鹞式战斗机、4架"奇努克"和7架"威塞克斯"直升机，对英国的军事行动有着重要意义。

玛格丽特因为"大西洋使者号"的损失急得一夜未眠，后来又听到阿根廷的无线电报说英国两艘航空母舰之一皇家海军军舰"无敌号"遭袭被毁，更是心急如焚。噩耗接二连三地传来，丹尼斯半夜被吵醒，却发现妻子正坐在床头泪如雨下。"天啊，不，不，又一艘船没了！我可怜的年轻人啊！"她呜呜咽咽地说。丹尼斯起来坐在玛格丽特身边，对她说："战争就是这样，亲爱的。我打过仗。我知道。"[7]

玛格丽特的儿子和丈夫都尽量安抚她。马克在母亲枕头下塞了字条，说，"妈妈，我很抱歉。爱你的小马"。随后马克附上儿时母亲要求自己背诵的诗人吉卜林的诗句：

> 付出昂贵清白的代价，一千年，
> 父辈的荣誉延续着。
> 我们也像他们一样做出同样的牺牲，
> 绝不欺骗我们的子孙。[8]

清晨来临，英军的牺牲并没有首相担心的那么严重。"无敌号"遭到袭击的无线电报被证实是假信息。而尽管"大西洋使者号"确已沉没，船上装载的鹞式战斗机早在两天前就安全飞走转移了。但6架"威塞克斯"和3架"奇努克"直升机以及供4500人使用的营帐，还有飞机跑道、飞机加油机均和"大西洋使者号"一起沉入了南大西洋海底，船长和船上11名水手丧生。这些损失对于正在穿越东福克兰岛向斯坦利港行进的皇家海军和伞兵的军备补给来说，绝对是个巨大打击。

在圣卡洛斯，先头部队已成功登陆，但部队继续向前推进仍需时日。战时的延误使得唐宁街10号非常沮丧。首相和总参谋长发生了战争爆发以来第一次也是唯一的一次争吵。战时内阁的一些成员公开表示对登陆部队的不满，认为他们过分谨慎，部队的指挥官在被征做运兵舰的"伊丽莎白女王二世号"上耽误太多时间，迟迟没有抵达登陆地点。"要是用贡多拉船的话，没准还能快一点儿登陆"，玛格丽特·撒切尔挖苦道。[9]

首相已经等得不耐烦了，所以开始恶语相讥。大规模登陆进攻开始后不久，海军上将卢因汇报说英军有机会击沉敌军的"五月二十五日号"航空母舰。"五月二十五日号"对特遣舰队造成了很大威胁，完全可以成为合法的袭击目标，但是该舰一直在阿根廷领海航行。玛格丽特·撒切尔支持袭击的建议，约翰·诺特却不同意。他回忆道：

> 我们吵得很厉害。我说我们肯定会在一个月内重夺群岛。但假如在"五月二十五日号"所属的领海将其击沉，必然会在国际社会引起轩然大波，激怒整个南美洲站起来反对英国。最后，我向战时内阁提出了自己的看法。我们唯一的一次重大分歧就是这件事。[10]

这次海军方面的争执虽然发生在伦敦，但是军方大胆地从先头部队的营地派出了"第二伞兵团"，并下令要攻克"达尔文"和"绿鹅"这两个地方，从而开启了登陆之战。其实早在"第二伞兵团"真正展开袭击前，BBC已在名为"全球服务"的广播节目里提前报道了英军将袭击"绿鹅"的消息，令玛格丽特·撒切尔大为恼火。可能正是因为军事行动提前遭泄密，英军的伤亡远比预计的要惨重得多。这次战役中阵亡的包括了英军营长H. 琼斯上校，攻克"绿鹅"后他被追认授予"维多利亚十字勋章"。据说，除了皇家海军军舰"谢菲尔德号"沉没外，只有琼斯上校阵亡这种损失才能令玛格丽特·撒切尔如此扼腕痛惜了。[11]

5月31日，美国白宫副国家安全顾问约翰·波因德克斯特海军上将致电罗伯特·阿姆斯特朗，请求美国总统里根能和英国首相撒切尔夫人开展电话会谈。因为安排匆忙，内阁秘书和首相对会谈的具体内容都全然不知。不过玛格丽特·撒切尔也许能从英国驻华盛顿大使馆那里了解到里根很可能会在谈话中建议英国停火。

电话会谈一开始里根总统就很热情，首先祝贺首相向世界充分说明无端的侵犯行为必定没有好下场，接着他问道："你们下面打算怎么办？"

接下来玛格丽特独自讲了10分钟,回答里根的问题。等到她终于停下来喘气休息时,里根开口问了一个有关军事形势的深切问题,他得到的又是一大段回答。这回,里根把电话听筒递到总统办公室他的工作人员耳边,用手捂着话筒,并笑着说:"她是不是很厉害?"[12]

最终,里根终于找到机会,花了些时间向玛格丽特暗示他打电话的用意。他说他想和玛格丽特分享"我们对于如何采取外交手段充分利用你们已有胜利的一些想法"。里根似乎在暗示,美国可以派遣联络小组负责为英阿两国调解。"我认为通过我们的努力来表明我们仍然希望找到解决问题的方法……这将会极大打击南美那些积极想恶化这次危机的左倾主义者。我现在就在考虑和解的方案……"

首相的反应很冷淡,一口拒绝考虑施行进一步的外交手段。里根总统还没来得及解释自己的和解方案,就被玛格丽特打断了。"这场战争关乎民主问题,而且我们是在保卫英国自己的岛屿。"她大声说道,"并且就保护民主来说,最糟糕的事情就是我们现在打输了。"

"没错……"里根还没来得及说话就被打断了。

"罗恩*,我绝不会投降的,"玛格丽特·撒切尔大声说,"我现在绝对不会拱手让出马尔维纳斯群岛。我绝不会让我们的将士白白牺牲生命,最后把群岛交给所谓的联络(小组)。绝不可能。"

"玛格丽特,我还是觉得这个提议的某些部分……"

"罗恩,你现在肯定不是在问我——在我们失去了如此多优秀的年轻人之后,你现在肯定也不是在说——在阿根廷撤兵之后,我们英国军队、我们英国政府是不是就应该立刻懒散懈怠停止前进了?我必须要调动半个国家的人越过千山万水去往群岛。我必须要有所行动。"

"玛格丽特,我……"

"我不知道贵国是否有人明白这一点。我想问他们一个问题:假如阿拉斯加被侵占,现在你必须要把所有的人派往那里重新夺回阿拉

★ 罗纳德·里根的昵称。——译者注

斯加，结果却有人跟你说有个联络小组想建议和谈……你绝对不会答应和谈的！"

"不是的，不是的，玛格丽特，我想说，我认为你刚才假设的阿拉斯加的情况和马尔维纳斯群岛的现状不一样。"

"差不多吧。"玛格丽特立即反唇相讥。

"嗯，那个……那个，玛格丽特，我知道我干涉了你们的内政，我也明白怎样去……"[13]

挂电话时，美国总统显然已经被玛格丽特·撒切尔强硬的态度搞得哑口无言，毫无还嘴之力。"挂电话时他听上去比吉米·卡特还要懦弱"（卡特是第39任美国总统）[14]，一直在旁边听里根打电话的美国国家安全委员会助理吉姆·伦奇勒如是评价说。里根没来得及发表演讲，所以电话那头唐宁街10号的听众根本没听明白美国的建议到底是什么。内阁秘书罗伯特·阿姆斯特朗晚些时候向美国副国家安全顾问、海军上将波因德克斯特询问里根打电话的真正用意，波因德克斯特微微一笑，说："嗯，我们再不会那样！你知道，我们想向英国传达一则你们不会同意的消息，正因为知道你们不会同意，所以我们认为还是由我们总统亲自跟你们首相说比较好。可惜的是，里根总统根本没找到机会插嘴啊！"[15]

而电话这头，玛格丽特·撒切尔一放下电话就大发雷霆。她立即致电英国驻华盛顿大使尼古拉斯·亨德森爵士，斥责他事先没有提醒自己里根电话会谈可能会提到的内容。玛格丽特在电话里对里根总统心怀愤慨，反复抱怨说自己被"他的态度弄得心灰意懒""非常焦虑"。

"我们已经牺牲了很多战士的生命，这些战士都是最优秀的人才，"玛格丽特·撒切尔反驳说，"难道美国人没弄明白马尔维纳斯群岛问题是一个原则性问题吗？我们绝不能为了图省事就随便出卖自己的底线原则。"最后，她把里根总统的电话指责为"纯粹的黑格主义"。[16]

事实上，那段时间美国在马尔维纳斯群岛问题上对英国的态度根本是暧昧不明。准确地说，当时美国的态度更有点接近《鸭子汤》这部马克斯兄弟的电影*，后来这个短语被亚历山大·黑格用来形容马尔维纳斯群岛上混乱的军事状况，这个词用来形容当时华盛顿方面暧昧不清的态度也很合适。

亲英派卡斯珀·温伯格领导的美国国防部格外扶持英国空军部队，中央情报局也向英国提供了有关阿根廷的非常有价值的情报。然而，美国外交政策的主要制定者亚历山大·黑格、珍妮·柯克帕特里克和国家安全顾问威廉·P. 克拉克三人之间长期以来互相敌视、误解，还是导致了位于雾谷的美国国务院大院里雾气弥漫。这三人之间的争议变得越来越激烈。按计划，撒切尔夫人和里根在这次根本没有对话交流的电话会谈结束后，两人将在凡尔赛举行的西方七国首脑会议上再次相遇。首相早已做好与里根总统碰面的准备，她对尼古拉斯·亨德森爵士说，这回她和里根总统交谈一定会很讲道理，"假如我能随自己高兴的话"。[17]她的确说到做到了。

去凡尔赛见美国总统前，玛格丽特·撒切尔最后一次尝试和阿根廷总统沟通。6月2日搭飞机飞往巴黎参加西方七国首脑会议当天，玛格丽特亲手草拟了一份给加尔铁里将军的电报：

> 我之所以现在给你发这封私人信件是因为我想确定你已充分了解你的国家、政府以及你自己目前所处的局势和可有的选择。
>
> 马尔维纳斯群岛（马岛）这场决定性的战争即将开战。你自己打过仗，心里肯定也对这场战争的结果一清二楚。要不了几天，英国国旗就会再度飘扬在斯坦利港上空。同样也要不了几天，你和我都将看到伤亡名单。对我来说，即便看到伤亡名单心有悲痛，

---

* Duck Soup：中译《鸭子汤》。电影讲述了在一个叫作"自由之国"的国家，一个无厘头元首的故事。是马克斯兄弟对20世纪30年代大萧条时期社会和政治的嘲讽，历届好莱坞百部佳片排行榜均榜上有名。——编者注

我依旧会觉得安慰,因为我知道这些人是为了自由、公正和法律捐躯。但是对你来说,伤亡名单意味着什么呢?只有你能够回答这个问题。[18]

一些未知的原因,使这封雄辩的电报草稿并没有发出。即便电报真的发出去了,首相明辨是非的说理也绝不可能得到布宜诺斯艾利斯混乱的领导层同样明辨是非的回应。同样,美国领导层对马尔维纳斯群岛问题的看法是否会和玛格丽特向加尔铁里将军清楚说明的一样,认为这完全是一场正义之战,也一样不甚清楚。

6月3日,玛格丽特·撒切尔和罗纳德·里根在美国驻法国大使位于圣奥诺雷郊区街的住处会面,两人这次单独会面没有其他任何官员和记录员在场。这次会晤产生的最重要影响是,里根逐渐认识到英国根本不会停火,更不可能在重新夺回斯坦利港之前同意和谈解决马尔维纳斯群岛问题。于是里根总统再次表态支持首相的决定,这极大地刺激了亚历山大·黑格。据说他得知消息后勃然大怒,并扬言要辞职。

然而这并不是美国国务卿在巴黎遇到的唯一一个难题。联合国方面,巴拿马和西班牙在6月初提出一项决议要求英国立即对马尔维纳斯群岛停火。该决议于6月4日周五举行投票表决,英国投了否决票,美国也是。但是刚一投完票,美国驻联合国大使珍妮·柯克帕特里克就说自己投错了票。原来身在巴黎的亚历山大·黑格临时改变主意,决定投弃权票。面对联合国满腹狐疑的记者,柯克帕特里克女士只好解释说,黑格的指示传到她那里时已经太迟了,"你们搞不懂?我也搞不懂啊",有文件记录她是这么说的。[19]

凡尔赛宫午宴前,新闻记者向坐在玛格丽特·撒切尔身边的里根总统提问,询问他美国为何在联合国投票时态度突变,里根的反应使得美国先前在联合国不合时宜的举动看上去更糟糕了。那时身在纽约的珍妮·柯克帕特里克尚未向里根汇报联合国发生的投票转变,所以里根给出了一个很差劲的答案，"你所说之事我尚未听闻"。玛格丽特·撒切尔对里根总统的消息滞后大吃一惊。当记者转而向她提问时，她巧妙地避开回答这个无法解释的问题。"午餐期间不接受访问"，她冠冕堂皇地回答道，听上去好像在遵守基本的社交礼仪。[20]

不论如何，玛格丽特心里有更紧急的军事问题需要考虑。坚决抵挡住来自美国、西方七国，还有联合国要求停火的压力后，玛格丽特正在等待英军发起最后的袭击，重新夺回斯坦利港和马尔维纳斯群岛。

胜利

英军在马尔维纳斯群岛上经过激烈的战斗后，总算实现了军事目标。战争到了最后一周时，玛格丽特·撒切尔只能依靠收音机了解前线的战况，因为她早有决定，战争结束前绝不会打电话到诺斯伍德舰队司令部打听消息。

收音机里传来了一些悲惨的消息。载有部队将士和军需品的登陆舰"加拉哈德爵士号"被阿根廷的"天鹰战斗机"击中，船上51名将士（其中大多数人来自威尔士卫队）死亡，46名将士受伤，多为严重烧伤。首相得知"加拉哈德爵士号"遇难时正忙于接待到英国访问的里根总统。里根访英的活动主要包括：和英女王一同在温莎古堡骑马以及为英国上下两院做一次演讲。活动隆重而顺利地进行着，但是英美两国在马尔维纳斯群岛外交上的争议致使两国的"特殊关系"出现了裂痕，弄得里根总统和撒切尔首相后来花了很大力气去修补。*

里根离开后，玛格丽特·撒切尔主持了战时内阁的最后一次会议，那时正值6月11日英军向斯坦利港发动最后一次袭击前夕。具体的袭击时间和方法等军事决策由海军陆战队指挥官杰里米·摩尔少将全权制定。战争胜利第二天，首相身着黑色服装，冒雨检阅皇家骑兵卫队。"要

★ 参见第25章。

哀悼的事太多了",玛格丽特想到最新的战争伤亡人数,心事沉沉,不由得说道。[21]

阅兵式结束后,玛格丽特亲自为自己首相府私人员工的大约30名子女举办了午宴。除了这些孩子的父母外,参加午宴的只有很少几名成人,包括约翰·诺特和被免职的马尔维纳斯群岛总督雷克斯·亨特。诺特问女主人准备午宴的人是谁。"哦,是我,"首相回答说,"为了准备这顿饭,我昨晚很晚才睡。"[22]即便是在战争时期,玛格丽特·撒切尔仍然不忘留出精力热情款待照顾她的私人员工和员工的家人们。

当天下午晚些时候,玛格丽特驱车前往诺斯伍德聆听斯坦利港的早期战况汇报。她得知,英军最初虽然遇到强烈抵抗,但很快便扭转战局,实现了所有的军事目标。第二天早上,阿根廷军队大规模撤退。6月14日周一战时内阁开会时,众大臣都对敌方溃败的速度吃惊不已。阿根廷战败已成定局。玛格丽特·撒切尔在未来几个小时要考虑的是,到底应在什么时间以何种方式宣布英军胜利的消息。

鉴于马尔维纳斯群岛战争实际始于下院,而且关于战争的大多数重要决定都在下院做出,所以玛格丽特决定在同样的地方宣布胜利的消息。为确保能给大家带来惊喜,她还下令,宣布消息的这一天必须对马尔维纳斯群岛当天的一切军事消息严格保密。

尽管最后的投降协定还没有在斯坦利港正式签署,6月14日晚9点30分首相仍然早早来到威斯敏斯特宫,为即将在下院发表的临时公告做准备。因为没人知道玛格丽特要来,她到办公室门口发现门还是锁的,只得在门前的走廊尴尬地晃悠,等保守党首席党鞭助理默多·麦克莱恩找来备用钥匙开门。

一进办公室,玛格丽特立即拟好发言讲稿。稿子开头就是:"议长先生,按照规程。"因为根据下院一直以来的规则,只有这样讲,玛格丽特才能打断下院的正常程序。下院一般晚上10点休会,根本没人想到首相会在这时突然要求讲话。当晚很多议员正准备开车回家睡觉之际,议会督导传话说，下院投票结束后有一场关于马尔维纳斯群岛的讲话。"讲话的主题是什么？"大厅里的议员都在问。虽然大家都知道战况不错，但大多数议员还是认为战争得打上好几天才能最后攻下群岛。

晚上10点12分，玛格丽特·撒切尔从前座起身，对大家说：

> 发言人先生，按照规程，是否可以允许我向下院汇报马尔维纳斯群岛战役的最新消息？继昨晚袭击成功后，摩尔少将决定乘胜追击。阿根廷战败撤退，我军继续前进至斯坦利港外围。斯坦利港的阿根廷士兵纷纷缴械，并在港口升白旗投降。我军已得到指令，除自卫外，一律不得对阿方开火。目前，阿根廷梅南德兹少将和我军副指挥官沃特斯陆军准将正就驻扎在东、西福克兰岛的阿根廷军队投降问题进行商谈。明天我将向下院做进一步汇报。[23]

台下立即响起惊叹之声，接着大家情不自禁地欢呼起来，不停地挥舞拍打着手里的议事程序表。开始，热情沸腾的似乎主要是保守党议员。但反对党领袖迈克尔·富特很快带领大家一起庆祝起来，他还大方地称赞英军说，"如果可以，我想祝贺夫人阁下"。[24]

不久之前下院各派还在为英国的马尔维纳斯群岛之辱激烈争吵，结果短短72天后整个下院居然同声庆贺马岛大捷，这真是下院历史性的时刻。欢呼声一波接着一波，大家既吃惊又放松，同时也打心底里觉得开心。

不一会儿，我们高兴得有些失控，都跌跌撞撞地走出下院。出门时我正好看见艾伦·克拉克，于是拍拍他的后背，祝贺他在这次危机中发表了很多振奋人心的演讲。"不要吹捧我啦，"他说，"我们还是看看能不能给首相夫人来个祝贺吧。"于是我们穿过赞成投票厅径直走到演讲人座椅背后，玛格丽特·撒切尔正被一群大臣围得水泄不通："说得好，说得好，说得好！"我只好在离她三码远的地方冲她大喊，首相笑容灿烂。

艾伦·克拉克更厉害，他的夸赞要露骨得多，甚至有些狂热。"首相阁下，只有您才会这么做，"他说，"您一定会名垂青史。"说完，他上身倾斜，膝部微微前倾，做了一个既像鞠躬又像跪拜的动作。

"要是你那会儿穿了斗篷，肯定就当着她的面把斗篷扔到地上了。"我后来取笑他说。[25]克拉克终于找准了奉承玛格丽特的时机。他的言行充分体现了下院以及整个英国当时的感受。欢庆的氛围仍在首相下院办公室蔓延着。除罗伯特·阿姆斯特朗、安东尼·阿克兰和海军上将卢因外，战时内阁的主要大臣都聚在玛格丽特的办公室里。丹尼斯·撒切尔给大家斟满欢庆的香槟。威利·怀特洛提议大家一起干杯。"玛格丽特，我不想做任何发言，但我很想向你表示祝贺，"他说道，"我认为国内任何一位政治家都绝不可能像你一样有勇气冒这个险并取得成功。"[26]首相听后激动得说不出话来。她热泪盈眶，也许是喜悦的眼泪，但可以肯定的是这眼泪中一定夹杂了如释重负后的轻松。马尔维纳斯群岛战争虽然终于打赢了，但是正如威灵顿公爵评价滑铁卢战争所说，"这是一次险胜"。[27]

回顾

马尔维纳斯群岛战争将成为玛格丽特·撒切尔巅峰时刻的标志。她对宪政条例的严格遵守，为挽回英国荣誉所做的不懈努力，以及伟大的勇气，都无愧于她受到的称赞。

玛格丽特在马尔维纳斯群岛战争期间的宪政安排非常完美。虽然她在首相生涯后期有时会被人指责欺压内阁、不尊重议会，甚至施行"选举制专政"*，但这些批评都绝不适用于玛格丽特在马尔维纳斯群岛

---

* 该词由黑尔什姆勋爵发明，最初用于形容英国政府内某个党派占绝大多数的情况，后来用于形容玛格丽特在第二、三次连任首相时的执政风格。

战争中的表现。她在战争期间树立了政府管理的正确形式。战时内阁成员虽然不多，但每有决议，都一定举行全体成员会议，按照少数服从多数的原则做决定。此外，政府管理和军方管理也融洽并行。总参谋长的意见政府基本都会采纳，而军方也会认真向议会汇报战况。

玛格丽特·撒切尔指挥马尔维纳斯群岛战争时严格遵守宪政条例的行事方法和后来托尼·布莱尔广遭诟病的"沙发政治"形成强烈对比——21年后，布莱尔被指在伊拉克战争期间操控个别内阁大臣。

马尔维纳斯群岛战争从一开始就是在议会和公众的广泛许可下才进行的。玛格丽特·撒切尔不仅让大家感觉战争获得了议会和公众的许可，并且还让大家凭直觉认为战争关乎英国的荣誉。英军特遣舰队一出发，玛格丽特和英国几乎所有的高层政治家就都意识到，英军只有用武力攻下群岛，才可以起航回国。她对远在布宜诺斯艾利斯的阿根廷军政府心思的了解远胜于美国人、联合国官员和英国的外交家。这些人都一厢情愿地认为，只要讲道理，只要愿意和解，问题都能解决。只有玛格丽特清楚，这些愿望根本不可能实现。

尽管我们的英国首相深谙其理，但想对一群心怀好意却行事混乱的和平倡导者——尤其是黑格、皮姆，还有各种和平调解组织——大声说"不"仍然需要巨大的勇气。

如果玛格丽特坚定的外交政策令人惊叹，那是因为她心甘情愿地承担了军事行动可能带来的风险。假使英军有任何一艘航母沉没，整个军事行动就会被认为失败，那么玛格丽特的坚决也会被指责为鲁莽轻率。

玛格丽特的坚决中所包含的勇气是不是只有女人才能展现出来呢？她的国防大臣约翰·诺特的答案是肯定的。

> 这绝对是一场女人指挥的战争。玛格丽特·撒切尔身上丝毫没有男性的犹豫不决。她下定决心要把马尔维纳斯群岛夺回来，为国

家蒙受的耻辱复仇。我觉得要是之前几任男首相——麦克米伦、希思、卡拉汉——遇到这种情况,都会想寻求和解。但玛格丽特只是装出想和解的样子。她陪着黑格一起玩黑格组织的外交游戏,因为想要赢得战争她必须让别人看到自己做了外交方面的努力。但是一旦战势紧张,玛格丽特就不再想跨越8000英里的距离做外交表演了。她拒绝和谈绝对是她的天性和她的女性特色使然。[28]

首相的天性里也有母性的一面。战争期间每每收到伤亡消息,玛格丽特都会泪流满面,展现出母亲的温柔。每次开战前,她都会"非常担心有士兵死亡,她知道死亡在所难免,"塞西尔·帕金森回忆说,"她最关注的是,伤亡人数必须控制在最小范围。"[29]这个想法她跟军方说明以后,再没有改变过。

决定战争胜利的最后一个因素是玛格丽特的勇气。但是玛格丽特的勇气到底得益于公狮子还是母狮子的胆量,众说纷纭。威利·怀特洛在胜利当晚说,只有玛格丽特才能赢得战争。这场战争的胜利使得玛格丽特改变了整个英国的情绪,改变了政治版图,也让她名垂青史。

马尔维纳斯群岛战争无疑是玛格丽特·撒切尔人生的转折点。

22
马尔维纳斯群岛战争之后

政治版图变化

玛格丽特·撒切尔能从马尔维纳斯群岛战争中获得的政治回报是巨大的。但是她行事非常谨慎,并没有急着获取回报。当时距离1979年内阁政府届满还有两年的时间,玛格丽特却并没有像外界推测的那样提前搞"卡其大选"。[1] 她奉行的是一种更隐秘的政治机会主义,所以充分利用了大家对她强烈个人魅力日渐热切的关注。

"铁娘子"和"绝不改变的女人"这两个典型形象刚问世时,并没有得到广泛认同。但马岛战争之后,这两者不仅广为大家接受,而且还演变成两个极端。

第一个持这种观点的人是伊诺克·鲍威尔。他在6月17日的首相答问环节站起来,援引马尔维纳斯群岛战争初期一次重要的议会辩论上自己用过的有关冶金的比喻,提醒下院说,他老早就预言马尔维纳斯群岛危机一定会帮忙验证"铁娘子"到底是什么金属做成的。鲍威尔教授故作正经地宣布自己的实验结果:"结果表明,实验使用的物质为高质量铁类金属,具有很好的拉伸强度,非常抗摔耐磨耐压,可有效地用于处理国内的一切事务。"* 玛格丽特·撒切尔听到鲍威尔的称赞,禁不住笑起来。"非常感谢阁下的称赞。我完全同意这个说法。"玛格丽特回答说。[2]

很快玛格丽特就把自己在南大西洋表现出来的坚决和解决国内急迫的经济、工业、政治问题所需要的坚决关联了起来。

1982年夏天是庆祝马尔维纳斯群岛战争胜利的狂欢季节。特遣舰队的巨大航母一艘接一艘地返回祖国——皇家海军军舰"无敌号""竞

---

* 伊恩·高把伊诺克·鲍威尔对首相在马尔维纳斯群岛危机期间表现出来的金属属性这两段话装裱起来。首相非常喜欢这两段话,将它们挂在唐宁街10号她书房的墙上。

技神号""无惧号""无畏号""堪培拉号"——朴次茅斯港和普利茅斯港欢迎舰船的人群情绪激昂。我清楚记得电视新闻里的一幅画面：一位健壮的皇家海军陆战队战士从"无惧号"上岸后，拥抱着妻子，一边不断说"这是全世界最好的国家！"[3]一边泪流满面。是玛格丽特·撒切尔赋予了大家如此强烈的民族自豪感。战争结束不久，玛格丽特在切尔滕纳姆赛马场发表的一次演讲中提到了刚刚结束的马岛战争和国内即将面临的危机之间的关联：

> 我们不再是一个只会退缩的国家。我们已经树立了新的信心——这信心源自国内的经济复苏，以及在8000英里以外顺利通过考验，确证无误……我们很高兴地看到，在过去的岁月里一直激励着英国的这种自信如今再度复苏，一如既往热烈耀眼。[4]

表面看来，玛格丽特在马岛战争结束的几周里似乎非常兴奋，但内心里她疲惫不堪。可能因为在战争进行的72天里玛格丽特一直生活在高压之下，夜不能寐，如今终于累垮了。她向身边的好友和家人坦白了这一点。

对于马岛战争后出现的一些非议，玛格丽特也变得易怒起来。她对BBC心怀怨恨，因为BBC发表了"不爱国"（BBC自己说是"公平"）的报道；她觉得自己被议员塔姆·达利埃尔羞辱，因为达利埃尔暗示是玛格丽特亲自下令击沉"贝尔格拉诺将军号"从而阻止了秘鲁和谈；她也对坎特伯雷大主教罗伯特·朗西博士恼恨不已，因为大主教居然在圣保罗大教堂举行的马尔维纳斯群岛追悼会上为阿根廷的死者祈祷。

此外，玛格丽特也为自己被迫批准设立由弗兰克斯勋爵担任主席的高级枢密院委员会感到伤心失望，因为委员会旨在对马岛战争前英政府处理马岛危机的方法展开调查。六个月后，弗兰克斯调查得出结论：英国战前根本不可能预料到群岛会遭侵占，也绝不可能提前采取任何措施预防群岛被占,因为阿根廷方面也是很晚才做出侵占群岛的决定的。尽管这种免罪声明被一些批评家认为是刻意掩盖真相,但声明圆滑老道,不失为政治上的明智之举:因为国内民众对这次出色的战争深表感激,而弗兰克斯的委员会却故意和大家唱反调。尽管有证据表明战前的确存在政治和情报方面的判断失误,但没有任何一项指责是针对首相的。玛格丽特·撒切尔在马尔维纳斯群岛战争中结交的好运还在持续。

到了7月底议会休会期间,玛格丽特的呼声就更高了。但是玛格丽特非常需要好好休息,所以她跑到瑞士阿尔卑斯山格洛弗女士*的古堡里休息了10天。从瑞士回来后,首相住进了位于布赖恩斯顿广场的菲茨罗伊·纳菲尔德医院,准备静脉曲张手术。手术那天她彻底放松了一回,唯一一次在唐宁街10号穿裤子而不是裙子。她的全科医生约翰·亨德森跟记者说,自己"完全被撒切尔夫人恢复的方式惊呆了。她表现得好像什么事都没有发生过……她就是不允许自己生病"。[5]

事实上,玛格丽特只允许自己参加政治角逐。接下来的几个月,她的地位迅速上升,变成一个既有"威严"又"无法指摘"的人。光靠把自己裹在米字旗里绝对不可能达成这样的效果。对于自己指挥战争获得胜利一事,玛格丽特谨言慎行。她在10月份举行的保守党年会上发言时只在结尾处用寥寥几句话将马尔维纳斯群岛战争匆匆带过。相反,她更加注重打造自己的温柔形象。

这项战略行动由提姆·贝尔提出,旨在中和玛格丽特已有的"女王战士"的硬朗形象。于是突然之间,各种女性杂志和小报的女性版上都登满了首相的专访,重点突出玛格丽特女性温柔的一面——她的发型,她最爱的食谱,她的服饰,她做母亲的感受,她喜欢什么样的小说,

---

* 玛格丽特·埃莉诺·格洛弗,道格拉斯·格洛弗爵士(1908—1982)的妻子和女继承人,1953—1970年任奥姆斯柯克保守党议员。唐宁街10号的私人办公室称她为"寡妇格洛弗"。她从第一任丈夫那里继承了瑞士占地面积为2000英亩的弗罗伊登贝格宫。弗罗伊登贝格宫后来成为玛格丽特·撒切尔最喜欢的度假地。

喜欢什么样的电视剧集。《时尚》《女性》《妇女界》《太阳报》《周日人民报》和《世界新闻报》的读者可能对这些报道深信不疑。但是熟知玛格丽特·撒切尔的人看到报道里玛格丽特说自己看电视剧、读很多小说、最喜欢在厨房和花园忙活,都会疑窦丛生。

这种魅力攻势也扩展到了广播电视界。玛格丽特上过ITV(独立电视公司)和BBC(英国广播公司)的儿童节目。她还在吉米·萨维尔主持的"吉米来搞定"节目中担任特邀嘉宾,一举创下收视率新高。玛格丽特在节目里经常回忆马尔维纳斯群岛战争,她在"赞颂之歌"节目制作的11月11日阵亡将士纪念日特辑中回顾了"绿鹅"战役中阵亡的将士,并挑选了她最喜欢的一首纪念赞美诗在节目中播出:

哦,可爱的勇士光荣向你走来
穿过战争的尘土和炮火[6]

1983年1月,玛格丽特第一次去马尔维纳斯群岛访问时,还在电视镜头前回顾了马岛战争的往事。玛格丽特此行的主要活动包括:参观战场和阵亡将士墓地,会见参战军人,参加岛民举行的感谢宴会。马岛之行当然不乏有趣之处,比如玛格丽特离开马岛那天坚持要早上5点起床,并提出要求,"我还没看到企鹅呢。走之前我必须要去看看企鹅"[7]。她充沛的精力把包括丹尼斯在内的所有人都耗得筋疲力尽。丹尼斯有一次想阻止玛格丽特检查废弃的子弹盒,他说:"看在上帝的分儿上,女士,千万不要把子弹拿出来一个个数啊!"[8]

如果说玛格丽特政治生活以外的个人形象还需要精心打磨的话,BBC于1983年3月发布的纪录片《唐宁街10号的女人》恰好实现了这个目标。这部纪录片模仿数年前杰姬·肯尼迪(即杰奎琳·肯尼迪)介绍白宫的电视节目,让首相亲自介绍唐宁街10号。首相在片中带领大家参观了唐宁街10号,片中负责采访的彬彬有礼的记者则是玛格丽特最青睐的精神导师、人类学家劳伦斯·凡·德·普斯特，他是玛格丽特在福拉德街切尔西公寓时的邻居。普斯特在片中让玛格丽特自由发挥，谈论她最喜欢的画、瓷器和前辈人物。

玛格丽特抓住了这次机会。"我常常想到威灵顿公爵，因为我为那些在马岛战争中阵亡的人感到非常难过"，她指着这位滑铁卢战争胜利者的一幅肖像说道。"伟大的索尔兹伯里勋爵任首相共13年"，这是她对唐宁街10号墙上挂的另一幅画像的评价。接着，玛格丽特坐在内阁会议室的椅子上，用手指着罗伯特·沃波尔爵士的画像说："他在这里工作了21年，真是我们极大的荣幸。"[9]

纪录片传达出来的比较明显的一个信息是，玛格丽特·撒切尔把自己也融入了英国的军事、政治历史中。她将会和沃波尔、威灵顿、索尔兹伯里，还有丘吉尔一样，在唐宁街10号待上很长一段时间。

选民也早已清楚这一点。然而在马尔维纳斯群岛战争前，玛格丽特却被列为英国选举制度建立以来最不受欢迎的首相。工党和社会民主党的得票遥遥领先于她所在的保守党，1982年3月的议会补选中他们在保守党的优势选区一举击败了保守党。这样一来，玛格丽特连任首相的希望就很渺茫了。可是一年后，玛格丽特在政坛的形象又高大了起来。选民投票的结果可以证明这一点，公众也认同这一点。玛格丽特的成功并不完全因为马尔维纳斯群岛，事实上她在选民关心的其他两个战场也打了胜仗——经济和工会两方面。

经济和工会

早在马尔维纳斯群岛战争之前英国国内经济就已经动荡不安了。杰弗里·豪爵士于1981年制定的大胆的财政预算已经开始奏效。通货膨胀这个最令人担忧的英国病症状正逐渐治愈。到1982年年底，核心通货膨胀率下跌了5个百分点。20世纪70年代，零售物价指数一直在

8%~24%之间波动，导致人们对物价上涨感到恐慌；相比之下，如今这个稳定的数值让大家备感宽慰。与此同时，银行利率下降了，而上班族的生活水平也慢慢提高，因此人们认为玛格丽特·撒切尔的经济政策至少正在逐步兑现她曾经的许诺。

一直没有得到解决的是失业率下降问题。1982年8月，失业人数一下上升到330万。要在以前，如此庞大的失业人数绝对会让政府在大选中惨败。政府内部的资深政治家也为此忧心忡忡。马尔维纳斯群岛战争结束后，有人开始预测玛格丽特·撒切尔会连任，但是首相忠心耿耿的副手威利·怀特洛却告诫她："以前可没有哪位首相手上有300万人失业还能大选获胜的。"[10] 但是1981年9月加入内阁任就业大臣的诺曼·特比特却比较乐观，他劝首相说，失业人数已趋于平稳，而且公众对失业原因的看法正在改变。特比特说的两点都有一定道理。

公众对于失业看法的大幅改变得益于玛格丽特·撒切尔独特的领导风格。20世纪五六十年代和70年代的政坛，人们总是习惯于将失业问题全部归咎于政府。玛格丽特用说教的方式，把难以接受的事实告诉给了大众，即人们之所以失业是因为国际化竞争、人员富余、管理不善，尤其是工会彼此的恶战。久而久之，大众开始相信玛格丽特的话。大部分选民结合自己的日常生活思考后，终于不甘地认同了玛格丽特的观点。于是失业率问题成了夜里不会叫的狗——不再碍事了。

玛格丽特·撒切尔在国内最大的胜仗主要是和工会的斗争。工会遭到各种打击，无形中帮了玛格丽特不少忙。玛格丽特还修改了法律条例，进一步消解了工会的权威。

1982年1月，诺曼·特比特制订了政府工会第二轮改革的方案。他在内阁会议上提出新的《就业法》后受到质疑，玛格丽特·撒切尔通过自己有力的总结发言推翻了大家的质疑，声援了这位敢于改革的新任就业大臣，从而帮助特比特的新《就业法》顺利在议会获得通过。被人诋毁为"青福德镇秃头"的特比特提交的法案，其内容远比保守党右派分子的期望更大胆。新法案提出，工会因"次级罢工"或"同情性罢工"*而造成的损失，不再享有豁免权，必须由工会基金自行支付。新法案还进一步加强对关闭店铺的限制，并放宽了雇主解雇经常制造事端雇员的条件。此外，诺曼·特比特还提议在工会正式决定罢工前必须进行罢工投票表决。但玛格丽特·撒切尔具有敏锐的政治觉悟，她还是希望改革可以循序渐进，所以将特比特这项变革措施延迟到1984年才正式推行。正因为玛格丽特在改革中表现出的温和态度，才确保新法案能够在议会比较轻松地获得通过。

玛格丽特和工会的第一次较量是1980年的矿工大罢工。工人要求英国钢铁公司（BSC）将工资上涨20%，但从经济角度考虑根本无法实现。钢铁联盟于是开展罢工支持矿工加薪的要求。他们来到唐宁街10号要求政府利用"新资金"涨薪[11]，帮助英国钢铁公司解决问题。玛格丽特·撒切尔却态度强硬地指出，根本没有什么"新资金"。

罢工三个月后，钢铁储量急剧下降，工业部官员只得向工业大臣基思·约瑟夫爵士施加压力，要求利用其他公共资金解决罢工问题。基思爵士因为严格遵循货币主义原则，倾向于把罢工问题的各个方面都看得过于简单。听闻手下官员的建议后，他至少三次前往唐宁街10号想说服首相同意罢工解决方案。但玛格丽特没有同意。"不要再想这事了，基思"[12]，她命令说。玛格丽特的坚决终于有所回报。

罢工进行到第13周，钢铁储量突然神秘地回升了，因为私有钢铁公司开始在非工会下属的码头利用集装箱从国外进口了钢铁。4月，钢铁联盟的加薪要求得到满足，但薪水上浮比例不尽如人意——低于通货膨胀率的3%。罢工失败了——这是20多年来英国主要工会经历的头一次失败。这次失败在玛格丽特·撒切尔与工会的较量中具有重要意义。马尔维纳斯群岛大捷后不久，双方较量升级，1982年玛格丽特又挫败了其他两个领域的罢工——铁路和国民医疗服务体系。

---

* 指企业工会为支持其他企业劳动者罢工而进行的罢工。——译者注

尽管每次较量玛格丽特·撒切尔都能取胜，但她也并非事事如意。她还在不断努力寻找进一步缩减公共开支的方法。1982年夏，玛格丽特的唐宁街智囊团，即中央政策评估委员会（CPRS）制定了一份观点激进的文件。文件要求：引入新的私人医疗保险为英国国家医疗服务体系注资，医生诊疗需收费，国家不再为所有高等教育机构提供经费，并且不再因为通货膨胀而提供福利，以确保大幅缩减社保预算。奈杰尔·劳森回忆说，这份提案在白厅拿出来讨论时，"几乎引起了撒切尔执政期的内阁动乱"。[13]中央政策评估委员会的提案虽然有财政部提交的另一份文件作为基础，但保守党中立派和保守派对该提案一致表示谴责。

各部大臣从不同角度对提案的各项建议提出抗议。就连一贯持顺从态度的黑尔什姆勋爵这回也把提案称作是"本届政府犯下的最大错误"。[14]一向喜欢唱反调的彼得·沃克看到提案后则非常恼火地厉声批评，还组织内阁官员开展抗议活动。他向《经济学人》杂志透露了中央政策评估委员会的提案和内阁大臣的反对意见[15]，杂志对外报道后引起轩然大波。

玛格丽特·撒切尔处理这些可预见性骚动的方式充分展现了她性格里令人讨厌的一面：判断力差，欺瞒哄骗。她不仅自己早该清醒地认识到中央政策评估委员会的提案极有可能遭到拒绝，而且一贯提供最中立、最可靠建议的唐宁街10号私人办公室也早已提前警告过她会有类似状况出现。

财政部里玛格丽特的经济事务私人秘书由迈克尔·司高乐担任。他看到提案后很快就觉察到了危险，想极力说服中央政策评估委员会主任约翰·斯帕罗把文件里过分浓重的右派激进主义语气稍微淡化些。但是首相一意孤行，无视大家的建议，拒绝缓和提案的语气或限制提案的公布范围。"要不是因为她在马尔维纳斯群岛打了胜仗，比较骄傲，又怎么敢公布提案呢？"[16]吉姆·普莱尔私下对他的同事说。普莱尔准确觉察出了玛格丽特的自满情绪，紧接着自满便不可避免地招来了报应。对于首相含蓄提议的大力缩减教育、社会福利和医疗体系的公共开支，内阁根本永远不会同意。玛格丽特在大家猛烈的攻击下最后只能作罢。有些攻击甚至逐渐变成了人身攻击。"你到底为什么要公布这份提案？"9月9日怒气冲冲的内阁会议快结束时有人问她。"我没有，"她辩解道，一边用手指向坐在会议室尽头的她的私人秘书，"是迈克尔让公布提案的。"[17]

这话并不正确。迈克尔·司高乐曾经千方百计地想劝说首相改变主意，以免遇上现在的僵局。现在真的遇上了，他只能默不作声，在所有人对他投去的责备的目光里默默忍受别人的责骂。尽管司高乐的确是位非常好的私人秘书，绝对不会断然否认首相的话，但是他心里认为这一切都是玛格丽特·撒切尔咎由自取。

在几乎所有大臣的齐声反对中，内阁陷入混乱，首相只得放弃了自己原先的计划。她暴躁地嘶声吼叫——再次显示了她缺乏风度，"好了，算了吧，提案暂时搁置"[18]。

但这并不是玛格丽特最后一次尝试对国家医疗服务体系进行大胆改革。这次内阁抗议不久，她趁卫生大臣诺曼·福勒出国考察全球艾滋病危机的机会再度提起改革的议题。首相在卫生大臣缺席的情况下直接找到卫生与社会保障部常务次官肯尼斯·斯托爵士，委托他草拟一份简报，讨论到底是否有更加可持续的方法运作英国的医保体系，使得参保人员能为医保体系多贡献些资金。

诺曼·福勒从国外回来后，发现自己的部门正在帮首相准备报告，讨论整个国家医疗服务体系的基础可以如何进行改革，心里很是不快。不过他的担心是多余的。肯尼斯·斯托自从在唐宁街10号做过玛格丽特·撒切尔的首位私人秘书后一直深得首相信任，他草拟出一份相当权威透彻的报告。报告得出的必然结论是，由于国家医疗服务体系的枝节根脉都要进行改革，将会带来非常剧烈的变动，也必然导致改革本身根本不可行。

肯尼斯·斯托向首相递交了报告。和他详细讨论过报告后，首相只能长叹一声，说："肯，问题在于根本没有选区可以作为试点。"[19]

玛格丽特的小心谨慎在这位常务次官看来是非常务实的。"就她的个性来说，"肯尼斯·斯托爵士回忆说，"这事非常好说明。这位冲劲十足、不知疲倦、不肯停歇的首相突然看到，在她实现目标的路上的确存在障碍，硬着头皮冲破这些障碍毫无意义。"[20]

几周后，玛格丽特终于放弃了医疗体系改革的计划，她在保守党年会的演讲里承诺"我们将维持目前国民医疗服务体系不变"。[21]

这件逸事说明，玛格丽特·撒切尔可以既是激进的改革者又是谨慎的现实主义者，这体现了她性格的两面性。然而早先内阁对中央政策评估委员会的提案深表不满一事也说明，如果玛格丽特没有得偿所愿，就会恶语相向。

私有化改革初始

在着手进行如同"皇冠上的宝石"[22]一般重要的内政改革时，玛格丽特·撒切尔性格里的谨慎和激进却得以中和。这项内政改革其实就是国企私有化改革，最初流行于英国，后来世界上其他国家也纷纷效仿。不过在首相真正开始采取实验性措施将改革付诸实践前，还需要不断考察论证说服自己。在玛格丽特掌权的前三年里，她对"私有化"一词不仅深有顾虑，而且深恶痛绝。所以她拒绝使用这个词，并坚持使用含义更消极、更易引起政治歧义的"民营化"一词。然而随着玛格丽特在事业上一帆风顺，她逐渐预感到私有化将是她最重要的改革举措之一，也将是她最永恒的杰作之一。

玛格丽特还在做反对党领袖的时候，私有化问题已经被广泛讨论了，但是讨论并没有什么成果。不过玛格丽特倒是在1979年建立了一个名为"E（DL）"（这是其英文全名"经济处理"首字母的缩写）的内阁小组委员会。刚开始委员会表现并不特别出色，只处理了一些类似英国货运公司、高速公路服务站和税务局下属房产等资产事务。

很多内阁大臣都曾为私有化改革的成功立下汗马功劳，但真正说服玛格丽特·撒切尔在最大范围内开展私有化改革的是工业大臣帕特里克·詹金。他负责了六大国有行业的改革。六大行业里规模最大的英国电信想筹集280亿英镑用于投资新兴的电子技术。"不要指望财政部会出这笔钱，"詹金对英国电信的主席乔治·杰弗逊爵士说，"不过要是我们能在股票市场发售股票，倒还有些希望。"[23]

私有化改革方案一制订好，帕特里克·詹金就拿去给首相过目。首相还是有些半信半疑。"为什么我们非得要一口气在这么多领域搞改革？"她表示反对，"为什么不在英国电信下属的51个领域一个一个地搞改革呢？那样可以让不同领域的企业彼此竞争"[24]。

两人开会讨论过两次以后，帕特里克·詹金终于让玛格丽特明白，她一直讲的51个领域其实各不相干，根本不会引起什么竞争。于是玛格丽特最终同意在英国电信搞全盘私有化改革。由于英国电信私有化改革涉及的资本数额巨大（需要出售电信公司50.2%的股权筹集39亿英镑），公司的股权出售直到1984年11月才正式完成。

马岛战争结束后的几个月内，玛格丽特·撒切尔不仅同意对英国电信进行仍被她称作"民营化"的改革，而且她对英国宇航公司、大东电报公司、阿莫仙国际公司、石油公司和联合港口公司进行的速度更快、规模更小的公开发行股票事宜都通通亮绿灯给予支持。

除大胆决定出售英国电信的股权外，玛格丽特·撒切尔政府在第一届首相任期内开展的最大规模的私有化改革是在英国国家石油公司。令人意想不到的是，玛格丽特最初对国家石油公司的改革表示犹豫，在内阁会议上两次否决改革提议。她拒绝的理由是，"英国在一定程度上会失去对石油的控制"。[25]这个理由显然是玛格丽特凭直觉提出的，没什么信服力。不过新上任的能源大臣奈杰尔·劳森最终还是成功说服了首相。英国国家石油公司51%的股份实现了私有化，在1982年11月重组成为英国石油公司，财政部也因此获得5.49亿英镑的股份配售收益。

从此以后，玛格丽特·撒切尔对私有化改革政策的信心渐增。她开始预见到私有化改革的美好未来，并且一旦清楚私有化改革行之有效，便一心一意扑在了上面。"在治理社会主义弊病方面，我们所做的已经超过了历届保守党政府，"她在1982年保守党会议上说，"下一届议会执政期间，我们希望能在这方面做得更多。"[26]她没有食言。

玛格丽特·撒切尔认为自己在大力治理社会主义顽疾方面推行的另一项创举是发售廉租房。她在1980年出台的《住宅法》中提出"购买权"这一概念。于是，超过37万户居住在廉租房里的家庭在1982年秋季之前以非常低廉的价格购买到了他们自己的房屋。"……这是英国历史上规模最大的一次国家资产向家庭资产的转移，"她对外宣布，"这真正将权力交给了人民，并且永不收回。"[27]

出售廉租房的政策广受欢迎，显然为保守党赢得了政治支持，一贯支持工党的选民转而开始投票给撒切尔的保守党。我所在的肯特郡选区里，位于拉姆斯盖地区的最贫穷的居民区到年底为止，平均每月也有超过200户家庭申请获得"购买权"。工党则在全国各地大声嚷嚷，极力反对出售廉租房。玛格丽特·撒切尔同样以大声嚷嚷的方式回敬了工党，她宣称自己的对手根本不敢逆转政策，"因为他们知道我们是正确无误的，因为他们知道这就是人们想要的东西"。[28]

保守党和工党的争议比其他政治话题更容易得到廉租房住户的关注。英格兰东南部的贫困地区集中了全选区最多的廉租房，我作为这个选区的议员，很快便意识到玛格丽特·撒切尔对于投票选举早已胜算在握。我的选举代理人兼本区保守党主席统计得出，到1983年夏天为止，南塔奈特岛选区大约有3000名原本投票支持工党的家庭因为感激或渴望得到廉租房购买权，转而投票支持了保守党。选区内唯一抵制出售廉租房政策的似乎只剩下肯特郡的矿工和社会主义工人党。玛格丽特·撒切尔获得了廉租房住户的坚决支持。

反对党自取灭亡

工党不仅在出售廉租房一事上自掘政治坟墓，而且似乎在其他好几项政策上都有求死之愿。工党主席迈克尔·富特在其全盛期就一直是个左翼煽动分子和睿智的议会辩手。富特英俊潇洒，胆识过人，才华横溢，曾做过报社编辑和书评家，但他绝对不是首相的可靠人选。

迈克尔·富特在马尔维纳斯群岛争端初起时举行的那次具有历史意义的辩论会上发表战斗演说，充分说明他不是和平主义者，但他却长期积极支持单方面核裁军。然而富特对核裁军的热情积极与玛格丽特·撒切尔对建立英国独立核威慑力政策的强烈支持绝不可同日而语。

玛格丽特第一届首相任期刚刚过半，她就主持了一个内阁小组委员会。委员会做出决策，要用美国的三叉戟（C4）导弹系统替代北极星核武器系统。就在三叉戟导弹系统正式装备英国潜水艇前，里根总统竟然决定对美国战略核武器实行现代化更新，导致美国改变原计划，转而决定使用更精密的三叉戟二号（D5）导弹系统。英国会否同意购买这种更先进同时价格也更高昂的导弹呢？

一些内阁高官，尤其是国防大臣约翰·诺特和外交大臣弗朗西斯·皮姆，纷纷表示了对三叉戟二号的质疑。玛格丽特·撒切尔认为，这些高官的论点"虚弱并且不切实际"。[29]但她还是得亲自面对这场争论。她召集了全体内阁成员会议，投票表决显示，持质疑态度的人占少数，玛格丽特最终获胜。此外，玛格丽特还在内阁全体会议前先发制人，提前在下院表态说，她个人支持购买三叉戟二号，认为这钱花得值，引起下院一片哗然。[30]不出所料，几天后的内阁会议上，首相得偿所愿，获准购买三叉戟二号。玛格丽特如此重视这种类型的核武器，是出于她强烈的民族自豪感。民族自豪感是她性格里重要的一面，也是促使她做出购买决策的主要原因。

苏联SS-20导弹那时已经瞄准了西方国家。因为玛格丽特曾做出承诺，允许在英国部署核武器以维持欧洲和平，所以她才会同意分别在伯克郡的格林汉科门和剑桥郡的莫尔斯沃斯皇家空军基地安置美国的144枚巡航导弹。可以预见的是，这些1983年正式部署的巡航导弹立刻会成为反核抗议活动的重点。核裁军运动头一回得到了反对党领袖的支持，一改原先的休止状态，再度活跃起来，参加示威游行的人数直逼20世纪60年代的奥尔德玛斯顿村大游行。首相在游行那天饶有兴趣地捡起示威者丢下的金属手套，这些示威者中就有在巡航导弹基地周边扎营的来自格林汉科门妇女和平营的人。

"我们举办的就是真正的和平运动"，1983年2月她和德国总理赫尔穆特·科尔一起出席伦敦新闻发布会回答记者提问时敏锐地回答道。"我们是真正的裁军支持者，我们代表的是所有各方的裁军支持者，但是我们必须以平衡各方力量为基础。"[31]玛格丽特巧妙地将对手的外套标签化为己用，这是她跟保守党早年领袖本杰明·迪斯雷利学来的妙招。当年迪斯雷利奚落道："我们正好撞见辉格党人在洗澡，所以就拿了他们的衣服跑掉了。"[32]

反对党这回在国防事务方面惨遭暴露，"赤身裸体"。玛格丽特·撒切尔于1983年1月提升迈克尔·赫塞尔坦为国防大臣。她虽然并不信任赫塞尔坦，却非常欣赏他在维护公共关系方面的造诣。赫塞尔坦充分发挥他的公关能力，成功抹黑原本心怀好意的左派和平示威分子以及思维混乱、信奉单边主义的反对党官员。待到国内发现大选在即时，工党和保守党在国防政策上的分歧似乎并无扩大。而玛格丽特·撒切尔早已决心在马尔维纳斯群岛开战。她紧握马岛这张王牌，相比之下议会里每日关于国防的其他争论自然显得微不足道。玛格丽特甚至只需手抓王牌，根本不必出牌就已胜券在握。

同样与玛格丽特·撒切尔抗争的自由党和社会民主党联盟虽然自身情况和工党不同，但选民支持率和工党一样也不高。社会民主党领袖罗伊·詹金斯虽然通过递补选举重回议会，但早已风光不再。他在下院阻挠保守党的尝试就如同他那矫揉造作的英文发音以及华而不实的作风一样，通通过时了。戴维·欧文是联盟里一个更加机敏也更有可能搞分裂的人物。玛格丽特·撒切尔对他敬重有加，同时也非常感激他在马尔维纳斯群岛战争期间的辩论会上鼎力支持自己。但是欧文在联盟内部与自由党主席大卫·斯蒂尔产生争议，很快弄得两党仿佛是为了实利才结成的联盟。两党联盟实在太容易发生内部纠纷了，根本不适宜长期领导英国政府。

到1983年春，玛格丽特·撒切尔应该已经确信，无论她决定什么时候举行大选，自己都必胜无疑。然而奇怪的是，她对决定进行大选有些犹豫。自从1983年2月选民登记册生效后，塞西尔·帕金森领导下的保守党中央总部全体成员都一致希望尽早开始大选。保守党的专家认为，选区重新划分后保守党有望增获30个席位。更关键的是，民意测验显示，保守党政府的支持率领先工党和两党联盟14%～20%，而且这种优势还有扩大的趋势。

首相在这些征兆的鼓励下，开始考虑暮春时节举行大选。在英国工业联合会的周年晚宴上，玛格丽特模仿卡拉汉，也引用了一段歌剧院的歌词，试图给大选再加把火。1978年10月，卡拉汉在英国工会联盟大会上引用了一首有关准新郎的老歌："我就在这里，等待在教堂里。"1983年4月，玛格丽特·撒切尔引用了一首同一年代的歌剧院歌曲。"有人说玛吉可以……有人说玛吉不可以。"[33]没有人告诉玛格丽特，歌词里的这个女孩其实是利物浦的一名妓女。

虽然保守党领导人向首相施压要求在6月举行大选，但玛格丽特仍然犹豫不决。"我绝不能太被动。"她在契克斯别墅4月初举行的一次讨论竞选宣言和其他选举细节的会议结束时，对塞西尔·帕金森说。[34]

一个月后，还是在契克斯别墅，保守党高层聚在一起开会，想劝说玛格丽特同意提前举行大选。参加会议的内阁成员有威利·怀特洛、杰弗里·豪、诺曼·特比特、塞西尔·帕金森和保守党首席党鞭迈克尔·乔普林，议会及首相私人顾问包括伊恩·高、迈克尔·斯派塞、提姆·贝尔、戈登·里斯、大卫·沃尔夫森和费迪南德·芒特，这些人都想让玛格丽特举行大选。除了民意测验传来的利好消息外，保守党还在5月4日举行的地方选举中赢得了128个席位。然而5月8日星期天在契克斯别墅举行的这次大选峰会上，玛格丽特·撒切尔居然一反常态，变得非常犹豫不决。

她可笑的顾虑更突出了她的紧张。如果她同意提前举行大选，会不会被人批评为仓皇下台？如果她不同意，又会不会被批评为恋权占位？

她又怎么能够对里根总统食言，缺席5月底在弗吉尼亚州威廉斯堡举行的西方七国首脑会议呢？或者，假使她参加了七国首脑会议，会不会因为她是个即将到任、没什么实权的领导人而在会上显得有些奇怪呢？不过政治讨论一直强调，参加世界首脑峰会给大选带来好处；而追溯历史，克莱门特·艾德礼曾开先例，在1945年大选来临开展竞选活动之际他跑去参加了波茨坦会议。这个例子又逐渐平息了玛格丽特的担忧。

接下来首相又开始为定于6月中旬举行的皇家爱斯科赛马会可能会给公共关系带来的负面影响纠结起来。电视里铺天盖地播的都是头戴大帽子的保守党淑女和身穿燕尾服的保守党贵族，而她却在电视里拼命为自己的第二次大选拜票，岂不是显得很可笑？但令人难以置信的是，正是首相对爱斯科赛马会的胡思乱想，才最终促使她将大选日期定在6月9日。

刚决定好了日子，首相的犹豫不决又发作了最后一回。她想到了推迟大选的一个新借口。"就算我想宣布大选，"她反驳说，"这么短时间内想约到女王陛下也很困难。"伊恩·高听到后悄悄溜出会议室，给白金汉宫打了个电话，回来汇报说女王陛下很高兴第二天中午能够和首相见面。塞西尔·帕金森回忆了玛格丽特当时的肢体语言，"我到现在还是不敢肯定她当时对高投去的眼光到底是不是表示感激"。[35]

一切终于还是尘埃落定，内阁大臣和其他客人纷纷起身告辞。虽然大部分人都走了，费迪南德·芒特却看到玛格丽特·撒切尔闷闷不乐地坐在契克斯别墅宽敞的都铎堂炉火的余烬旁，喃喃自语："我不确定到底做得对不对。我得过一晚再决定。这些事还是过一晚再决定比较好。"丹尼斯听到这话反驳说："玛格丽特，你不能那么做。他们全都回城了，他们会对别人说大选定在9日。现在你没法改变主意了。亲爱的，箭已离弦了。"[36]

丹尼斯说得没错。第二天，首相去了白金汉宫，女王同意解散议会，大选定于6月9日举行。

大获全胜

尽管1983年大选的结果早在选举开始前一目了然，但是玛格丽特·撒切尔对大选结果依旧非常担忧。竞选活动开始前，她花了好几个小时清理出一箱箱衣服和杂物，送出唐宁街10号，防止再也不会回来。她这个举动纯属个人迷信，根本没有认真考量过选举的真实情况。民意测验继续显示，保守党支持率一直领先其他政党15%～20%。

玛格丽特一直主导着整个竞选活动。这次和1979年大选截然不同的地方在于，本次竞选活动由保守党中央总部精心安排。几乎每天早上都有新闻招待会，玛格丽特在会上总是表现出她强硬的一面。玛格丽特在竞选初期称赞过弗朗西斯·皮姆，认为他所说的马尔维纳斯群岛主权问题也许终有一天可以商谈是正确的。后来，她又无情地否定了皮姆，批评皮姆对马尔维纳斯群岛主权问题思虑太多，根本无益于建立成功的政府。大多数内阁大臣在早间新闻招待会上都只能跑龙套，因为会上所有的提问几乎都是由玛格丽特·撒切尔一人独立回答的。

大选期间玛格丽特每天的其余时间则主要用于出镜拍照。照片里的首相在约克郡站柜台给大家卖炸鱼和薯条，在雷丁（英国的"硅谷"）试用最早的移动电话（重约2.2磅或1公斤），在苏格兰康沃尔郡吃力地蹚过马粪。所有照片都成了晚报的绝好素材。

玛格丽特在上 BBC 新闻采访类节目《全国》时经历了她电视采访环节最艰难的时刻。节目中有位名叫黛安娜·古尔德的老师非常固执，反复追问玛格丽特，在被问到自己下令用鱼雷击沉"贝尔格拉诺将军号"时该船到底是正在驶向还是驶离特遣舰队，为什么她前后的回答总是不一致。玛格丽特·撒切尔显然被这个出乎意料、内容丰富的审问给激怒了，她在电视里冲着节目制作人大发雷霆。"只有 BBC 才会质问英国首相，她为什么要采取措施保护我们的舰船不受敌舰袭击，要知道这艘敌舰威胁着我军将士的生命。"她抗议说。[37]

观众也对玛格丽特表示支持。丹尼士·希利评价玛格丽特·撒切尔说她"从屠杀中获得快乐"，观众听闻纷纷对他表示抗议。[38]有人诘责尼尔·金诺克，大吼说至少撒切尔夫人"展现出了勇气"，金诺克反驳道，"可惜其他人只好把勇气留在'绿鹅'的土地上，以证明他们的勇猛了"。[39]

因为观众对玛格丽特热情高涨，工党两名发言人都只好偃旗息鼓——希利道歉解释说，他本意是想说玛格丽特"在战争中获得了荣耀"[40]，而金诺克则感觉自己必须写信给伞兵团第二营的威尔士卫队以及在"绿鹅"阵亡或负伤的军人的家属，表示歉意。[41]

在政党竞选宣言方面保守党和工党实力相当悬殊。"不算特别出彩"，这是玛格丽特·撒切尔对保守党制定的未来五年计划的评价。[42]除了承诺进一步发展私有制和对伦敦地方政府进行改革外，保守党这份发展规划并没有太多内容。竞选宣言的主题本可以叫"保持现状"，但首相说她更偏爱提姆·贝尔起的"与时俱变"的口号。[43]

相比之下，工党的竞选宣言根本是"史上最长的自杀式宣言"。玛格丽特·撒切尔觉得工党的宣言很容易在竞选中遭到攻击。她把工党的这份宣言称作"英国主要政党有史以来献给英国国民的最寒心、最诡异的宣言"。[44] 她还额外补充说，"这份宣言也会成为英国的自杀式宣言"。[45] 玛格丽特估算认为，按照工党的财政预算，下一届议会的政府开支将达360亿~430亿英镑——这个数字几乎是当时全国所得税的总额。对于工党提出加速将银行等重要行业收归国有的计划，玛格丽特嗤之以鼻，她讲了一句俏皮话，"倘若你把钱存在袜子里，他们可能连袜子都要收归国有"。[46]

玛格丽特的攻击诘难弄得工党的候选人逐渐丧失了信心。竞选活动临近结束，连玛格丽特·撒切尔都开始手下留情了。距离投票还有4天时，为节约经费，她取消了保守党安排好的周日刊登广告的计划。早些时候，她还否决了盛世广告公司制作的海报，上面把迈克尔·富特画成领养老金的老头，她否决该海报的理由是格调不高。然而喜剧演员肯尼·埃弗雷特后来在温布利体育馆举行的保守党最后一轮选举集会上开玩笑说："让我们轰炸苏联吧，让我们狠狠把迈克尔·富特踹走吧。"玛格丽特听到这种更没有格调的话时，居然笑了。[47]

1983年大选的结果是，玛格丽特·撒切尔大获全胜。在新一届下院中，她所在的保守党居然比其他政党多了整整144个席位。不过仔细分析就可以看出，大选结果与其说是对撒切尔主义的信任投票倒不如说是对工党的沉重打击。实际上这次大选保守党在全国的得票率低于1979年大选——从原来的43.9%下降到42.4%。但这个并不太理想的票选结果还是帮助保守党在各选区大规模获得选票，因为两党联盟已经重创了工党。尽管两党联盟所获席位有限——仅23席——但他们帮助大幅减少了工党的得票，很多原本支持工党阵营的人都突然倒戈加入了保守党阵营。

不过大选之夜根本没人关心这些选举学方面的细节。根据威斯敏斯特宫首次通过的"票数领先者取胜"的选举规则，得票最多的人将最终胜出，所以当晚的大赢家就是玛格丽特·撒切尔无疑。

守在保守党中央总部的人们为玛格丽特欢呼，党主席塞西尔·帕金森也向她表示祝贺。玛格丽特于凌晨4点30分回到唐宁街10号时，管家对她说了句"欢迎回家"以示祝贺。就这样，她的第二轮首相任期开始了。

回顾

政界是过了好一阵子才认识到，马尔维纳斯群岛战争改变了玛格丽特·撒切尔的个人形象和政治前景。

1982年5月到1983年5月这个阶段绝对是玛格丽特的奇迹之年。不是因为她在这一年中受人爱戴而是因为她被人需要。在耗费了她大量时间的国防、外交和国家安全问题上，大家都认为玛格丽特做出了正确的决策，维护了国家利益。而她那些奉行单边主义的对手则被认为是犯了致命错误。经济方面，玛格丽特尽管勉强获得了人们的信任，但获益匪浅：大家现在都认为她有着强硬的作风，敢于与工会的激进分子抗争。所有人都认为未来必定会有这么一场抗争。而如今他们有了一位作风强硬的首相，能够确保抗争的胜利。

玛格丽特·撒切尔的形象设计师在大选临近的数月里一直致力于凸显玛格丽特性格里温柔的一面，也是非常明智的。这一塑形之举让很多人都信以为真。只有极少数人清楚，首相实际对社会底层那些贫困者、边缘人还有时运不佳的可怜人根本没有任何同情怜悯之心。她心里惦记的是更重要的事。她更在乎的是，如何让社会上的强势群体好上加好，而不是利用社会福利机制帮助生活越来越困难的弱势群体。

1982年到1983年，玛格丽特在个人定位还有演讲中所做的努力之一，就是发表了很多关于价值观的言论。针对国防开展的辩论帮助玛格丽特获得一个良好的平台，可以借机大力推广与苏联针锋相对的自由社会价值观。玛格丽特自己压根没有兴趣与苏联的社会主义价值观和平相处。她的言论早已超越了她所处的时代。[48]

　　1983年大选前夕，选民即便读过保守党那实际内容极其空泛的竞选宣言，他们对保守党政府连任后将采取的政策也仅可能只会一知半解。然而他们却对保守党的领袖是谁、这位领袖代表了什么了然于心。玛格丽特所持的价值观以及她在马尔维纳斯群岛战争中取得的胜利，帮助她在大选中获得了决定性的多数投票，并成功连任。1983年大选是历史的转折点，这一年开启了玛格丽特·撒切尔在国内、国际政治舞台上整整7年的辉煌表现。

23
艰难连任

塞西尔·帕金森和下院议长

因为大选获胜,加上之前掌舵政府四年出色的工作能力,玛格丽特·撒切尔连任首相理应信心十足。结果她却深受官员委任、错判和本可避免的各种错误等一系列难题的困扰,花了很长时间才总算平稳上任。

玛格丽特的第一个重大困难是塞西尔·帕金森带来的。帕金森在大选期间任保守党主席以及早前任马尔维纳斯群岛战争战时内阁成员时均表现良好。他擅长与玛格丽特相处,尤其是在玛格丽特压力巨大、脾气变得超级坏的时候。而玛格丽特也非常欣赏帕金森的演讲口才、英俊相貌和政治判断力。可以说玛格丽特对他信心十足。大选投票前一天,周三的时候,玛格丽特对帕金森说:"明天过来喝茶吧,跟我说说你想在政府部门任什么职务。"[1]这对帕金森来说确实有些激动人心,但也不算什么出乎意料的惊喜。

喝茶那天玛格丽特开口就说她想让帕金森出任外交大臣。"在你继续往下说之前,"塞西尔·帕金森说道,"我必须得跟你说,我这里有问题。"于是他开始解释说,他和自己的秘书萨拉·凯斯有染。

"那又怎样?"玛格丽特·撒切尔迫不及待地打断了帕金森,"他们跟我说安东尼·艾登跟他见过的每一个漂亮女人都有关系呢。"[2]

帕金森对首相的宽容非常吃惊,他一直认为首相是个"来自格兰瑟姆的古板女人"。[3]他继续解释说自己的问题要复杂得多。萨拉·凯斯怀了他的孩子。[*]

尽管玛格丽特·撒切尔听到消息后略作停顿,但她当时并没有立

---

[*] 玛格丽特·撒切尔在回忆录里暗示,她是在大选当天凯斯上校寄给自己的信里得知这个怀孕的消息的。事实上,她从塞西尔·帕金森那里是第一次听说这个消息。

刻认为帕金森的外遇会成为任命他为外交大臣不可逾越的障碍。[4] 然而帕金森自己提出反对意见，并要求玛格丽特让他离开内阁，以便他有足够的私人空间去处理好自己的问题。

"可是你根本不可能有什么私人空间，"首相反驳说，"每家报社都会想探究你离开内阁的原因。这就是唯一可能发生的事。"[5]

塞西尔·帕金森只好勉为其难地接受了首相的任命。但是他坚持要求有一定的私人空间，以便和萨拉·凯斯，还有她的家人详细商讨孩子的问题。"要是一天24小时都有保镖跟着，想解决这个问题是很困难的。"他说。[6]

玛格丽特·撒切尔非常器重帕金森，所以给了他一个低一点儿（并且没有保镖）的职位，即贸易与工业部大臣。同时首相还特意向帕金森强调决不能和妻子安离婚。这两点塞西尔·帕金森都欣然接受。这些问题议定后，首相和这位仍是她最器重的大臣便继续探讨整个内阁成员的问题。

48小时后，大选结果公布。威利·怀特洛和保守党首席党鞭迈克尔·乔普林一同来到唐宁街10号，向玛格丽特建议新内阁成员人选。塞西尔·帕金森早已在那里和首相一起待着了。玛格丽特·撒切尔故意假装自己前一天根本没有挑选好内阁大臣。正当她对怀特洛和乔普林耍着伪装的小把戏时，美国白宫突然来电。原来是美国总统特意致电祝贺首相连任。

趁着玛格丽特和美国总统打越洋电话之际，其余人一起到唐宁街花园散步。这其间，威利·怀特洛一直想劝说塞西尔·帕金森，认为他理应在政府获得更高的职位。

"唉，塞西尔，你绝对有资格得到三个最高政府职位中的一个，"怀特洛说，"我跟她也会这么说。你应该做财政大臣，要么做外交大臣，要么做内政大臣。都可以胜任。"帕金森艰难地劝怀特洛打消这个念头。"唉，威利，出于一些不便透露的原因，我现在没法考虑任你的建议。"[7]他说。副首相一头雾水。

这绝不是玛格丽特·撒切尔在权衡新一届政府成员人选时所遇到的唯一难题。她在决定下院议长人选时做出了致命误判，愚蠢自大地认为自己提名的人可以不经讨论直接担任议长。

现任议长乔治·托马斯即将退休，玛格丽特有意让弗朗西斯·皮姆接替，免去他外交大臣的职务。可是皮姆对这个职位不感兴趣。于是首相只好提议，让政见与自己相近、私交甚好的汉弗莱·阿特金斯接替议长职位。阿特金斯做过保守党首席党鞭，在1975年保守党党魁竞选中也秘密支持过玛格丽特。他性格温和、外貌英俊，有种无以言表的魅力，在塞西尔·帕金森走红之前绝对是玛格丽特最器重的亲信。可惜的是，和其他议会同事相比，阿特金斯威望并不高。他做保守党首席党鞭时不太受欢迎，后来到外交部工作，职位仅次于卡林顿勋爵，结果在马尔维纳斯群岛危机初起时就从内阁辞职。但是玛格丽特·撒切尔偏爱阿特金斯，并许诺肯定会让他当上议长。于是，她通过议会督导向保守党议员传话，要求他们按她的意思投票。

这一来就犯下了弥天大错。议长的选举需在新议会正式成立前进行，严格说来完全是下院的事，首相根本无权干预。熟知宪政惯例的议员看到首相无视议员的权力，居然越权向大家强行推荐她偏爱的议长人选，都很愤怒。我清楚地记得大家在参加宴会时都表达了对"玛吉的狮子狗"（他们给汉弗莱·阿特金斯起的外号）强烈的抵触情绪。首相干预议长选举的伎俩被识破后，大家纷纷开始看好下院副议长伯纳德·杰克·韦瑟里尔。他人缘很好，看上去绝对是首相已有候选人之外最具实力的议长人选。

玛格丽特·撒切尔得知大家对汉弗莱·阿特金斯日渐不满后，立即开始实施粗暴的手段。开始她中伤韦瑟里尔，跟很多议员说她觉得韦瑟里尔没法胜任议长一职。这种恶语中伤显然有失公允，反而激起大家对韦瑟里尔潮水般的支持。紧接着玛格丽特极力想改变蒂弗顿选区议员罗宾·马克斯韦尔·希思洛普的决定,他曾公开地表示想提出动议,选举韦瑟里尔为新一任议长。"杰克和我都受到了来自议会督导还有唐宁街10号不断施加的巨大压力,要求我们给'官方候选人'让路,"马克斯韦尔·希思洛普回忆说,"但是我们执意不肯。"[8]

眼看两人如此执着,玛格丽特·撒切尔万般无奈只好使出撒手锏。她把杰克·韦瑟里尔叫到唐宁街10号。

"我听说你想跟我对着干。"她一开口就对他这么说。

"我没有跟任何人对着干,首相,"韦瑟里尔回答说,"我只是报名参加了新议长的竞选而已。"

"我打算让你做外交部高级国务大臣。你觉得怎样?"

"如果那样的话,对我、对你都将是极大的错误。"韦瑟里尔回答道。他辩解说,让现任副议长离开现有的中立职位而作为内阁大臣重新参与党内政务,这根本没有先例可循。

玛格丽特·撒切尔被他钢铁般的意志激怒了,立刻大发雷霆,怒声吼道:"你就是故意跟我作对!"[9]这场谈话开始和结束都令人不快。

三天后,伯纳德·韦瑟里尔获得所有党派支持,以压倒性优势获选为下院新任议长。"杰克最大的优势是,大家都知道玛格丽特·撒切尔不想让他做议长。"[10]塞西尔·帕金森如是说。玛格丽特这次犯了巨大的错误。为掩盖自己的失误,她特意设计让选举失利的议长候选人汉弗莱·阿特金斯提出动议,支持杰克·韦瑟里尔当议长,以挽回自己的面子。

这招根本没人理会。议长选举结束好多天后,大家还在茶室里批评玛格丽特·撒切尔滥用职权妄图干预原本由下院全权做主的决策。难道这是因为她还没明白首相根本无权干涉议长选举?又或者是因为她在全国大选大获全胜后就盲目自大,完全忘记了自己的权限范围?不管原因如何,玛格丽特都陷入了不利环境。更不明智的是,接下来她的表现简直像个落魄的失败者。

玛格丽特·撒切尔的性格中有不讨喜的一面——喜欢记仇。因为韦瑟里尔曾经跟她"对着干",所以她后来想尽办法,用对付那些她不喜欢的大臣的种种方法暗中伤害韦瑟里尔。这绝对是首相用来对付议长的诡计。杰克·韦瑟里尔很快察觉到,玛格丽特一直在暗中匿名进行所谓的"黑手套"行动,想方设法损毁他的名誉。韦瑟里尔后来解释说:

"黑手套"这个政治词汇很多人都不知道……意思是说有人在背后述说或者书写有关你的污秽之词,最难的是你要能找到手套里究竟套的是谁的手指。嗯,我自己的确是找到了。是玛格丽特·撒切尔让她的御用政治化妆师主要是伯纳德·英厄姆做的,他们还刊登了一些非常有损我形象的文章……[11]

"黑手套"行动如火如荼地进行。《周日电讯报》公开报道说一场旨在要求议长辞职的行动正由政府相关部门在策划安排。[12]与此同时,杰克·韦瑟里尔的朋友们也开始联手反击。我就是其中一个。韦瑟里尔是这样讲述当时的情况的:

有一天乔纳森·艾肯特过来找我说:"议长阁下,你得明白这是个奸计,他们想逼你辞职……你一定要亲自去见见报纸的编辑。"我说我一个编辑也不认识。然后他说:"嗐,我们认识啊!"结果,从此以后我晚上就开始和那些编辑见面。他们经常过来找我聊天。渐渐地各大报纸特别是大型报纸的社论开始评价说,拥有一个敢于和强势首相抗争的议长非常重要。

在1988年时事节目《周末世界》的主持人马修·帕里斯的帮助下,下院议长破天荒地上了这档电视直播节目,向大家传达出这样一则信息,"无论如何我都绝不会停止履行我认为自己应履行的职责"。[13]他说这话的意思是，他将继续致力于帮助后座议员，在议会私人通知质询等类似事宜上大开方便之门，准许他们提出比玛格丽特·撒切尔想要的更多的质询。如此一来，韦瑟里尔在下院就更受欢迎了。玛格丽特终于发现，她和议长争战不休，最终受伤的只能是她自己。于是她派自己的政务次官迈克尔·艾利森于某天深夜造访韦瑟里尔，跟他说："议长阁下，首相派我来问问你，是否可以休战。"[14]

虽然有些艰难，休战一事花了两年半时间到底还是实现了。唐宁街10号停止中伤诬陷杰克·韦瑟里尔后，这位议长再也不必忍受无端批评了。尽管如此，韦瑟里尔还是被玛格丽特·撒切尔深深地伤害了。

关于首相和议长之间的纷争，有一则非常有趣的附记。很少有人知道，杰克·韦瑟里尔在玛格丽特的衰败之路上扮演了一个几乎不为人知却非常重要的角色。

1990年11月13日，正值玛格丽特·撒切尔四面楚歌之际，杰弗里·豪爵士竟突然趁首相答问环节结束后，在拥挤却安静的下院发表辞职演讲——按照议长提出的发言规则，他只能在这个时刻以这种方式发表辞职演讲。

杰弗里爵士原计划模仿一年前奈杰尔·劳森的做法，在"女王演讲辩论"*环节解释自己辞职的原因。如果按照这个先例来做的话，前副首相将会在下午大约5点30分左右发表辞职演讲，那时还没有多少下院议员到达会场。而且副首相的演讲也一定会遇到很多提问，并会被多次打断。撒切尔的追随者可能会用各种方法干扰豪的演讲，这些方法就算不会彻底损毁至少也会部分削减豪的演讲效果。

不过令豪意想不到的是，议长办公室在辩论当天中午给他打来电话。电话告知他，议长不希望他在女王演讲辩论环节向下院发表演讲，而希望他能够在辩论提问环节结束后立即以"个人陈述"的方式解释自

---

* 即女王宣读完执政党拟好的年度报告离席后，执政党和在野党的议员就开始辩论。——译者注

己辞职的原因。议长当天下午在下院主持会议时也刻意强调，按照惯例，个人陈述是不可以被打断的。就这样，杰弗里爵士在黄金时刻起身，在一片寂静中发表了辞职演讲，将这次演讲的功效发挥到极致。接下来发生的事情就载入史书了。

议长主动提醒发言规则，这是证明他乐于帮助后座议员的又一个绝佳例子吗？又或者根本就是杰克·韦瑟里尔存心暗地报复首相之前对他施行的各种威胁打压，还有"黑手套"行动？

我一直想弄明白这个问题。

其他早年过失

关于议长一职的严重分歧起源于首相选举后进行的内阁改组。为不让弗朗西斯·皮姆继续留任原职，玛格丽特想给他安排一个新的职位以示安慰。自从马尔维纳斯群岛战争期间和皮姆发生争执后，她就下定决心要开除皮姆。两人无论是政见还是脾气都有很大差别。

"弗朗西斯从来都不明白，他需要和她处好关系，然后才能跟她辩论，"卡林顿勋爵说，"他们俩就是合不来。"[15]

大选期间皮姆发表了一些拙劣的演讲，大意是说保守党就算险胜也不可能保证可以成功组建政府，此言一出他和玛格丽特原本就不佳的关系变得更糟了。在大选险胜一事上玛格丽特·撒切尔与皮姆的观点存在严重分歧，其严重程度不亚于她当年在马尔维纳斯群岛战争一事上和皮姆的分歧。她甚至怀疑假如马尔维纳斯群岛战争惨败，皮姆很可能把自己当成她的继任人。被首相看成是未来可能夺取首相宝座的人，跟首相的关系必然不会好——这是迈克尔·赫塞尔坦和诺曼·特比特后来逐渐体会到的。于是玛格丽特解除了皮姆的职务，想找一个更听话的人出任外交大臣。

大选后的内阁改组范围有限。除弗朗西斯·皮姆外，退出内阁的高级官员仅有大卫·豪威尔和珍妮特·扬。

利昂·布里坦是升迁最快的内阁成员。他原来只是一个小小的首席秘书，竟直接进入财政部，最后又取代威利·怀特洛做上内政大臣。怀特洛曾经是玛格丽特·撒切尔忠诚的亲信，这回内阁改组他失去要职，做了上议院领袖这个闲职，明升暗降，内心非常痛苦。他之所以被调职是因为首相想要一个作风更强硬的内政大臣，可以在法治问题上与她天生的右翼保守风格更合拍。

可惜的是，利昂·布里坦在玛格丽特给他安排的职位上从来没有出色的表现。布里坦上任一个月后，政府在下院召开早期辩论会，讨论是否要重新实施死刑。他在会上的表现更加证明他不适合担任内政大臣。下院大量的保守党新议员原先支持施行绞刑，玛格丽特·撒切尔希望他们现在能够投票支持她的提议，同意重新施行死刑，至少同意对恐怖主义谋杀分子以及杀害警察的杀人犯施行死刑。可惜利昂·布里坦一改自己先前反对死刑的态度，以内政大臣的身份发表了一场平庸的演讲，表态支持引入绞刑。出乎意料的是，自由投票环节里党内成员以压倒性优势的145张选票表决反对施行死刑。[16]

玛格丽特·撒切尔痛恨失败。据吉姆·普莱尔回忆（反绞刑者），票选结果一公布，玛格丽特就立即用吵吵嚷嚷的方式直接表达了自己的不满：

> 她的"民粹政治"一下让她失去了理智。她越过长桌上放着的公文递送箱，冲着杰拉尔德·考夫曼、罗伊·哈特斯利和彼得·肖尔大吼，说他们不清楚人民想要什么，只有居民区市政委员会的工党领导层，才会坚持拒绝施行绞刑。[17]

任何政府重新施行死刑后，都可能会面临一些实际困难。因此是否施行死刑这个问题本来就比较棘手，首相情绪如此激动也是人之常情。

尽管玛格丽特·撒切尔在下院拥有绝对多数的支持者，但她的一些心愿还是没有得到下院的重视，于是议会发生了另一件小事故，即议员的薪酬问题。高阶薪酬评鉴委员会向首相建议为每位议员增加薪酬，增幅为31%。玛格丽特·撒切尔拒绝了这一建议，只打算增加4%。结果她在这场薪酬之战中惨败。

意见最大的就是后座议员们。爱德华·杜坎时任1922年委员会主席，他扮演了保守党议员的谈判代表，和玛格丽特谈判。不料两人大吵一架。之后玛格丽特很没有风度地做出让步，同意在今后的四年时间里分阶段将薪酬提高22%。四年之后，议员的薪酬将会参照公务员的工资水准发放。但是1983年7月20日，70名保守党党员集体抗议，最终以8票的优势赢得抗议，将议员的薪酬提高到更高水平。[18]

首相为此勃然大怒。部分议员指出，玛格丽特·撒切尔之所以拿着菲薄的工资还能度日（她自愿放弃首相应得的1万英镑薪水），完全是因为她有个有钱的丈夫。玛格丽特听闻此言，和议员的争执就更激烈了。议员加薪问题没有得到妥当处理，反为议员"增加"津贴开了方便之门，最终导致多年后发生的议会"报销门"丑闻。加薪问题导致了首相和议员之间的裂隙，这个裂隙本来是可以避免的。

比这些新出现的困难更难处理的，是后座议员对政府法案的强烈不满。女王演讲不过是白费心机。选举宣言仅有镇痛功能，带来的改变微乎其微：新一届议会打算将毫无特色的系列法案纳入法典。唯一稍有特色的就是设立皇家检察署以及促进有线电视发展的法案。可这些法案绝不是先前大家期盼的撒切尔主义式的激进改革。

议会夏季休会前，首相新任的议会私人秘书迈克尔·艾利森（伊恩·高已升任住房大臣）举办了一次宴会，六七名后座议员在会上直截了当地对议会法案提出了批评意见。玛格丽特·撒切尔听了以后做出了意想不到的回答。"你们说的没错——政府做得还不够。"[19]她承认道。这段早年往事说明,首相有意在自己和自己任命的大臣间划清界限。后来她这种划清界限的倾向愈演愈烈。在夏季休会前这个特别的夜晚,围坐在下院餐厅用餐的我们听到首相的话,顿时哑然失笑。我们不再相信首相想让政府做出什么惊天动地的改革,可是首相却声称她之所以没有按照自己先前的承诺行事是因为她身边存在很多阻碍。

接着她开始数说自己一些同事办事不力。外交大臣候选人杰弗里·豪爵士(在帕金森离职之后)的失误,她更是直言不讳。她评价说豪"已经深陷外交协议无法自拔"。[20]

在继续数说了一些同事的不是后,首相起身离席,丢下了一句令人难忘的退场白:"我们还是要革新的,可惜我们没有太多的革新者。所以大家努力吧!"[21]

听到这样的劝勉,我们所有的后座议员都从座位上站起来,不过主要是出于礼貌而不是表示自己愿意追随这位博阿迪西亚女王攻克重重险阻。攻克险阻其实是首相的事,可惜在未来的数月乃至数年里她根本就没有关心过此事。不愿意与自己的议会追随者共进退的首相最终面临的困境必然比他们想象的还要惨。

难题

在推行激进改革方面,玛格丽特·撒切尔总是会比其他保守党党员领先好几步。可惜她总是被难缠的问题和优柔寡断的人羁绊。还有一个羁绊是,她处理内政问题一直比较谨慎。一般总是要等到出现极其重大的问题时,她才会出手。

失业问题仍是亟待解决的难题。玛格丽特第二轮任期内全国失业总人数一度攀升到330万。对于领救济金的人所处的困境,首相和她的就业大臣诺曼·特比特均没有表示过太多的同情。1981年那次难忘的保守党年会上,诺曼·特比特讲述了他的父亲在20世纪30年代应对失业的故事，玛格丽特·撒切尔则边听边鼓掌。"他没有去闹事，而是骑上自行车出去找工作。"[22]这句话真实地反映了第二轮首相任期内撒切尔主义的要旨。

诺曼·特比特于1983年10月从就业部升迁至贸易与工业部，之后汤姆·金出任就业大臣，首相对金很不耐烦。"能为失业的人提供的茶水和同情心都是有一定限度的。"[23]她说。

于是玛格丽特转而任命大卫·扬为就业大臣。大卫·扬是商界成功人士，曾经给基思·约瑟夫做过两年半的顾问，后来就任人力服务委员会主席。担任主席后，扬开始频繁接触玛格丽特·撒切尔。"大卫总能给我带来解决问题的方法，"她说，"而其他人只能给我带来问题。"[24]两人算是惺惺相惜。"每周一我都要和玛格丽特见面谈上一个小时，"扬回忆说，"周一早上的见面绝对是我一周所有行程安排里最振奋人心的30分钟。我会完全忘记自己的时间，跟她如漫步云端一般交谈。她非常干练，对自己想达成的目标一清二楚。"[25]

大卫·扬在做人力服务委员会主席时，开始引入一系列就业计划和职业培训项目，其中最有名的就是"青年训练计划"。这些计划和项目旨在帮助大幅减少失业人数。在劳森提出的"就业预算"理论指导下，1985年英国国内总体经济形势开始回暖，失业人数也逐步减少。"青年训练计划"帮助提供技术劳动工，从而解决了劳动力市场的劳动者缺乏一技之长的瓶颈问题。扬因此被授予贵族头衔，还进入内阁做了一个没有任何职务的内阁大臣。1985年，他被擢升为就业大臣。扬本不是政界人士，却居然能如此迅速地步入政坛且平步青云，自然引起其他内阁大臣的嫉妒。

尽管下面的人嘀咕不满，玛格丽特·撒切尔仍然非常喜欢把有革新思想的无名小卒提拔为自己政府里的耀眼明星。扬勋爵除了首创新政帮助减少失业率外，还在英国电信的私有化改革中担任主力。同时他也成功地说服了玛格丽特·撒切尔和内阁多数大臣支持修建英法海底隧道。扬总能带来解决问题的办法,玛格丽特青睐他也是理所当然。

首相必须面对的最难解决的问题是地方政府改革以及地方政府的财政改革。她永远不会忘记,1974年10月她还在做影子环境大臣时曾许诺要废除地方税。玛格丽特想要兑现承诺的决心被好多内阁大臣阻挠过,不过这些大臣既没有能力更找不到阻碍首相兑现承诺的有效办法。

两任环境大臣迈克尔·赫塞尔坦和汤姆·金相继作过工作总结报告,但最终只实现了被玛格丽特·撒切尔称作"鼠头鼠脑"的一点儿可怜的成果。[26]

玛格丽特对工党势力掌控的地方当局的巨额开销非常不满,于是开始采取激进措施,下令废除大伦敦议会以及其他6个工党势力范围内的大市议会。这项废除大市议会的提案在保守党1983年竞选宣言里首次提出后,选民反响良好。然而,实施废除计划的有关法令细节则不断引起争议。工党大伦敦议会的领导人肯·利文斯通精心策划了宣传活动,大肆渲染玛格丽特政府的冷酷绝情和管理无能。

由于废除法令通过审批需要些时日,这期间原本就挥霍无度的地方议会用钱变得越发大手大脚了。在这种情况下,中央政府不得不引入名为"税额限定"的复杂财政控制政策。有关废除地方议会一事,中央政府希望解决的问题在辩论中没能得到很好的陈述,而玛格丽特·撒切尔也因为自己在这场论战中败下阵来而备感沮丧。伤心之下,她开除了环境大臣帕特里克·詹金,换上了更善于处理媒体关系的肯尼思·贝克。贝克原来在环境部任地方政府事务大臣,职位仅次于詹金。

肯尼思·贝克和他的次长威廉·沃尔格雷夫一起,在曾任希思政府中央政策评议小组组长的罗斯柴尔德勋爵的大力帮助下,首先提出要征缴"社区税",后来"社区税"又逐渐演变成"人头税"。这个想法是他们在1985年3月契克斯别墅的一次研讨会上提出的。征收"人头税"的主要目的是,废止地方税,替代以一种对地区所有成年居民实行统一税率的新型税收制度。低收入人群可适当减免缴税，但是因为要遵守责任制原则，即便是最贫困的居民也必须缴纳部分税款。

这次契克斯研讨会上，玛格丽特·撒切尔同意了"社区税"的提议。可惜她这个决定做得太快，没有了以往的细致谨慎。这是因为玛格丽特对地方税深恶痛绝，过于急切地想废除地方税，所以才会一改往常对新政各项利弊充分论证的做法。因为玛格丽特在"社区税"刚一提出就予以首肯，所以不得不一直对这项税收全力支持，后来证明这种执着恰恰造成了她的惨败。

财政大臣奈杰尔·劳森最先提示玛格丽特，她可能犯了错误。劳森并没有出席契克斯的研讨会，不过他提交了一份表示反对意见的备忘录。他在备忘录里很有预见性地表示，新税收政策可能只会沦为诸多工党势力控制下的地方政府的工具，先被用来增加地方政府开支，然后再被用来指责中央政府导致了地方政府财政开支的增加。

非常可惜的是，首相根本没有留意过财政大臣的反对意见。财政大臣这颗新星正在冉冉升起，并成为中央政府里仅次于首相的最最重要的人物。

她的财政宠臣

玛格丽特·撒切尔在第二届任期伊始就做出大胆举动，任命奈杰尔·劳森为财政大臣。劳森任财政大臣绝对出人意料。他进入内阁不过短短21个月，之前一直不太引人注目。劳森在做财政部财务秘书时就开创性地提出放宽外汇管理的建议，并别出心裁地引入中期财政战略。玛格丽特非常欣赏他的创新性工作。同时，玛格丽特还观察到劳森任能源大臣时高超的管理能力，并表示了赞许——当时劳森一声不吭地将大量煤炭从矿井运送到发电厂——帮助政府取得1984年矿工大罢工的胜利。最重要的是，玛格丽特认为，劳森身上兼具创新性思想和右翼激进思想，这些都是掌管经济亟需的品质。

不过首相并不欣赏劳森的外形。在任命劳森为财政大臣后，玛格丽特当场提出的第一项建议就是要求劳森去把头发剪短。劳森这次接受了首相的意见，但后来他并不总是对玛格丽特唯命是从。

玛格丽特·撒切尔同奈杰尔·劳森的关系与之前她和第一任财相杰弗里·豪的关系截然不同。豪已经被调往不太重要的职位，任外交大臣。在玛格丽特看来，豪是一个谨小慎微、行事死板的决策者，对经济的理解力远不如她自己。相反，她认为劳森是个非常有智慧、有才气的经济学家，对财政部里里外外的事务都相当精通。

"我到现在为止才逐渐理解奈杰尔的高见。"[27]这就是玛格丽特对自己在一众候选人里唯独提拔劳森所给出的颇具讽刺意味的解释。正如这句评论所暗示的，玛格丽特意识到劳森绝不像第一任财政大臣那么听话，这种桀骜不驯的态度在劳森上任不久两人的磨合期内尚无大碍，但后面则导致了两人的摩擦冲突。

除了欣赏奈杰尔·劳森的才干外，玛格丽特·撒切尔还非常喜欢他解决问题惯用的海盗式手法以及做决策时的果断干脆。劳森任财政大臣几周后就发现，政府公债总额已经超过一年30亿英镑。劳森的对策很快让玛格丽特亲身体会到他以上的三个特点。劳森大胆提议，立即进行资产出售和开支缩减。在7月7日的内阁会议上，在他和首相的共同努力下，内阁成员虽然极不情愿，但还是勉强同意通过了这项提议。劳森将改革的利斧狠狠砍向国防预算和国家医疗服务体系预算，共节约了5亿英镑。

紧随大选之后进行的医疗体系开支缩减引起了轩然大波，因为玛格丽特·撒切尔刚刚在大选里承诺过不会对国家医疗服务体系实施重大改革。不过玛格丽特顶住了这次改革引起的风波，并辩解说一个只敢谨慎维持医疗体系原有开支预算的政府最多只算个"非常非常好的政府"。[28]因为劳森政策的药效良好，玛格丽特的这番辩解基本无误，而且政府的自信心越来越强了。

到年底时，国内经济逐渐红火起来。根据经济合作与发展组织1983年12月发布的报告，英国经济增长速度已居欧洲之首。政府公债也获得了有效控制。玛格丽特·撒切尔声称将会创造"一幅经济领域需求和生产活动不断增长、投资不断增加的盛景"。[29]

这种乐观精神因为1984年的财政预算而得到进一步巩固。劳森在过去三年时间里将公司税率从52%降低到35%，激活了经济。此外，他还废除了对投资收入征缴15%额外税的规定，受到投资者的广泛欢迎。个人所得税征缴门槛的增加也使得85万名低收入工人无须再缴纳此项税费。"国民保险附加费"以前经常被描述成一项就业税，这回也被取消了。

劳森的第一项财政预算案获得了来自首相、媒体和议会近乎狂热的欢迎。尽管预算案受到好评主要得益于财政大臣的聪明能干，但是玛格丽特·撒切尔也在其中做出了三项重要贡献。首先，从预算案制定开始，她就一直在唐宁街10号举行的晚宴上参与这项战略计划的讨论；其次，1983年7月正当内阁对大规模限制政府开支、公债等问题产生分歧时，玛格丽特及时说服内阁改变主意，从而确保减税工作得以开展；再次，她在最后关头提出了宝贵建议，没有这些建议"1984年财政预算案"一定会遭到媒体的负面报道。

为扩大增值税的征收范围，劳森秘密计划了一项惊人举措，向报纸和杂志开征增值税。他在财政预算案最后一次讨论中向首相说了自己的打算。和劳森不同，首相预见到了对报社开征增值税会给伦敦新闻界带来的负面影响。"唉，奈杰尔，"她说，"这个预算案确实不错，你也肯定会得到外界的称赞。可是你总不想因为对报社开征增值税就毁了这一切吧。"[30]

这件事充分说明，玛格丽特·撒切尔在政治方面的嗅觉总是要比她手下的高官灵敏许多。这一回，奈杰尔·劳森接受了玛格丽特的建议，放弃了该项预算提案。结果，他获得了媒体的盛情称赞。否则，如果新闻界意外得知每年将要缴纳2亿英镑的增值税的话，肯定会集体对他恶语攻击。

"1984年财政预算案"促进了政府转型，将先前政府犯的小差错一扫而尽。虽然失业率仍然居高不下，但是国内经济领域的许多部门，尤其是伦敦市的经济部门，其信心都已大大增加。首相第二届任期内，英国电信公司、英国天然气公司、企业石油公司、捷豹汽车公司、劳斯莱斯汽车公司，还有英国航空公司都变成了私有公司。

大型企业中，唯有皇家邮政公司没有参与私有化改革，因为玛格丽特·撒切尔曾经对帕特里克·詹金跺着脚严正声明："那个你绝对不能碰——因为是皇家的。"玛格丽特的态度很不理智。詹金虽认为首相的反应"简直不可思议"，但他和他的继任者还是严格遵守了这个规定。[31]

玛格丽特·撒切尔本人的性格对私有化改革的优缺点皆有影响。私有化改革的优点来源于她的直觉理解力，即私有化改革项目绝不仅仅是一系列商业交易。玛格利特的个人哲学思想中有一条非常重要的信念：国家社会主义的领域理应缩减。"私有化改革是任何旨在重新收复自由主义失地项目的重中之重。"她对外宣称。[32]到1989年，玛格丽特已经可以对外宣布，"私有化改革：曾经每周亏损共计超过200万英镑的五个国有行业如今在私营部门每周盈利超过1亿英镑"[33]。

然而，这股私有化改革浪潮中，玛格丽特在推行自由竞争方面做得并不够。电力行业最终变成了一系列的地区垄断，电力企业的所有权也落入外国人之手。

身为财政大臣的奈杰尔·劳森是私有化改革政策的主要推动者。他和抓住一切机会、极力阻止私有化改革的英国天然气公司董事长丹尼斯·鲁克爵士彼此争斗，几乎谱就了一部传奇故事。其他内阁高级大臣比如诺曼·特比特、帕特里克·詹金和约翰·摩尔都是参与私有化改革的重要人物。但在历史上，这项具有革新性、广为模仿、极其成功的私有化改革创举的光环还是落在了玛格丽特·撒切尔身上。如今看来，私有化改革仍是玛格丽特留下的珍贵宝藏中最重要的部分。

私有化改革帮助玛格丽特在第二届任期内意想不到地给财政部带去135亿英镑的收入。伴随私有化改革而来的，还有政府经济政策推动的减税政策、经济刺激手段、取消政府对经济的管制和开放市场等策略，这大大激励了整个英国经济的发展，带来了经济文化的新气象。

最能看出这些巨大变化的，要数伦敦市出现的"金融大改革"。这项改革引进新技术、新外资，并将股票交易经纪、电子网络系统等新生事物引进传统金融领域。变革给伦敦市金融界带来很多财富和机遇，而在其他地区的经济领域同样也出现了以科技为主导的企业文化浪潮。

这一切经济活动均被称为"劳森式繁荣"。"劳森式繁荣"一开始便被认为是一项巨大的成功，玛格丽特·撒切尔尤其如此，她把自己的财政大臣看成智多星，策划出了她口中所称的"企业文化"。虽然后来玛格丽特对企业文化、经济繁荣，还有财政大臣的看法逐渐发生了改变，但至少在首相的第二届任期内，奈杰尔·劳森仍是她最宠爱的大臣。

回顾

行事一向坚决的首相在第二届任期伊始居然敢如此冒险，实属费解。可能是因为首相本人准备不充分，还有她的骄傲自满导致了一系列判断失误，才造成了如此混乱的第二届任期开端。

对于政府的几乎每一个决策、每一项行动，玛格丽特·撒切尔都会全力以赴地做好充分准备。可唯一例外的是，她居然没有认真对待保守党1983年的竞选宣言。宣言本身是份类似政策宣言的文件。由于保守党在大选投票中一直遥遥领先，宣言里的下一个五年计划并没有什么实质性的承诺，选民们对此也没有太在意。而玛格丽特·撒切尔自己也在大选中刻意回避外界对宣言的空洞无物所做的批评。后来玛格丽特对那些她认为向新一届议会提出空洞立法提案的大臣曾深表不满。但事实上，真正应该对这种空洞无物负责的正是首相本人。

由于塞西尔·帕金森惹上了麻烦，不仅内阁大臣的提案空洞无物，连议会的各种政策也是如此。帕金森绝对是外交大臣的不二人选，但他未能成功任职导致整个政府实力下降。对于帕金森的问题，玛格丽特·撒切尔虽然心胸宽广，但是处理得并不妥当。她坚持要求帕金森出任职位更低一点儿的贸易与工业部大臣，犯下了又一个错误。至于玛格丽特为什么认为帕金森调往这个部门后就可以不用像在外交部那样承担曝光的风险，迄今仍是个谜。

首相的及时干预虽然保全了帕金森的婚姻，但他的工作只保全了四个多月而已。10月份，正值保守党年会之际，一直被压住没报的这桩丑闻因为当事人的复仇，上了新闻头条。"压住没报"这次用得非常恰当，因为萨拉·凯斯在媒体采访自己的大作《一道判断题》中做了详细披露，她的披露让很多人联想到那句谚语："地狱烈焰不及被拒女人之怒火。"[34] 在一片群情激愤中，塞西尔·帕金森只得引咎辞职。要是他能获得准许，在大选结束后立刻辞职，可能事情的结果对所有牵涉在内的人都会更好些。

和议长人选的问题一样，帕金森的问题也是首相过于骄傲自大造成的。她在第一届任期常常缺乏安全感，所以行事谨慎，在第三届任期则有些骄横跋扈。然而在第二届任期，玛格丽特的个性在这两个极端之间游移，越来越多地表现出不合情理的傲慢自大。

她对外交部的态度经常造成各种争执摩擦。马尔维纳斯群岛战争结束后几个月，她决定在唐宁街10号设置自己专属的外交政策顾问。这一想法给公务员编制带来了震荡。玛格丽特新任的首席私人秘书罗宾·巴特勒在这个问题上非常勇敢地和首相展开了"一场激烈争吵"[35]。巴特勒吵输了，尽管结果可能并没有他想的那么糟，因为唐宁街10号的首位外务顾问是安东尼·帕森斯爵士。他是外交部一位很有创见、敢于打破旧习的外交官，但同时他在外交部又有很深的根底，可以将唐宁街和位于查尔斯国王街的外交部之间的紧张关系控制在一定范围而不是让紧张关系恶化爆发。至于杰弗里·豪爵士，就如后面几章将要讲述的那样，就没有这样的能力。

玛格丽特·撒切尔有一次和帕森斯共事，曾出人意料地做出了这样的评价："托尼，你知道吗，我非常骄傲自己跟你不属于一个阶层。"

"您觉得我属于哪个阶层？"这位驻伊朗和联合国前大使吃惊地问。

"我指的是中产阶级上层的知识分子阶层，能看清所有人的观点可就是没有自己的观点。"首相回答说。[36]

这个回答将玛格丽特·撒切尔性格里的优缺点全都暴露了出来。撇开她对知识分子的厌恨不谈，玛格丽特对所有其他人的观点都很难看清，更不必说欣赏了。这导致她在心情不佳时会显得特别不讲道理、心胸狭窄，甚至让她那原本就冷漠无情的态度看上去更加偏执顽固。她对求同存异这种事就是不感兴趣。对那些受到她政策负面影响的人，她毫无同情心。

可是事情还远不是这么简单。玛格丽特喜欢辩论。她不肯承认自己善变，也不愿倾听别人的意见。"她自己在讲话的时候甚至可以听清别人在说什么。"[37]罗宾·巴特勒说，透露了玛格丽特一项别人都没看出来的特长。

这股让玛格丽特表现得既顽固又强势的力量同样也成为玛格丽特勇气的源泉，这同时也是马尔维纳斯群岛危机期间全国人民在她身上发现的特质。这种特质将会在玛格丽特苦苦奋斗的两项重要的国内战斗中再度被人发现——与恐怖主义还有矿工大罢工战斗。

24

恐怖主义、爱尔兰和香港

挫败恐怖主义

恐怖主义对玛格丽特·撒切尔造成了持续威胁，但是她凭借自己的勇气和决心与之抗争。1984年10月，玛格丽特在布莱顿参加保守党年会时下榻布莱顿大饭店，结果遭遇恐怖爆炸袭击。面对爆炸，她毫无惧色。没有什么比这个例子更能说明玛格丽特面对袭击时坚定不屈的性格了。然而早在那次恐怖暴行之前，她已被迫开始应对各种恐怖暴力事件。玛格丽特处理恐怖事件的方法很能够说明她的性格特点。

玛格丽特当选首相的几周前，一位和她关系相当好的同事艾瑞·尼夫在驾车驶离下院停车场时惨遭炸弹袭击身亡。爆炸装置是由从爱尔兰共和军内讧中分离出来的爱尔兰国民解放军安装的。尽管玛格丽特·撒切尔在公开场合一直态度强硬，强烈谴责此次暗杀，并厉声抨击犯下杀人罪的"普通罪犯"[1]，但私下里她对尼夫的遇害非常伤心。这场暗杀惨剧提前警示：玛格丽特和很多政界名流将遭遇来自爱尔兰恐怖势力的极端威胁。

1979年大选结束四个月后，爱尔兰共和军恐怖主义分子在8月27日短短一天时间之内竟然发动了两次恐怖袭击。女王殿下的二表哥蒙巴顿伯爵乘坐的游船在爱尔兰斯莱戈郡发生爆炸，蒙巴顿伯爵、他的两位家人，还有当地一名小男孩均遇害身亡。在靠近尼亚里的沃伦波因特，就在北爱尔兰和爱尔兰共和国交界线附近，两枚饵雷炸弹导致英国伞兵团18名士兵身亡。[2]

玛格丽特·撒切尔在给痛失亲人的家属去信安慰后，立即决定亲自前往沃伦波因特慰问英军将士以及北爱尔兰皇家警察部队的官兵，因为他们都奋战在与恐怖主义斗争的最前线。北爱尔兰爆炸惨案发生两天后，玛格丽特又飞往贝尔法斯特，在市中心四处查看，并前往医院慰问受伤士兵。紧接着她又乘坐直升机前往"土匪乐园"的中心地带即北爱尔兰南阿马市，造访了位于克罗斯马格伦和高夫的英军驻地以及北爱尔兰皇家骑警队驻地。一路上她不顾别人的建议，穿戴着从阿尔斯特防卫团女兵那里借来的"金翅雀"迷彩服和贝雷帽，奔跑着上下直升机以减少被狙击手偷袭的机会。[3]玛格丽特的北爱尔兰之行所表现出的勇气和传达出的象征意义都使得北爱尔兰人民大受鼓舞。"从那时起，北爱尔兰就知道，我们拥有一位胆色过人的首相，她一定会毫不手软地与爱尔兰共和军战斗到底。"北爱尔兰联合主义政治家哈利·韦斯特说。[4]

此外，玛格丽特·撒切尔在指挥伊朗大使馆围攻战时也表现出了与恐怖主义抗战到底的坚定决心。这件事之后，她更是下定了决心要与恐怖主义势不两立。1980年4月30日，6名在伊拉克受过训练的伊朗阿拉伯持枪男子攻占了伊朗大使馆，劫持了共26名人质，其中包括一名在外执勤的普通警员，还有两名到使馆申请签证的BBC记者。袭击发生后第6天，武装分子杀死一名人质，并将尸体抛出使馆外。最终首相下令特种空勤团强行攻入使馆。特种空勤团的整个解救行动在电视上同步直播，并获得胜利。余下的25名人质安全获救，6名武装分子中有5名被击毙，1名被活捉。[5]

解救行动结束后，首相亲自前往特种空勤团驻伦敦摄政公园的营房向空勤团的官兵表示祝贺。她事先没有发任何通知。晚上9点58分，玛格丽特身着晚礼服在特种空勤团总指挥彼得·狄·勒·毕利耶尔准将、内阁办公室理查德·黑斯蒂-史密斯和丹尼斯一行人的陪同下来到营房。当时参加了解救行动的"宝塔"分队40名队员正脱下黑色工作服，互相递着啤酒。突然间，他们听到指挥官杰里米·菲普斯少校惊讶地说："晚上好，首相。"这一声问候是玛格丽特当晚得到的唯一一声问候，因为几分钟后营房健身馆尽头摆着的那台大电视机里突然传来大本钟的奏鸣声，"晚十点新闻"栏目开始了。在总部设在赫勒福德郡的特种空勤团里，军令胜于一切，即便有贵宾来访也是如此。队员们在一声"坐下"的命令中跑到电视机前坐下观看新闻。玛格丽特·撒切尔自己也不得不服从命令坐了下来。特勤团的队员围坐成半圆形,玛格丽特则坐在他们前面的地板上,并把手撑在一名健壮的骑兵肩上维持平衡。电视新闻里重播白天的惊险片段时,她有一两次插话说:"是不是很惊险……太惊险了!"待到新闻结束,首相向官兵致谢,感谢他们"如此完美、如此神勇"[6]地完成了任务。之后,玛格丽特留下充足的时间和大家一一握手,而丹尼斯则趁机喝了一罐啤酒。那天晚上队里的一位军官预感到首相将会与特种空勤团建立亲密合作关系,不过当时外界鲜有人能察觉到这一点。"我们从没想到你居然会同意让我们行动。"这位骑兵说道。[7]"我的决策正确无误。我决不会纵容恐怖分子放肆。"玛格丽特回答说。[8]军方由此明白,这位新首相在打击恐怖主义方面绝不会手软。

在对付爱尔兰共和军的绝食抗议者时,玛格丽特·撒切尔也表现出了同样的坚决。为抗议英国政府未将爱尔兰共和军恐怖分子当成"政治犯"对待,爱尔兰共和军开展了系列抗议活动。作为抗议活动之一,已定罪判为谋杀犯的博比·桑兹带领一群爱尔兰共和军恐怖分子在爱尔兰梅兹监狱发表宣言,称他们将"绝食至死"。然而监狱外的爱尔兰共和军代表绝食抗议者发起的示威活动只得到首相绝不妥协的回应。抗议者要求必须将已定罪的恐怖分子囚犯判定为"政治犯"而不是普通罪犯,这一要求遭到首相拒绝。1980年12月,玛格丽特在都柏林欧共体会议上就此问题作答时,直言不讳地说:"谋杀是犯罪。携带爆炸物是犯罪。残害他人是犯罪……谋杀就是谋杀,绝不会也永远不会是政治罪。因此杀人犯根本不存在政治身份问题。"[9]

正当北爱尔兰暴动愈演愈烈之际,1981年5月博比·桑兹和其他三名绝食抗议者相继死亡。5月晚些时候,玛格丽特·撒切尔亲自来到北爱尔兰。当地一位电视台新闻记者问,她是否准备看到"绝食抗议者一个接一个地死去"。对此,玛格丽特回答说:

> 此事完全由参与绝食抗议的人，还有鼓励他们绝食抗议的人决定。我没有鼓励他们绝食抗议。我鼓励他们不要轻易去死……判决他们死刑的人不是我，而是他们自己。[10]

爱尔兰共和军最终明白铁娘子绝不会向恐怖主义屈服，所以只好暂时作罢。在教堂和绝食罪犯家属的双重压力下，绝食抗议活动于1981年10月终止。

在桑兹绝食抗议的7个月时间里，爱尔兰共和军共杀死了13名警察、8名英国士兵、5名阿尔斯特防卫团团员以及5位平民。这段时间也是恐怖主义最肆虐的血腥时期之一，其间共有61人遇害，其中有34位平民。[11]

与此同时，爱尔兰共和军将恐怖主义袭击爆炸活动扩大到了伦敦和不列颠岛的其他城市。最凶残的一次暴行是发生在7月20日的双连击爆炸。一枚炸弹爆炸造成皇家骑兵团2名战士死亡、23名战士受伤。2小时后，一枚放置在摄政公园室外音乐台下的爆炸装置引爆，造成台上演奏的皇家绿夹克兵团6名士兵死亡，现场参加午间音乐会的人中有24人受伤。爆炸最终导致11人死亡，50人受伤，另有7匹骑兵马丧生。[12]

1983年11月17日星期六，哈罗斯百货商店门外发生爆炸袭击，2名警察以及3名路人遇害身亡，路人中包括1名美国人。12月24日圣诞节前夜再度发生恐怖爆炸，75位平民和1位警察受伤，受伤的警察后因伤势过重死亡。这是恐怖袭击杀害的第三名警察。爆炸发生不到半小时，玛格丽特·撒切尔就赶到了现场。她看到一个十几岁的小女孩被烧成焦炭，尸体紧紧压在商店的橱窗上，惨不忍睹。在妻子的劝说下，丹尼斯·撒切尔于爆炸发生48小时后去哈罗斯百货商店购买了圣诞商品。[13]

但是爱尔兰共和军恐怖袭击最主要的目标是趁1984年10月保守党年会召开期间，袭击布莱顿大酒店。袭击原计划炸死玛格丽特·撒切尔，但是她非常幸运地逃过了一劫。爆炸摧毁了酒店的主楼，许多客房沦为废墟，其中就包括玛格丽特入住的套房浴室。要是爆炸发生时她正在使用浴室，肯定早就重伤甚至一命呜呼了。可是那时玛格丽特正在熬夜，一直熬到10月12日周五凌晨，她在准备年会的发言稿，几小时后她将在年会发言。

玛格丽特向发言稿的作者道过晚安，对稿子做了最后一两处修改后，刚要上床睡觉，突然她的首席私人秘书罗宾·巴特勒又送来最后一份公文，并说："我可以请您今晚看看这份文件吗？您可以明早早饭时跟我说说您的打算。"[14]

当时是凌晨2点50分。玛格丽特迅速扫了一眼文件——是有关为利物浦花园节筹资的事——这一看耽误了至关重要的一会儿时间，要是她这段时间去了浴室就等于踏上了不归路。于是首相一直和罗宾·巴特勒待在套房的客厅里。到了2点54分，突然一声惊雷般的声响震动了整个酒店，紧接着传来墙体开裂的声音。天花板上的水泥掉了下来。大片窗户碎裂，玻璃砸在了地毯上。玛格丽特·撒切尔立刻明白，有炸弹爆炸，但她没有意识到炸弹就安装在她房间的顶上。她以为是停在海边的汽车安装了炸弹，于是走到窗前向外看。

"不要到窗户那儿去"，罗宾·巴特勒说。他还没来得及提醒别的事，玛格丽特早已"像一只快步奔回兔子窝的兔子"[15]迅速冲到卧室，边跑边说，"我得看看丹尼斯是不是没事"。玛格丽特这种本能反应很危险，因为爆炸后立刻传来砖头掉落的声音——幸运的是，声音是从附近的浴室而不是卧室传来的。片刻之后，首相在丹尼斯的陪同下重新出现，让她的私人秘书着实松了口气。丹尼斯正在睡衣外面套上外套。"我这一辈子还从没见过这么多碎玻璃呢。"他看见浴室遭到的损坏说。[16]

接下来的几分钟一切似乎平静得有些令人难以置信。但令人吃惊的是,所有的灯都正常亮着。丹尼斯重新走回卧室把衣服穿好。罗宾·巴特勒负责整理公文。首相则到走廊对面查看其他值班秘书是否平安无恙。可这些值班秘书关心的却是,首相的演讲稿还没有完全打印好。玛格丽特·撒切尔拉了一把椅子坐下,茫然地喃喃低语:"我觉得这是一次暗杀行动,你们觉得呢?"[17]

和玛格丽特住在酒店同一方位的其他保守党高层也渐渐聚集到了秘书办公室。这些人包括:杰弗里·豪和夫人埃尔斯佩思·豪,党主席约翰·格默和他仍穿着睡衣的夫人彭尼,穿着绸子睡衣、外面套着晨袍的基思·约瑟夫,大卫·沃尔夫森以及罗尼·米勒。

首相的议会私人秘书、有着坚定信念的迈克尔·艾利森平静地对玛格丽特说:"感谢上帝,你没事儿,玛格丽……"

"是的,我得好好谢谢他。"她回答道。[18]

艾利森回忆说:

> 当时的场景非常英式风格。每个人都垂头丧气。大家好长时间都一言不发。甚至还有一两个人怀疑是否会有第二枚炸弹爆炸。但是玛格丽特非常镇定。她问我年会的会场是否有损坏。我回答说,我觉得应该不会,因为会场离我们有四分之一英里远。听到这话后,她非常坚定地说,"那我们必须在早上9点30分准时开会,这一点很重要"。[19]

罗宾·巴特勒没有听到首相和迈克尔·艾利森的对话,他建议首相立即返回距离布莱顿仅一小时车程的伦敦。"我绝不会离开此地。"她坚定地回答道。[20]

决定接下来要做什么的人则不是首相,而是凌晨3点10分到达爆炸现场的一位消防员。紧随消防员来到现场的是英国警察部门政治保安处的安保警员。消防员小心翼翼地带领首相一行下楼，走出大酒店外。整个撤退过程并不快。他们尝试的第一条路线走不通，于是首相只好在一间办公室里等着。过了一会儿，消防员考察认为，从主楼梯下楼比较安全。但主楼梯周围粉尘飞扬，弄得玛格丽特不停咳嗽。粉尘沾满了她蓝色的舞裙，6个小时前她还穿着这条舞裙参加了保守党党员舞会。随着白色粉尘在裙子上越积越多，玛格丽特看上去活像个幽灵，摸索着爬过碎砖头和坏家具。刚一到达酒店大厅，她就坚持要弄清楚酒店所有当班的前台服务员是否都安然无恙。在听到汇报说服务员全部安全后，她才同意在警察的严密保护下由后门离开酒店。[21]

酒店外一片混乱，关于玛格丽特·撒切尔已经遇害身亡的谣言四起。海边也挤满了从附近其他酒店跌跌撞撞地跑出来的参会代表。我就是其中的一个。我还记得自己当时看到酒店前面炸开的大洞时非常吃惊，心里猜测谁幸存了下来、谁不幸罹难。但很快就传来消息说，看见首相从主楼梯下来了。有人大喊："玛吉安全了！"听到这话，大家都松了口气，虽然彼此互不相识，但都不禁握手、互拍肩膀以示庆贺——不过谁都没说话。

首相一离开酒店，就被开车送往布莱顿警察局，她在那里见到了各位内阁大臣，包括威利·怀特洛、基思·约瑟夫、杰弗里·豪和妻子埃尔斯佩思，豪的妻子还带着他们的爱犬"预算"，此外还有约翰·格默和利昂·布里坦。玛格丽特的安全顾问极力想劝说她返回唐宁街10号。但是她谁的话都不听。

随后玛格丽特·撒切尔脱下晚礼服，换上她的私人助理辛西娅·克劳福德（"克劳馥"）从酒店卧室抢救出来的藏青色套装。接着她被开车送到刘易斯警察学院过夜。学院里站满了荷枪实弹的武装人员，看上去就像个军事掩体。一到警察学院，玛格丽特就被安排住进一个有两张床的房间——她和克劳费一起住。丹尼斯则在走廊深处找到了其他住处，和政治保安处的警官睡在一起。

在抓紧最后几个小时睡会儿觉前,玛格丽特·撒切尔只想到有一件事要做。"克劳费和我在床边跪下静静祈祷了一会儿。"[22]

之后首相简单休息了片刻。罗宾·巴特勒则负责接电话和整理从爆炸现场的党员以及警察那里传来的各种消息。玛格丽特起床后,巴特勒向她做简要汇报:"首相,恐怕事情比我们想象的还要糟糕。不断有尸体从废墟里抬出来。他们现在正把受伤的诺曼·特比特挖出来。"[23]

玛格丽特·撒切尔还从晨间新闻里了解到更多有关前一天晚上人员伤亡的消息。议员安东尼·贝里、保守党首席党鞭的妻子罗伯塔·韦克姆均已遇难。约翰·韦克姆仍被困在废墟里,他的双腿被碎石压坏了。诺曼·特比特和他的妻子玛格丽特正被救援人员从碎石中抬出来,两人疼痛难忍。新闻里还一直不间断地播报着:另有3人死亡,很多人受伤。玛格丽特·撒切尔从悲惨的新闻报道里回过神来,扭头对罗宾·巴特勒说:"嗯,已经8点了。大会必须9点30分准时开始,我一定要出席。"

巴特勒简直不敢相信他的耳朵。"首相,您在开玩笑吧。已经有人死了。您总不可能当什么都没发生过似的继续开会吧。"

玛格丽特·撒切尔毫不犹豫地答道:"这是我们对外展示恐怖主义必定会被民主主义击败的绝佳时机。"[24]她的直觉压倒了所有其他方面的考虑。

9点30分整,首相走进会议中心,受到了参会代表的热烈鼓掌欢迎,他们大叫着释放自己的情绪,庆幸首相安然无恙。欢笑泪水过后,会议讲台的重点又变成了和往常一样的内容——讨论政务。无巧不成书,当天早上第一回合辩论就是北爱尔兰主题。辩论结束后由首相做演讲,演讲稿已经由罗尼·米勒和秘书组其他成员临时做了大量修改。稿子里剔除了往常惯有的取笑戏弄反对党的内容,加入了对恐怖主义的严正控诉,并呼吁全国上下团结一心。玛格丽特充分表达出演讲稿里的所有要点:

这次爆炸袭击……不仅企图捣乱、终止我们的大会，而且计划搞垮女王陛下经由民主选出的政府。这是我们大家深感愤怒的共同原因。此刻我们聚集在这里，虽然震惊，却依然镇静并且坚定。这足以显示，本次袭击已经失败，而恐怖主义摧毁民主的所有企图也终将失败。[25]

　　如此一番丘吉尔式的抗议不仅表达了参会代表的心情，也表达了全国上下所有人的心情。玛格丽特·撒切尔的临危不乱赢得了广泛好评。她的表现正是英国希望自己的首相在如此危急关头应有的表现——充当勇气的灯塔和信心的象征，让人们相信爱尔兰共和军绝无可能得逞。

　　爆炸袭击发生后几个小时内玛格丽特·撒切尔之所以表现得坚定决绝，实际上是因为她在内心深处确实受到了布莱顿爆炸案的影响。正如人们料想的那样，短时间内她的确受到了惊吓，但她绝不允许自己在极其专业的电视采访和大会发言中流露出任何一点儿类似惊吓的情绪。

　　在前往皇家苏塞克斯郡医院探视过伤员，回到契克斯别墅后，玛格丽特的情绪才逐渐显露出来。诺曼·特比特和玛格丽特·特比特夫妇在重症监护室的情形令她备受打击。这位贸易与工业部大臣从他肿胀的脸和嘴唇里勉强挤出几句话，玛格丽特才总算认出他来。他的妻子则告诉玛格丽特，自己从脖子以下完全没有知觉，她和玛格丽特心里都清楚这意味着终身瘫痪。当天晚餐时，玛格丽特·撒切尔对丹尼斯说，她会一直想，玛格丽特·特比特的命运很可能本来就是她自己的命运。[26]

　　这种劫后余生的惊吓感困扰了玛格丽特好长一段时间。周日早上，她去了教堂，有人看见她做祷告时一直抹眼泪。[27]等她返回契克斯别墅，卡罗尔已经从澳大利亚飞回来了。卡罗尔发现母亲坐在阳台上，"表面平静但似乎还是有些受惊"。跟女儿描述了布莱顿发生的事情后，玛格丽特说："我根本不希望看到发生那天的事。"[28]

丹尼斯看上去同样有些抑郁。他很少会让自己的情感流露出来。可是经历过这次事件以后，他给一些向他表示祝福的人写了好几封信，其中一句话提到了这次的侥幸脱险："我愿意相信，上帝一定插手了此事。"[29] 几天后，他买了一块手表送给妻子，并附上便条："每一分钟都很珍贵。"[30]

与死神擦肩而过并没有长期在玛格丽特·撒切尔身上留下印记。有观察家认为，爆炸事件减少了玛格丽特的自信，增加了她的冷漠，但没有充分证据能够证明这一点。另一种比较乐观的观点认为，玛格丽特的确受到了精神打击——但是时间不长。恐怖袭击发生才10天，她就逐渐复原了。在庆祝自己当选芬奇利议员25周年的纪念会上，玛格丽特对芬奇利的选民说："我们像英国所有英勇的公民都会做的那样，重整旗鼓，整装待发。"[31]

英爱协定

布莱顿惨案后需要立即着手处理的和恐怖主义相关的一件事就是施行绝密的外交政策。玛格丽特将此事托付给内阁秘书罗伯特·阿姆斯特朗爵士，他将和爱尔兰都柏林的内阁秘书德莫特·纳利合作商讨这项外交政策。两人的商谈促成了1985年的《英爱协定》，为后来的历史发展奠定了基础。

他们究竟如何开始商谈《英爱协定》，这份协定又如何在英爱半个世纪的外交关系中带来首创性的重大突破，的确很有趣，也能充分体现撒切尔式治国之道的细致微妙之处。

在赢得1979年大选一年以后，玛格丽特·撒切尔成为历史上第一位在唐宁街10号欢迎爱尔兰总理的英国国家首相。玛格丽特小心翼翼地接待了她的客人、共和党执政党主席查尔斯·豪伊盖尔。众所周知,此人对北爱的共和主义分子非常同情,20年代70世纪初曾因帮助爱尔兰共和军进口军火而遭法院指控判罪。

尽管爱尔兰总理的背景不详,但首相还是和他建立了良好的关系。花言巧语是查利·豪伊盖尔的拿手好戏,他在给首相送告别礼物时就巧妙地使出了自己的这个绝招。豪伊盖尔送给玛格丽特的是一套茶具,配有一根银勺,勺子上刻了一行话,"在有纷争的地方,让我们播种和平"。这句话实际出自阿西西的圣方济各祷文的第一行。玛格丽特·撒切尔当选首相那天站在唐宁街10号门前的台阶上也说过同样的话。

虽然玛格丽特·撒切尔在政治上同情北爱尔兰统一党,也想为北爱尔兰播种和平,但她经历过很多事情后,对联合主义者已经不再抱有幻想。她清楚自己不应该把所有的鸡蛋都放在贝尔法斯特这一个篮子里。因此,在爱尔兰总理赠送的茶匙以及外交部的暗中推动促动下,玛格丽特来到都柏林参加了一个双边首脑会议——这又开了历届英国首相的先河——时间是1980年12月。

豪伊盖尔趁机继续对玛格丽特·撒切尔施展他的魅力。首脑会议的规模巨大,英国方面出席会议的有外交大臣(卡林顿勋爵)、财政大臣(杰弗里·豪)和北爱尔兰事务大臣(汉弗莱·阿特金斯)。更加令人没有想到的是,会议讨论结束时发布的公报又开创了外交方面的新局面。英国承诺将会"对群岛之间的整体关系给予特别考虑"。[32]

这番话后来令玛格丽特·撒切尔大为尴尬。"你毁了我对爱尔兰联合主义者的信誉。"[33]她向负责草拟这份承诺书的北爱尔兰事务部常务次官肯尼斯·斯托爵士抱怨说。回到伦敦后玛格丽特为减少损失,又和主张北爱尔兰继续留在英国的奥兰治人接触,给伊恩·佩斯利写了一封安抚信,并且还对亲爱尔兰联合主义者的伊恩·高说,她被

"外交部羁绊住了"。³⁴

尽管玛格丽特·撒切尔做了如此多的弥补，都柏林首脑会议还是成为她的转折点。肯尼斯·斯托深得玛格丽特信任，因为斯托在调往北爱尔兰事务部前就是玛格丽特在唐宁街10号的第一任私人秘书。关于玛格丽特对首脑会议的反应，他的看法是这样的：

> 首脑会议是和平进程的开始。首相第一次发现伦敦和都柏林的关系远比伦敦和贝尔法斯特的关系重要得多。这对她来说是难以面对的沉痛教训，但她还是自己面对了。她已经意识到，北爱尔兰问题绝不是贝尔法斯特和英国军队所能解决的。她清楚——尽管有些不情愿——公报里提到的"整体关系"只是一个明智的开端而已。³⁵

这种明智过了好一段时间才得以真正实行。之所以会这样主要是因为玛格丽特·撒切尔对查利·豪伊盖尔，还有他的爱尔兰政府在马尔维纳斯群岛战争期间发表的反对英国政府的言论有所不满；但是后来爱尔兰举行大选，选出了新一届政府，加上加勒特·菲茨杰拉尔德出任新总理，又改善了英爱逐渐紧张的关系。首相认为私密的外交活动可能更容易成功，所以便授权内阁秘书罗伯特·阿姆斯特朗爵士向爱尔兰内阁秘书德莫特·纳利提议商谈。这两位英爱两国的政要之前就是要好的朋友，所以对两国之间的沟通帮助不少。

通过这条秘密信息通道实现的第一个提案，就是将阿尔斯特即北爱尔兰和爱尔兰共和国之间的边界线改为边界地带，两边各宽5英里，这样有助于两方警察和安全部队在追击恐怖分子或犯罪嫌疑人时能够顺利地开展合作。尽管爱尔兰政府拒绝了这项提议，但是英国政府通过阿姆斯特朗提出如此严肃的建议，促使爱尔兰政府利用阿姆斯特朗－纳利会谈作为和英政府协商其他重大问题的一个途径。很快，英爱两方会谈的主角以及他们的助手便每两周碰面一次了。

会谈早期的惊险行动包括：双方承诺只进行口头商谈不做任何文字记录；同时，双方使用假护照秘密出行，像詹姆斯·邦德一样进行秘密约会。纳利对英方内阁副秘书罗伯特·韦德-格里建议说：

> 你到达都柏林机场后坐出租车去酒店。第二天早上8点45分你沿着都柏林总理花园围墙外那条路一直走，等9点整你经过花园时，花园的门就会打开。你走进去，门会关上。然后我们可以一整天都待在里面谈事情。[36]

尽管韦德-格里说首相对英爱两方官员的商谈"高度怀疑"[37]，但她还是默许了商谈继续进行。不过，她提出两个前提条件。第一，商谈的初始阶段只能由内阁办公室负责，英国外交部或北爱尔兰事务部绝不可牵涉其中；第二，绝不允许提出任何共享或削弱英国主权的建议。"她的核心是主权问题，"罗伯特·阿姆斯特朗回忆道，"绝不容许任何打击或损害英国对北爱尔兰主权的事情。"[38]

布莱顿恐怖主义袭击造成局势紧张，后来导致秘密外交商谈一度中断。玛格丽特·撒切尔讨厌给别人造成任何一点儿印象，认为她是"因为遭到爆炸袭击才同意进行和谈的"。[39]不过她还是同意于1984年11月7日在契克斯别墅召开英爱首脑会议。同时她对爱尔兰新总理加勒特·菲茨杰拉尔德博士也越发敬重了。不过会谈临近结束时却差点破裂，因为玛格丽特在最后一场新闻发布会上针对一次外围事件发表了言辞激烈的演讲。

之所以会发生这样的事是因为就在首脑会议前夕，都柏林民间智囊团组织"新爱尔兰论坛"发布了一份报告。尽管这份报告从未获得过爱尔兰政府的官方认可，并且和契克斯别墅正在进行的首脑会议也毫无关系，但是记者认为报告里给出的提议非常有新闻价值。这份被公认为复杂恳切的报告文件里提出了各种有望终结英爱矛盾的宪政新建议。和伦敦方面相比，都柏林方面虽对报告的提议钟爱有加，但由于里面的语言晦涩加上相关建议涉及年限过长，文件很可能被长期搁置于和谈进程之外。玛格丽特·撒切尔却偏偏喜欢落井下石，给报告再添一记重锤。

首脑会议后举行的新闻发布会上，有记者问玛格丽特对"新爱尔兰论坛"的结论有什么看法。她将论坛的结论简化为三条建议：统一、联邦和共有权力。接着她带着轻蔑的语气，不屑地弯了弯手腕，说这三条建议都不值一提："不可行……不可行……不可行！"[40]

爱尔兰媒体立即对玛格丽特表示谴责。加勒特·菲茨杰拉尔德博士把这位英国首相的语言形容为"无端挑衅"。[41]而首相自己则假装对大家的激动毫不知情。英爱关系由此陷入新一轮低谷。英国驻都柏林大使甚至收到警告，说英爱两国的关系危机将使爱尔兰大众对爱尔兰共和军的容忍度大幅提高，并削弱爱尔兰政府对抗恐怖主义的能力。但是这些表面现象都不足为信。

玛格丽特·撒切尔知道自己的言行过激后立即开展和解行动而不是做出道歉。她向菲茨杰拉尔德博士伸出了橄榄枝，并和他重新安排下一步会谈。她对正式的《英爱协定》并不是特别热衷。她真正希望从都柏林那里实现的，是英爱双方在治安方面开展合作。但是在美国国会高层和里根总统的重压下，玛格丽特只能勉强同意爱尔兰共和国政府拥有就北爱尔兰治理问题与英国进行磋商的权力，并且这项权力将成为爱尔兰政府的永久权力。磋商将由英爱两国内阁大臣共同主持，贝尔法斯特书记处协同参与。这是《英爱协定》的核心条款。1985年11月15日，首相和爱尔兰总理在北爱尔兰的希尔斯伯勒签署了协定。[42]

签署协定时外部的局势非常动荡。"签署协定造成的反响令玛格丽特心神不宁。"汤姆·金回忆说。六周前他刚刚被首相任命为新的北爱尔兰事务大臣。"协定实质是在绝密状况下协商达成的，主要是通过阿姆斯特朗-纳利*之间的秘密信息通道。最后协定是被当作既成事实直接报送给北爱尔兰的。当然，玛格丽特早就料到联合主义者和他们的支持者会愤怒，但令她大吃一惊的是这些人愤怒的程度。"[43]

玛格丽特感到吃惊的一个重要原因是伊恩·高的辞职。高原来是她的政务次官，后来任财政部大臣。首相抵达希尔斯伯勒堡后做的第一件事就是到楼上的卧室打电话给伊恩·高。她竭力劝说这位联合主义事业的忠实拥护者不要辞职，可是劝说无效。尽管玛格丽特非常欣赏高的坚持原则，但那天高的表现还是令她非常不满。

签字仪式上，加勒特·菲茨杰拉尔德讲了一堆盖尔语，又让首相吃惊不已。"玛格丽特一直想知道他到底说了些什么，"汤姆·金回忆道，"我小声问她有没有可能说的是'我们赢了？'"

大家都猜到联合主义者说了些什么。"希尔斯伯勒城堡外一片哗然，"金说，"联合主义者在城堡外又砸又叫，一片嘈杂。他们的抗议叫嚣声弄得城堡里的人连自己讲话都听不清。"[44]

抗议活动一直进行着。联合主义分子万万没想到玛格丽特居然会背着他们偷偷与都柏林达成协议。因为玛格丽特，他们产生了一种强烈的背叛感。"我们是英国人，我们会一直是英国人，"11月24日在贝尔法斯特举行的一次反《英爱协定》的大型示威活动上伊恩·佩斯利牧师大声喊道，"现在撒切尔夫人居然说爱尔兰共和国可以插手我们北爱的事，我们要说'绝不，绝不，绝不，绝不'。"[45]

佩斯利的代理人彼得·鲁滨逊把《英爱协定》叫作"政治卖淫行为"。[46]伊诺克·鲍威尔则没有发表粗暴抨击，而是在下院向玛格丽特提了个尖锐的问题，问她是否意识到"叛国的惩罚是陷入公众的指责？"对此，玛格丽特反驳说，自己觉得他的话"非常无礼"。[47]

　　★　罗伯特·阿姆斯特朗爵士和德莫特·纳利两人关系非常亲密，所以他们共同设立了以各自姓名首字母为代号的信息通道——AN。这个渠道被介绍给英爱两国参与秘密协谈的工作人员。

但是伤害玛格丽特最深的还是伊恩·高的辞职，后来证明辞职一事导致了高的死亡。高因为反对希尔斯伯勒协定而成为别人的眼中钉。1990年，爱尔兰共和军在伊恩·高的家乡选区——伊斯特本，高的车库里将一枚炸弹安装在高的汽车下，成功杀死了高。这次谋杀是一系列爆炸和悲剧事件中对玛格丽特个人造成打击最大的一次。爆炸发生后，玛格丽特·撒切尔越发怀疑自己当初签署《英爱协定》的正确性。

1990年8月，伊恩·高的葬礼结束后，我参加了在苏塞克斯郡高的家乡附近举行的一次家宴，席间有幸和首相交谈。她看上去和以前一样的不安，我们谈的主要是伊恩高贵的人品。首相和善地称赞我一周前在《卫报》上为高做的讣告写得非常好。但是她隐晦地提到了《英爱协定》，并评价说："在爱尔兰共和军问题上，我们没有得到都柏林方面本该对我们提供的机要安全方面的合作。"[48]

玛格丽特·撒切尔开始对协定产生负面看法。到了1993年她出版自己的回忆录时，已经完全认为《英爱协定》就是个错误。她将协定带来的结果称作"……失望至极。我们的退让导致联合主义者对我们疏远，而且我们也没有获得原先期望的双边安全合作"[49]。

这个判断为时过早。实际上玛格丽特为和平进程所奠定的基础远比她自己当时看到的要深厚得多。

接受香港的现实

与爱尔兰政府1985年在希尔斯伯勒签订的《英爱协定》并非玛格丽特·撒切尔违背自己意愿所签署的唯一一份国际协定。另一个"历史遗留问题"——就是香港的未来。首相开始接触这个问题、为此进行争论、错误的处理、最后解决而后私下又怨恨自己的决定，都充分说明了她的性格特点。

玛格丽特·撒切尔第一次关注香港问题是在一次会议上，会议于

1982年7月28日在唐宁街10号举行。当时圣保罗大教堂举行的马尔维纳斯群岛战役感恩典礼刚刚过去两天。正如杰弗里·豪爵士所说："没有人敢跟刚刚在马尔维纳斯群岛战役中捍卫了英国主权的首相说，她现在必须要考虑英国对香港的'主权'了。"[50]

外交大臣和他手下的殖民地事务官员在劝说首相考虑放弃英国主权一事时，简直困难重重。中国清政府与英国签订的租约规定，香港92%的地界租借给英国，租期将于1997年到期。如果到期归还这92%的土地，香港余下8%的地界，还有香港岛、九龙半岛想要自给自足、继续由英国进行殖民统治是非常不现实的。

尽管这些想法不切实际，玛格丽特·撒切尔还是"以斗志昂扬的绝不合作精神"[51]——借用白厅最聪明的中国通珀西·克拉多克爵士的话——讨论这些想法。玛格丽特后来对克拉多克印象非常好，所以把他调到唐宁街10号做她的外事私人顾问。但是在探讨香港问题之初，玛格丽特对克拉多克以及外交部其他官员给出的建议根本不屑一顾。

首相没有打算与中华人民共和国谈判协商，而是提议英国永久保留香港岛和九龙半岛南端。她说——明显很严肃——她认为英国军队有理由出兵保卫香港。她还坚持说，英国毫无争议地享有对香港剩余土地的"永久业权"。英国维多利亚女王政府和中国清政府于19世纪40年代签订的系列条约里虽然认可了这些永久权，但中华人民共和国并没有予以认可。无论怎样，北京都要求，只要1997年租约到期，就全部收回香港。

玛格丽特·撒切尔除了大胆宣称英国对香港享有军事、法律方面的职权外，还对香港的未来做过很多原创性的设想，比如联合国托管、与中国共治等。她想尽办法佯装说明，英国绝不会以任何形式在"主权"方面向中华人民共和国做出任何让步。为帮助英国保留这种绝无可能的地位，玛格丽特和自己的顾问开始了一系列的讨论，这些讨论被形容为"毫无条理、粗鲁生硬"。

克拉多克回忆："首相使用了游击战术，剑走偏锋，不按常理出牌。她总是制造烟幕，然后在烟幕的掩护下悄悄施行自己真正的想法。"52

烟幕背后实际是玛格丽特对现实深刻的认识。她与中国领导人邓小平的会谈安排在9月24日在北京举行。对玛格丽特·撒切尔来说，这次会谈并不愉快也不成功。她当时患了严重感冒。会谈第一天上午，她在人民大会堂前的台阶上狠狠摔了一跤，在迷信观点看来这是英国的凶兆。

迷信观点其实有点靠谱。邓小平对首相提出的建议一律予以反对。他坚决要求香港必须回归中国。后来玛格丽特提议，只有中英双方达成的协议获得香港和英国议会的认可后，她才会考虑中国的主权问题。邓小平断然拒绝了这个提议，并说他愿意等上一两年的时间和英国继续磋商，但是一两年后中国将自行宣布对香港收回主权的决定。邓小平的坚决让玛格丽特·撒切尔对他毫无办法。53

数月后谈判的僵局才终于被邓小平的"第一项策略"打破。54这个词经过外交部修正，用来描述首相对主权问题的看法。1982年9月在北京与中国领导人的会谈中，玛格丽特·撒切尔声称自己已经准备好在适当情况下"考虑"就"主权问题"向议会做出提议。到了1983年3月，她又改口说自己"将会做好准备向议会提出建议"。这个用词的小小改变促使玛格丽特重新再三考虑先前她提出的解决香港问题的一些荒谬方案，比如动用武力保护香港岛，还有在联合国的指导下让香港公投，为"香港独立"做好准备。但最后，她还是极不情愿地同意了第一项策略，并对外宣称这是"她的最终决定"。她在写给时任中国国务院总理赵紫阳的信里说明了这个决定，赵紫阳也对玛格丽特的细微变化表示了高度赞赏。于是磋商重新开始。

接下来的12个月，伦敦、北京和香港的官员开展了各种复杂的外交活动。和中国普通话一样难以捉摸的杰弗里·豪爵士在磋商过程中很好地使用了他的谈判技巧。磋商之所以能够顺利进行，不是因为玛格丽特·撒切尔仍抱有巨大兴趣，而恰恰是因为她对磋商早已经没有了兴趣。她倾向于支持政治上非常不理智的决策，即同意英国在香港拥有"永久业权"，香港区域性"独立"。但是1984年1月，珀西·克拉多克爵士调到唐宁街10号做了首相的外事顾问后，更为理智的政治决策很快就对她产生了作用。

玛格丽特·撒切尔选中克拉多克任这个重要职位，充分说明她在挑选重要部门的下属人选时的超高标准。克拉多克是个典型的外交官，工党党员，在包括香港问题的很多外交政策上的观点都和玛格丽特相左。

"克拉多克能当外交顾问正是因为她对他高超智慧的敬重。"[55]后来被任命为香港总督的大卫·威尔逊说。威尔逊是克拉多克领导的谈判小组成员，谈判小组负责处理《中英联合声明》的中英文文本。

尽管谈判期间有很多难题亟待解决，但首相最后还是接受了珀西·克拉多克爵士和外交部的建议。

"即便心里有一百个不愿意，玛格丽特·撒切尔也会想尽一切办法去质疑，并会说'我们难道不能换一种方法解决吗'。一旦真的要做重要决定，她就会特别沉着。这就是她真正的性格。"大卫·威尔逊回忆说，"等她做过各种尝试后，就不再自我质疑，接着她便会做出正确的决定。"[56]

最后一轮会谈蓄势待发。外交大臣在1984年7月31日与邓小平会见前夜，出色地实施了边缘政策（即将危险局势极端化的铤而走险的政策），而同时首相在伦敦要求她的外交大臣能在电报里多汇报一些信息。玛格丽特非常讨厌在谈判中的一些问题上让步，比如为准备1997年香港主权交接而成立的联合小组的职权范围和具体工作地点等问题。但是中英磋商取得的成果远比她当时意识到的要多。中英双方达成的协议用邓小平的话来说，可以概括为"一国两制"，这项政策保证了香港的繁荣稳定。在香港由英国进行殖民统治最后的日子里以及作为特别行政区回归中国后,"一国两制"政策都发挥了很好的作用。

"结果非常好——出乎意料地顺利",这是玛格丽特·撒切尔对谈判结果所做的评价。她最后一个行动就是在1984年12月19日签订了那份历史性的联合声明。在伦敦飞往北京的飞机上,为配合珀西·克拉多克爵士和罗宾·巴特勒,玛格丽特背诵了丁尼生的诗歌《尤利西斯》的结尾,他们三人对这段诗都熟记于心:

> 尽管已达到的多,未知的也多啊,
> 虽然我们的力量已不如当初,
> 已远非昔日移天动地的雄姿,
> 但我们仍是我们,英雄的心
> 尽管被时间消磨,被命运削弱,
> 我们的意志坚强如故,坚持着
> 奋斗、探索、寻求,而不屈服。

丁尼生在诗歌中描述的精神似乎恰如其分地表达了英国在签署联合声明时的感受。但这种感受并非玛格丽特·撒切尔对此事最终的看法。后来回忆往事,她对自己亲手签署联合声明还一直耿耿于怀。

1987年1月,玛格丽特和大卫·威尔逊爵士在唐宁街10号开会时意外地表达了自己的懊悔。当时大卫·威尔逊刚刚被任命为香港倒数第二任总督。威尔逊回忆说:

> 她在指导、指示我如何开展总督工作方面没有任何犹豫。她所纠结的就是《中英联合声明》。她一直在说,联合声明对她而言是个错误,这个错误是多么可怕。当时珀西·克拉多克也在,

他不时地插嘴说:"但是首相阁下,你可是自己同意签署声明的呀,你的决定正确无误。"她压根没听进去,继续数说她对中国人的怨恨。我觉得她就是想借此发泄情绪,一抒胸中闷气,她恨自己亲手放弃了香港,签署了声明。

情绪化的首相和务实的首相正是玛格丽特·撒切尔性格的两个极端。在香港问题上,现实主义最后不可避免也必将正确无误地获得成功。

回顾

在玛格丽特·撒切尔看来,爱尔兰和香港问题都绝不是外交政策的胜利。"就像法国加来城在都铎王朝玛丽女王心中的地位一样*,爱尔兰和香港也在玛格丽特心里打下了烙印"[57],查尔斯·鲍威尔多次听到首相为这些问题大发雷霆。

这两个问题日后将成为玛格丽特·撒切尔政绩的重要部分,但奇怪的是,她当时居然没有意识到这些问题的重要性。

在香港问题上,玛格丽特根本没有任何应对方法,但是通过虚张声势她确保了香港的平安交接,这个结果比她的顾问们最初设想的还要好。提拔珀西·克拉多克爵士一事则充分说明,玛格丽特愿意择优录用人才,即便这个人与她自己的基本观点相左。

杰弗里·豪爵士也应该受到表扬,因为在与首相这次罕有的顺利合作中,他展示了出色的才干,让首相一直支持自己。与邓小平最后一轮谈判成功结束后,豪回到国内。当天玛格丽特·撒切尔就盛赞了自己的外交大臣。"我在内阁祝贺杰弗里顺利归来,我是发自内心地祝贺他。"[58]

在爱尔兰问题上,玛格丽特·撒切尔展示了她的先见之明,尤其

---

* 玛丽女王曾经派兵妄图侵占加来。

是在恐怖主义肆虐的那段时间。她的先见之明体现在，她同意开设阿姆斯特朗-纳利的秘密信息渠道，从而为《英爱协定》打下坚实的基础。玛格丽特此举既减少了她对联合主义者的依赖，又确保英国完全不必向北爱尔兰放弃任何一点儿主权，绝对可谓是一位伟大政治家的伟大成就了。其实，玛格丽特心里根本不愿英爱关系朝这个方向发展，她讨厌美国在此事上对她施加压力，退休后她甚至拒不承认有秘密会谈一事。然而不可否认的是，《英爱协定》逐渐改善了都柏林与伦敦之间的关系。

之后经过约翰·梅杰和托尼·布莱尔两任首相的艰苦努力，英爱之间的和平关系才总算慢慢确定了下来。在玛格丽特·撒切尔与爱尔兰共和军恐怖主义开展的长期斗争中，她一直坚持与恐怖主义战斗并建设性地打开了和谈之门。她理应为这种"两手抓"的策略获得称赞。

从后来发生的历史事件可以看出，1985年的《英爱协定》为1994年约翰·梅杰发起的北爱尔兰和平进程做了很好的铺垫，随后1998年托尼·布莱尔又签订了《贝尔法斯特协定》。英爱关系正常化最终于2011年5月达到顶峰：伊丽莎白女王二世对爱尔兰进行国事访问，迈出了历史性的一步。

以上这些英爱和解的里程碑式重要事件全都得益于20世纪80年代早期英国在外交政策上的坚决态度和责任感。也许在北爱尔兰，玛格丽特·撒切尔不一定总会被当成和平进程的推进者，受人爱戴；但不可否认的是，没有她的贡献，英国也许现在还在被北爱问题困扰着。

尽管香港和爱尔兰问题的确很重要，但和玛格丽特的首要任务相比——让英国在经济和政治方面重拾信心——还是要略逊一等。

25

在沙特阿拉伯为英国而战

世纪协议

1985年4月16日晚，在利雅得举行的晚宴临近尾声时，沙特国王法赫德·本·阿卜杜勒·阿齐兹·阿勒沙特转向坐在他右手边的玛格丽特·撒切尔，带着国王绝对权威的口吻轻轻对她说："首相，这笔生意就是你的了。"[1]

6个月后，9月26日，这笔生意正式对外公布，成为英国历史上金额最大的出口协议。协议签署时市值52亿英镑，在接下来的20年中总价飙升至900多亿英镑。协议不仅确保英国宇航公司和业内许多公司能够顺利存活，促进大规模资金流动，并且至少创造了5万个就业机会。协议也给法国以沉痛打击，简直堪称20世纪的金融滑铁卢之战。因为早在玛格丽特·撒切尔介入之前，法国达索公司就已收到沙特的来信，称有意和法国做这笔生意。此外，协议还为英国带来了翻天覆地的变化，增强了其在中东地区的政治影响力和出口业绩。

这项协议就是"鸽子"军售协议。如果没有玛格丽特·撒切尔，协议根本不可能签署。她几乎是单枪匹马地拿下了这份协议，在整个过程中尤其是在与沙特王子班达尔·本·苏尔坦·本·阿勒沙特*开展紧密合作时，她展现出性格里最本原、最不寻常和最隐秘的一面。

隐秘至关重要，因为最后签订的协议涉及了包括沙特王室、玛格丽特自己的家庭、英国皇家空军核武器实力、英国宇航工业等在内的高度敏感问题。直到今天，协议究竟如何达成了相关细节，仍然只有极少数内部人士知晓。有趣的是，玛格丽特·撒切尔本人也没有在回忆录里提及此事。她的避而不提让协议显得更加神秘，因为协议是玛格丽特最伟大的成就之一。不过现在玛格丽特的这层神秘面纱已经可

---

* 班达尔王子是沙特国王法赫德的弟弟苏尔坦王子的儿子，时任沙特驻美国华盛顿大使。——编者注

以安全揭开了，主要是因为整个故事给首相增添了荣誉。

与法国为敌

　　故事最好还是从沙特阿拉伯最有权势的两个人说起——国防大臣苏尔坦王子以及他的哥哥法赫德国王。整个20世纪70年代，苏尔坦王子都是沙特王国国防事务的唯一决策人。苏尔坦王子虽然非常看好英国的军备供应商，尤其是英国宇航公司——该公司自20世纪50年代起就一直为沙特皇家空军供应"闪电""打击能手"等战斗机，并帮助皇家空军训练飞行员；但他跟法国的关系更亲密些。苏尔坦王子正在为沙特皇家空军策划一项大型军备升级项目，提高空军的进攻和防御能力。这意味着沙特将制定一份巨额订单，进口超过一百架新型军用飞机。知道苏尔坦王子亲法特点的内部人士都清楚，法国达索公司制造的"幻影"战斗机极有可能获得订单。

　　然而英国方面仍认为自己至少能拿下部分订单。玛格丽特·撒切尔于1981年首次出访沙特阿拉伯，更增加了英国拿下订单的希望。国防部国防装备销售局随后提交的报告也增加了玛格丽特对订单的期待，她认为英国宇航公司有望得到"鹰"式高级教练机的订单。国防大臣迈克尔·赫塞尔坦出访了利雅得一趟，回来时也是信心满满。1983年，赫塞尔坦在我家和一个私交很好的沙特商人瓦菲克·萨义德交谈时，偶然提起了"鹰"式教练机一事。两人都出席了我为美国前总统尼克松举办的宴会。赫塞尔坦发现瓦菲克·萨义德很感兴趣后，就讲到他近期和苏尔坦王子的会面，还说他很有信心英国将会收到"鹰"式教练机的大笔订单。"什么都没谈妥呢，"瓦菲克·萨义德说，"要是我，我是肯定不会这么笃定的。""你是哪位啊！"赫塞尔坦厉声问道，"你知道什么？"[2]

　　几周后，国防部国防装备销售局局长詹姆斯·布莱思找到了瓦菲克·萨义德。萨义德跟英国宇航公司没有任何生意往来，而且他也不做军火生意。但是大家都知道他是苏尔坦王子及沙特王室的密友兼商业顾问。因为这层关系，詹姆斯·布莱思才找到萨义德，想请他帮忙打听沙特飞机订单的情况。瓦菲克·萨义德娶了个英国太太，加上他又是坚定的亲英分子，所以爽快地答应了给布莱思帮忙。几天后，萨义德在华盛顿向自己的密友、沙特驻美国大使班达尔·本·苏尔坦王子打听了飞机订单一事。

班达尔王子回去问过父亲后，给瓦菲克·萨义德带来了坏消息，"我恐怕我们的英国朋友已经丢单了，"他说，"我父亲已经跟法国人签了一份意向书。"[3]

詹姆斯·布莱思收到消息时万分吃惊，但他查证后发现消息准确无误。达索公司的确收到了苏尔坦王子的意向书，指定他们为供应商，为沙特皇家空军供应"幻影"战斗机。

这消息极大地震惊了英国宇航公司和英国政府。玛格丽特·撒切尔想弄清楚国防部先前的乐观态度到底错在了哪里，还有，到底还能采取什么补救措施把订单再抢回来。有人向她建议，英国政府只有依靠瓦菲克·萨义德才能得到可靠的内部消息。于是玛格丽特要求见一见萨义德。

瓦菲克·萨义德在唐宁街10号和首相相见，并对此印象深刻。他回忆说：

> 她说话很简洁，脾气特别火暴。她对我细数历史，说早在1959年英国就一直很高兴能为沙特皇家空军供应"闪电"战斗机。她说："我们帮他们训练飞行员，我们教他们英语，和他们建立了亲密关系。我们被法国踢出局这种事我绝对接受不了！这份协议对我国的宇航工业至关重要！我们必须要夺回来！"[4]

瓦菲克·萨义德觉得自己能够提供的唯一帮助就是建议玛格丽特尽快和班达尔王子进行一次面对面的会谈。玛格丽特·撒切尔立即同意了。

瓦菲克·萨义德之所以能给出这么好的建议，不仅仅因为班达尔王子是沙特国防大臣的儿子，而且也因为班达尔王子无论在私人感情还是航空事业上都是坚定的亲英分子。他曾经在克兰威尔接受飞行员训练，后来在英国皇家空军"闪电"飞行中队做空军上尉，从那时起他就一直与英国宇航业保持着密切联系。尽管班达尔的战友在政治上有所失误，竟然给班达尔取绰号叫他"狗狗"，但是班达尔本人非常珍惜与战友的情谊，欣赏他们的幽默以及他们的英国式生活。他对英国政治非常了解，自从玛格丽特·撒切尔在马尔维纳斯群岛战争中取胜后，他对玛格丽特也渐生欣赏。

很快这种单方面的欣赏便成为互相仰慕。初次见面，首相就把班达尔王子当成"自己人"。王子外形俊朗，有着军人的英气，说话简洁明了，在谈生意方面也很有天分。他很快就成为首相热心的支持者，帮着首相努力从法国人那里抢回沙特皇家空军的巨额飞机订单。在外人看来，这简直就是一项不可能完成的任务，因为达索公司已经拿到了苏尔坦王子的意向书。但是班达尔王子恰恰是少数几个清楚皇室内部矛盾的人。他知道沙特国王和弟弟在国防问题上的分歧越来越严重，所以向玛格丽特·撒切尔提议，只要策略得当，玛格丽特还有机会说服国王，改变向达索公司购买"幻影"战斗机的计划。

法赫德国王非常不满前任国王哈立德将一切国防事务全部交由苏尔坦王子负责的做法。这位新国王很希望确立自己的王权，同时他也对法国这个盟友的可靠性持怀疑态度。

在班达尔王子的劝说下，玛格丽特·撒切尔向法赫德国王吐露了自己的想法，表态说愿意做沙特阿拉伯的坚定盟友。整个1984年一年及1985年上半年，她给沙特国王传送了很多她亲笔手写的私人信件，传达了不少秘密消息。其中一些是机密情报，比如告诉国王伊朗什叶派领导人有意制造争端，还有一些讲到了她和里根总统、邓小平以及世界其他国家领导人会谈的事。法赫德国王对此感到非常荣幸。他通过班达尔王子与首相互传口信。"这些交流我们还是跳过体制，私下进行比较好。"班达尔对玛格丽特·撒切尔说。[5]

丹尼斯秘密信息通道

在来电必须记录、办事必须遵循公务手续的年代，英国首相想要与外国首脑跳开体系进行秘密交流，根本没有寻常方法可用。但是玛格丽特·撒切尔喜欢通过非正统途径了解一些非官方消息。她也深知，沙特王室偏爱秘密商谈。于是玛格丽特设计了一个独特而安全的秘密信息通道，以逃脱体制的束缚。这个秘密通道就是丹尼斯。

赢取"鸽子"军售协议全靠丹尼斯·撒切尔暗中默默的帮助和支持。丹尼斯之所以能担如此重任有四个原因。第一，他的妻子希望他这么做；第二，他敏感的商业嗅觉使他看到，此次协议不仅蕴含巨大商机且商机背后情况非常复杂；第三，他的爱国热情促使他一心想打败法国，正如他自己所形容的，"把青蛙撑死"[6]；第四，丹尼斯和英国宇航公司的关键人物迪克·埃文斯私交甚好。埃文斯与班达尔志趣相投，都喜欢打橄榄球，所以他成了班达尔的联络人。

迪克·埃文斯回忆道：

> 丹尼斯人非常好，因为他的关系，我可以在唐宁街10号自由出入。我会给他打电话，通常都是告诉他，班达尔托我带信，我是否可以去一趟唐宁街？唐宁街10号那时有个后门，我就在那里跟丹尼斯见面。他会带我绕过办公层，直接到他的公寓，一般都是在晚上6点左右。然后我就一边跟他喝茶一边等首相从楼下的书

房上来。首相来了以后,我会把班达尔的口信告诉她,然后再把她的口信捎给班达尔。"[7]

这些口信有部分是关于英国为"鸽子"军售协议出的竞价,但更多的是关于法赫德国王的想法以及首相利用秘密消息通道传递给他的回复。1984年至1985年这段关键时期,班达尔王子和首相进行了至少6次没有记录的秘密会见。其中一次在1985年8月,玛格丽特中断了在瑞士的度假,跑到德国萨尔茨堡与班达尔王子会面。

在班达尔王子的精心指点下,玛格丽特·撒切尔出色地掌握了主动权。她意识到,"鸽子"军售协议的争战与飞机的性能以及价格根本毫无关联。这份协议之争是一场私人情感和战略战术的争斗,目的在于要让沙特国王相信,英国首相玛格丽特·撒切尔是比法国总统弗朗索瓦·密特朗更为可靠的长期合作盟友。

在协议讨论期内,班达尔王子与叔叔法赫德国王的关系比他和自己的亲生父亲苏尔坦王子的关系还要亲密。西方观察家没有一个能够理解沙特皇室里发生的这些情感和政治上的变化。而在国际政治舞台上,身为沙特驻美国华盛顿大使的班达尔王子还在处理着与沙特王国购买飞机计划相关的另一件事。

沙特最大的心愿是为沙特皇家空军购买美国的F15E喷气式战斗机。班达尔大使向国内汇报说,由于以色列院外集团施压,美国国会永远不会向沙特出售F15E战斗机。同时他还向沙特国王传达了里根总统的口信,"对国会的决定我深表抱歉:如果我是你,我就会去买英国的'龙卷风'战斗机"[8]。

尽管英国局势大好,但是沙特阿拉伯国内敌对阵营的各公司、代理商、推手、调停人和掮客之间仍在混战,争论着"龙卷风"战斗机和"幻影"战斗机各自的优点。在班达尔-埃文斯-丹尼斯秘密信息通道的鼎力帮助下,英国首相脱颖而出并允诺:沙特购机后英国将一直为其提供"龙卷风"战斗机的零件、弹药和飞行员训练。

就这样,法赫德国王几乎已经决定要向英国订货了。就在犹豫不决时,他突然要求自己最得宠的侄子班达尔从一名飞行员的角度专业地评价一下两款战斗机。"每款战斗机都各有优缺点,"班达尔王子说,"但是飞机的问题其实根本是一项战略性议题。关键问题是:沙特阿拉伯面临困境时,到底哪方会支持我们,撒切尔还是密特朗?"[9]

法赫德国王正在斟酌之际,突然得知玛格丽特·撒切尔乘坐的飞机第二天将结束对马来西亚和印度的访问,返程路上会在巴林给飞机加油。国王邀请英国首相到利雅得短暂停留,并对班达尔透露他可能有意与首相签订购机协议。班达尔立即抓紧时机,给迪克·埃文斯打了电话,而埃文斯则打电话给迈克尔·赫塞尔坦、丹尼斯·撒切尔等所有他觉得能帮忙实现奇迹的人,确保改变首相从印度直接返程的计划。奇迹果然实现了。

玛格丽特·撒切尔借助之前马尔维纳斯群岛战争的胜利,在国际社会享有盛誉。而这回她在利雅得同法赫德国王一起用餐,则通过她的直率和人格魅力成功获得国王在政治上对她的信任。国王非常欣赏她对伊朗和伊拉克地区问题的了如指掌。此外,国王认为她是个美丽而有魅力的女人,这也为玛格丽特加分不少。临近午夜,国王轻轻吐出了那句至关重要的话:"首相,这笔生意就是你的了。"[10]

克服万难

在沙特阿拉伯,跟政府签单做生意要直到订单对外正式公开才算生意做成。所以在接下来的6个月里英国和沙特多次开展双方谈判,主要解决四大问题。这四大问题包括:如何在几乎难以实现的交货日期前向沙特按时交货,协议的付款方式,如何解决众所周知的"龙卷风"战斗机的核武器问题,如何应付马克·撒切尔。

最后一个问题令丹尼斯头疼不已，也正因如此，他才会一直参与建设秘密信息通道。身为一名父亲，丹尼斯比任何人都深知"马克这孩子"——他是这么叫自己的儿子的——是个我行我素的人。

马克曾经自荐说他是阿拉伯世界一位很有影响力的倒爷，硬要插手做赛门特申矿业公司与阿曼工程合同的顾问，给他的母亲带来了很多尴尬。报纸的报道对马克一片批评，甚至无中生有地暗示马克举止不当。媒体的报道可能并不公正，但"鸽子"军售协议最不希望的就是英国媒体出现类似的负面报道。可偏偏就存在这样的风险。因为企业家马克·撒切尔收到消息，知道正在谈判的合同非同小可，所以跟其中一些重要人物交涉，想为他们提供服务。他能够提供什么服务呢？理论上他能提供一些影响和机会，但实际上这些都没什么必要，因为首相早已决定，"鸽子"军售协议必须为国家利益服务。同样的原因，丹尼斯也在努力为英国宇航公司的迪克·埃文斯创造大量机会，同时为班达尔王子提供秘密信息。迪克·埃文斯说过："马克纯属捣乱。他搞的事情都没什么用。这事根本就不需要他。但他老是想插手，确实让丹尼斯很头疼，因为丹尼斯非常想保护玛格丽特。"[11]

丹尼斯需要一位战略盟友，确保马克不再跟和"鸽子"军售协议有关的英国公司谈生意收取佣金。迪克·埃文斯就成了这个盟友。

> 真的很难办。马克坚持想参与军售协议，丹尼斯为此大动肝火。他一直叫我劝马克收手。有一次我说："如果他父亲，还有他的首相母亲都管不住他，我还能怎么办？"但是我和他父亲真的把他管住了。我还记得在唐宁街10号的公寓里发生的一件蠢事。当时我正和丹尼斯一起，突然马克打电话给我说，他正在欧洲一家酒店的阳台上站着，如果不允许他参与军售协议他就跳下去。丹尼斯只说了句，"告诉他让他直接跳下去！"这个傻儿子表现出了最愚蠢的一面。[12]

除了自杀式跳楼外，类似的混乱事件在撒切尔家里屡见不鲜。丹尼斯这回顺利解决了问题，确保儿子再不会插手英国宇航公司和分包商的事。如果真的有什么问题需要让首相知道，能最快给她提供信息的不是她那有着商业野心、高调显眼的儿子，而是她低调隐秘、忠诚可靠的丈夫。丹尼斯的保护性机制果然奏效了。媒体的谣言不攻自破，马克·撒切尔丝毫没有损害母亲的良好声誉。英国宇航公司和下面的分包商没有跟马克谈生意，也没有付给他任何佣金或服务费。

除了马克的干扰外，"鸽子"军售协议谈判期间还有一些重要的战略性问题需要首相亲自关注。沙特国防大臣改变态度同意国王向英国订购飞机后，订单的数额也大大增加了。苏尔坦王子现在想订购72架"龙卷风"战斗机和30架"鹰"式高级教练机，并坚持要求沙特皇家空军必须在一年时间内用上其中半数飞机。想要实现这一目标，只能从英国皇家空军调出大量正在服役的"龙卷风"战斗机。英国空军参谋长被叫到唐宁街10号，收到了这项命令。空军参谋长基思·威廉森爵士勉强同意执行命令后，得意扬扬地对首相说"龙卷风"战斗机"的确是好飞机，所以能把自己卖出去"。玛格丽特可不这么认为："我凭经验告诉你，上将先生，没有什么东西能自己把自己卖出去——我的话听懂了吗？"[13]

从皇家空军抽调的这批"龙卷风"战斗机本可能会成为军售协议的一大障碍。因为这些执行遮断打击的飞机当初就被设计成轰炸机，在英国与苏联全面开战时用来把英国的核武器投射到莫斯科。为了准备这场大决战，皇家空军的18架"龙卷风"战斗机都已"核武器化"，即这些飞机都安上了装载和释放核炸弹的绝密一体化计算机系统。在首相的命令下，这些"核武器化"过的飞机需要暂时从皇家空军调离，以供沙特阿拉伯购买使用。

如果被以色列或者英国外交部发现英国政府居然将可携带核武器

的飞机卖给中东的阿拉伯空军，必然会造成可怕的外事纠纷。但是玛格丽特·撒切尔只在唐宁街10号谈论"鸽子"军售协议，对她的外交大臣则守口如瓶。她反而借助无所不在的班达尔王子向法赫德国王解释英国的这个难题。国王极力保证，沙特阿拉伯绝不会用"核武器化"的"龙卷风"战斗机装载核炸弹。法赫德国王的承诺还是非常可信的，因为沙特根本没有核炸弹。但是只有这么一位值得信赖的国王才会做出这么可信的保证，只有这么一位敢于信赖别人的首相才会相信这个承诺，也只有这样的两个人才会保守这个秘密。

核武器问题一解决，下面急需解决的就是"鸽子"军售协议的付款方式。这也是个大问题。虽然沙特是石油大国，但是国内的基础设施现代化建设项目导致沙特出现大量财政赤字。"鸽子"军售协议的款项只能通过财政预算外的单独账户支付，账户资金来源于专门的石油换飞机协议。这项协议需要沙特国王和英国首相双方同意。

协议内容极其复杂，因为英国不想因为汇率或石油价格变动而冒险。不管怎样，困难还是一一克服了。玛格丽特·撒切尔劝诱各石油巨头——壳牌石油公司、英国石油公司、德士古石油公司——同意从沙特阿美石油公司位于沙特东部省的油港里每天吊装20万～60万桶石油。她也及时制止了英格兰银行、财政部和国防部设立政府对接账户的要求。此事虽然很难办，但在首相的努力下还是顺利办成了。

"鸽子"军售协议第一批飞机的售价之前从来没有公布过。72架"龙卷风"战斗机每架2520万英镑，30架"鹰"式高级教练机每架530万英镑，30架PC-9教练机每架280万英镑——这30架教练机是公布售价前一天晚上临时加入军售协议里的。

这些飞机总价20多亿英镑，此外飞机零件、训练设施以及新空军基地的建设经费还花了32亿英镑。[14]这样巨额的出口商业订单在英国可谓史无前例。

而且令人惊讶的是，这才只是开始而已。沙特人充分利用了吊装石油换财富的预算外账户。"鸽子"军售协议一遍又一遍地更新，最后协议不光只买卖飞机，还扩展到买卖海军舰艇和反恐装备。但即便如此，"鸽子"军售协议实际也只有20%的总额用于军队装备，余下的80%大约900亿英镑迄今为止都用在了道路、学校、训练机构建设，以及住房、总务、基础设施等方面。

首相的动力

玛格丽特·撒切尔逐渐在政治上赢取法赫德国王的信任时，绝不会预见到自己将为英国贸易进出口平衡做出的伟大贡献。但是凭借一贯冷静的行事方式，玛格丽特考虑到了一名首相应当优先考虑的事情：包括帮助英国公司在新的海外市场赢取生意，振兴英国一蹶不振的航空工业，为制造业创造就业机会。更重要的是，首相要帮助英国增加在中东地区的影响力。玛格丽特在"鸽子"军售协议漫长的谈判过程中，曾经向迪克·埃文斯坦陈过她这些目标，还额外提到了一项政治上需要优先考虑的事——在大选中赢得边缘选区的投票。

首相向埃文斯询问过军售协议对整个航空工业的影响。她从埃文斯处得知，如果"鸽子"军售协议在埃文斯公司下属的位于沃顿、布拉夫、萨默斯伯里和金斯敦的工厂里创造出一个就业机会的话，那么紧接着会在航空制品供应链上创造出20个新的就业机会。这些就业机会都提供给了分包商，而分包商主要分布在兰开夏郡、英格兰西北部广大地区以及中西部地区。

"迪克，你有没有觉得你的公司很厉害？"玛格丽特·撒切尔问他，"英国的政党只有赢得主要边缘选区的选票才能顺利当政。对我来说，你代表着英格兰大西北，还有中西部重要选区的关键选票。"玛格丽特掰着手指排除了一批具体选区后，接着说，"这些城镇的就业机会对国家的繁荣还有我们政府的选举获胜具有决定性作用"。[15]

把"鸽子"军售协议当成国内大选获胜的助推器,除了玛格丽特·撒切尔这种有深刻洞察力甚至有时只关注本国利益的政治家外,根本没人会想到。但是,她也一直以国际政治家的身份,坚守着对法赫德国王的战略承诺。萨达姆·侯赛因自1990年进攻科威特后,就一直想对付沙特阿拉伯,而玛格丽特·撒切尔则成为沙特王国最早也是最有力的保护者。她向波斯湾派遣了英国第一批军队和飞机——很多飞机都降落在通过"鸽子"军售协议施建的新空军基地。同时她还成功地劝说第一届布什政府对沙特阿拉伯予以武力支持,并向布什总统说了一段令人难忘的话:"乔治,没有时间犹豫了啊。"*她一直都是个忠诚可靠、具有远见的国际盟友。

玛格丽特·撒切尔帮助很多英国公司在许多国家做成了大宗出口生意。她把这看成是首相的重要职责之一,并经常说这是"为英国而战"。所以她带领大家在沙特打了一场大胜仗。

回顾

"鸽子"军售协议对玛格丽特·撒切尔来说是一场胜利,但也招致了非议。军售协议创造了许多就业机会,所以议会内部无论是执政党还是反对党都对协议很支持。但还是有一些议员和记者表示了不满,他们从政治立场出发,批评协议是一项与反动君王签订的声名狼藉的军火协议。同时还有人指责协议存在贪腐行为,甚至在没有任何实证的情况下影射马克·撒切尔从协议中获利。

尽管这些消息大部分出自英国报纸,但消息最初源自一些类似Sourakia这样的地下阿拉伯语杂志。这些消息的爆料人通常与沙特王国内部的派系斗争有千丝万缕的联系,所以检测报道的真实性非常困难。

当然,一些沙特人和沙特公司的确也从"鸽子"军售协议中获利不

★ 参见第35章。

少。中东地区无论生意大小，都会涉及佣金、咨询费、生意成功谢礼这些费用。马克·撒切尔是通过这种方式获利的吗？有关马克获利的传言一直遭到否认，但同样也没有任何证据证明马克没有从中牟利过。不过我相信马克并没有获利。首先，马克本人对这项协议的任何一方面都不大可能有什么贡献；其次，丹尼斯也一直在拼命阻止儿子卷入其中。

1992年，我被约翰·梅杰首相任命为国防大臣，并负责"鸽子"军售协议。那时协议已经执行7年了。我花了很长时间与法赫德国王、苏尔坦王子谈判协商，最终达成了新版"鸽子"军售协议，首次将原先的合同大规模扩展，并一直履行至今。这项工作*让我有机会了解到"鸽子"军售协议的很多秘密，全都和玛格丽特·撒切尔有关。我在利雅得开会时不时地会有这样的感觉：法赫德国王更愿意和玛格丽特而不是和我谈判，他还经常用热情洋溢的词语称赞玛格丽特的人格和美貌。

原工党财政大臣罗伯特·谢尔登领导的下院公共账目委员会于1992年作了一份针对"鸽子"军售协议的报告。报告认为，英国政府负责的军售协议在财政方面没有任何问题。但是公共账目委员会的报告从来没有对外公开过，这不是因为协议有什么财务问题，而是因为英国出售给沙特阿拉伯的"龙卷风"战斗机涉及核问题，话题比较敏感，不宜对外公布。

军售协议相关的重要人物都与玛格丽特·撒切尔关系密切。玛格丽特一卸任首相，法赫德国王就立即邀请她到利雅得去。玛格丽特抵达利雅得时，国王带领沙特内阁全体成员亲自在飞机舷梯前迎接，接见级别之高，前所未有。

班达尔王子在玛格丽特退休后也经常去看望她。瓦菲克·萨义德

---

* 同许多其他参与"鸽子"军售协议的人一样，我也受到了媒体模糊报道的影响，想当然地认为自己卷入了一项贪污腐败的军售协议。实际上这种想法完全错误。对军售协议存在贪腐行为的唯一指控其实早在1997年就由最高法院撤销了。

则成为玛格丽特一生的至交好友，经常邀请玛格丽特去他位于牛津郡塔斯莫尔的府邸小住。玛格丽特·撒切尔在生命的最后岁月里由护工陪同，经常去位于塔斯莫尔的克劳克大宅长期度假。

理查德·埃文斯爵士成为丹尼斯·撒切尔的心腹好友，两人再加上比尔·迪兹三个人经常一起去东印度会绅士俱乐部吃饭。"丹尼斯是'鸽子'军售协议的功臣之一，"埃文斯说，"他之所以如此卖力地促成这项协议，唯一的原因就是他深爱自己的妻子和祖国。他是我所见过的最爱国的英国人。"

爱国主义不仅很好地诠释了丹尼斯·撒切尔在"鸽子"军售协议中扮演的角色，而且也解释了玛格丽特在其中发挥的作用。玛格丽特完全因为爱国才敢于冒险与沙特做生意。不过冒险换来了不错的回报：英国的就业机会增加了，贸易出口额增长了，甚至英国宇航工业也重新复苏、得到拯救。可是为什么玛格丽特在回忆录里对这样的丰功伟绩只字不提呢？可能是因为她觉得有谣言说马克卷入了此事，自己谈起多有不便。其实根本不必如此。玛格丽特对自己儿子的商业活动根本一无所知。要是她对儿子的活动有所了解，也一定会被丹尼斯一如既往地在背后默默支持她、做她忠诚的另一半、保护自己免受儿子拖累的伟大举动深深感动。由此看来，撒切尔夫妇帮助英国顺利从法国手中夺得20世纪金额最大的出口协议，这样的壮举理应获得赞扬。

26
工会与矿工

解决问题的敲门砖

玛格丽特·撒切尔第二轮首相任期内最令人瞩目的成就，是挫败了1984年至1985年的全国矿工工会大罢工。她彻底击垮了这个好战的工会，而工会在整个20世纪70年代造成了巨大的经济损失，并导致两任首相——特德·希思和詹姆斯·卡拉汉——下台。

尽管挫败矿工大罢工为国家经济和政治体制带来了巨大好处，但玛格丽特·撒切尔在处理工会斗争问题上有两点做法令人吃惊。第一点是，大罢工初期，她行事异常谨慎犹豫；第二点，玛格丽特和她的政府在解决罢工问题时竟然得不到人民的信任。这两个诡异的问题值得一说。

自从玛格丽特·撒切尔取代特德·希思当上保守党主席后，就清楚地意识到总有一天她会与工会的极端主义分子一较高下。唯一可惜的是，玛格丽特并不清楚自己具体会在什么时间以什么样的方式这么做。从玛格丽特早年对待工会问题的态度上，完全看不出她性格里坚决果断的显著特点。玛格丽特最大的困难在于，政治历史因素、议会的担忧加上内阁政府的谨慎，使她进退两难。

保守党从20世纪70年代的历史经历中明白，贸然与工会为敌只能自寻政治死路。在玛格丽特·撒切尔早年召开的一次影子内阁会议上，卡林顿勋爵引用了哈罗德·麦克米伦的一句格言："任何政府都不应与近卫军、梵蒂冈罗马教廷，还有全国矿工工会为敌。"[1]

特德·希思因为没能战胜矿工罢工，在1974年2月的大选中落败，似乎也证明了以上这句话的正确无误。假使20世纪70代保守党对工会真的有所谓"策略"的话，这个策略也只能是以吉姆·普莱尔为代表的"温柔再温柔"的行事方法。玛格丽特·撒切尔虽然内心深处觉得这种策略欠妥，但一直没有做任何改动。

最早的一番改动发生在1977年年底。玛格丽特当时读了一份机密简报《垫脚石》。简报的两位作者约翰·霍斯金斯和诺曼·斯特劳斯由基思·约瑟夫引荐给玛格丽特，他们都是商人，很有独立见解。

他们的核心观点是，除非保守党未来政府准备施行强硬措施压制住越来越嚣张的工会，否则无法阻止英国经济的滑坡。霍斯金斯说：

> 首相原来对付工会的策略根本是垃圾或破烂策略……我们努力说服玛格丽特相信，就算她比希思还要谨慎，就算她能坚持的时间再长，做希思第二也根本没有任何意义。我们就是要提供些完全不同的东西，我们提倡和工会直接斗争。这些喜欢闹事的工会必须要予以打击。她虽然还没有决心要这么做，但她想振兴国内经济的意愿绝对是"就算死了也一定要实现！"[2]

玛格丽特·撒切尔喜欢说话直截了当、能采取实际行动、按照她内心想法帮她提出解决方法的人。所以玛格丽特收到霍斯金斯和施特劳斯递来的《垫脚石》报告，并于1977年11月24日和两人在她下院的办公室长谈4个小时后，整个人变得激情澎湃。"报告是我们这么多年来见过的最好的一份。"[3]她对威利·怀特洛说。但是报告正式被保守党采纳并变为党内政策却仍需时日。

"垫脚石"指导小组虽然正式成立，但是其主要成果不过是将霍斯金斯和施特劳斯的激进思想引向死路。之所以会有这样的僵局，主要是因为吉姆·普莱尔、彼得·桑尼克罗夫、克里斯·帕滕、伊恩·吉尔默和其他一些保守求和分子的巧妙阻挠。要不是因为工会在1978年年底至1979年年初的冬天一连串的行动造成"不满寒冬"，《垫脚石》报告恐怕早已销声匿迹。"不满寒冬"使得玛格丽特·撒切尔有机会重提《垫脚石》报告，她还牢牢地抓住了报告提出的一条主要建议，即当过陆军军官的霍斯金斯所说的"轻骑旅冲锋陷阵策略"[4]。这项策略旨在表现卡拉汉政府对工会的姑息养奸，以此说明工党不应再次当选为执政党。玛格丽特·撒切尔非但没有回避保守党惧怕与工会发生冲突、不宜执政的问题，反而继续攻击工党，表示出自己愿意与工会这个恶魔一决高下的决心。她的行动可谓大胆，而且她行动的时机帮助她恰到好处地迎合了选民的情绪。当然，玛格丽特在行动中传达出的信息也引起了保守党内许多高级官员的不满。

《垫脚石》里的意见得以采纳使得霍斯金斯以及他提出的与工会对抗到底的观点再度受到热捧。1979年大选后，他被任命为唐宁街10号首相政策研究小组组长。霍斯金斯出任如此重要的职位说明，设立攻击工会的政策已经成为保守党政府政策制定的重中之重。

不过针对工会的政策耽误了有好几个月。究其原因，主要是就业大臣吉姆·普莱尔一贯行事温和，所以不大可能采取激烈措施对付工会滥用职权的问题。也正因如此，撒切尔政府于1980年出台的第一部《就业法》整体风格比较温和。该法案对只雇佣工会会员的行为加以限制，但并没有完全禁止；将二级纠察封锁（阻止未参加罢工的工人向已参加罢工的工厂供应货物）规定为违法行为，但并没有规定二级罢工（工人因老板向有工人罢工的工厂购买或销售产品而罢工）为非法行为；鼓励以无记名投票方式决定是否罢工，但并未将此作为强制规定。尽管首相在公开场合一直维护《就业法》，认为其"合理适度"[5]，创造了"一个很好的开端"[6]，但实际上首相真正的想法完全不同。她早已对普莱尔心有不满，觉得普莱尔总是处处与"垫脚石"计划为敌。于是她将这位就业大臣调任为北爱尔兰事务大臣，而让诺曼·特比特出任就业大臣。果然特比特于1982年出台的《就业法》加大了改革力度，彻底打击了工会，使工会岌岌可危。

玛格丽特·撒切尔在第一届首相任期里与工会交锋，有过不少胜利，也有过一次惨败。工会的薪酬要求变得越来越现实。1981年财政预算案公布后，工人们担心失业，国内要求加工资的呼声一片。一些罢工活动——主要由火车司机，还有医疗行业工人发起——最终都陷入了僵局甚至还令罢工组织者蒙羞。可尽管如此，劳资关系依旧紧张。这主要是因为一个庞大组织的存在，这个组织虽然一直被刻意忽视，却总喜欢刻意强调政府早年惨败其手的往事。这个庞大组织就是全国矿工工会。

全国矿工工会是英国最强大也最喜欢闹事的工会组织。在保守党政府执政的前18个月内，全国矿工工会为其下的矿工赢取了涨幅达30%的工资。1981年工会威胁要举行罢工，以反对国家煤炭局提出的关闭全国23家亏损矿坑的建议。首相有意支持国家煤炭局，但她必须迅速做出重大调整才行，因为她发现发电厂的煤炭储量比预计的还要少。

在各种内阁委员会上，玛格丽特·撒切尔都对国家煤炭局局长德里克·埃兹拉表示强烈不满，批评他没能从矿坑输送充足数量的煤炭到发电厂。玛格丽特对自己第一任能源大臣大卫·豪威尔也同样不满。煤炭没能及时送往发电厂，虽然不是首相的错，但她却怪罪在自己身上。然而她在绝望中反倒变得坚决果断起来。当玛格丽特得知，全国发电厂的煤炭总储量仅能维持13个星期的发电用量，之后全国将全面停电时，她已经清楚地知道自己将会失败。令她最恼火的是，她必须在与工会开战前就匆匆收场。"收手吧，大卫，做点儿必要的让步。"她对豪威尔下令[7]，让步的代价不菲。政府必须额外补贴3亿英镑以继续维持那23家亏损的矿坑。在这种情况下，首相开始对国有行业进行财政改革，实现了她的重大战略转变。这回她算是败在了全国矿工工会手下。

因为轻而易举得来了胜利，矿工们兴奋不已。他们欢呼着选举亚瑟·斯卡吉尔为新一届全国矿工工会主席。和前任温和派的乔·戈姆利截然不同，斯卡吉尔尚武好战，他不仅是个擅长煽动大众暴动的演说家，而且还一心想推翻现有政府。他也公开表示过自己的决心。"对政府政策的反击将必然在议会外而不是议会内展开，"斯卡吉尔在伯斯召开的全国矿工工会年会上说道,"议会外抗争活动将成为工人阶级和劳工运动唯一可以获得的斗争途径。"[8]

玛格丽特·撒切尔对亚瑟·斯卡吉尔的用意有所警觉,所以心中明白她即将面对一场新的矿工罢工。虽然约翰·霍斯金斯因为失望离开了唐宁街10号,退出玛格丽特的团队,但是玛格丽特实践了他所作的《垫脚石》报告里的信条:双方交战在所难免。对于这次交战,玛格丽特一直很仔细地做着准备。首先她命令自己的新任能源大臣奈杰尔·劳森增加矿坑运往发电厂煤炭的数量。这项举动非常明智,因为1984年矿工大罢工注定会成为工会与政府悬而未决的斗争转折点。

亚瑟·斯卡吉尔的挑衅

玛格丽特·撒切尔不仅预见到罢工即将到来,而且还把这次罢工看成是极左派的尚武好斗与常识经济学之间不可避免的一次冲突。一点儿没错。亚瑟·斯卡吉尔是个极端主义者,他会因为政治原因而发动罢工,根本不在乎帮工会内部实现民主管理,也不会顾及广大工会会员的利益。所幸阿根廷的铁腕人物加尔铁里将军没从阿根廷跑来英国领导全国矿工工会作战,而玛格丽特·撒切尔在这场抗争工会滥用职权的战斗中也并没有碰到其他什么强硬顽固的敌手。不过即便这场战斗在所难免,也终归令人伤感,并留下了长久的伤痛。

首相先前和全国矿工工会第一次交锋失利,所以这次下定了决心要赢得长期战争的胜利。首相首先做出了三项策略性任命,显示了她对即将到来的权力斗争的准确预见性。

1983年大选结束第二天,玛格丽特任命彼得·沃克为能源大臣。沃克的政见与玛格丽特并不相合,绝对不是个得力助手。对玛格丽特的绝大多数经济政策,他都会表示反对。并且,沃克还经常会泄露玛格丽特的消息,主要是泄露给他的好友、《经济学人》杂志社的马克·施赖伯。然而沃克的一些特长正是首相所需要的——旺盛的精力、良好的管理驱动力以及对媒体实行冷酷管理的能力。玛格丽特在任命沃克的那天对他说，斯卡吉尔即将发起新罢工运动，沃克"出色的沟通能力"能帮助政府在全国矿工工会罢工过程中有效赢得媒体的支持。[9]

政府的经济烂账每况愈下。仅1984年一年，全国煤矿业亏损就达2亿多英镑。全国三分之二的矿坑都在亏损，很多矿坑被迫关闭。

为让自己充分了解全国各地煤矿的具体情况，玛格丽特·撒切尔除了听取国家煤炭局的报告外，还从其他渠道获取消息。1984年1月，她主动要求与两位议员见面，因为下院保守党议员中仅有这两位在自己的选区内有整片煤田。其中一位议员是彼得·里斯（多佛和迪尔选区），还有一位就是我本人（南塔奈特岛选区）。我们两人的选区里共有3000名矿工在肯特郡规模不大但极其喜欢闹事的煤矿工作。

得知肯特郡矿工居然如此好斗，而且是亚瑟·斯卡吉尔的狂热支持者，首相非常吃惊，自然也不再指望能够说服这些矿工行事或投票温和些了。她只想知道这些矿工生产出来的煤炭到底以何种方式运往何地等具体问题。我回答说，大部分煤炭好像都堆在矿上——根本没必要，因为仅6英里开外的里奇伯勒发电厂有很多地方可以储存煤炭。玛格丽特·撒切尔听到这儿，眼中闪过一丝光亮。"我们要确保沃尔特·马歇尔知道此事，"她对她的私人秘书说，"对吧？"[10]

这是首相做的一次有趣的干涉。沃尔特·马歇尔是中央发电局的新任局长。自从他开始负责英国能源管理局，成功缩减部门开支后，就成为最受唐宁街10号青睐的国有企业领导。玛格丽特·撒切尔特别欣赏他"立即行动"的实干精神，所以擢升他为中央发电局局长。玛格丽特叮嘱他要务必确保发电厂煤炭、柴油机燃料，还有工业用化学品的充足储量，以防全国矿工工会发动罢工。

马歇尔成功应对了挑战，并出色完成了首相交代的任务。马歇尔绝对是首相的上乘之选，也是帮助最终击败矿工大罢工运动的关键人物。有趣的是，早在罢工开始前三个月，首相就一直为里奇伯勒发电厂煤炭运输这种细节问题和马歇尔保持着密切联系。

玛格丽特·撒切尔还向彼得·里斯和我询问肯特郡矿工的问题，我回答说多佛附近的贝迪山格煤矿出产的煤炭是英国最贵的，因为煤矿亏损高达每吨400多英镑。

首相听到后很震惊。"这个煤矿不能开下去了，"她说，"你应该去找伊恩·麦格雷戈，确保他知道此事。你还要尽快邀请他和你们的保守党思想研究小组好好谈谈。"[11]

可能这样的反应说明玛格丽特·撒切尔刚开始对她亲自任命的第三位对付斯卡吉尔的干将——国家煤炭局新局长的沟通技巧仍有些怀疑。而伊恩·麦格雷戈则是一位已有70岁高龄、出生在苏格兰的美国实业家，因其铁腕著名*。他在美国工作时，就曾经一举击败了美国矿工持续了两年的罢工运动。他在英国做过两年英国钢铁公司董事长，在任期间让公司扭亏为盈，但同时也使得公司近一半的工人失业。为此他得了个"小刀手麦格"的绰号。[12]

保守党思想研究小组和伊恩·麦格雷戈交谈之后，很快便发现他在演讲和回答问题方面并没有多少突出才干。他冷酷的外表和惯用的美国式商业术语——"我什么都不会跟媒体说的"——让他在政界显得格格不入。除了国家煤炭局年度决算中触及"至关重要底线"的数字外，他似乎对采矿业的其他一切重大问题都毫不在意。他对我们说，"整个政府管理体系、煤炭局董事会都对工会唯命是从，这种风气必须由我带头制止。"[13]他的冷酷无情恰好与亚瑟·斯卡吉尔喜欢咄咄逼人的特点有些相仿。所以麦格雷戈刚到国家煤炭局上任，斯卡吉尔就说他是"一个磨刀霍霍的美国屠夫，随时准备把我们剁成碎片"。[14]

★ 伊恩·麦格雷戈（1912—1998），1977年任英国利兰汽车公司董事长，1980年任英国钢铁公司董事长，1983—1985年任国家煤炭局局长。亚瑟·斯卡吉尔把他称作"美国来的英国工业屠夫"。对此，麦格雷戈回应说，他只是"一名整形医生"，职责只是"尽力修复受损的外伤"（参见1998年4月15日《纽约时报》）。

这话绝不是惊恐之言,而是战争开始的号角。斯卡吉尔是个革命分子,他希望能像1972年他在索尔特利焦化厂做地方工会主席那样,再度取得罢工胜利。当年他组织罢工工人集体对工厂纠察封锁,迫使希思政府直接向矿工举手投降。这次斯卡吉尔的目的是要彻底羞辱撒切尔政府,所以希望全力以赴地开展罢工运动。可是斯卡吉尔最大的问题在于,他没法说服自己的矿工工友投票一致同意举行罢工。

在担任全国矿工工会主席的头两年,斯卡吉尔曾三次召集工会会员开展无记名投票,表决是否进行全国性大罢工。但每次投票都没能达到工会活动章程要求的55%的投票通过率。1984年3月,国家煤炭局宣布将再关闭20家亏损矿坑。这回斯卡吉尔获得大好时机,在没有进行全国投票的情况下,就成功组织安排了一次全国大罢工运动。他首先让最喜欢闹事的约克郡地区、苏格兰地区和肯特郡地区的煤矿工人出来罢工,然后派罢工工人纠察队去其他地区强迫那里的工人参加罢工联动。

罢工和纠察行动刚刚开始,玛格丽特·撒切尔就看穿了斯卡吉尔的策略并迅速做出反击,使得整个事件出现重要转机。当时伊恩·麦格雷戈到唐宁街10号参加一个和煤炭工业完全无关的会议。麦格雷戈戴着帽子,以英国钢铁公司主席的身份在会上想对政府提出动议,要求建设一条横渡英吉利海峡的公路桥,建设费用由私人出资。但是他在提出动议前,首先向首相汇报说,全国矿工工会在部分煤矿发起了罢工运动。他还说英格兰中东部地区形势非常危急,因为那边的很多矿工根本不想参加罢工,但是被全国矿工工会的好斗分子组成的纠察队阻拦在矿坑外不让上班。

玛格丽特·撒切尔听了这个消息后非常震惊。"帮我打电话给内政大臣!"她对唐宁街首相官邸的接线员说。电话接通后,玛格丽特问内政大臣利昂·布里坦是否知道国内发生了些什么。"你现在立刻打电话给诺丁汉地区警察局长,"首相命令道,"跟他说政府希望他能够维护工人上班的合法权利。"[15]

玛格丽特在下这番命令时，屋子里还站着她的私人秘书安德鲁·特恩布尔，他深知此事具有转折性意义。他说：

> 要是她没有给出那样的信号，历史也许就完全不同了。她当时就已经知道，自己一直等待的战斗已经拉开序幕。在那之前，警察做事都有些畏首畏尾，但一听到首相跟他们交代的职责，就立即照办了。从那时起，我们唐宁街10号就进入了战争状态。[16]

其实这种战争状态基本是隐形的。政府希望对外造成这样的印象：罢工是国家煤炭局和全国矿工工会之间的一场劳资纠纷。但在政府内部，玛格丽特·撒切尔清楚，她自己和英国的声誉都完全取决于能否顺利打败亚瑟·斯卡吉尔。所以她一直在幕后亲自参与处理矿工罢工问题，有时甚至还会动用非常手段和人员解决问题。

首相的难题是，她其实对代表国家煤炭局和能源部应对罢工事件的两位人物都没有什么信心。伊恩·麦格雷戈不善处理政事，公关能力也很差，尽管他一心想要提高政府对煤炭业的底线，但看上去他似乎只有靠运气才能做成。彼得·沃克虽然在处理政事和公共关系方面很在行，但是他的行事风格和吉姆·普莱尔那种温柔派调和主义相近，做事拖泥带水有些窝囊。玛格丽特·撒切尔担心的是，这两人中至少有一个甚至两个都会在任何时刻改变立场。为防止这种情况出现，玛格丽特亲自设置了政治、行政和秘密机制，以确保最终取利。

在政治上击败斯卡吉尔的行动由首相自己主持。她还有一个很有影响力的支持者尼古拉斯·里德利，当时他还只是工业部一名政务次官。里德利是个善于筹划部署的强硬派，玛格丽特对他非常信任。但是实施策略的真正推动力直接来自政府上层。"这一年的大部分时间，首相至少有一半的工作日都花在了矿工罢工上，"安德鲁·特恩布尔回忆说，

"她在处理罢工时的压力完全不亚于马尔维纳斯群岛战争那阵,经常要开各种部长会议、非例行会议、杂项101会议,还有内阁关键会议。"[17]

杂项101委员会由内阁办公室一名能干的常务副秘书——彼得·格雷格森管理,这是一个负责货物运输的情报交流与合作委员会。其主要职责包括:确保发电厂的煤炭储量不降低,确保中央发电局下属的发电厂全负荷运转发电,督促各警局警力全副武装、全力合作,制止打压四处流窜的罢工纠察员的暴行。

在各个阵线赢得战争全面胜利的关键因素是,要确保彻底孤立全国矿工工会。一旦矿工工会的罢工获得其他工会的支持,那么玛格丽特·撒切尔的政府就会像10年前特德·希思的政府那样蒙受奇耻大辱。首相自己有时也因为争强好胜而铤而走险,想借助政府的新兴力量利用法律制定措施提前对矿工工会施以打击。这种想法极有可能刺激其他工会支持斯卡吉尔。杂项101委员会以及其他部门都对玛格丽特的这个想法提出了更加理智的建议。不管怎样,和在工会运动中鲜有盟友支持的亚瑟·斯卡吉尔相比,玛格丽特还算比较克制。斯卡吉尔不仅失去了盟友的支持,而且因为犯了一系列致命错误以及喜欢发表夸张的言辞,他也失去了全国矿工工会内部各个级别会员的支持。

斯卡吉尔所犯的第一个错误是,在春季这样一个煤炭储量丰富、供电需求量减少的季节发起罢工运动。如果他在秋季发起进攻,发电厂的煤炭供应也许在冬天结束前早就岌岌可危了。

斯卡吉尔所犯的第二个也是最严重的错误就是,拒绝全国矿工工会举行全国投票表决。这让相对比较温和的诺丁汉郡矿工与全国矿工工会产生了嫌隙,同时也使得有可能对全国矿工工会产生同情的其他工会,比如电力和运输工会等,转而不再支持大罢工运动。

斯卡吉尔所犯的第三个领导错误是,他鼓励升级罢工纠察队的暴力行为。最糟糕的一次暴力冲突发生在南约克郡欧尔格利夫焦炭厂,时间是1984年5月29日。那天,斯卡吉尔纠集大批罢工纠察,阻止运送焦炭的卡车进入斯肯索普炼钢厂。数小时内，6000余名罢工纠察与1700名防暴警察发生暴力冲突，其规模与暴力程度堪称1642年英国内战以来之最。虽然警察仍然掌控着局势，但冲突至少造成70人身受重伤。[18]电视新闻里播放的恐怖场景令玛格丽特·撒切尔深感惊骇。第二天她到班伯里家畜市场视察，在演讲中强烈谴责了工会的暴行。她把这次暴力冲突称为"企图以暴力统治取代法治，我们绝不能任其得逞"。[19]

在罢工运动持续的那一年的时间里，玛格丽特·撒切尔一直担心伊恩·麦格雷戈没有能力解释清楚国家煤炭局决定关闭矿坑背后的经济原因。其实这事很好办，因为斯卡吉尔的观点是，无论矿坑亏损多少钱，都绝不可以关闭。但可惜的是麦格雷戈在媒体宣传战上经常输给全国矿工工会。有一次媒体拍到，他竟用报纸遮住自己的脑袋避免回答记者提问，这成为他无力应对媒体最糟糕的一次表现。

麦格雷戈多次出丑后，首相再也忍无可忍。她派大卫·扬——她新任命但还没有下正式任命书的政务次官——做媒体调解人，又派她最喜欢的公共关系专家提姆·贝尔做伊恩·麦格雷戈的指导老师。更冒险的是，玛格丽特还找来了一个喜欢走偏门的顾问大卫·哈特，让他在罢工运动最激烈的时候暗中做了一些手脚，帮助玛格丽特最终彻底击败亚瑟·斯卡吉尔。

大卫·哈特：她的"紫繁蒌"*

大卫·哈特是玛格丽特·撒切尔众多顾问中最奇特的一个。20世纪70年代中期，哈特为玛格丽特的智囊团——政策研究中心做出过巨大贡献，他也因此获得首相的关注。之后，哈特在伊恩·高的鼓励下，

---

* 紫繁蒌是一种在英国路边常见的花，也被称为穷人的晴雨表，因为在乌云密布时紫繁蒌的花会闭起来。

向玛格丽特递交过一些有关热点话题的简要报告。

简报里的观点据说"均直接来自普通百姓,是你们这些官员根本无法获知的"。因为大卫·哈特声称自己管理着一家民间情报机构,里面的情报人员既有来自诺丁汉郡的矿工,也有布里克斯顿区滑旱冰的西印度人。

两组情报人员都会向设在伦敦海德公园东面的梅费尔贵族住宅区克拉瑞芝酒店的哈特情报机构总部汇报,而这些情报将作为"街谈巷议"[20]转达给首相。据说,所谓的"巷议"倾向于支持玛格丽特·撒切尔的强硬观点。有些时候,首相也会觉得她能够直接联络上街头的平民百姓。是唐宁街10号首相公寓里的清洁工促使玛格丽特产生了这种想法。看到哈特所汇报的城市平民的观点恰好与自己的偏见一致,玛格丽特非常高兴,于是一天早晨她在电话里对哈特说,"哎呀,你的消息真是振奋人心啊"。[21]

凭借自己精心设计的普通百姓思想汇报,再加上其精于世故的谄媚奉承,哈特逐渐获得了首相的信任,这让首相的私人办公秘书们非常沮丧。"她对他实在太过关注了,"有人对玛格丽特的新政治秘书斯蒂芬·舍伯恩抱怨说,"他就是个游手好闲的混混,应该离他远点儿。"[22]

大卫·哈特38岁,是安斯巴赫商业银行一位成功的银行家小哈特先生的儿子。他在伊顿公学读书时是个无法无天的淘气鬼,先后做过先锋派电影制片人、诗人、剧作家、金融家,后不幸破产。与债权人和解后,哈特以房地产开发商的身份重出江湖,名下拥有一架私人飞机。他在克拉瑞芝酒店租有一间套房,在萨福克郡还有一个田庄。我和哈特是同班同学,所以对他非常了解。哈特的标新立异、反复无常,我早已习以为常。但是1984年,他居然能在首相打赢矿工罢工的战斗中起着越来越重要的作用,这一点令我非常吃惊。

大卫·哈特行为诡异,喜欢奇装异服,思想总是与常人背道而驰,是个狂热的右翼政治分子。和玛格丽特·撒切尔一样,哈特把斯卡吉尔大罢工看成是英国重要的转折点。但是和玛格丽特不同的是,哈特对伊恩·麦格雷戈评价很高,彼得·沃克拒绝同国家煤炭局局长麦格雷戈和谈那阵,哈特还继续和麦格雷戈交好。

哈特在罢工一事上是支持麦格雷戈的。因此他成功地说服首相相信,能源大臣沃克很早就和全国矿工工会达成了妥协,目的就是为了背叛首相。哈特的这个观点被认为极具破坏性,不利于政府内部团结,惹得玛格丽特一向性情温和的私人秘书安德鲁·特恩布尔大为恼火,还为此公开与哈特大吵了一架。特恩布尔和首相私人办公室的其他秘书一起,想尽办法阻止哈特与首相见面。但是哈特充分施展官僚手段,逐一克服各种针对他的障碍。在罗尼·米勒的帮助下,他成功地见到了玛格丽特·撒切尔,向首相汇报他在矿工罢工中承担的工作,通常他都会和首相在唐宁街10号的公寓里谈到深夜。

第一次和哈特见面,玛格丽特·撒切尔就被哈特奇怪的外表吓了一跳。哈特当时留着黑手党式的小胡子,脚蹬一双脏兮兮的运动鞋,穿着萨维尔裁缝街定制的高档细条纹西服,一边还抽着蒙特克里斯托雪茄,罗尼·米勒把他形容为"一种紫繁萎",简直精准极了。[23]但是由于首相一向都非常喜欢从非正规渠道收集秘密消息,所以她很快就对哈特从诺丁汉郡参与罢工的矿工那里带来的秘密消息产生了强烈兴趣。

哈特最开始把自己打扮成矿工模样,穿着T恤和破烂牛仔裤,脚上还是穿着他在唐宁街10号所穿的那双破烂运动鞋。他就是以这身装扮出现在诺丁汉郡一两个酒吧里,英格兰中东部地区矿坑的工人们下班后都会聚集在那里,参与反抗斯卡吉尔的活动,而加入其中的矿工人数也越来越多。哈特在酒吧里和这些矿工玩多米诺骨牌,故意输给他们,输了以后就给矿工们买啤酒喝。最重要的是,他会和大家一起吸鼻烟。吸鼻烟是哈特的必杀技。因为矿坑有规定,严禁在井下吸烟,所以很多矿工都嗜好吸鼻烟。哈特也有吸鼻烟的嗜好,早在读书时他就养成了这个比较罕见的习惯，因为伊顿公学也有禁止吸烟的规定。

一起吸鼻烟的人很容易拉近关系，或者说玛格丽特·撒切尔被说服相信了这个观点。听到哈特说诺丁汉的矿工受到严重恐吓，玛格丽特非常震惊。对于哈特亲自掏钱组建并帮助发展全国矿工委员会，玛格丽特也深受感动。后来她把哈特此举称为"矿工运动史上一次重要的飞跃"。[24]

首相和她怪异的矿工卧底间谍都深知，确保诺丁汉郡矿坑向发电厂源源不断运输煤炭有着极其重要的战略意义。如果煤炭供应链能够多供煤，那么斯卡吉尔必败无疑；但是如果煤炭供应链中断，煤炭储量就会立即告罄。

因为煤炭储量事关重大，所以玛格丽特·撒切尔亲自鼓励大卫·哈特采取秘密行动。哈特自己出了很多钱用于发展壮大全国矿工委员会。他还特意找来特种空勤团的退役军人，保护诺丁汉郡正常上班的矿工及其家人。

哈特最绝的妙计是出钱资助两个约克郡的矿工打赢了和全国矿工工会的一场官司，使得最高法院直接裁判，约克郡的罢工不属任何官方行为。全国矿工工会对判决置若罔闻，于是哈特的律师团申请让法院给工会发了一张藐视法庭的传票。哈特则亲自乘坐直升机去布莱克浦送传票，还特意安排了电视直播。他趁亚瑟·斯卡吉尔参加工党年会辩论的时机送上了传票，将斯卡吉尔被惊得目瞪口呆的样子来了个现场直播。[25]这绝不是简单的在公共场合引起轰动的意外一击，这一击直接导致最高法院分别向斯卡吉尔和全国矿工工会罚款1000英镑和20万英镑。斯卡吉尔的罚款是匿名赔付的，但是工会为了避免其资产被法院扣押，特意委派一名代表向利比亚的卡扎菲上校申请了资金帮助。[26]

此外，全国矿工工会还获得了苏联一个矿工委员会可观的资助。在秘密情报局的帮助下（只有最高政府机构下令秘密情报局才会行动），大卫·哈特得到了一份由苏联共产党政治局高级官员签署的同意向英国全国矿工工会转移资金的信件作为文件证据。后来哈特把这封信装裱了起来，作为历史纪念物挂在他萨福克郡家里的衣帽间展览。大罢工期间，哈特正是凭借这封证明苏联共产党政治局出资捐助的信件，在诺丁汉郡的煤矿上开展秘密活动。有关斯卡吉尔受莫斯科*雇用的传闻一时四起。这个传闻令诺丁汉郡的许多矿工非常反感，也让更多的矿工对全国矿工工会产生了嫌隙，促使越来越多的矿工返矿复工。

这段时间内，哈特依然一直秘密造访玛格丽特·撒切尔在唐宁街10号楼上的公寓，同时他也在罗尼·米勒的家里通过安全电话向玛格丽特简要汇报各种工作情况。此外，哈特还与玛格丽特的政治秘书斯蒂芬·舍伯恩定期在圣詹姆斯公园一起做类似间谍约翰·勒卡雷式的散步[27]，一边散步一边把他从自己不断壮大的矿工人际网那里挖来的各种消息告诉给舍伯恩。据首相的政策研究小组组长费迪南德·芒特回忆，玛格丽特·撒切尔很喜欢与声名狼藉的哈特在深夜会面。"和所有的首相一样，她经常感到独孤，所以很希望能见到一个能给她带来不同消息的新人，虽说大卫的脸，还有他在一天临近结束时的举动绝对算不得什么新鲜不同。"[28]

一次夜间会面中，春风得意的哈特试图向首相调情，对她说自己觉得她"相当美丽性感"。首相厉声回斥了哈特的调情，"不要做傻事"。[29]不过哈特的称赞倒不至于令玛格丽特非常反感，因为后来她一直对哈特委以重任，让他做自己的情报员兼诺丁汉郡反斯卡吉尔矿工的联络人，诺丁汉郡的煤炭产量在哈特的努力下已逐渐稳步增长。

大罢工结束后，哈特还一度受首相邀请加入了她的演讲稿撰写团队。最后，在别人的反复劝说下，玛格丽特终于认清哈特是个太无法无天、难以约束的人。后来听说哈特与美国一家军火公司会面时居然

---

* 这个故事有关莫斯科方面的情况，请参见第28章中本书作者对米哈伊尔·戈尔巴乔夫的采访。

谎称自己是首相的私人代表后,玛格丽特终于下定决心不再任用哈特。但是她在回忆录里曾经称赞哈特,说他是"一个很好的朋友,为帮助矿工工友做过很大贡献",玛格丽特还说她从哈特那里了解到了"基层发生的很多事情"。[30]

玛格丽特·撒切尔暗中鼓励大卫·哈特充分说明,在1984年绝大部分时间里她自己对矿工大罢工一事的结局高度关注。玛格丽特虽然批评彼得·沃克的"懒散乐观主义",但实际上她也有所动摇。[31]在和中央发电局局长沃尔特·马歇尔就发电厂可持续供电时长一事进行过秘密会晤后,她立即明白能源大臣沃克的乐观精神是正确的。会晤中,马歇尔给玛格丽特带来了好消息,说发电厂供电至少可以坚持到1985年6月,甚至有可能到11月或者更晚都没问题。听闻此话,首相自然非常高兴,不过她也十分清楚,马歇尔的预测有赖于诺丁汉郡矿坑源源不断供应的煤炭。所以,玛格丽特才会在公开演讲以及私下通过大卫·哈特一直不断对正常上班的矿工们加以鼓励。哈特作为玛格丽特·撒切尔的"紫繁蒌",在玛格丽特职业生涯这重要的一页中占有着举足轻重的地位。

罢工运动的惨败

眼看诺丁汉郡和德贝郡的矿工开始大规模复工,玛格丽特·撒切尔胜券在握时,不料全国矿工工头、代理人和矿井爆破员协会策划举行一场罢工活动,一下打破了首相获胜的希望。这个协会规模不大,也没什么名气,主要由安监员组成,按照法律规定,安监员必须在矿井开挖前负责安全监理。全国矿工工头、代理人和矿井爆破员协会的会员突然决定举行罢工投票表决,结果因为国家煤炭局犯了一个管理方面的策略性错误,导致82%的会员投票支持罢工。

罢工开始后的前六个月,全国矿工工头、代理人和矿井爆破员协会的维修工,还有安全员仍然坚持正常到岗上班。起初不愿参与全国矿工工会罢工纠察活动的安监员可以继续拿到煤炭局发给的工资,这是煤炭局的权宜之计。不料国家煤炭局突然宣布,停止给那些正常上班的为数不多的安监员支付工资。这一决定导致该协会差点要采取行动联合斯卡吉尔一起罢工,虽然协会和矿工工会的关系直到现在都不太好。这个决定对政府的策略无疑是个惊天打击,因为如果没有全国矿工工头、代理人和矿井爆破员协会的安监员在井外进行安全监理,矿工是绝不可以下井工作的。

所以玛格丽特·撒切尔得知这个消息后非常惊恐。造成这种紧张局面的原因在于,伊恩·麦格雷戈毫无政治头脑。他说,自己根本不在乎全国矿工工头、代理人和矿井爆破员协会到底是否会参与罢工,因为在他看来,斯卡吉尔必败无疑。

与麦格雷戈不同,首相觉得让立场相对温和的诺丁汉郡矿工继续采矿挖煤是至关重要的。她对这位国家煤炭局局长的固执己见大为恼火。"就因为一个愚蠢的错误,我们可能面临功亏一篑的危险。"她如是评价说。[32]

然而改正这个错误何其艰难。玛格丽特·撒切尔急于继续维持假象,让外界认为政府对罢工运动持超然态度。所以对外宣传时,罢工运动一直被形容为国家煤炭局和全国矿工工会之间发生的行业纠纷。玛格丽特表面装作绝不干涉国家煤炭局的管理工作,但因为全国矿工工头、代理人和矿井爆破员协会构成的威胁实在太大,她又不得不亲自出面干预。

结果因为偶然因素,保守党年会期间这次危机突然发展到了紧要关头。就在爱尔兰共和军炸弹爆炸约四个小时前,首相在布莱顿大酒店她的套房里召开了一次有关全国矿工工头、代理人和矿井爆破员协会事务的会议。会议总结得出,无论付出任何代价,都必须买通全国矿工工头、代理人和矿井爆破员协会,以确保矿工能够正常工作。贸易与工业部大臣诺曼·特比特受命致电伊恩·麦格雷戈，劝说他向全国矿工工头、代理人和矿井爆破员协会低头，给协会提供一些更优厚的和谈条件。麦格雷戈没有同意。两人的谈话逐渐变成了争吵。特比特说："你必须要低头。无论协会要什么你都必须满足。"

"这是在给我下命令吗，大臣阁下？"麦格雷戈回答说，接着又用威胁的声调把问题重复了一遍。

特比特被逼得没办法，只好做出让步，他的让步至少表现为把电话听筒递给了提姆·贝尔，并说，"你来继续跟他说吧"。那时，提姆·贝尔和伊恩·麦格雷戈的私交已经很好了，所以他甜言蜜语地把麦格雷戈哄了一番，然后说："哎呀，麦格。说到底我们都是在为这些人忙活。我们就照他们的要求做吧。""那好吧，"麦格雷戈发牢骚说，"我就姑且听命照做吧。"[33]

国家煤炭局接下来对全国矿工工头、代理人和矿井爆破员协会所做的让步反而比之前他们对全国矿工工会的让步更大，甚至还许诺让第三方出具一份有关关闭矿井的报告。要是斯卡吉尔聪明点的话，他就应该按照煤炭局对协会提供的谈判条件，要求煤炭局为矿工工会做出同样的让步，然后再对外宣布说自己已经赢得了罢工的胜利。可惜的是，斯卡吉尔因为顾及自己的政治抱负，反而使工会工友的处境更糟了。他完全不考虑实际情况，对无法确保所有矿井全部无条件复工的任何解决方案都一口拒绝，最终拱手将无条件的胜利送给了玛格丽特·撒切尔。

全国矿工工头、代理人和矿井爆破员协会的危机一解决，政府剩下来要做的就是静静等待罢工运动自行解体。许多矿工组织都开始对斯卡吉尔提出质疑。他与利比亚，还有苏联的金主过从甚密也导致了他不受欢迎。对斯卡吉尔的不满情绪更主要是因为，罢工进行了7个月却没有任何明显进展，反而导致很多矿工斗志全无、生活拮据。矿工的家庭经济压力逐渐增加，他们不得不度过一个惨淡的圣诞节。斯卡吉尔预测说，发电厂的煤炭储量即将告罄，政府很快就会投降，但矿工们对此开始产生怀疑。相比斯卡吉尔的预言，玛格丽特·撒切尔的决策听上去则更加真实可信些。

到1984年11月时，外界对到底哪方能够赢得罢工之战已经毫无争议了。在大卫·扬和提姆·贝尔的帮助下，首相再次在后台发挥了对国家煤炭局的隐形指挥作用。煤炭局许诺，对11月19日前复工的矿工，将提供优厚的奖励，有1.1万多名矿工照做。1984年年底，18万名矿工中已有7万名复工，他们生产出来的煤炭被运送到发电厂发电。

尽管如此，暴力恐吓事件还在继续，造成一死多伤。得知消息，原本就怒火中烧的玛格丽特·撒切尔开始公开过问罢工的解决方案。她刻意提高国家煤炭局的谈判筹码，坚持要求全国矿工工会向煤炭局出具一份书面保证，保证工会领导层只能通过文明的管理手段而不是武力罢工解决矿井关闭问题。"我们要把这个落实到纸上，"1985年1月份她在一次电视采访中如是说道，"我希望保证书能直截了当，绝不允许胡编乱造。"[34]

尼尔·金诺克批评玛格丽特，说她"是个固执的莎乐美，是在拿矿工的性命开玩笑"[35]。这话并非完全没有道理——虽然亚瑟·斯卡吉尔绝不太可能是施洗的耶稣。

到次年1月中旬，18万矿工中共计有11万名矿工复工。尽管如此，斯卡吉尔还是不肯承认自己终将失败。工会里他手下的那群职业流氓继续经常以各种残暴的方式迫害复工工人，要么把螺丝刀捅进工人下体，要么放火想把工人的家给烧了。这些暴行令玛格丽特·撒切尔非常吃惊，她开始关注复工矿工的困苦生活，并制订相关计划，打算在唐宁街10号亲自接见复工工人代表。不过彼得·沃克建议说，罢工纠纷还没有完全结束就这么做是不妥的，无奈之下玛格丽特只好放弃了这个接见计划。但是她在1985年2月4日写给一位矿工妻子的信里清楚地表达了自己的同情之心，并许诺说永远不会"背叛我们亏欠如此之多的矿工"。[36]

罢工运动持续了将近一年时间后，终于彻底溃败。迫于现实无奈，1985年3月3日全国矿工工会代表大会不顾亚瑟·斯卡吉尔的反对，正式举行投票要求复工，事实上很多矿工早就复工了。投票现场气氛热烈，鼓乐齐鸣，彩旗飞扬。但实际上在投票第二天，那些仍在坚持罢工的矿工又重新回到矿井参加罢工游行。唯一例外的是肯特郡的矿工，他们在接下来的六周时间内没有参与过工会的任何罢工活动。

4月初的一个晚上，玛格丽特·撒切尔在下院问我，为什么全国矿工工会的工友们这么冥顽不灵。"因为他们觉得亚瑟·斯卡吉尔是个只会妥协投降的窝囊废"，我回答说。首相一点儿也不觉得好笑，"但是他根本就没有妥协投降啊！他只是被打败了而已。"首相反驳道，眼中怒火闪耀。[37]

没有胜者只有败者

亚瑟·斯卡吉尔的惨败是必然的，因为他奉行的政治极端主义与矿工们的经济利益毫无关系，导致矿工们身临险境。除了全国矿工工会内部思想闭塞的一群尚武分子外，根本没多少人赞同斯卡吉尔的观点或战略。所以他成了玛格丽特·撒切尔的手下败将。很多人可能认为玛格丽特的这次胜利轻而易举，但事实并非大家想象的那么简单。

从经济角度来说，国家煤炭局以及负责处理罢工事件的政府部门有着绝对优势。只有斯卡吉尔才会板着脸要求，任何煤矿都不可以因为经济效益差而遭关闭。玛格丽特·撒切尔对外宣称矿工罢工实质是一次政治事件，这是非常明智的。她说："那些人想通过反抗国家法律来达到反抗经济规律的目的。"[38]

从法律角度来说，由诺曼·特比特负责制定并受到首相坚决支持的新工会法在击败这次罢工运动中起到了至关重要的作用。工会自

1906年以来就获得的法律豁免权已经完全被1982年颁布的《就业法》彻底改变了。该项法律要求，任何豁免权声明之前必须进行罢工投票表决。这项改革带来的结果是，全国矿工工会因为没有按要求进行投票表决就官方宣布举行罢工，自然显得师出无名。全国矿工工会因为违背了这项法律规定，触犯了蔑视法庭罪而被下令暂时查封资产，这就是工会和政府之间争端的关键所在。要是玛格丽特·撒切尔早期听从1981年内阁大多数成员的意见，不对特比特的法律表示支持，这次罢工就不会出现了。

而从象征意义来说，首相打败全国矿工工会的胜利还不仅仅局限于击败罢工事件：这场胜利实质打破了一项诅咒。自从希思政府于1974年在矿工手上惨败后，英国政坛流行的神话之一就是，民主选举出来的政府根本无力击败全国矿工工会的任何挑衅。是玛格丽特·撒切尔粉碎了这个神话。她意志坚定地回答了希思没能回答的头疼问题："到底谁才是英国的管理者？"

从政治角度来说，至少在下院范围看来，就矿工罢工问题进行的系列磋商显示，保守党政府比工党反对派更具有领导优势。这种领导优势绝不仅仅只是议会投票厅人数多寡的差别，这也不是因为玛格丽特·撒切尔似乎特别擅长议会发言辩论。她之所以能够确立自己的优势地位，主要是因为新任的反对党领袖尼尔·金诺克似乎实在太弱了。

罢工争端开始后，自从斯卡吉尔没按照国家法律要求举行全国投票决定是否罢工，金诺克的立场就一直比较令人反感。金诺克作为新任的工党党魁，必须要依靠全国矿工工会广大工友的选票支持，同时他也是一名来自矿区的议员，这些都使得他绝不可以对罢工运动持反对意见。在这一年时间里，无论是在议会的辩论还是首相答问环节中，这位工党领袖只能要么避而不谈，说话模棱两可；要么咄咄逼人，胡言乱语。

玛格丽特·撒切尔则把他批驳得体无完肤。罢工临近尾声时，玛格丽特在一次令人印象深刻的议会辩论中把金诺克狠狠地奚落了一番：

> 整个罢工过程中，我们这位绅士阁下只有两个选择：他可以公开站出来反对全国矿工工会的领导层，也可以沉默不语。而他，选择了沉默不语。在全国矿工工会领导层未经投票就贸然决定发动罢工时，我们的绅士阁下全然无视工会的规定，保持沉默。罢工纠察员在诺丁汉郡等地采取暴力手段强行关闭煤矿，完全违背当地矿工的民主意愿时，我们的绅士阁下依旧保持沉默。全国矿工工会在约克郡欧格里夫强硬施行流血暴政时，我们的绅士阁下还是沉默不语……[39]

如果金诺克能够一直像特拉比斯特修士那样一直缄口不语，也许还是不错的。可惜他偏偏要一试身手，结果在一番长篇大论中暴露出了自己作为反对党领袖的弱点以及他的能力欠缺问题。早在罢工结束很久以前，工党的好几位议员就一直在说，金诺克注定要失败，根本不可能当上首相。金诺克对斯卡吉尔手下黩武人士的矛盾态度，造成了他的惨败，从此以后他再也没能恢复过来。

玛格丽特·撒切尔在矿工罢工期间打败了所有对手之后，肯定也期待着自己能够在大选中获得民众的投票支持。然而，民意测验显示，英国民众尽管对斯卡吉尔非常反感，但他们对首相的支持率也没有任何上升的迹象。对一些人来说，这样的结果还是很费解的。政府的威信得到了提升，议会的最高统治权得以恢复，瓦解工会势力得到公众的广泛赞同，国内经济也有望进入前所未有的和平稳步发展期。可是为什么玛格丽特·撒切尔却没能像她在马尔维纳斯群岛战争之后那样获得同样的称赞呢？

答案在于，她这回表现得有些过了。她对斯卡吉尔尖酸刻薄是没错的，但她对全国矿工工会里支持斯卡吉尔的普通工友表现得毫无同情心，则是不恰当的。玛格丽特·撒切尔本来可以小心翼翼地将这两个群体区别对待，可是她一生气往往就顾不了那么多了。事实上，她在怒火冲天时反而将自己对付阿根廷的军事侵略之战和对付英国矿工的战争十分危险地混为一谈。

1984年7月，玛格丽特参加了保守党1922年委员会会议。因为迫切地想击败斯卡吉尔，所以她发言时拿马尔维纳斯群岛战争和矿工罢工做对比，并说："在危急关头我们必须要和国家外部的敌人奋战，但是国家内部的敌人更加难以战胜，而他们同样也威胁着国家的自由。"[40]

这种想法也许并没有错，但是这话从一位首相嘴里说出来，就显得不合适了。大家济济一堂地坐在下院委员会第14号会议室里开会，玛格丽特说出这么一番攻击性话语后，我看见在场的好几位议员面有惧色。玛格丽特的支持者们在会上发表激烈的言辞，虽然轻而易举地就让怀疑首相的人哑口无言了，但从英国的某种文化氛围方面考虑，这些人对玛格丽特的怀疑还是有道理的。

矿工罢工彻底结束后，肯特郡以及其他地区的好斗分子纷纷回矿复工，让这次罢工结局没有任何胜利的光荣，反而平添了忧伤之气。

由于斯卡吉尔的愚蠢，矿工们损失相当惨重。矿坑一个接一个地关闭，矿工们的仇恨情绪日益严重，成千上万人失去工作，自杀率悲剧般飙升，英国很多地方矿工的生活都陷入困境。

玛格丽特·撒切尔对矿工的这些遭遇鲜有甚至没有丝毫同情。但是英国绝大部分民众却怀有同情之心。他们的同情显露在民意调查测验中，显露在为矿工家庭捐款的慈善活动中，也显露在诸如《舞出我天地》《奏出新希望》等电影、电视剧的走红中。甚至还有人将玛格丽特·撒切尔和亚瑟·斯卡吉尔放在一起做妖魔化处理。他们被《今日》节目的听众选为年度男女风云人物，还被人嘲弄地合成为一个名叫"玛撒·斯卡切尔"的令人厌恨的人物。所有这一切并没有让首相感到心烦，因为她认为能够被人厌恨也是一种荣耀。但这实际改变了她在国民心中的形象，在很多人对她已有的政治铁腕印象中又永久地添加了"严厉无情"这一条。玛格丽特一直没能遵循温斯顿·丘吉尔的警句，"胜时，宽大。"这是相当可惜的。

回顾

从历史角度看来，矿工罢工事件的结局有着重大意义。与工会的权力之争必须进行，也必须要获胜。英国人自从经历过一周三天供电*、"不满寒冬"和许多其他劳资纠纷引起的灾难性事件后，就早已明白了这一点。所以在紧要关头，想到斯卡吉尔赢得大罢工胜利后可能带来的可怕后果，无论大多数选民的政治立场怎样，他们都更加希望斯卡吉尔失败。

因此，玛格丽特·撒切尔没能获得胜利者应得的赞誉的确非常蹊跷。也许少部分人可能对她表示过赞许，但是很多人对她的种种行动根本毫无感激之情。保守党在民意测验中的支持率也一下掉到第三名，排在了工党和北爱尔兰联盟党之后。参照同样的政治标准，民意测验也显示，玛格丽特·撒切尔在大众心中特别是英国北部大众心中的地位，不升反降。但是无论如何，事实上玛格丽特的所作所为对英国议会制以及英国经济的未来健康发展，都是正确无误的。无论首相的行为给矿工群体带来过多少悲伤忧郁的副作用，打败斯卡吉尔领导的罢工运动仍然是首相在第二届任期内意义最重大、影响最持久的一次胜利。

---

* 指英国政府为节省电力而采取每周只向商业用户提供三天电力，同时完全保证基本电力需求的措施。——译者注

27
深化与罗纳德·里根的特殊关系

黄金矿层和断层线

玛格丽特·撒切尔在第二届任期内还面临着国际舞台上出现的各种意义重大的新挑战。她在解决这些挑战时，其声望和地位比自温斯顿·丘吉尔以来英国任何一任首相都要高。马尔维纳斯群岛战争的胜利使得玛格丽特成为世界外交和地缘政治方面精英人士中的大明星。而如何让自己的这种明星身份在世界范围内发挥影响，她也非常清楚。

玛格丽特·撒切尔在外交政策方面的作为存在着一条黄金矿层和断层线。这两点都与二战激战期间她在格兰瑟姆的成长经历密切相关。玛格丽特的黄金矿层指她对美国与生俱来的尊敬，还有与美国第40任总统罗纳德·里根真挚的友谊——两人偶尔也会闹矛盾。两人一起创造了英美"特殊关系"史上自温斯顿·丘吉尔和富兰克林·德拉诺·罗斯福以来最辉煌的一篇。

而玛格丽特的断层线则是指她对德国人天生的厌恶和不信任。玛格丽特对德国人的态度最初在20世纪40年代成形于格兰瑟姆小镇，当时她正处于最易受影响的年纪，英国作为单一民族国家正经历战火折磨，丘吉尔的广播演讲振奋了她的民族自豪感。她能够看到，所有英语国家的人民团结一致，努力想战胜德国纳粹分子暴政时那份坚定的决心。白天，来自加拿大、澳大利亚、新西兰、南非，还有美国的飞行员在格兰瑟姆小镇来来去去，要么刚刚执行完任务准备回营，要么正要驾机执勤。晚上，飞行员们驾驶着兰开斯特轰炸机和空降兵运输联队飞机在林肯郡第49英国皇家空军和美国空军基地飞进飞出时，小镇中也可以听到飞机在镇子上空传来的声音，有时德国空军飞机的呼啸声会从相反方向传来。战时，德国飞机对格兰瑟姆发起过386次空袭，造成89人死亡，191人受伤。

北帕拉德路罗伯茨的家里，厨房的餐桌被叠放起来作为防空掩体，玛格丽特就蹲在桌子下面,她就是在这样的环境下慢慢长大的。玛格丽特担任首相已是40年后,世界上大部分事物早已发展变化了。但是她性格里的一些特点没有任何变化。玛格丽特的浪漫爱国主义情怀、亲美理想主义、对军人勇气的崇拜以及对丘吉尔式大手笔政治规划的向往,都在她任首相期间时时有所展现。这些特质尤其表现在她对外交政策的态度以及处理方法上。

卡林顿勋爵回忆说:

> 老实说我开始渐渐明白,她只和母语是英语的人交往。她最青睐的是美国人;其次是原英联邦国家的人,在某种程度上还包括南非人。除了处理以色列问题有一两个例外之外,她不会和其他任何来自英语国家以外的人交往。对于这些外人的行事态度和方法,她毫无耐心。她会直接把自己的观点告诉他们——以非常霸道的方式。但是她却很少愿意接受他们的观点。这主要是因为语言的问题,尤其是因为她没法体察到欧洲人的话里微妙的差别含义。[1]

玛格丽特·撒切尔是个积极的爱国分子,所以把她描述为一个冥顽不灵、思想保守、小肚鸡肠的英格兰人似乎也并无不妥。她通常——但并不经常——会和别人辩论,辩论对她来说是做决策必不可少的重要部分。在实力政治的敲击拷问下,她的偏见观点可能会变得更加柔和或更加尖刻,这主要取决于和她一起参与辩论或与她辩论相争的人到底是谁。"而且这些人得早点儿找到她辩论。"卡林顿说。[2]

这种制定外交政策的方法确实有些奇怪,但是英美关系的黄金矿层确实发展得很不错,主要是因为首相的天性、个人兴趣以及理解力和美国人一致。

即便如此,英美之间也会发生些摩擦。自里根1981年当上美国总统到他卸任的8年时间里，英美两国之间也发生过一些严重分歧。而英美双方处理分歧的方法也充分说明了两国"特殊关系"的巨大力量，还有美国白宫主人和唐宁街10号主人之间融洽的感情。相较而言，玛格丽特·撒切尔与德国以及欧共体之间的断层线则显得越来越冷漠刻薄。

  之所以会出现如此大的差别，主要还是玛格丽特·撒切尔的性格使然。玛格丽特的性格直接受她在格兰瑟姆性格形成时期的生活经历影响，但是还有两个更重要的因素。第一个因素是，她对美国抱有理想主义的看法，认为美国是经济政治超级大国，可以依靠美国提高自由法治的价值；第二个因素是，她把罗纳德·里根看成是政治、个人层面这两种价值极富吸引力的拥护者。她对里根的简单有多耐心，就对欧共体的复杂有多么不耐心。想要弄明白为什么20世纪80年代英美间的合作能够达到战后巅峰，就必须要搞清楚首相和总统之间产生了怎样的化学反应。这个化学反应中的X因子为英美关系注入了新的活力，使英美关系变得如此特别而富有成效。

个人的化学反应

  关于目前建立已近75年的英美"特殊关系"，很长时间以来都流传着一段与其本质无关但非常迷人的传说：变量X美国总统和变量Y英国首相私交甚好。之所以有这种传说，主要因为两人的助手与记者一起帮助虚构出了这个故事，他们都很喜欢渲染加工两位元首在各种闲暇娱乐活动中的亲密关系：里根和撒切尔一起在戴维营的树林里散步，一起在俄亥俄州观看篮球比赛。但实际上里根-撒切尔之间的密切关系和传说杜撰的有很大差别。最有趣的差别并不太明显：里根是个阳刚的男子汉，而撒切尔是个阴柔的女子。而比较深刻和持久的差别在于，这两人或许都曾经强硬直白地表达过不同观点，但他们还是建立了前所未有且非常牢固的英美合作关系,因为玛格丽特在格兰瑟姆上学时就已经深受影响,清楚英美合作有好处。

表面看来,罗纳德·里根和玛格丽特·撒切尔根本不搭。再没有人比两人的差别更大了。里根做过加州州长,行事求新但有些浮夸,只有在有总体原则可循和有提示帮助的情况下才会觉得安全。里根的沟通能力很出色,只可惜他的才智限制了他的发展。此外,里根性格随和,富有魅力,不喜欢过分追求细节,也不喜欢与人争论或对峙。

而玛格丽特却完全相反。对于收到的汇报材料,玛格丽特总能进行极其细致入微的分析,并且善于利用细节进行反驳辩论。她的一句座右铭就是"我辩故我在"。[3]在英国国内,对于那些没有牢固掌握住自己论点或者原本想要用开玩笑的方式奉承她、而她却完全找不出笑点的政客,玛格丽特常常会猛烈攻击。想要和里根交好,玛格丽特必须努力学会收敛自己,伪装出适合里根的个性。尽管这并不容易,但是她做到了。

这对儿奇怪的拍档第一次见面是在1975年4月9日,当时里根路过伦敦,正为参加1976年的总统选举做准备工作。到达伦敦后,里根给英国政府的不少官员打了电话,其中就包括新晋的反对党领袖玛格丽特。

里根和玛格丽特这次在下院的会面原计划控制在45分钟内,不想却持续了一个半小时。两人之所以如此谈得来是因为玛格丽特听丹尼斯隆重推荐过里根——几年前丹尼斯在英国董事协会的一次会议上听过里根的演讲。

加州州长很快就凭借其英俊的外形、幽默的风格以及保守的观点赢得了玛格丽特·撒切尔的赞赏。"我们一交谈就立即发现,在缩减政府开支和扩大民主自由度方面,我们俩绝对是心有灵犀,不谋而合。"[4]里根对未来的英国首相如是评价。随后第二周,里根在广播节目《观点》中称玛格丽特为"一个富有魅力、自信和充满力量的女人。英国人民希望他们的政治家能有独特之处,而她恰恰符合英国人的希望"[5]。

玛格丽特对里根也是同样的盛赞。"我立刻被他的个人魅力、坦率直白还有幽默风趣打动了。"她后来写道。[6]

里根和玛格丽特虽然彼此印象良好，但一直身处两地。待到1981年2月25日玛格丽特·撒切尔飞往华盛顿，准备在那儿停留三天，与新任总统的里根开展会谈、参加各种礼节性仪式时，两人彼此的良好印象才第一次接受考验。尽管各路媒体纷纷报道两人"私交"甚好，但实际上两位领导人彼此根本了解不深；而且在玛格丽特这次华盛顿之行的各种会谈中，两人都只是用"总统阁下"和"首相夫人"这种极其正式的官话彼此称呼。

为给华盛顿之行做准备，玛格丽特·撒切尔特意在契克斯别墅开会，看了大量的外交政策简报，以迅速了解新美国总统的外交政策。曾在契克斯别墅参与开会的一位成员回忆说，玛格丽特"精神极其亢奋"且"为即将单独见到里根感到激动不已"。[7]她还要求助手去了解里根的阅读习惯、个人爱好和兴趣。玛格丽特的调查得到的反馈还是有些成效的。有人暗示玛格丽特·撒切尔，里根总统喜欢被人看成是个管理各州州长的主席，而不是个凡事都要亲力亲为、类似首相的政府管理者。这是条很好的建议，因为在里根－撒切尔最初的会晤中并没有因为政策问题发生过争论，也没有涉及国际范围的战略计划。首相对总统的粗线条行事模式自然有些吃惊，但她还是遵照了总统的办事规则。

随着这场游戏的氛围逐渐协调起来，两位领导人也慢慢演奏出了优美的曲调。2月27日晚，在英国大使馆举行的正式晚宴上，首相引用了查尔斯·狄更斯描述美国人的句子，"生性直率勇敢、和蔼可亲而又热情好客"。接着她扭头转向里根，继续说道："在我看来，这句话形容的人恰恰就是已经款待了我整整48小时的总统阁下。"随后，首相干脆把事前准备好的讲稿丢到一边，声情并茂地谈起了"凌晨2点的巨大勇气"，即那时总统需要独自一人做出最难以选择的决定。她向总统许诺:"每当这些难以抉择的时刻到来时,我们现在所有在场的来自大洋两岸的人都会对你信心十足,相信你一定会做出正确的决策,保护全人类未来的自由。"[8]

里根显然被这通赞词尤其是有关凌晨2点做决策的一番话感动了。于是他做的即兴演讲开头第一句话就说:"首相阁下,如果用我先前的职业行话说,你的表演真是难以模仿,我想鲍勃·霍普(此人就坐在离里根几英尺开外的桌边)会明白我的意思的。"这番戏剧式的恭维一出口,人们纷纷发自内心地鼓掌大笑。里根在当晚的私人日记里也是这样写的。"在英国大使馆参加晚宴,场面的确很雅致温馨。"[9]

玛格丽特·撒切尔也对这种温馨的感觉做出了回应。在给英国大使尼古拉斯·亨德森爵士亲手写的一封郑重的感谢信中,玛格丽特写道:"没有哪次晚宴比你在大使馆举办的这次更令人感到快乐——多亏有你们二人……我对总统先生充满了信心。我相信他一定能心想事成——他绝不会轻言放弃的。"[10]

第二天早晨,里根夫妇和撒切尔夫妇单独在白宫的家庭居住区喝咖啡,之后里根总统再次在日记里直抒胸臆:"我相信首相和她的家人,还有我们之间真挚的友谊——我和我的家人都是这么认为的,我相信首相他们也有同感。"[11]

虽然政治化妆师想尽办法把首相和总统之间的交往描述成一见投缘,但事实并非如此。玛格丽特·撒切尔开始根本没有被里根的思想吸引到。后来随着两人交往深入,玛格丽特甚至有时对里根的一些政策决议很反感——马尔维纳斯群岛问题、对苏联的经济制裁,还有入侵格林纳达等问题上都是如此。但是两位领导人在所有事情上的观点实际上都是一致的。即便两人出现分歧,争吵过后冷静下来,也都能心无芥蒂地同意,各自保留不同意见。里根曾经坦言:"只要我们两人还能交谈,我认为我们就不存在什么分歧。有些分歧是因为我们彼此相距太远、无法对事情有个完整了解而产生的。一旦情况了解清楚,一切也就迎刃而解了。"[12]

撒切尔并不能完全像里根那样不计前嫌,有时对那些没能清楚表述好观点就选择自己政治立场的人,她难免心生鄙夷。不过在和美国总统相处时,玛格丽特总是小心翼翼地避免流露出不屑和鄙夷。正因为如此,1981年到1989年间,英美"特殊关系"才能逐渐得到深化、结出累累硕果,不仅帮助双方达成各种决议,促进西方联盟发展,而且还为罗纳德·里根所属的美国以及玛格丽特·撒切尔所属的英国带来了很多好处。

群岛和矛盾

虽然玛格丽特·撒切尔和罗纳德·里根的关系越来越好,但是有三个国际事件曾一度要弱化——也许不能算毁坏——英美"特殊关系"。三个国际事件分别是:马尔维纳斯群岛危机、入侵格林纳达以及轰炸利比亚。这三者都带来了严峻的问题,问题的出现与玛格丽特·撒切尔的个性有着密切关系。然而所有问题最终都出乎意料地以更迅速、更巧妙的方式顺利解决了。

正如前面几章所说,里根总统必须刻意压制美国政府内部的分歧以及他自己的疑惑,才能为玛格丽特·撒切尔提供她在马尔维纳斯群岛战争中所需要的支持。虽然美国政府最开始有些犹豫,但英国最后还是从美国那里顺利得到重新夺回马尔维纳斯群岛所需的武器和情报帮助。

马尔维纳斯群岛事件的后续发展又导致了英美关系新一轮的紧张。战争结束后阿根廷新选举出来的民主政府在布宜诺斯艾利斯正式成立,美国政府一心想支持新政府,于是投票支持联合国一项有关重新讨论马尔维纳斯群岛未来问题的决议。玛格丽特·撒切尔虽然极力想劝说美国政府反对联合国的计划,但罗纳德·里根对她的请求无动于衷。"他有些厌烦首相在群岛问题上专横无礼的态度。"乔治·舒尔茨评论道。[13]

接下来就是有关美国解除对阿根廷武器销售禁令的问题。玛格丽特·撒切尔对此竭力反对，并且非常巧妙地施计阻止了此事。马尔维纳斯群岛战争结束四年后，美国国防部和国务院打算解除武器销售禁令。万事俱备，只等总统点头许可。总统的许可看似不过是例行公事，但恰在此时英国首相于1986年11月15日抵达戴维营，与里根商讨之前他在雷克雅未克与戈尔巴乔夫会面时谈到的核武器问题。两人商讨了很久，最后要结束时玛格丽特·撒切尔漫不经心地提到了南太平洋问题。杰弗里·史密斯在他为《泰晤士报》所写的稿子中描述："嗯，那个阿根廷军火，"她说话的语气完全像个家庭主妇在购物结束时检查自己是否有东西遗漏，"你们不会同意的，对吧？"令里根的部下非常担忧的是，里根居然听从了玛格丽特的话。"不会的，"他回答说，"我们不会的。"就这样，里根简短的一句话立刻作废了他的官员数月来的精心准备。[14]

另一个引发英美关系紧张的岛屿是格林纳达。格林纳达是加勒比海地区的一个独立小国，属于伊丽莎白女王二世领导下的英联邦成员国。当时格林纳达国内的政府在政变中被赶下了台。政变发生后，里根政府决定入侵格林纳达，帮助恢复格林纳达国内的秩序。美国政府为入侵找的借口是，其一，担心美国学生在格林纳达的人身安全；其二，美国需要对东加勒比国家组织——这是加勒比海附近岛屿国家的一个联合组织——提出的要美国出兵干涉的请求做出回应。美国总统告诉英国首相说，他正在考虑东加勒比国家组织提出的请求，想听听首相的意见和建议。

玛格丽特·撒切尔是在1983年10月24日星期一接到里根总统的消息的，那时她正要出门赴宴。玛格丽特所赴的宴会在圣詹姆斯法院举行，欢送即将卸任的美国大使小约翰·J. 路易斯。这位美国大使和英国首相一样，对格林纳达事件的最新进展根本一无所知。待到首相从大使的欢送会上回来，美国总统那里再度传来消息，称美国即将出兵格林纳达。

玛格丽特·撒切尔勃然大怒。在半夜紧急召集外交大臣杰弗里·豪和国防大臣迈克尔·赫塞尔坦（这两人都对美国的行动震惊不已）开了一个简短会议后，玛格丽特立即致电里根总统。里根不得不从国会议员会议上临时退席跑到旁边的房间接首相的电话。不过总统旁边的房间里都听得见他的话。

"我可以清楚地听到他说的话，"参议员霍华德·贝克回忆说，"他说，玛格丽特……"然后停了很久，"可是玛格丽特……"又停了很久。接着他回到会议室，有些胆怯地对大家说："撒切尔夫人对此事持强烈的保留意见。"[15]

首相或许有强烈的保留意见，但是已经太迟了。当晚里根在日记中写道："玛格丽特·撒切尔来电。她非常恼火，认为我们不该这么做。我没法跟她说我们已经采取武装干涉了。"[16]

这件事搞得英国政府很尴尬。杰弗里·豪回忆录里有关章节的标题就是"格林纳达的耻辱"。首相和他有同样的挫败感。"我被这些事情弄得伤心欲绝、心灰意冷。"她回忆说，"往好里说，英国政府被弄得看上去很无能；往坏里说，我们根本就是在骗人。"[17]

而议会里，工党的影子外交大臣丹尼士·希利则将这种尴尬描述得淋漓尽致。"美国总统里根对英国首相的羞辱，英国人民绝不会坐视不理。"他说，也因此成功召集议会就格林纳达问题进行紧急讨论。[18]

这场紧急会议刚进行到一半，坐在前座的玛格丽特·撒切尔突然接到白宫来电。"我可一点儿也不高兴。"她回顾道。[19]里根听出了玛格丽特接电话时冷淡的语气，于是努力想用他过去拍西部片时学会的简单俏皮话哄哄玛格丽特。

"玛格丽特，要是我在那儿的话，"他说，"进门前肯定会把帽子扔到门口的。"*

"没必要",玛格丽特回答道。她当时根本没有体会到里根话中隐含的意义,直到后来经人解释才明白过来。[20]

首相冷漠的反应似乎并没有让总统慌乱不安。对于玛格丽特·撒切尔过去种种的甜言蜜语或毫不留情的呛话,他早已习以为常。"这种完全冷漠的礼遇与先前还是有些差别的……所以他当时惊慌了好一阵。"美国历史学家理查德·奥尔德斯如是描写当时的场景。[21]

接下来的三分钟,里根结结巴巴地解释说,美国之所以会秘密地迅速进攻格林纳达是为防止行动提前被泄密。"但是我想让你明白,我们这么做根本不是因为对你们没有信心,"里根向首相保证说,"而是因为对我们自己没有信心。"[22]

无论总统如何解释,电话那头的首相依旧不愿原谅宽恕。里根试了一次又一次,想从这位和他有着"特殊关系"的合作伙伴那儿获得一些同情和理解,但是这回铁娘子变成了"冰娘子",毫不动容。通话临近尾声,里根又做了最后一次道歉:"对于我们给你们造成的尴尬,我深表歉意;但是请你一定要理解,事情之所以会变成这样,完全是因为我们担心自己在军事保密方面实力太弱,所以才会采取那样的行动。"

玛格丽特·撒切尔依旧很冷漠。"非常感谢你的来电,罗恩。"她回答道,故意不接受对方的道歉,"我现在必须马上回去参加议会的辩论。情况有点复杂。"里根意识到玛格丽特暗示通话需要快点结束,只好说了最后一句话:"好吧!你加油。"他鼓励首相。

"再见。"首相回答说。因格林纳达事件造成两人关系失和的这段往事到此便结束了。[23]

★ 原文为 throw my hat in the door。里根将美国英语中的习语 "throw my hat in the ring" 巧妙地进行改编,该习语原指宣布决定参加竞争。里根此处喻指自己如果当时在格林纳达,一定会在出兵前提前告知玛格丽特。——译者注

其实总统和首相都误解了对方。美国政府从来没有体会到英国政府对英联邦、英女王（据说女王认为自己因为格林纳达事件遭到极大冒犯）的敏感态度，也没有明白不对议会进行误导的重要性——杰弗里·豪爵士曾经不小心误导过议会。对于没能被及时告知里根的秘密行动，玛格丽特·撒切尔觉得自己简直蒙受了奇耻大辱。

"那个家伙！我为他做了这么多事，他居然都不跟我商量一下。"玛格丽特对自己的国家安全顾问布赖恩·克罗泽抱怨说。[24]

此外，玛格丽特还故意夸大美国的好战，强调进攻格林纳达行动的非法性。她对爱尔兰总理加勒特·菲茨杰拉尔德说，美国侵占格林纳达简直就跟苏联侵占匈牙利和捷克的行径一样恶劣。"美国人比苏联人还要坏。"玛格丽特说。[25]

事实上，平息格林纳达动乱只是美国军方采取的一次简单军事行动，而且波及范围也很有限。一旦玛格丽特·撒切尔静下心来，很快就能认识到这一点。她同时也意识到，自己必须做些基础工作，才能使她和里根的"特殊关系"重归旧好。

但是1984年伊始，英美关系便有些糟糕。为惩罚叙利亚支持针对美国海军贝鲁特军营的恐怖袭击，美国在黎巴嫩采取了报复行动，因此引起了英美之间的一些小摩擦。玛格丽特·撒切尔劝说里根要谨慎行事，但没有成功。而她也因此遭到美国白宫内部的严厉批评，说她没有给美国以坚定支持。几周后，美国在法国总统密特朗访问华盛顿期间的种种表现给人感觉，法国好像已一跃成为美国在西方联盟中最亲密的盟友。

知名评论员们都领会到了美国白宫的暗示，认为里根-撒切尔的蜜月期已渐行渐远。《经济学人》刊载了一篇题为《说些什么，如果只是说再见》的报道，全文由两部分组成，主要讨论了里根-撒切尔关系当时的困境。[26]报道中引用了美国白宫一位匿名人士针对格林纳达事件所说的原话："和往常一样，我们的将士为拯救世界，在与极权抗争的过程中牺牲了自己的生命,结果换来的却是英国方面苛刻的批评。"[27]

首相虽不是《经济学人》忠实的读者,但还是认真地阅读了报道。读到报道里白宫官员严厉谴责英国政府的"苛刻批评",她还是很不高兴的。于是玛格丽特开始寻找机会和里根总统重修旧好。这个机会终于在当年6月里根总统来伦敦参加七国集团首脑会议出现了。而玛格丽特也很好地抓住了这次机会。

当时罗纳德·里根正忙于准备将在1984年夏季举行的连任竞选,而这次伦敦会议恰巧能为他成功连任提供有力帮助。不过里根对连任并没有十足把握,因为七国集团内的一些国家领导人希望借此次首脑会议攻击美国的经济政策,批评美国国内利率居高不下、财政赤字连年增长。对里根的攻击由加拿大总理皮埃尔·特鲁多和法国总统弗朗索瓦·密特朗领头。而里根并不是很擅长对外解释美国在世界经济中的作用。

在这种状况下,七国集团的联合公报很有可能极力抨击美国的经济策略。不过身为首脑会议主持人的玛格丽特·撒切尔采取了各种方法,主动扮演里根总统的保护人和重修旧好的密友,及时阻止了其他国家首脑可能会对里根发起的诘难。"玛格丽特巧妙地处理了这次会议。"里根在日记里写道,"皮埃尔和弗朗索瓦都发表了很多抗议。大家吵得你死我活,但美国并没有受到任何损伤。"[28]

首脑会议上的一些抗议对首相来说却是极大的伤害。皮埃尔·特鲁多一直批评她在主持会议期间言行举止"强势专横、毫无民主可言"[29]。里根认为加拿大总理这么说有些过分,他在陪同玛格丽特·撒切尔离开会议室时向其表达了自己对她的同情和支持。"噢,女人对男人什么时候会耍小孩子脾气最清楚不过了。"她机敏地回答道。[30]

英美两国领导人关系逐渐回暖的后续信号则体现在诺曼底登陆40周年庆典上。里根总统于6月6日在奥克角发表的庆典演讲使玛格丽特·撒切尔热泪盈眶。三天后的晚上,里根在白金汉宫晚宴上发现伊丽莎白王太后喜欢罗伯特·W.塞威斯的诗歌后，亲自为其朗诵了塞威斯的诗歌《丹·麦格鲁的枪击》，滑稽的表演引得众人笑出了眼泪。

之后的几个月，首相办公室和总统办公室间便不断有私人讯息、手写便条传递，还有电话往来。这些往来的信件、电话涉及很多方面：英国矿工大罢工期间总统对首相表示支持，布莱顿旅馆爆炸案后总统深表同情，里根成功连任后玛格丽特表达了诚挚的祝愿。"我已双手合十，努力为你们祈福。"撒切尔对桑德拉·戴·奥康纳说，这是她在1984年美国大选前几天以英国第一位女首相的身份[31]对美国第一位女最高法院大法官打的哑谜。里根最终以绝对性优势获得连任。

然而，里根和玛格丽特的"特殊关系"在另外至少两件事上差点破裂。这两件分别是利比亚空袭和向米哈伊尔·戈尔巴乔夫提出无核武器世界的提议。

利比亚空袭

在玛格丽特·撒切尔必须面对的考验她对英美联盟忠诚度的所有测验中，利比亚空袭事件绝对算是她下定巨大决心、勇敢通过的考验。她能下那样的决心，实属不易。而玛格丽特的决策却为她赢得了美国政府的信赖。

为报复利比亚政府资助恐怖分子在欧洲针对美国实施多起恐怖行动，里根总统下令于1986年4月在的黎波里发起针对卡扎菲上校的空袭行动。空袭行动的导火索是4月5日在西柏林一家舞厅发生的一起爆炸袭击。这家名为"拉贝尔"的迪斯科舞厅可以容纳500人，经常有美国军人光顾。爆炸袭击导致2名美国军人和2名土耳其平民死亡，受伤人数高达230余名，其中有50名是休假的军人。为实施空袭，美国向英国提出请求，要求允许实施本次空袭的F-111战斗机使用英国的军事基地。

由于威斯特兰事件＊以及其他一些问题，玛格丽特·撒切尔在英国内政事务上的影响力微乎其微。此外，她对美国此次空袭的合法性也持保留意见。玛格丽特在内阁开始征询大家对美国空袭的意见时发现，自己原先的一些坚定支持者居然不愿意支持美国的军事行动。外交部尤其反对美国的行动，他们认为英国在中东地区的大使馆会因为美国的空袭惨遭烧毁，同时英国在该地区的利益也会遭到损失。

4月14日星期一，正当这些内部机密辩论在白厅进行得不可开交之际，首相把我叫进她下院的办公室，问我，英国如向美国空军出借军事基地会对沙特阿拉伯的决策层——尤其是我所熟知的法赫德国王产生怎样的影响。

"沙特会公开谴责英国，不过影响也就仅此而已了。"我回答说，"法赫德国王很讨厌卡扎菲，所以他本人绝对不会对我们出借军事基地感到生气。经济还有外交方面也不会产生什么影响。"[32]首相又问了我其他一两个问题，听过我的回答后，她没有做出任何明确表态。实际上，玛格丽特周末和美国驻联合国大使弗农·沃尔特斯——他作为总统特使被派来伦敦——详谈过后，便已决定同意授权美国使用英国军事基地。

据首相的外交事务私人秘书查尔斯·鲍威尔回忆，玛格丽特·撒切尔把这个问题留到了第二天解决。"第二天一大早，她下楼来到办公室，宣布说我们应该同意美国的要求：'这是盟国应尽的义务。'"[33]

美国所有其他的欧洲盟友都不同意其借用军事基地的要求，唯独英国同意美国 F-111 战斗机飞越其领空和使用相关设施。与法国、德国、西班牙还有意大利的这种差别，恰恰坚定而不是动摇了玛格丽

＊ 当时英国直升机工业出现了危机，撒切尔夫人希望英国唯一一家直升机制造商威斯特兰飞机公司能够与美国的西科斯基飞机公司合并，英国内阁因此事与玛格丽特发生了严重分歧。——译者注

特·撒切尔的决心。然而玛格丽特也深知，自己对里根总统的坚定支持也使得她必须面对媒体，还有议会的诘难。轰炸机从英国皇家空军位于萨福克郡的莱肯希思基地出发飞往的黎波里时，她表现得异常紧张。《经济学人》为庆祝由诺曼·圣·约翰·斯特瓦斯负责编辑的英国经济学家沃尔特·白芝浩的作品出版发行，举办了一次新书发布会，玛格丽特就在杂志社的办公室里参加了这次发布会。会上《经济学人》的编辑安德鲁·奈特看到玛格丽特脸色苍白，表达了关切。"我的皮肤从来不是白里透红，所以当时看上去肯定像班柯的鬼魂*一样惨白。"玛格丽事后回忆道。³⁴

尽管玛格丽特·撒切尔因为心里惦记着利比亚的事而略显憔悴，但她在新书发布会上仍然表现出色，对白芝浩和诺曼·圣·约翰·斯特瓦斯都大加赞赏。这是她参加的最后一个气氛愉快的宴会。

美国的空袭虽然很成功，但是空袭造成了无法避免的平民伤亡，英国民众对政府纷纷表示强烈抗议。连对首相最忠心耿耿的诸位大臣都对其提出抗议。诺曼·特比特、奈杰尔·劳森、道格拉斯·赫德、约翰·比芬和肯尼思·贝克等均对美国的军事行动表示不满，并抱怨说该项军事行动没有经过内阁会议讨论决定。首相却依旧立场坚定，她对大臣们说道："这个决定符合英国的长远利益，因此是正确无误的。美国在欧洲的驻军成千上万，这些驻军一直在保护着欧洲。所以美国有权要求借用我们的军事基地。"³⁵

如果说首相在内阁遇到重重阻碍的话，那么美军空袭利比亚当天下午她在下院简直是寸步难行。下院几乎所有的人都对她声讨谴责。自由党领袖大卫·斯蒂尔尤为犀利。他抨击说，首相活生生把"英国这条骁勇的斗牛犬变成了里根的一条宠物贵宾犬"。³⁶

当时下院两党阵营中唯一对首相表示支持的只有我自己。在首相

---

* 班柯是莎士比亚的悲剧作品《麦克白》中的人物，被麦克白下令杀死后以鬼魂显灵，使麦克白暴露了自己的罪行。——译者注

答问环节，我站起来对玛格丽特所做的"艰难但完全正确的决定"[37]表示感谢。话刚说完，我便遭到其他人的一致仇视。特德·希思在威斯敏斯特宫的议员堂和我简短交谈后严厉地斥责我说："我猜你是想讨好校长吧。"*[38]

其实，后来发生的种种事情都证明"校长"根本没有做错决定。空袭发生后卡扎菲上校怒斥美国，但随后几年利比亚的恐怖活动明显减少了很多。于是英国国内的愤怒情绪很快就消失了，而美国对英国的感激之情却油然而生。里根总统因为亲自下令进行空袭，在国内的民调中支持率上升到77%。同时，他对自己最信赖的盟友也毫不吝啬地夸奖称赞。"撒切尔首相总是一如既往地对我们表示坚定支持。"他说。[39]《纽约时报》专门在头版头条新闻刊载了一篇题为"英国崇拜之金科玉律"的文章，这充分反映出当时美国民众对英国的感激之情。[40]

美国国会也对英国给予了意想不到的回馈。参议院投票通过了修订版的《美英引渡条约》。条约中原先规定，对声称自己的恐怖活动基于政治因素的恐怖分子可免于引渡，修改后的条约则删除了此项。由于爱尔兰方面一直宣称支持爱尔兰共和军嫌犯借助引渡条约寻求保护，所以1985年以来美国参议院对外关系委员会一直不同意修改该引渡条约。

利比亚空袭事件后，爱尔兰再也不提帮助爱尔兰共和军嫌犯的事，里根自己也在一期有关恐怖主义的美国国家广播节目中说："拒绝修订这项引渡条约，是对英国首相玛格丽特·撒切尔这样一位曾经在我国打击利比亚卡扎菲策划的恐怖主义活动中冒着巨大政治风险与我们并肩作战的欧洲国家领导人的极大侮辱。"[41]

于是，参议院以87：10的绝对优势选票，正式批准通过了《英美引渡补充条约》。玛格丽特·撒切尔在伦敦参加午宴时，里根总统特意

---

* 希思所说的校长就是撒切尔夫人。他借用小学里常见的小学生讨好校长的情节喻指作者在极力讨好撒切尔夫人。——译者注

打电话给她,告诉她这个好消息。在当天的日记里,里根写道,"她很开心"。[42]

回顾

利比亚空袭事件并没有计划要检验英美的"特殊关系",结果却不折不扣地检验了两国的关系。美国原计划派出航空母舰上的飞机,而F-111战斗机因为长途飞行需要进行空中加油,这些不利因素都会使美国在空袭中遭受和利比亚一样严重的损失。在众人对美国的军事打击一致怒声反抗之时,是玛格丽特·撒切尔独自一人勇敢地支持美国,最终赢得了美国人民的信任和好感。而玛格丽特因推行自由市场经济政策早已成为政治保守派的领军人物。

利比亚事件帮助玛格丽特在更广阔的层面成为一位受人欢迎的女英雄。她直觉般的信念——"盟友就该如此"——绝对是她的个人信条使然,与政治考量毫无关系。也正是基于这样的信念基础,同样有着强大直觉感受力的罗纳德·里根才会对玛格丽特十分信任。

尽管里根和玛格丽特后来也遇到了其他困难和争执——他们在如何处理苏联裁军提议一事上分歧尤其严重——但两人友好关系的基础一直非常牢固。也正因为如此,玛格丽特·撒切尔才能在英美"特殊关系"的发展史上拥有极其特殊的地位。

28

逐步赢得冷战

铁娘子为何转变

1982年夏天,唐宁街10号接待了一位意想不到的访问者,这个人就是美国前总统理查德·尼克松*。尼克松因为水门事件辞职后,风波仍未平息,美国国内依旧把他当成"奇耻大辱"。但是玛格丽特·撒切尔本人非常欣赏尼克松的外交政策。于是在两人长达一小时的单独谈话中,玛格丽特专门挑选了尼克松非常擅长的一个话题向他请教——苏联在冷战中对西方世界的敌意越来越强烈,英国应当如何与苏联相处。尼克松向她建议:

> 苏联跟我们美国对话之前一定会先听听你们的想法。因为他们认为你们实力雄厚,是态度强硬的右翼派,对你们心有敬畏。他们清楚,你们对白宫——实话说我们和苏联打冷战没什么经验——有很大的影响力。就凭这一点,你们完全可以为现在停滞不前的东西方关系带来些新的现实变化。[1]

对于讨好英国首相,尼克松非常有一套。他在处理与苏联的外交关系方面也非常有见地,所以玛格丽特·撒切尔仔细聆听了他的建议。尼克松讲了很多精辟的俏皮话,比如,"知己知彼,百战百胜","找到克里姆林宫里有前途的年轻人","干扰卫星","先包容再斗争,接着做好准备为两国关系和谈"。[2]

尼克松的建议引起了玛格丽特·撒切尔的注意。他的建议充分说明,鼎鼎大名的"铁娘子"在外交政策方面绝对是个善于倾听他人意

---

* 我作为这位前总统的传记作家,为他安排了这次会面。不过会面不是通过正常渠道实现的,而是我私下和玛格丽特·撒切尔的日常事务秘书卡洛琳·斯蒂芬斯联系安排的。这就是所谓的"手提包路线"。"手提包线路"很有效。尽管英国外交部建议首相不要会见尼克松,但她没有理会,最后还是见了尼克松。

见的细心娘子。也许玛格丽特在对待英国外交部向她提的前瞻性意见时，表面上很不在乎，但是凡有人写信给她或当面跟她讨论苏联问题，她都会非常重视。除尼克松外，在苏联问题上给玛格丽特提过宝贵建议的人，还包括布赖恩·克罗泽、罗伯特·康奎斯特、休·托马斯、罗伯特·莫斯，以及英联邦国家希伯来集会联盟的首席拉比以马内利·雅克布维茨。他们的建议大大开拓了首相的思路。玛格丽特·撒切尔之所以会认真倾听别人有关苏联的意见是因为她的思想早已远远超过了同时代人。她凭直觉感觉，苏联即将发生剧变，所以在见到米哈伊尔·戈尔巴乔夫很久以前，她就一直在寻找可以领导苏联进行这次剧变的合适人选。

1983年9月，玛格丽特在契克斯别墅组织了一场有关苏联的研讨会，她寻找合适人选的心思更是表露无遗。对呈送给她的拟参会的候选人名单，玛格丽特显得鄙夷不屑，她写道：

> 这不是我想要的名单。我不想把所有政务次官都叫来参会，也不想把外交部处理苏联问题的所有工作人员都找来。外交部应该很早以前就为此次研讨会做好准备了。我想请的，是那些真正研究过苏联、研究过苏联人思想，还有曾经在苏联生活过的人。这份名单上超过一半的人对苏联的了解还不如我多。[3]

在首相的敦促下，契克斯别墅研讨会邀请了一些苏联方面的杰出专家，也收到很多不错的论文。然而，会上只有坎农·迈克尔·布尔多[*]一人敢大胆地断言说，"总有一天我们会目睹苏联从内部分崩离析"。[4]研讨会最后的总结陈词提到——玛格丽特·撒切尔在这句话下面画了着重线——尽管苏联的领导层面临很多问题，但问题并没有严重到要苏联进

---

[*] 坎农·迈克尔·布尔多，牧师，博士，是凯斯顿学院的创始人，该学院专门研究社会主义国家的宗教。

行重大变革的程度，也不会对苏联产生多少巨大影响。[5]

尽管研讨会讨论对苏外交政策时非常乐观，玛格丽特·撒切尔还是重申了自己的观点。她认为，苏联虽然外表看来气势强大、坚不可摧，但其内部一定有人希望做些变革。她这里所指的是苏联部分作家以及和政府持不同政见的人。但是苏联政府内部有这种类似的改革倡导者吗？参加契克斯别墅研讨会的一位英国非政府人士阿奇·布朗*教授在会上作报告时提到，苏联共产党政治局里有一位年纪最轻、资历最浅的人，他会是"苏联广大人民以及苏联以外其他国家最有希望的选择"。这个人就是米哈伊尔·戈尔巴乔夫。

外交大臣杰弗里·豪爵士说，英国如此早就能选中戈尔巴乔夫，意味着"我们9月份在契克斯别墅举行的研讨会的实际意义远比我们知道的还要重要"。豪认为，玛格丽特·撒切尔随后与戈尔巴乔夫建立起来的关系是"她在外交方面最伟大的成就"。[6]

而在那时，相中戈尔巴乔夫只不过是玛格丽特·撒切尔未来外交政策上一件希望渺茫的小事而已。事实上，玛格丽特的外交政策变得越来越个人化。她一直努力让外交政策的制定权牢牢地掌握在唐宁街10号的手中。1983年年末，玛格丽特任命查尔斯·鲍威尔为自己的新私人秘书。鲍威尔在玛格丽特任首相接下来的7年时间里一直都是她的亲密助手和知己。

查尔斯·鲍威尔长得像个标准的外交部工作人员。不过他之所以能吸引到玛格丽特·撒切尔，是因为他性格冷峻，有独创性思想。更为重要的是，鲍威尔的观点总是与玛格丽特的政见不谋而合。

两人第一次建立友好关系是在德国波恩，那是1975年。当时玛格丽特作为英国反对党领袖，第一次出访德国。而鲍威尔则是英国大使馆一等秘书，负责为玛格丽特安排行程。两人在波恩都熬到深夜，想

---

* 阿奇·布朗教授（1938— ），牛津大学政治学教授，圣安东尼学院苏联及东欧中心主任。契克斯别墅研讨会召开时，他任牛津大学苏联研究所的讲师。

第一时间听到西伍利奇递补选举的结果。夜里选举结果传来，保守党意外获得胜利，极大地振奋了党领袖玛格丽特的精神。当天夜里大家一起等待选举结果的大部分时间里，鲍威尔性格活泼的夫人卡拉·鲍威尔一直在旁边说话逗趣。玛格丽特·撒切尔后来一直对她喜爱有加。玛格丽特也非常喜欢年仅33岁的查尔斯·鲍威尔。鲍威尔外形俊朗，毕业于牛津大学，他观点新颖，认为英国国家利益高于一切，这些都给玛格丽特留下了深刻印象。

其实，玛格丽特和鲍威尔是互相敬慕。"自打那次以后我就认定玛格丽特·撒切尔非常不错。"他回忆说，"外交部的人普遍认为她是个令人讨厌、思想狭隘的中产阶级家庭主妇，但我觉得英国恰恰需要她这种简单直接的改革方式。"

鲍威尔接下来还做过罗得西亚事务特殊顾问、英国驻欧盟总部布鲁塞尔代表处顾问，他这段时间的表现一直都得到首相的注意。在做英国驻欧盟总部代表时，鲍威尔终于找到机会向玛格丽特详细说明他所坚持的欧洲怀疑主义论。鲍威尔所持的欧洲怀疑主义论观点也许阻碍了他在外交部的仕途，但这个观点在他竞聘唐宁街10号首相外务私人秘书一职时确实帮了很大的忙。

玛格丽特虽然觉得鲍威尔"言论过于激烈"[7]，但也找不出比他更合适的人选。上任后，鲍威尔发展得越来越好。他与首相的友好关系逐渐发展成为神秘到难以解释的密切关系。两人交好主要是因为彼此政见相同，同时鲍威尔的夫人卡拉又能给他们带来欢笑和生活乐趣。在唐宁街10号举行的宴会上，首相一直向来宾这样介绍卡拉，"你们知道的，她是意大利人"[8]。而在首相和鲍威尔密切关系中起最重要作用的是，查尔斯·鲍威尔擅长理解玛格丽特·撒切尔的内心想法。一旦明白首相的想法，他就会把首相的心意迅速告知白厅和全世界。在这个过程中他总能借助自己的语言力量传达出玛格丽特的个人意愿。鲍威尔在这方面表现相当出色，所以外交和联邦事务部一位中国问题的资深专家珀西·克拉多克爵士曾评价说:"想要分辨清楚鲍威尔讲的话里哪些是撒切尔夫人的原话,哪些是他自己加进去的,简直比登天还难。"[9]

克拉多克这话才说了不到一年,鲍威尔便升职成了唐宁街10号首相私人秘书智囊团中的一员。玛格丽特·撒切尔担任首相后,羽翼渐丰,而她真正的外交大臣实际就是她自己。在外交政策方面,她逐渐开始独立行事,尤其是在经常被人忽视的东西方关系方面。

1984年2月,玛格丽特·撒切尔第一次以首相身份出访"铁幕后面的国家"*。如果玛格丽特出访匈牙利是为了"干扰卫星"的话,那么她的目的确实达到了。随后玛格丽特还数次出访了苏联控制下的其他几个东欧国家的首都。在布达佩斯,玛格丽特受到了在中央大市场购物的民众的欢迎,用她的话来说是"一次热烈甚至是热情洋溢的欢迎"。[10]中央大市场的这次经历,加上玛格丽特和匈牙利一些市民的交谈,都使她更加坚信,通过进一步深入了解"铁幕"后面主要国家的社会状况,必然能消融冷战的坚冰。

玛格丽特·撒切尔如此愿意与苏联建立友好关系,也是因为她得到了奥列格·戈迪夫斯基提供的有关苏联的顶级机密信息。奥列格·戈迪夫斯基是个双重间谍,他既是英国秘密情报局军情六处的情报人员,同时也是苏联克格勃的高级官员。几个星期前即1983年11月,戈迪夫斯基向玛格丽特汇报说,苏联的飞机已进入待战状态,全面准备好向西方国家发动核战争。苏联的夸张备战实际是为应对北大西洋公约组织每年例行的代号为"1983优秀射手"的军事演习。只是苏联误解了北约,才会反应过激。苏联最高指挥官错误地认为,北大西洋公约组织举行这次军事演习是为了随后向苏联发动真正的战争。玛格丽特·撒切尔收到这些绝密情报后总结认为,西方国家需要与苏联展开更为有效的交流沟通。[11]

---

　　* 语出自英国前首相丘吉尔的演讲:"一幅横贯欧洲大陆的铁幕已经落下。这张铁幕后面坐落着所有中欧、东欧古老国家的首都。"——译者注

匈牙利之行结束10天后,玛格丽特·撒切尔于1984年2月14日坐飞机前往莫斯科参加苏共中央总书记尤里·安德罗波夫的葬礼。飞机上,玛格丽特一直在看外交部的简报,突然她评价说:"难道苏联就没有年轻点儿的领导人吗?这些领导都是65岁以后才上任的。"[12]

在安德罗波夫漫长而寒冷的葬礼上,玛格丽特·撒切尔偶遇苏联一位年轻的领袖,这个年轻人注定要改变他的国家和全世界。此人就是米哈伊尔·戈尔巴乔夫。戈尔巴乔夫尊敬玛格丽特,不是因为她的英国首相身份,而是因为他注意到玛格丽特在葬礼上恭谦有礼。

按照克里姆林宫的安排,来访的外国政要在葬礼现场均没有任何座位。因此送葬的队列和护卫军队经过红场时,这些人必须在红场的贵宾专区站上一个多小时。参加葬礼的大多数外国领导人都通过不停地跺脚和闲谈来取暖。玛格丽特·撒切尔虽然也很冷,但是她特意穿了毛皮靴,没有和其他国家领导人挤在一起*,而是独自安静地站在一边。玛格丽特的恭谦有礼以及在灵柩前深深地鞠躬,都赢得了戈尔巴乔夫的赞赏。

戈尔巴乔夫是已故苏共中央总书记安德罗波夫的门生,他在苏联共产党政治局已崭露头角,只是西方国家对其尚缺乏了解。葬礼结束时,戈尔巴乔夫主动找到玛格丽特并殷勤地亲自将她带到温暖的房间。"我记得你那时对我的关照。那天天很冷,我穿着薄薄的丝袜和套裙。"[13]两人第二次见面时玛格丽特回忆说。

第一次谋面过后几小时,玛格丽特·撒切尔才明白过来,这个陪她走到房间的人就是契克斯别墅研讨会上所提到的那个未来极有可能成为苏联国家领导人的人。于是玛格丽特趁热打铁力邀戈尔巴乔夫访问英国。因为外交礼节方面的一些问题,戈尔巴乔夫出访英国必须通过一个鲜为人知的名为"英苏议会小组"的机构才能实现。该小组的

---

* 玛格丽特远离其他国家领导人的另一个原因是,她想避免和巴勒斯坦的领袖亚西尔·阿拉法特站在一起,因为她认为阿拉法特是个恐怖分子。

领导人是英国保守党后座议员安东尼·克肖爵士。[14]安东尼爵士在接到命令，要求他向戈尔巴乔夫发出邀请时，不禁问道："这个戈尔巴乔夫到底是谁？"邀请发出后，苏联外交部部长安德烈·安德烈耶维奇·葛罗米柯虽然极力阻挠，但戈尔巴乔夫很快做出了回应。"我跟葛罗米柯谈得并不愉快。"戈尔巴乔夫回忆说，"他根本不愿意派人帮忙筹备我出访英国的事，也不愿意派人陪我出行。他觉得这些事用不着外交部来做。"[15]

而在英国，玛格丽特·撒切尔特意强调了戈尔巴乔夫出访英国的意义，她的言行令外交部的顾问吃惊不已。按惯例，除国家首脑外，外国其他政界人物出访英国只能在唐宁街10号做短暂停留访问。但玛格丽特居然邀请这位富有魅力的苏联客人去契克斯别墅参加午宴，午宴时间长达整整5个小时，参加人员包括各位内阁大臣、官员，还有苏联问题专家。

"她当时做的事情我都一清二楚。"戈尔巴乔夫回忆道，"我们在英国的谍报人员消息很灵通。我们知道，英国政府极力想弄明白，契尔年科*出任苏共中央总书记后，苏联将会发生怎样的变化。因为玛格丽特·撒切尔知道，契尔年科活不了多久。当年她参加安德罗波夫的葬礼时随身带了个医生。这个医生诊断认为，契尔年科呼吸急促，应该是得了慢性肺气肿。医生为玛格丽特预测了契尔年科的寿命，后来证明他的预测完全正确。"[16]

虽然戈尔巴乔夫一直把他顺利的英国之行归因于英国的情报工作做得好，但不可否认这同样也得益于玛格丽特·撒切尔的政治远见和直觉力。她已经感觉到，在安德罗波夫葬礼上碰到的这位恩主有可能就是苏联的新型领导人——思想开明、敢于革新。正因如此，玛格丽

---

* 康斯坦丁·乌斯季诺维奇·契尔年科（1911—1985），1978年以来一直是苏共中央政治局委员。安德罗波夫逝世后，他于1984年2月出任苏共中央总书记和苏联最高苏维埃主席团主席。13个月后因患肺气肿不幸逝世。

特才会邀请戈尔巴乔夫出访英国、到契克斯别墅参加午宴。而戈尔巴乔夫的表现也远远超出了玛格丽特的预想。戈尔巴乔夫的这次英国之行帮助两人建立了友好关系，从而在未来改变了整个世界的格局。

契克斯别墅与戈尔巴乔夫初谱友好序曲

1984年12月16日中午12点30分，米哈伊尔·戈尔巴乔夫和赖莎·戈尔巴乔娃到达契克斯别墅，跟玛格丽特·撒切尔一起参加星期日的午宴。玛格丽特的私人秘书查尔斯·鲍威尔回忆说：

> 那是个特别的时刻。大家对于接下来会发生些什么都一无所知。对我们来说戈尔巴乔夫就是苏共中央政治局的一个新人。出访英国之前，他访问过的唯一一个西方国家就是加拿大。撒切尔夫人邀请了戈尔巴乔夫的夫人一同出席宴会，这非常明智——苏联领导人偕夫人出席公开活动，这打开了历史新篇章——戈尔巴乔夫才走进契克斯别墅大厅一会儿，你就能感觉出来这位苏联领导人和其他苏联领导人截然不同。他精力充沛、笑容满面、性格活泼，对自己穿着得体的太太明显感到自豪，同时也愿意随时加入别人的谈话讨论。每一位参加午宴的嘉宾对他的印象都有了极大转变。[17]

首相的转变尤其大，她对戈尔巴乔夫的态度简直可谓坦率，甚至是直白。把戈尔巴乔夫介绍给到场的其他英国嘉宾后（其中有6人是内阁大臣），玛格丽特已经决定好自己在这种场合将使用的语气了。

"戈尔巴乔夫先生，我希望我们的友好关系能有一个良好的开端。"餐前酒刚端上桌不久，玛格丽特·撒切尔就直接开门见山了。

> 我希望我们彼此之间没有误解。所以我必须向你直言：我痛恨社会主义。我之所以痛恨社会主义是因为它无法给人们带来自由、平等或是繁荣。如果你们苏联人坚持要走社会主义道路，也只能在自己的国界之内搞。[18]

唐宁街10号的新闻秘书伯纳德·英厄姆说话一向直截了当，他亲耳听到了玛格丽特的这番话，也目睹了这番直言对苏联的客人造成的影响。"我看到，戈尔巴乔夫先生绝对是被吓到了，"他回忆说，"首先是被撒切尔夫人直白的态度吓到了，然后是被她所说的苏联只能在自己国界范围内搞社会主义的一番话吓到了。"[19]

玛格丽特的直率的确让米哈伊尔·戈尔巴乔夫吃惊不已，同时他也能隐约猜出这次会面的结果。戈尔巴乔夫之前想向苏联外交部汇报他出访英国的事，结果遭后者反对，因为苏联老外交部部长安德烈·安德烈耶维奇·葛罗米柯妒忌戈尔巴乔夫出访英国。所以戈尔巴乔夫只能和自己的妻子赖莎·马克西莫芙娜·戈尔巴乔娃[*]一起在他们位于皮聪大海边的家里为出行做准备。

戈尔巴乔娃夫人一边听着翻译过来的首相开场白，一边面露厌色。午宴正式开始，玛格丽特·撒切尔继续口无遮拦地攻讦问难，搞得戈尔巴乔娃夫人的反感情绪越来越大。米哈伊尔·戈尔巴乔夫如是描述当时的紧张气氛："我们在契克斯别墅并不宽敞的餐厅一起落座用午餐。我和玛格丽特坐在桌子的一边，丹尼斯和赖莎则坐在对面。我跟玛格丽特的争吵很快就变得越来越激烈起来。"[20]

首相把他们的争吵形容为"一场有关两种社会制度的激烈辩论"。[21]在首相眼里，这场争吵似乎比戈尔巴乔夫夫妇感觉的还要激烈。争吵最

---

* 赖莎·马克西莫芙娜·戈尔巴乔娃（1932—1999），毕业于莫斯科国立大学哲学系。赖莎独特的个人风格以及活泼的个性都引起了首相的兴趣，而首相一向对到访的外国友人的妻子以及国内内阁大臣的妻子都没什么兴趣。

初源于有关苏联中央集权经济体制的优势与西方自由市场经济模式的优势相比较的讨论。玛格丽特·撒切尔在论述这一点时主要围绕着苏联政府高额的军备开支不断发问,语气也越发尖锐起来。"她一直在谴责苏联造成了各种不公平现象。"戈尔巴乔夫回忆说,"我并没有对英国做任何谴责。但是她脾气变得很差,一度不愿跟我说话。我也就不跟她说话。我们差不多算是互不搭理。"[22]

这件事过去30年后,米哈伊尔·戈尔巴乔夫在他的莫斯科办公室为本书的写作接受采访时,披露了当时的场景,并现场示范表演了两人彼此冒犯后,如何心怀怨气地背朝对方互不理睬。

他接着说道:

>然后我就看到赖莎在桌子对面向我使眼色,她向我打唇语暗示说"够了!"我一度考虑过我们是不是应该起身离席。但我又立即对自己说:"我们是客人,谈话还是应该继续下去才行。"于是我态度坚决地对首相说:"撒切尔夫人,我知道你是个思维敏捷、原则性极强的人。但请你注意,我也是这样的人。"听到这儿,她点了点头。然后我接着说:"我想让你明白,我到这里来并没有想要向你传达苏共中央政治局的任何指示,也没有想要说服你加入共产党。"

米哈伊尔·戈尔巴乔夫这位业余演员在向我透露当时的情景时,故意模仿玛格丽特·撒切尔突然大笑起来的声音:"喔哈哈!"玛格丽特先笑了起来,其他人也紧接着笑起来。紧张的气氛立刻得到缓解,双方的讨论又继续进行下去。虽然讨论到一半,两人再度起了争执,但这回不像上次那样僵持不下。

这次争执源起戈尔巴乔夫说,苏联人民在社会主义制度下生活得非常幸福,玛格丽特·撒切尔诘问道,如果真的很幸福,"为什么苏联当局不能像英国政府一样允许自己的人民轻易离开祖国呢？"[23]

此言一出，两人便就苏联禁止国内犹太人移居以色列的事展开激烈辩论。关于这个问题，玛格丽特·撒切尔的好友首席拉比曾经向她详细介绍过具体情况。所以玛格丽特向苏联客人发起了"电吹风般"穷追猛打的进攻，一次又一次地列举事实和数据说明苏联如何对待未获准移居海外的人民。戈尔巴乔夫没有料到玛格丽特的言辞会如此激烈，但他很快信心满满地回应说："提出移民申请的苏联居民里有89%都获得了批准。"这个数据显然是假的。但是玛格丽特·撒切尔出于外交礼貌考虑——虽然她很少这么讲究礼貌——没有计较这个数据的真假，而且戈尔巴乔夫又补充说："我们也正在考虑犹太人的移民问题。"[24]玛格丽特则认为，戈尔巴乔夫的话说明，苏联将进一步放宽对犹太人移民外国的限制。

午宴结束后，首相叫来了外交大臣杰弗里·豪和她的私人秘书查尔斯·鲍威尔，她的翻译则把米哈伊尔·戈尔巴乔夫及其随行三人一起带到休息室，和首相边喝咖啡边谈话。这次私人会谈原定计划只有30分钟，结果谈了超过两个半小时。会谈刚开始，两位元首一起坐在火炉旁边宽大的扶手椅上。玛格丽特·撒切尔脱了皮鞋，把脚伸进椅子下面的软垫下，然后从手袋里拿出了一些文件。戈尔巴乔夫也伸手拿出了自己的文件夹，从里面抽出一个题为"与撒切尔交谈"的备忘录。但是他想了想，问道："我们可以撇开这些文件自由谈话吗？"

"好啊"，首相一边回答一边把资料放回手袋。[25]

于是两位元首开始了一场完全没有经过提前设计的会谈。戈尔巴乔夫强烈请求冷战国家进行裁军并结束冷战，掀起了会谈的第一个高潮。玛格丽特·撒切尔向来习惯自己说话时一个人滔滔不绝，绝不容许别人插嘴，这回她却一直没法在戈尔巴乔夫发言的时候插话，因此有些不适应。最终，她还是插嘴提了个问题，涉及冷战带来的实际问题，即英国国内由亚瑟·斯卡吉尔领导的矿工大罢工活动进行到第10

个月时，苏联居然出资支持罢工活动。

"你们的工会现在在出钱资助我们国内的矿工，"她说，"因为这个，罢工得以继续进行。英国的经济受到极大损伤。我目前还在冷处理此事。但是我强烈要求你们国家的工会立即停止一切资助活动，否则我们将进行国际制裁。"[26]

据戈尔巴乔夫的助手列昂尼德·扎米亚京*回忆，当时戈尔巴乔夫听到玛格丽特这么说，显然吓了一跳，并立即回答说自己"和工会没有任何联系"。[27]

玛格丽特口口声声说，莫斯科工会资助斯卡吉尔领导的全国矿工工会的钱肯定来自于苏共中央政治局的支持，在戈尔巴乔夫看来，这"未免让她显得有些蛮不讲理"。[28] "不对，这完全属于内政问题。"玛格丽特的苏联客人反驳道，"也许你们可以监控你们国内的工会，但是我们办不到。"契克斯别墅的客厅里因为工会问题开始了一场唇枪舌剑。"现在回想起来我认为，我们双方当时都没有说实话。"米哈伊尔·戈尔巴乔夫回顾往事时这样说，"资助英国工会的确不是苏共中央政治局的决定，但是苏共中央政治局是知晓此事的。"[29]

两国领导人首次会谈最严重的分歧还是军备控制。戈尔巴乔夫自己提出了这个问题，并激情澎湃地阐明自己对裁军问题的观点。他的观点可谓新颖，态度可谓诚恳。会上有关军备问题的讨论逐渐激烈起来，两国领导人也开始互相攻击。"撒切尔夫人，你是位思想开明、具有远见的女领导人。难道你看到西方拥有如此数目巨大的核武器，竟还能心安理得？"戈尔巴乔夫一边问，一边从衣服口袋里掏出一张图表，上面有他用绿色墨水做的记号，这些记号标注的都是核武器，如果这些核武器都爆炸的话将造成数百万人丧生。

---

* 列昂尼德·米特罗法诺维奇·扎米亚京（1922— ），自1946年起任苏联外交官。1978—1986年任苏联共产党中央委员会宣传部部长。1986—1991年任苏联驻英国大使。

首相可绝不会让客人凭借这么一个辩论惯用的反问句就轻松占了上风。"她立即反驳了我。简直是一步不让。我们俩谁都不会让对方占上风。"戈尔巴乔夫对这次会谈是如此形容的,"但不管怎样,我认为会谈结束时我们双方都觉得从这次会谈中受益良多。"[30]

玛格丽特·撒切尔对苏联客人提出的冷战双方共同裁军这个变革性观点应该很感兴趣,只是她的反应并不似戈尔巴乔夫原先以为的那么强烈而已。玛格丽特心里清楚,苏联领导层对里根总统提出的"战略防御协议"(即"星球大战计划")感到忧心忡忡。这种担忧在契克斯别墅的会谈上就能听出来。而戈尔巴乔夫同样知道,英国首相对于"战略防御协议"也有自己的考虑。玛格丽特和里根总统的观点并不一致,她不认为"星球大战"所谓的技术手段可以彻底解除核武器的威胁。即便如此,玛格丽特还是决心不让苏联客人觉察出美英两国在"星球大战"问题上存在分歧的任何一点儿蛛丝马迹。

"不要浪费时间劝我了,"她警告戈尔巴乔夫说,"也不要妄想说服我去对罗纳德·里根说:不要搞'战略防御协议'了。你这么做根本就是徒劳。"[31]

事实上,12月16日星期天这天,两人在契克斯别墅谁都没有浪费时间。他们的这次会谈为两国外交关系带来了重大进展,也极大地增进了两人之间的友好感情。

查尔斯·鲍威尔在两人长达5个小时、意义重大的会谈中一直辛勤地担任记录员,他回忆说:

> 戈尔巴乔夫给人留下了深刻印象。他和克里姆林宫前任的老人政治家勃列日涅夫、安德罗波夫,还有契尔年科都截然不同。无论说话还是与人辩论,他的风格都极像一位西方优秀的政治家。他在讲话的时候根本不需要什么提纲、笔记或者贴身顾问帮忙。他就是在那儿坐着,即兴和玛格丽特唇枪舌剑。我觉得他把这次

会谈当成试验场，他趁机提出自己的新观点，然后让这些观点接受撒切尔夫人的检验。因为他清楚，撒切尔夫人可以成为他向里根总统传递讯息的良好渠道。[32]

这样一个沟通渠道是当时亟需的，因为那时美国和苏联正处于冷战的巅峰期。自从里根总统把苏联形容为"邪恶帝国……现代世界的邪恶中心"，极大地冒犯了苏联领导层之后，两国之间的一切交流都断裂了。[33]

戈尔巴乔夫直到很晚才从首相的契克斯别墅离开，当时已是下午5点50分。离开时戈尔巴乔夫引用了一句俄罗斯谚语说："山里人要是没有客人就好比他们没有空气一样，都是活不下去的。但是如果客人待的时间太长，山里人也是要受不了的。"[34]

不过玛格丽特·撒切尔非但没有感觉受不了，而且还因为和苏共中央政治局一位她认为有望成为苏联下一届国家领导人的新锐人物建立友好关系而激动不已。她一边目送戈尔巴乔夫乘坐的汽车从契克斯别墅离开，一边对自己身边的高级助手兴奋地述说本次私人会谈的简要情况。"听上去他应该是个不错的合作伙伴。"伯纳德·英厄姆说。

"一点儿没错，他就是这样的。"首相回答说。

"我可以把这话直接对新闻媒体公布吗？"伯纳德·英厄姆问道。[35]就这样，这句话传遍了全世界。第二天，玛格丽特·撒切尔在接受BBC采访时也如此形容戈尔巴乔夫："我很欣赏戈尔巴乔夫先生。我们将会是很好的合作伙伴。"[36]

戈尔巴乔夫听到了这些话，自然也很高兴。米哈伊尔·戈尔巴乔夫回忆说：

> 我非常满意！事实上，在向苏共中央政治局汇报我的英国之行时，我也用了同样的赞美之词积极评价了撒切尔夫人。对于我

在英国和撒切尔夫人进行的多方面会谈以及讨论，我向自己的同事总结评价说："我们应该和玛格丽特·撒切尔进一步开展合作。我们的确也是这样做的。"[37]

为莫斯科和华盛顿牵线搭桥

在契克斯别墅和米哈伊尔·戈尔巴乔夫顺利会谈后，玛格丽特·撒切尔开展的第一项工作就是充分利用她手头的各种机会为莫斯科和华盛顿牵线搭桥。为扮演好牵线人的角色，玛格丽特必须在各大洲之间来回飞行奔波。按照一个首相正常的航空飞行标准来衡量，这样的行程安排是相当紧凑辛苦的。

在短短6天时间内，玛格丽特穿梭于三个大陆间，分别完成了和苏联、中国以及美国国家领导人的会谈。飞行时间总计长达55小时。其中包括从伦敦飞往北京签署《中英联合声明》；从北京直飞香港看望香港市民，并向市民保证他们没有被英政府出卖；接着从香港飞往夏威夷，抵达后她执意要抽空夜访珍珠港；然后再从夏威夷飞往华盛顿；最后在华盛顿乘坐直升机飞往戴维营。[38]直升机抵达机场时，里根总统站在舷梯前迎接玛格丽特，热情亲吻她的脸颊以示欢迎，还亲自驾驶自己的高尔夫球车把玛格丽特接到戴维营。"有时我都觉得自己是在导演《飘》这种浪漫爱情电影呢。"伯纳德·英厄姆评价说。[39]

戴维营的会谈举步维艰，但对玛格丽特·撒切尔来说，会谈最终还是取得了相当好的外交成就。她首先向总统简要介绍了她对戈尔巴乔夫的良好印象，接着两人的会谈主要集中在"星球大战计划"上。"这是我第一次亲耳听到里根总统谈'星球大战计划'，"她回忆道，"他谈得声情并茂。简直是在描绘他的伟大理想。"[40]

其实玛格丽特这么说是在隐晦地表达，自己认为里根总统的观点并不正确。里根对"星球大战计划"充满信心，他认为该计划可以帮助彻底清除所有核武器并最终结束冷战。但玛格丽特·撒切尔凭借自己以前上大学时积累的科学功底感觉，里根的想法非常荒谬。她虽然支持进一步推行"星球大战计划"的相关科学技术研究，但也担心过分依赖"星球大战计划"的科学技术将会阻碍其他形式核威慑武器（包括英国的"三叉戟"核潜艇）的发展。她和总统唇枪舌剑争执了很久，想改变总统的心意，可惜没什么效果。

查尔斯·鲍威尔察觉到现场气氛有些烦躁不安："我看见总统一个劲儿望着墙上的钟，数着还有几分钟才能到时间喝马提尼酒休息，然后吃午饭。可玛格丽特还在滔滔不绝地说着《反弹道导弹条约》的细节。"[41] 但即便按照白宫的例行安排，马提尼酒端上了桌，到了该中场休息的时间，讨论也没有暂停，"午餐前的鸡尾酒休息时间，总统先生、撒切尔夫人还有普赖斯大使仍然在讨论"[42]。

最后，首相坚持不懈的长谈终于获得了突破性进展。当天下午临近傍晚时分，首相和鲍威尔草拟了一份条约文件，并由首相亲自向总统宣读了这份文件。文件一共包含以下四部分。

1. 美国和西方的目的是想与苏联保持平衡发展：美国和西方不想取得优势，而是在考虑苏联发展的前提条件下保持东西方的势均力敌。

2. 按照条约规定的义务，"星球大战计划"必须经过谈判磋商后实施。

3. 本条约最主要的目的是加强而不是削弱核威慑。

4. 东西方谈判的目的应该是通过降低双方进攻性武器的水平来确保安全。

对于以上几点，里根总统以一种几乎漫不经心的冷漠态度表示同意接受，并说自己希望"这些共识能够消除有关英美双方不和的传闻"。[43]

条约果然奏效。里根总统在日记里提道，他希望借助"星球大战计划"能够"消除玛格丽特的一些顾虑"。[44]

首相显然也感觉自己成功保住了一项更大的协议。她公开宣布，自己确信美国不会单方面开展"星球大战计划"，也绝不会放弃核威慑。北大西洋公约组织国家的外交官，还有核武器专家也纷纷为玛格丽特·撒切尔在"星球大战计划"上取得的成就感到欢欣鼓舞，消除了之前的疑虑。莫斯科方面很可能也是同样的感受。

三个月后，首相再次来到莫斯科参加另一位苏共中央总书记康斯坦丁·契尔年科的葬礼。契尔年科担任苏联最高国家元首仅13个月，便不幸逝世。他的职位随即由米哈伊尔·戈尔巴乔夫继承。葬礼结束后玛格丽特·撒切尔与苏联新任的国家领导人进行了一个小时的长谈。这个时间长度是任何前来参加葬礼的贵宾享有的单独会面时间的两倍。戈尔巴乔夫和撒切尔在双方第二次会面中并没有谈到任何实质性的合作，但两人的友好关系得以进一步加深。而玛格丽特会谈结束后也再一次向美国白宫传达了她对戈尔巴乔夫的良好印象。

美国国务卿詹姆斯·贝克评价认为，苏联终于有了一位全新的领导人。他评价对美国未来的战略计划以及峰会外交计划都产生了"深远影响"。[45]

在这些对米哈伊尔·戈尔巴乔夫正面评价的影响下，美国逐渐感到自己与苏联的关系正慢慢复苏。尽管里根曾公开发表过类似"邪恶帝国"的言论，但其实他从当上总统后就一直在私下里努力尝试与勃列日涅夫、安德罗波夫，还有契尔年科建立通信往来。可惜的是，回信的语气都显得虚伪做作，令里根失望不已。"唉，问题就在于，他们对我根本不感兴趣。"里根以他特有的"唉，天啊"向白宫办公厅副主任迈克·迪弗表达了自己的惋惜。[46]

戈尔巴乔夫在克里姆林宫成功就任后，里根写信给他，提出打算在日内瓦召开一次美苏首脑峰会。玛格丽特·撒切尔对戈尔巴乔夫的高度称赞显然帮助促成了这次会议。里根总统在当时以及后来自己的回忆录里也都坦然承认了这一点。

从日内瓦参加完峰会回国后,里根立即召开了一次国家安全委员会会议。他在会上说的第一句话就是:"玛格丽特说得一点儿没错。我们的确可以跟此人合作。"[47]

而在参加峰会的戈尔巴乔夫看来,玛格丽特·撒切尔一直对他说里根总统真心实意、苦苦探索和平方式实现核裁军,的确是帮忙传递了重要信息。

美苏两国领导人都一致认为,玛格丽特前期所做的外交工作为日内瓦峰会的顺利召开奠定了良好基础。自打里根和戈尔巴乔夫双方开始成功单独会面起,英国首相之前扮演的桥梁角色就再无任何意义了。然而,玛格丽特·撒切尔在峰会召开前这段重要的外交时期及时抓住了机遇,确保自己在两个超级大国之间拥有一席之地。

从1984年12月和戈尔巴乔夫在契克斯别墅共进午餐直到1985年11月日内瓦峰会举行的这段时间内,玛格丽特无疑是国际舞台上最重要的人物之一。她虽不是美苏新型关系的缔造者,但她确实有效地助推了美苏关系的新发展。她在美苏国之间实际还大有可为。

与里根的分歧

实际上整个20世纪80年代,玛格丽特·撒切尔与罗纳德·里根在"星球大战计划"问题上一直存在分歧。两人的分歧也直接导致他们彼此间的摩擦争执。但无论发生什么事,两人在关键时刻还是能够达成共识的。可是在撰写回忆录时,玛格丽特·撒切尔的态度发生了巨大转变。她在1993年写道:"'星球大战计划'是罗纳德·里根在其总统任期内所做的最重要、最创新的决策……后来证明这(项决策)对西方取得冷战胜利起了至关重要的作用。"[48]这和她在任首相时对"星球大战计划"的态度截然不同。玛格丽特在冷战结束后所持的修正主义态度以及她在冷战期间对"星球大战计划"的态度需要进一步加以解释说明。

只要"星球大战计划"仅局限于实验室内,玛格丽特·撒切尔都持赞同态度。作为一名科学家,她对"星球大战计划"的具体科学技术并没有多少信心。作为一名军事家,她则担心"星球大战计划"付诸实践会削弱包括英国"三叉戟"核导弹在内的其他形式核威慑的力量,并使西欧国家直接受到苏联军事扩张的威胁。玛格丽特曾努力向里根总统解释过自己的担忧,但里根对她的担忧毫不在乎。不过,里根最终还是在1984年11月的戴维营会议上同意通过了几项共识,想借此让玛格丽特放心。这一做法虽然可以拖延时间,但没能让玛格丽特·撒切尔彻底安心。她深知,里根对"星球大战计划"怀有坚定信心正是因为他认为,该计划可以彻底终结核武器军备竞赛。所以后来玛格丽特不断对里根思想信念的这个根源发起批评攻击,反复声明"星球大战计划"不可能终结核武器军备竞赛。因为私下里没能说服里根改变主意,玛格丽特干脆冒险在公开场合批评里根的"星球大战计划"。

1985年2月20日,玛格丽特受邀在美国国会举行的两院联席会议上发言,这为她采取实际行动攻击里根提供了绝佳时机。她在发言中没有直接批评"星球大战计划",而是为当时已有的核威慑计划做了一番慷慨激昂的辩护,她强调说正是这项核威慑计划在过去40年的时间里维护了欧洲的和平。玛格丽特的发言稿并非出自外交部之手,而是由她手下的鹰派人士,包括查尔方特勋爵、乔治·厄本,还有休·托马斯等人帮忙撰写的。其中有一段文字意味深长:

> 我们的责任不仅仅是阻止核战争,还要阻止传统战争(掌声一片)。没有人比温斯顿·丘吉尔更清楚核威慑力量的重要性。他在自己最后一次演讲中说道:"要事事谨慎,除非确保并绝对确保手中握有其他维和的方法,否则绝不弃核!"[49]

听到玛格丽特这番有关核威慑的演讲，在场的大多数议员纷纷起身鼓掌致意。对于玛格丽特的演讲，尤其是演讲第二天玛格丽特见到里根总统时更直白地表示自己对"星球大战计划"的批评，白宫方面感到非常生气。

"你知道吗，她根本就没搞清楚情况，"会后里根对国家安全顾问罗伯特·麦克法兰说，"她这么诽谤'星球大战计划'给我们带来了很多麻烦。"[50]

另一位出言中伤"星球大战计划"的英国人是外交大臣杰弗里·豪。他在伦敦一次演讲中警告人们要警惕"在21世纪的太空设立新马其诺防线"的种种危害。这个形象的类比以及其中提及的对"星球大战计划"相关技术的具体批评引起了——豪所说的——"大西洋两岸的轰动"。[51]

英国国内的轰动发生在唐宁街10号，首相对自己的外交大臣大为恼火，并立即致电里根总统代表豪表达歉意。玛格丽特还差点对查尔斯·鲍威尔发怒，因为鲍威尔参加完契尔年科的葬礼，在回国的飞机上审查豪的演讲稿时不小心睡着，以致铸成大错。就这样，豪的讲稿在没有首相和其私人秘书过目的情况下，居然顺利地通过了唐宁街10号的"审查"。玛格丽特·撒切尔为手下的玩忽职守勃然大怒，但没有任何人的事业因此而受到影响。

无论这次事故谁对谁错，首相都没有停止过对"星球大战计划"或公开或隐晦的责难批评。1985年7月，玛格丽特在华盛顿参加一个军备控制研讨会时，再次郑重地发出警告说，"星球大战计划"会削弱欧洲增强核威慑力量的正当理由。她一再这么说，让原本好脾气、有耐心的总统也忍受不了了。"年轻人，她擅长演讲，但不擅长聆听。"里根在一旁对美国军备控制和裁军署署长肯尼思·阿德尔曼说。[52]

研讨会结束后吃午饭时，玛格丽特·撒切尔还在继续批评"星球大战计划"。里根总统再也忍不住了，一反常态地出言反驳。玛格丽特这次又说，自己担心里根希望借助新科学技术实现彻底消除核武器的梦想反而会导致新一轮的传统武器军备竞赛。"如果你按照这个逻辑想下去就会明白，"她对里根说，"你最终会造成传统军备武器的极大不均衡发展，知道吗？到那时我们如果想重回以前的平衡状态，难道不要付出高昂的代价吗？"里根盯着玛格丽特的眼睛，然后说："是，这一点我早就想到了。"[53]

在场的人都看得出来，美国总统在批评英国首相，展示自己的权威。麦克法兰回忆说："他们双方都在仔细体会对方刚才说话的意思，现场出现了一阵令人尴尬的寂静。我想双方工作人员都会希望这次的不愉快从来没发生过。"[54]

这次争执造成两国领导人的紧张关系，后来花了很大一番力气才算有所缓解。里根发完火几个小时后，麦克法兰打电话给下榻在英国大使馆的玛格丽特·撒切尔。两人的电话谈话内容已无从考据，不过后来围绕这次电话会谈，他们有过通信，信里以代码的形式提到了一些秘密（首相写道，"我当然会非常小心谨慎地对待你所说的话"），这足以说明两人已开始了一场高级秘密交易。

历史学家理查德·奥尔德斯说："麦克法兰成功说服了撒切尔不再发表反对意见。"[55]他劝撒切尔在日内瓦峰会召开前这段重要时期，把自己对"星球大战计划"的意见保留在心里。这种做法同样确保了美国政府内部对里根持反对态度的保守派批评家们不再发声问难，也维护了西方联盟在苏联眼中的团结形象。

为回报玛格丽特，麦克法兰暗示说，英国公司将获得与美国签署"星球大战计划"研究合同的机会，合同每年涉及金额高达3亿美元。"嗯，毕竟还是能有些回报的。"玛格丽特·撒切尔对这项富有吸引力的提议做出了如此回答。[56]但是英国公司最后只拿到了"星球大战计划"一小部分的研究合同，合同金额总共只有4000万美金而已。

对英国首相来说，与"星球大战计划"相关的还有一件更令她失望透顶的事，不过此事意外实现了她的心愿，清除了结束冷战的障碍。1986年10月11日至12日，里根和戈尔巴乔夫的第二次峰会在雷克雅未克举行。会议期间，玛格丽特·撒切尔听到下属做的有关这次会议情况的简报后，真正大失所望。

她这样形容自己得知峰会最新消息后的反应："听到美国的计划后我感觉脚下好像发生了地震。"[57]当时保守党首席党鞭迈克尔·乔普林正陪着玛格丽特待在房里，他说："从来没看过她情绪那么激动。"[58]

玛格丽特·撒切尔近乎恐慌的反应主要是因为她发现，罗纳德·里根提出准备用10年时间彻底销毁美国所有的核武器。里根非常愿意销毁美国的核导弹、巡航导弹、中程核导弹以及潜射导弹——自然少不了英国所使用的由美国研制的"三叉戟"核导弹系统。米哈伊尔·戈尔巴乔夫也暂时同意对苏联的核武器开展同样的销毁活动。正当这份具有历史意义的裁军协议就要付诸实施之际，戈尔巴乔夫又提出了新要求。他坚持要求将"星球大战计划"限制在实验室范围内，并且永远不能进行实践操作。而里根不愿就此放弃自己钟爱的计划。由于两国领导人都坚持自己的立场不肯退让，所以雷克雅未克峰会结束时双方只达成了初步意向，并没有达成任何共识。

玛格丽特·撒切尔得知美国准备做出销毁核武器的让步后，立即对雷克雅未克刚刚发生的一切表达了末日到来般的绝望。"整个体系都在摇摇欲坠，"她回忆说，"我想我们再没有什么防御手段了。'我的天啊，我一定要把这事扳回来'。"[59]两周后，玛格丽特又跑到戴维营见里根总统，希望后者保证同意留存核武器。

这次会面，里根恰巧碰上了他出任总统以来的最低谷，因为伊朗门事件的政治丑闻有可能演化为另一桩水门事件。玛格丽特·撒切尔再次用实际行动证明，自己就是里根总统坚定的支持者。"我毫无保留地相信总统阁下在这件事情上是绝对诚信的。"[60]出事后她在华盛顿举行的一次新闻发布会上这样说道，当时根本没人愿意站出来这样支持里根。对于首相的坚定支持，里根满心欢喜，自然也更愿意实现玛格丽特的心愿。

玛格丽特·撒切尔这次来戴维营，主要是为了确保英国的"三叉戟"计划能够顺利进行，以及美国会继续支持北大西洋公约组织的核威慑政策。这两个目标玛格丽特都实现了，只是美国做出的承诺并不如她之前设想的那么多。短期来说，白宫是同意玛格丽特所寻求的英美联合声明的。戴维营会谈第二天，《星期日泰晤士报》头版新闻的标题赫然写着"撒切尔获里根允诺同意出售'三叉戟'导弹"，这正是玛格丽特心里想要的理想新闻标题。[61]

但是她也承认自己"惴惴不安"[62]，担心美国的政策迟早会变回雷克雅未克那种不公平交易，从而导致英国失去美国这把核武器大伞的保护。

在核战争专家们看来，玛格丽特·撒切尔执意要保持强大的核威慑力量，这种态度似乎有些夸张。因为在现实生活中，核威慑力量被削弱这个概念根本不现实。对"星球大战计划"技术有透彻了解的人都知道，"星战计划"根本无法应用于实践，更不可能帮助彻底销毁一切核武器。"星球大战"技术对那些爱幻想的人来说只存在于未来世界里，并且1986年那时仅有极少数人相信未来会有这种技术。然而对这些空想最投入的竟然是美国的总统。他这种过分天真简单的想法居然能在雷克雅未克峰会上虚张声势，骗得戈尔巴乔夫深信不疑。这场虚张声势的骗局还非常有成效。

"星球大战计划"不过是美国在国际赛场上的一张筹码而已。但是里根带着这张筹码演得非常逼真，搞得苏联错误地以为自己已经在冷战中败下阵来。雷克雅未克峰会后，戈尔巴乔夫彻底认定苏联无力参与太空军备竞赛。玛格丽特·撒切尔经过和戈尔巴乔夫的一番交谈，成功地说服这位苏联领导人相信，里根在"星球大战计划"一事上态度坚决，誓要和苏联一较高下，同时里根也非常想促成有意义的裁军。

就这样，在机遇和个人魅力的双重作用下，玛格丽特·撒切尔成了历史关键时刻斡旋于东西方的有力沟通媒介。

如果一定要给冷战结束确定一个具体时间的话，这个时间可以定为1986年年末至1987年年初。戈尔巴乔夫在雷克雅未克着实被里根的气势吓到了，他只好接受现实，从此认定苏联再也不能为了精密核武器和不断增加的军备开支而寅吃卯粮，财政透支。他清楚，自己必须要开展新的计划，对内开展新一轮改革，对外实施新外交政策。玛格丽特·撒切尔理所当然地成为戈尔巴乔夫讨论、实施这些改革计划的不二人选。

在莫斯科的明星表现

1987年3月28日星期六，玛格丽特·撒切尔抵达莫斯科，在那里进行了为期四天的访问，从而缔造了一个外交界神话。电视里播出玛格丽特到访时的画面，出人意料地引起了广大苏联人民的强烈共鸣，这很可能也在深层意义上推进了后来苏联的解体，不过当时还没有人意识到这一点。

实际上，玛格丽特和米哈伊尔·戈尔巴乔夫进行的长达13个小时的会谈，奠定了这两位国家领导人之间的密切关系。他们在会谈中激情昂扬、思如泉涌，而随着会谈的深入，东西方的政治版图也开始逐渐瓦解。无论从短期影响还是长期效应来看，本次会谈都绝对算是20世纪历史上英苏之间最重要的首脑会议。

因为戈尔巴乔夫1984年12月星期日那天与玛格丽特·撒切尔在契克斯别墅相谈甚欢，所以这次玛格丽特在苏联受到了很高的礼遇。"她是我的贵宾。我对她说，她想去哪里、想见谁都可以。"米哈伊尔·戈尔巴乔夫回忆说，"我本着自由开放的精神，没有对她做任何限制。"[63]

事实上，苏联历史上还从没有哪位西方访客享有过如此大的自由度。玛格丽特·撒切尔决心要充分利用这次机会，于是提出想参观设于克拉斯诺亚尔斯克的苏联反弹道导弹系统雷达站。苏联国防部同意了她的要求，但是负责安排首相行程的随行人员建议放弃此行，因为去克拉斯诺亚尔斯克的话，首相离开莫斯科的时间就太长了。不过即便未能参观苏联绝密的反弹道导弹基地，玛格丽特的行程也相当紧凑。她在莫斯科大部分的参观访问活动都通过电视向全世界报道，并且这些活动都很有突破性，在政治上产生了重大的象征意义。

出访苏联前，很多人为玛格丽特·撒切尔出谋划策，最终帮她打造出访问苏联的漂亮服饰。她的服装顾问共有三人——卡拉·鲍威尔、辛西娅·克劳福德和时任英国国际知名品牌"雅格狮丹"时尚总监的玛格丽特·金。这三个人中风格最前卫、说话最有趣的要数鲍威尔。"你的胸跟我的一样大，"她对首相说，"所以你得穿有很高垫肩的衣服，才能让胸显得没那么大，才能搞出个新造型来。"为了设计出这个新造型，卡拉跑遍了各种时装店，最后把时装设计师维克特·埃德尔斯坦请到了首相府。埃德尔斯坦设计出了第一套服装样品，而且造价并不高：彩色的长裙、大衣和夹克，这些衣服的脖子、还有肩膀周围都装有很高的衬垫，成为撒切尔夫人的经典传奇之一。鲍威尔还把她的同乡意大利人万妲·菲拉格慕介绍给首相，为首相设计出适合她瘦脚的特制鞋子。鲍威尔的另一位意大利好友、福特勋爵的千金奥尔加·波利兹也为首相提供了些穿衣建议。美国大使夫人卡罗尔·普赖斯还为首相的全新个人形象提供了些美国时尚元素。在这些人的帮助下，首相拥有了一衣橱的漂亮衣服，这些衣服最终把她打造成国际舞台上一颗耀眼的明星。

到达莫斯科机场时，玛格丽特头戴黑色狐毛帽，穿着合身的黑色大衣，浑身散发出好莱坞电影里女沙皇的魅力光芒。她走下舷梯，走到机场停机坪，接过献来的一大束红玫瑰，这束玫瑰为她添了一抹色彩，更平添几分优雅气质。亿万苏联观众在电视机前观看了玛格丽特抵达机场的情景。时至今日，仍有观众提起当年的情景，说这位铁腕女首相到访苏联，让人们想起了俄国历史上伟大的女皇凯瑟琳大帝。

玛格丽特·撒切尔莫斯科之行的第一次全天访问在3月29日星期日。这天一大早，她驱车赶往距离莫斯科以北50英里、坐落于扎戈尔斯克的俄罗斯东正教修道院。修道院里的修道士吟唱赞美诗优美的曲调，牧师们金色和紫色的法衣，人们对圣像的崇敬之情，教堂里的烛火以及香炉里飘散出来的香烟，这些在玛格丽特看来，"让人想起了格兰瑟姆芬金大街卫理公会教堂的礼拜日"。[64]玛格丽特自己也象征性地参加了修道院的一些礼拜仪式，为圣安东尼神龛前的蜡烛点火，并在祭坛前下跪祷告。整个过程都在电视上直播，这在苏联外交史上还是头一回，因为当年苏联对基督教文化依旧持压制至少是限制态度。"你可能觉得苏联人看到（这一幕）会不高兴，"英国大使布莱恩·卡特利奇说，"但他们还是默默地忍受了。"[65]

从修道院出来，玛格丽特来到莫斯科的一处住宅小区，她从小区一户"典型苏联式"的家庭出来时，受到了数千群众的热烈欢迎。接下来玛格丽特来到一家大型超市，超市里货架空空，几乎没有什么能买的东西，弄得她很为难。最后她只好买了一个沙丁鱼罐头——具有讽刺意味的是玛格丽特根本不喜欢吃沙丁鱼，因为上牛津大学时她的房东太太用沙丁鱼做的早饭非常难吃，所以玛格丽特从那时起就开始讨厌沙丁鱼了。当天晚上，玛格丽特观赏了莫斯科大剧院芭蕾团表演的芭蕾舞《天鹅湖》，看完演出后她与米哈伊尔·戈尔巴乔夫以及赖莎·戈尔巴乔娃夫妇一起共进晚餐。晚餐的气氛非常轻松，戈尔巴乔夫不停地说着笑话。"你怎么没把你儿子马克一起带来啊？"戈尔巴乔夫问道，"我们这儿沙漠特别多，他到这儿来可以尽情去沙漠里玩，玩得出不来了。"[66]

撒切尔和戈尔巴乔夫进行的长达7小时的正式会谈涉及很多议题，包括苏联入侵阿富汗、苏联的军备控制、经济改革以及苏联犹太人移民去以色列。布莱恩·卡特利奇观察说：

> 她和戈尔巴乔夫互相欣赏。戈尔巴乔夫和玛格丽特都觉得对方魅力非凡，两人可谓一见如故。这两人谈得高兴起来，甚至还讲了些苏联的黄色笑话……从来没有哪两位国家领导人能像他们俩这样彼此惺惺相惜的。你能看到他们俩简直思如泉涌。他们都很喜欢聊天，也很喜欢自己的音质。而且他们俩都是那种一聊起劲儿来就很难打断的人。不过他们在对方讲话时居然都成功地插嘴了，真是棋逢对手啊。[67]

这两位政坛高手你来我往，互相切磋，不亦乐乎。两人最后虽然没有比出个高下，但会谈还是显得格外激烈。在苏联人看来，玛格丽特·撒切尔实际上在除正式官方会谈外的其他方面都接二连三地取得了胜利。无论是面对午餐会上的反政府主义者还是苏联广大的人民群众，她都绝对是万众瞩目、人人羡慕的焦点。她最大的成就还要数出镜电视节目。

戈尔巴乔夫出乎全世界意料地同意首相在没有任何政治审查的情况下参与电视直播节目。"没错，我的确在冒险。我就是故意这么做的，因为我希望她还有其他所有人看到，我的'开放政策'绝不是说说而已。"戈尔巴乔夫回忆说，"而玛格丽特参与电视直播节目，实际上也是在帮我向外界证明，我们苏联的确是在施行开放政策。"[68]

玛格丽特这次的电视节目对苏联政府以及观看节目的广大苏联观众来说都是个巨大惊喜。电视节目制作方原本以为玛格丽特·撒切尔会像苏联的其他领导人一样，对着镜头发表一通长篇大论。但她却喜欢现场辩论，所以要求苏联电视台按照她建议的模式录制节目：直播时要模仿西方政治谈话类节目，邀请三位来自莫斯科的记者现场向她提问——三个人中有两位以前在苏联军队里做过上将。

这三名记者就英国政党路线问题向玛格丽特提问时显得特别笨拙，问题也问得冗长无味。他们根本没想到，英国首相居然当场跟他们辩论，对他们进行质疑和挑战，还用语气强烈的言辞打断他们的话，根本不给他们任何一点儿讲完整句话的机会。在节目讨论核武器的环节，一位前上将向玛格丽特提问：一旦发生核武器意外，谁来为西方的潘兴弹道导弹负责？

玛格丽特·撒切尔回答说：

> 可笑！苏联是世界上拥有核武器最多的国家。你们拥有的洲际弹道导弹以及导弹头比西方任何国家都要多。你们已经开始研制中程弹道导弹，而我们还根本没有涉足。你们的短程弹道导弹数量也比我们多得多。你们的导弹数目比别国都多，居然还来问我们发生核武器事故怎么办？可笑！

这三个配角再也忍受不住电视直播节目如此浓烈的火药味，很快他们的提问变得柔和起来，开始问些私人问题，比如玛格丽特平时吃些什么，有什么样的工作习惯，还有平时怎么解决睡眠不足的问题。即便是这样无关痛痒的问题，玛格丽特的坦率直白也让苏联的电视观众大开眼界，尤其是让在克里姆林宫里观看电视直播的米哈伊尔·戈尔巴乔夫大开眼界。他回忆道：

> 我必须盛赞玛格丽特。看了这期节目我感觉，我们的三名记者根本就是输了——完全败下阵来。她在每一个问题上都打赢了。我身边一些人觉得我们给了她太多的自由，但"根本不是这么回事儿，"我说，"这才是真正的'开放政策'"。[69]

很多苏联观众都为这次意义非凡的电视直播节目中表现出来的自

由精神拍手叫好。英国驻苏联大使如此评价：

> 苏联人这次完全被折服了。之后好几个星期不断有人过来对我说，"你们的首相真是棒极了。这次电视辩论我们将终身难忘。她告诉给我们许多我们不知道的事，并亲自向我们演示了究竟该如何处理这些事"。[70]

莫斯科之行后，玛格丽特·撒切尔一跃成为偶像人物。她的言行表现为一些重要的自由主义精神开辟了新道路，而这些自由主义精神对苏联内部民粹主义者正在进行的斗争来说则显得至关重要。在这次具有开创意义的电视访谈节目中，即便是面对核武器安全这样的敏感话题，玛格丽特都以其言行亲自展示了自由精神和公开辩论的重要价值。她公开支持宗教信仰自由，并提倡移民自由。玛格丽特在宗教信仰、移民问题以及其他政策制定方面，都具有改变苏联固有思维模式的能力。正如戈尔巴乔夫所隐晦承认的：

> 对我们来说，撒切尔夫人绝不是一个好搭档，因为她反感共产主义，对苏联的各种问题往往无法形成更加客观实际的看法。然而，我们也必须承认，在很多情况下，她都能够用事实佐证她对苏联的批判，并最终让我们能够审视、批判我们自己的一些行事方式。[71]

回顾

玛格丽特·撒切尔之所以能够与戈尔巴乔夫在政治上结成亲密关系，是因为很早以前他们俩就发现，虽然他们彼此存在意识形态的差异，但也算志趣相投。两人都是孤独的边缘人、叛逆者，都有心变革各自国家的政治体制。他们都有坚定的信念和过人的天资，既能与人唇枪舌剑又能确保辩论不会演变成个人的口角恩怨。有一些观察家认为，玛格丽特和戈尔巴乔夫的密切关系还得益于异性间的互相吸引。在他们两人会面以及一同出席公开活动时，玛格丽特·撒切尔总会适时地表现自己的女性特质，在语言、行动以及肢体动作中展现婀娜风情。这一切都被戈尔巴乔夫身边的助手看在眼里。苏联外交官列昂尼德·扎米亚京就曾经看到首相在戈尔巴乔夫面前刻意展示自己美丽的双腿："撒切尔夫人在戈尔巴乔夫面前绝对有一种卖弄风情的感觉。"[72]

外交官嘴里说的玛格丽特卖弄风情的事后来被夸大成更猥亵下流的笑话，在成千上万的普通苏联百姓中间广为流传。戈尔巴乔夫和撒切尔之间的"化学反应"在撒切尔夫人莫斯科之行很多年后一直都是人们茶余饭后开玩笑、聊八卦的话题。

就本次莫斯科之行的实质性进展来说，玛格丽特·撒切尔认为自己在世界历史上担当了至关重要的角色，因为她依靠自己的努力，为里根与戈尔巴乔夫之间建立了彼此沟通了解的桥梁。历史上还没有哪位美国总统或苏联领导人能有幸得到像玛格丽特·撒切尔这样能干的中间人的帮助。而她通过不懈的努力，帮助美苏领导人解释沟通，最终不断加深了两个超级大国对彼此的信任。

玛格丽特是美国总统里根第一位也是最后一位盟友，同时她也是戈尔巴乔夫在西方世界唯一的一位红颜知己。她为美苏关系所做的努力逐渐在冷战消融期的许多重要阶段显露出其价值：包括日内瓦谈判前后，雷克雅未克会晤前后，以及1987年12月签署《中程导弹条约》前的关键时期。

1987年12月7日，戈尔巴乔夫飞往华盛顿签署条约时，途中在英国皇家空军布雷兹·诺顿军事基地停留2小时，与玛格丽特·撒切尔一起共进午餐。这次午餐为即将到来的戈尔巴乔夫–里根峰会做好了铺垫。午餐会期间，首相就阿富汗、人权以及《中程导弹条约》签署后苏联会发生的变化向戈尔巴乔夫提了不少刁钻的问题。玛格丽特在午餐会上似乎并没有多少收获，但会后她致电总统办公室，说明自己与戈尔巴乔夫会谈的情况，里根总统却对她深表感谢，并说首相"显然已经给他来了个下马威"。[73]

如果的确是给戈尔巴乔夫来了个下马威的话，这个下马威还是产生了不错的结果。《中程导弹条约》的签署是两个超级大国第一次达成协议，决定减少各自的核武器数量，并同意尽数销毁诸如潘兴导弹和SS-20导弹等所有的中程导弹。此外，两国还就核武器核查的规则达成了一致。玛格丽特与戈尔巴乔夫的午餐会最令人吃惊的间接性成果或许是，两个月后戈尔巴乔夫居然宣布苏联从阿富汗撤军。苏联的这一决定大大提高了全世界人民的安全感。

对此，玛格丽特·撒切尔绝对功不可没。在西方联盟内部，玛格丽特只是个次要的参与者和对话者，而不是主要的参与者和行动发起人。但即便如此，这也成为她最伟大的外交成就之一。

29
不满之声

与内阁大臣的矛盾

玛格丽特·撒切尔在莫斯科以及华盛顿的出色外交表现，世界各地电视台纷纷予以积极报道。与之对应的是，英国国内对玛格丽特执政的种种成就倒是反应平平。在其第二届任期内，民意调查显示，大众对玛格丽特的支持率不高，加上英国政府的内讧以及保守党议员内部的争斗，这些都对玛格丽特造成了负面影响。现在回想起来，这些负面事件其实并没有多么严重，到1987年大选前夕也就消失不见了。而这次大选玛格丽特以绝对优势取得了胜利，第三次出任首相。尽管竞选再度获胜，国内民众以及下院对玛格丽特在第二届任期内处理的很多事情仍有不满，这种不满很大程度上是由玛格丽特的个性造成的。

英国政府的三大权力中心虽然也敬重玛格丽特·撒切尔，但就是不喜欢她。这三大中心是内阁、公务员队伍以及议会。这三个机构里的人都看不起玛格丽特，尽管其中不少人她也有不同看法。

实际上，玛格丽特在其第二届任期伊始所组建的内阁最开始绝对是无条件支持首相的，是玛格丽特自己后来渐渐破坏了这种支持和信任，这绝对充分说明了她领导才能欠佳甚至是欠缺。玛格丽特之所以失去内阁的支持，不是因为内阁大臣存心想与她作对，也不是因为这些大臣过分天真地相信宪法的规定，认为英国政府的首脑没什么了不起，不过是次序排在大家前面而已。首相和内阁大臣的关系到底应该是怎样的，这其实是整个20世纪未解的学术难题。不过务实风格的政治家还是认为，首相的地位至高无上，但这并不意味着内阁就完全没有任何一点儿地位。

玛格丽特·撒切尔在第一届任期一直非常尊重内阁集体讨论的意见。马尔维纳斯群岛危机期间，她完全按照英国宪法章程来主持战时临时内阁以及领导英国全体内阁成员。可惜的是，马尔维纳斯群岛战争打赢阿根廷人,加上后来1983年大选以绝对优势获胜连任后,玛格丽特的领导风格就多了些狂妄自大的味道了。

她给大臣交代工作时语气过分强硬,一旦把握不好度,交代立即变成了颐指气使,听上去好像在任意干涉大臣管辖部门的事务。"我觉得做首相有时还是要威严点儿,"她在一次电视采访中说,"做一个唯唯诺诺的领导根本没有任何意义,不是吗?"[1]

玛格丽特经常对着各部大臣滔滔不绝地问难攻击,言辞激烈地批评他们软弱无能、办事拖沓、缺乏魄力。只有性格刚毅的大臣才敢跟首相回嘴,有时偶尔也能说得她哑口无言。卡林顿开会时曾遇上玛格丽特发火——他把首相的吼叫称为"她可怕的咆哮"——他至少有三次忍无可忍大胆地起身走出会议室。[2]还有很多大臣在会上干脆拍案而起,当场跟首相吵起来。但奇怪的是,会上被首相公开批评指责的大臣中却很少有人回嘴抗议。

首相和内阁大臣最激烈的对战发生在1985年的一次会议上,会议讨论的主题是英国利兰汽车公司私有化改革。诺曼·特比特虽然在布莱顿爆炸案中受了伤仍在休养,但是他还在负责英国贸易工业部的事务。特比特不同意将路虎汽车出售,变为私人公司。首相和他产生了分歧。两人辩论到不可开交的时候,首相居然直接否决了特比特的意见。诺曼·特比特立刻火冒三丈,"如果你觉得你比我更有能力领导贸工部,那你来吧!"他一边大吼着,一边把手头的文件扔到地上,冲出门去。"玛格丽特完全被吓蒙了。"特比特贸易工业部的政务次官诺曼·拉蒙特说道,他也是当时首相书房里仅有的另一个在场人。"她显然知道自己把他惹怒了,而且他的身体本来就不好,所以赶快追下楼去。"后来路虎公司得以保全,没有从英国利兰汽车集团公司里单独出售。[3]

另一位和玛格丽特·撒切尔发生激烈冲突的大臣是奈杰尔·劳森。令人记忆犹新的是,他在一次内阁全体会议上对玛格丽特说:"请闭嘴,听我说一次。"⁴每逢这种时刻，玛格丽特才会有所收敛——至少是收敛一阵子。但是这种情况很少见。大多数内阁大臣对玛格丽特要么非常尊敬要么非常畏惧，根本不敢和女首相有任何冲撞。他们没有继续对抗玛格丽特，而是选择了沉默不语，在沉默中对首相的怨恨变得越来越深。

无论怎样，内阁的氛围并不和谐。内阁内部的不愉快，部分是因为玛格丽特·撒切尔对同事们越来越严格的操控，这种操控常常令人感到不舒服。英国一档名为《仿制人》的讽刺节目曾大肆讥讽首相的这种操控，把她描绘成一个横行霸道的女施虐狂，身穿流氓条纹套装，不停地斥责着畏畏缩缩的大臣，直到他们投降为止。

还有一幅漫画令人难忘。漫画里首相正和她的傀儡内阁在一家餐厅吃饭，一名侍者过来点单，把首相称作"先生"。"我要牛排，"撒切尔说。"需要蔬菜吗？""哦，他们跟我吃一样的。"撒切尔回答道。⁵

这幅漫画虽然令人不快，但在很大程度上反映出了现实情况。玛格丽特·撒切尔对她的很多大臣的确态度轻蔑。她经常当着大臣自己部下的面，莫名其妙地奚落他们。每次长篇累牍、劈头盖脸地指责他们后，玛格丽特也从来不会向大臣们道歉。即便大臣在工作中有出色表现，她也很少给予称赞。而且玛格丽特还经常匿名给记者提供情况简报，趁机贬损内阁大臣。

这方面的一个经典例子就是约翰·比芬的抹黑案，当时下院院长是"英国政府一名半编制外成员"。⁶这个词语出自于伯纳德·英厄姆所做的新闻简报，简报内容刊登在1986年5月的各大新闻报纸。比芬果然不出意料地在下一届内阁改组时被彻底踢出内阁。或许他命该如此，因为他早前对媒体评价首相时也曾出言不逊。还有许多对首相忠心耿耿的大臣，在被解任之前相关消息就已经泄露出来了。用这种方法来管理政府非常冷酷无情，也过于随意。

为全面展现玛格丽特·撒切尔在人力管理方面的技巧，必须要先说明，对于内阁里一些举足轻重的人物，即便这些人表现不佳，玛格丽特也从来没有亏待过他们。基思·约瑟夫爵士就是这些重要人物之一。玛格丽特之所以宽待基思，主要是因为于公于私她都对基思怀有很深的感情，这种感情可以追溯到20世纪60年代。此外，玛格丽特即便不看好约瑟夫的政治才能，也非常钦佩他的聪明才智。威利·怀特洛也颇受首相优待保护。他也的确有资格受此优待，因为他简直就是首相坚定稳固的拥戴者。至于那些被首相临时挑选入内阁的大臣，比如塞西尔·帕金森、约翰·摩尔、诺曼·特比特、扬勋爵，他们在首相跟前的日子都不大好过。以上所有人，包括约瑟夫、怀特洛以及卡林顿在内，只要他们与首相产生意见分歧，或是首相认为他们在一些自己已经说得很清楚的事情上没有处理好，都会遭到首相粗暴的训斥。玛格丽特·撒切尔体内仿佛隐藏着一股怒火，经常在内阁会议上猝不及防地爆发出来。"开内阁会议的感觉就好像走进了一个关着金钱豹的笼子。"玛格丽特的首席私人秘书罗宾·巴特勒说道，"你知道金钱豹很友善而且受过训练，就算你走进笼子里也不会有什么危险。但是你还是常常担心最糟糕的事会突然发生，担心你会被豹子咬下一条胳膊。"[7]

对首相会出言相伤的担忧根本无益于帮助首相建立与大臣的良好关系。政务次官参加临时会议时如果胆敢不赞成首相的观点，立刻会发现首相变得非常可怕起来。但是如果政务次官简报做得很好，并且能够出色地介绍自己处理的事情，他们就能够安然无恙地度过临时会议并得到升迁，因为玛格丽特非常喜欢发掘有才能的人并帮助这些人发挥才智。一旦看到哪位年轻政务次官受到她认为不公正的批评，她便会竭尽全力地保护这位年轻人。

类似的一个有趣例子发生在威廉·沃尔格雷夫身上。当时他是环境部一名初级政务次官，因为受到诺曼·特比特的投诉，被拽到唐宁街10号玛格丽特的面前接受责骂——甚至更严厉的惩罚。沃尔格雷夫正在布鲁塞尔负责一项协议的谈判工作，协议主要涉及英国利兰汽车公司生产的汽车允许排放的尾气数量。这场艰难的谈判刚进行到一半，主管汽车工业的工贸部大臣诺曼·特比特打电话给沃尔格雷夫，要求他修改谈判条款，支持英国利兰汽车公司继续使用其早已过时的汽车技术。沃尔格雷夫拒绝了特比特的要求，坚持按照协议里原有的尾气排放量谈判。

因为无礼冒犯了特比特，这位环境事务部政务次官被叫去见首相，同时在场的还有诺曼·特比特、尼古拉斯·里德利（运输部大臣）、帕特里克·詹金（环境事务部大臣）以及其他内阁官员。当时的场景很像法庭，诺曼·特比特扮演了原告律师的角色。特比特大声地批评威廉·沃尔格雷夫，言辞非常尖酸刻薄，使得尼古拉斯·里德利都忍不住插嘴说内阁议员不该用那样的话去说自己的同事，现场硝烟弥漫。

玛格丽特·撒切尔之前已经就汽车尾气排放问题做过了调查，所以在一旁饶有兴趣地看着大臣们吵个不停。最后她终于开腔了——听上去就来者不善。她说：

> 嗯，诺曼，我是学化学出身的，我来跟你解释一下吧。嗯，是这样的：尾气是指一氧化碳和氮氧化物。这些气体后面还写着数字，数字后面有"ppm"。诺曼，ppm是百万分之几的意思。这是威廉确定下来的废气排放量，你看，这个数字在我们允许他操控的范围之内。哦，这儿还有你的签名，诺曼。说明讨论这个问题时你是在场的，而且同意了这些尾气排放的数字啊！

就这样，被告还没为自己辩护一句，原告的起诉就彻底失败了。大家陆续离开内阁会议室时，首相一把抓住威廉·沃尔格雷夫的胳膊，附在他耳边悄悄说："我一向都很照顾年轻人的，威廉。"[8]

如此卖力帮扶身处困境的年轻政务次官，玛格丽特·撒切尔的管理风格的确讨人喜欢。但可惜的是，她的个性却不那么讨人喜欢。她喜欢分而治之，喜欢出风头，独领风骚。在伯纳德·英厄姆和查尔斯·鲍威尔这两位唐宁街得力助手不遗余力的帮助下，玛格丽特才能如此轻松地独占荣誉，可是在为自己抢风头的过程中她甚至把自己最重要的内阁大臣全都赶下了台。

杰弗里·豪原本非常被首相看好，1979年至1983年他是一位敢作敢为的财政大臣，后来首相对他越来越失望，到了1983年至1989年他被降职，做了一个胆小如鼠的外交大臣。但是豪却深谙玛格丽特管理政府的精髓，他做过一个十分恰当的类比。豪说，内阁就好比太阳系，首相是太阳，而各位大臣就好比行星，在各自的轨道上围绕着太阳旋转；大臣们不能自己发光，也不能够单独组成一个新的行星系。[9]

在这个太阳系里，很多大臣行星最后要么被消耗殆尽，要么主动辞职脱离了组织，或者干脆被太阳女皇赶出了星系。内阁的人事变动相当惊人。1979年至1990年间，至少有36位内阁大臣先后辞职。玛格丽特·撒切尔担任首相11年后最终辞职时，她是由她亲手组建的1979年5月那届内阁里唯一留到最后的成员。但是内阁成员的损耗率并不能成为衡量玛格丽特领导才能的可信依据。

出于各种原因，一些大臣离职是当时正确的选择；但另一些大臣离开内阁则不算是正确的决策，甚至如果换一位首相，他们根本就不会离开内阁。玛格丽特·撒切尔组建的政府中最离奇、最自我中心主义的离职要数迈克尔·赫塞尔廷了。

与赫塞尔廷决裂

迈克尔·赫塞尔廷和玛格丽特·撒切尔完全不对路。玛格丽特信不过赫塞尔廷的人品，质疑他的动机，批评他的公开演讲能力差，她也不喜欢赫塞尔廷的干涉主义政策，并且认为他野心太大，会对自己的地位构成威胁。而赫塞尔廷则对玛格丽特深怀怨恨，只是他掩藏得更深一些而已。日积月累，他对玛格丽特的怨恨渐渐变成敌意。早在韦斯特兰事件之前，赫塞尔廷和玛格丽特就已有严重的性格冲突，两人好比两列随时可能相撞的火车。

最早让玛格丽特·撒切尔对赫塞尔廷产生怀疑的事发生在1976年5月27日。那天晚上赫塞尔廷在下院大发脾气，抓起下院的礼仪权杖向坐在对面议席上的工党政府狠狠地挥舞过去。当时玛格丽特是反对党领袖，和赫塞尔廷一起坐在前座。下院正在进行英国政府飞机和造船业国有化改革法案的投票表决，赫塞尔廷听到宣布政府以一票之势获胜，同意进行飞机和造船业国有化改革后，怒发冲冠。身为保守党工业事务发言人的赫塞尔廷原本认为，保守党满可以利用工党自身的缺陷赢得这次投票，因为投票当晚工党和保守党都有几名议员生病，工党议会督导便提出和保守党议员一对一不参加投票的安排，不想工党临时违约，让约定好原本不投票的工党议员参与投票。赫塞尔廷觉得自己受到工党欺骗。无论此事谁对谁错，反正赫塞尔廷当时大发雷霆，弄得自己像《人猿星球》里暴怒的猩猩，抓过礼仪权杖，朝着保守党首席党鞭野蛮地挥舞着。议会速写员嘲笑赫塞尔廷，给他取了个绰号"泰山"——被卡住的泰山。议员们看到赫塞尔廷这样，有人在大笑，但更多的人则皱眉表示不满。依照英国宪法的规定，"泰山"这种夸张的行为似乎是在藐视下院，因为他所挥舞的权杖是英国皇室权威在议会的象征物。

赫塞尔廷还是很幸运的。20世纪70年代威斯敏斯特宫尚未允许电视直播，不然的话他发疯的样子肯定会被记录流传下来。这件事很快就被人们淡忘了，但是玛格丽特·撒切尔并没有淡忘。她的工业事务发言人在下院愚蠢地挥舞权杖，令她觉得当众受辱，所以不由得想把赫塞尔廷赶出自己的影子内阁。然而吉姆·普莱尔和威廉·怀特洛都劝说玛格丽特不要这么做。

玛格丽特和赫塞尔廷两人在1979年至1983年这段时间内一直有小摩擦，特别是赫塞尔廷任环境大臣时，擅自扩大职权（玛格丽特是这么认为的），搞得自己跟默西塞德郡自治议会的议员似的，这件事令玛格丽特非常不满。虽然玛格丽特对于赫塞尔廷大多数类似"复兴利物浦"的干涉性建议毫不在意，但是赫塞尔廷的公关技巧还是渐渐赢得了她的青睐。1983年，玛格丽特调派赫塞尔廷任国防大臣，其间核裁军运动倡导者就美国巡航导弹在英国境内部署一事提出了抗议，赫塞尔廷凭借其出色的公关能力，赢得了这场抗议的胜利。然而，对于赫塞尔廷极力的自我推销，玛格丽特逐渐心生怨恨；对其在保守党大会上凭借出色口才赢得众人衷心拥护，玛格丽特也心生嫉妒。

而这种单向怨恨也慢慢演变成两人互相的怨恨。在英美两国有关"星球大战计划"的绝大部分讨论中，玛格丽特·撒切尔都没有让国防大臣参与，这极大地惹怒了国防大臣。而工党议员在议会会议上就"贝尔格拉诺将军号"巡洋舰沉没问题提问后，赫塞尔廷为查明真相，确保"此事不会成为又一起水门事件"[10]，居然在国防部内部发起了一场针对"贝尔格拉诺将军号"巡洋舰沉没的问询调查。后来的问询证明，赫塞尔廷将"贝尔格拉诺将军号"的沉没与水门事件作比，实在有些荒谬可笑。玛格丽特·撒切尔因为这场问询大为恼火，自然也情有可原。

同时，玛格丽特也对赫塞尔廷将国防预算用于社会改革的行为十分生气。两人为到底是让斯旺亨特船厂的泰恩赛德船坞单独建造两艘新护卫舰（最经济节约的选择），还是将这份建造新护卫舰的订单同时平分给莱尔德船厂为默西塞德郡创造就业机会（虽然这样做会使成本增加，最终增加纳税人的负担）发生了争执。赫塞尔廷虽然吵赢了，但这份胜利却是他以辞职相逼获得的。国防大臣和首相的这次争吵很大程度上变成了个人恩怨，以致两人此后关系疏远，见面几乎不说话。奈杰尔·劳森说："从此以后，她（玛格丽特）下定决心要整垮他（赫塞尔廷），而他（赫塞尔廷）也坚决要按自己的思路来管理国防部。"[11]

首相和国防大臣关系紧张得非常明显，所以《星期日泰晤士报》在1985年10月报道说，赫塞尔廷"很可能在酝酿一起轰动的辞职事件"。[12]这话的确很有先见之明。正因为两个心怀敌意的自我中心主义者之间的性格冲突日渐恶化和激烈，外界才会产生如此有远见的警报。但是两人发生争吵、最终决裂的根本原因——为一家直升机制造公司未来发展而产生分歧——还远远没有出现。

韦斯特兰是英国唯一一家直升机制造公司，年营业额为3亿英镑。虽然这个数目对于国防工业来说并不大，但对于解决英国西南部的就业问题来说非常重要。当时韦斯特兰逐年亏损，未来发展堪忧。贸易与工业部大臣利昂·布里坦向首相汇报，如果韦斯特兰无法得到新股东注资的话，将面临破产。由于韦斯特兰公司董事会无法在英国找到能注资的投资商，所以都倾向于接受美国西科斯基飞机公司（美国联合技术公司旗下的子公司）和意大利菲亚特集团的帮助。这两家公司愿意联合为韦斯特兰注资，条件是得到该公司29.9%的股份。[13]

迈克尔·赫塞尔廷是一位狂热的亲欧分子，他认为韦斯特兰理应与有潜力的欧洲财团合作。内阁委员会认为赫塞尔廷的话有道理，所以杰弗里·豪、诺曼·特比特等大臣都同意给这位国防大臣更多的时间，来为韦斯特兰寻找可能的欧洲投资商。但是赫塞尔廷接下来做的远不只寻找欧洲投资商这么简单。他费尽心思地想要破坏韦斯特兰公司与西科斯基飞机公司的谈判。为达成目的，赫塞尔廷于11月29日召集法国、意大利、德国和英国的国家武器监督董事开会，并说服各国董事签署了一份文件，文件声明这四个国家未来只会购买欧洲制造的直升机。随着赫塞尔廷一次次行动泄露自己的心意，以及发表数次新闻简报，有关韦斯特兰公司注资问题的争议日渐白热化，这个问题实际上已变成围绕韦斯特兰公司开展的欧美势力的较量，还有赫塞尔廷与撒切尔的较量。就这样，一件小事酿成了大危机。英国政府非常明智，坚持认为应该由韦斯特兰公司董事会自己做最后的决定。但这实际表明，英国政府赞成选择美国注资，否定了迈克尔·赫塞尔廷提出的向亲欧国家武器监督董事会寻求注资的建议。

英国政府最终决定支持韦斯特兰董事会，同意美国西科斯基飞机公司注资参股——1985年12月，此事对外公布为美国联合技术公司与意大利菲亚特集团共同注资参股，两家公司会分别持有韦斯特兰公司14.5%的股份。这项注资决议在内阁经济小组委员会于12月9日举行的投票选举中以绝对优势选票通过。然而赫塞尔廷不愿接受委员会的决议，并希望此事经全体内阁成员共同讨论决定。玛格丽特·撒切尔最初拒绝了赫塞尔廷的要求。在12月12日举行的内阁会议上，正当赫塞尔廷提议要求将韦斯特兰一事提交内阁讨论时，玛格丽特直接打断他，拒绝了他的要求，并解释说韦斯特兰问题的相关文件资料没有交付内阁部门传阅审查，所以无法进行讨论。赫塞尔廷大为恼怒，并发起了一场被玛格丽特称为"短暂、冲动、错误的讨论"。[14]赫塞尔廷或许在内阁会议室被玛格丽特冲得哑口无言，挫了锐气，但他还是继续由着自己的火暴脾气办事，誓将注资论战进行到底。

之后的三个星期，迈克尔·赫塞尔廷加倍努力地向报社记者、银行家、企业家、政治说客甚至其他任何人讲述他编造的韦斯特兰之争，以期说服这些人认为，美国联合技术公司和意大利菲亚特公司联合为韦斯特兰注资是错误的。而他之所以说注资方案是错误的，仅仅是因为方案违背了赫塞尔廷自己的亲欧意愿。赫塞尔廷的行为公然违反了内阁的集体责任制原则。玛格丽特·撒切尔虽然对赫塞尔廷深感愤怒，但她一反常态地没有找赫塞尔廷见面，也没有警告他要遵守内阁的原则。

其间在唐宁街10号举行的一次会议上，一直对首相不愿与国防大臣见面感到困惑不已的利昂·布里坦对首相说："您得让他知道要遵守规则。"伯纳德·英厄姆突然插嘴说："您不想逼他辞职，对吧？"[15]原来担心与赫塞尔廷发生性格冲突居然成了首相的软肋。两人的冲突第一次出现在1979年5月5日星期六，玛格丽特那时刚刚担任首相，赫塞尔廷拒绝了玛格丽特为他提供的内阁职位。当时玛格丽特想任命他为能源大臣，但是他一口回绝，并说他应该继续留在之前影子内阁时期他就一直任职的环境部，玛格丽特·撒切尔很快屈从了赫塞尔廷的要求。玛格丽特的威信因此受到打击，于是她对当时参会的自己的私人秘书说："我不喜欢和迈克尔当面发生冲突。"[16]

赫塞尔廷则没有这样的忌讳。他常常不经仔细思考就与首相背道而驰。12月12日那天，这位国防大臣为韦斯特兰一事在内阁吵了一架，怒气冲冲地走出内阁会议室，恰巧在走廊碰到了查尔斯·鲍威尔。"这事儿她赢不了，"赫塞尔廷怒吼道，"我一定会打败她。""哎呀，算了。"鲍威尔说。[17]

首相开始只是不愿与自己桀骜不驯的大臣见面，到了这年年底，两人的关系竟直接恶化陷入僵局。赫塞尔廷毫不留情地要推进自己的韦斯特兰欧洲方案。这与英国政府的决策完全背道而驰，但是国防大臣为自己的反叛解释说，韦斯特兰注资一事从来没有得到内阁全体成员的参与讨论。玛格丽特·撒切尔虽然认为这只是赫塞尔廷为自己错误行为开脱而找的借口，却不愿意当面揭穿他。相反，她通过中介人即贸易与工业部大臣来与国防大臣赫塞尔廷对抗。

"我觉得这是她最糟糕的时期，"贸工大臣利昂·布里坦回忆说，"她极力怂恿我去和赫塞尔廷论战，却不愿意直接出面跟他一较高下。她根本不是个铁娘子，反倒变得优柔寡断。"[18]

首相的优柔寡断几乎铸成大错。随后发生的一系列事情表明，她让一个小问题恶化成了危机。首相既不愿意伤害自己的对手，又不敢直接下令阻止他。正是她的犹豫不决，才引发了一场更加关涉个人恩怨、更加具有破坏力的战争。仅一个月的时间，这场公开的战争直接导致两名内阁大臣辞职，还弄得玛格丽特·撒切尔差点下野。首相已成功任职5年，不想一次小小的韦斯特兰危机居然导致了她的失败，弄得她几乎要引咎辞职。

韦斯特兰事件爆发

1986年1月3日，迈克尔·赫塞尔廷向《泰晤士报》爆料了自己与欧洲财团顾问——英国劳埃德银行的通信，他长期以来蓄意破坏美国联合技术公司和意大利菲亚特公司对韦斯特兰公司注资的努力终于有了些进展。赫塞尔廷的通信内容都经过他精心的遣词造句。他在信中警告劳埃德银行，如果对方与美国人合作，就有可能在未来失去欧洲公司的订单。[19]赫塞尔廷的说辞故意与玛格丽特·撒切尔先前在1986年1月写给韦斯特兰公司董事长约翰·卡克尼爵士的信中的保证相左。[20]

此事一出，玛格丽特·撒切尔没有直接找国防大臣对质，而是采用更复杂的方式通过爆料和法律手段粉碎了赫塞尔廷的破坏活动。玛格丽特采取的第一个措施就是请英国副检察长帕特里克·梅休爵士致信赫塞尔廷，质询赫塞尔廷在给银行的信中所说信息的事实依据。梅休在信里谴责赫塞尔廷的信件缺少"事实依据"。[21]

"事实依据"这几个字，在副检察长给赫塞尔廷的信被爆料给媒体后，直接被断章取义地挑出来，一举击败了国防大臣。《太阳报》愤怒地把头版标题定为"你是个骗子"。[22]《泰晤士报》则把这件事严肃地报道为"首席检察官警告赫塞尔廷：严守事实依据"。[23]然而这些对赫塞尔廷的诽谤都没能奏效。因为出现了一个非常重要的转机，整个问题的关键不再是谁说了谎而是谁爆了料。

爆料是政界常用的手段之一。迈克尔·赫塞尔廷和玛格丽特·撒切尔都是爆料的高手。不过所有爆过料的人都知道，有些爆料必须绝对禁止。严禁爆料的内容中最讳莫如深的可能就属检察官的观点了。他们的观点意见理应被严格保密。至于为什么要这么做，普通老百姓或许难以理解。就算是任职检察总长或副检察长的法律界政治家，他们也只知道，自己的意见必须严格对外保密，这是前人流传下来的神秘规矩。对这项神秘规矩的敬畏直接影响了韦斯特兰事件的下一步发展，虽然到底事情的真相是什么，是谁爆了料，谁又应当承担责任，这些问题的答案都模糊不清。

最初提议公开副检察长的意见，爆料迈克尔·赫塞尔廷的信缺乏"事实依据"的人是首相。后来她向议会承认了此事。"舆论必须获得正确信息，这一点至关重要……正是基于确保舆论获得正确信息这个考虑，我才点头同意的。"[24]但是到底首相同意了什么，至今依然是个谜。

首相许可带来的实际结果是，唐宁街10号的两位官员——伯纳德·英厄姆和查尔斯·鲍威尔联系了利昂·布里坦的私人秘书以及他所在的贸易与工业部信息部门主任。布里坦出去吃午饭时，他的新闻秘书科莱特·鲍找到他，询问副检察长在给赫塞尔廷的信里批评对方"缺乏事实依据"的话是否可以公之于众。利昂·布里坦回答说，他更希望由唐宁街10号亲自来做这种发布。但实际他并没有这么做，反而授意新闻秘书"按照唐宁街10号的意思"对外公布信件内容。[25]布里坦吃完饭回到办公室，根本没有意识到自己刚才做了一个重大决定。他没有说明发布消息的具体时间或方法。他认为这些应该由首相决定，因为最希望舆论得到"缺乏事实依据"这一消息的人是首相。"我完全相信这都是她的授意。"利昂·布里坦回答说，因为唐宁街10号告诉我的下属说："首相希望此事能够公之于众。"[26]

布里坦对检察官观点的神秘规矩毫不了解，他这样的外行人根本无法明白以上所描述的事件可能造成的严重后果。首相希望副检察长批评迈克尔·赫塞尔廷缺乏事实依据的信件能够公之于众。作为政府首脑，她完全有权要求对外公布信件内容。如果她真的以政府首脑的身份提出这样的合理要求，又怎么会引起非议呢？

可是对玛格丽特·撒切尔和利昂·布里坦来说非常不幸的是，他们对外公开副检察长信件的行为因为检察总长的盛怒，而引起了轩然大波。检查总长之所以愤怒是因为，按常理，政府检察官的意见应严格保密，无论任何情况下都不可以外泄。正因为如此，检察总长迈克尔·哈弗斯爵士心中愤懑难平，威胁要按照《国家机密法案》的规定，下令派警察去唐宁街10号彻查副检察长信件泄露一事。玛格丽特·撒切尔亲自出面站在首相府门口才及时阻止了哈弗斯的调查，并答应他会在内阁对此事进行内部调查，整个调查由内阁秘书罗伯特·阿姆斯特朗爵士负责。于是下院防卫委员会开始着手调查此次泄密纠纷。委员会经调查最后报告说，"泄密的方式以及信中有带有偏见、来源不明的部分信息实属行为不当"。[27]

迈克尔·赫塞尔廷很可能也有同样的看法，但是他被别人的反爆料弄蒙了，所以接连两天都没有采取任何行动。到了1月9日星期四，他在内阁会议上要求将韦斯特兰事件提交全体内阁成员讨论。不过他的陈述并不是很出色，甚至他的好友加盟友杰弗里·豪都感觉国防大臣这次的演讲有些缺乏说服力，表现平庸，个人情感色彩太浓，让人"想起托尼·本恩"。*[28]

赫塞尔廷反对美国联合技术公司和意大利菲亚特集团联手救援韦斯特兰计划虽然没能获得大家的支持，但是他抱怨首相组织内阁讨论的方式有问题，却引起了很多人的共鸣。由于玛格丽特管理内阁时没能令行禁止，英国政府内部混乱无序、好斗成风，导致她手下两位重臣发生争执，纠缠不清。原本一场关于直升机的小吵小闹被弄得变成一场动乱，大有撼动整个政府的势头。

玛格丽特·撒切尔因为下定决心要平息这场与自己有部分关联的动乱，重塑自己的威望，所以在1月9日召开了一次内阁会议。会议当天，她召集了内阁成员讨论韦斯特兰一事，其间她的态度非常坚决，

---

* 托尼·本恩是英国政治家，曾任工党领袖，以政见激进而闻名。20世纪80年代中期，托尼·本恩在漫画中被描绘成一个醉心阴谋论的理论家，至少在保守党员看来如此。20年后，本恩成为日记作家和独角戏演员，被视为英国的瑰宝。

这种坚决是之前她在处理该事时一直缺乏的。她表态说政府支持韦斯特兰董事会的决定，同意美国联合技术公司和意大利菲亚特集团共同注资并获得韦斯特兰股权。同时她还提出，各位大臣应停止争吵；而英国政府有关韦斯特兰事件的声明，无论是过去的还是未来的，都必须经由内阁秘书发表。最后玛格丽特严正宣布，"这件事现在就这么定下来了"。[29]

赫塞尔廷可受不了。"如果这就是政府将要采取的行动，我宁愿辞职退出。"他一边说，一边收拾文件资料离开了会议室。[30]对于赫塞尔廷辞职到底是一时冲动还是精心筹划的步步为营、故意摔门而去，赫塞尔廷的同事们对此看法不一。

内阁会议室里的反应依旧是典型英国式的波澜不惊，仿佛从未发生过任何异常一般。首相很少会自乱阵脚，所以她继续领着同事们开会，讨论诸如欧共体、尼日利亚、北爱尔兰等常规事务。只是在讨论完之后，她一反常规，要求提前进行茶歇。

很多内阁成员都在猜测，赫塞尔廷参会之前到底是否已考虑过辞职的事。但毫无疑问，玛格丽特·撒切尔心里清楚，赫塞尔廷早有此打算。她甚至很有可能是故意激怒赫塞尔廷辞职，可以说她早已为赫塞尔廷的辞职做好了准备。赫氏挂冠离去短短一刻钟后，玛格丽特任命乔治·扬格为新的国防大臣，然后又任命马尔科姆·里夫金德为苏格兰事务大臣，接替扬格原来的职务。于是，内阁会议继续进行下去，讨论地方税改革的方案。

与此同时，赫塞尔廷回到国防部，发表了一段长达25分钟的演讲，批评首相造成了"内阁政府的全盘崩塌"。[31]这段演讲上了电视新闻，引起长达数小时的轰动。不过英国大众并不会为了到底哪家跨国公司将获准注资韦斯特兰的官司而生气，所以赫塞尔廷的辞职似乎也不太可能引起什么轩然大波。然而，这不过是暴风雨到来前暂时的宁静而已。

1986年1月13日圣诞假过后，随着议会重开，韦斯特兰危机不再围绕直升机和赫塞尔廷，反而集中在了副检察长信件的泄露以及谁来为整件事承担责任的问题上。人们普遍的看法是，泄露机密是十恶不赦的大罪。可是到底是谁犯了这么严重的罪行呢？

1月13日至27日期间，玛格丽特·撒切尔和利昂·布里坦在下院就韦斯特兰事件做陈述、辩论并回答了相关问询。他们的表现总体来说，意在证明：贸易和工业大臣的行为完全合乎其职责要求，只是具体行事时欠妥而已。相比贸工大臣，首相的麻烦似乎更大，但是她运气很好，有惊无险，只是不得不对外坦白了一些事情的真相，也算是个损失。

玛格丽特·撒切尔的传记作者雨果·扬讲述她初次解释自己在韦斯特兰事件中扮演的角色时，形容得非常到位："这可能是她对下院所做的最没有信服力的陈述。"[32]

一些后座议员的评价则更为苛刻。在玛格丽特1月23日对议会做陈述之前，忧心忡忡的议会督导们在威斯敏斯特宫的酒吧和餐厅里奔波穿梭，努力帮她向保守党议员拉票。艾伦·克拉克是被拉票的议员之一，他在日记里描述了保守党首席党鞭约翰·韦克姆向自己拉票的情景。

> 突然间，保守党首席党鞭走过来和我们坐在一起。他把陈述稿递给我看。我才读了几段，就笑了起来。我就是忍不住。"不好意思，约翰。我只是没法严肃起来。"这份陈述被大家一一传阅。其他人表示认同玛格丽特的话，但他们只是出于礼貌才这么说的。她怎么能够如此大言不惭？可她的确做到了。[33]

首相做陈述时或许真的很流利，但是台下的很多听众对她的陈述并不感冒。她以非常快的速度朗读了陈述稿，为自己洗脱罪名，声称贸易和工业部以及唐宁街10号的一切行动都是"诚信作为"。可是没什么人相信玛格丽特,前内阁大臣亚历克斯·弗莱彻问玛格丽特是否"认为今天下午所做的陈述加强了政府内部的团结"。

"好问题!"对玛格丽特持怀疑态度的保守党后座议员中有人叫了一声。玛格丽特·撒切尔像英国 BBC 电视剧《是,大臣》中的人物吉姆·哈克那样虚张声势地回答说,她之所以请内阁秘书进行内部问询,是为了给下院"一个我所能给的最详尽的解释,因为下院理应获得这样的解释"。[34]这话完全是夸夸其谈,毫无意义。

陈述最终在保守党议员的流言蜚语和牢骚抱怨中结束。"这样可不行,绝对不行。"我们缓缓走出议院时,伯纳德·布雷恩爵士一遍又一遍地抗议说。[35]布雷恩的话代表了多数议员当时的沮丧心情,而利昂·布里坦则成为议员的出气筒。

一直以来,利昂·布里坦都表现得像一位极具智慧和天赋的内阁大臣。可是到了1986年1月,明眼人都能看出来他过得很不开心。早在数月之前,首相将他从内政大臣降职为贸工大臣,极大地打击了布里坦的信心。首相对于降职原因解释为,布里坦"没能利用电视媒体将信息传递给大众"。[36]而现在布里坦因为韦斯特兰事件和迈克尔·赫塞尔廷产生了纷争,虽然没有让他身受重伤,却也弄得他元气大伤。1月23日下午晚些时候,布里坦的后座议员同僚们一致表示支持布里坦,才让布里坦心情好了一些。如果真有人要为副检察长信件泄密一事负责,那么这个替罪羊也只能是布里坦了。因为替罪羊的另一个人选是首相。

对玛格丽特·撒切尔来说倒霉的是,所有针对她的证据都确凿无误地证明,她就是泄密事件的始作俑者。是她劝说副检察长写信,也是她提议将信件内容对外公布。而她的两位助手伯纳德·英厄姆和查尔斯·鲍威尔也参与了和贸工部官员的讨论,讨论直接导致了现在臭名昭著的媒体泄密事件。

利昂·布里坦坚称，在对外泄密之前必须"严格遵守与首相府的协议"。贸工部与首相府也的确达成了这项协议。当然，玛格丽特·撒切尔的助手绝不可能未征得首相的同意就擅做主。但是只有说她没有下达过明确的指令——无论这个借口听上去多么不可信——才能确保首相不会被问责或被迫下野，可即便是这么说了，玛格丽特的人品依旧遭到了质疑，利昂·布里坦的前途也岌岌可危。保守党1922年委员会召开了那次至关重要的后座议员会议后，布里坦便彻底告败。这次会议就是在进行政治迫害和寻找替罪羊——这只替罪羊实质是被反犹主义的暗流所迫害。一些同僚对布里坦进行的攻击，我个人感觉非常厌恶，所以站出来为他辩护。可惜我是当晚委员会里唯一为布里坦辩护的人。我认为，而且其他人也应该清楚地看到，布里坦只是被人利用来扑救原本由首相引起的危机。

而这场危机并没有因为利昂·布里坦于1月24日的引咎辞职立即得到化解。反对党决定在1月27日星期一召集一次紧急辩论会。所以整个周末玛格丽特·撒切尔都在疯狂地准备着自己的发言，有时甚至急得精神错乱。她必须得跟利昂·布里坦达成协议，如果她在陈述中将责任完全归咎于布里坦，布里坦将有可能使玛格丽特事业尽毁。同时对于内阁秘书调查泄密事件的结果，她还得想方设法地敷衍解释，这个调查结果证明她是无罪的，所以也非常重要。此外，她还要保护好自己最亲密的助手。最重要的是，玛格丽特得保护自己不被反对党领袖或者支持赫塞尔廷的人所问的致命问题击败。保守党后座议员里赫塞尔廷的支持者数目巨大，并在迅速增长。

辩论会将于1月27日下午3点30分准时开始。下午2点30分，首相的发言稿仍在唐宁街10号小小的私人秘书室里紧张地进行修改，参与改稿的人员众多，包括威利·怀特洛、杰弗里·豪、约翰·韦克姆、奈杰尔·威克斯，首相的首席私人秘书、罗尼·米勒、查尔斯·鲍威尔，还有伯纳德·英厄姆。"我们必须充分做好最后的准备，就像印刷厂的很多学徒待在石板旁做好准备一样,因为最后一版文字将会在石板上转印。"豪回忆起辩论前最后越来越紧张的准备时说道。

玛格丽特·撒切尔时不时地进出拥挤的秘书室。有一阵她有点走神,随口说道:"可能今晚6点以后我就不是首相了。"[37]

虽然这话只是随口说说,但的确有可能发生。就连生性冷静的杰弗里·豪都感觉,玛格丽特的话极有可能成真。"我突然产生了一个非常可怕的想法,自己可能会取代玛格丽特。"他回忆自己那时的想法说,"我的心不由得惊了一下。"[38]

本次危机可能产生的这种极端结局也一直困扰着首相的内心。她乘车去往下院的路上,再次说了类似的话,只是这回是对内阁秘书罗伯特·阿姆斯特朗爵士说的:"罗伯特,其实你清楚,6点一到我就不再是首相了,对吧。"[39]

韦斯特兰辩论会本可能结束玛格丽特·撒切尔的首相生涯,结果却恰恰相反。她的确受到了问询,虽然最后没有被宣告无罪,但还是顺利逃过了一劫。有两个因素帮助她实现了逃脱。其一,尼尔·金诺克在辩论中意外落败;其二,后座议员对玛格丽特表示忠诚支持。

身为反对党领袖的金诺克毫不费力地开始了辩论质询。他所要做的就是提出问题,让玛格丽特的回答证明,其在泄露副检察长信件一事中犯有同谋罪。但是金诺克的提问根本不是当时情况所需要的冷静的辩论式问询。他表现得像只热气球,非但没能成功升空,反而在错误方向开足马力炸掉了自己的本生灯。金诺克不断吼叫咆哮,词不达意地羞辱玛格丽特,却同时也改变了保守党后座议员的情绪:他们对首相的怀疑最后转变成了支持力挺。金诺克大声数落玛格丽特"缺乏诚信、口是心非、诡计多端",惹怒了辩论会的议长,起身要求金诺克撤回其发言中所使用的"缺乏诚信"这个违反议会法的词语。[40]此外,他的出言不逊还激发了保守党党员一致团结对外,而之前整件韦斯特兰危机中保守党内部根本毫无团结可言。

反对党领袖的表演如此拙劣，所以玛格丽特·撒切尔才能更加从容地收兵息战。她坦诚地表达了自己的悔恨之情，成功脱离险境。她没有和盘托出实情，只是说出了部分真相，可她毕竟说了实话，而且她所处的是议会而不是法庭。尽管社会民主党领袖戴维·欧文随后问了些在辩论伊始就该提的问题，可惜他提问时下院会议厅早已空空如也，有半数人已经离场。玛格丽特·撒切尔完全有足够信心忽视他的提问。因为那时她已经清楚，局势开始对自己有利了。

就算迈克尔·赫塞尔廷也不得不承认这一点。意识到自己几个星期以来一直苦苦相逼的对手已成功躲过劫难，前国防大臣只好虚情假意地表达了他对首相的一片忠心，并宣称自己将在10点投票时支持现有内阁政府。就这样，韦斯特兰危机总算解决了。

血腥女人

韦斯特兰危机到底还是在不少人心里留下了坏印象。尽管英国大众很快便淡忘了此事的波折，但白厅和威斯敏斯特宫依旧把这次危机视为恼人的病症。多数人对此的诊断都是，首相与其内阁大臣关系恶化，而真正执掌国家政务的唐宁街10号的三个人——玛格丽特·撒切尔、伯纳德·英厄姆和查尔斯·鲍威尔——其势力太过嚣张。

造成这样的局面并不是首相的两位助手的错。他们两人虽然努力保证唐宁街首相府如同劳斯莱斯汽车一样有力地运转，但他们也只是这架政府机器的部件而已，根本无权掌握机器的运转。反倒是驾驭政府这辆劳斯莱斯汽车的司机对于该在哪里抄近道、一路上需要避开哪些骑摩托车的人，还有行人越来越不上心。

首相领导政府工作越来越漫不经心的标志之一，就是她对议会同僚无礼的羞辱谩骂。玛格丽特在第一届任期内对1922年委员会敬重有加。可是到了第二届任期末，当1922年委员会每年按例去首相府向她汇报党内动向时，玛格丽特却毫无来由地对委员会的委员们攻讦羞辱。具有讽刺意味的是，玛格丽特的前任特德·希思在其第二届首相任期末也犯过同样的错误。

"没骨气！没胆抗争！"这是1922年委员会副主席温斯顿·丘吉尔*向玛格丽特汇报其在1986年首次提出的地方税改革计划在曼彻斯特并不受保守党员欢迎后，玛格丽特对丘吉尔说的话。"他们说我的祖父欺负弱小！可至少他欺负人的次数和他虚心听别人建议的次数一样多。"被玛格丽特训斥后丘吉尔抱怨道。[41]

玛格丽特·撒切尔与保守党党员相处困难的原因之一是，她没有了自己最有才华的议会私人秘书伊恩·高的帮助，从而无法增进与别人的友好关系。在玛格丽特的第一届任期中，伊恩·高就是玛格丽特以及后座议员的力量源泉。然而高的继任者们根本没有他的智慧机敏，也没有像他一样的能力可以与铁娘子建立政治上的亲密关系。

高卸任后，玛格丽特为挑选议会私人秘书设立了相当苛刻的标准。议会私人秘书必须是议会议员，同时拥有私人收入。因为玛格丽特认为，要求那些没有任何收入来源的人长时间为下院工作是不公平的。参照这样的条件，她挑选了迈克尔·艾利森、阿奇·汉密尔顿、马克·伦诺克斯-博伊德，还有彼得·莫里森四人担任自己的私人秘书。这四个伊顿公学的毕业生行事太过斯文，在首相不得不面对后座议员挑战批评时根本无法给她安慰和信心。就算他们真的能做到，首相也不太会在乎他们的话。

1987年年初，我因为发起了一场要求议会督察安保工作的动议，获得很多人的支持，所以被首相召见。她开口便说："你怎么会相信这种鬼话？"[42]

我随即拿出军情五处近期安保失职和失误的一份清单给她，并建

---

* 此处的温斯顿·丘吉尔是1940—1945年及1951—1955年期间两度任英国首相的温斯顿·伦纳德·斯宾塞·丘吉尔的孙子。

议威斯敏斯特宫如能够仿照美国参议院情报委员会的做法实行安保措施，或许可以避免清单上列出的一些失误。"一派胡言！"她驳斥道，"如果要那样做就意味着像你这样对安保措施一无所知的人也来插手安保的事。"[43]

我向首相提议说，她可以在议会挑选一些人监督安保工作，但是如果没有这些人，安保工作将会失去外部监督。"大错特错。目前已经有了相当不错的外部监督。监督人就是我。"她态度坚定地对我说道。[44]

如此，再继续争执下去也不会有什么意义。对于首相处理问题时"我就是这样"的武断方式，我非但没有觉得受辱反而感到好笑。在她的命令下，这项动议自然被投票否决，虽然负责安保工作的内部人士还在悄悄希望能够进行外部监督。*

处理安保事务居然出人意料地激起了玛格丽特·撒切尔的占有欲。议员理查德·谢泼德提出一项普通议员议案，要求对1911年设立的《国家机密法案》进行改革，当他力劝玛格丽特支持自己的议案时，玛格丽特告诉他，"后座议员无权插手国家安全事务"。

后来英国施行各种改革，引入新的安保监督程序并设立新的《国家机密法案》，都足见玛格丽特当时在国家安全事务上如此专横武断是不对的。

专横武断逐渐成为玛格丽特·撒切尔越来越显著的领导风格，但是她的专横并没有帮助她获得更多选民的支持。到玛格丽特入主唐宁街10号第七年时，她的民调支持率只有28%，创下1981年伦敦大骚乱以及杰弗里·豪缩减开支预算以来民意支持率的历史新低。

随后保守党在补选中的失利，又让保守党中央总部以及后座议员们担忧不已。从北约克郡的赖代尔选区到伦敦中心区的富勒姆选区，原

---

* 玛格丽特·撒切尔卸任首相后，议会对安保工作进行监督旋即成为英国情报部门的工作特色。自1994年以来，英国议会安全委员一直默默并有效地对安保工作施行监督。目前安委会的主席由前外交大臣、皇家大律师、议会议员马尔科姆·里夫金德爵士担任。

本保守党必然拿下的议席竟然落入自由党和工党之手。全国大选结束后，保守党作为执政党，议席数量居然屈居全国第三。这样的结果令人费解，因为保守党出台的很多政策——出售廉租房、削减工会势力，还有开放宽松的经济管理模式——都广受好评。这种悖论只能用所谓的"TBW*因素"[45]来解释。全国补选和地方竞选的助选人一次又一次地汇报着他们走访选民时听到的话。"要不是那个血腥女人，我肯定投票选你。"

大卫·弗罗斯特是第一个将"TBW因素"告诉玛格丽特·撒切尔的人，当时两人在做一档周日早晨的电视直播节目。玛格丽特听到后立即惊慌失措，她很少会在媒体面前这样失控。后来她又从保守党主席诺曼·特比特那里听到了同样的话，不过这一回TBW变成了"那个暴怒的女人"。

玛格丽特怎么也想不通，为什么自己的性格和倔强会激怒那么多选民。同样，她也很不愿意听到政务次官迈克尔·艾利森告诉自己，好多后座议员都在公开议论竞争首相接班人的事，据说迈克尔·赫塞尔廷风头正劲。赫塞尔廷获得越来越多的关注绝非偶然。他奔波于全国各地，在保守党各种招待会、晚宴、年会上发表演讲。党内一些议员担心保守党未来的发展，针对他们的担心，赫塞尔廷在演讲中说道："保护我们的席位。"

赫塞尔廷如此明目张胆地想要竞选首相激怒了玛格丽特，却也令玛格丽特忧心忡忡。民意测验的结果也让她焦心不已。1986年夏末，玛格丽特看着民意调查投票现场的数字，知道自己已深陷困境。为了反击，她开始计划起一项新的竞选策略。

回顾

本章中所记述的人们对玛格丽特的不满和抱怨，大多数都和议会

---

* TBW是英文"That Bloody Woman"的缩写，即血腥凶残的女人。——译者注

遇到的难题相关，与大选并没有什么关联。因为只有内阁成员或者想进入内阁的人才会对内阁的蛇梯游戏*感兴趣。

韦斯特兰事件虽然相当严重，但其中的争论纠纷过于复杂，任何具有理性思维的人都不会感兴趣。最终韦斯特兰危机通过内阁秘书汉弗莱爵士（即罗伯特·阿姆斯特朗）柔和的政治技巧顺利化解。汉弗莱爵士写了一份报告，顺利平息了副检察长信件内容泄露造成的所有麻烦。他在报告最后给出的总结与伏尔泰的讽刺小说《老实人》里的语句非常相似："在这最美好的世界，一切都走向美好。"[46]

阿姆斯特朗被内阁防卫委员会召去解释他的调查发现时，他就气定神闲地说了以上这段话。《每日邮报》用醒目标题报道了此事：《官员3，议会0》。[47]阿姆斯特朗最艰难的时刻是被要求对首相的陈述进行解释说明。首相之前接受议会问询时承认曾经授权同意对外泄露信件内容，并说"我是基于让公众获得准确信息的想法才同意这么做的"。[48]罗伯特爵士对此态度傲慢地解释说，首相的话肯定是"口误"[49]，直接清除了首相犯错的铁证。防卫委员会的议员们个个被说得瞠目结舌，不过谁都没有再追问下去。

虽然韦斯特兰事件已经过去，也没有继续造成其他损失，但显而易见的是，正是玛格丽特·撒切尔过于专断独裁、不肯听取他人意见，才导致两名大臣先后辞职。她自己对于别人指责她作风专横也深感担忧。

虽然玛格丽特的政治词典里从来没有"重新再来"这个词，但她还是努力地想要改进各项已有的基本政策。这番努力确保了她第二次连任成功。

---

* 一种印度掷赛游戏，棋盘上绘有蛇、梯子，骰子决定棋子步数，以棋子抵达终点为胜利，此处喻指与玛格丽特争夺首相职位。——译者注

30
进入第三任期

接近1987年大选

玛格丽特·撒切尔掌权7年之后,让人感知到的最明显的变化就是她既不会听从也不会在意他人的观点,而是变得我行我素。这种看法也许有些夸张,但她自己也承认其中"包含着一丝真实"。[1]因此她曾一度做过努力,想要重塑自我形象,成为一位有爱心且善于倾听的首相。这两种改变都不成功,但是在短期之内还是起到了一定的作用。她做出的主要尝试是成为一个更有合作精神的领袖人物,成功地处理政党会议,应对国防和外交政策事务,赢得选民的投票支持。

1986年6月,在威利·怀特洛和约翰·韦克姆的督促下,玛格丽特·撒切尔为下一届大选设立了一个由高层部长组成的负责制订计划的决策小组。他们在电视上播出充满话题性的电视系列节目,小报上的大字标题称他们是"精英团队"。这个政治核心内阁包括杰弗里·豪、奈杰尔·劳森和道格拉斯·赫德,他们也是国务院三大重要职务的人选;还包括得到其非正规意义上的副手杰弗里·阿切尔热情支持的政党主席诺曼·特比特。"精英团队"最后两名成员是这一创意的发起者,威利·怀特洛和约翰·韦克姆。这个团队曝光率很高,他们致力于塑造一个团结一致的团队形象。

事实上,团结只不过是一个虚假的幻象,因为玛格丽特·撒切尔和诺曼·特比特之间已经出现了嫌隙。正如其他几个内阁大臣一样,政党主席也深为媒体对他如潮的负面评论所困扰,而这些报道却是新闻记者凭空捏造栽赃陷害他的。在他与首相摊牌后,他们才停手。"精英团队"每周一上午碰头,逐步为政府最高层融入了团结合作的精神。他们在1986年的保守党政党会议期间发挥了出色的协调作用,这也是他们最光辉的岁月。

伯恩茅斯会议的宣传标语是"未来的举措",其突出特色是大臣们轮流走到演讲台上，披露未来可能会采取的政策提案，以期吸引选民的支持。奈杰尔·劳森因为宣布所得税将会降低到25便士而出尽了风头。他得到了道格拉斯·赫德的支持，他承诺对罪犯要采取更长时间的刑期。诺曼·福勒提议大幅增加医院建设。扬勋爵透露了降低年轻人失业率的方案。"我们比以往任何时候都可以感受到部长级团队的存在"，《泰晤士报》报道称，并补充说这一点很重要，因为首相在竞选当中的个人魅力正在逐步消失。[2]

逐渐消失是最不适合用来描述玛格丽特·撒切尔大会闭幕演讲的形容词。她走出角落的座位，手提包随着身体的运动前后摆动。攻击是她防守的方式。面对声称保守党不关心人民死活这种老生常谈的指控，她抨击工党在国家医疗服务系统工作人员和矿工罢工时期对他们的支持，而正是这些人想要"剥夺工业、家庭以及退休人员的电源、热源和光源"。她用高昂的语调呼吁道："主席先生，曾经有过这种行事记录的人居然对我们是否关心人民指手画脚，他们的建议我们不予采纳"[3]，这激起了与会代表们的热情，将大会推向高潮。

她第二轮攻击的对象直指自由党，他们在三周前的政党会议上刚通过了一项赞同单边核裁军的动议。但是她的首要攻击目标是尼尔·金诺克领导的工党，他们在无核防御政策和美国关闭在英国的军事基地两件事上已经做出了明确表态。

"我们无须怀疑那一决定将导致的严重后果"，她怒喝道。

> 一旦你对北大西洋公约组织最基本的战略予以否定，你就再也无法成为它的一名忠实成员国。工党领导的英国政府将会是一个中立的政府。在接下来40年的时间里，因此获益最大的将会是苏联。而且他们连一发枪子都不需要就能坐享其成。[4]

在这次大会发言的几天之内，民意测验显示政府的支持率大幅上升。保守党比工党的支持率高出9%，比联盟党高出19%。新年伊始，民众普遍预测1987年将会举行大选。奈杰尔·劳森提出的3月预算案进一步激起了民众投票热情的高涨，它将个人所得税的标准税率调低了2个百分点，同时大力增加国家医疗服务系统的开支。在公布了这一良性经济策略之后，玛格丽特·撒切尔又击出了一记重拳，在出访莫斯科的媒体报道中，她魅力十足，英国广播公司和独立电视频道的新闻报道对选民产生了重要的影响。

几周之后，查尔斯·鲍威尔给他外交部的同僚，英国驻苏联大使布莱恩·卡特利奇爵士写了一封颇不契合政府公务人员身份的信件，信中以玩笑的口吻调侃称，是莫斯科大使馆帮助首相赢得第三次大选，并对此表示感谢。[5]这层幽默的背后却蕴含着一个真相，那就是1987年的首相大选结果的决定性因素是国防和外交政策，这在历史上非常罕见。

在从莫斯科返回之后，夏季大选的势头似乎已变得不可抵挡。3月下旬，召开了内阁正式会议，之后是政治内阁会议，两次会议都没有公务人员出席，详细探讨了何时举行大选事宜。玛格丽特·撒切尔一反常态，表现得犹豫不决。在辩论会进行到不同阶段时，她分别表示赞成6月和9月举行投票。最终使她做出决定的是5月7日地方选举的结果。保守党之前预料将会有很多失利的地区，但居然惊喜地发现，在全国范围内都取得了虽然不大但广泛的胜利。

"精英团队"在契克斯首相别墅召开了会议，首相第二天即宣布大选将在6月11日举行。保守党在民意调查中的支持率刚超过40%，而反政府得票率被工党和联盟党瓜分，分别是30%和28%，这对保守党是有利局势，玛格丽特·撒切尔再次赢得大选当权似乎已是胜券在握。

第三次赢得大选

尽管民意调查显示首相几乎不可能在大选中落败,她的竞选活动开端却进展缓慢,并不顺利。她的本意是想要逐渐进入状态,但未料想反对党在保守党开局第一周略显萎靡的空档期钻了空子,迅速抢占了先机。当意识到这一点的时候,玛格丽特·撒切尔有些坐不住了。"缓慢开始是一码事,"她抱怨道,"根本没有开始就完全是另一回事了。"[6]

她之所以如此不安,是受到了工党早期媒体宣传所表现出的专业性的影响,这一次的宣传节目制作精良,其幕后策划者是彼得·曼德尔森。*其亮点在于工党开局的政党宣传节目,由尼尔和格莱尼斯·金诺克这一对年轻的夫妻担任主角。他们手拉手沿着风光旖旎的滨海路前行,海浪在脚下撞击着岩石,海鸥在头顶展翅翱翔,这一清新的画面看上去积极乐观,对未来充满畅想。它明显拨动了年轻选民的心弦,因而反对党领袖的投票支持率一夜之间激增了16%。[7]

对比看来,保守党与之竞争的宣传节目则显得老套陈旧,不过是对昔日英国的旧调重弹。其主打因素是温斯顿·丘吉尔的画外音,从不列颠之战中剪辑而成的新闻短片,配上玛格丽特·撒切尔最喜爱的赞歌"我向您起誓,亲爱的祖国"的旋律。怀旧的情绪也弥漫在亚瑟·斯卡吉尔和肯·利文斯通的演讲节选当中,两人听上去更像是史前恐龙,而非当代英杰在说话。

尽管拉开双方竞争序曲的这些电视宣传节目更注重风格而非内容,然而这仍直接导致了玛格丽特·撒切尔一方士气大跌。"金诺克的竞选节目精彩无比——我们都不必要麻烦了。放弃吧,一切都结束了",在北伦敦竞选活动后的一个阴雨天里,她心灰意懒地宣布道。

---

* 1987年,彼得·曼德尔森担任工党的传媒总监,主要负责监管当年的竞选活动。他后来成为一名议员,内阁大臣以及欧盟委员会委员。

这次有些小题大做的悲观宣言是发生在竞选第一周结束的时候，当时她在唐宁街10号楼上的公寓里，与一群朋友和家人在一起。卡罗尔·撒切尔觉得她妈妈在这天晚上"比我印象中很长时间以来看上去都更加灰心丧气"⁸。但是在一两杯威士忌酒下肚，加上提姆·贝尔、扬勋爵以及丹尼斯的几句说笑逗乐之后，她的这种情绪有所改善。这三位睿智的男性说服了她，使她相信只要大力宣扬政府的功绩，并对反对党主张的单边国防政策予以重击，重整旗鼓，竞选活动的局面就能重新扭转过来。

这一竞选策略和保守党中央办公室之前筹划好的策略并不很契合。玛格丽特·撒切尔与保守党主席诺曼·特比特的关系此时已经有些紧张。这部分是因为他的个性很强硬，经常与她硬碰硬交锋，而更多的则是因为她怀疑他包藏野心，想要成为她的继任者。"一旦她怀疑任何人可能会成为潜在的领导权争夺者，那他就注定没有任何回旋余地了"⁹，扬勋爵评论说，他从1986年起担任她的就业部大臣，也是她晚期最喜爱的大臣。

这个问题其实根本就不存在。保守党中央办公室的工作做得非常出色。然而，玛格丽特·撒切尔此时处于低潮期，极度不自信，因此她派扬勋爵作为她的私人侦探，深入到每一个她怀疑有错漏的竞选巢穴内部。她的这种疑神疑鬼的心态，以及扬将其贯彻到实处的严苛做法，造成了很多冤假错案。早期的受害者之一就是约翰·韦克姆，他在竞选中负责协助特比特组织新闻媒体对部长们的采访工作。不幸的是，在竞选早期接受英国广播公司广播4台的《选呼》节目的采访中，他的表现却非常糟糕，至少首相是这样认为的，她听了这期节目之后，愤怒地对扬勋爵说道："约翰对媒体根本就是一无所知。你必须要阻止他，亲自负责这件事情。"¹⁰这是玛格丽特·撒切尔第一次下达与之前计划相背的命令，这种情况发生过很多次，而直接向扬下达命令却不通知命令的直接相关者的做法在竞选期间多次造成了混乱的局势。

首相的每日行程安排也因此变得尤其混乱，按照诺曼·特比特的说法，"几乎成为威胁整个竞选活动的灾难"。[11]部分麻烦的起因在于玛格丽特·撒切尔自己的做法，她会一意孤行地拒绝遵守当日的主要议题，有时甚至对这些议题只字不提，而这些议题都是中央办公室精心计划好，并在每日的媒体汇报中配套发布的。

扬勋爵和诺曼·特比特之间的冲突则使选举活动的进展更加举步维艰。扬勋爵是首相巡回竞选活动中的助手、心腹，也是她整个竞选活动中的左膀右臂；而诺曼·特比特作为政党主席则是理论上整个竞选策略的筹划者。这些冲突最根本的起因在于玛格丽特·撒切尔开始相信竞选活动管理不善，并可能会导致她落败。诺曼·特比特职务上的优势使他有机会亲自监管全国各选区报送的报告，因而他信心十足，认为首相一定能以多数票的优势赢得大选。

两大阵营之间的紧张局势最终于6月4日星期四演变成一场愤怒的敌对状态——这一天后来被称为"动荡不安的星期四"。在全国投票日之前的仅仅7天，《每日电讯报》公布了最新的盖洛普民意调查数据，暗示工党正逐渐获得民众支持，并声称两者之间的差距已缩小到仅有4%，保守党的支持率下滑到40.5%，而工党的支持率上升到36.5%，联盟党稳定在21%。玛格丽特·撒切尔对于政治前途本就心生焦虑，加上因为脓肿发炎引发的牙神经疼痛造成的火上浇油的效果，使她在当天早上中央办公室每日清早的例会当中怒火冲天。她手中来回挥动着一份《每日电讯报》，对诺曼·特比特和他的副手迈克尔·多布斯大发雷霆。"她在那次会议上的言行举止毫无理性、荒唐至极，几乎是歇斯底里的状态，"多布斯回忆道，"我们不可能陈述任何观点，甚至都不可能让她听我们说话。情况很明显，无论说什么都是毫无意义的……"[12]

尽管诺曼·特比特成为这次怒火首当其冲的发泄对象，那天上午遭到她无理对待的不止他一个。中央办公室当天会议汇报的主题是关于养老金和社会保障问题。卫生和社会事务部大臣，诺曼·福勒也因为新闻初稿遭到斥责，直到戴维·沃尔夫森颇有勇气地打断首相，说道，"闭上嘴，先通读一遍再说也不迟"。[13] 即使她这样做了，在接下来的新闻发布会上她的表现也丝毫没有好转，用玛格丽特·撒切尔自己的话来说，这次新闻发布会"被普遍认为对我们是一次灾难性事件，而应当承担责任的是我"。[14]

问题并不在于她说了什么，而在于她说话的方式。一位记者请她对于采用私人医疗保险支付在非国家医疗服务系统内的医院里的医疗费用，以便快速进行一次小手术的做法做出合理解释。这是一个很容易处理的问题，部分原因在于很多工会会员和工党政客都曾有过类似做法，支取保险支付私人医疗保健费用。不过可惜的是，玛格丽特·撒切尔回答问题的语气咄咄逼人。她教训了提问题的记者，声称她的医疗保险就是为了"让我能在我想去医院的那天能去，在我想去的任何时候能去，并找到我想找的任何医生"。[15]

她的理由是正当的，但是她说话时的语气，以及三次重复"我想"这个短语听上去却并不悦耳。很多听众都为之震惊，就连威利·怀特洛对她话里的火药味都感到不满。"这个女人不可能有机会参加下一届首相竞选"，走出中央办公室的时候他对迈克尔·多布斯评论道，这一论断后来被证明很有先见之明。[16]

"动荡不安的星期四"的氛围太过阴郁，以致玛格丽特·撒切尔周围有些最亲密的团队成员几乎断定她可能会在大选中落败。"看上去我们的确都在奔忙"[17]，扬勋爵回忆道。扬本人从未参加过竞选，对于竞选活动和可能的投票模式的分析方面，他都没有经验。而根据经验丰富的专家判断，情况进展非常顺利。但是扬因为受到日渐焦虑的首相所施加压力的影响，却怀有更加悲观的看法。她的消极态度因为受到提姆·贝尔的影响而加剧了。提姆·贝尔被诺曼·特比特排除在中央办公室的核心团队之外，为了对被开除出局实施报复，贝尔成功说服玛格丽特·撒切尔，让她相信由盛世长城负责的最后的广告宣传节目质量不过关，应当由其对手公司，洛·霍华德－斯宾客和贝尔公司制作的一系列全新的广告宣传节目替代。

当这个更换广告策略的要求由扬勋爵传达给诺曼·特比特的时候，这位政党主席显然被激怒了。"这事是谁干的？"当他观看新的广告宣传节目的时候问道，"告诉我这事是谁干的。"

"提姆·贝尔。"扬勋爵回答道。

诺曼·特比特此时更加怒火中烧，尤其是因为贝尔作为首相备用广告顾问暗中干涉竞选的整件事情，他都一无所知，被蒙在鼓里。

政党主席对于贝尔工作所持的态度惹恼了扬勋爵。他一把抓住诺曼·特比特的肩膀，大声吼道：

> 诺曼，你给我听着。我们眼看着就快要在这场该死的竞选中落败了。你将会滚蛋，我将会滚蛋，这整件事情也将会烟消云散。整场大选都取决于她在接下来的几天里好好表现——我们必须要保证让她高兴。[18]

遵从保证首相高兴的当务之急，盛世长城的广告惨遭淘汰，提姆·贝尔的创意得到青睐。整个过程中发生了多次激烈的争执和情感摩擦，有人欢喜有人愁。

但是这些波折对于大选的进程或者结果有任何影响吗？这个问题的答案却是一声响亮干脆的"没有！"所有这些跌宕起伏的情节都是玛格丽特·撒切尔对于错误的或者说是错误估计的民意测验结果过激反应的结果。

在这场"动荡不安的星期四"所引发的一系列歇斯底里事件的间隙，我曾到保守党中央办公室去为我在萨尼特选区的竞选活动多取一些额外的海报。在三周辛苦的游说拉票之后，我很确信我的选票结果会和1983年大选时情况差不多，甚至可能更好。因此当得知首相情绪低落，扬勋爵惊慌失措，而马普兰在接下来24小时内将要公布的民意调查数据显示保守党的领先优势仅仅被缩减到1%的时候，我感到异常震惊。

我告诉他们，这对于任何一个亲自登门与选民交谈过的人来说，都完全是无稽之谈，而记者朋友们听到我的话，仿佛把我看作是一个愚蠢的乡巴佬。"唯一一个跟你看法一致，认为保守党一切进展顺利的人就只有诺曼·特比特了"，来自《伦敦标准晚报》的鲍勃·卡维尔语带怀疑地说道。[19]

第二天，最终艾特肯和特比特的看法是正确的。一次新的民意调查扭转了评论家们的末日预言。马普兰宣布保守党的领先优势飙升到10%。[20] 事后回过头来看，盖勒普6月4日公布的数据被认为是一次虚假的民意调查。"动荡不安的星期四"到头来竟然只是"错误预测的星期四"。诺曼·特比特认为，玛格丽特·撒切尔将会取得压倒性胜利的推断一直都是正确的。确保胜利的因素在于财政大臣经济方面所做出的令民众安心的承诺，以及玛格丽特·撒切尔对反对党令人难以置信的外交政策的抨击。

竞选活动最后几天里萦绕在众人心中的一个最微妙的问题在于，她打算继续担任首相的时间长短问题。她的回答在傲慢自恃和谦逊恭顺之间徘徊不定。她曾暗示过，不排除第四任期的可能性，甚至可能在75岁高龄仍旧雄踞唐宁街10号，这契合她第一种态度。而她也曾谦虚地对一位来自《每日电讯报》的采访者表达过："我是否将继续担任首相，决定权并不在我手里。我必须要服从大选中民众的判断和我的政党每年所做出的决定。"[21]

在这样的情况下，似乎存在着两个玛格丽特·撒切尔在对选民讲话。她性格当中有一面促使她考虑周全，慎言慎行；而另一面却督促她锐意进取，抱有必胜的信念。选民的态度也分裂为两派，不论是地理上还是政治上都是如此。根据结果显示，英格兰东南部地区热情地支持她，而苏格兰和英格兰北部地区却明显向工党倾斜。

到了投票选举日当天，玛格丽特·撒切尔已经恢复了信心和优势地位。她在与中央办公室的海报大战中获得了胜利。因此，全国上下都贴满了提姆·贝尔制作的标语："英国的再一次崛起——不要让工党使之毁于一旦。"它的某些意蕴让人想起哈罗德·麦克米伦时期"你从未拥有过如此美好的时光"的思旧情绪，尽管听上去有些志得意满，却抓住了关键点。玛格丽特·撒切尔在选举日前夜的广播节目也是一样，这次广播录制花费了长达14个小时的时间，高潮部分是首相安宁而幸福地直接面对镜头的画面，长约4分钟。

尽管这些最后的竞选信息已准确完整地传达给了选民，却很少有人敢于预测选举当天保守党将会以多大的优势获得胜利。最后的票数统计显示保守党在议会的席位多达102个，取得了绝对多数票。尽管比较起1983年144个席位的排山倒海式的胜利有所减少，然而在同一领袖人物的第三任期仍能取得超过100个席位的多数票优势，也称得上是了不起的结果。

帽子戏法的表演固然十分精彩，但即使是内部人士中抱有最友好态度的人都开始担心，他们认为这位魔术师可能已经无法继续从首相的帽子里变出兔子了，因为尽管最终战果辉煌，然而玛格丽特·撒切尔在竞选活动期间的大多数时间里一直感到不满，政治上也抱有消极的情绪。在胜利的狂喜中，所有的担忧都被抛诸脑后，然而过去一年时间里所滋长的焦虑情绪却并没有消散。

她的领导风格是否太具有攻击性，太专横跋扈？她和一些高层同僚之间是否冲突过多？她是否意识到欧洲或者经济方面若隐若现的不祥预兆？她真的对于政府未来五年的发展愿景有规划吗？她能否组建起适合的团队成员去实现它？这些是在1987年夏天大选之后那些喜悦的日子里众人轻声询问的问题，但是那些有敏锐洞察力的人却能察觉到潜藏在这些问题之后的政界中存在的焦虑情绪。

"我能说的就是对于政府来说,这将是一次异常艰难的跋涉,远比现在看上去的要难得多——异常艰难",威利·怀特洛6月中旬在雄鹿俱乐部的午餐宴会上对我和其他的客人们说道。[22]

"一年之内,她将会失去人心,情况会坏到令你难以置信的程度",丹尼斯·撒切尔对他的女儿卡罗尔说道,当时他们正从唐宁街10号的楼上公寓往下看,首相正在唐宁街10号的人行道上接受民众的良好祝愿,欢呼喝彩声不断。[23]这些早期的预感后来被证实太准确了。

大胆但有瑕疵的开端

玛格丽特·撒切尔对于首相任期内政府的长期发展前景丝毫没有任何忧虑。她喜欢将自己和利物浦勋爵相较,他是除她之外唯一一个连续三次赢得大选的首相。他在19世纪一二十年代执政长达15年之久。她曾多次在媒体播放的原声新闻摘要声明中暗示,她希望能够有更好的表现。而且,她打算把改革的热情以更加彻底和持久的方式予以贯彻。"有什么能够阻止我们呢?"她在保守党政党大会的发言中不无得意地夸口道。[24]

她反问的语气与工党首相哈特利·肖克罗斯爵士在1945年大选中工党获得胜利之后自夸式的宣言"我们现在当家做主了"形成了对比。[25]

玛格丽特·撒切尔怀有的必胜信念并不是毫无道理的,因为在1987年大选获胜之后的前几个月时间里,她看上去的确是一位地位不可撼动的首相。她的前几项举措包括重组内阁,并启动政府在议会未来一年的时间里的立法计划。

尽管在当时的情况下并未看到这一层,但这次重组却创造了一个功能紊乱失调的内阁,其成员对于他们的领袖人物已完全心灰意懒,并最终在三年之后背弃了她。

杰弗里·豪和奈杰尔·劳森仍官居原职，分别担任外交大臣和财政大臣。二人心里都压抑着对她的领导方式深刻的不满，比她意识到的情况要严重得多。中级职务包括一群中立派大臣，他们在思想上对于撒切尔主义信条并不很认可，包括约翰·韦克姆、约翰·麦格雷戈、肯尼斯·克拉克、马尔科姆·里夫金德、肯尼斯·贝克和约翰·梅杰，他以财政部首席秘书的身份加入内阁。离开内阁的包括黑尔什姆勋爵，他以80岁的高龄从上议院议长席位光荣退休。

最令人感到惊讶的离职者是诺曼·特比特。他离职是为了在身体上和经济上得以照顾他的妻子玛格丽特，她在"布莱顿爆炸"中受伤瘫痪；另有一个未言明的理由，那就是他对于首相的领导风格也感到大失所望。与扬勋爵之间发生的摩擦以及玛格丽特·撒切尔因为惧怕特比特暗中滋生出对于首相职位的野心而产生的嫉妒心理，使内阁失去了最有才干也最善沟通的成员之一。他的离去对于政府稳定所造成的严重打击远远超出首相的认知。

政府当中的撒切尔主义支持派的力量也得到了加强，塞西尔·帕金森担任交通部大臣，约翰·穆尔担任卫生和社会保障部大臣，他很年轻，也很上镜。然而如果仔细分析整个内阁的政治倾向，将会发现自1979年以来，内阁构成中从未包含如此多有独立见解的实用主义者。玛格丽特·撒切尔第三任期刚开始的时候，永恒的光环萦绕着她，使她容光焕发，丝毫没有意识到团队可能会在将来遭遇到未知的风险。

新一届议会6月25日集合的时候，首相在开场的"女王致辞"辩论会中状态极佳，周身散发出"弥赛亚式"的风采。她宣布立法计划是"近年来最重大也最极端的项目之一"；她抨击尼尔·金诺克，认为他死守着"20世纪30年代的过时观念"，这些对于"成为拥有家庭、拥有股票、拥有存款"的现代英国来说丝毫没有吸引力；她同时宣布了教育、住房、卫生和地方政府财政方面大刀阔斧的改革计划。

但是在她的发言中发生了两次不和谐的插曲。第一次发生在她信心满满地声称"我们应当废除财产税——一种极端不公平的税收——并代之以社区劳务税"的时候。听到她重申这项政策,坐在她身后议席上的议员们只是敷衍着齐声表示赞同,这项政策在筹备阶段的几个月以来就已经造成了保守党内部分裂。如果首相为人更加敏锐,便能察觉出议员们对于她这一声明反应冷淡,从而能够悬崖勒马,放弃这一做法。但是后来她在"1922年委员会"会议上颁布这项法律的时候,坚持要求对于"人头税"持异议的抱怨声必须要停止,因为这是政府的主打政策。"人头税"是许多保守党议员对"社区劳务税"的称呼。首相采用的是专制独裁主义的策略,这种做法将会给她难堪,并最终断送她的政治生涯。

玛格丽特·撒切尔在"女王致辞"辩论会的第二个差错发生在她谈论对教育进行基本改革的时候。她提到可以立法,使特定学校退出地方政府的控制,并继续说道:"那些学校将和地方政府资助的学校享有同样的财政基础。他们的收费——我的意思是他们的经费……"[26]

这一次口误使工党的议席中爆发出一阵喧嚣。他们持续高喊着"收费!收费!收费!"最后下议院议长恢复了秩序,首相澄清说这些退出的学校不需要支付任何费用。她这一错误的奇特之处在于在竞选活动刚开始的时候她也有过同样的失言行为。那是发生在中央委员会组织的第一次新闻发布会上,她当时感到非常难堪,因为肯尼斯·贝克反驳了她错误宣称这些新学校将会收取费用的说法。

几天之后,在和艾伦·克拉克边喝酒边聊天的时候,我们两个人考虑到第二次因为这些"收费"问题而引发的风波,推测首相是否可能有些健康或者记忆方面的问题。"没人能受得了这样的生活节奏",克拉克的日记里记载着我如是说。[27]这种担忧也许为时尚早,但绝非子虚乌有。8年首相生涯所造成的压力逐渐开始产生影响,但是仅有几个内部人士注意到了这一点。

在她第三任期前几个月的时间里,她要求部长们保持快步调的工作节奏。《重大教育改革法案》，即被保守党议员缩写为"Gerbil"的法案，是法律当中的巨无霸。它涵盖了全国统一课程介绍、脱离地方政府管辖的学校、城市技术学校的介绍以及内伦敦教育局的废除。肯尼斯·贝克负责指导长达370个小时的议会辩论过程，这打破了之前的时间纪录，同时不得不承受住上司施加的巨大压力。他回忆道：

> 她对于这项法案抱有浓厚的兴趣。她主持内阁委员会，而我们总是在进行热烈的争论。有一次我不得不走出会议室，因为辩论已经达到了白热化的程度！但是玛格丽特，只要你准备充分，她并不介意你反驳她的观点。我们最激烈的分歧在于学校里应当教授什么课程，比如全国统一课程里的数学这一科目，她对是否学习乘法表这种问题抱着传统主义者的看法。[28]

首相希望将全国统一课程浓缩为三门核心课程，占据整一学年70%的时间，这是最大的争议所在。学校可以在余下的时间里自由选择学科，作为内阁教育专门委员会的决定，这一决议按照要求被记录了下来。

然而，贝克对这些会议记录提出了质疑，他提出的理由是这些只是反映了玛格丽特·撒切尔的个人观点，并非这次会议的最终观点。他破天荒地将个人的会议记录提交给首相，希望可以撤销内阁委员会的记录。随之而来的是一场激烈的争论，在此过程中肯尼斯·贝克不得不以辞职相要挟，最终他制订的十门全国统一课程的原初计划才被勉强允许留在法案当中。玛格丽特·撒切尔的这次让步意义重大，这是最初几个迹象当中的第一次，她会逐渐发现在她第三任期的政府当中想要随心所欲地行事愈加困难。

没有怀特洛的岁月

对于她能够随心所欲行事贡献最大的同僚当属威利·怀特洛。但是在大选六个月之后，他因为健康原因离开了内阁。就在圣诞之前参加威斯敏斯特大教堂的卡罗尔音乐会的时候，他因为一次轻微的中风而昏倒了，也因此结束了他的政治生涯。他在1988年1月正式辞职。失去他对于首相和政府管理来说是一个巨大的损失。

在玛格丽特·撒切尔过去12年的生活中，包括4年作为反对党领袖时期，怀特洛一直是她最机敏的顾问。在1975年领袖大选之后，他就下定决心作为她的副手，他的责任就是要对她保持无可指摘的忠诚。在政府工作中，他协助她传达议事日程，引领议员们安全度过重大决议或是分歧的危险时刻，在这些方面他表现出色，效率很高。

他是一位富裕的有产乡绅，周末常出外狩猎，经常参加俱乐部餐宴活动，保持着保守党高端显赫的生活方式；他兼具温彻斯特学院校友的聪明头脑和快乐乡绅的友好和善的品质。每个人都喜欢他，信任他，并尊重他的判断力。他对于威斯敏斯特的政治氛围有着本能的感知，就像是一只猎犬在嗅到松鸡的气味之后全身绷紧的时候一样。他最大的优点之一就在于，他有能力用一种统一的方式对观点不一致的内阁讨论进行总结，并使首相实现她想要的决定。

他还有些其他的优点，包括他率真的性格、自嘲的幽默感和他的热情，而且他有一种技巧，能在一对一的谈话当中说服玛格丽特·撒切尔改变主意，转而同意他处理某一问题或者重要人物的观点。

在怀特洛中风之前的几周，首相为他写了令人难忘的颂词："每一位首相都应当拥有一个威利。"她之前没有察觉到其中的双关语意义*，在演讲写作团队前说出这句话的时候才意识到，之后她便试图让所有

---

* willie在英语儿童用语中有"小鸡鸡"之意，故这里有双关含义。——译者注

在场的人发誓要保守秘密。[29]这个故事太美好，不应当被当作秘密，不仅是因为它很有趣，而且也因为它包含了一个重大的真相。因为假如没有威利·怀特洛，玛格丽特·撒切尔和她的大臣团队也许早就陷入不和，或者彻底解散了。

只有在她的副手如此招人喜欢的情况下，她生硬粗暴的领导风格才勉强被接受。对于那些受到情感挫伤的同僚来说，怀特洛是他们最可信赖的倾诉对象。他提供哭泣时可以依靠的肩膀，是他们工作中的朋友，也帮助他们改善不良关系，使他们冰释前嫌——他所做的所有这些都是为了支持首相。

这种支持也让他付出了代价。威利·怀特洛外表看上去直来直去，实际上内心却很敏感。在福克兰危机期间，美国国务院的官员注意到他在会议期间有些神经质地咬指甲，情绪焦躁不安。每次内阁中的紧张局势加剧的时候，都会看到他用力拉起眉毛"仿佛他要鼓励头脑中的灰质细胞采取行动一样"[30]。

有时唐宁街10号的会议进程中会遭遇重重困难，这时他会走到首席私人秘书的办公室，瘫倒到椅子上，把头埋在两手之间，一遍一遍地呻吟着："天啊，天啊，天啊，我的天啊！"[31]

有时与同僚发生冲突，他也可能会勃然大怒，尽管在与玛格丽特·撒切尔接触时他很小心地避免发脾气。但即使他用这样的方式释放满腔的怒火的时候，尽管火势猛烈，却不会灼伤他人。因为他的愤怒很快会转化为善意的幽默，就像夏日里的雷阵雨般转眼即逝。

他偶尔也会非常固执。"这是绝对不可能实现的"，他会告诉首相，或者"党是不会赞同这种做法的"[32]。之后他们会进行一番争论，但是这类争论极少出现，而且最终往往都是首相做出让步，因为她知道他对她的忠诚是绝对的，而且他有着绝佳的判断力。

尽管他经常会说"我是一只不聪明的熊"[33]，然而这仅仅是他自我谦逊的处事风格。他绝对称不上是一个个性十足的风云人物，但他却有着丰富的政治智慧。玛格丽特·撒切尔尊重威利·怀特洛，但她或许从未完全意识到她亏欠他的那样多。他的提前离职是导致她三年后提前下台的原因之一。

令人感到吃惊的是，在他离开政府之后，首相从未就任何政治问题咨询过她的前任副手，对于被排除出她的顾问行列，他感到很受伤。这既是一个错误，也是一种怠慢。因为在处理1988年至1990年期间内阁中出现的人事问题时，如果首相能够不时地寻求他的帮助，只需运用一点儿怀特洛的智慧，最终发生的激烈争执就能避免。

外表来看，尽管没有怀特洛，玛格丽特·撒切尔改革议程的推进进展似乎令人满意。除了教育方面的改革之外，她还尝试改变住房政策、社会保障以及国家医疗服务系统，造成的结果有利有弊。

在前两个任期里，她对这一大块国家政策领域仅尝试进行微调。诺曼·福勒曾调整了住房补助、收入补贴以及其他一些津贴申请资格的规章制度，从而使那些"应当受到帮助"的群体——老年人、残疾人以及有孩子的家庭——获得帮助，并因此牺牲了那些"不应获得帮助"的群体——那些年轻失业人员的利益。但是这些调整并未对每年高达400亿英镑的社会保障金额支出起到任何缓解作用，这一数字自1979年以来较之前已激增了40%。

为了降低这一开支，首相将约翰·穆尔引入1987年内阁。他长相帅气，体格健壮，很上镜，深受美国新保守主义思想影响。这些素质使他在短期内深受首相青睐。她谈及他的时候，甚至把他当作一位潜在的继任者。但是卫生和社会事务部却成了他政治生涯的坟墓。

在就职一个月之后，玛格丽特·撒切尔和约翰·穆尔就他所在部门的基础改革进行了一次长时间的对话。他曾在美国银行系统工作过，熟知米尔顿·弗里德曼的著作，这些背景使得他热切希望对英国福利体制当中的一般性福利，比如儿童津贴，进行彻底革新。但是他的这一改革激情从未真正得以实现，很大部分原因在于首相太过谨慎，不愿对此予以支持。

她再一次考虑了对国家医疗服务系统进行改革，但又一次因为压倒一切的谨慎退缩了，因为它必须要对全民免费开放。她曾想过对这一战后的共识性观念进行挑战，但很快就放弃了这一想法，专心致力于改善公共医疗卫生服务的管理和贯彻。为此，她成立了一个内部政策审查机构，由她负责。组成这一审查团队的部长们包括约翰·穆尔、卫生和社会事务部的托尼·牛顿、奈杰尔·劳森以及财政部的约翰·梅杰。他们的审议过程充斥着矛盾。玛格丽特·撒切尔想要通过对私人健康保险免税来扩大私人医疗服务的范围。她也同意允许国家医疗服务系统对部分医疗服务收取费用。最终，这些计划缩水为允许对眼睛检查以及牙科检查收取少量费用。因为保守党议员临阵倒戈，这些议案在下议院仅以极少的多数票勉强通过。至于私人健康保险的税收优惠政策，也被削弱为年龄超过65岁的老年人的小规模特许权。

造成这一问题的部分原因在于对于国家医疗服务系统的改革方面，首相的态度像极了杜利特医生的动物*，那只"推推拉拉"。一段时期之内，她会推行极端改革，然后她又会因为保守主义的审慎态度而退却。约翰·穆尔未能有效应对她表现出的这种一反常态的矛盾态度，原因不仅在于持续发作的胸腔感染削弱了他的精力和说话的声音。首相的新任议会私人秘书阿奇·汉密尔顿议员注意到了他们关系中的这些矛盾之处，以及因此造成的政治方面的混乱。"她不断改变想法。前一分钟她想要深入一步，后一分钟她又受到疑虑的影响，想要对之前的做法进行修正。每一次，倒霉的约翰都会表示同意，做出调整，并再次征询她的赞同，结果造成一团混乱。而她最终认定他一无是处，开除了他。"[34]

1988年7月，首相做出了自己的调整。她将约翰·穆尔调离了卫

---

* 童话《怪医杜利特历险记》里的一个动物形象，Pushmipullyu，意即"push me, pull you"，它有两个头，而且总是试图朝相反的方向运动。

生事务决策团队，把庞大的卫生和社会事务部一分为二，成立单独的卫生部和社会保障部，让他负责后一部门。她委任肯尼斯·克拉克担任新的卫生大臣。他在政治哲学方面明确反对撒切尔主义，然而，他办事效率很高，在国家医疗服务系统内部成立了"内部市场"，将职责明确分开，区分为区域卫生署、国家医疗服务系统信托医院和自负盈亏的普通医生。这种做法开支更大，并不符合首相的期待，却能治疗更多的病人。因为这一良性结果在她还在唐宁街10号当权期间并未明显表现出来，因此她不断被指控要将国家医疗服务系统私有化。事实上她的改革措施，实际上大多数都是肯尼斯·克拉克的改革措施，的确在没有改变国家医疗服务系统理念的前提下改善了其经营管理。

玛格丽特·撒切尔第三任期的前两年时间里，她的政府仍旧保持了一些进取势头。但是因为她不再费心协同她的同僚一起行进，她那极端的热情也日渐萎靡。部分是因为威利·怀特洛的离去，在经济方面、用人头税取代财产税的主打政策方面，最重要的是在欧洲事务方面，政府内的裂痕越来越大。所有这些争论的核心，也是英国政府当中最危险的软肋——就是首相和财政大臣之间逐渐疏远的关系。

回顾

第三任期开始，玛格丽特·撒切尔性格当中的缺陷有增无减，变得更加喜怒无常，更加目中无人，更加独断专行，更不愿意听取任何其他人的观点。

大多数时间里，这些缺点并未影响她成为一名高效率的国家领袖。如果她是美国总统，按宪法规定与政府的立法机关分权而治，她面对的问题就要少得多。但是英国首相必须要和内阁以及议会系统协同治理国家。玛格丽特·撒切尔却越来越忽视这两大权力核心。因此，不满情绪在滋生，而她自己很大程度上对此却未曾察觉。

保守党竞选活动过程中，高层指挥部内部出现的争论很大程度上归咎于玛格丽特·撒切尔做法的不恰当。她要了两面派的手法，让提姆·贝尔对抗诺曼·特比特，扬勋爵对抗诺曼·特比特；贝尔的公司，洛·霍华德-斯宾客和贝尔公司对抗保守党御用的广告机构盛世长城广告公司。

20世纪80年代这些广告人之间的冲突所引发的骚乱，远比21世纪颇具代表性的电视连续剧《广告狂人》中所虚构出的任何情节都要更加曲折离奇，引人入胜。1987年现实生活中这场积怨的产生，原因在于首相一直在一旁煽风点火，搅乱局势，这是一个令人大跌眼镜的奇特之处。她这样做的动机似乎是出于不安全感和情绪波动无常。很多次，她弄得自己心烦意乱，陷入落败的狂怒情绪中，或对诺曼·特比特的极端不信任和对提姆·贝尔过分信任的偏执情绪中。她的干预所引发的动乱毫无意义，而且令人不悦。她的过激反应使很多内部人士提出了这样一个问题："1979年和1983年大选当中如此镇定、如此果断、对团队工作如此支持的那个玛格丽特·撒切尔哪里去了？"

以102个席位的多数票赢得第三任期的选举结果令人太过震惊，也抹去了竞选过程中所有那些不愉快的记忆。然而，正是从新一任期开始，保守党议员间不仅仅有一点儿"大麻烦"存在。

问题在于"社区劳务税"。玛格丽特·撒切尔大约在两年之前就制定了这一政策导向，但是大多数的同僚都认为在立法过程中会有很多意见交流，修正更新，从而完全消除这一单一税率制明显存在的不公平以及不合情理之处。但是在新一届议会"1922年委员会"的第一次会议上，玛格丽特·撒切尔却以不容置疑的语气要求他们服从并支持被她称为是"主打政策"的这一提案，这对他们无疑是当头一棒。

这次发言之后，议会议员们缓缓走出委员会第十四号会议室，尼古拉斯·巴金不停地说："她不听我们的意见，她根本就不听我们的意见。"[35]这个评论可以成为实施撒切尔主义最后三年时间里不断被重复的哀叹。

　　内阁中的重要人物同样感到他们的意见没有被听取。这是贯穿第三任期始终的一个日益严重的问题，这主要和玛格丽特·撒切尔性格上的明显转变有关。

31
与奈杰尔·劳森之间的矛盾

性格爆发点

　　玛格丽特·撒切尔一直以来都是一个个性要强、好与人争辩的领袖人物。她的做事风格生硬粗暴，但效率很高。她的同僚一旦意识到她对有益辩论中的针锋相对、短兵相接有着如此浓厚的兴趣，通常都会接受她的雷嗔电怒，即使有时是不公平或者不合理的，把它看作是她性格的一部分。在前8年的掌权岁月中，她与他人的辩论充满激情，却不含任何仇怨的成分，因此众人也更容易接受她的这一性格。

　　然而在第三任期，这种情况却变了。她不只变得更加尖刻、更加无理，而且对两名最重要的高级部长，她滋生出一种私人间的仇恨。这不仅使她与他们之间的工作关系日益恶化，而且埋下了不愉快的种子，损坏并最终断送了她的首相生涯。

　　直到今天，我们仍旧很难断定玛格丽特·撒切尔的首相岁月走向尽头，是因为性格方面的冲突，还是因为政策上的分歧。传统的看法认为，她是因为欧洲政策的意见分歧和人头税而被封杀出局的。然而这绝不是全部的真相。

　　当发生内讧的时候，所有的政治家都喜欢找一个冠冕堂皇的借口，声称战线双方是因为原则性的重大问题而战，与私人仇怨毫无关系。很不巧的是，在玛格丽特·撒切尔的第三任期里，这两者却难分难解地纠缠在一起。她的下台，既是因为私人仇怨，也融合了政策分歧的因素。因此要解释清楚为什么她和财政大臣以及外交大臣之间的关系逐渐疏远并最终瓦解，对这两个领域的矛盾进行细查就显得尤其重要。

　　玛格丽特·撒切尔与奈杰尔·劳森之间的关系经历了起起伏伏。他担任财政大臣早期，他们两人齐心协力，关系融洽，被誉为黄金搭档。之后的合作中出现了一些碰撞，他在政府和保守党议会政党中的人气曾一度盖过她。在最后的阶段里，双方处事都出现了一些错漏之处，两人也变成了对手，对对方满怀敌意。然而他们合作关系中有一点却从未改变，那就是她对他的聪明睿智总是心怀敬畏。

然而，她对他才智的钦佩远远比不上她对他的个性怀有的热情，这一点在她第一任期里当他还只是一个中级部长的时候就表现得很明显了。作为财政部的财务秘书，他是"中期财政战略"的创造者，这一战略在杰弗里·豪担任财政大臣期间发挥了至关重要的作用。然而，1981年，她却提拔了利昂·布里坦进入内阁，成为财政部首席秘书，豪的第二副手。

作为这项工作中明显的领军人物，劳森感觉受到了忽视，异常沮丧，他甚至好几天都没有在部长办公室里露面。有些同僚将他的缺席解读为生闷气，但首相却不这样认为。在提拔事件发生一周之后，首相邀请这位情绪异常低落的财务秘书到契科斯首相别墅共进午餐。

在一对一的谈话当中，他开诚布公地倾诉了自己的委屈和不满，她满怀同情地倾听着，并承诺在下次重组内阁时一定会把他纳入内阁。劳森了解到是威利·怀特洛阻挠了他的晋升，怀特洛对首相表示他"过于精明"，"行事不够稳健可靠"。[1] 这些关系需要花费时间进行修缮，但是不久之后，威利·怀特洛和玛格丽特·撒切尔二人就完全被他收服了。奈杰尔·劳森9个月之后以能源大臣的身份加入内阁。他在这一职务上表现出色，尤其为在后来矿工罢工事件当中取得胜利做出了很大的贡献，因而1983年大选之后他便平步青云，出人意料地被委任为财政大臣。

玛格丽特·撒切尔把政府当中第二重要的职务给了相对来说经验尚不足的新面孔，引发了一定的争议，而且需要冒很大的风险。但是她这个赌打赢了——至少在第二任期的绝大多数时间里都是如此。

财政大臣和首相刚开始的合作进展一帆风顺。劳森的战略，在四个预算案当中依次有所发展，为持续的经济增长和成功赢得大选奠定了基础。但他们之间并不总是其乐融融，他对待工作过分保密，在和她接触时尤其如此。他想要在自己的部门里当家做主,处理经济事务时不愿与人合作,并尊崇在紧要关头做出决策的奇特风格。

这是他们二人最根本分歧的源头。他相信在对财政部事务行使权力的过程中,只能有"唯一的财政大臣"。[2]他甚至宣称首相的历史角色和"第一财政大臣"的头衔只是"一个神话"。[3]在唐宁街11号任期刚开始的时候,劳森并未向外透露他的这一观点。但是当他的财政大臣任期到了第四、第五、第六年的时候,他对于自己仅是"第二财政大臣"、必须遵从玛格丽特·撒切尔这一上司的观念感到越来越难以容忍。这是一场蓄势待发的意志力的较量。

因汇率机制爆发的第一次冲突

1985年,财政大臣支持英国加入欧洲货币体系的汇率机制,导致他和首相之间因为政策分歧爆发了第一次严重冲突。首相称其为"时髦的共识性看法"[4],并尝试阻挠其进程,她专门为此召开了部长级会议,并精心挑选了她认为会支持她的观点的同僚参会。

但使她感到惊愕的是,在1985年11月13日的这次会议上,奈杰尔·劳森不只说服了亲欧盟货币体系的杰弗里·豪(外交大臣),这全在意料之中;而且说服了诺曼·特比特(政党主席)、约翰·韦克姆(首席党鞭)、利昂·布里坦(贸易和工业大臣),甚至是极端忠诚的威利·怀特洛(副首相)支持加入欧洲货币体系的汇率机制这一提案。

他们支持这项提案所提供的完全是经济学方面的论据,专业性很强,关注什么对汇率、利率和控制通货膨胀有利。似乎只有玛格丽特·撒切尔一人意识到这一举措在宪法方面隐含的意义,欧洲货币体系的汇率机制会把英国束缚在一个结构体制中,从而导致单一欧洲货币和不可逆转的主权丧失。

然而她并没有从宪法角度,实际上未从任何非经济角度表达出她的担忧。相反，看到她的同僚出乎意料的团结一致，支持她所反对的政策，她打了一把戏剧性退出的牌。"我不同意，如果你们要加入欧洲汇率机制，你们必须在得不到我支持的情况下做这件事"，她这样宣布道，同时收起她的文件，傲慢地走出会议室。[5]

奈杰尔·劳森战栗着退出会议室，前往唐宁街11号，陪伴着他的包括杰弗里·豪、诺曼·特比特和威利·怀特洛。财政大臣称自己"情绪极端抑郁"[6]，并对他的同僚说他觉得继续下去没有任何意义，觉得他应当辞职。他们强烈要求财政大臣打消这一念头。怀特洛特别向他保证通过坚持不懈的劝说，他最终会令首相改变看法，赞同他的观点。但是这并没有实现。

玛格丽特·撒切尔已经下定决心，坚决抵制财政大臣提出的这一几乎全体一致同意的提案，对抗那些支持加入汇率机制的高层同僚，其坚定程度完全发自内心深处，远非逻辑推理能够撼动。与她坚持同一立场的包括唐宁街10号新任政策主管布莱恩·格里菲斯，一直以来都支持浮动汇率的下议院议长约翰·比芬以及她的前顾问艾伦·沃尔特斯。他在给她的信中建议称，6个月之内将会发生的一次预料之中的油价下跌将意味着英国能够以一个更低的汇率平价加入欧洲货币体系。但是他们的论据同样涉及专业领域。相比之下，玛格丽特·撒切尔对于汇率机制所怀有的敌意更加根深蒂固，因为一种来自信念源头深处的本能变得更加坚定，这一本能使她相信英国有权对国家事务自由做出决定。另外一个促使她反对这一提案的原因可能是她直觉上不喜欢德国在汇率机制中具有的决定性投票权。

特里·伯恩斯作为财政部首席经济顾问出席了11月13日的会议，他觉察到首相毫不妥协的外表之下隐藏的真正原因在于，"她无法忍受依靠他人决定英国利率的命运。她不介意存在规则章程，但是她总是想要留有余地，而这是汇率机制无法允许的"[7]。

奈杰尔·劳森一方的论点暂时处于劣势，但绝不意味着出局。他把11月13日会议中的失败看作是"我担任财政大臣期间最令人难过的事件"。[8]他通过为加入汇率机制秘密筹备大量的工作战胜悲伤的情绪。

这发生在玛格丽特·撒切尔否决这一动议之后不到一个月的时间内，1985年12月7日，财政大臣批准由财政部高级官员组成的使团前往位于波恩的德意志联邦银行，讨论英国加入汇率机制成员国的应急计划。尽管采取了这项以及其他一些策略，加入汇率机制的议题仍旧被搁置了接近两年的时间。但是奈杰尔·劳森一直在等待时机。1987年3月，当他觉得自己有足够的实力，能够这样做的时候，按照尼古拉斯·里德利的说法，他"单方面而且未经过正式批准的"[9]果断地加入了汇率机制。但是要这样做，他必须暗中悄悄进行，不能跟首相摊牌，运用一种被称为"紧跟德国马克的相对汇率"的新政策。

紧跟德国马克的相对汇率

从1987年起，奈杰尔·劳森处于一个手握重权的职务上。他从来就不是一个谦逊的财政大臣，他相信正是他的政策为保守党赢得了令人震惊的胜利，为国家带来了蓬勃发展的经济。他的第一个断言是正确的。至于第二个断言，他并没有看到蓬勃发展的经济逐渐转变为过快的发展。但是一个更加令人担忧的事实是，他对于自己的判断力过于自信，在启动汇率政策的重大改革时既没有征得首相的同意，也没有获得内阁的认可。

从1987年3月开始，奈杰尔·劳森致力于秘密推进他长期以来一直持有的看法，认为英镑应当加入汇率机制，他开始运用利率和对货币市场的干预措施在"德国马克货币供应量"M3（DM3）的基础上设定英镑的价值。这种紧跟德国马克相对汇率的做法是他操作英镑的方式，就仿佛英国已经加入了汇率机制，尽管政府没有做出任何要加入其中的决定。

表面来看，这是财政大臣反抗的举动，他似乎是有意用这种秘密的行动方案欺骗首相。奈杰尔·劳森声称他并没有从这个角度看待这件事。他有意忽略了玛格丽特·撒切尔才是第一财政大臣这样一个事实，坚持称他全权负责英国经济政策，而且完全有权命令财政部和英格兰银行执行他的指示。

他对这种行为提出的合理解释是自从特德·希思担任首相开始，政府的官方政策就没有改变过，那就是英国会在恰当的时机加入汇率机制。因此，他有权为加入这一机制做好充分的准备，包括迅速将英镑和德国马克调整为汇率一致，指示英格兰银行购入他国货币，以此使英镑价值下跌。

这一解释的问题在于，劳森清楚地知道玛格丽特·撒切尔反对加入汇率机制的态度变得更加强硬。在她看来，申请加入的时机一定不是20世纪80年代，而且可能永远也没有恰当的时机。在他看来，当前的时机正好，他已经开始实施这一政策了。这样一种分歧意味着首相和财政大臣之间必然发生矛盾冲突。

玛格丽特·撒切尔声称她对此一无所知。在她的回忆录里，她声称她只是在1987年11月20日星期五那天，当《金融时报》的记者们拿给她看一些确切的证据之后，她才发现她的财政大臣一直在"德国马克货币供应量"M3的基础上采用紧跟德国马克的相对汇率的方式调整英镑汇率。

"这一真相的含义，当然，是非常严重的，"她写道，"奈杰尔一直在执行个人主张的经济政策，没有咨询政府内的其他人员。我怎么可能再次信任他呢？"[10]

相较来说，奈杰尔·劳森一直极力否认首相对他的紧跟德国马克的相对汇率政策一无所知。他在回忆录里写道："任何认为她有可能对此一无所知的暗示都是令人难以置信的，是对她过人才智的一种侮辱，即使我之前一直希望把她蒙在鼓里，而当然，我并没有这么做……她根本就不是那样的一位首相。"[11]

想要从这些相互矛盾的说辞当中剥离出事实的真相是很困难的。但是奈杰尔·劳森如今在一次关于本书的采访当中已经承认，他从没有直接告诉首相他在紧跟德国马克的相对汇率，直到后来《金融时报》使她意识到了这点。他用以反驳的理由是她一定已经知道了他的这一政策，因为每天她都会收到财政部的市场报告，上面记录着英格兰银行在外汇市场上支持英镑的干涉数据。

这个理由不过是整个事件发生之后的诡辩之词。如果是一位外汇专家对每天上午财政部送往唐宁街10号的这些隐秘数据进行仔细研究，发现其中详细列举了英国对于货币市场的干预成本，那么他才有可能察觉正在紧跟德国马克相对汇率这一未公开的政策。但是首相对此却并不知情。她在唐宁街10号的两位相关的公务人员，即她的首席私人秘书罗宾·巴特勒和专注于财政部以及英格兰银行事务的政策主管布莱恩·格里菲斯对此也一无所知。[12] 难以回避的一个结论就是隐瞒行为的确发生了。

那么为什么财政大臣对唐宁街10号不采取光明磊落的态度呢？为什么在长达9个月的双边会谈当中他向首相隐瞒了他已经指示英格兰银行紧跟德国马克相对汇率的做法呢？奈杰尔·劳森解释说：

> 我并不是一个非常健谈的人。她说自己未被告知，这部分是属实的。但是我也从来没有刻意向她隐瞒这一信息。每天晚上我的私人秘书送给她的私人秘书的数据都被放在她的红盒子里，真相就在那儿。[13]

1987年12月8日，在《金融时报》向玛格丽特·撒切尔提供证据的18天之后，这两位要人第一次面对面地探讨了紧跟德国马克相对汇率的政策。这次会面气氛闹得很僵。财政大臣发现首相沉浸在"一种极端焦虑和好斗的情绪当中"。[14]她怒气冲天地声称他们之间的信任关系已被彻底摧毁了，而且这还不是唯一的问题。自财政年度起始，为将英镑维持在"德国马克货币供应量"M3的水平之下，英国已经投入了高达270亿英镑的干预成本，她对这一点很关注，尤其担心这一举措将可能导致的通货膨胀后果。

奈杰尔·劳森向她保证不会出现通货膨胀的后果，因为他为干预成本所用的资金并不是通过增加流动资金，而是通过出售金边证券的方式实现的——这是一种被称为"消毒"的措施。这一解释发挥了效果，玛格丽特·撒切尔的疑虑在几周的时间里暂时被打消，这一插曲也凸显出了她对于他在汇报当中表现出的高超的专业性的敬畏。因为这一点，当涉及政策细节性的争论时，他总是能够占她的上风。

到1988年3月，唐宁街10号和11号掌权人之间的关系进一步恶化。汇率干涉政策也是如此。在3月2日星期三和3月3日星期四连续两天的时间里，需要投入大约180亿英镑的干预资金才能将英镑价值控制在"德国马克货币供应量"最高限额的范围内。[15]

第二天，首相把她的财政大臣叫来，并对他进行了训斥。她再一次重复了自己的担忧，认为采取干预的级别过高，可能会增加经济上的通货膨胀压力。他再一次坚持自己的立场，声称因为他采取的是对金边证券的消毒活动，不存在干预演变为通货膨胀的可能性。这一次她没有接受他的这一解释。她果断地以首相的身份对奈杰尔·劳森下达了命令，勒令他取消英镑的浮动上限。他极不情愿地遵从了，同时警告她如果英镑上涨过快，必须采取进一步的干预措施。他的警告使她怒不可遏。

他们之间爆发了更加激烈的争论，她最终勉强做出了让步，放弃了认为英镑应当被允许上浮到市场水平的想法。但是她坚持认为，任何进一步的干预都只能是小规模的，而且财政大臣的私人办公室必须要每隔半小时向她的私人办公室汇报实时情况。在陈述这些要求的同时，她表达了对于奈杰尔·劳森欺骗行为的指责，夹杂了人身攻击的言辞，而他对此进行了有力的反驳。"那是一次令人不快的会面，我对她的举止感到尤其不满"[16]，他语气冷淡地回忆道。

这一时期，政府当中的两位最重要人物对彼此怀有深刻的敌意，首相也认真考虑了是否开除财政大臣。她在多大程度上想要这么做，这从她和丹尼斯在一位朋友面前发生争执的故事里能够清楚地看出来。

1988年2月下旬的一天，丹尼斯和英国宇航公司总经理迪克·埃文斯一起到圣詹姆士广场的东印度俱乐部去。他们共享了一顿愉快的午餐，餐前和餐后在酒吧小酌了几杯。"丹尼斯喝多了，我觉得应该亲自送他回家，"埃文斯回忆道，"因此我们从唐宁街10号的后门走了进去，在那些时日里，还有后门，穿过皇家骑兵卫队阅兵场就能到。我们下午5点半到了那里，直接上楼到私人公寓里。"

丹尼斯给自己倒了一大杯威士忌。几分钟之后，玛格丽特走了进来。首相发现她的丈夫一反常态，故意找碴儿。

"你干了吗？"他盘问道。她没有给出清晰的答复，因此他更大声地重复了这一问题。

"亲爱的，你在说什么？"玛格丽特·撒切尔问道。

丹尼斯对她这种有意逃避的态度很生气。"你清楚地知道我说的是什么"，他大喊道。"你——干——了——没——有？"他在说每个字的时候，都用拳头猛力敲着桌子。迪克·埃文斯找了个借口，想要离开。两个人都让他留下。

"我知道他指的是什么。"首相承认说。

"很好，那你干了吗？"这个问题第四遍被重复。

"不，我没有干。"

"我就知道你不会干的。今天早饭时你同意干的时候，我就知道你不会干的。那么你到底为什么没干呢？"

"丹尼斯，我们不能树敌太多，我们承担不起后果。"

迪克·埃文斯第二次尝试离开，但是首相感到她需要对此事做出解释。在丹尼斯对此进一步大喊着提出抗议的过程中，她告诉了埃文斯这件事究竟是什么。

"今天早上早餐的时候，他劝我开除奈杰尔·劳森，"她解释道，"而我却没有这么做。"[17]

这个故事不仅清楚地揭露出玛格丽特·撒切尔的谨慎，而且也解释了她为什么放弃了早餐时候做出的决定。她绝对有理由对她的财政大臣感到气愤。但是她知道他在议会政党中有很多支持者。另外一个重要因素在于11天后就要公布1988年预算案的内容。

那些日子对于这两位当事人来说都很难熬。新闻媒体对于他们之间分歧的报道产生了恶劣的影响。英镑对马克的汇率上涨，一英镑相当于3.18德国马克（DM3.18），而且还将持续上涨，除非将利率降低0.5个百分点，降到7.5%。玛格丽特·撒切尔相信这种做法并不明智，而是把它当作是"与我的财政大臣保持尚可忍受的关系所付出的代价"。[18]

奈杰尔·劳森并没有持相同的观点，认为他们之间的关系变得更加可以忍受。首相对于汇率政策向议会做出了直言不讳但毫无帮助的评论，他对此深感不满，比如她提到"没有人能以任何方式抵抗市场的力量"。[19]他试图抵制，但最终接受了唐宁街10号对于他在预算案发言中关于汇率政策的一些关键性段落所做的修改。他把这些都看作是屈辱，这在一向傲慢不可一世的劳森心中留下了伤痕。他在强压心中的怒火。

在预算案前晚，按传统做法财政大臣都要谒见女王，他抵达白金汉宫之后，对女王说他认为这很可能是他最后一次做这样的发言了，"因为首相让施行政策成了不可能"。[20]

成败在此一举的预算案

1988年3月15日，奈杰尔·劳森向议会公布了被他自己描述为"煽动性的预算案"[21]的激进提案。它当然煽动起了他的政治敌手。他的预算案发言在下议院引发了骚乱，会议不得不中断了两次。工党对于劳森的战略计划进行了强烈的谴责，他们认为这一计划将会伤害穷苦人，有利于有钱人。

相较来说，保守党几乎是欣喜若狂地欢迎这一预算案。它将所得税的基本税率降低到25%，而且将最高税率从60%调低到40%。所有的中间税率都被取消。财政大臣在发言结束后坐了下来，当他在结束语中宣布他的预算案兼顾了各方利益，而且打算将所得税率进一步降低到20%的时候，保守党议员的欢呼声一浪高过一浪。

玛格丽特·撒切尔在公开场合对财政大臣的预算案极尽溢美之词，但是私底下却对此表示怀疑。在公布预算案之前，她曾经警告过他不要宣布未来20%的税率目标。只要将税率最高值维持在50%，她就会感到很满足了。她最大的担心是当时的财政情况以及货币政策整体的松弛，她恐怕这会导致通货膨胀。但是她没有向外透露这些忧虑，而是加入到对预算案齐声赞美的队列当中，她将这描述为"了不起的……高税率信条讣告……社会主义的墓志铭"。[22]

尽管首相对这一预算案大加赞扬，然而情势很快变得明朗了，那就是首相和财政大臣之间的关系已经明显变了味儿。之前因为汇率机制发生的争吵，奈杰尔·劳森的灵魂中似乎注入了某种严酷的品质。即使当她在公开场合恭维他，或者私下里给他送去一些手写的祝贺便条，他对她示好的橄榄枝也一概拒绝。他评论道，"我想从她那里得到的从来都不是赞扬：只是她同样期待他人给予的信任、诚实和忠诚"，因而对于她重修旧好的尝试他总是不屑一顾。[23]

劳森抱怨首相对他不忠诚，并没有冤枉她，这在5月中旬议会交流中表现得淋漓尽致，当时的情况很令人难堪。这个时期英镑对德国马克的相对汇率再次上涨，尽管利率已经调整到了8%。

在5月12日举行的"首相质询会"上，尼尔·金诺克指责她对于汇率政策态度模棱两可，使她感到很受伤。在一连串连续的猛击之后，他提出了一个简单的问题，将她逼入了困境。他问道："女士阁下能否给我们一个直截了当的回答？首相是否与财政大臣立场一致？"[24]

玛格丽特·撒切尔没有给予肯定的回答，而是明显避开这个问题，讲了一大堆关于高水准的生活条件、高速的增长以及高水平的社会服务之类的废话。这一表现造成了很大的危害，扰乱了市场，也使得金融评论家和后座议员们陷入了不安。

周末，新闻媒体甚至狂热地预测劳森很有可能将被调动到外交部，因此，政府的当务之急是要做出一些补救性措施。首相和财政大臣碰了头，同意实施损害控制措施，包括再一次将利率调低到7.5%，制定出一套说法，能够在首相和财政大臣已被明显察觉出的分歧上贴上胶布予以补救，这分歧正是首相在议会所做的最后的回答当中暴露出来的，而这本来是完全可以避免的。

尼尔·金诺克发现在"首相质询会"上持续他的连胜纪录是非常容易的。"我能否对今天的利率调整表达热烈的欢迎，把它看作是财政大臣战胜了首相的标志呢？"他在开场的时候说道。当然，玛格丽特·撒切尔并不承认她被打败了。但是当后面一个问题问是否在她和财政大臣之间存在着"完全彻底的一致意见"的时候，她仅用"是的"一个词语作为回答，潜在的含义却是不言而喻的。[25]对她来说，这与其说是劳森的胜利，毋宁说是她加于自身的伤口，她已经完全乱了阵脚。

仅仅在几周之后，就轮到财政大臣乱了方寸。他调整税率时所做的判断，结果竟是基于一些不精准的预测，因而导致他的整个预算案的瓦解。出口数据出乎意料的糟糕，直接导致7月份的贸易逆差激增到220亿英镑。通货膨胀率翻倍，达到了6.6%，而且还在持续上涨。利率必须要经历一系列的上调，从5月17日的7.5%调高到8月8日的11%，到8月25日的12%。[26]情势很快便明朗起来，英国已经进入了梦魇一般的状况中，过热的国内需求，持续上升的通货膨胀率，抢购英镑和居高不下的利率。

奈杰尔·劳森本想要在他的预算案最初所激发的荣耀辉煌的成功氛围中离开政府。他跟朋友谈论过计划在秋天将会发生的重组当中退休。但是经济上突如其来的危机对他的声誉造成了沉重的打击，因此他感觉他必须要留在权力的核心位置上。

春天那些因为经济繁荣而赞扬劳森的声音，秋天转而因为经济萧条尖锐地批评他。所有这些最尖刻的批评者当中的一个便是首相，她曾尝试不公开自己的评论，但没有成功。

自从第三任期开始，玛格丽特·撒切尔本能地反对财政大臣采取的一些战略举措。她认为，他的货币政策过于宽松，对于汇率机制有着错误的看法，而且在压制通货膨胀的上涨势头方面表现得很不称职。1988年的后几个月里，媒体从未知渠道获知了这些观点，劳森将这一发展态势归咎于伯纳德·英厄姆。

除了政策分歧所造成的担忧外，同样令人不安的是首相和财政大臣之间的私人仇怨。在她的核心团队成员面前，她开始称他为"赌徒"，而且补充说，"我不会让他拿英国的经济冒险的"。[27]她话里隐含的意思是说他已经走进了汇率机制的赌场，在通货膨胀上下错了赌注，使她来之不易的良好的经济管理的名声毁于一旦。

"奈杰尔使我们损失了两年的时间"，她对戴维·哈特说道。[28]这些以及其他一些贬损的言辞是她在愤怒的时候说的，毫无幽默之意。奈杰尔·劳森被这些话伤到了。"按照她的看法，是我允许通货膨胀率上升的，因此她对我总是怀着愤恨，"他回忆道，"而且她决心要使我的境况雪上加霜。"[29]

这一决心的一个体现涉及对唐宁街10号工作人员的一个存在争议的新的任命。被任命的对象是艾伦·沃尔特斯，玛格丽特·撒切尔在1988年7月决定让他做她的私人经济顾问。之前1981年到1983年期间，他也曾担任过这一职务。那个时候他曾在这个低调的职位上默默地给她提了很多谨慎的建议。5年的时间过去了，内敛和谨慎早已不是沃尔特斯的风格，因为在学术评论家的圈子里，他多少算得上一个名人。促成他功成名就的部分原因在于他对奈杰尔·劳森政策直言不讳的公开批评。

玛格丽特·撒切尔有意将艾伦·沃尔特斯重新纳入她的团队，使他成为牵制财政大臣的对手。他于1989年5月就任这一职务，签了两年的合同。她似乎从未完全理解这一任命对于奈杰尔·劳森来说是怎样的羞辱，或者引发巨大矛盾的可能性有多大。这意味着首相将获得两个对于经济管理的建议渠道，按照以往的情形来看，它们通常会是互相冲突的，发生纠纷的可能性极大。

财政大臣意识到艾伦·沃尔特斯的任命所造成的威胁，因此他曾极力反对这一做法。玛格丽特·撒切尔展示出个性当中喜爱分歧和支配的一面，拒绝听从他的反对意见。她对奈杰尔·劳森已经失去了信任，而且决心要在核心团队中拥有一个备用的建议来源。

在短期内，任命艾伦·沃尔特斯的做法为奈杰尔·劳森赢得了相当多的同情和支持。在保守党议员内部，很多人都表达了对这一做法的愤怒。

我记得参加过一次后座议员财政委员会会议，那次会议气氛异常热烈，有人说首相"已经疯了"，而沃尔特斯就是"特洛伊木马"，"太目中无人了"，甚至称他是"内奸"。尼古拉斯·巴金杜撰了最后一个称号，并对它做了令人啼笑皆非的解释，证明其合理性："我之所以这么称呼他，是因为他好像每周都写五个专栏*，大多数内容都是对财政大臣的批评。"[30]

议员们清楚地意识到首相未经选举产生的经济顾问和财政大臣之间的矛盾冲突必然会制造分裂，甚至有可能导致爆炸性后果，而首相

---

* "fifth columnist"有双重含义，字面可解为第五专栏作家，还可以理解为间谍、内奸，巴金这里解释的是字面的含义。——译者注

却没有意识到这一点。

豪爵士激化汇率机制矛盾

玛格丽特·撒切尔与财政大臣之间的争论后来竟与她和外交大臣之间的矛盾难分难解地纠缠在一起，也因此使矛盾升级，威胁到她的首相任期。

杰弗里·豪爵士担任外交大臣很长一段时间以来，心中一直按捺着对首相的不满情绪。他与玛格丽特·撒切尔之间的私人关系也在逐步恶化。他们二人在好几个领域里的政策都存在着分歧。到目前为止，这些分歧当中最严重的就是他们对待欧洲态度上的天壤之别。简单来说，她是个大西洋主义者，而他却是个亲欧派。她对于欧共体的方针走向越发抱着怀疑的态度，而他的观点正相反，积极支持并接受雅克·德洛尔*签发倡导的联邦议程的大部分内容，他是布鲁塞尔欧洲委员会的新任主席，对欧共体工作满怀热情。

在这样紧张局势的背景下，杰弗里爵士出于一种绝对称不上是善意的动机，决定在公开场合就欧洲汇率机制问题发表看法，因而卷入到与劳森的争论当中。豪长期以来一直默默但坚定地支持英国加入汇率机制。遗憾的是，对于首相来说，他选择了一个最差的时机宣称自己对这一事件的立场，此时她正陷入与财政大臣的分歧风波中，这一分歧是从1988年5月12日尼尔·金诺克在议会所提的问题当中暴露出来的。

第二天，也就是5月13日，杰弗里·豪在珀斯召开的苏格兰保守党大会上发言，他突然脱离了准备好的演讲稿。当提到"待时机成熟的时候"加入汇率机制这一确立已久的计划时，他即兴阐明了自己的

---

* 雅克·德洛尔（1925年——　），法国经济学家和政治家，欧盟委员会第八任主席，也是连续三届担任主席的第一个人，任期从1985年持续到1995年。

观点，他认为"我们不能永远把那个限制条件加之于这一潜在的承诺之上"[31]。新闻媒体自然抓住了这一有利时机，以更多负面的头条新闻列举这一证据，报道称内阁内部意见存在着更为严重的分歧。

这对于玛格丽特·撒切尔来说简直就是火上浇油。她对于豪在这样一个敏感时期对于汇率机制问题"挑拨离间"的做法大发雷霆。[32]他声称他没有这样的意图，只是单纯回答苏格兰保守党对于欧洲争论提出的问题而已。首相认为这显然是他言不由衷的托词，她相信她的外交大臣是有意引导后续的媒体报道，激化矛盾，挑起事端。

苏格兰演讲发生之后的第二天，报纸上的头条在大肆宣扬因为汇率机制问题引发的内阁分歧造成的灾难性后果，杰弗里·豪拨通了玛格丽特·撒切尔契科斯首相别墅的电话，提议他们应当和奈杰尔·劳森一起会面，来"解决这个半公开化的争论"。[33]他声称自己打这个电话"完全是出于一片善意"。[34]

她却认为他的动机远没有那么单纯。她对他倾倒了自己的满腔怒火，因为她相信他要求这次会面的目的是在于他和财政大臣能够携手迫使她同意他们对于汇率机制的看法。"不，在这件事上，我绝对不会同时见你们两个人的。"她大喊道。

豪对"她异常激烈的反应瞠目结舌"。[35]他丝毫不怀疑她对于他的提议所抱有的敌对情绪，因为她重复了三遍拒绝会面的意见。她还告诉他，他目前最好的选择是保持沉默，并额外补充道："我们目前不会申请加入汇率机制，这件事就此打住，不准再提。"[36]

这场争论的影响意义深远，一年之后，豪重启了关于汇率机制的争论，并发起了后来被称为"马德里伏击"的事件，当时外交大臣和财政大臣联起手来，在马德里召开的欧洲理事会首脑会议前夜试图说服首相改变关于汇率机制的看法。

这次伏击战失败了，但是它在所有的政党内部都激起了强烈的反响。因为马德里欧洲理事会本身只是略微触及汇率机制问题，这一插曲将在后面的章节当中讨论*，这一章节聚焦于玛格丽特·撒切尔逐渐疏远欧共体的集权化政策问题。但是汇率机制的问题无法与英国的经济管理问题分开。从1988年年中开始，玛格丽特·撒切尔把自己置于一个危险的处境当中，同时在两条战线与两个最重要的高级部长对抗。

这是一场只能以眼泪来收场的混战，最终的结果也的确如此。但在这场激战爆发之前，还有三个月的时间。它开始于对于汇率问题的复杂的专业化争论，最终以并非一个，而是三个政治人物政治生涯的终结收场。

回顾

20世纪80年代，玛格丽特·撒切尔和她的高级部长之间爆发的关于汇率机制的争论是20世纪经济史上神秘难解的遗留性问题，这就像是政治历史上的石勒苏益格-荷尔斯泰因问题一样，与我们当前的政治没有多大的关系。这是19世纪发生在丹麦和德国公国之间的一次外交争论，只是因为帕默斯顿勋爵曾经的一句玩笑话仍为现在的人们记得，他说："只有三个人曾经真正了解石勒苏益格-荷尔斯泰因问题——女王的丈夫，已经过世——一个德国教授，已经疯了——还有我，已经忘得一干二净了。"[37]

同样地，奈杰尔·劳森、杰弗里·豪和玛格丽特·撒切尔三个人当时何以如此执着于汇率机制问题的错综复杂，又为何原因彼此斗得头破血流，仿佛它是关系英国经济存亡的圣杯一样，现在回头来看似乎有些不可思议，它并非那般重要的问题。汇率机制只是一种专业性的技术手段，用以稳定国际汇率，抑制通货膨胀率。它有两点不同于其他专业性方法，首先，它要求与欧洲中央银行进行合作；其次，在20世纪80年代这段时间里，大多数英国经济集团的幕后操纵者都赞同

---

* 见第33章。

这一举措。

在1985年11月13日召开的部长级会议上，威利·怀特洛在总结整体局势的时候说道："如果财政大臣、首相和外交大臣都认为我们应当加入汇率机制，那么这就应当是决定性的意见了。这对于我来说必然是决定性的。"[38]这是发言人的共识。

玛格丽特·撒切尔对这种一致看法的反对，以及她后来在会议期间离开的做法，既令人诧异，又出人意料。因为这件事似乎并不涉及任何严重的原则性问题，足以激起她如此强烈的反对。7年前她曾经因为詹姆斯·卡拉汉没有申请加入汇率机制而对他加以斥责。4年之后她最终在约翰·梅杰和道格拉斯·赫德的劝说下同意允许政府加入汇率机制。英国成为汇率机制成员国的利弊是一个持续争论的话题，涉及专业层面的问题包括加入时机、货币稳定性、汇率波动以及对通货膨胀率的影响等。

欧共体对于欧洲货币联盟制定了宏伟的未来，杰弗里·豪爵士很有可能早已经在头脑中对于加入这一计划之后的英国设定了更加伟大的目标，尽管他嘴上从没有这么说过。同样地，玛格丽特·撒切尔当时也从没有表达过反对汇率机制的立场，她只是认为它会是一匹特洛伊木马，导致单一货币的局势。她很有可能在内心里惧怕这一可能的走向，但是她从未公开表达过。正如特里·伯恩斯当时所注意到的，更有可能的情况是她的反对根植于一种对于失去控制权、失去英国自治的担忧，而加入汇率机制很可能导致这种后果。

不论她的理由是什么，首相对于汇率机制成员国身份本能的否决成了接下来5年时间里的政策杀手。她越坚定地维持这种杀手本能，杰弗里·豪和奈杰尔·劳森打击她的力度也越大。他们的挑战开启了玛格丽特·撒切尔性格当中的阴暗面，一旦以前的老朋友转变为她的新对手，她就会主动参与到这场激烈的性格碰撞当中。她宁愿不和他们寻求一种合作的解决方法，而是选择事事处处与他们作对。汇率机制纠纷也因此演变为个人之间的冲突，最终这场权力之战对于三名战斗者都造成了严重的后果。

在这个重大的问题上，究竟谁才是正确的？历史证实了玛格丽特·撒切尔的判断。因为在1990年6月她首相任期的最后6个月时间里，她极不情愿地同意英国加入了汇率机制，情况很快变得很明显，这项政策不会保证经济的稳定，反而会将其引向急转突变的道路，导致汇率起伏、利率飞涨、高昂的干预成本，大量流失的外汇储备以及市场的紊乱。

最终，英国的成员国身份带来了灾难性的后果，当时的财政大臣诺曼·拉蒙不得不做出了一个不光彩的决定，在1992年9月16日的"黑色星期三"退出了汇率机制。这在当时被看作是一场大灾难，尽管后来当英国重新掌握了自己的经济命运的时候，经济很快走向复苏。

财政部官员特伦斯·伯恩斯爵士在这场持续时间长达7年的关于汇率机制的戏剧性事件过程中一直以一个旁观者身份参与其中，首先是作为财政部首席经济顾问，后来作为常务秘书。他对于劳森-豪时期玛格丽特·撒切尔反对加入汇率机制有什么样的看法呢？

"从整个历史的进程来看，我相信玛格丽特·撒切尔是对的，"特里·伯恩斯在接受这本传记的采访的时候说道，"她比其他所有人都更早地意识到英国无法接受与欧洲水平相当的利率。"[39]

玛格丽特·撒切尔性格当中存在着这样的一种悖论，她经常能够做出正确的判断，但经常用错误的方式去执行它们。有一些大臣能够接受她的这一做法。在第三任期里，奈杰尔·劳森和杰弗里·豪却不能接受。

汇率机制争论只是一个次要的问题，但是他们以马德里伏击作为舞台，将其提升为一场"潘趣和朱迪"的木偶戏表演。首相以同样的舞台演出精神，扮演了挥舞着警棍的警察角色。她打击他们的力度太大，而本来可以有更好的方式处理这个问题的。

政策分歧发生时，玛格丽特·撒切尔过于具有攻击性的人员管理方式阻碍了政府高层人员间矛盾的和解。她的观点所具有的优势被她性格当中的缺陷所遮掩。她为自己设下了陷阱，为和两个最重要的高层同僚之间将会发生更加严重的矛盾埋下了伏笔。

32
倾向欧洲怀疑主义

一直是个怀疑主义者

从1975年就英国的欧共体成员国身份进行全民公投中的"赞成"选票拉票活动开始，到1990年谴责旨在促进更加紧密的欧洲经济一体化的举措时响亮干脆的"不！不！不！"[1]的否定声，她一路长途跋涉，披荆斩棘。在长达15年的时间里，欧洲的改变要比她的改变大得多。不论是从她的出身还是她的本能来看，她都一直倾向于欧洲怀疑主义的态度。尽管这个概念一直到她政治生涯的晚年才被首次用在她身上，但其实在她整个政治生涯中，都有一些线索，揭示出她从来都不相信声称英国与欧洲之间日益密切的关系这一信条。

这些线索包括她在格兰瑟姆所接受的民族主义爱国主义教育，她在战时对德国人表现出的仇恨，在达特福德和芬奇利选区发表演讲时体现出来的亲英联邦的热情，以及她一生都致力于将英美联盟放在首要地位所做的努力。她对于这些事业所抱有的激情远远超出对于欧共体冷淡的支持态度。尽管作为一位刚刚当选的反对党领袖，她在1975年的全民公投当中参加了"赞成"选票的拉票活动，她表现出的支持也仅仅是合乎礼数，而非满怀热情。她做出的让人印象最深刻的贡献就是穿着一件针织毛衫，上面印着欧共体成员国的国旗图案。然而这种服装方面的方式无法与更加实质性的举动相较。她把大部分的演讲和活动的领导权交给了特德·希思，而因为之前他们二人之间的领导权斗争，她总是小心地与他保持着一定的政治距离。

一些观察家的确注意到她总是与"赞成"选票拉票活动的热心拥护者貌合神离，想要置身事外。尽管她出席了运动的启动仪式，在全民公投的预备阶段，她并没有发表任何重要演说。哈罗德·威尔逊把她称作"不得已而进入社交界的新秀"。《太阳报》用一则故事吸引人们关注她的缺席，标题是："失踪：一位保守党领袖，名字叫玛格丽特·撒切尔,11天之前在市场举行公投活动时离奇失踪。"[2]

在私下场合里对于这一谜团也是有迹可循的。她的政治秘书理查德·赖德回忆起她在看了"否定"选票拉票活动的全国性广播节目之后评论道:"天啊,做得真好!"他还记得她说过希望自己根本不需要投票。[3]

尽管在保守党对于欧洲的政策方面,玛格丽特·撒切尔偶尔表现出犹豫不决的迹象,她真正表现出欧洲怀疑论倾向的真实本色,是直到她担任首相9年之后,作为议员已经接近30年了。为什么她到这么晚才表现出自己真实的态度呢?

答案在于保守党的传统文化和思想倾向。在20世纪六七十年代和80年代,如果你是一个有野心、迫切想要在政治领域获得晋升的保守党议员,亲欧立场是一个必备条件。在麦克米伦-希思整个时期里,领导人盛行的观点和口号是"我们是欧洲的政党"。虽然保守党中明显存在着一批对这一套官方辞令持不同意见的人,以伊诺克·鲍威尔为首,包括尼尔·马腾、罗宾·特顿、德里克·沃克-史密斯和休·弗雷泽,他们所有人都反对1972年欧洲共同体法案,但是他们只是一个少数派系。也许,像杰弗里·豪后来说的,玛格丽特·撒切尔本应当属于这一个群体,因此他逐渐把她看作是它的"一个自然的成员"。[4]但是在向着政治巅峰攀爬的过程中,她不仅谨小慎微,而且志向高远。因此她服从了普遍认可的欧洲主义,以谋求党内职务的升迁。

在她担任首相的前几年时间里,挑战英国作为欧共体成员国身份这一主流正统的观念对她来说是过于冒险的一步棋。她最开始对布鲁塞尔的反叛,也就是1979年6月到1980年5月期间进行的那场"我想要回我的钱"的预算回扣之战,只是体现了一个单一议题的反抗立场,而不是对于这一机构共识性观念的持续挑战。尽管她在讨要回扣时表现出的生硬粗暴态度对于她自己来说只是关乎预算公平性的简单问题,在她的欧共体搭档看来,她却深深地触犯了被他们看作是原则性的问题。他们相信她侵犯了亲欧派主张欧共体拥有"自己的资源"的信条，而这些资源不应当被用作特定用途，更不用说被退还给个别成员国了。

毫无疑问，玛格丽特·撒切尔对于"自己的资源"这一概念不屑一顾。因此，通过坚持不懈的斗争，她为英国赢得了退款，这是一次巨大的成就。然而它却给人留下了英国否定欧洲的印象。这种看法一直到1985年首相被说服签署了《单一欧洲法案》之后才被消除。这是她唯一，也是仅有的一次投身于欧共体未来的主要发展方向的积极表现。

被《单一欧洲法案》欺骗

《单一欧洲法案》是欧洲一体化的重要转折点。玛格丽特·撒切尔看到了它积极的益处，创造出单一的市场，却没有意识到法案当中小号字体印刷的附加条款可能会为欧洲货币联盟的成立铺平道路。

做出这一错误判断的不止首相一人。令人吃惊的是，在这项法案经历议会的不同审查阶段的时候，即使是持欧洲怀疑主义观点的人中都极少有人提前发现其中隐藏的任何陷阱，更不用说普通的保守党议员了。在这项法案经历二读阶段，只有9个保守党议员投了反对票，我是其中之一。另一个持欧洲怀疑主义观点的是我的同僚泰迪·泰勒。巧合的是，在投票当晚，当他和我走出"反对票"投票大厅的时候，碰到了玛格丽特·撒切尔。"你们两个人究竟为什么投我们的反对票？"她质问道。"因为这是一匹特洛伊木马，将会导致经济和货币的联盟。"泰迪回答说。

"无稽之谈！不会有这样的事情"，首相回答道，她继续就单一欧洲市场将带来的贸易优势对我们做了一番严厉的教导。[5]

在这次谈话发生三年之后，玛格丽特·撒切尔对《单一欧洲法案》的看法就发生了一百八十度的转变。原因有两点，首先是她对于欧洲方面纷至沓来的指示和命令感到忧虑不安，这些指令都要在下议院讨论通过，并使英国服从于布鲁塞尔法律；其次就是雅克·德洛尔本人，他是欧盟委员会主席，令人敬畏，他下定决心要以《单一欧洲法案》为踏板促成欧洲货币联盟的成立。

《单一欧洲法案》旨在推动单一市场内部的贸易扩张。可惜的是，它同时也是一股协调性力量，在烦琐的欧共体规则的保护伞下，拖累了英国商业活动的大块领域，这是相当没有必要的。这方面一个颇有喜剧性的例子，是要协调剪草机噪声的指令，玛格丽特·撒切尔在了解了这件事的始末之后，感到非常不安。

只要想到议会不得不通过一项新的法案，使英国剪草机的声音能够与欧洲大陆剪草机的声音保持和谐，就让人觉得啼笑皆非。然而，旨在阐释这一目的的法律文件内容翔实，厚度竟达120多页，被庄重地提交给了下议院批准。这样的"布鲁塞尔干预"的事例居然被认为合乎情理，使其显得更加荒唐可笑，我们这些持欧洲怀疑主义观点的议员们大展身手的时候到了。

保守党后座议员中这些持不同意见的压力集团被称作"保守党欧洲改革小组"（主席是乔纳森·艾特肯，秘书泰迪·泰勒），是这类相关政策的常规反对军，这次我们的怀疑主义者队伍却突然壮大了，超过了通常的二三十个。发生在1986年的这场就剪草机法案（协调剪草机噪声的决议）进行的下议院讨论气氛热烈，在将近凌晨1点30分的时候举行投票，看上去似乎多达75个反叛者都会加入到我们投反对票的行列。政府很有可能在投票中失败——党鞭办公室里爆发了恐慌。所有在编人员[*]被全数招来，即使是首相也被从唐宁街10号拽了回来，为这一决议投支持票。

首相抵达威斯敏斯特之后想要知道："这样大惊小怪究竟是为了什么？"不幸的是，她询问的对象是站在议长席位后面的走廊里的一群同僚，他们碰巧是保守党欧洲改革小组的支持者。她听到一大堆对这

---

[*] 这一术语被用来指称政府工资单上的所有部长和不支付薪水的议会秘书。

一法案的反对声。对这一举措最直言不讳的批评者是伯明翰议员安东尼·博蒙特－达克，他用一种有把握的方式告诉她说这一"愚蠢的行为"将会使西米德兰兹郡区域内的所有工厂关门。另一个情绪激动的伯明翰人，戴维·贝文议员在一旁帮腔，模拟了剪草机引擎全速启动时的声音。

玛格丽特·撒切尔并未被逗乐，但是她抓住了事情的要点。"我会马上调查这件事"，她离开之前说道。几分钟之后，她的议会私人秘书迈克尔·艾利森走过来告诉我们，首相与我们有着同样的担心，她会询问贸易大臣能做些什么，答案是什么也做不了。剪草机噪声因为少于往常的多数票而被如愿地调整了。但是这一事件的确显示出首相和她队伍中越来越多的人对于《单一欧洲法案》不断的侵犯性影响变得越来越不安。

当玛格丽特·撒切尔意识到欧盟委员会的新任主席雅克·德洛尔试图运用法案当中的第20号条款推进欧洲货币联盟和单一货币的时候，她对于《单一欧洲法案》的态度面临更加严峻的威胁。在她与他的对抗战中，玛格丽特·撒切尔不得不诉诸语义上的歧义，被她称作是第20号条款的"精心安排的歧义"。[6]她的理由是它只是指出逐步实现经济和货币的统一，这与欧洲货币联盟本身差别很大。但是所有其他的欧洲领导人对于这种概念上的差异根本无法理解，更不用说是赞同了。相反，正如德洛尔经常重申的，《单一欧洲法案》被看作是走向欧洲货币联盟和单一货币的公认的前提性法案。

雅克·德洛尔很快成为玛格丽特·撒切尔的眼中钉。在他被提名担任这一职务时，她对他知之甚少，而且她也未曾得到外交部任何的警告，暗示这位前任法国财政部长可能会成为英国政府在欧洲利益的敌对力量。然而，她对于这个提名的被委任者仍旧怀有戒心，并向曾跟德洛尔本人同在布鲁塞尔委员会共过事、有过直接接触经验的一位英国银行家寻求建议。这位银行家是罗纳德·格里尔森爵士，他在

1984年10月15日和首相共进早餐，这是在布莱顿发生的爱尔兰共和军爆炸事件之后的星期一。他之前预料这次会面肯定会被取消，却发现自己受到了首相细致的询问，她想要对欧洲委员会这位可能的新任主席有透彻的了解。

"我告诉玛格丽特·撒切尔，德洛尔会是一个社会主义者、统一主义者，而且对于促进欧洲一体化有着极大的热情，"格里尔森回忆道，"这并不是她想要听到的。"[7]

首相忽视了罗纳德爵士的警告，同意了德洛尔的委任，并接受了其他欧洲国家领导人花言巧语的诱惑，他们向她保证《单一欧洲法案》将会是一个创造单一市场的贸易举措。玛格丽特·撒切尔在晚年的时候声称她被欺骗了。"我信任他们。我信赖他们。我相信这是国家之间互相合作的善意表现。因此我们吃了苦头。"[8]

她在唐宁街10号的外交事务私人秘书查尔斯·鲍威尔更加直言不讳。他回忆道：

> 坦白地说，我们是被欺骗了。当时我们只关心单一市场的优势。法案当中小号字体印刷的附加条款看上去似乎无关紧要，尤其是科尔总理向首相保证称欧洲货币联盟是不会成立的。事后看来，我们低估了之后稳步增加的添加物和压力。[9]

这一声称首相甚至是她众多的随行专家顾问因为对《单一欧洲法案》深层内涵的深远影响无所察觉而受到蒙骗的解释很难让人信服。这一事件的事实是，以玛格丽特·撒切尔为首的英国的谈判团队签署了一项放弃更多英国主权的法案，比1973年特德·希思当政时所放弃的主权还要多。她可能低估了雅克·德洛尔的实力，没想到他会如此强势地运用《单一欧洲法案》不仅推进单一市场的建立，而且通过扩展多数投票和促进欧洲货币联盟实现的方式来增进委员会的权力。

1988年6月6日，玛格丽特·撒切尔最终对于雅克·德洛尔建立欧洲统一政府的宏图伟业有了清醒的认识。这一天德洛尔对欧洲议会做了发言，预言在未来6～7年的时间里，将会建立"一个欧洲政府的雏形"，而且在10年内，"80%的影响经济和社会政策的法律将会在欧洲，而不是国家层面上决定是否通过"。[10]

　　玛格丽特·撒切尔对此气愤不已。几天之后在接受"吉姆·扬节目"的采访时，她否定了这一方案，认为它是"极端"而且"过火的"。她补充说德洛尔是个幻想家，他对于货币联盟的预言只是"一些不切实际的概念，我认为在我的有生之年不会实现，而且我希望它永远也不会实现！"[11]

　　在她看来，这位委员会主席试图扮演政治家的角色，为此她怒火冲天，部分是因为他在工会联合大会的一次显然是社会主义倾向的发言，玛格丽特·撒切尔决定要发起反攻。在她的日程安排中，9月20日将会在布鲁日的欧洲学院发表演讲。杰弗里·豪爵士建议她可以借这个机会传达一些对欧共体"积极的"看法。但是首相和外交大臣在对待欧洲的态度上已经渐行渐远了。

对杰弗里·豪深感失望

　　玛格丽特·撒切尔向欧洲怀疑主义的态度转变既发生在个人层面，也牵扯到政治层面。个人层面转变的主要原因是她对于外交大臣抱有的幻想逐渐破灭。这种感觉是相互的，只是她表现出的态度更加粗鲁，也更加令人不快。对杰弗里·豪充满敌意的欺辱行为，展现出她性格当中最阴暗的部分。

　　他们在政府中11年合作关系刚开始的时候，尽管也遭遇了一些动乱的时刻，但财政大臣和首相之间很有默契。在扭转英国经济局势的战斗中，他们齐心协力，同心同德，在战略目的方面团结一致，在政策应变能力方面勇气可嘉。在她整个第一任期的时间里，她更加谦和、更乐意听从高层同僚的观点。至少一周两次，豪会在星期天傍晚从唐宁街11号来到唐宁街10号的楼上公寓里见他的上司，两人喝上一杯。这些私人之间的谈话强化了他们的公共政策决策，并实现了降低的通货膨胀率、减少的公共开支和高速的经济增长。

在杰弗里·豪成为外交大臣之后，他和玛格丽特·撒切尔之间的问题变得越发棘手。他们每周都会举行双边会谈，而这个过程前所未有地暴露了两人个人风格的天壤之别。她处事干练务实、公事公办，对于做出和执行决定没有耐心。而他则漫无边际、东拉西扯，喜欢拐弯抹角地兜圈子，而不直接下结论。即使他们达成了一套行动方针，他在做总结的时候也会放慢步调，添加上一些补充说明的词语，而这一点使她非常恼火。她认为他经常重复、令人厌烦的两个词语是"以应有的审慎进度"和"有章可循"[12]。豪从没有意识到，更不用说是理解，为什么这些经常用到的词语会惹他的上司不高兴。

参加这些令双方都难以忍受的双边会谈的唯一的第三方是首相的外交事务私人秘书查尔斯·鲍威尔。他对于两位要人处事风格之间的分歧非常担心，他也曾借机把这看作是自己的责任，对杰弗里爵士提议他来会谈之前应当准备好一套确定好的议事日程和发言稿。这条建议并未引起重视。外交大臣的谈话仍旧不着边际，做决定时仍旧犹豫不决，首相也以更加尖锐的抨击来对待他。

玛格丽特·撒切尔产生了一种看法，认为工作的改变也改变了杰弗里·豪的性格。她感觉到她那位曾经刚毅果断的财政大臣已经彻底转变为一位优柔寡断的外交大臣了。"他总是选择妥协让步，这使得我在他人面前猛烈地抨击他"，这是她对于他们之间不断恶化的关系的描述[13]，这些斥责的言辞有时会变得非常恶毒。

"我知道你要说什么，杰弗里，而答案是不行"[14]，在一次会议的开头她这样说道。"你的文件里都是废话，完全纯粹的废话。我不知道你怎么有胆量交上来"[15]，她在另外一次会议的开场炮轰道。"如果你这么了解工业，你为什么不到那里工作呢"，这是在他对于欧洲经济模式做汇报的时候，她对他的侮辱性言辞。所有这些粗鲁的评论都是当着其他官员说出来的，令他们深感尴尬。[16]

她在其他政治同僚面前表现得更加恶劣。在她对《单一欧洲法案》的担心逐步升级那段时间，她把比尔·卡什招来，他是斯塔福德地区的欧洲怀疑主义成员。"房间里当时只有我们三个人，"卡什回忆说，"她不只是用手提包无情打击了杰弗里，而是把他当沙袋一样重重地打了一顿。她对他无理至极，令人难以置信。"[17]

杰弗里·豪爵士对待这些折磨的方式通常是默默忍受。当她滔滔不绝地对他大声责骂的时候，他有时候会打开他的红盒子，拿出一堆信件，在她前面签字。偶尔，他也会慢慢谈到她公开指责他的那一点。"像极了一个遭受鱼雷攻击之后浮到水面透口气的潜水艇，指挥塔遭损毁，船体遭到严重破坏，"这场战事的一位观察者如此说道，"然后对她来说就意味着'投弹完毕'，开始了新一轮的轰炸。"[18]

她直觉上可能了解到她的外交大臣内心里对她郁积着仇恨，因为他们二人从来都没有尝试消除隔阂，他们相互之间的憎恶变得越发严重。这不只是他们对于诸如南非、"星球大战"，尤其是对于欧洲问题的政策分歧所导致的不和，尽管这些的确也在其中发挥了不小的作用。使玛格丽特·撒切尔对于她的外交大臣表现如此疯狂的原因在于一些不可捉摸也不合常理的愤怒。他们的状况也许可以用一个法国短语"皮肤问题"来精确地概述。就仿佛只要接近他，就会造成在她皮肤上撒了痒痒粉之后的效果。

杰弗里·豪个人生活当中的四个方面尤其会惹到首相的皮肤：他的野心、他的妻子、他的房子和他的密谋。客观来看，这些方面并没有形成严重的指控，但是玛格丽特·撒切尔对于她这位最重要的高层同僚无法做到客观公正。

在威利·怀特洛离开内阁之后，也许是从那之前的一段时间开始，只要唐宁街10号发生任何意料之外的事情造成这一职务的空缺，杰弗里·豪便成为最受青睐的下一任首相候选人。当玛格丽特·撒切尔在维斯特兰期间曾短暂考虑过她可能不得不辞职的时候，她突然意识到了这一现实。她相信豪暗中也怀有继任她首相职务的野心，而且抱着猜疑的态度在内心里夸大了这一可能性。

她在1988年的秋天曾经与伊恩·高至少谈论过一次这个话题。高是外交大臣的朋友和支持者，因此他并没有对首相的这一想法提出异议，但是他也指出这是不可能发生的，因为"杰弗里总是很忠诚"。"不，在私底下他并不忠诚，"玛格丽特·撒切尔反驳道，"而且不管怎样，他是不可能成为我的继任者的。他已经错过了最好的时机。他永远、永远、永远也不可能接替我的！"[19]

她的这次爆发令伊恩·高非常沮丧，他很快离开了唐宁街10号的公寓，来到了下议院的吸烟室里，在那里他对包括我在内的一两个朋友倾吐了心声，讲述了事情的缘由。[20]我们在那天晚上达成的共识是，撒切尔与豪之间的关系比20世纪50年代麦克米伦与巴特勒之间的憎恶还要严重。后者最终彻底破坏了拉布·巴特勒在1963年继任保守党领袖的计划。

有一个人认为杰弗里·豪极有可能继任首相职务，并对此抱着最严肃的态度，这个人就是豪的妻子埃尔斯佩斯。她是威斯敏斯特村落里那句众人熟知的谚语"玛格丽特·撒切尔不擅长和妻子们打交道"的代表性人物。这是真的。不论是在接待队列当中她用猛拉式的握手方式使那些她不愿与之交谈的女人们快速与她擦身而过，还是忘记她们的名字，抑或是用令人厌烦的轻蔑态度越过她们与他人交谈，首相在与内阁大臣的妻子们接触时通常给人的印象是她的同僚们似乎都没有"妻子"。

她对于达官显贵的妻子，比如西莉亚·怀特洛和艾奥娜·卡林顿要表现得更加尊重。但如果说有任何一个人的妻子比其他人都要更加惹她生气,那个人就是埃尔斯佩斯·豪。

造成这种紧张氛围的原因在于豪夫人很有才干,凭借自己的能力取得了一定的成就。她的想法直截了当、支持女权主义,幽默中不乏讥讽,而且对她丈夫的斗争无比支持,她性格当中的内在力量刺激到了玛格丽特·撒切尔"铁娘子"的形象。她们二人之间没有发生过公开的冲突,尽管很多人都感受到了她们之间的敌意。约翰·比芬曾将埃尔斯佩斯与玛格丽特之间的关系比作"一个果酱瓶子里的两只黄蜂"[21],让人印象深刻。

埃尔斯佩斯·豪并未向外界吐露过自己的观点。玛格丽特·撒切尔在这一方面做得则不够成功,她以轻蔑的态度表达了对于外交大臣妻子的"女权主义观点""进取态度"和"机会均等*的思维模式"的不赞成。这些抱怨当中并没有很多实质性的内容,但是它们的确阐明了玛格丽特·撒切尔和埃尔斯佩斯·豪两人在个人层面或政治层面所持的观点都是截然相反的。[22]

第三个恶毒的——除了这个词没有其他词能准确表达这层意思——导致豪与撒切尔之间的关系进一步恶化的方面涉及外交大臣的官邸:卡尔顿花园1号和位于肯特郡的志奋领。因为豪夫妇都是操持家务的好手和热情好客的主人,所以他们对这两处"雇员农舍"进行了精心的装扮,尤其是志奋领,成为英格兰最美的乡村农舍之一。他们热爱这里通幽的小径、它的树木、它壮丽的18世纪的图书馆,以及它高雅优美的休闲环境。

那些有幸受邀去过契科斯首相别墅和志奋领两处的政界客人经常说他们更加喜欢志奋领的氛围。没有任何迹象显示玛格丽特·撒切尔

---

* 豪夫人在1975—1979年担任机会均等委员会的副主席,这是由工党创立的半官方机构,引起了玛格丽特·撒切尔的强烈鄙视。撒切尔喜欢说她自己的职业生涯是女人如何不需要政府委员会的帮助实现机会均等的一个很好的例子。

曾经有过这样的感受，因为她完全享受契科斯的生活。

她莫名其妙地产生了一个观点，那就是豪夫妇正是利用志奋领来为未来竞选领袖逐步建立基础，累积人气。她抱怨称他们在用房子来"接受朝拜"——她曾不止一次刻薄地使用过这个词语。[23]

如果要对首相对于志奋领所释放出的嫉妒之情做出合理的解释，这可能是源于好几个与豪一家人共享午餐、晚餐或者在那里过夜的议员在回来之后，都提起他们过得有多么开心。杰弗里·豪在工作中似乎是个相当古板无聊的人，但下了班在志奋领的时候，他就会放松下来，成为一个热情友善的主人、一个风趣幽默的健谈者和一位台球高手。

如果说有那么一个严重的事件，使保守党的一部分人考虑让杰弗里·豪接替玛格丽特·撒切尔，这件事就必定是关于欧洲的问题。不论这种想象当中的威胁对于世人来说是多么不可能，对这一可能性的恐惧却始终潜伏在撒切尔的头脑当中。这也是为什么她与外交大臣之间的积怨既是个人层面的，也是政治层面的原因。因此当她1988年夏歇开始忙于布鲁日演讲的时候，她的目的不是一个，而是两个。她想要中止雅克·德洛尔对于联邦欧洲的幻想，同时想要挫败杰弗里·豪的野心。

布鲁日演讲

玛格丽特·撒切尔在布鲁日发表的演讲稿经过了精心雕琢，语词有着强烈的感染力和震撼力。总体读下来，它既包括对欧共体强烈的支持，也包含尖锐的批评，二者达成了一种均衡。但是成为新闻焦点头条的是这次演讲当中持否定意见的一部分，她对这一点也一定非常清楚。

她以一个尖刻的玩笑话开始，称邀请她谈论英国在欧洲的情况可以被比作"邀请成吉思汗对于和平共存的优点进行发言！"在下一段中，当她宣布"欧洲并不是《罗马条约》的产物，欧洲联合体观念也不是任何群体或者机构的财产"的时候，她听上去就像是一个外来的侵略者下定决心要推翻欧共体的现状一样，令人深感不快。

接着，她又回到了之前暗示过的冲突，强调称"英国的梦想并不是在欧共体的边缘获得一小块舒适、孤立的领地。我们的命运在欧洲，作为欧共体的一部分。"

她还强调了一个观点，那就是在"铁幕"的东方还有一些与欧共体十二个成员国一样同属于欧洲的国家。这是一次有远见的前景展望，此时距离苏联解体还有很长一段时间。

她演讲当中最重要的一个部分是对雅克·德洛尔曾经提到过的欧洲未来政府的正面挑战。她坚持称建立一个成功的共同体的方式是通过"独立的主权国家之间自愿和积极的合作"，而不是通过更紧密的一体化。她警告了试图将强大的单一民族国家纳入"某种拼凑出来的欧洲模型"当中的愚蠢做法，这只会使欧共体成为"一个由某种抽象的思想观念控制而不断改变的机构……而且会因为没完没了的规章制度而变得僵化"。

她的语调和语言也变得越来越辛辣，她发表了具有爆炸性效果的两句话，在很多亲欧派机构和个人中间引发了强烈的轰动：

> 展开更加紧密的合作并不一定要求将权力集中在布鲁塞尔，也并非意味着由某一指定的官僚机构进行决策……我们成功地击退了对英国的国家边界的侵犯，并不是为了看着它们再一次在欧洲层面上被布鲁塞尔的欧洲超级大国所控制和施加影响。

在对欧洲中央银行发表了几句谴责之词后，她表达了赞同维持边界从而控制非法移民的观点，在演讲结尾，她大声号召"以不亚于热爱欧洲的热情热爱我们的民族身份"，而且要维持"大西洋共同体——在大西洋两岸的欧洲国家——它是我们最高贵的遗产，也是我们最强大的力量"。[24]

尽管布鲁日的欧洲学院对她的演讲报以礼貌性的掌声，但她演讲结束坐下来的时候，它产生了强烈的连锁反应，形成了极端两极化的反应。欧洲怀疑主义的热心支持者兴奋得想要把他们的帽子丢向空中，而热忱的亲欧派人士却甚为反感。玛格丽特·撒切尔已经对欧洲的统治阶级下了战书，尤其是对委员会的布鲁塞尔官僚机构和它的主席雅克·德洛尔。她在发言中并没有提及他的名字，但是这次演讲与直接对他宣战并无差异，因为她很明显是把他作为敌人和攻击对象，在她的妖魔论当中，他紧随阿瑟·斯卡吉尔或者加尔铁里将军之后。

布鲁日演讲不可避免地在欧洲高层中间引起了不良的反应。在演讲的当天晚上，玛格丽特·撒切尔和比利时首相共享晚宴，他对她的论点进行了激烈的批评。英国的亲欧专家们也是相似的反应。迈克尔·巴特勒爵士是英国大使，英国常驻欧共体代表，他将首相对由布鲁塞尔官僚所控制的欧洲联合国家的描绘形容成"确实是一个非常危险的东西"。[25]她的外交大臣杰弗里·豪爵士坦言他对于这次演讲感到"深深的失望"。他将自己的职务比作是"嫁给了一个牧师，结果他竟然突然宣布他不相信上帝"。[26]

可以说，对这次发言的嘲讽和欢呼都有些过火了。玛格丽特·撒切尔对于委员会的做事方式做了几个很中肯的批评，但是她的演讲中同时也包括了几段明显亲欧的言辞。然而，两个额外的因素导致这次演讲被看作是对欧共体的谴责。第一个是伯纳德·英厄姆的带有明显倾向性的新闻发布会，着重强调了她布鲁日演讲当中否定性的敌对态度；第二个因素就是首相本人对它的放大引申。她批判性的言论产生的效果使她激动不已，因此在三个星期之后，也就是1989年11月14日在布莱顿保守党大会的发言中，她用了一些更加具有党派倾向性和沙尔文主义的词汇来重新润色和阐释之前的观点。在发言开头，她就用了相当夸耀性的口气来描述她之前演讲所产生的影响。

> 它引发了一点儿混乱。【大笑声】的确，从其中的一些反应看来，你们将会认为我重新发起了百年战争。【大笑声】而从得到的广泛支持看来，你们又会以为我单枪匹马取得了胜利。【代表团中爆发出欢呼声、大笑声和雷鸣般的掌声。】

之后她对于委员会的越轨行为发起了更加尖锐的批评，丝毫不掩饰地猛烈抨击了雅克·德洛尔，当她抨击"那些把欧洲统一体看作是传播社会主义的途径"的时候，她心中所想到的一定是他。

她重新修订了那些使她在布鲁日的演讲登上头条的言辞，经过润色，额外添加了更多的富含政治意味的辞藻。"我们这些年来让英国从社会主义的瘫痪状态当中摆脱出来，并不只是为了看到它从布鲁塞尔官僚机构的集权统治的后门再次潜入进来。"

她在大会发言当中的结束语是："我们的体制才是欧洲理想的真正典范。"[27]

从对她的发言长达17分钟的起立鼓掌来看，你可能会认为整个保守党都受到玛格丽特·撒切尔在布鲁日演讲中对欧洲未来新的畅想所煽动而兴奋不已。事实上，她暴露出了这一问题的软肋，加剧了亲欧派和欧洲怀疑论者之间的紧张局势，将其引向全面爆发，并造成了分裂局势。

问题在于议会中的政党和参加大会的政党积极分子持有不同的观点。尽管组成保守党欧洲改革小组的大概50个持欧洲怀疑主义观点的议员给首相送去了一封充满溢美之词的祝贺信，赞扬了首相这一新的举措，我们仍旧属于少数派。因为更多的人对他们的党鞭表达了担忧，认为"玛格丽特做得太过火了"或者"太过分了"。[28]

少数几个迈克尔·海瑟尔丁的支持者声称对于演讲当中反欧性质

的一些关键性段落感到强烈愤慨,尽管也许他们私底下很高兴他们又有了一个新的理由来捍卫他们领袖的事业。因为在这个时期,海瑟尔丁表现得越来越像一位替补的"水上的国王"*,他的"朝臣们"在默默地数着人数,而王位觊觎者本人则孜孜不倦地做着演讲,尤其是对那些心怀不满的同僚所在的选区。

布鲁日因此成为各党派在威斯敏斯特一直酝酿着的不满情绪升温并最终爆发的一个导火索。欧洲不是造成不安情绪的唯一原因。还有很多其他的原因造成对于她领导方式的不满,其中包括人头税法案、那些后座议席中被忽略或被忽视的同僚的恼怒情绪以及内阁当中长久以来的积怨。这些矛盾受到布鲁日事件的余波的影响,变得更加严重,也更加激烈。

回顾

她转向欧洲怀疑主义的同时,也变得更加傲慢自大。她的首相任期已接近第十个年头,对不同政见也越来越难以容忍,尤其是她最重要的高级同僚的不同政见。但是这些分歧还没有成为特别棘手的难题。

如果她接受丹尼斯的要求,在10年首相生涯之后退休,那么她将光荣地离开,得到的公众赞誉声令其他任何一个唐宁街10号的当权者都难望其项背。但是她头脑中的最后一个念头就是不能放弃她所热爱的工作。她对于政治以外的任何事情都没有兴趣,因此决心要留在权力之巅。采取了这一立场之后,她使越来越多的内阁成员和议会同僚感到担心,他们中的很多人都想要在欧洲和人头税这两件事上缓和她的立场。最为此感到担心的是杰弗里·豪,他感到自己对于欧洲的支持受到了阻挠,而且想要继任的个人野心也被挫败。她的不断留任以及对他越发恶劣的态度促使他逐渐开始暗中采取一些诡计,密谋颠覆她的权力。

---

* 英语中"水上的国王"(the king over the water),通常指的是王位觊觎者。

> # 33
欧洲问题爆发

布鲁日演讲的余波

布鲁日演讲以及它所造成的余波揭露了内阁高层中的三方决裂。杰弗里·豪爵士不仅仅是"失望"。[1]他心中隐忍着不悦,安静地克制着对首相怀着的满腔怒火。他发现自己无法理解她怎么能够一时在布鲁日和布莱顿大肆宣扬欧洲怀疑主义观念,而同时又能接受英国在欧共体当中持续的成员国身份。

在豪的观念中,玛格丽特·撒切尔支持《单一欧洲法案》在逻辑上就意味着她对欧洲货币联盟的支持,而最终也会支持单一欧洲货币。它的先导步骤就是加入汇率机制,将成员国的货币稳定性确保在一个合理的范围之内。广义来说,外交大臣认为首相呼吁应当通过"独立的主权国家之间自愿和积极的合作"[2]来管理欧共体的做法是一种对于现状的不现实的曲解,因为得益于英国已经签署的文件和条约,这一现状已经存在了。

如果说杰弗里·豪是因为后来被他称之为"效忠的矛盾"而隐忍不言,奈杰尔·劳森也处于一种同样的情绪当中,尽管是出于不同的原因。他长期以来都反对欧洲货币联盟。事实上在1985年11月,他曾强烈建议首相不要认同《单一欧洲法案》中任何的表达,认为其中的条款必将导向统一货币和统一中央银行的结果。玛格丽特·撒切尔对他关于欧洲货币联盟的说法置之不理,因为她相信自己已经和赫尔穆特·科尔总理达成了实际上的共识,那就是即使参考其中的条款,也不会造成任何有害或者有重大意义的后果。这是她犯的最严重的错误之一。

在劳森看来,她做出的另外一个带来损害性后果的让步是1988年6月在汉诺威同意成立委员会,负责汇报欧洲货币联盟接下来的举措,由雅克·德洛尔担任委员会主席。玛格丽特·撒切尔之所以同意服从这个由"明智的男人"组成的委员会，是因为她相信这是一种将这一问题束之高阁的好办法。不幸的是，那个她委任到委员会中的明智的男人，英格兰银行的行长罗宾·利-彭伯顿在她看来却入乡随俗地支持德洛尔的方针。这是撒切尔自己踢的乌龙球。

成立欧洲货币联盟的势头日益强劲，奈杰尔·劳森认为阻止走向这一步的一个更加有效的方法是在主权国家之间达成一个协议，即仅局限于接受德洛尔计划的第一阶段，而不再寻求更进一步的发展。这涉及实现单一市场计划，与欧洲国家更加紧密的货币合作以及所有成员国都成为汇率机制成员国的举措。正是这最后的一个条件导致财政大臣，一个长期以来一直支持英国加入汇率机制的支持者，与首相发生了正面冲突。

这场冲突很是令人费解，因为玛格丽特·撒切尔和奈杰尔·劳森两人都同样反对欧洲货币联盟和单一货币政策。这种一致性，按照政治逻辑来理解的话，本应使他们同样反对汇率机制。因为雅克·德洛尔和欧共体的所有其他成员国的领导人都不仅把汇率机制看作是经济管理的一种手段，而且看作是走向欧洲货币联盟的第一步政治举措。然而，劳森却始终拒绝承认汇率机制的这一政治目标。他坚持认为它只是一个经济机制，可以通过成员国之间的合作来实现。这是财政大臣判断当中所犯的一个巨大的错误。他本应该像玛格丽特·撒切尔一样预见到汇率机制是想要将成员国主权降为从属地位的一个手段，而并不是为了促进他们之间的合作。正如后来发生的事件所证实的，英国永远也无法甘居这样的经济从属地位，因此导致了1992年撒切尔政府的继任者们被迫做出退出汇率机制的灾难性但又是不可避免的后果。

然而，在1989年，首相、财政大臣和外交大臣对于这些问题看法的三方决裂造成了令人不堪忍受的空前紧张局势。前两者反对单一货币和欧洲货币联盟，后两者支持汇率机制；杰弗里·豪一个人支持欧洲货币联盟，玛格丽特·撒切尔一个人反对汇率机制。这种局势势必会造成混乱，而且必须要付出代价。

1989年5月3日，为了打破这一僵局，玛格丽特·撒切尔在每周的双边会谈中会见了奈杰尔·劳森，当时没有其他官员在场。这次会面是一次彻底的失败。开始时他们讨论了《德洛尔报告》关于欧洲货币联盟的提议，二人都认为这对英国将会是一次重大的灾难。但是在那之后，他们的观点开始分化。她坚决反对他要为英国加入汇率机制设定一个最后期限的想法，认为这是"特别有害的"。[3]这种做法既无法增加她抵制欧洲货币联盟的成功概率，也不能帮助她实现降低通货膨胀率的首要目标，而她认为通货膨胀率的上涨正是由财政大臣采取紧跟德国马克相对汇率的政策造成的。

她继续从一种高度个人化的角度看待这一争论。如果加入汇率机制，她会被认为是失败的一方，而财政大臣取得了胜利。"我不想要你再次提起这一话题，"她坚持说道，声音逐渐抬高，"我必须获胜。"[4]

这次碰撞发生后，奈杰尔·劳森走出会议室，他说他会立即停止关于汇率机制的讨论，但是会保留重提这一话题的权利。这是一场糟糕的会面，结束时尤其令人不快，首相所说的最后三个词"我必须获胜"（I must prevail），就像是在他们未来的关系中悬挂了一柄达摩克利斯之剑。玛格丽特·撒切尔在英国政治日程表中的接下来的一次大事件当中的确获胜了。这就是1989年6月的欧洲选举活动，这是她自1975年成为政党领袖之后在选民中遭遇到的最失败的一次选举。

保守党的竞选宣言——被首相描述为"一个单调乏味的文件"——是由杰弗里·豪和克里斯·帕腾准备的。[5]它对于保守党关于欧洲问题这一不明确的共识意见保持中立态度，而且对于例如汇率机制这样棘手的问题采用的是折中的措辞。

玛格丽特·撒切尔从来都不喜欢含糊其词。她用自己的语言来为这场竞选而战，因而与宣言中的措辞完全不同。对于汇率机制的问题，她在新闻发布会开场说在通货膨胀率被控制住之前，她不会加入其中，她同时又补充道"而且可能即使到了那时也不会加入的"。[6]她脱离之前精心准备好的脚本被理解为是要借机对奈杰尔·劳森进行毫无必要的攻击。因此,这次竞选活动一开始就引发了一阵对保守党内部进一步分裂的争相报道。

带头宣传分裂言论的是特德·希思,他在全国巡回演讲,对布鲁日演讲冷嘲热讽。玛格丽特·撒切尔则把火力集中在《德洛尔报告》上,而且不时地重新提起她的原则,"我们成功地击退了对英国的国家边界的侵犯,并不是为了看着它们再一次被布鲁塞尔重新控制"。[7]

一些想要再次当选的保守党欧洲议会议员反驳了他们的领导人。但是这并没有阻止她,因为显然她从民粹主义者对她反欧言辞的反响当中获得了力量,这其中包括对于"彻底懦弱的"欧洲议会本身的尖刻批评。这次竞选活动以中央办公室的竞选海报作为结束,海报上宣布了口号,"6月15日待在家里,你将会大败布鲁塞尔"。[8]这条信息很令人困惑,给人的总体印象是保守党在当前的管理层领导下是与欧共体背道而驰的。

选民们更关注的是英国政府的管理,它不得人心,其原因与布鲁塞尔无关。人头税、通货膨胀的回弹、不断增高的利率,以及一种对玛格丽特·撒切尔10年的首相生涯之后已经风光不再的担忧是造成1989年6月15日选举日当天糟糕结果的主要原因。投票结果是工党以40%的得票率高居民意支持率榜首,而保守党只守住了34%的支持率——这是自普选权开始施行以来在所有全国性选举当中获得的最低支持率。

45个保守党席位中失去了13个,而工党在欧洲议会当中赢得了英国欧洲议会议员的多数席位。[9]自从1979年以来,威斯敏斯特的保守党议员第一次说出心中的疑惑,玛格丽特·撒切尔本人是否已经成为选举的负累。

欧洲选举惨败的结果所产生的困境使首相和她的内阁高层同僚之

间的关系进一步恶化。外交大臣和财政大臣对于她的竞选战略和在竞选活动中的语气感到很不满。他们想要在她似乎决意要加速飞奔上欧洲怀疑主义道路之前对她施加压力,令她悬崖勒马。

杰弗里·豪决定要采取主动,运用一些马基雅维利式的权术运作来约束首相。他相信这样做能够强迫她改变对欧洲的策略。尽管他平时处事风格比较和缓,一旦他决意要实现自己的想法,就表现出了激情和狡猾的一面。

相较来说,玛格丽特·撒切尔在坚持她最新采取的欧洲怀疑主义原则方面,也表现出了同等的甚至更大的激情,采用了更狡猾的做法。而且,她也许有些偏执地相信,外交大臣诡计的目的是要实现他长期以来想要接替她的职位的野心。

激情、原则和偏执叠加在一起,促成了具有爆炸性后果的高度戏剧化事件。它发生在马德里峰会前后。

马德里危机

"1989年6月14日星期三,就在马德里欧洲理事会召开前的十二天,杰弗里·豪和奈杰尔·劳森发起了一次伏击。"[10]这是玛格丽特·撒切尔对此事的反应,当时她收到她的两位最重要的内阁高级部长的联名备忘录,要求讨论英国在马德里的策略。

这个备忘录的两位作者要求首相应当对德洛尔欧洲货币联盟提案达成一种令人满意的妥协,只同意计划的第一阶段,并通过宣布英镑将会在1992年加入汇率机制阻止下几个阶段的进展。

首相对这一"伏击"怒火冲天,她首先将唐宁街10号的顾问们召集起来,举行了一次会议,包括艾伦·沃尔特斯爵士和布莱恩·格里菲斯。他们坚定了她打败两位最重要的内阁高层同僚的决心。之后她在6月20日见了豪和劳森,拒绝了他们的提议,但是正式同意会"进一步考虑"。[11]

第二天,她给他们二人送去了一份文件,大部分由艾伦·沃尔特斯执笔,详细阐述了她认为加入汇率之前要满足的一些条件。豪和劳森认为,这些条件只是一种故意拖延的手段。他们坚持要进一步就此讨论,这次会面发生在6月25日星期天上午8点15分——在马德里峰会即将召开前的几个小时。在这次被玛格丽特·撒切尔称为"令人不快的短时会面"当中,气氛变得异常紧张。[12]

杰弗里·豪一开始就重申他的要求,要求就英国将要加入汇率机制的确定日期发表声明,首相再一次用气愤的言辞断然拒绝了他。然后他说她如果对他的建议不予以重视,他除了辞职之外没有其他的选择。这时奈杰尔·劳森插嘴说道:"首相,你应当知道,如果杰弗里辞职了,我也一定会辞职的。"[13]

玛格丽特·撒切尔把这看作是一个事先排练好要毁掉她的权威的阴谋,尽管她怒火中烧,然而她对这一虚张声势的挑战却表现得出奇冷静。在他们联合威胁要辞职之后,有一段令人感到不寒而栗的沉默,当时她头脑当中闪现了三个想法:"第一,我对于被胁迫同意一个我认为是错误的政策没有做好准备。第二,如果可能的话,我一定先把他们稳住,至少暂时稳住。第三,我将永远、永远不会允许发生这样的事情。"[14]

首相集中实施第二个想法,她拒绝为加入汇率机制设定一个日期,原因是如果这样做,就会给货币投机者钻空子的机会。她之后重新回到她之前曾经用过的老方法,承诺会"进一步考虑"她要在马德里峰会上的发言。这次会面到此戛然而止,没有进一步的讨论或者达成任何协议。枪袭唐宁街的行动就此告吹;没有任何伤亡或者辞职事件发生。根据玛格丽特·撒切尔的说法,"他们离开了;杰弗里看上去一副自命不凡的样子,令人难以忍受"[15]。如果这是对于外交大臣行为举止的正确描述,他显然没有想到首相心中正酝酿着"君子报仇,十年不晚"的想法。

当豪和首相乘坐同一架英国皇家空军 VC-10 型号飞机飞往马德里的时候，他们之间的关系更好的表述词语是"深度冷冻"。他们在贵宾候机室的时候没有交谈。在飞行过程中，他们坐在两个隔间里，彼此分隔开。只要因为飞机运动导致隔开两个人之间的米色帘子滑开，就会有唐宁街10号的工作人员特地站起来把它拉上。

抵达马德里之后，给人造成的印象是首相和外交大臣之间势不两立的情况加剧了。他们之间从互不交谈恶化为政治隔离。"查尔斯和伯纳德，你们跟我来"[16]，玛格丽特·撒切尔在机场候机厅里对她的两个高级助理说道。

当他们一行三人大摇大摆地回到宾馆的时候，这意料之外的离去使英国驻西班牙大使尼古拉斯·戈登·伦诺克斯勋爵深感不安。他为来访的贵宾安排了一次露天晚宴，却失望地发现首相甚至都不愿意和杰弗里爵士待在同一个花园里。

她离开了大使的晚宴，待在宾馆套间里和伯纳德·英厄姆以及查尔斯·鲍威尔秘密会谈，同时准备她的发言初稿。"不要给任何人看"[17]，她命令道。

这个命令的结果就是，当首相在马德里峰会上站起身准备做开幕致辞的时候，她的外交大臣对于她将要说什么一无所知。[18]

使杰弗里·豪和大多数马德里峰会的参与者吃惊的是，玛格丽特·撒切尔的发言采用了安抚性的口吻。在私下场合，她仍然"彻底反对《雅克·德洛尔报告》关于欧洲货币联盟的整个方案"[19]。然而在公开场合，这一点并不明显。因为她对他采取了使人消除戒心的屈从态度，认为这一报告作为走向欧洲货币联盟的分阶段方案，是值得赞赏的，而且宣布英国已经准备好要开始进入第一个阶段。

关于汇率机制，她清楚地阐明了英国在恰当的时机加入其中的条件。尽管她没有给出确定日期，而是说这取决于对抗通货膨胀的成功与否以及实施单一市场的进展情况,她却给出了虽然言不由衷但仍然很清晰的承诺,说道:"我今天可以再次确认英国加入汇率机制的打算"[20]。

这一声明受到了峰会参与者的欢迎,尽管在对英国未来政策的宣言中不提及具体日期已是屡见不鲜了。然而,其他的政府首脑感到他们能够在玛格丽特·撒切尔身上察觉到一种更加积极的态度。这很大程度上归功于旋律优美的音乐,因为她在发言的时候,看上去出奇的镇静,而且毫无对抗姿态。不管风格上做了哪些改变,她却没有采取任何实质性的举措。她在争取时间,从而能在未来某一天在欧洲舞台上以及内阁里重起战事。

她的发言也许能够骗过峰会的参与者,使他们陷入错误的自满情绪当中,认为已经把英国首相争取了过来,使她对汇率机制抱着积极的态度。但是她并未能骗过所有的人。一位来自《每日电讯报》的观察力敏锐的25岁记者鲍里森·约翰逊参加了她在马德里召开的最后一场新闻发布会,他回忆道:

> 当她匆匆忙忙地从门里走出来的时候,轻蔑但响亮地发出了一声愤怒的咕哝声。她一反常态,低着头快速地宣读准备好的声明。我记得她看上去特别的性感,两颊泛着红晕,就仿佛她正在做一些很淘气的事情。我想她对自己所说的话一句也不相信。我的文章反映了这一点,上面说面对日益逼紧的欧洲联邦的升级局势,她打了一场漂亮的后卫战。[21]

这的确是一场后卫战,掩蔽在充分的伪装后面,试图从侧翼包抄背叛她的外交大臣和财政大臣。她在马德里并未满足他们的任何要求。他们被她欺骗性的温和语调愚弄了。在即将召开峰会的时候,他们二人联合起来以辞职相要挟表现得仿佛雄狮怒吼,而之后在离开的时候却似羊羔般温顺。

奈杰尔·劳森甚至在两天之后内阁会议的一次小型的非正式讨论当中大胆地评论说"马德里峰会进展相当顺利"。她在私下场合里曾戏谑地说,"他的确够大胆"。[22]

首相更加痛恨杰弗里·豪表面上假装的温良敦厚,但是她将其深埋在心底。在马德里,他得到了欧洲领导人的交口称赞,认为他已经改变了玛格丽特·撒切尔的态度。

"恭喜你,杰弗里",雅克·德洛尔喜形于色,认为他"已经在英国政府内部赢得了这场才智较量"。[23]

这个高卢花束献得文不对题,外交大臣并没有在与首相的争论中获胜。他对首相可能将他调离他所热爱的岗位的计划也一无所知。

将杰弗里·豪免职

地狱烈焰也不及感到自己受到胁迫的首相的怒火。这就是玛格丽特·撒切尔在马德里峰会之后的一个月进行内阁重组的原因。这是一次做法拙劣的事件,让人不可思议地联想到1962年7月哈罗德·麦克米伦的"长刀之夜"。两次事件都导致了首相在尝试重建他们各自政府的18个月之后的下台。

1989年7月,玛格丽特·撒切尔的内阁重组是一次涉及人员的离职、加盟以及工作变换的大变迁,其间充斥着诸多的情感纠葛。尽管这次人员变动数量多、范围广,然而内阁中13个职位的变化都是居于次要地位的。最重要的大变动是将杰弗里·豪开除出外交部,所有其他事件都是围绕此事展开的。

外交大臣在7月24日星期一上午在唐宁街10号单独见了首相。使他震惊的是,他被告知自己将被调离原岗位。他或者可以选择成为下议院领袖,或者成为内政大臣。杰弗里·豪反驳说,他宁愿待在外交部。"这个选择是不可能的",这是她的回答。[24]他遭到重大的打击。"当我被以那样的方式告知这一消息的时候,'震惊'这个词都不足以表达我当时的感情",他如此描述当时的反应。[25]

豪的愤怒是可以理解的,但是他的震惊似乎是假装的。媒体中早有谣传称他将被降职,而首相明显未能成功澄清这一谣言。他知道他和她因为欧洲政策问题发生意见分歧,他也意识到他们的私人关系已经恶化到互相仇视的地步。导致他的免职的引爆点是她对他操纵奈杰尔·劳森加入马德里峰会之前关于汇率机制的伏击行为的愤怒。她将豪看作是这次胁迫她的阴谋的主要策划者。现在她是在对他进行报复。

尽管豪知道首相对于他试图给她施加压力、让她为加入汇率机制设定一个日期的做法感到气愤,但他估计这场风暴已经平息,他在目前的职位上很安全。这种自我欺骗的幻觉很大程度上是因为玛格丽特·撒切尔在马德里峰会中装巧卖乖迎合听众的出色表现。尽管她表面上采取的是安抚性的策略,其实却窝着一肚子火。在他们一起飞往西班牙的那天,彼此态度冷漠,互不理睬,她当时就已经下定决心要撤掉外交大臣。但是出于一些战略上的原因,她在之前的一个月里忍住没有这么做。现在她把他的免职包含在更大范围的内阁重组中,从而使他的职位变动看上去仿佛是使内阁恢复活力的战略计划的一部分。

这一战略失败了,因为媒体和议会的关注点已经完全集中在这出有关豪的戏剧性事件当中。他对此事的第一反应是声称在和他的妻子埃尔斯佩斯商讨之前无法对首相两个提议中的任何一个给出明确答复。因为豪夫人对首相的厌恶程度已经远超过她的丈夫,因此这并不是一个积极的回答,这同时也造成了整个重组进程被耽搁下来,这一中断引发了媒体更加狂热的猜测。

杰弗里爵士最初的决定,也获得了他妻子的支持,就是拒绝提供给他的这两份工作。他起草了一封悲痛的辞职信,拿给了首席党鞭戴维·沃丁顿看,沃丁顿对于内阁有可能会遭受一个如此重大的损失感到大为惊慌。

在接下来几个小时的时间里，沃丁顿出面进行了调解，提出使豪担任副首相和下议院领袖的安排，但是这两个提议都取决于这位新任副相能在多大程度上和他的老上司和谐共事。他们二人的会面结果不甚理想，其间豪说他对于他们未来关系的信心已经"受到了今天发生事件的严重打击"。[26]玛格丽特·撒切尔回答说，"这一问题是双方的"。这并不是一个积极的开端。但是到了紧要关头，杰弗里爵士因为无法忍受离开政府，只好在这一出糟糕的交易当中接受了一个最好的选择。

如果首相把他留在内阁当中是为了尽可能地少惹麻烦，她失策了，因为唐宁街的传媒机制早已开始着手毁谤这位新的副首相。在伯纳德·英厄姆的情况通报会中，他的职位被叫作"没有任何宪法地位的礼节性尊称"。[27]作为反击，豪泄露了信息，称他曾被提议担任道格拉斯·赫德现任的内政大臣的职位，而他拒绝了。

媒体对重组的混乱局面大加讥讽，并大做文章，造成了很多的不愉快。一个小报的大字标题是"豪的回家戏"[28]，报道称外交大臣和首相之间就他应当被允许居住在哪个政府官邸——志奋领还是多尼伍德进行了不光彩的讨价还价。事实上，并不存在讨价还价。杰弗里和埃尔斯佩斯·豪夫妇为不得不从第一个居所搬到第二个而感到难过的心情是完全可以理解的，而这一做法的目的何在却令人费解，只能将其看作是首相对他进行羞辱的进一步举措。

最后出现的这种局面是完全没有必要的，是对一个十多年来在政府当中高居两大重要职位的忠诚的同僚的一种残忍的惩罚。很多人都意识到，撒切尔主义领导权的成功在很大程度上归功于豪对细节坚持不懈的关注，而首相本人并没有看到这一点。正是因为这样的一种观点，豪很快成为下议院和全国民众同情的对象，而且这一情绪迅速升温。

我清楚记得杰弗里爵士1989年7月27日作为下议院领袖第一次出现在演讲席时的情景。他站起身来，对于下一周的议会事务做常规性公告。在他开口之前，一阵低沉持续的声音，很快发展为一种吼叫声，大声表达的赞许声充斥着整个议事厅。这声音逐渐席卷了下议院的每个角落，持续了一分多钟的时间。这明显是一种善意的真诚流露，不仅来自那些豪的祝福者，而且也来自他的批评者，不论是保守党的欧洲怀疑论者还是工党的左翼人士。这是一种情感的自发流露，也是这位前任外交大臣在议会中拥有极高人气的表现。

首相坐在前座议席他的旁边，尴尬而烦躁不安，杰弗里·豪被情感的洪流所淹没。他失去了在政府巅峰的原有职位，但是他所遭受到的粗暴对待却激起了威斯敏斯特整个下议院的感伤情绪，这是他在之前从未得到过的。

玛格丽特·撒切尔本应当明智地察觉到她这次重组所带来的这一意料之外的副效应。在对他表达的一阵阵善意中，潜藏着对她的强烈的敌意。但是到了这个时候，当涉及杰弗里爵士的问题时，她已经失去了政治直觉。她继续采取令人不快的态度，继续低估她新任的副首相。这一敌意造成的结果是毁灭性的。

回顾

开除杰弗里·豪爵士对玛格丽特·撒切尔和杰弗里·豪之间的关系产生了毒害性的影响。她本可以轻易地安抚他受伤的感情。"豪的回家戏"的纠纷完全是可以避免的。志奋领对于一位副首相或一位外交大臣来说，同样是合适的官邸。因为这些安排都是在玛格丽特·撒切尔的授权下执行的，她本来可以允许豪一家人继续住在他们选区这所他们已经爱上的乡村别墅里。但纯粹是出于恶意，她决心要让他们搬走。这究竟是因为她极端不喜欢埃尔斯佩斯·豪，还是因为"接受朝拜"的偏执思想，抑或是想象出来的"密谋领导权"促使首相表现得如此粗鲁？这些苛待杰弗里爵士的细节都揭示出了玛格丽特·撒切尔之前从未表露出来的性格当中刻薄的一面。

其他的一些摩擦细节也被报道出来，证实了这次内阁重组中弥漫着的不满氛围。对于新任的副首相是否应当像威利·怀特洛一样在内阁会议时坐在首相左手边的问题还发生了一次令人难堪的争吵。她在这件事上不情愿地做出了让步。很明显，她想要让豪担任她的副首相目的是要尽可能地贬低他的职位。

玛格丽特·撒切尔对杰弗里·豪所采取的这些卑鄙的伎俩最终反而害了自己。这次重组其他的变动很大程度上被媒体忽略了。他们对于其他的委任只是轻描淡写，而是忙于讲述关于副首相的居所、头衔和地位的故事，并不断指出首相竟然选择了约翰·梅杰，一位年轻且经验不足的人担任新任外交大臣这一令人吃惊的做法。

尽管在议会的夏歇期间，这次内阁重组最终尘埃落定，却给人留下了一种感觉，那就是首相对待杰弗里·豪爵士很不公平，而且人们普遍认为首相之所以这样做，与其说是因为他们对欧洲问题的分歧，不如说是因为她个人情感上对他的排斥。

即使是议会当中博识的议员对于由雅克·德洛尔所提出的，并且得到杰弗里·豪支持的欧洲联盟计划所具有的宪法意义也是后知后觉，因而他们很容易将玛格丽特·撒切尔反对外交大臣的做法简单视为由性格原因所导致。那些摩擦是真实发生过的，而且有时候也是相当恶毒的，然而豪与撒切尔决裂恶战的最根本、首要的原因却关乎过去的历史和未来的前景。

玛格丽特·撒切尔对英国作为主权国家的法律和宪法历史有着深刻的感知。她很晚才警觉到德洛尔关于欧洲经济、货币、最终是政治统一的前景计划将会对她所珍惜和捍卫的法律和议会系统的根基造成不可逆转的改变。她的爱国主义、民族主义使她对英国有着完全不同的展望，而当她发现自己得不到外交大臣的支持时，她非常痛心。

如果说她针对豪的方式过于恶毒，那是因为她发现自己在处理英国自二战之后面对的最重要的问题时,无法将私人感情和政治感情区分开来。公众和议会成员对于日益逼近的欧洲危机的观点不够成熟,这意味着英国只有通过她才能摆脱这一困境。他们将在接下来20年的时间里赶上她,并真正理解她的观点,但在当时尽管她是对的,却并未得到人们的赞赏。1989年夏末盛行的看法是,首相对豪和欧洲都怀有不合情理的偏见。

在下议院进入夏歇之后的几天,数量惊人的保守党议员聚集到坎特伯雷板球场,观看肯特郡对阵澳大利亚的比赛。这个典型的英国盛事是被称为"坎特伯雷周"的每年一度的节日庆典当中最核心的重头戏。1989年8月,热爱板球的新任外交大臣约翰·梅杰是观众当中引人注目的一员。很多的普通议员们也聚集在一起,既为皮姆酒,也为看比赛而来。

作为东肯特郡的议员,我在那些提供茶点的帐篷间四处走动,我仍记得自己听到那些下了班的同僚们对首相表达出如此多的疑虑、批评和质疑的时候,是多么惊讶。他们很多人明显已经对她感到厌烦,不只是因为她拙劣地将杰弗里·豪免职,而且还有更深层的原因,比如因为人头税导致日益下降的人气、欧洲选举的惨败,最重要的是,感觉她不再听从支持者的建议了。"她是不是无法认清自己的处境?"一个议员问道。"她是不是成了一个负累?"另一个问道。也许最具有预言性的评论是:"如果她因为另外一次血腥的内阁争斗失去了她的财政大臣——我们就彻底玩完了!"[29]

34
财政大臣退场，掩护性候选人登台

试图稳定政府

尽管在重组政府时对待豪的方式引发了很多不满,玛格丽特·撒切尔表面上依然信心十足,但是公众和议会对此事的反应仍旧使她深受撼动。其中一个迹象就是她明白自己需要稳定政府,这发生在7月27日新内阁的第一次会议上。她宣布她现在拥有的部长团队正是她在下一次大选中要与之共同奋战的团队,这番言论使她的同僚非常吃惊。她强调称在议会任期的剩余时间里内阁中不会再发生任何的人员变动。

这种做法是史无前例的,任何首相都没有在大选预定日期三年之前就以这样的方式绑住自己的手脚。玛格丽特·撒切尔之前也从没有和她的同僚们分享过她对是否会重组内阁的看法。这一做法可能的解释就是,她想要通过长时间和一个团结的团队共事,来修复自己作为一个引起不和的领导人的负面形象。

1989年出现了一些迹象表明首相开始考虑发展一位潜在继承人,尽管她相信自己掌权还会有4~5年的时间。她还远没有准备好做出这样的选择。但至少她很确定谁不应当成为她的继任者。在她的"他永远不会成为首相"的名单里,高居榜首的是她的两个眼中钉:迈克尔·海瑟尔丁和杰弗里·豪。她也排除了那些和她自己属于同一时代的政治人物,说"在我身体健康、思维敏捷的时候,我看不出有什么理由把权力交给任何一个和我差不多同岁的人"。[1]这意味着她并没有设想过领导权会落到诺曼·特比特或者奈杰尔·劳森手中。

她筛选过程中另外的一个限制条件是她不喜欢把政权交给那些她在唐宁街10号早期的岁月里称为"懦弱派",晚期描述为"不是我们自己人"的想法。这种想法使她很难支持肯尼斯·克拉克、克里斯·帕腾或者肯尼斯·贝克。她环顾了一下这群可能的人选,发现大多数的人按照她的标准来看都有些不足,而这时升迁的路上杀出了一匹黑马,他就是约翰·梅杰,他在党鞭和社会保障部中级部长两个职务上的出色表现吸引了她的注意。因此她提拔他进了内阁,担任财政部首席秘书,这一工作虽然低调但是很考验人的能力,而他在控制公共开支方面的表现也很出色。而且他为人谦逊,对女性很有吸引力,且精于恭维女性之道,这些品质在一定程度上都有助于首相对他的提拔。

首相对这位新提拔的爱将的评估在一个重要的方面犯了错误,因为不知道为什么她相信约翰·梅杰是一个坚定的欧洲怀疑论者,而且在经济看法上也秉持着右倾的撒切尔主义主张,而事实上他两者都不是。但是因为他似乎没有思想成见,因此他的升迁在她这里没有因为通常的思想问题而受到任何阻碍。[2]

首相认为他是"我们自己人"的理由之一是她喜欢他的出身背景。他与保守党特权阶级毫无关联,15岁就辍了学,在布里克斯顿度过了贫困的少年生活,历尽艰辛才出人头地。因此他符合她想要培养一名具有明星潜质的候选人的推举条件,尽管她错误估计了他的政治倾向。这就是为什么约翰·梅杰能够在1989年7月的重组中从财政部首席秘书一跃成为外交大臣的原因。他的晋升令所有人都感到震惊,包括他自己在内,但是这却立刻使他有资质成为一名潜在的继任者。内阁当中职务最低的成员却平步青云,自然,有一两个高层部长的鼻子都气歪了,尤其是杰弗里·豪和奈杰尔·劳森。

约翰·梅杰在外交部任期很短,地位也不太稳固。当这一晋升的提议首次被提出来的时候,他曾试图拒绝,他对于外交和联邦事务部的文化感到无所适从,整个部门都因为首相在唐宁街10号对外交政策的管理风格而感到士气低沉。但是这位新任外交大臣对于他的委任不论怀有怎样的忧虑,很快就烟消云散了。因为在政府的另一个部门里,一场风暴正在酝酿,一触即发,它会将约翰·梅杰推到一个更高的使命当中,其速度之快是他无法想象的。

经济是这场风暴爆发的核心。奈杰尔·劳森在18个月之前还被认为是最杰出的财政大臣,被捧上了天,现在却因为他所造成的严峻的经济形势而备受指责,失去了民心。英国经历了历史上最严重的国际收支逆差。通货膨胀率高达7.6%,是工业国家当中最高的,而且还在上涨,利率高达14%。抵押人和商界抗议声此起彼伏,反抗情绪日益高涨。1989年10月10日,在他将利率提高了整一个点,达到15%的5天之后,《每日邮报》头版头条的大字标题是"破产的财政大臣"。

有些报纸评论员推测在这样的批评浪潮下,奈杰尔·劳森可能会寻求逃生路线。但是尽管承担着压力,作为一名政治家,他为人太过高傲,不愿意在波涛汹涌的时候弃船逃生。事实上,他在10月份通过两次精彩的演说成功稳固了自己的地位。第一次是在保守党大会上的演讲,轻轻松松就获得了极好的反响,听众长时间地起立鼓掌;第二次是在伦敦市长大人的市长府邸举行的年度宴会上发表的演说,受到了公众舆论的一致好评。在两个场合当中,他听上去都像是一个知道如何渡过难关的财政部长。

然而,尽管表面来看,奈杰尔·劳森在世人面前表现得信心十足,内心里却有一件长时间以来一直在感情上和实际工作中都困扰着他的事情,使得他心怀不满,闷闷不乐。这一不满的根源是玛格丽特·撒切尔和艾伦·沃尔特斯之间的特殊关系。

艾伦·沃尔特斯引发的问题

尽管玛格丽特·撒切尔对于和财政大臣搞好关系做出了更多的努力,但是他们之间的关系仍旧不太融洽。"奈杰尔和我无法取得观点上大致的认同,也失去了共同的信任,而这些是财政大臣和首相之间应该要有的默契",她是这样描述二人之间的关系的[3]。她仍旧认为是他导致了通货膨胀率上升,并因此而责怪他。他们对于汇率机制的看法存在着根本的分歧。这些分歧对劳森所造成的困扰远比对他的上司所造成的困扰要大。她怀疑他在试图寻找理由离开政府。使她大为懊恼的是，他通过一场与艾伦·沃尔特斯在情理之中却又是故意为之的争吵，成功找到了一个理由。

自从玛格丽特·撒切尔坚持要将艾伦·沃尔特斯重新纳入唐宁街10号，担任她的兼职经济顾问以来，奈杰尔·劳森就一直想因这件事情挑起争端。尽管首相作为第一财政大臣完全有权力从任何她想要的专家那里听取经济意见，奈杰尔·劳森却是一个对所有权极其重视的财政大臣，他痛恨首相的顾问们对自己经济管理职责的指手画脚。他憎恶的对象不仅包括艾伦·沃尔特斯。唐宁街10号的政策决策小组的负责人布莱恩·格里菲斯就财政部事务做出评论的时候，劳森对他也同样怀着敌视的态度。

10月18日《金融时报》就艾伦·沃尔特斯的一篇不赞同英国加入汇率机制的观点的文章做了相关报道，财政大臣高度敏感的皮肤直接受到了刺激。然而，只要仔细地查看一下，就会清楚地发现这篇惹出麻烦的文章在《金融时报》的报道之前从没有公开发表过。这篇文章是在沃尔特斯被委任为首相的经济顾问一年之前写的，但是那家鲜为人知的学术期刊并未发表这篇文章，而且这篇文章丝毫没有对劳森当前的经济政策进行抨击，只是提及了8年之前关于汇率机制的一些历史争议，充其量不过是对陈年旧事的一点儿小题大做。

然而，奈杰尔·劳森对于《金融时报》这种有意追溯陈年纠纷、将其作为一个有新闻价值的当前事件来报道的做法非常气愤。财政大臣怒气冲天，并想要就这篇文章的问题马上进行当面对质。

首相当时正在马来西亚参加联邦政府首脑会议，因此奈杰尔·劳森无法见到她，他把首相的议会私人秘书马克·伦诺克斯-博依德叫到唐宁街11号，并要求他给他的上司发出一条紧急信息，大意是艾伦·沃尔特斯的行为对政府造成了太大的损害，无法被继续容忍下去。伦诺克斯-博依德认为奈杰尔·劳森只是要将此事做上标记，记录在案。那份艾伦·沃尔特斯惹出麻烦的文章的复印件被传真到了吉隆坡，玛格丽特·撒切尔对这篇文章不以为意，理由是这篇文章是在其作者成为她的团队成员几个月之前写的。"因为这篇文章是在马德里之前很久写的，"她评论道，"我没看出其问题在哪里。而且，顾问的工作就是提出建议，政策是由部长决定的。"[4]

奈杰尔·劳森对首相的这一回复闷闷不乐，而同时他不得不忍受另外的一重折磨——下议院的嘲讽。10月24日，工党的影子财政大臣约翰·史密斯在经济辩论会中做了历史上最机智诙谐的攻击性发言之一。他的喧闹表演所嘲弄的对象，即是那些显而易见的糟糕经济数据。两位财政大臣，一位是未经选举产生的，都在为经济政策辩护。在关于官邸的传奇故事中，劳森是失败者。在约翰·史密斯对这一事件滑稽的模仿版中，是这样描述玛格丽特·撒切尔通过内阁重组给她的部长们上了一课的：

> 如果你丢了工作，你就能得到另外的一所房子，但是如果你保住了工作，你却失去了整个下议院。【大笑声】如果你不小心，你可能两者都会失去。不论发生的是什么，伯纳德·英厄姆先生——英国另外一个无法解释的权力源头——都将会在你继续前进的过程中等待着给你最友好的祝福。[5]

这个嘲弄近乎粗鄙，令人非常不快。看着奈杰尔·劳森局促不安地坐在前座议席上，而整个下议院都因为这些讥笑的言辞笑得前仰后合，很明显他很快便将听从约翰·史密斯最后发言中的建议，那就是现在已经到了告诉首相"要么支持我，要么开除我"的时候了。[6]

劳森失控

在议会嘲弄事件发生48小时之后，奈杰尔·劳森决定他不能再坐以待毙了。他遵循了约翰·史密斯的建议，给首相下了最后通牒。他当时的原话是"开除沃尔特斯，否则我将会辞职"。[7]

因为玛格丽特·撒切尔正在参加联邦首脑会议，不在伦敦，因此她直到10月26日上午才直面劳森问题的严重性。上午9点，她会见了他，并听到了他的最后通牒。她假装自己无法把他要辞职的威胁当真，而且相信她已经成功说服他三思。

接下来的一天，日程排得很满，她只得在首相质询会和向议会汇报联邦政府首脑会议声明的间隙与他进行了三次洽谈。但是最终，当面对不得不从她的私人经济顾问和她的财政大臣二选一的问题时，玛格丽特·撒切尔做出了一个令人惊奇的决定，那就是财政大臣必须是那个要离开的人。正像她对奈杰尔·劳森所说的，"如果艾伦要离开的话，那将会毁掉我的权威地位"。[8]这是一个荒谬可笑的看法，因为她作为首相的权威地位和艾伦·沃尔特斯几乎没有或者说根本没有任何关系。

使这一形势更加荒唐的是，几个小时之后艾伦·沃尔特斯得出结论，他的职位已经难以维持下去，因此他也辞职了。这是一次损失惨重的失败。

第二天报纸的头条新闻是她担任首相10年以来最糟糕的一次："撒切尔的灾难日"（《每日邮报》）；"撒切尔处于危机中：政府摇摇欲坠"（《每日镜报》）；"政府动荡不安"（《独立报》）；"撒切尔面临危机"（《每日电讯报》）。

议会内部对于她的人员管理方式感到难以置信，困惑不解。威利·怀特洛以一名过来人的身份对这一问题做了一针见血的评论，他在写给奈杰尔·劳森的信中说道:"她本可以很容易地就开除沃尔特斯,但是我越来越怕她只是无法让自己在任何一次争论中失败。这一个缺点将会使她把我们所有人都舍弃掉。"[9]

劳森辞职事件对玛格丽特·撒切尔造成了很大的伤害。在10月29日星期日与态度通常友善的布莱恩·沃尔登进行的电视采访之后,她的支持率进一步一落千丈。访问刚开始时,她声称自己充分"赞成和支持"财政大臣,并一再声称他的职位是"坚不可摧的",她用一种戏剧性的强调方式将这个词语重复了七遍,然而这一表态却无法让人信服。更加难以令人信服的是,她声称自己无法理解为什么奈杰尔·劳森会对艾伦·沃尔特斯如此介意,说道:"这样一件小事情却导致了这样特殊的一次辞职,这完全是令人难以置信的。"[10]

但是当沃尔登最终用他毫不留情的仔细盘问把她逼入困境的时候,她的虚张声势崩溃了,并演变为不光彩的喃喃自语和不合逻辑的推论。这可能是她所做过的采访中表现最糟糕的一次,正如录音的文字整理稿所显示的:

> 布莱恩·沃尔登:你否认如果你开除艾伦·沃尔特斯教授,奈杰尔将会留任吗?
>
> 首相:我不知道,我不知道。
>
> 布莱恩·沃尔登:你甚至从来都没有想过问问他这一点吗?
>
> 首相:我……那不是……我不知道。奈杰尔下定决心要辞职,我做了一切可能做的事情去阻止他。
>
> 布莱恩·沃尔登:但是……
>
> 首相:我没有成功。不,你在问同样的问题。
>
> 布莱恩·沃尔登:当然,但是那却是一次糟糕的坦白,首相。
>
> 首相:我没有什么可以进一步……我不知道……当然我不知道……我无法继续这次访谈。

布莱恩·沃尔登：我觉得我必须要再问你一次，只有一次，你是否在说……你不知道如果沃尔特斯离开的话，你是否能够留住他……他有没有要求你开除沃尔特斯？

首相：我不会披露我们两个人之间所进行的对话内容……[11]

这些不知所措的交谈给人留下了极差的印象。大多数普通民众并不了解沃尔特斯教授和他的观点，因此对于这场看上去像是关乎性格的争执感到困惑不解。事实上，这次争论的根源涉及更深刻的一些事件，比如对汇率机制的不同意见以及谁对主导英国的经济政策拥有最终的权威地位。但是媒体以及大多数的政治家都无法理解这一点。因此，玛格丽特·撒切尔因为与财政大臣之间反复无常的人员处理问题受到公众的批评。

劳森辞职事件造成伤害的一个不祥的兆头就是1922年委员会主席克兰利·翁斯洛对首相的警告。她在11月初议会休会之前见了他和执行委员会的其他成员。他们对于她称财政大臣无论如何一直想要辞职，而只是利用沃尔特斯作为托词的解释并不买账。相反，委员会的一个成员毫不客气地告诉她，越来越多的同僚对于被他称作是"持续上演的唐宁街人员流动秀"感到厌倦了，并补充了一个附加条款，"如果你不能有条有理地行事的话，他们将不会让你继续太长时间的"[12]。玛格丽特·撒切尔皱了皱眉，但并没有理会这一警告。她可能对于"持续上演"的幽默并不熟悉*，因此没有做出任何反应。

有一些迹象表明1922年委员会的危险信号得到了她的重视。首相在茶室频繁露面，向后座议员再三保证高层的新的三人组彼此步调一致，与她同进退。这是真的。约翰·梅杰作为财政大臣，道格拉斯·赫德作为外交大臣，戴维·沃丁顿作为新的内政大臣，是最重要

---

* 这里原文是"'Carry On' humour"，"Carry On"是英国非常有名的喜剧系列，时间跨度为1958—1992年，包括电影、电视、舞台剧等形式。——译者注

的国家职务，他们形成了一个远比固执已见的劳森和愤愤不平的豪更加和谐的政府高层团队。他们的争吵给首相玛格丽特·撒切尔造成了严重的伤害。伤害的程度有多深？这是一个可以从掩护性候选人的出现进行深究的问题。

掩护性候选人

1989年新一届议会开幕的时候，保守党议员的情绪是急躁而非暴躁的。很多同僚对首相都持批评态度，但是很少有人想要看到她被从唐宁街10号扫地出门。无论如何，对于适合继任的人选并没有达成任何的一致性意见。唯一的一个能想到但仍旧隐藏的竞争者是迈克尔·海瑟尔丁。然而尽管他在"落选沙龙"里孜孜不倦地大献殷勤，他的追随者却太少，而诋毁者太多。困在他自己的边缘地带里，不愿意参选，又不能闭嘴，他继续穿梭来往于不满阵营之间，挑起恶意，却拒绝做出挑战。他意识到他挥动匕首的时机还不成熟，正如他最亲密的助理基思·汉普森议员所说，"迈克尔清楚地知道玛格丽特的权力正在土崩瓦解，他要做的只是等待时机"。[13]

然而，那年的11月份的确出现了一个堂吉诃德式的挑战者安东尼·迈耶爵士。他在议会当中一向行事古怪，他有着显赫的背景，拥有继承而来的财产，一位伊顿公学的"城里人奖学金"获得者，也拥有准男爵爵位，以保守党的标准看来，他提倡的是极端的自由主义立场。早期的外交生涯，长期待在巴黎和外交部欧洲部门的经历使他成为下议院两派中最为热情的亲欧派议员。除了倡导与欧洲的联盟之外，他另外一项失败的事业就是他是唯一一个反对收复马尔维纳斯群岛的保守党议员。

外表看上去有些古怪、羞怯、温和，而他的内心却是钢铁般坚硬。这种性格上的极度反差，加上伊恩·吉尔默和海瑟尔丁其他朋友的大力鼓动，使迈耶决定以掩护性候选人的身份参加领袖选举，这一要求在每年的新一届议会开始的时候都可以提出来。

玛格丽特·撒切尔没有时间考虑安东尼·迈耶爵士。当听到伊恩·吉尔默在竞争的开始阶段造出了一个新词"迈耶主义者"的时候，首相私下的回应是："迈耶主义者！他们只是亚杜兰洞主义者！"伊恩·高对这个称号感到非常困惑，想要进一步寻求更加详尽的细节，她只是告诉他说："那些没有任何地方可以去的穴居人——去看看《旧约》吧。"在对《圣经》做了一番研究之后，他发现了《圣经》中有一小节写道："所有那些苦恼或不满的人聚集在亚杜兰洞。"传道士的女儿没有忘记她的《圣经》。[14]

尽管迈耶是一个荒唐的领袖候选人，很快就被很多同僚冠以"掩护性驴子"的戏称[*]，但是他的竞选活动引起了玛格丽特·撒切尔严肃的对待。她组织起了一支选举团队，不过颇具讽刺意味的是，这支团队要比一年之后抵抗迈克尔·海瑟尔丁更严峻的挑战时的团队更加有生气，也更加组织有序。她核心的支持者包括担任竞选主管的乔治·扬，担任首席啦啦队队长的肯尼斯·贝克、伊恩·高、特里斯坦·加勒尔-琼斯、理查德·赖德、比尔·谢尔顿——她在1975年时最开始的竞选主管和马克·伦诺克斯-博伊德，她的议会私人秘书。

也许这个团队里最令人敬畏的管理者是特里斯坦·加勒尔-琼斯，副首席党鞭。他暂时告休这一政府官职，从而能够将全部的时间投入到使首相能够在她的政党竞选当中连任的斗争中去。这一任务比预料的要更难。"我们确实需要很努力才能为她取得一个好的结果，"加勒尔-琼斯说道，"这并不容易。在一天结束的时候，我只剩下了一种感觉，那就是深深的不安。"[15]

公众对于这些不安的情感却极少能够察觉。表面来看，玛格丽

---

[*] "掩护性候选人"的英文是"stalking horse"，这里用"stalking donkey"以驴代马，因而含有讽刺挖苦之义。——译者注

特·撒切尔获得的结果很优秀。314票对33票，按照通常的标准来说，是能够令人信服的一次胜利。但是仔细查看这些数据，就会发现除了为安东尼·迈耶爵士投的这33票之外，另外还有24个保守党议员投了无效选票，还有3个议员弃权。这意味着她政党当中有60个议员现在反对首相。

特里斯坦·加勒尔-琼斯主导策划的一系列计划周详的游说拉票活动中暴露出来，另外还有42个议员对玛格丽特·撒切尔颇多批评，而竞选团队不得不努力说服，才能让他们不情愿地同意为她投票。这些持异议者清楚地表达说，除非她改变她的方式或者她的政策，否则他们不会在接下来的大选当中再支持她，这之后他们才允许自己被强制扭送到首相阵营。

这些隐形的但是可以听得到的玛格丽特·撒切尔领导地位的反对者最坚决的要求就是取消人头税；其他人想要她缓和对欧共体的敌对态度；还有一些其他的不满，最频繁提出的就是她已经变得太离群，而且不再听取自己议员们的意见了。

这些不满对他们产生了很激烈的影响，特里斯坦·加勒尔-琼斯觉得他应当把这些意见传达给上层。在伯纳德·英厄姆的帮助下，他在她表面看来决定性地击败了迈耶两周左右之后的一个星期天傍晚单独见了首相。

"我知道我只是一个副首席党鞭，"加勒尔-琼斯开口说道，"但是我必须要警告你，有102个我们的同僚正潜伏在灌木丛中，而且他们会把你杀死的。"[16]

在这样戏剧性的一段开场白之后，我们可能会认为首相会希望认真听下去。但是当加勒尔-琼斯解释了对人头税的高度不满情绪之后，玛格丽特·撒切尔做出的回答却是一番训导，表明她采取的是正确的政策，而且不会对其做出改变。关于欧洲问题她的立场也类似。"但是你要做的就是假装你喜欢欧共体里的一两个人而已，"加勒尔-琼斯抗议道,"你难道不能稍微掩饰一下吗?"

"当然不能!"首相反驳道,接着她开始对德洛尔、科尔、密特朗和其他的欧洲领导人进行了长时间的抨击。这对出身于西班牙家庭的加勒尔-琼斯来说是无法忍受的。他意识到这完全是对牛弹琴,他借故离开,打断了这次会面。但是当他要离开的时候,他停了下来,用配得上劳伦斯·奥利维尔爵士的戏剧性风格重复了他的警告。"不要忘记一年之后,那100个以及更多的暗杀者将会从灌木丛中起身反抗",先知特里斯坦宣称道。为了强调他的意思,他做出了一个杀手挥舞匕首,并将其刺进一个垂死的尸身的动作。"而且他们会将你杀死,即使是在你仍然担任首相的时候"。[17]

在这样一个戏剧化的退场之后,玛格丽特·撒切尔几乎无法抱怨她没有得到警告。但是,就像《三月十五日》的恺撒一样,她对预言者的警告不以为然。她觉得她应当把注意力放在更加重要的事情上。

重大事件

正当那些密谋者在威斯敏斯特为琐事而争执的时候,世界舞台上正在上演着具有翻天覆地意义的大事。1989年11月,柏林墙被推倒,之后很快便是东欧共产主义阵营的土崩瓦解。这些发展既证明了玛格丽特·撒切尔预见的正确性,也对她提出了挑战。

在欧洲的领导人中,她是唯一一个自1982年以来就认为铁幕可能会崩溃的人,她同时也相信华约组织国家中受压迫民族的自由将在20世纪历史的拐角处得以实现。她已经从与米哈伊尔·戈尔巴乔夫的对话中,从她对匈牙利和波兰的访问中,从她与持不同政见者、情报专家以及学术界人士多次在私下场合的情况汇报当中感觉到了这一点。在她的布鲁日演讲当中,她曾提到过她希望华沙、布拉格和布达佩斯将会回归它们作为伟大的欧洲城市的根源上来。尽管这一畅想将会实现，却没有即刻以玛格丽特·撒切尔所希望的形式发生，她相信这会导致欧洲共同体的扩张，使其成为一个由更多独立的主权国家参与的更加宽松也更加广泛的组织。

相反，华约组织解散和德国的重新统一造成的短期效果却是要求欧共体国家在货币和政治统一方面更加紧密地结合在一起。这种对一个成熟的欧洲共同体的需求势头的激增却是英国首相深恶痛绝的事情。

在1990年4月的都柏林峰会上，她同样强调了政治联盟将会对国家议会、君主政体、政府首脑以及成员国的选举制度造成的后果。这场对问题的10分钟导读被她描述为"玩笑话"演讲，它造成了一定的困惑，因为情况很快变得很清楚，对于"政治联盟"的意思到底是什么，这次峰会上几乎没有，或者说没有达成任何一致性意见。[18]

玛格丽特·撒切尔还做出了一次错误的判断，试图阻止德国的重新统一。她的蓄意阻挠是一项无望且必败的事业。柏林墙的倒塌伴随着民主德国一方欢欣雀跃的愉快场景。赫尔穆特·科尔总理想要重新统一的强烈愿望得到了华盛顿方面的热烈支持，莫斯科方面也并未提出反对。玛格丽特·撒切尔阻止科尔的唯一希望是将密特朗总统争取过来。她在1989年12月在斯特拉斯堡的一次会议上游说法国总统，从她的手提包里拿出德国战前和战后的国界地图。她手指着西里西亚、东普鲁士和波美拉尼亚告诉密特朗："他们将会占领所有这些地区，还有捷克斯洛伐克！"[19]

不论在私下场合对这一点怀有多大的恐惧，密特朗不打算因为反对重新统一而打破欧盟中的法–德轴线。因此玛格丽特·撒切尔在反德立场上陷入了孤立无援的境地。她不改初衷，处于无力的孤立中，并经常表达她的观点，其风格和语言给人的印象是她已经成为一个抱残守缺且顽固不化的人。

在柏林墙倒塌之后的几个月里，玛格丽特·撒切尔沉溺于对德国的恐惧当中，这使那些听到她表达这一观点的人感到异常震惊。她很小心地只在私下场合以及谈话当中泄露自己的情感,但是因为发生的频率很高,因此消息很快就传播开了。她反德观点早期的一个表露是在1989年12月,在政策研究中心的一次私人午餐会上。她震惊了好几个在场的人,尤其是一个她非正式的东欧问题外交政策顾问乔治·厄本,她对他说:

> 乔治,你要知道,有些事情是你这一代人和我这一代人永远都不应该忘记的。我们都经历了战争,而且我们清楚地知道德国人是什么样子的,以及独裁者能够做些什么,而且民族性格是不会从根本上改变的。[20]

出于同样的心态,她和政策研究中心的主任休·托马斯发生了冲突,因为他说德国的重新统一标志着民主德国共产主义的失败,她斥责他说:"你难道没有意识到发生了什么事情吗?我接受了历史的教训,但是你似乎并不明白。"[21]

即使是在自己的内阁里,首相也孤立无援。1990年3月,她在契科斯首相别墅举行了一次研讨会,会上她试图说服集会上的部长、外交政策专家以及学术界人士,德国的重新统一对于英国的利益和欧洲的长期稳定造成了威胁。最终大家都不赞同她的看法。"很好,很好,坐在桌子前的人数量上胜过了我,"她最后勉强承认道,"我向你们保证我会讨好德国人,赫尔穆特下周来访的时候我也会讨好他,但是我是不会被打败的。我会讨好他,但是我会坚持我的原则。"[22]

看上去仿佛玛格丽特·撒切尔的原则仍旧封锁在第二次世界大战的时间错位当中。在契科斯研讨会的笔记当中,查尔斯·鲍威尔郑重地记录着,当然是回响着他女上司的声音:"有一些并不使人愉快的品性作为德国人的持久性格被提及:按照字母顺序,例如焦虑、进攻性、过分自信、恃强凌弱、自尊自大、自卑情结、多愁善感。"当这一记录被公开的时候，令人感到难堪，《私家侦探》杂志对它进行了戏仿，列出了它自己的备忘录，依次排序是"德国人：留胡子、吃香肠、喝地窖里的啤酒，等等"[23]。

首相的偏见与这一戏仿差别不大。她并不相信战后新一代的德国人与他们的祖先有所不同。她的立场是认为民族性格不会改变，迟早这个重新统一起来的国家将会行使它的权力，尽管是通过经济手段而非领土侵略。"因此，德国在本质上是欧洲的一个破坏稳定，而非稳定的力量"，这就是她的判断。[24]

唯一一位和她态度相同的高层同僚是她的贸易和工业大臣尼古拉斯·里德利。他在1990年7月接受《旁观者》的主编多米尼克·劳森的采访中鲁莽地表达了反德的观点。这篇引发轰动的文章报道称，里德利说欧洲货币联盟就是"德国控制欧洲的一场骗局……我并不反对在原则上放弃主权，却不愿屈从于这一命运。坦白说来，你还不妨直接把它交给阿道夫·希特勒"。

为了激起更多的事端，这一杂志的头版描绘了尼古拉斯·里德利将希特勒的胡子画在赫尔穆特·科尔总理的照片上的情景。在他的文章中，多米尼克·劳森认为，"里德利先生表达他的观点的信心……必定一部分归结于他知道这些观点与首相的观点并不是完全不同"。[25]这是一个很合理的评论。因为在《旁观者》文章发表之前一周，我在和尼古拉斯·里德利一起吃午饭的时候了解到，他很大程度上是在重复他在私下场合里直接从他女上司的话语中听来的反德言论。

尼古拉斯·里德利后来因为这次采访内容卷入狂怒的风波中，玛格丽特·撒切尔努力地想要保他安然脱险。她最初的观点是认为他的失礼并不是一件关乎辞职的问题，"他正是因为过于诚实才被迫下台的"，她说道。[26]

他为什么必须要离职的原因在于1922年委员会的主席和执行委员会都坚持这一决定。里德利很多年来都是宣扬政治不正确观点的大祭司，但是这些政治正确的人却趁此机会彻底击败了他。他是内阁当中仅存的撒切尔主义火焰的最后一位坚持者，因此他的离去使她完全暴露于危险之中。

7月30日，伊恩·高遭到暗杀，被爱尔兰共和军安放在他位于伊斯特本家中的车库里的汽车炸弹炸死了，这是一个令人悲伤的损失。玛格丽特·撒切尔立即从唐宁街10号驱车前往，她花了几个小时的时间安慰伊恩的遗孀简，在家族教堂——圣路石十字教堂参加了晚上的弥撒。在她担任首相期间所有的恐怖主义袭击造成的杀戮当中，伊恩·高的死可能是使她最深刻地体会丧亲之痛的一次。在他担任她的第一任议会私人秘书那些艰难的早期岁月当中，他们之间建立起了持久的友谊。

他们共同经历了很多艰难岁月并坚持了下来，包括他因为英国-爱尔兰协议为坚守原则而辞职。他们之间保持政治亲密性的关键在于他们两个性格之间产生的化学反应。

从来都没有过，也许也不会再有，这样一种像伊恩·高和玛格丽特·撒切尔之间在她的第一任期里所发展出的如此成功的首相与议会私人秘书的关系。这种关系的建立有两大核心要素：他对她的绝对忠诚，以及她乐意在他对议会中保守党的整体气氛以及抱怨声进行忠实汇报时做出回应。只有在她把他提拔到临时的部长级职位时，她才意识到她有多么想念他。然而他仍旧是她的知己。尽管没有成功在她和他的另外一个好朋友杰弗里·豪之间建立起友谊的桥梁，伊恩·高一直是被他称作是"那位女士"的不卑不亢却毕恭毕敬的朋友。他为她做的最后一件大事是将1989年掩护性候选人挑战的影响降到最低。要不是谋杀阻止了他在一年之后重复他的这一至关重要的角色，首相也许就不会在1990年竞选的第一轮就落败。

"如此忠实的拥护者……如此坚定的信仰……如此英勇的信念"，这是8月8日在伊斯特本为伊恩·高举行葬礼之后，玛格丽特·撒切尔对我谈起他的时候用到的三个短语。[27]伊恩本来是会回报这些赞扬的，他本来会比她更清楚地看到，未来的岁月对首相来说会是多么猛烈的打击，她出于这样或那样的原因，事实上已经失去了所有真正亲密的同伴。

回顾

"沃辛先生，失去一位亲人可能会被看作是不幸；失去两位似乎就是疏忽大意了。"奥斯卡·王尔德的剧本《不可儿戏》中布拉克内尔夫人的话经过调整之后，用来描述玛格丽特·撒切尔在1989年到1990年失去了两个高层内阁同僚的情形再恰当不过了。我们甚至可以表明首相本人就有点像布拉克内尔夫人，因为她专断且一意孤行，拒绝听从他人意见以及象征性地挥舞手提包使持异议者沉默的做法。

如果纯粹只是从人员管理的角度来看，毫无疑问的一点是外交大臣和财政大臣的离职对于政府是沉重的打击，而这本可以轻易就避免发生。少些无缘无故的粗暴，多些合作精神的团队协作，遵循传统，那就是国家重要职务的当权者的观点要比唐宁街顾问们的观点更加重要——玛格丽特·撒切尔政府的风格如果能够做出这些改变，本可以阻止内阁高层的土崩瓦解。

但是这也不是那么简单就能做到的，究其原因有两个。首先，性格方面的缺陷在这一时期领导英国政府的这个功能不协调的三人组中远非单方面出现的问题；其次，他们之间的分歧不仅仅是关于人员管理问题，也是关于外交和经济政策方面的一些重要问题，而政府重要部门的当权者在这些问题中的分歧太过根深蒂固。事后以历史的角度来对此进行评判，我们现在有可能对于"谁是对的"这个问题给出一个答案。

被莎士比亚称作"官职的傲慢"[28]会随着身居重要职位时间的增长而逐渐增长。在前面三章里所描述的性格冲突发生的高峰期里，玛格丽特·撒切尔担任首相已经10年，奈杰尔·劳森是20世纪在职时间排在第二位的财政大臣，他6年零4个月的任期仅仅少于戴维·劳埃德·乔治的7年零1个月。杰弗里·豪已经担任外交大臣6年时间，之前还担任了4年的财政大臣。他们三个人都不只经验丰富，而且都过于确信他们自己的观点是正确的。

对于首相对他们部门公认看法的挑战，杰弗里·豪和奈杰尔·劳森都心怀愤恨。他们都认为是他们在负责外交和经济政策。他们本来可以在公开和私下场合里通过采取秘而不宣、遮遮掩掩和狡猾诡秘的方法来智胜首相，从而能够按自己的方式行事。不具有合作精神的行为在三个高层人物当中绝对不是单方面的。

杰弗里·豪热情支持与欧洲保持更加紧密的货币和政治联盟关系的观点，是他和玛格丽特·撒切尔关系当中的断裂线。但是事实表明她站在了断裂线正确的一边，而他却是大错特错。既然现在我们已经清楚地看到了欧元区和目前单一货币的灾难性后果，今天有谁会为豪在20世纪80年代期间倡导欧洲货币联盟进行辩解？

奈杰尔·劳森的情况相似，大多数经济学家今天都会说他对英国加入汇率机制的热情支持是一个战略性错误，他采取的紧跟德国马克相对汇率的措施也是错误的，而且在1988年预算案当中种下了通货膨胀率快速上升的不计后果的种子。再一次，当我们回过头从历史的角度来看，似乎是首相，而非财政大臣，做出了更好的判断。

玛格丽特·撒切尔并不总是正确的。她可能会表现得很卑鄙（就像是对官邸的处理方式），有强烈的报复心（授意伯纳德·英厄姆在汇报中诋毁副首相的权威地位），而且可能会固执到愚蠢的地步（为了保住艾伦·沃尔特斯而战）。尽管令人不快，然而这些都是次要问题。在一些使首相和外交大臣以及财政大臣产生分歧的重要政策性问题上,之后发生的事件在很大程度上证明了玛格丽特·撒切尔的正确性。不论她的战术性错误、过剩的激情和过分的语言表现在哪些方面,玛格丽特·撒切尔关于英国涉及欧洲货币和政治联盟等重大问题的看法是正确的。这也是历史的悖论,正因为她是对的,所以她下台了。

35
政变倒计时

入侵科威特

玛格丽特·撒切尔作为首相的最后几个月中有两件居于主导性地位的事件，也正是这两大事件最终导致了她的下台：人头税和欧洲问题，同时也因为她无力保住保守党议会政党中的支持力量而使情况更加恶化了。然而，尽管她在处理国内问题的时候明显表现出缺乏技巧和不够细致，但在国际舞台上她仍旧是一个有影响力的人物，尤其表现在决定西方对于入侵科威特的反应的时候。

1990年8月2日，这一天萨达姆·侯赛因入侵科威特，并宣布它是伊拉克的领土，玛格丽特·撒切尔当时正在美国科罗拉多州的"艾斯本研究所"，准备在其40周年大会上发言，而乔治·布什总统将会主持开幕式。两位领导人正好在一起的巧合增强了西方反应的影响效果。总统对这一危机的第一反应是应该给阿拉伯国家外交一个机会，试试能否使伊拉克武装力量撤退，恢复科威特的合法政府。

首相对于这一方案却不以为然，在这次危机发生之后的几周时间里，她成为西方同盟中强硬派倾向观点的代表人物。她对美国总统最著名的建议是，"哦，乔治，没有时间犹豫了啊"[1]，她说这话时，英美双方对于是否应该驱逐两艘伊拉克油轮一事无法达成协议，它们违反了西方紧急封锁海湾的规定。在这种情况下乔治·布什本能地倾向于外交解决，而非海军干预，认为这是应该采取的做法。但是总统牢牢记住了首相的这个短语，把它奉为圭臬，几乎每天都会对他的工作人员一再重复，仿佛是要证明他在领导美国对此次侵略行为的坚定决心。用这种方法，铁娘子的精神萦绕在白宫的上方，就像是一个守卫天使在集合部队准备作战的过程中警告那些摇摆不定的态度。

艾斯本会议开幕五天之后，玛格丽特·撒切尔中断了之前打算全家在科罗拉多州度假的计划，从而能够前往华盛顿，在白宫就伊拉克危机进行进一步的商谈。人们之前普遍推测她对于新一届政府的影响力正在减弱，因为她在德国的重新统一问题上与布什总统看法并不一致。尽管这一意见分歧是真实存在的，然而它并未改变玛格丽特·撒切尔身为总统女性知己这一熟悉的身份。她在8月6日访问华盛顿期间，与总统一起就国际社会对侵略科威特事件如何做出回应进行商讨。正如她所回忆的："尽管在之前和里根总统之间建立起了深厚的友谊和合作关系，我却从没有像那天下午在白宫的两个小时那样，深刻地感受到美国人的信心。"[2]

在美国总统办公室召开的会议高度保密，参与人员只有总统、首相以及他们的主要助理，美国国家安全顾问布伦特·斯考克罗夫特和查尔斯·鲍威尔。玛格丽特·撒切尔主要的担忧是如何保护沙特阿拉伯。伊拉克的油轮向北驶向沙特的边界，她认为主要的危险在于，这一个石油储量丰富的王国统治者在正式请求西方帮助之前，很可能就已经被占领。幸运的是，法赫德国王确实很快做出了这一请求，因此24小时之内，第82空降师和48架美国空军F-15战斗机就已经抵达了沙特阿拉伯的东部省。

玛格丽特·撒切尔是第一个看出有限威慑可能并不足以震慑伊拉克的领导人。在她的观念里，萨达姆·侯赛因和加尔铁里将军一样难以应付，她相信伊拉克军队除非被击退，否则是不会离开科威特的。而且她认为西方应该随时处于最大限度的准备状态，阻止萨达姆将侵略领地拓展到沙特阿拉伯。正如她在4月12日给国防大臣汤姆·金的备忘录里写的，"我们认为伊拉克不会进攻科威特，尽管他们的部队集结在边境地区。让我们不要再犯同样的错误了。他们可能会入侵沙特阿拉伯，我们必须要做好准备"[3]。

她做到的比她写下的还要出色。8月里，英国派遣了一个"龙卷风"空军中队和一个"捷豹"战斗机空军中队到了这一地区，由空中预警机和空中加油飞机支持。首相也授权派遣出第七装甲旅，资金自给的

7500名将士的武装力量，包括120辆坦克，一个团的野战炮兵，一个营的装甲步兵和反坦克直升机。"我的天啊，一次非凡的献身，太了不起了"[4]，当她告诉布什总统她的决定的时候，他如此说道。她的这一决定得到了下议院437票的支持，只有35票未予以支持。[5]

尽管玛格丽特·撒切尔大多数的举措都只是局限在秘密的外交接触和军事准备方面，然而她在反抗萨达姆·侯赛因的第一次海湾战争早期所做的贡献发挥了至关重要的作用。之前马尔维纳斯群岛冲突中的经验加强了她的信心，因而在涉及提前几步制定战略举措方面，她表现得游刃有余。她采取的三个抢险步骤应当予以特别关注。

首先，她坚持任命彼得·德拉比利艾尔爵士将军担任英国部队在海湾地区的指挥官。她在1980年伊朗大使馆围困事件之后就与他相识，并建立了良好的关系，当时他统率英国空军特种部队。她既仰慕他的领导风格，也钦佩他在阿拉伯语方面的语言技能。他并不是国防部想要的海湾地区指挥官人选，部分是因为他被认为有些特立独行；部分是因为他还有一周的时间就要退休了。但是玛格丽特·撒切尔驳回了所有这些反对意见，说她需要的是一个"会作战的将军"，而且如果彼得爵士得不到任命，她将会让他作为唐宁街10号军事上的私人顾问。这个威胁使国防部打了退堂鼓。彼得·德拉比利艾尔将军很快就被任命为英国部队在海湾地区的指挥官。[6]

其次，首相组织了一次激烈的外交战争，从而在阿拉伯国家政府和统治者之间达成了统一，他们中的很多人她都很熟悉。约旦国王侯赛因居然支持伊拉克的侵略战争，这使大家都感到震惊，当他在8月31日来和首相共进午餐的时候，被玛格丽特·撒切尔结结实实地教训了一通，这似乎更加削弱了他对萨达姆·侯赛因本就已经有些动摇的支持。[7]

在整个中东地区，玛格丽特·撒切尔都因为侵略科威特时西方做出回应的速度之快、力度之大而受到赞誉。她的国防大臣汤姆·金在军事力量集结准备就绪的早期曾对此地区做了访问。"海湾地区的统治者们都很确信是因为她在艾斯本说服了布什总统迅速出击，才使得萨达姆·侯赛因没有进攻沙特阿拉伯"[8]，他回忆道。

沙特君主法赫德国王也持有同样的观点，玛格丽特·撒切尔频繁地给他打电话，提出建议，并承诺给予支持。在这场冲突发生一年之后，我在利雅得觐见了这位国王，他说："你们的首相很了不起——她坚定了我的信心，她坚定了布什总统的信心，而且她帮助团结整个联盟对抗萨达姆。"[9]

在这些准备性举措的早期阶段，我和玛格丽特·撒切尔进行了一场关于科威特危机的对话，那是在8月8日伊恩·高的葬礼之后。我发现她决心并致力于与萨达姆之间这场不可避免的战争的态度像极了丘吉尔的作风。那个时候当她的外交大臣道格拉斯·赫德还抱有乐观的态度，相信制裁和军事压力能够使伊拉克从科威特撤兵的时候，首相的反应清晰地指明了态势的发展，"我们将必须与萨达姆作战，你记住我的话"，她说道。[10]

她相信事件的这一必然结果，因而把最后四个月全部的时间和精力都投入到让英国和她的盟友为这次冲突做好准备的工作中去。"我发现自己重温了为马尔维纳斯群岛战争做好准备工作的经历，只是形式上稍稍有些不同"，她回忆道。[11]她和一小群部长和后勤主任一起，几乎每天都要决定选择军事目标，为联合国决议选择措辞，并询问军方他们武器装备的情况。她盘问维氏的董事关于挑战者坦克的可信性的事件成为他们公司的一个传奇故事。

她作为首相做出的最后的重要决定之一就是要增强英国对于海湾战争的准备工作，将人数加倍，增加到3万人，从一个旅升级到一个师的人数。这是在11月22日一次历史性的内阁会议上被批准的，同样是在那一天，她宣布要辞去首相的职务。

1990年秋天议会对于国内事务的关注程度达到了狂热的程度，而首相为战败萨达姆·侯赛因所做的准备工作只被看作是枝节性的小问题。但事实却是英国、美国和他们的盟友决定要恢复科威特的合法政府，不仅意志坚定，而且为此做出了充分的准备，这应该被记录在史册上，作为玛格丽特·撒切尔最辉煌的时刻之一，尽管她在海湾战争最终取得胜利之前的5个月就已经被迫离开了首相的职位。

人头税的毒害性影响

1990年，人头税毒害了玛格丽特·撒切尔和她的后座议员之间的关系，3月是个转折点。衰败的局势首先始于3月22日斯塔福德郡中部补缺选举当中取得的灾难性后果。当保守党议员看到保守党从14654的多数票转变为工党以9449的优势获胜，他们中的很多人都惊骇万分，不只是为他们自己的选举前景，更多的是为反对政府的这21%的情势突变的根本原因感到担忧——而他们确信这是由这项越发不得人心的新的税收政策导致的。[12]

3月31日，在英格兰和威尔士推行人头税的当天，人们在特拉法加广场举行示威游行，随后发展为严重的暴乱，341人被逮捕，417人受伤，其中包括331名警察。[13]尽管玛格丽特·撒切尔将暴力原因归咎为左翼的激进分子的看法是正确的，然而在第一批人头税的账单抵达民众手里的时候，保守党的各个郡内同样充斥着一种非暴力的愤怒情感。议员们的邮袋里满满的都是公众来信，要求改变这一税收政策。

玛格丽特·撒切尔在担任首相11年的时间里实行了很多次谨慎的政策转变，但是这次的一百八十度大转变却太过头，问题在于她之前如此孤立无援地热情推荐她的这项主打税收，这种激情证明是她毁灭的原因。她无法做出退让，便尝试通过一系列复杂的削弱性措施缓解这一税收所造成的影响，其中包括过渡性的救助措施、限制性提案、由新任的环境大臣克里斯·帕腾对其进行彻底的审查。然而，这些改变当中最重要的是要求立法，而情势看上去却不容乐观，因为后座议员们反对人头税的情绪非常高涨，似乎除了放弃这一税收，没有任何改良性措施能够通过下议院的审议，这就造成了首相和她在议会中的政党成员之间僵持不下的局面。

同时国内的政治局势开始恶化，4月的民意调查显示工党比保守党的支持率领先24.5%。玛格丽特·撒切尔的个人支持率一落千丈，下跌到23%，甚至比她在1981年最低谷时还要低，当时她被认为是英国有史以来最不受欢迎的首相。[14]

1990年5月4日的英国地方政府选举向首相的批评者们证实了她的人气还在继续下滑。保守党失去了另外12个地方议会，而且只能保住总票数的32%。然而，在这场大灾难期间仍旧出现了一些令人意外的欣喜局面。少数几个之前一直在执行撒切尔主义削减开支政策的地方议会有证据证明，良好的政府开支管理能够产生较低的人头税数据，并能促进选举人气的提高。这些地方政府包括旺兹沃思、威斯敏斯特、黑斯廷斯、萨尼特、特拉福德和索森德，这些地区仍然保持着保守党多数票的局面。玛格丽特·撒切尔抓住了这一小点竞选中的好消息作为证据，证明"人头税开始起作用了。它将会逐渐使挥霍浪费和效率低下的行为都受到惩罚"。[15]

尽管她对于这一点的看法很有可能是正确的，然而越来越多的保守党议员无心给他们的领导人更多的时间来制定出人头税问题的解决方案。一种危言耸听的言论开始在1922年委员会和其他的政党委员会会议当中蔓延。深夜，在下议院露台的酒吧四周，一种"四散逃生"的情绪在一些怀有失败主义情绪的同僚之间出现，他们确信自己将在两年的时间里失去自己的席位。一场政治诽谤运动正在进行，传达出的信息是人头税应当被取消，而首相应当下台。

然而当时的情况并非只是这一家之言。整个国家范围内都有证据显示情势正转向对玛格丽特·撒切尔有利的方向。民意调查显示工党的领先局势已经减少了一半，而在被问到"你相信谁能够管理好这个国家"的时候，首相的支持率远在反对党领袖尼尔·金诺克之上。同时在威斯敏斯特内部还有一群坚定的中坚分子，政府的忠实拥护者，他们对于那些搬弄是非者和迈克尔·海瑟尔丁一派的麻烦制造者越发气愤。

在这样一种日益紧张的气氛中，政府的忠实拥护者喜欢从保守党之前发生的内讧中引用两句话："将士们请保持冷静"和"为了公众的利益，切忌惊慌失措"。*但是在1990年夏天，至少三分之一的保守党议员中弥漫着反复无常的情绪波动，冷静几乎无处可寻，而惊慌失措的情绪则大肆蔓延。

人头税危机期间，政府的确也遇到了一件幸事。6月13日晚上，首相正在从头到尾翻阅她红盒子里的文件，这时她偶然发现了一个私人秘书写的便条，汇报晚上早些时候接到了政府律师的电话。鉴于最近的法院判决，他们建议在现存的立法体制下，如果政府能够设定它认为是"过度"开支的一个早期的数据，便可限制很多地方政府的支出。[16]

玛格丽特·撒切尔在确认这一法律观点无懈可击之后，便加倍紧张地行动起来。内阁委员会决定如果地方政府的费用开支导致人头税超过379英镑，就对他们进行限制。这种解决方案成本很高，要求30亿英镑的额外公共开支，然而这是一个可行的出路，也许能使新的人头税正式确定下来并被接受。[17]但是那些暴躁易怒的后座议员们中的"惊慌失措"派并没有心情听取这一妥协方案。他们想要取消人头税。因此不满之夏仍在继续，而玛格丽特·撒切尔的地位仍然不稳固。

---

* 这两句话的第一句是东肯特郡的军团战时的口号；第二句来自于海军少将摩根·摩根－吉尔斯爵士，温切斯特议员，1975年在对1922年委员会发表的正式演说。

欧洲问题的最后一战

在玛格丽特·撒切尔与欧洲的最后一次"大战"发生之前,她做出了一次重要的让步。她同意加入汇率机制。说服她做出这个一百八十度大转变的主将是约翰·梅杰,他受到财政部官员和英格兰银行的影响,确信加入汇率机制的必要性。他劝诱首相相信时机成熟是一个很难以把控的棘手问题。道格拉斯·赫德也大力提倡加入汇率机制。玛格丽特·撒切尔听着她的两位最重要的高层部长的话,她一定意识到不可能再承受失去另外一个财政大臣或者另外一个外交大臣的风险。尽管梅杰和赫德都很有绅士风度,不大可能会使出这一招,她却很清楚他们会在适当的时机打出那张王牌。因此她的立场开始有些动摇。

按照她回忆录中的说法,她采取这一举措时心中并不情愿,但这是一种修正主义的说辞。她的财政大臣约翰·梅杰回忆道:

> 说她没有被说服是谎话。她已经逐渐意识到也许没有任何其他的办法能够成功降低通货膨胀率。当我们即将做出加入汇率机制的决定时,她事实上提前一个星期的时间就公布了这一决定。她还倡议提高英镑对德国马克的汇率这一更具惩罚性的举措,因为她想要更加猛烈地击败通货膨胀率。这些并不是一个被迫加入汇率机制的首相会采取的行动。事实是她很感兴趣,而且在我们加入的当天就全力以赴。她是后来才改变想法的。[18]

玛格丽特·撒切尔转而同意加入汇率机制唯一的障碍就是她坚持要在宣布加入其中的当天同时宣布降低利率。尽管财政部和英格兰银行都以经济原因为由反对这一捆绑政策,首相的观点最终还是被接受了。她降低了一个点的利率,将其作为她政治上的遮羞布。当她在唐宁街10号门外宣布这一决定的时候,她的财政大臣站在她的身旁,沉默不语,玛格丽特·撒切尔话语中透露出仿佛降低利率和加入汇率机制是同一枚硬币的两面,正如她宣布的,"我们的政策正在发挥作用,而且能够看到它在发挥作用,正是这样一个事实使这些决定成为可能"。[19]

各个政党的政治家以及新闻媒体的第一反应几乎称得上是欣喜若狂。尼尔·金诺克表示欢迎加入汇率机制这一举措,称它是一个"重大的"决定。很多报纸评论员用了相似的形容词。英国工业联合会和英国工会联合会都对此表示赞同。股市高涨,但是也有一些异议的声音。《观察家报》的经济学编辑威廉·基根预测将会出现问题,因为英国加入汇率机制时汇率过高,1英镑相当于2.95马克。[20]约翰·梅杰的议会私人秘书托尼·费弗尔议员因为抗议而辞职。[21]泰迪·泰勒和保守党欧洲改革小组的其他领导人物要求知道如果汇率机制的压力变得难以容忍,我们的退出策略是什么。

玛格丽特·撒切尔怀着同情听取了这些欧洲怀疑论者提出的担忧,私下里说我们可以很容易进行重新调整。她无法支持采取大量的储备金或者调高利率来保护汇率。她私下的评论揭示出她对于自己几天之前宣布的政策缺乏忠诚。但是她用一个奇怪的理由证明加入汇率机制的正确性,认为这将能够使她更容易继续阻止走向欧洲货币联盟的举措。

这最后的一个观点很快就被证实是错误的。这次发生在10月28日欧洲理事会在罗马召开的首脑会议,被称作是"意大利伏击"。在这次峰会上,意大利人违背了之前所有的期待和保证,提出了实施欧洲货币联盟政策的严格的时间表。他们突然提议德洛尔计划第二阶段的货币联盟应该在1994年1月1日起施行,而且单一货币应该在2000年开始发行。这种宣布加速跨入货币和政治联盟的热情很具有感染力,尽管这一做法并未获得一致同意。

11个成员国的领导人,由科尔总理和密特朗总统带头,都准备好了当场就签署同意意大利制定出的时间表。英国被孤立了。首相对处于这一局势感到震惊,但对于单打独斗却丝毫没有感到不安。当被问及在12个成员国当中她是唯一一个反对这一计划的人感觉如何时,她的回答是:"我为其他11个国家感到遗憾!"[22]

她说"不"的方式不仅造成了伤害,而且使人感觉受到了侮辱。在罗马召开的新闻发布会上,她尽情地让满腔怒火释放出来。她抨击意大利人无法胜任对于此次峰会的组织管理工作,宣称它简直是"一团糟"。[23]她嘲讽委员会对实施货币和政治联盟的计划提出了一个严格的时间表,但却没有对这些计划的内容达成任何一致性意见。"像那样都能上火车的必然会被骗",她宣布道,补充说这辆火车似乎是开往"梦幻之境"的。

她所表达的这些批评意见言辞激烈,观点正确。"意大利伏击"的确一片混乱,而且从程序上看荒唐可笑。欧洲梦的这辆小车已经被放在了就欧洲货币联盟进行实质性协商的这匹马之前了,而且也放在了几个更加紧迫的问题之前,比如就关税及贸易总协定将要进行的几轮谈判以及海湾危机,甚至是亲欧的外交大臣道格拉斯·赫德也对这次峰会的组织管理和它宣告结果的混乱状态感到惊愕。

从首相在欧洲峰会的发言到她回到伦敦24小时之后对下议院所做的发言这一段时间里,她一直处于一种趾高气扬、义愤填膺的情绪当中。她不只为"意大利伏击"感到闷闷不乐,而且她内心深处也确信这次会议的结果正标志着被她称作是"为欧共体的未来而做的最终一战"的开始。[24]这是一场她下定决心绝不会失败的战争。

她对欧洲理事会会议结果所做的议会声明,通常语言枯燥且细节乏味,毫无亮点可言,但这一次情况却绝非如此。在我17年担任议员的生涯中,除了在阿根廷占领马尔维纳斯群岛之后即刻举行的那次辩论会之外，从没有看到下议院如此充满活力。在回答问题的时候，首相把一切顾虑都抛诸脑后。她双眼闪着光，举手投足引人注目，声带拉伸到适合吹响最后一声号角的高音阶状态，她似乎变身为博阿迪西亚女王，驾着她的战车，抵抗罗马侵略者，既充满激情，又满怀激愤。

在那天下午90分钟的时间里，她在演讲席上热切急促地滔滔不绝，击败了一个又一个不可侵犯的亲欧派人士，单一货币被认为"不是这个政府施行的政策"而不予考虑。有人提议英国采取类似性的替代货币，被称作是硬通币埃居（ECU，欧洲货币单位）情况也好不了多少，她对此同样不予理会，并尖刻地评论道："在我看来，它不会被广泛使用……很多人会更愿意继续使用他们自己的货币。"[25]她的财政大臣约翰·梅杰已经花了几个月的时间推进硬通币埃居，当听到这一令人惊讶的宣称时，他说自己的反应是"差点从椅子上跌下来"[26]，因为他意识到这将会摧毁他最近经济外交中做出的所有努力。

但是玛格丽特·撒切尔并没有就此结束。在与亲欧派对阵的不同阶段，她都宣称委员会正在"努力灭绝民主政治"，而且计划要带领我们通过"隐秘但不正当的途径进入欧洲联邦政体"。她宣布，对于欧共体"我们已经放弃了太多"。为了保险起见，她补充说，要同意"废除英镑，这一主权最伟大的表达方式"将"会是完全而且彻底错误的"。她将批判的最大的火力对准了雅克·德洛尔，用一连串的三重否定炮轰他：

> 委员会的主席德洛尔先生曾在不久前的一次新闻发布会上说他想要欧洲议会成为欧共体的民主机构，他想要委员会成为其行政部门，他还想要部长理事会成为参议院。不！不！不！[27]

她陈述最后三个字时激情四射，音调逐渐升高，整个下议院用齐声喝彩的方式来回应她。保守党的欧洲怀疑主义者都感到欣喜若狂，因为他们在首相身上看到了态度大转变的这一时刻，而且他们自己的政党内似乎也出现了态度的变化。因为从下议院整体表现出的趋势来看，亲欧派人士只占少数，而且有减少的趋势。

这些表面现象被证明至少在一个重要的场合下具有欺骗性。但是在当时，似乎整个议会的观念都在发生着巨大的变化，而这绝不仅仅局限于下议院的政府一方。很多反布鲁塞尔的工党议员都在欢呼，联合阿尔斯特统一党的成员受到了伊诺克·鲍威尔的鼓励，也同样处于兴高采烈的气氛之中。

来自社会民主党的领袖戴维·欧文提出了一个问题，也许最能充分反映下议院气氛，他问道："难道情况不是很清楚吗？在罗马所做出的尝试就是引向唯一一条道路的一跃——引入单一联邦欧洲合众国……英国难道没有资格和权力行使否决权吗？"

"我完全同意这位绅士阁下的观点。"首相回答道。[28]

那天下午她离开议事厅的时候，议员们继续喊着赞许的口号，手中挥舞着议事日程表，玛格丽特·撒切尔一定是感到她已经彻底打败了她的批评者们，而且重新确定了她和她的政府在走向欧洲货币和政治联盟的进程问题中所应持的立场。

如果曾经有过某一个时刻是整个英国政治系统都坚定地拒绝欧洲货币联盟和它的后续机构，欧元和欧元区的话，1990年10月30日下议院的那个下午就是那个时刻。

那天议会中发生的事件将会对英国与欧洲未来长期的关系产生深远的影响，而其在短期之内对玛格丽特·撒切尔造成了更加严重的后果。杰弗里·豪对当天下午议会事件的反应、对她即将面临的未来产生了直接的影响。

豪准备出击

杰弗里·豪爵士很长时间以来都相信英国完全参与欧洲经济和政治联盟的必要性。他支持单一货币。他给人的印象是赞成意大利峰会宣布的含糊不清的结果。当首相在罗马公开指责单一货币的可能性的时候，豪在伦敦周末电视的现场直播中对布莱恩·沃尔登说，英国并不反对这个想法，而且暗示玛格丽特·撒切尔很有可能会被争取过来，转而支持它。[29]她将他的干涉描述为"或者不忠诚，或者令人意想不到的愚蠢"。[30]

电视直播里观点的不一致，使副首相和首相之间再一次起了正面冲突。就在她站起来对欧洲理事会做议会声明之前，尼尔·金诺克就打算通过在首相质询会上询问杰弗里·豪爵士是否拥有她的全权信任这一问题来暴露出他们之间的分歧。"我学识渊博的朋友，副首相阁下是个大人物，不需要像绅士阁下这样的小人物来维护他"，她反驳道。[31]这很难算得上是一个干脆的支持态度。豪怀疑她是在有意与他保持距离，她以前在削弱奈杰尔·劳森的力量时也曾用过同样的手段。

10月30日那天，只要观察副首相的身体语言，便能透露出很多真实的情况，当时他坐在上司身旁的前座议席上。她开始对雅克·德洛尔以及他的所有工作进行抨击，当说道"不！不！不！"这句具有爆炸性效果的抨击言辞时，豪那张一贯像斯芬克斯式的冷静沉着的面孔彻底崩溃了。他退缩沮丧的情绪对于所有看到的人来说都是显而易见的。下议院里唯一一个似乎没有注意到他的窘迫情绪的就是首相。

第二天，杰弗里爵士决定辞职。他做出这一决定的主要动机引发了诸多猜测。他自己将理由归结为10月30日的发言，引用称他厌恶"首相整个语气当中越来越明显的表现出的民族主义的粗俗举止"。[32]

玛格丽特·撒切尔相信她的副首相是对保守党议员的观点更加偏

向于欧洲怀疑主义的态度转变感到惊慌不已。她说道:"也许我从后座议员们那里得到的热烈的——事实上是喧嚣的——支持使他相信他必须要马上出击,否则我会将整个议会政党都争取到我在布鲁日会议中就铺陈好的平台上去。"[33]

豪从政府中退出的一个更有可能的原因是长期郁结于心中的愤怒和政治上的失意。自从他离开了他所热爱的外交大臣的职务之后,苦涩愤恨的情绪就在他的灵魂中不断滋生发酵。这种仇恨很大程度上是由玛格丽特·撒切尔人员管理的方式造成的,她对杰弗里·豪既刻薄又粗鲁。然而他在他们之间的关系恶化过程中并非没有错误。对于她过分挑衅性的行为,他不仅没有正面挑战,甚至没有与她理论。太长时间以来,他都保持沉默,自讨苦吃,但是后来当首相成为一个易受伤害的目标时,他却在公开场合奋起反抗,语含攻击。他就是一个核潜艇,豪这个皇家海军舰艇已经浪费了太多时间秘密潜伏在水面以下,直等到能够造成最大伤害的时刻,才突然发射鱼雷。他在10月29日的沃尔登采访就是这样一种有意却出人意料的秘密反攻风格的例子。

玛格丽特·撒切尔对罗马峰会强烈的反应使杰弗里·豪深感不安,其中有两个原因。尽管他思维清晰,能够看出罗马方面的策略既不专业,也不公平,然而他相信英国本该做出一个更加慎重耐心的回应,只需要将欧洲货币联盟的讨论推迟到下一次政府间的会议即可。当首相难掩激愤之情地走出座位的时候,杰弗里·豪爵士的亲欧情感受到了严重的冒犯。

一个更加严重的打击是豪意识到,下议院里与玛格丽特·撒切尔一样,对欧洲货币联盟和与之相伴的德洛尔哲学持同样反对态度的竟然如此普遍,令人震惊。作为下议院的领袖,他能够像任何人一样读懂议会内的情绪。10月30日首相在做声明时爆发出的欢呼喝彩声标志着一道分水岭。杰弗里爵士是在希思时代成长起来的,当时大多数的保守党党员吟诵的准则是,"我们是欧洲的政党"。然而情况突然很明显，那就是这一基础正在崩塌，欧洲怀疑主义者已经占了上风。

豪作为外交大臣所为之奋斗的所有一切，都在受到一位持民粹主义立场的首相的挑战，她表现出坚定的决心，要为她的事业召集支持者，不只是在下议院，而且是在全国范围内。这最后的一个恐惧沉重地压在杰弗里爵士的心头，他询问自己："我开始好奇，她是不是有意识或者无意识地要将谈话引入她预先设定的方式里，从而实现为下一次大选作战的目的？"[34]

首相在议会所释放出来的这种反欧的民粹主义情绪进一步被媒体放大了，而这也进一步加剧了这样的担忧。10月31日《太阳报》的头条标题是"去你的——德洛尔"。这是证明支持首相队伍壮大的一个最生动有趣的例子。看到公众舆论的反欧激情呈现井喷之势杰弗里爵士感到更加沮丧。不论他对继玛格丽特·撒切尔后担任首相还怀有多少残余的希望，都被这样的公众舆论彻底扫清了。这也彻底破坏了他对她的政府仅存的一点儿忠诚和集体责任感。混合了复杂的私人情感和公共政策的多种因素促使杰弗里·豪抓住机会，最终决定坐下来写他的辞职信。

这封信的写作过程耗时费力，篇幅长达1200字，而且花费了两天的时间才完成。在未完成这封信的时候，副首相参加了他最后的一次内阁会议。他在整个会议的进程中几乎只是走走过场，但是尽管他并未开口，几个同僚仍捕捉到了豪和撒切尔之间加剧的敌对状态的蛛丝马迹。

约翰·梅杰同情豪的处境，他在这次会议中敏锐地感受到了二人之间的敌意。他将豪辞职当天上午的最后一次内阁会议描述成是最糟糕的一次：

> 杰弗里和玛格丽特并肩而坐，在我正对面。他们几乎无法正视对方。杰弗里低头盯着他的文件，噘起嘴唇；玛格丽特怀着鄙视的态度，眼睛发光，当他沿内阁长桌向下扫视的时候，她的眼

神向上看。当她低下头去看她的笔记的时候,他眼睛直直向上看。肢体语言说明了一切。这样对待一个高层同僚使整个内阁都感到很难堪。[35]

当讨论进入到立法计划的时候,他遭到了更加恶劣的对待。这一计划按预期是要在几天之后新一届议会开幕的时候做介绍,杰弗里·豪作为下议院领袖和枢密院议长做了一个再普通不过的评论,说有两三个部门的议案还没有最终定稿。这只是对于相关部长的一句礼貌性的督促,不需要任何进一步的评论。首相却像是向一个犯错误的学童发射火箭弹的女校长一样怒火冲天,"他们的议案为什么还没有准备好?"她质问道,"难道枢密院议长的职责不是要确保这样的事情能完成吗?"这一指责持续了好几分钟的时间,气氛异常尴尬。

"怎么搞的?这绝对是最后一次了",这是豪在默默忍受这种屈辱的时候心中所想但未说出的想法。他已经下定决心要辞职。正如他后来回忆这一事件时所说的:"因此这远不是最后一根稻草,这最后的一次发怒对于我来说是我做出正确的决定的第一次证明。"[36]

首相和副首相最后一次作为内阁同僚的会面发生在那天晚些时候,在下午的6点钟。尽管她事先已经被告知他即将辞职,她看上去仍然对此感到惊愕。"有没有任何我们可以做的,从而能够改变你的想法?"她问道。她得到的是礼貌的否定回答。杰弗里·豪之后拿出了他的辞职信。"你很大度",当她看完第一页结尾的时候评论道。"最好在你看完整封信之后再做评论",他回答道。当她看完整封信的时候,她的语调已经变了。"我现在明白了为什么我们无法改变你的想法。你很明显对此已经做了深思熟虑。"[37]

他们分别时候的礼节很怪异,他们第一次握了手。在这样一个紧张的时刻,他们两个人都忘记了一个传统,那就是议会的同僚之间不握手。在他们关系的最佳时期,他们曾经建立起非常稳固的政治伙伴关系，现在却以一种冷淡的方式结束了。

这种不自然的关系在对辞职信的交流过程中一直持续着。豪的辞职信索然无味，没有造成太大的影响——至少对比他两周之后将在下议院做出的辞职声明来说是如此。他清楚地指出，他感觉他必须要离开政府，因为他并不同意首相对于欧洲所持的观点。之后他对于自己的观点做了一个非常晦涩的描述，使问题进一步复杂化。他不是一个欧洲理想主义者或者欧洲联邦主义者。他反对强加的单一货币，但是相信被隔离在欧洲货币同盟之外的风险是巨大的。另一方面，他认为"多于一种形式的欧洲货币联盟是可能的。重要的是不要绝对规定或者排除任何特定的解决方式"[38]。当这些暧昧矛盾的话语那天晚上后来在下议院的吸烟室里流传的时候，保守党萨德尔沃思选区的议员杰弗里·狄更斯用低沉的声音说道："优柔寡断先生创作！"[39]引发了一片欢闹的气氛。

豪辞职信里语言风格的晦涩，使人无法弄清楚他和首相之间就欧洲问题的意见分歧究竟体现在哪些方面。这给了玛格丽特·撒切尔机会，在她的回复中进一步模糊他们之间的意见不合，她的立场是他们之间的政策分歧远不像他所暗示的那样大。她甚至肆无忌惮地宣称她在罗马峰会上的声明展示出保守党的团结统一，"我们一直是欧洲的政党，而且会继续如此"。[40]首相在辞职时候的通信通常会落入约翰逊博士称作是"在墓志铭中，人是没有宣誓的"*[41]这一分类当中。玛格丽特·撒切尔给杰弗里·豪爵士的告别书信中的一部分蛮可以赢得捏造墓志铭的一等奖。

首相完成了对杰弗里·豪的辞职信的回复工作，用一种坚定的现实主义态度面对新的政治情况。"我对他的离开感到如释重负。但是我丝毫不怀疑它将会造成的政治伤害。所有那些关于海瑟尔丁将竞选领

---

* 宣誓意味着所说属实，这里的意思是很多墓志铭中所说都是虚假的。——译者注

袖的讨论会卷土重来"，这就是她对当时情势的评价。[42]因此她的第一步举措就是尝试通过必要的重组来加固她摇摇欲坠的权威地位——这是不到一年时间里的第四次重组。她任命约翰·麦格雷戈担任新一届的下议院领袖，将肯尼斯·克拉克调到麦格雷戈教育大臣的职位上，将威廉·沃尔格雷夫纳入内阁，担任卫生部大臣。她的当务之急是要劝说诺曼·特比特回到高级部长的第一线上来，但是他拒绝了，理由是他必须要照顾瘫痪的妻子玛格丽特。一些在安妮酒吧*的爱说笑的人给出了另外一种解释，那就是"诺曼可能是一个飞行员，但他不是一个不要命的飞行员"。[43]

不论当时的原因是什么，特比特在晚年对他的这一决定感到很懊悔。在玛格丽特·撒切尔去世三天之后，他用讽刺性的口吻对上议院的议员们说道："恐怕是我抛弃了她，使她任凭她的朋友们摆布。我的确很后悔这一点。"[44]

在威斯敏斯特的朋友和敌人之间普遍存在着一种预期，认为另外一次领袖大选将会在新一届议会开始时举行，但是没有人知道谁会参加竞选，或者谁会赢得竞选。迈克尔·海瑟尔丁是一个很明显的竞争者，自从大约5年之前因为"韦斯特兰危机"离开的时候，他就一直在故意挑衅。然而他一开始耍的手段就不是很高明。他给他的选区主席发布了一封公开信，号召保守党就欧洲问题制订出一套新的计划。但是在墨迹还未干之前，其作者就已经动身前往中东地区，开始对其进行私人访问。这次的缺席是一次判断上的失误，成为他的批判者们嘲笑的焦点。其中嘲弄声最大的是伯纳德·英厄姆，他在新闻媒体中精心策划了一系列"参选或者闭嘴"的反海瑟尔丁的新闻报道。"这只不过是点燃了蓝色的导火线，然后后退到安全距离以外——这次是退到了安曼"，这是英厄姆从唐宁街的新闻办公室发出的愤怒之声。[45]

  ★ 安妮酒吧是威斯敏斯特宫一个很受欢迎的酒吧，议员们和议会新闻的采访记者们经常光顾此地。

海瑟尔丁在阿拉伯仍旧犹豫不决，议员们暂时离开威斯敏斯特，享受短暂的休会时光。在进入对于预期即将爆发的反抗首相的斗争的倒计时开始，就潜藏着一种令人不安的暴风雨前的宁静。有大约一周的时间，表面看来对她的压力可能会逐渐减弱，之后又因为两次糟糕的补缺选举结果而大幅度激增，首先是在布特尔，然后是在北布拉福德选区，而且这次的结果更糟糕，保守党候选人的选票排在倒数第一。[46]这些屈辱性的结果发生之前，在伊恩·高原先所在的伊斯特本大本营，保守党也遭受了惨败，自由民主党获得了这一席位，以21.1%的票数优势打败了政府。[47]

尽管这些选区出现了一些不祥的征兆，但对于玛格丽特·撒切尔来说，新一任的议会开端表现良好，因为她在开场发言的"忠诚发言"辩论会中打败了尼尔·金诺克。在那些交锋当中，首相沉浸在一种过分自信的情感当中，这给她带来了严重的后果，这后果的实施者是她的一名听众。玛格丽特·撒切尔试图要淡化她和最近离职的副首相之间争执的严重性，她宣布道：

> 如果反对党领袖读过我那位尊贵而且学识渊博的朋友的信，他的确会迫切想要找到我那位尊贵而且学识渊博的朋友和其余站在我们这一边的人就欧洲问题有哪些重大的政策分歧。[48]

这事实上是一个正确的声明，但是其中也包含了一个很大的谎言。杰弗里·豪爵士的辞职信对于首相在罗马峰会之后所激起的情绪做了一些负面但立场含糊的表述，但是却省略了他们之间分歧的详情。然而，她清楚地知道他们之间就欧洲问题的分歧是巨大的。她试图最小化他们之间政策分歧而采用的诡辩术激怒了杰弗里爵士。从那一刻起他下定决心不仅要做出辞职声明，而且要通过它使首相下台。他终于准备出击了。

回顾

玛格丽特·撒切尔担任首相11年,最后的几个月中有两大互相矛盾的因素占据了主要的地位:她在国内事务中无法听取政治盟友的意见,在重大的国际问题上能够做出有远见的大胆判断。

长期供职于高级职位经常会导致傲慢自大的态度和人际关系的疏远。19世纪的历史学家阿克顿勋爵曾经用一句格言表达了这一思想,"权力倾向于导致腐败,绝对的权力导致绝对的腐败"。[49]对玛格丽特·撒切尔来说,腐败的概念并不是金钱意义上的腐败,而从其腐朽和腐烂的意义上说,她的政治触角正在腐坏。她看上去总是很累。她的国防大臣汤姆·金注意到"她在内阁会议上因为疲惫不堪而打哈欠,这是她令人担忧的一个新的倾向"。[50]不论是因为疲惫或是固执,她都不再是一个肯倾听他人意见的政治家了。

各种友好的声音想要提醒她出现的危险信号。直到被暗杀之前,伊恩·高一直恳求她不要让她对杰弗里·豪的愤怒恶化为不可挽回的裂痕。特里斯坦·加勒尔-琼斯在1989年的领导权选举中,在把迈耶的选票降低到最少的过程中发挥了关键性的作用,他用最直率的方式告诉她如果她不解决好人头税问题,那么在任何未来的竞争当中她都可能把多达100多张选票拱手送给海瑟尔丁。乔治·扬规劝她缓和反欧发言当中的攻击性言辞,因为超过一半的党员仍旧持有亲欧立场。这些出于善意的建议都是在1989年晚期向首相提出的,但是她对于所有的建议都置之不理。

也许最持久的建议来自1922年委员会执行委员会,他们每个月都见她一次。不同的政党意见都在这些小的会面上得以表达。执行委员会中绝大多数的委员都支持首相,想要她继续留任首相职务。但是她对他们的建议置之不理,而且表现出难以掩饰的蔑视态度,使人痛苦地回想起15年前特德·希思对1922年委员会的无理态度。

玛格丽特·撒切尔在后座议席当中一个最热心的支持者是吉尔·奈特女爵士,她深受同僚喜爱,这使她成功连任1922年委员会副主席长达10年。她对于首相的毫不妥协非常失望,尤其是在人头税问题上。"令人遗憾的是,玛格丽特到了一个她不会听取我们中任何一个人意见的阶段,"她回忆道,"她盘坐在唐宁街的堡垒中,和查尔斯·鲍威尔、伯纳德·英厄姆待在一起,宁愿听取他们的意见,也不听从我们这些了解整个国家和下议院都在发生些什么的人的意见,这是令人感到非常遗憾的。"[51]

她的支持者所感受到的遗憾与她的对手高昂的情绪不相上下。迈克尔·海瑟尔丁感觉到首相正在走下坡路,因此他运用狡猾的手段和勤勉的方式为本就不堪的局势火上浇油。支持他的人数正在逐渐增多,因为他是所有不满情绪明显的集结点,尽管他对于真正举起造反的大旗似乎仍旧相当谨慎。但即使是那些反对海瑟尔丁的政策的人,尤其是在欧洲问题上,也把他看作是一个令人敬畏的挑战者。一个最直言不讳的欧洲怀疑主义者托尼·马洛来自北诺桑普顿,他早在10月中旬就曾忧郁地预测"在圣诞节之前将会出现一位新的首相"。[52]对于那些赞同这一预测的听众来说,候任首相的人选是海瑟尔丁。

然而尽管玛格丽特·撒切尔犯了很多错误,包括她的专横霸道和糟糕的人员管理方式,但她仍然是一位高踞于国际和国内舞台上的伟大人物。她为海湾战争即将发生的冲突所做的准备工作受到了下议院国防和外交政策专家们的赞许。有一种看法认为,如果提到科威特的战事,英国这位经验丰富的首相作为一名战争领导者的地位是无法替代的。

在欧洲问题上,对玛格丽特·撒切尔的看法分歧更大。然而,在她高喊"不!不!不!"对德洛尔进行谴责这一事件的尘埃终于落定之后,人们越来越感觉到她对欧洲货币联盟采取强硬的立场是正确的。

保守党对她强硬的领导风格做出回应，也开始转变立场。它正朝欧洲怀疑主义倾向的政策转变，这也是它今天所接受的立场。所有的这些改变都在1990年11月上旬开始发生。就像所有重大的政策巨变一样，这一转变在刚开始的时候令人感到有些困惑。但是在欧元区经济危机爆发的时代，很少有人会争论说玛格丽特·撒切尔在欧洲敲响英国反对货币和政治联盟的战斗警钟是错误的。

也许杰弗里·豪爵士正是意识到英国已经抵达了欧洲政策的十字路口，所以决心在准备将会是议会历史上最具有戏剧性的辞职声明的时候，拔出他的匕首。

36
终局

豪直击要害

杰弗里·豪发表辞职声明前几天的时间里，威斯敏斯特到处弥漫着紧张的气氛。玛格丽特·撒切尔很担心，尽管她在执行选区事务和在阵亡将士纪念日的纪念碑前承担公共职责时仍旧保持了一副镇静自若的外表。但是她在11月12日星期一伦敦市长大人的宴会的发言中卸下了这一面具，在这一发言中她没有流露出焦虑的感情，而是表达出过分逞强的自信心。她运用了板球的意象高调地表达出了目空一切的态度：

> 我还在击球线上，尽管最近的投球都表现得相当不友善。而且为防止任何人对此怀有疑虑，我向各位保证不会躲避反弹球，不会打守势球，也不会为争取时间而拖延赛事。投球在整个比赛场上都将被击中。[1]

玛格丽特·撒切尔大胆使用她并不熟悉的维斯登板球语言不仅暴露出她对板球的无知*（反弹球通常应当被回避！），而且进一步激怒了杰弗里·豪爵士。当他坐在亭子里撰写辞职声明的时候，他抓住了首相的这个比喻，证明当涉及恶毒的说法的时候，自己不是一个讲话兜圈子的傻子。然而几乎没有人，尤其是首相，相信他能够击倒她的中央门柱。

离职副首相的辞职声明必定是一次意义重大的事件。然而在他扔下这枚重磅炸弹之前，没有人预料到那场即将到来的大灾难。在下议

---

* 这个体育运动的类比是由查尔斯·鲍威尔写的，他的职责原是首相的海外事务私人秘书，到这个时候已经扩展到了国内的演讲稿撰写工作。不幸的是，他对板球也是一窍不通。

院,豪被认为是一个有才干却无趣呆板的演讲者。即使当他决定要对首相进行严厉批判的时候,大多数议员预测她也能够挺过去。按以往的经验来看,豪在试图挥刀的时候,其表现总是平淡无奇。在杰弗里爵士之前最著名的一次对一个对手发起人身攻击的尝试中,丹尼士·希利[*]贬低性的表述是这"像极了被一只死羊凶猛地攻击"。[2]政界在等待着听听他要说些什么的时候,他们经常引用这一嘲笑的言辞。

即使是豪可能也永远无法弄明白,究竟是从什么时候开始自己被逼急了,改变了忠诚的本能,决心要实施报复。是因为之前玛格丽特·撒切尔多次对他的无礼行为累加,从而使怨恨的情绪逐渐升级,最终达到极限爆发而出的吗?或者是因为自10月30日起,因为一些令人不快的意外发现导致愤怒的情绪突然奔涌而出?她对于德洛尔"不!不!不!"的谴责之言,她放肆大胆地假装首相和副首相之间的意见分歧只涉及风格而非内容,她自负地宣称她会在整个比赛场地击中他的投球对杰弗里爵士的自尊心是极大的打击。但是它们是否叠加为一场全面战争的宣战事件?按照以往的经验来看,这似乎是不可能的。

像是《尤利乌斯·恺撒》里的布鲁图一样,豪努力想被看作是一个值得尊敬的人。在和那些暗中密谋要结束玛格丽特·撒切尔政治生涯的保守党的卡修斯们结成同盟关系之前,他犹豫过,退却过,而且多年来都一直避免正面交锋。但是一旦他最终决定要采取行动,他刺出了她所有刀伤当中最残酷的一刀。

11月13日星期二下午3点半,杰弗里·豪爵士无疑做了他职业生涯当中最令人难忘也是影响最大的一次演讲。他的目的是,要用讽刺性幽默掺杂个人的仇恨调和而成的致命毒汁毁掉首相。整个下议院都被他的演讲深深吸引,并意识到他正在创造历史。

豪演讲的开头是一个玩笑,因为有人声称他的辞职是因为风格而

---

[*] 1978年,丹尼士·希利担任工党的财政大臣,杰弗里·豪是保守党前座与他职位相当的人。

非内容的问题。"如果相信我之前一些同僚的话,"他说道,"那我一定是历史上第一个因为完全赞同政府的政策而辞职的大臣。"³甚至首相在听到这个笑话的时候,都假装笑了笑,但是她的笑容很快消失了,因为她的前副首相很快就进入了短剑刺杀模式,指责她因为拖延加入汇率机制的时间损害了政府的利益和它控制通货膨胀所做出的努力。

然而,他将温斯顿·丘吉尔和哈罗德·麦克米伦对欧洲的看法比较为:

> 我尊贵的朋友阁下凭空幻想出的梦魇般的意象,她似乎有时候看到了一片大陆,而这里到处都充斥着一些不怀好意的人,他们正图谋,用她自己的话说,要"消灭民主政治",要"消除我们的身份",而且要引导我们"通过隐秘但不正当的途径进入联邦欧洲政体"。这是一种什么样的看法……?

到此时为止,保守党的后座议席中已经可以明显感觉到后背发凉,胆寒不已,而杰弗里爵士逐一披露出欧洲政策方面他与首相存在的意见分歧,戳到了一个接一个的痛处。

他指控首相蓄意破坏财政大臣和英格兰银行行长提出英国硬通币埃居(欧洲货币单位)的议案,她只是随意将这个想法称作"带有个人化的不可信性"而将其摒弃。他问道,到底怎样才能使财政大臣和英格兰银行的行长"在那样的一种背景噪声当中被作为讨论的参与者严肃对待?"在听到那个短语之后,整个下议院都响起了众人猛地倒抽凉气的声音。

杰弗里爵士接着倾泻出他对首相板球比喻影射的轻蔑,在下议院激起了更加恶劣的反响,他将首相的比喻和他用来表达她不公平地对待财政大臣和行长的比喻联系起来,说道:"这非常像是将你的开局击球手派到投球线上,结果在第一批球投出去之后,他们却发现在比赛开场之前,他们的球棒已经被队长给弄坏了。"⁴

巧合的是，那天我坐在划分前后座议员席位的过道下面的第四排议席上，在杰弗里·豪爵士的正后方听他发表他的辞职声明。这意味着在他发出每一个单词的整个过程中，我都被"圈在"电视画面里。我痛苦的表情因此也被拍摄了下来流传给后世，而且在那之后被多次回放。艾伦·克拉克在他的日记当中也记录了这一点，他记下了豪做"坏了的球棒"类比那一刻的情形，"每个人都倒抽了一口凉气，我环顾四周，看到了乔纳森的眼睛。他脸上是那种他偶尔会有的特殊的、感到难以置信的表情，大张着嘴巴"[5]。

不论我的表情表现得多么难以相信，比较起下议院以不同形式产生的情感波动都算不了什么。工党和几个豪与海瑟尔丁的支持者讥讽地哄笑起来。撒切尔忠诚的拥护者感到既惊恐又震惊，有些闭上眼睛，仿佛是要在这场残酷的杀戮发生时移开他们的目光。这类似于莎士比亚戏剧当中情感宣泄的高潮时刻，当尤利乌斯·恺撒伴随着暗杀者的喊叫声"帮助我的人，请为我表明心志"而应声倒地。[6]

循着后座议席几英尺开外的地方，我看到伊莱恩·凯利特·鲍曼女爵士开始哭泣，吉尔·奈特女爵士紧紧抓住了她前面的座位，看起来像是因痛苦而扭动着身体，就仿佛她自己的身体被刺伤。至于下议院里最重要的那位女士，所有的眼睛都集中在她身上，她看上去似乎稳如磐石。但是"在冷静的面具之下，我的内心正在翻江倒海"，玛格丽特·撒切尔回忆道，"我毫不怀疑这次演讲对我将造成深深的伤害"[7]。

在伤害造成之后，豪提及"首相对欧洲明显的负面态度，会给我们民族的未来带来越来越严重的风险"，而他对此感到"伤心而且焦虑"，并洒下了几滴虚假的眼泪。然后，在他声明的最后一句话中，这位前财政大臣、前外交大臣、前副首相给了他的前同僚首相以致命的一击："现在是时候应该让其他人考虑一下，他们对效忠的矛盾所酿成的悲剧应该做出何种反应，我自己也许已经为此挣扎了太久。"[8]

下议院的第一反应是因惊愕而一片沉默。没有任何表达支持的赞许声，没有反对的抱怨声，只有来自大雅茅斯的议员迈克尔·卡提斯低沉小声地喊了一句"耻辱！"但是当众人纷纷走出议事厅的时候，因为目睹一场暗杀而感受到的集体的震惊之情被一种越发喧闹的猜测情绪替代。因为我们都知道英国的政治形势已经被不可逆转地改写了。豪最后的26个词语被看作是一个精心计划好的呼吁，鼓励迈克尔·海瑟尔丁拔出他的剑毁灭首相。

豪可以被看作是给了一位不受欢迎的首相她应当受到的惩罚，也可以被看作是犯下了一场居心不良的恶意暴动的不可原谅的罪行，怎样看待，全在于你自己的立场。很多保守党议员对于被有些人称作是协调好的叛变行为感到怒不可遏。这是因为声明里隐含着诱使迈克尔·海瑟尔丁反抗玛格丽特·撒切尔的信息。豪和海瑟尔丁后来都否认了这一影射，也许他们天衣无缝的合作关系是通过心灵感应实现的。

海瑟尔丁参与竞选

在杰弗里·豪发表声明之后的几个小时里，保守党内发生了类似于自相残杀的大混战场面。据报道称有两个同僚在茶室里大打出手，但是即使没有出现斗殴，人们因为愤怒而导致的分裂局势也是一触即发，他们因为一些无关紧要的小事情激烈地争论不休，这些问题包括：豪是一个弑君者还是一个大英雄？声明当中最恶毒的部分是不是埃尔斯佩斯写的？海瑟尔丁是不是这个阴谋的一部分？那一天最频繁的被重复的一个问题就是："接下来会发生什么？"

政治阴谋团体和一些秘密会议出现在走廊里、酒吧里、吸烟室里，人们拔高嗓门，戳着手指。唯一看上去很高兴的就是迈克尔·海瑟尔丁阵营的追随者，带头的是威廉·鲍威尔、迈克尔·梅茨和基思·汉普森。他们全都兴奋不已。他们的英雄没过多久就决定抓住这个送到眼前的有利机会，决定发起挑战。第二天上午，迈克尔·海瑟尔丁正式宣布他参加竞选。1990年的保守党领导权之战正式拉开了帷幕，第一轮的投票日期定在11月20日星期二。

在接下来几天的时间里，发生了两件令人大跌眼镜的事情，那就是挑战者和在职者都在大选中落败。这部分是复杂规则导致的结果，那就是规定二者之中的任何一个如果想要不举行第二轮投票就必须彻底赢得竞选，胜出者的选票数必须要达到简单多数票外加15%的票数——也就是总票数要达到208票。

对玛格丽特·撒切尔和迈克尔·海瑟尔丁造成妨碍的并不是这人为要求达到的208张选票的目标，而是他们二人都背负着太多的包袱，无法达到这一终点，而且也因为他们二人竞选活动的组织团队都不太称职，无法胜任这一工作。

迈克尔·海瑟尔丁本该是一名完全有望当选政党主席和下一任首相的候选人。他拥有必备的部长经历。他是一个出色的演讲者，拥有得天独厚的政治领袖的魅力。他过去四年来一直致力于筹划一场计划周详且获得可观的经济资助的竞选活动，想要成为玛格丽特·撒切尔的继任者。然而当他的时刻最终到来，且有着能够想象到的最有力的局势的时候，他却失败了。为什么？

答案隐藏在被称作是"远洋班轮测试"的奥秘之中——这是奈·贝文首创，经由迈克尔·富特润色的一个类比。它将下议院生涯比作是一场和一群你自己绝不会挑选成为旅伴的同船旅客一起进行的一次长途旅行。但是当船已经越过比斯开湾，通过直布罗陀海峡的时候，变化的海洋环境和船上的共同经历已经使人能够相当准确地评判出船上领袖人物的性格特点。这些有利的和不利的看法就等同于在下议院中分选出的善人和恶人。在1990年领袖选举的背景下，我们所能说的就是迈克尔·海瑟尔丁未能通过远洋班轮测试。

"人猿泰山"从外表上看条件很好，但是他从来没能在他自己的议会同僚中间聚集起能让他赢得选举的等同水平的支持率。海瑟尔丁生性孤僻，难以赢得众人的喜欢，而且是个彻头彻尾的利己主义者，难以赢得众人信任。他的竞选动机、反复无常的情绪和虚荣心都被认为非常可疑。"他对会见同僚丝毫没有兴趣，他甚至都不知道茶室在哪里"，杰拉尔德·豪沃思抱怨道。[9]然而，尽管有着这些长期以来就存在的劣势，大选非同寻常的形势仍然给了他比之前所期待的所有情形更大的获胜机会。杰弗里·豪爵士事实上支持他参与竞选。民意调查显示如果海瑟尔丁担任领袖，保守党赢得下一次大选的胜算是最大的。他的撒手锏就是承诺会马上对人头税进行复审。当涉及在领袖选举中争取到新的选票时，这本该是一张王牌，因为很多保守党议员都相信除非人头税被取消，否则他们将会失去他们的议席。

然而，尽管所有这些趋势都在朝着对他有利的方向发展，海瑟尔丁仍旧无法集结起足够的势头超越玛格丽特·撒切尔。这部分是因为他的竞选活动管理不善。他的首席助理，来自彼得斯菲尔德的议员迈克尔·梅茨和来自里彭的议员基思·汉普森都没有足够的组织能力。

为了抵消他领导的是一支由11个成员组成的二流团队的印象，海瑟尔丁转变策略，开始了独角戏行动。他现在独来独往，亲自进行游说拉票工作。他的这种做法令人感到难堪，他一连好几个小时站在议员堂前面的过道上，在他们进进出出的时候走上前与议员们攀谈。"加入我这一边怎么样？"他在从议员堂通往议员衣帽间的石板路过道的台阶上问我，"你的才华已经被埋没了太长的时间。我们很希望你能加入我们。"[10]

他把这些话稍作变动，同样问了几十个其他同僚类似的话。有些人感到受宠若惊，而其他一些人则对这些不自然的接触当中海瑟尔丁虚假的笑容和魅力感到厌恶。诺曼·拉蒙嘲笑海瑟尔丁在游说拉票的时候"像是一个儿童性骚扰者，流连在洗手间周围，随时等待着扑向人们"。[11]迈克尔·海瑟尔丁在光鲜华丽的外表下，是个非常羞怯敏感的人。他的这些主动大胆的游说拉票活动对于他自己和他锁定的目标来说，看起来一定是同样拙劣的。

比海瑟尔丁拙劣的游说拉票的方法还要糟糕的是它的结果。因为在竞选活动开始的几天里礼貌拒绝海瑟尔丁的人数（有时候并不礼貌）令人感到泄气。如果他坚持在任何可信的积分卡上做记录的话，他一定早就知道他远远地落在玛格丽特·撒切尔后面。她的票数明显胜过他，尽管她在多大程度上领先仍旧不明朗。因此在这次选举中，她将是会遭受落败的一方——而她也的确落败了。

彼得·莫里森过于乐观

玛格丽特·撒切尔对再度当选保守党领袖的竞选活动做了极端错误的判断。究其原因混合了傲慢自大、糟糕的情报和自满情绪。她还做了一个错误的决定，在投票当天去巴黎参加一个并不重要的"欧洲安全与合作会议"，而她本该专心于做那些举棋不定和持怀疑态度的议员的工作。这些不足可以以小见大，体现出她对议员们的动向和情绪已经完全疏离，而他们却是支持她的根本生命力所在。

这种傲慢自大的情绪是她11年半在唐宁街的首相任期内越来越脱离议员们的生活所导致的结果。她已经成了一个不善于倾听的首相，无法了解豪与海瑟尔丁联手对她的职位所造成的威胁的严重性。她没有意识到自己应该打一场硬仗，而是决定要置身事外，信赖那些代表和下属们，而他们的表现却很不称职。

她第一个傲慢的决定是不做任何游说拉票活动。她的态度是，"保守党议员们了解我的为人、我的履历和我的信念。如果他们还没有被说服，那么即使我再做些什么，也难以说服他们了"。[12]这是一个严重的错误认识，正如她在回忆录里承认的，那时已经太迟了。"她疯了"，尼古拉斯·巴金说道，他当时正期盼着意料之中与首相的会面。"我想我仍然还是会为她投票，但是我知道至少十几个同僚将会因为她拒绝见他们而被激怒，他们会因为愤怒而弃权或者转而为海瑟尔丁投票，只是为了给她个教训。"[13]

巴金的评论反映了议会生活中的一个事实，那就是很多同僚都期待在大选之前能够见到他们的领袖。这是之前竞选中的惯例和习惯做法。因为不见议员而让他们觉得受了冷落，也必定会失去选票。更重要的是，很少有人会怀疑在投票的预备阶段，如果玛格丽特·撒切尔能够以小组的形式会见那些摇摆不定的人，并请求他们的支持，她本可以将这些人中相当数量的人争取过来。现任首相的权力具有令人不可思议的力量，但是玛格丽特·撒切尔太傲慢，不屑于运用这一权力。因此，她丧失了10~30张关键的选票。

她的傲慢得到了糟糕情报的支持。她本人相信对于一位获得大多数人支持的当权首相来说，在大选之间因为一场由她自己的议员发起的政变而被赶下台，这几乎是绝不可能的。这种自信，使得她确信将会得到，但是却没有得到不可靠的选票预测结果的支持。她在计算总票数的时候并没有得到党鞭办公室的帮助。尽管她之前曾称它是"我的办公室"，但事实上完全没有这回事。在新一任首席党鞭提姆·伦顿（他是杰弗里·豪的一个挚友）的指示下，他命令为了反映出党内的分歧，党鞭作为一个团体在竞选活动中应当严格保持中立的立场。对于很多后座议员来说，政府的党鞭们不像在一年前的领袖选举中一样支持政府的领袖，这似乎是一个很怪异的决定。他们的中立立场是一种混乱的、潜在不满情绪的症状体现，而这一症状已经影响了整个议会政党。

党鞭办公室保持中立立场，因此清点票数、游说拉票和组织玛格丽特·撒切尔支持者的任务就完全落到了她的竞选团队的身上。但是这不是一支训练有素、充满活力的团队。它的主要特征是缺勤、缺乏责任心、懒惰和无能。为什么有一半的党员都很清楚地看到了这一点，而唯有领袖自己不知道，这始终是个谜团。

玛格丽特·撒切尔得到她的财政大臣和外交大臣的提名成为候选人，但是约翰·梅杰和道格拉斯·赫德都没有被要求为他们的候选人做任何游说拉票活动。这一任务落到了她指定的竞选活动主管乔治·扬的头上，他是来自艾尔的议员，是前任苏格兰事务大臣。

一年之前他在这一工作中表现出色，当时的任务是击败安东尼·迈耶爵士，要相对简单得多，然而扬并不是击败海瑟尔丁的合适人选。他是个苏格兰绅士，太过儒雅，离那些新任英国议员们的生活太遥远，他们满脑子关心的都是人头税的问题；而且他也太忙于扩展商业利益，包括担任苏格兰皇家银行董事长的工作。

如果说"乔治绅士"还只是首相竞选团队里的一个兼职人员的话，那么一些她邀请来帮助她进行这一工作的其他人甚至更加不负责任。前任首席党鞭迈克尔·乔普林退出了，诺曼·福勒借口他和杰弗里·豪之间的友谊也退出了。约翰·穆尔在竞选活动大多数的时间里都因为到美国出差而缺席。尽管诺曼·特比特大胆地在迈克尔·海瑟尔丁的威尔顿新月大厦的门街上举行了新闻发布会，表现出强烈的支持，然而竞选团队作为一个整体显然死气沉沉，萎靡不振。这其中缺口的工作必须要被玛格丽特·撒切尔最近任命的议会私人秘书彼得·莫里森补上，他事实上成为她的代理竞选主管，而他却是一个彻底的失败者。

我和议会里的任何人一样都很了解彼得·莫里森。我们之前曾是校友，我在威斯敏斯特的圣玛格丽特教堂举行婚礼时，他是我的伴郎。我们分享了很多个人和政治生活中的秘密。因此当他因为突然被赋予了一项新的可想象到的重大责任——负责首相的竞选活动而感到不堪重负的时候，我能了解他当时所承受的巨大压力。

16年的下议院生涯对彼得很不公平。他的健康状况持续恶化，他有酗酒的问题，使他经常生病，体重超标，经常在下午睡个长长的午觉。1990年的秋天，他被卷入了一场对他私生活的警方调查当中。对他的指控从未得到证实，调查后来也被取消了。但是在领袖选举的时间里，彼得很担心，心烦意乱而无法集中精力。他掩盖了自己的困难处境，而表露出对首相支持的牢固性自信满满的感觉。他并没有在这个出了名的虚伪的选区里尝试探听投票意图的方法。他只是单纯地对他们口头承诺投票的表面意思信以为真，几乎没有下功夫再通过第三方的帮助对这些承诺确认或者再次确认。不出所料，懒散的怠慢做法导致了虚假的乐观主义态度和错误的数据。

艾伦·克拉克是玛格丽特·撒切尔的支持者之一，他察觉到了首相竞选团队内部的四分五裂。在投票的前一天，他非常担忧，取消了下午在国防部的约会。他去了下议院，看看他能否帮忙再多赢得几张选票。

克拉克发现彼得·莫里森在他的办公室里睡觉。当被叫醒的时候，首相的议会私人秘书对这位来访者的担忧不屑一顾。

"情况相当好，老伙计，放松。"

"数据统计显示情况怎么样？"

"咬得很紧，但是没问题……迈克尔的票数大概是115张，最糟糕的情况可能是124张。"

"彼得，你看，我认为大家没有对你说实话，"艾伦·克拉克说道，"你难道不认为我们应当出去，再对他们施加一点儿压力吗？"

"毫无意义，事实上，这很可能会起反作用。我对于这一点形成了一套理论，我认为有些人会在第一轮投票当中弃权，从而能够使玛格丽特放手一搏，然后他们会在第二轮投票当中团结一致支持她。"

克拉克认为这是胡说。他离开了办公室，感到深深的忧虑，他在日记中抱怨道："在她的竞选活动中，丝毫没有任何的活力。彼得毫无用处，比我想象的还要糟糕……他烂醉如泥。为她工作的人里没有一个人起到任何作用……而她本人却在巴黎。"[14]

决定去巴黎而没有为竞选活动待在威斯敏斯特是一个致命的判断失误。将她召集到英吉利海峡对岸的是欧洲安全与合作会议，这很大程度上只是一个庆典活动，庆祝冷战的结束，为讨论东欧的人权和安全问题成立一个新的论坛。参加会议的政府首脑包括布什总统、密特朗总统、戈尔巴乔夫总统和科尔总理。如果玛格丽特·撒切尔留在国内为领导权而战，他们作为政治家都能理解。但是她自己却没有这样理解。她想要站在世界舞台上，而不是在威斯敏斯特到处拉选票。这也标志着她与国内政治的疏远，这使她在自己的部队当中人气下滑。

造成她决定去巴黎的最后一件起决定性作用的事件就是她的竞选团队汇报上显示出她稳操胜券。玛格丽特·撒切尔11月17日星期六的晚上在契科斯首相别墅为她的支持者和竞选团队的核心成员举行了一次晚宴。客人中包括彼得·莫里森、肯尼斯·贝克、约翰·韦克姆、格里·尼尔和迈克尔·纽伯特——他们都是一些本应当为首相的再度当选全力以赴努力工作的议员。他们所有人对于她的前景都表现得超级乐观。彼得·莫里森汇报说他有信心撒切尔能赢得220票，海瑟尔丁110票，预测有40个人会弃权。首相把它称作是"一次轻而易举的胜利"。然而，她也表现得很谨慎，告诫她的听众们被她称作是"谎言因子"的情况。她告诉莫里森，"我记得特德·希思当时的想法也一样。不要相信我们的数据——有些人对双方都做了承诺"[15]。

在选举当中也许还有另外一个紧要关头出现的因素使选票向她的对手方向倾斜。她参加竞选活动唯一的形式是参加报纸采访。11月19日星期一《泰晤士报》报道了她最后发出的一连串的攻击，这起到了反作用。在接受报纸编辑西蒙·詹金斯采访时，玛格丽特·撒切尔对迈克尔·海瑟尔丁发起了具有挑衅性的攻击，中伤他那本她做了大量注解的书《有志者》(Where There's a Will)，同时宣称他的干涉主义、社会主义、降低人头税、降低税收的政策"听起来就像是工党"。她宣称，她的挑战者将会"堵塞住事业的源头"，并将国家带回到那些可怕的旧日岁月当中。对很多的读者来说，这听上去有些疯狂。不管迈克尔·海瑟尔丁是什么，他都不是一个社会主义者。至于他计划削减人头税的计划，这正是很多保守党议员想要的，前提是如果他们想要保住他们的议席的话。他们中的一些人在读了这篇采访内容之后，改变了立场，投身到了海瑟尔丁的阵营。

也许玛格丽特·撒切尔直觉上认为她对政党的支配力正在下降。她对莫里森预测的乐观选票前景越来越感到怀疑。西蒙·詹金斯感觉他在对她进行《泰晤士报》采访的过程中发现了她脆弱的时刻，当时玛格丽特从她坐着的椅子上探身向前说道："在取得了三次大选的胜利之后，这的确会是最残酷的事情了。"[16]

尽管出现了这些预感，她在投票之前关键的48个小时里仍然忽视了威斯敏斯特选区，而是出发前往巴黎。

巴黎漫漫长夜

对于威斯敏斯特群龙无首的撒切尔竞选阵营来说，选举日在一种不安和懒洋洋的气氛中降临了。不仅候选人缺席，她的提议者约翰·梅杰在医院里进行智齿摘除手术，她的附议者道格拉斯·赫德正在巴黎陪伴首相。与海瑟尔丁阵营的竞选团队相反，彼得·莫里森决定不再采取任何最后关头的竞选活动。相反，在投票当天的上午，他间歇性地在第十四号会议室门外的走廊上巡查，议员们这一整天都陆陆续续地过来投票。"谢谢你们支持首相"[17]，他不断拉长了声音说道，就像是一个主教在对那些他认为忠诚的信徒赐福。如果他的设想是正确的，首相将会大获全胜。

在巴黎，玛格丽特·撒切尔的48小时行程很满。她在美国大使馆和布什总统共进早餐，中午在爱丽舍宫和其他领导人共进午餐，在欧洲安全与合作会议上发表演讲，而且与多国首脑举行了双边会谈，包括戈尔巴乔夫总统。会议在下午4点半结束，晚宴计划8点在凡尔赛宫举行。在这两个安排之间的间歇，她回到了英国大使馆等待结果，选票在6点之后就能统计出来。

在约定的时间里，她的核心集团成员都集合在大使馆她的卧室里。彼得·莫里森特地飞到她的身边等待结果。在场的还有查尔斯·鲍威尔、伯纳德·英厄姆、辛西娅·克劳福德和英国大使尤恩·弗格森爵士。首席党鞭提姆·伦顿在6点20分的时候打电话汇报结果。查尔斯·鲍威尔已经知道了，他巧妙地在下议院设立了自己的热线，因此他10秒钟之前已经获知了这个坏消息。他没有把它告诉首相，而是在她的身后做出了一个大拇指向下的手势。[18]

作为消息传递的官方渠道，彼得·莫里森从伦顿那里记下数据，并把它们传递给了玛格丽特·撒切尔，她正镇静地坐在梳妆台前，背朝着大家。"恐怕没有像我们期待的一样好"，她的议会私人秘书在传给她结果的时候做出了这样的判定。[19]它显示：撒切尔，204；海瑟尔丁，152；弃权或者无效票，16。

在外行人看来像是获得了胜利，但内行人马上意识到这是一次失败。因为仅仅差可望而不可即的4张选票，她无法避免第二轮投票。玛格丽特·撒切尔知道这是一个沉重的打击。尽管当消息传来的时候，她在房间里背过身去，没有面对大家，查尔斯·鲍威尔从梳妆台上的镜子的映像中观察到了她的反应。"我能从她脸上掠过的表情当中看出她的第一反应是：'完了'"，他回忆道。[20]

如果那的确是她真正的想法，那么她将其掩饰得相当好。她保持了表面上坚不可摧的镇静表情，要求鲍威尔核实一下赫德和梅杰是否能够在第二轮投票当中支持她。鲍威尔发现赫德在隔壁房间里，正在与梅杰通话，因此他很快就获得了回复。首相之后大步流星地走进英国大使馆的庭院里，对聚集在那里的媒体宣布她对于选举结果的意见。

在一片纯粹是闹剧的情景下，她走向了错误的话筒。她没有走向伯纳德·英厄姆为她准备好的记者席，而是在记者和大使馆工作人员的推推搡搡下，不知怎么的最后抓住了英国广播公司的政治新闻记者约翰·萨金特递过来的话筒。他当时正在告诉电视观众们玛格丽特·撒切尔不会走出大使馆发表评论。而英国广播公司在伦敦的新闻播音员彼得·西森斯感到既好笑又困惑,他大声在听筒里喊道:"她就在你后面!"正被挤来挤去的萨金特把他的话筒递给了首相,她态度坚定地宣布道:

> 大家晚上好。我赢得了超过半数议会政党的支持,自然感到很高兴,但是对于没有在第一轮中赢得选举感到有些失望,因此我肯定地告诉大家,我会继续参加第二轮投票。[21]

英国大使馆庭院里混乱的场景给人造成的第一印象是首相正在丧失对权力的掌控。议员们拥挤在威斯敏斯特的议员预观室里观看现场报道——非预期的英国广播公司独家新闻——她这种不服输的勇气能够在第二轮投票当中将局势扭转为对她有利,还是说她已经注定完了,议员们对此观点不一。局势陷入混乱状态,也许玛格丽特·撒切尔的内心也是如此,因为她在巴黎的那个晚上也是时而情绪高昂,时而多愁善感,经历了巨大的情绪波动。

她回到大使馆后的第一反应就是打电话给身在伦敦的丹尼斯。按照卡罗尔的说法,他表达了非凡的支持态度:"'恭喜你,亲爱的,你赢了;这些只是规则',他说道,眼泪流下了他的双颊。他是在为她,而不是在为自己哭泣。"尽管他满怀同情地听着她坚持要为第二轮投票而战,他却一个字也不相信。因为当他放下电话的时候,他对和他在一起的朋友说:"我们受够了。我们退出。"[22]

玛格丽特·撒切尔是个非常精明的政治家,她不可能没有从投票数据推测出她作为首相的日子很可能将会结束。但是尽管她被击败,她仍然不愿接受出局的命运。她仍旧保持一名处于战事中的勇士的表象,反复地对彼得·莫里森重复说,"我们必须要坚持战斗,赢得第二轮投票"。[23] 也许这一口号既是要说服她自己,也是要说服她的议会私家身上最恶劣的缺点，包括她自己在内。然而在整个戏剧性事件当中，她更大程度上是一个被动的参与者。的确，这也许是她生涯当中唯一一次她太被动的时候，远离一场她本应当领导的战斗。她严重的错误就是已经与议会当中她的一群支持者疏远了。

我在过去16年来一直是这个群体中的一员，对于那些以这样的方式失去他们道德和政治立场的如此之多的同僚，我感到大为震惊。这是一个集体疯狂的时代。即使你像我一样，对玛格丽特·撒切尔所犯的错误和专横的行为深感不满，并大加批评，也无法证明对一位仍在职而且曾三次当选的首相发动政变是合理的做法。

我们距离大选还有18个月的时间，足够用来修改人头税。经济情况正在改善，我们的武装力量处在战争状态，随时准备成功将萨达姆·侯赛因从科威特驱逐出去。因为以上所有的这些原因，加上尼尔·金诺克在竞选活动当中糟糕透顶的表现，保守党赢得了1992年的大选。谁能保证这些事件结合在一起不能使玛格丽特·撒切尔第四次取得胜利，当选首相，就像它们帮助约翰·梅杰赢得了他的第一次首相大选一样？即使她会被打败，那也会是大选中民众所做出的决定，值得尊重——要比少数几个愤愤不平的保守党议会议员一起密谋、可怕恶毒的暗箭伤人要好得多。

因为民众无法原谅或者忘记保守党对玛格丽特·撒切尔发动的政变，保守党在野长达10年的时间。作为处于这一系列戏剧性事件边缘的一个普通的参与者，我至少可以声称在杰弗里·豪发表辞职声明的当天晚上，我在英国广播公司《晚间新闻》里说的话是正确的，我说："如果我们在幕后的政党大屠杀当中将英国和平时期最成功的首相赶下台的话，我们必然将会把它看作是最黑暗的时刻，并为此而后悔。"[27]

37
退出

初探

"不要再继续了,亲爱的",这是玛格丽特·撒切尔从巴黎回到唐宁街10号之后收到的第一条建议。[1]它来自丹尼斯,他很清楚她的职位难以保住。但她还没有得出相同的结论,并下定决心只要第二轮投票还有机会,就会奋战到底。在接下来的几个小时里,她痛苦地发现根本没有这样的机会。

她是过了一段时间才得知这一真相的。在公寓里和丹尼斯谈过之后,她在书房里见了彼得·莫里森、诺曼·特比特和约翰·韦克姆。在那之后不久她又去了内阁会议室,在那里见到了肯尼斯·贝克、约翰·麦格雷戈、提姆·伦顿、克兰利·翁斯洛和约翰·穆尔。玛格丽特·撒切尔感到大失所望,因为他们讨论的主要话题居然是阻止海瑟尔丁的重要性问题,甚至是她最热情的支持者似乎都在强调这是她为什么应当参加第二轮投票竞选的首要原因。大家一致认为她作为候选人是能够牵制"泰山"的最合适人选。[2]

对于一个曾经赢得三次大选的首相来说,这几乎算不上是表达恭维的赞美之词。使事情更糟糕的是,他们对于这场赌注的结果并未达成一个确定的共识态度。首席党鞭提姆·伦顿汇报说基于他征询的意见,她很可能会被海瑟尔丁击败。约翰·麦格雷戈的主要职责是了解内阁的意见,他持有类似的看法,但是没有说出来。他知道内阁当中有不少的同僚,或者想要首相下台,或者认为她在决胜选举当中无法击败海瑟尔丁。然而,麦格雷戈不希望在伦顿面前说出他的调查结果,使她怀疑他可能是豪和海瑟尔丁两翼包抄战略的支持者。因此玛格丽特·撒切尔对于她在最高层同僚之间支持率严重流失的程度依然不明就里。

1922年委员会的主席克兰利·翁斯洛的做法进一步模糊了当时的

局势,他决定要保持选举裁判严格的中立立场,因此他对于后座议员中的意见走向也没有提出任何意见。然而,他的确提出对欧洲政策问题的争论正在消失。他的看法是下周投票情况也许能够发生逆转,而这取决于能否就人头税做出一些实质性的改变。玛格丽特·撒切尔告诉翁斯洛说距离投票只有五天的时间,她没有办法突然拿出什么出人意料的绝招来。

她最忠诚的支持者是诺曼·特比特。他并没有弱化迈克尔·海瑟尔丁提出要对人头税做出彻底审查的承诺对很多议员产生的影响。但是特比特很确定如果她的高层部长们能够支持她,那么首相一定能够收复失地,赢得足够的票数打败她的挑战者。玛格丽特·撒切尔采纳了这一战略计划。她决心要在内阁当中巩固她的支持阵地,而且要争取后座议员们的支持,而这是她在第一轮投票时明显没能做到的。

首相的职责要比一名候选人的工作重要。在下午的早些时候,她对于巴黎的"欧洲安全与合作会议"内容做了声明。当她离开唐宁街出发前往下议院的时候,她对集结在那里的大群记者大声说道,"我会继续战斗,我要为胜利而战"。当她在晚间新闻公告上看到对她所说的话的报道时,她心想,"我看上去要远比我感觉到的更加有自信"。[3]

关于"欧洲安全与合作会议"的声明进展很顺利,但是对于双方来说都没有什么实质性内容,因为它主要是关于促进东欧的民主和人权这一无可争议的目标。首相回答了所有的问题,口气中透出威信,暗示出她除了计划继续留任首相这一职务之外,没有做出任何其他打算。在那之后,她在诺曼·特比特的陪同下来到茶室,这一举动出乎所有人的意料,因此大家看到她的时候就好像是看到幽灵一般惊讶。"班柯的魂魄来了!"[4]一个不甚友好的声音高声喊道。她假装没有听到这一嘲弄,在自助餐厅放茶柜台另一边的一张很大的椭圆形桌子前面坐下,但是没有得到众人的欢迎。

她先后来到四群同僚中间,他们几乎无一例外地对她第一轮竞选活动提出了批评。"迈克尔已经两三次要求我投他的票了。这是我们第一次看到你呢",其中一个人责备她说。[5]说这话的人是一个忠诚的支持者乔治·加德纳,他想要听到她保证从现在开始她会为了每一张选票而战。他听到了。当她走到我正坐着的那张桌子的时候,她的语调乍听上去很积极乐观。泰迪·泰勒和我都说我们会在我们的保守党欧洲改革小组中对每个议员游说拉票。我们认为在50个成员当中,至少能够争取到40张选票,他们都持有欧洲怀疑主义观点,与首相坚定地站在一起。"但是他们都是在说实话吗?"[6]她问道,语气里有些悲伤。这个小迹象表明她的自信心正在逐渐衰退。

同时,她对手的信心正在迅速膨胀。迈克尔·海瑟尔丁一直以来的助理基思·汉普森议员正在茶室旁边的走廊里一边愉快地做单脚尖旋转,一边对所有的人说:"耶!嘿!她还是候选人。我们成功了。我们现在不会落败了。"[7]一个心直口快的党鞭戴维·莱特鲍恩让他闭嘴。走廊里的谈话比豪发表辞职声明的那个下午还要刻薄。双方的激烈对峙似乎成为当天的主旋律。

"我要尽我最大的努力让她再度当选",尼古拉斯·巴金宣布道,听上去就像是哈弗勒尔遭围困时候的亨利五世一样。"我们现在需要的是一个能够使大家团结一致的候选人来阻止眼前这一切荒唐的行为",来自剑桥的议员罗伯特·罗兹·詹姆斯悲观地说道。[8]几乎就在他说这话的同时,玛格丽特·撒切尔正在和最有可能承担这一角色的两个人谈话。她要求道格拉斯·赫德在第二轮投票当中为她提名。他重申他乐意为此效劳,尽管他意识到支持他加入竞选的呼声越来越高涨。

既然赫德已经同意为她提名,首相便给约翰·梅杰拨通了电话。他正因为智齿摘除手术在位于亨廷登的家中休养。与一些后期的报道相反,这次两周之前就安排好的牙科手术完全是真实的。玛格丽特·撒切尔拨通了他的电话,用轻松的口吻要求他支持她的提名。"有片刻的沉默,他明显在犹豫",她心想。[9]约翰·梅杰在回复之前的确停顿了片刻,但是他的犹豫不是因为在考虑他自己的机会。他之所以推迟了回答,是因为她声音当中不容辩驳的语气和认为他必定会支持她的臆断。他认为,她对待他的方式正是她专横霸道的管理风格的典型体现。他会更喜欢征询的语气,而不是发号施令。但是他还是掩饰了自己的疑虑,回答说:"如果你想要我这样做,我会去做的。"[10]

她的两位提名者已经准备就绪,首相开始着手组织她的竞选团队。她不会把自己的命运再次交付到彼得·莫里森的手中。经由约翰·韦克姆,她求助于在1989年竞选当中为她赢得优异结果的两名最高效的竞选团队成员——特里斯坦·加勒尔-琼斯和理查德·赖德。他们都拒绝帮忙。前者是一位热心的亲欧派人士,因此他拒绝帮忙并没有令她太失望。但是理查德·赖德的背叛对她却是一个打击,使她很受伤。他在1975年到1981年间曾担任她的政治秘书,而且娶了她最亲密的助理兼日志秘书卡洛琳·斯蒂芬斯。玛格丽特·撒切尔把赖德看作家人,在1983年6月他成为一名议员之后,她很快提拔了他的职务。他的背弃对于她是否有希望能挺过这一关是一个可怕的预兆。

尽管阴霾正紧紧地包围着她,玛格丽特·撒切尔还没有失去自信。在11月21日星期三那个决定性的夜晚,她觐见了女王,并告知她自己打算要参加第二轮投票竞选。一回到下议院,她就开始了一系列与高级内阁部长之间的一对一面谈,正是这些面谈使得她再次当选的希望最终彻底破灭。

内阁倒戈

正是内阁扼杀了玛格丽特·撒切尔挺过这一关的机会。他们的动机很复杂。有些人因为开始不喜欢她所以想让她出局;其他人认为鉴于当前逐渐衰退的支持率,他们只是给了她唯一现实的建议;少数几个认为一旦她下台,他们在道格拉斯·赫德或者约翰·梅杰的带领下阻止海瑟尔丁，并且保住自己工作的概率更大。只有少数几个视首相为其伯乐的人仍然保持忠诚。

在过去的这24个小时里，内阁中想要背弃而不是跟随领袖的势头正在稳步上升。在第一轮投票结果被宣布之后不久，10个部长，其中有5个是内阁大臣，在特里斯坦·加勒尔-琼斯位于威斯敏斯特的家中举行了会面。他们提及玛格丽特·撒切尔的时候用的几乎完全是过去时态，只有威廉·沃尔格雷夫对她表达了简短的赞扬之词。她的离职被认为是既成事实，因此谈话主要集中在谁将是打败海瑟尔丁的最佳候选人。刚开始的时候，在加勒尔-琼斯家中达成的一致意见认为这个候选人将会是道格拉斯·赫德。马尔科姆·里夫金德、克里斯·帕滕、托尼·牛顿和威廉·沃尔格雷夫似乎倾向于这一看法。其他人，例如诺曼·拉蒙没有公开发表自己的观点。但是没有一个部长倡议为了保住玛格丽特·撒切尔奋力抵抗。

其他一些类似的小规模团体在星期二晚上和星期三一天也都在对此进行商谈。因此当玛格丽特·撒切尔开始逐一会见她的内阁大臣的时候，局势已成定局，无法挽回了。他们已经下定决心不会支持她，而且很多人甚至集体排练了他们表达遗憾的陈词。

11月21日星期三下午7点到9点之间，首相一一会见了15个部长，有12个是内阁成员。约翰·韦克姆建议她采用的这一做法是一个战术上的失误。如果玛格丽特·撒切尔把他们集合在一起，当着她的提议人和附议人的面直接问每一位部长他们打算如何投票，他们是否愿意挺身而出为她而战，相信情况会好很多。在这样一种集体的氛围中，整个队伍可能会团结在她的身后，当然，她获得的支持相信也会更多。

即使是在一对一的会面当中，也只有3个内阁大臣有胆量告诉玛格丽特·撒切尔她应该下台，包括肯尼斯·克拉克、马尔科姆·里夫金德和克里斯·帕滕。他们当中最直言不讳的是肯尼斯·克拉克，他忠告她说如果她参加竞选，必将以"惨败"收场，而权力就会落到迈克尔·海瑟尔丁的手中，而他将会使政党分裂。[11]

内阁中的7个成员在会面当中采用了显然是之前已经商量好的"立场"，众口一词。他们都告诉首相他们会在第二轮投票当中支持她，但是她是不会获胜的。因此他们都用了表达不同程度遗憾的口气，从一位率直朋友的窘迫为难到一位丧亲哀悼者的泪眼淋漓，建议她现在就退出。"几乎无一例外，"她用尖酸的语气抱怨道，"他们使用了同样的一套说辞……我感觉自己好像是加入了合唱队。"[12]

合唱队包括彼得·利利、约翰·格默、威廉·沃尔格雷夫、约翰·麦格雷戈、托尼·牛顿和诺曼·拉蒙。玛格丽特·撒切尔在事后回想起来的时候，对于这些故意以这种方式粉饰他们要表达的意思的人进行了严厉的批判。"使我伤心的，"她在回忆录里写道，"是那些我一直以来看作是朋友和支持者的背弃，以及那些他们用来把背叛转变成直率的建议和对我命运的关注的推托之词。"[13]后来，她把他们的行为描绘成是"笑里藏刀的背叛"。[14]

那些在她背叛的指控当中被宣判无罪的内阁同僚包括塞西尔·帕金森、约翰·韦克姆、彼得·布鲁克、戴维·沃丁顿、迈克尔·霍华德和汤姆·金。但是甚至那些忠诚的拥护者当中也有人表达了担忧。金想到了一个建议，就是她可以主动提出在海湾战争结束的时候下台。她拒绝了这一提议，理由是她不希望以跛脚鸭首相的身份继续留任这一职位。

在内阁会面结束的时候，她知道一切都结束了。但是她还是不情愿承认这一事实。在她的这些高级同僚进进出出的时候，她有一刻差点就承认了这一现实，当时彼得·莫里森允许艾伦·克拉克进去"一瞬间"。"她看上去很平静，几乎很美"，克拉克说道，他走近她，告诉她她表现得"很出色"，很英勇，但是政党可能会让她失望。

"我是一个斗士"，她回答说。

"那就战斗。战斗到最后，如果有必要的话就战斗到第三次投票。

但是你还是会输。"

她停顿了一下，之后说出了内心最真实的想法。

"如果迈克尔赢的话，那就太可怕了，"她说道，"他将会毁掉我为之奋斗的一切。"[15]

在这次交谈发生一天之后，艾伦·克拉克告诉我，当他听到她说这些话的时候，他知道自己已经完成了使命。他崇敬玛格丽特·撒切尔，但是也迫切地想要找到一种方式说服她带着荣誉离开战场。作为一名对她高度赞扬的"高尚的朋友"（她用来描述他的词语）[16]，他在劝说她退出选举的过程中比任何内阁当中不友善的成员都发挥了更加重要的作用。

对于海瑟尔丁的恐惧具有出人意料的传染性，而现在这种恐惧已经紧紧抓住了她。现实的情况是如果他达到了这一巅峰，没人知道他会是一个什么样的首相，尽管认为他会毁掉玛格丽特·撒切尔过去10年来所取得的成就的想法是很怪诞的。事实上，在宣布参加竞选时，他声称自己"走在撒切尔主义的最前沿"。[17]但是因为对他抱有太多的怀疑，而他本人又很少与人交流，很多的政党高层都夸大了他们的担忧，认为海瑟尔丁是个不稳定的因素。他会不会肃清内阁中的异己分子？对政策做出根本的改变？分裂政党？毁掉首相遗留下的财富？所有的这些都是不可能发生的，但是随着这个野蛮人越来越靠近唐宁街10号的大门，一些荒谬的谣言开始流传。"不惜一切代价阻止他"成了高喊的口号，而且最后甚至玛格丽特·撒切尔也加入了这一行列。

在内阁大臣们和艾伦·克拉克都表达了他们的意见之后，玛格丽特·撒切尔接见了少数几个超级忠诚的部长和议员们。第一个就是迈克尔·波蒂略，一位37岁的环境大臣，主要负责人头税。在会见他之后，玛格丽特会见了观点右倾的92小组*的代表团成员。他们表达的意

---

* "92小组"名字的由来是因为他们的成员过去常在夏纳步道92号会面，这里是他们第一任主席帕特里克·沃尔议员的家。

思与内阁提供的悲观惨淡的前景完全相反。这些年轻充满激情的撒切尔主义议员们告诉首相，她是被那些高层部长们误导了，只要积极战斗，她仍然能够在第二轮投票当中获胜。他们的女英雄深受感动。"如果高层当中能有一丁点儿这种精神，那倒的确是仍然有可能的"[18]，她后来写道。但是在当时，她将年轻人的乐观主义和她从竞选活动主管约翰·韦克姆以及其他那些与她关系密切的人那里得到的汇报当中的悲观主义进行了权衡。悲观主义者们得到的令人感到沮丧的预测结果显示，她的选票现在已经下降到150票以下，这个数据会使海瑟尔丁以70多张多数票的优势胜出。玛格丽特·撒切尔感到越来越伤心，回到了唐宁街10号。

丹尼斯正在等她。他已经和卡罗尔、阿利斯泰尔·麦卡尔平在马克俱乐部吃过饭了。撒切尔家的父亲和女儿在吃饭期间都表现得很勇敢，但是当他们穿过皇家骑兵卫队阅兵场的时候，都忍不住失声痛哭起来。"唉，他们全都背信弃义"，丹尼斯说道。这是唯一一次卡罗尔看到她的父亲哭泣。[19]

尽管很伤心，但是丹尼斯想要他的妻子有尊严地离开，不要遭受被赶下台的羞辱。从第一轮投票结果出来的那一刻，他就比她更加清楚地预想到了这一结果。因此他安慰她，并用他独特的爱意和务实的态度引导她做出这不可避免的决定。

在宣布她的辞职声明之前，她还有工作需要做。在保守党遭受最沉重打击的时刻，工党伺机提出了不信任动议，并将在11月22日星期四下午对这一动议进行辩论。既然已经知道到那时候，她将已经宣布自己辞职的消息，对她来说，要求另外一个高层部长，例如下议院领袖约翰·麦格雷戈代表政府回复这一辩论其实是很容易做到的。但是她却没有这样想过。

相反，大约晚上11点的时候，她开始认真地撰写作为首相最后一次演讲的演讲稿，把查尔斯·鲍威尔、提姆·贝尔、戈登·里斯和约翰·格默叫来帮忙。撰写初稿的过程被迈克尔·波蒂略打断了一会儿，陪同他一起来的还有迈克尔·福赛思和迈克尔·法伦，他们想要最后一次恳求她继续战斗。这是一个令人动情的时刻，但是在拭去眼泪之后，她拒绝受到这些"斗争到底者"的影响，这是她对他们的称呼。[20]

在大约凌晨3点钟，她上床睡觉，坚持要遵循通常的做法，把重要的问题留待第二天解决。短短的夜间休息之后，她并没有改变初衷。11月22日星期四上午7点半，她给首席私人秘书安德鲁·特恩布尔拨去电话，告诉他她最终还是决定辞职。因此在接下来的一天里他实施了准备好的计划，包括首相质询会的情况汇报、向内阁发表声明和觐见女王。

内阁成员在当天上午9点会面，比往常的时间提前了90分钟，这并不是因为领导权竞选中发生的戏剧性转变，而是因为有几个大臣计划参加休姆夫人*的追悼会。前厅里的氛围就像是一群哀悼者在葬礼之前集中在教堂里一样。玛格丽特·撒切尔眼睛红肿，身着黑色套装，她注意到她的同僚们"背靠墙站着，眼睛看向四面八方，却有意避开我"。[21]

她开场的时候提到在内阁的正式工作开始之前，她想要表明自己的立场，接着开始读放在她前面的一份文件，但是在读了刚开始的第一句话"我已在同僚之间做了广泛的意见征询……"之后，她忍不住失声痛哭，无法继续下去。[22] "看在上帝的面上，詹姆斯，你来读"，塞西尔·帕金森对大法官麦凯勋爵说道。

首相摇了摇头，擤了擤鼻涕，又做了一次不成功的尝试。她的悲伤打动了几个大臣，惹得他们也落了泪，有些是真诚的，有些只是虚情假意。最后她把整个内容都读了出来：

> 我已在同僚之间做了广泛的意见征询，并得出了结论，如果

---

* 休姆夫人（1909—1990），夏塞尔的休姆勋爵的妻子，他在1963—1964年曾担任保守党首相。

我下台，并给同僚们机会参加领袖投票选举，那么对于政党的统一和在大选中取得胜利都将会更加有益。我想要感谢内阁内外所有那些曾经给予我如此热情支持的同僚们。[23]

在这之后，麦凯勋爵代表内阁宣读了一份颂词，肯尼斯·贝克和道格拉斯·赫德都对此补充了他们自己的感激之词。玛格丽特·撒切尔难以忍受同情的氛围，因此她插入了对于现实政治情况的看法。她的立场是内阁必须要团结起来打败海瑟尔丁，否则她在过去11年里所代表的一切都将会丧失。我们并不清楚她的同僚中有多少人赞同她最后下达的这一紧急命令。

在短暂的咖啡休息时间里，她即将辞职的消息被公布，之后内阁就重新恢复了正常的工作。最重要的决定就是增加英国在海湾地区的兵力，再增派一个装甲旅。玛格丽特·撒切尔努力克制自己，坚持镇定自若地处理议事日程，尽管在即将结束的时候，她差点又要落下眼泪。

她最后一次内阁会议在上午10点15分结束，她邀请成员留下来进行一场非正式的政治讨论。公务员们都逐渐散去。在那些围桌而坐的政治家间，谈话的主题马上转到了领袖选举的问题上，而且讨论的重点再一次围绕着阻止海瑟尔丁的重要性上。在争论非常激烈的时刻，一位同僚宣布道，"我们要把弑君的罪责加诸他的身上"。玛格丽特·撒切尔一时之间感到困惑不解，然后她做了一个令所有人都感到震惊的回答。"哦不，不是海瑟尔丁，是内阁"，她说道。[24] 她说这句话的方式，语气里没有丝毫的怨恨，给人的印象就好像是一位历史教师在纠正一个学生文章当中的事实错误。当然，她是正确的。

她在那天上午最后的任务就是给布什总统和戈尔巴乔夫总统以及欧洲的政府首脑们送去消息。然后她去了白金汉宫觐见女王。在那之后，她回去继续忙于不信任辩论会中的演讲稿。说来也怪，这项工作使她精神振奋。因为她现在清醒地意识到既然她已经宣布了辞职的决定，保守党党员必定会完全团结在她的周围。甚至是反对她的人也会表现出同情。因此她预料这次演讲在下议院中会受到一致的好评。她猜测将会是"行来一路蔷薇笑"[25]，一帆风顺。她又一次猜对了。

华丽的告别演讲

玛格丽特·撒切尔作为首相对下议院发表的最后一次演讲取得了巨大的成功。在一上午的眼泪洗礼之后，她在下午的时光里收获的全是荣耀。她就仿佛是歌剧中的女主角，歌唱她最后一个也是最伟大的一个角色，在她最后的一次演出当中挑战所有的最高音。她在辞职的当天做到这一点，是对政治信心和勇气的一次奇迹般地展现。那些当时在议事厅里出席了这一场合的人永远也不会忘记这一时刻。

很多议员都认为她那天不会来议会。他们预料她会因为自己从权力之巅跌落的速度太快、方式过于残忍而深受创伤。但是铁娘子知道她被赋予了一个难得的表现机遇。她抓住了这个机遇，打了一针维生素B6加强针补充体力，并受到议会中观众们的情绪感染，他们都因为即将要目睹的重要的历史性事件感到高度紧张，兴奋异常。

像往常一样，尼尔·金诺克帮了她的忙。即使考虑到他的诡计在辩论开始之前就已经被戳破了这一事实，他在开场的演讲当中的表现仍不只是平庸，而是一塌糊涂。因为她在开场发言中抨击了他易受攻击的薄弱之处，指责他"空洞的言辞……只是大量不连贯、晦涩的话"。[26]

她的演讲毫不晦涩。在和查尔斯·鲍威尔一起准备她演讲稿最后一稿的时候，她说她想要它成为"我在历史舞台上受到公开审问时的誓约"。[27]她的演讲风格太过粗犷，不符合这一愿望中蕴含的哀伤情调。但是其坚定的观点和对她的成就所做的自然而然的辩护使其成为一次激动人心的表演，经典的玛格丽特·撒切尔式风格，只是没有了凌厉的咄咄逼人之势。套用莫利形容格莱斯顿*的话,"字里行间透露出的性格是最重要的"。[28]

她在处理干涉的问题时表现得尤为出色。她斥责工党并没有提及他们对于欧洲未来这一核心议题的立场如何。"他们是否想要施行单一货币政策?尊贵的绅士阁下甚至都不知道它是什么意思,因此他怎么可能知道他的立场如何呢?"[29]

尼尔·金诺克小声地插嘴说道,"这是一个假设性问题",底气明显不足。"纯粹是胡扯。太令人震惊了,"她愤怒地吼道,手重重地捶着演讲桌,"这不是一个假设性问题。必须要有人去欧洲,而且要证明他们的确知道它是什么意思。"[30]

自由党领袖的副手艾伦·比思插嘴问道:"首相能否告诉我们,在您离职之后是否打算继续为反抗单一货币和建立独立的中央银行的政策而战?"

她还没来得及做出回答,博尔索弗选区的工党议员丹尼斯·斯金纳从过道下面第一排的座位上坐着高声喊道,"不,她将会担任行长"。

整个下议院爆发出一阵大笑声,玛格丽特·撒切尔趁机加入了这一阵喧闹声中。

"多好的主意啊!"她反驳道,"我之前都没有想到过。"然后她将这个幽默转为己用,使局势对自己有利。

> 但是如果我是行长的话,也就不会有欧洲中央银行,它也不会对任何人负责,尤其不会对国家议会负责。创立中央银行之后的欧洲将不再意味着民主政治,而是要从每一个议会手里夺走政权,发行单一货币,施行单一货币政策和单一利率,这些做法都会剥夺我们所有的政治权利……单一货币是一种欧洲政治的体现,

---

* 格莱斯顿(1809—1898),英国政治家,于1868—1894年四度担任英国首相。——译者注

是要通过隐秘但不正当的途径实现欧洲联邦政体的方式。因此我的确应当认真考虑一下博尔索弗议员阁下的提议。现在，我们说到哪里了？我很享受这个问题的辩论过程。[31]

整个下议院的议员们也都很享受这个过程。在一阵欢呼声中，大雅茅斯的保守党议员迈克尔·卡提斯大声喊道："消灭它，你能击败这些人。"

"是的，的确"，玛格丽特·撒切尔笑着说道。[32]

几乎没有人怀疑她正在抹掉杰弗里·豪辞职声明所造成的影响，因为她现在正对他的观点做出如此强有力的反驳。而且，她的论点和她的陈述表现的光芒都盖过了杰弗里·豪。这对玛格丽特·撒切尔来说是一次全面的胜利。这次演讲留给后世的一个重要的遗产就是，它使英国加入欧洲货币联盟或者采用欧元都成为不可能。

她接着探讨在国际社会更高端的舞台上自己所做出的贡献，她以帮助东欧摆脱极权统治和结束冷战的功劳自居。"这些巨大的改变并非偶然发生的，而是因为国防力量的增强和坚决捍卫祖国的决心，是因为我们拒绝遭到恐吓的坚强意志实现的。"[33]

她从恐吓的话题自然过渡到演讲的结束语部分，聚焦在过去的南大西洋危机问题和迫在眉睫的海湾战争问题，言辞铿锵有力：

> 在我担任首相期间，曾有两次需要派遣我们的武装部队跨越千山万水，去保卫一个小国免受无情的侵略：第一次是保卫我们在马尔维纳斯群岛上的人民，现在是到科威特的边境。对于那些从来都不必做出这样决定的人，我想说的是在做出这些决定的时候，我的心情是沉重的，而且也意识到其中潜藏的多方面的危险，而同时，我对于我们武装力量的专业性和勇气也感到无比的自豪。[34]

整个下议院再一次响起了雷鸣般的表示支持的赞同声，但之后马上陷入了一片安静之中，也许是意识到英国又一次濒临战争的边缘，这位前任战争领袖在她的结束词里可能会传达一些重要的信息。她没有令他们失望，先是压低声音，之后在演讲的高潮部分拔高音调，她说道：

> 我们还有一些其他的感觉。那就是一种对于这个国家命运的感知：几个世纪以来的历史和经验都告诉我们，当原则需要被维护，当善良需要被支持，当邪恶需要被战胜的时候，英国就一定会拿起武器。正是因为我们站在正义的一边，从来没有在困难的决定面前退缩过，因此这个下议院和这个国家今天才能够对这个政府充满信心。[35]

欢呼的声音从四面八方传来，响彻整个议事厅。不论以任何标准衡量，这都是我记忆中下议院最出色的演讲之一。最具有讽刺意味的是，那些欢呼声最大、手中的议事日程表挥舞得最猛烈的议员，正是那些刚刚投票导致她下台的人。真是无可比拟的伪善！在这些喝彩声中，能听到良心刺痛的声音。如果领袖选举投票结果能够取消，那天下午重新举行投票的话，她一定会取得压倒性的胜利。

后来在茶室里，我和迈克尔·卡提斯坐在一张桌子前，他就是在首相演讲过程中插话说"你能击败这些人"的那位行事粗犷且随性的诺福克议员，他陷入一种极端绝望的情绪中。"我们都做了些什么？我们都做了些什么啊？"他不停地问着同样的问题。他不是唯一一个感到痛苦的议员。

事实是后座议员对玛格丽特·撒切尔的看法极端多变。她的支持者和反对者阵营大致比较稳定，但是政党中有些善变的中间派，他们摇摆不定,时而支持她,时而反对她,这取决于他们是否在选区里度过周末(选区内地方上通常都坚定地支持首相),或者他们是否听信了杰弗里·豪的一面之词,或者有没有受到迈克尔·海瑟尔丁的拉拢,或者像现在的情形一样,他们有没有看到或听到玛格丽特·撒切尔作为一名领袖的最佳状态。

在作为首相的最后一次演讲之后,一种犯罪感笼罩在保守党威斯敏斯特的走廊里。《每日邮报》在头条标题"她太优秀,他们配不上她"[36]中充分展现了这一羞愧的情绪。在那一天,她的形象已经远远地超越了所有那些背弃了她的议员和内阁大臣们,而这个表述对于她来说是再好不过的墓志铭。

新领袖选举

为了确保约翰·梅杰当选,玛格丽特·撒切尔在第二轮的选举中投入了大量艰辛的工作,而比较起在第一轮选举当中她为自己的职位选举所做出的表现,令人不禁感到绝妙的讽刺。他突然成为她选定的继承人,尽管这个过程要求一定程度上的自欺欺人。在对三个候选人做出选择的时候,她没有犹豫。她对迈克尔·海瑟尔丁深恶痛绝。她尊重道格拉斯·赫德,但是认为他身上秉承了过多旧派的共识主义观念。正如她对伍德罗·怀亚特所说的:

> 我也许有些与别人相反的势利看法,但是我不想要那些旧派的、伊顿公学毕业的老式的保守党员继任我的职位,然后把政治又带回到以前那种自鸣得意的共识政治的老路上去。约翰·梅杰是从底层一路打拼上来的,他要比道格拉斯·赫德更加符合那些有技能、有野心、值得尊敬的工人阶级的期待。[37]

即使如此，要满怀热忱地选定约翰·梅杰为继承人，她需要相信他是一个右翼分子、一个欧洲怀疑主义者和一个撒切尔主义者，然而这三个标签当中没有一个听上去是真的，但是她用其他的方式说服了自己。这在表面上是可行的，因为约翰·梅杰担任外交大臣只有3个月，做财政大臣也只有一年的时间，没有太多的包袱。作为候选人，他的思想倾向仍旧不为大家所知，即使是想要他成为其继任者的首相也是如此。

梅杰有一支非常优秀的竞选团队，由诺曼·拉蒙负责。赫德并不是一个热心的参赛者。威利·怀特洛对他的评论一语中的，"道格拉斯的情况和1975年的我一样，他并不想要这个工作"[38]。

至于海瑟尔丁，他再一次因为差劲的竞选活动主管受到牵绊。然而尽管如此，在首相辞职之后刚开始的几天时间里，他的竞选势头开始变得越来越猛。具有讽刺意味的是，这个新的稍纵即逝的支持力量大部分来自愤怒的撒切尔主义者。他们对于暗杀他们女英雄的行为感到怒不可遏，因此不想与那些他们认为背叛了她的人有任何的关联。因此，为了惩罚诺曼·拉蒙，即使理查德·赖德和彼得·利利这些领袖人物现在已加入约翰·梅杰的竞选团队，一些撒切尔支持者团队中的人仍一时冲动，宣布他们会为海瑟尔丁投票。另外一部分承诺支持他的人觉得这位有趣的"泰山"会是未来竞选当中的赢家，而不是那些"着灰色套装的人"（赫德和梅杰）。

梅杰阵营取得最终的胜利，玛格丽特·撒切尔功不可没，她将对海瑟尔丁的这股支持热潮切断，彻底改变了局势。她打电话给几个她的忠诚支持者，竭力主张他们为她选定的继承者投票。她提出为什么要阻止海瑟尔丁的理由非常充分。当她详细阐释自己的这些论据的时候，很多保守党议员对罢免了这样一位领袖人物感到非常内疚，尽管她犯了很多错误，却在不信任动议的辩论会上做了精彩的表现，充分展示了她的领导才能。

不论怎样,玛格丽特·撒切尔对梅杰热情的支持对使选票朝他倾斜产生了至关重要的作用,尽管其重要性不如摩利公司的民意测验结果,这项调查结果显示约翰·梅杰在获得选民投票支持方面要比迈克尔·海瑟尔丁更加具有优势。[39]一旦躁动不安的党员们相信这位"泰山"宣称的竞选获胜的优势将要被最不知名的首相候选人超越,这股海瑟尔丁热潮立刻戛然而止,而那些未明确表态的选票自然就被卷入梅杰的名下。

玛格丽特·撒切尔在第二轮领导人选举活动的五天时间里表现很积极,但并非是非常活跃。她忙于搬家这项普通但必需的工作。在唐宁街10号的公寓住了11年半之后,打点行装并不是一件轻松的工作。幸运的是,与有些猝不及防下台的首相不同,她还有地方可去。

丹尼斯很有预见性,早在三年之前,他就说过:"你看,我们绝不能无家可归。政界风云难以预料,我们很可能会面临匆匆搬家的窘境,那时我们必须要有地方可去。"[40]因此,撒切尔一家人在达利奇俯瞰高尔夫球场的一处新楼盘买了一栋房子。他们多年来累积起来的财物都由丹尼斯的那辆"福特跑天下"和卡罗尔的那辆"迷你地铁"来回多次奔波运到了新家中。

克劳福德、卡拉·鲍威尔和乔伊·罗比利亚德(她的选区秘书)都主动帮忙,玛格丽特·撒切尔监督整个搬家行动,她脚上没穿鞋,只穿着袜子轻手轻脚地来回走动,将茶叶箱和移动衣柜装满。她不再需要忙于政府的决策,而是把时间花在决定"这些小的摆设是用两层纸包装,还是一层纸就够了"。[41]

她作为首相的最后一个周末是在契科斯度过的。她已经爱上了这栋房子,因此离开的时候情难自禁,难以割舍。在那里的最后一个星期天她去了教堂,为契科斯的工作人员举办了一场酒会,下午,当冬天傍晚的日光正在逐渐褪去的时候,她到主要的房间里转了转,做了最后的道别。当她和丹尼斯手拉着手，走过俯瞰大厅的走廊的时候，他们眼里都含着泪水。

回到了唐宁街10号，她和其他一些知情人士都很清楚领袖选举的大势已经倾向约翰·梅杰一边。但是她仍旧打了一两个电话，为他做最后的拉票游说，结果发现这些被认为是摇摆不定的人已经成为他的支持者。

她星期一唯一的一次户外的公共活动，就是要去中央办公室向那里的工作人员告别并表示感谢。她在辞职之后的这次露面中犯了唯一的一个小错误，她告诉他们说她将会是"幕后的一个出谋划策的人"。

这个评论马上遭到了误解，尤其是在格菲尔街梅杰阵营的总部，他们听到这句话后，反应强烈，难免诸多咒骂之语，碰巧被我听到。其实这完全是错误的看法。因为玛格丽特·撒切尔并没有暗示她打算要对其继任者施加任何影响。

在当时的背景下，很明显她指的并不是约翰·梅杰，而是乔治·布什总统。她告诉中央办公室的工作人员，在发表了辞职声明之后她接到了布什总统的电话，这使她感到"非常，非常激动"。她继续说他们讨论了海湾地区的军事形势，而且"他不会畏缩不前，我也不会畏缩不前。只是我不再是那个发号施令的人了。但是我会是幕后的一个出谋划策的人"[42]。

作为台前的一位掌权人，她最后出席的两次活动包括为唐宁街10号的工作人员举办的一次晚会和最后一次在首相质询会上露面。参加这场道别晚会的工作人员包括保洁员、司机、警员和接线员，以及她私人办公室的工作人员，罗尼·米勒将其描绘成是一次"狂欢"的盛事。她以极大的热情表达了临别前的感谢，站在一张椅子上，受到众人的欢呼。她最后的一句话"新生活从65岁开始"博得了满堂的喝彩。他们送给了她第一版的吉卜林的诗歌集和一台高频便携式收音机。她的私人秘书安德鲁·特恩布尔说之所以选择了这个礼物，是因为"这样你不论在世界上的任何地方,都能继续对英国广播公司发脾气了"。[43]

11月27日星期二,她在职的最后一个整天,她在领袖选举当中投了自己的一票,然后参加了第698次首相质询会。这与其说是一次质询会,不如说是一个庆贺的时刻。但是当工党议员罗西·巴恩斯询问她关于国家投票体制的选举制度改革问题时,她的确投了一个漂亮的回马枪。"我相信这位尊贵的女士将能理解,我完全支持得票多者当选的选举制度",玛格丽特·撒切尔回答道。[44]笑声背后,很多保守党议员都感到悔恨不已,如果这样一个体制在她参加领袖选举的时候就已经施行,那该有多好。

在下午6点过后不久就宣布了投票的结果。约翰·梅杰票数位列榜首,共185票,海瑟尔丁131票,赫德56票。尽管严格说来,按照规则梅杰距离绝对多数票还有两票的差距,然而因为海瑟尔丁和赫德马上宣布退出,所以这也只是理论上说说而已。因此大权落到了约翰·梅杰的手中,不过正如玛格丽特·撒切尔对她的家人所说的,他当选的票数比一周之前她的得票数还少19张。

迈克尔·海瑟尔丁和道格拉斯·赫德发表了退选声明之后,这位即将离职的首相马上穿过连接唐宁街11号的门去向她的继任者表示祝贺。"干得好,约翰,干得好",她握着他的手说道。[45]她看到诺玛·梅杰更加激动,拥抱并亲吻了她,说道:"我长期以来一直梦想的一切都实现了。你们的未来前途无量。"[46]

媒体都聚集在唐宁街,约翰·梅杰发表胜利宣言的时刻到了。玛格丽特·撒切尔想要和他一起露面。"我也出去",她说。但是诺曼·拉蒙对于前一天的"幕后的出谋划策人"所造成的争议非常敏感,劝阻了她,请求道,"请让他尽享属于他的胜利时刻"。[47]她遵从了他的请求,站在楼上窗户的窗帘后面,悲伤地偷偷看着他,这是一幅令人心酸的图景,也标志着她的时代的逝去。

她在唐宁街的最后一晚忙于打包最后几个箱子,在辛苦的劳作之后，她和丹尼斯、马克和卡罗尔一起共享安静的晚餐。

第二天上午，她在9点过一点儿的时候下楼来到了前面的门厅，整个唐宁街10号的工作团队都已排好队列，有些人在哭泣。当她出现的时候，他们开始鼓掌。她和她的私人办公室团队成员以及其他很多人握手告别。起初她试图在这道别的时刻努力压抑住泪水，但是很快就控制不住地失声痛哭起来。当她走到这些祝福队列的最后时，已经双眼红肿，睫毛膏也弄花了。克劳福德不得不拿着手帕走上来，做了一些紧急的化妆修复。

在情绪重新恢复了平静之后，前门打开了。她走到一堆话筒的面前，说道：

> 女士们，先生们，我们在唐宁街度过了11年半的美好时光，这是最后的一次离别，我们很高兴我离开这里的时候，英国要比我刚来到这里的时候，情况好得多。

在重申了对她的工作人员和那些送给她鲜花和信件的人们的感激之情之后，她在结束语中说道：

> 现在到了翻开新篇章的时刻了，我祝福约翰·梅杰万事如意。他会得到很多的帮助，而他也有潜力成为一名伟大的首相，而且我相信他不久之后就会证实这一点。非常感谢你们，再见了。[48]

她和丹尼斯坐进了等待着他们的汽车。当它开走的时候，她从座位中转过身，侧着头看了看拥堵在那里的记者群。摄影师们抓拍了这动人的一幕，照片上她的脸上弥漫着悲伤。这使人想起了伊诺克·鲍威尔的一句格言，"所有的政治生涯都是以眼泪结束的"。[49]

回顾

政界生活本身就充满了凶险,但是玛格丽特·撒切尔的下台是现代历史上首相遭到毁灭的最骇人也最丑陋的一次事件。它暴露出了保守党最丑恶的一面——惊慌失措、背信弃义、阴险狡诈、报复心理和全然不顾选民权利的傲慢态度。

那个重要的问题仍然存在:一位在职的首相是否应当因为政党内部的派系之争而被革职?在玛格丽特·撒切尔的事例当中,这个问题显得尤为重要,因为她是一位有着出色声誉的领导人,曾在连续三届的领袖选举中获胜,担任首相之职。如果她要被推翻的话,做这件事情的人应当是选民,发生的场合应当是在大选当中。

的确,很多的困境是玛格丽特·撒切尔自己造成的。她不再听从政党成员的建议,即使是面对那些她的同僚当中最忠诚的人也是如此。她的人员管理方式应当受到指责。她变得越来越傲慢,也越来越嚣张。面对迈克尔·海瑟尔丁的挑战,她处理领袖选举的方式也完全是在敷衍——然而这个形容词对她政治生涯的任何其他事件都不适用。这些都是严重的错误,但是它们叠加在一起形成的案情记录是否足以证明对她实施政治死刑就是合理的呢?"不!不!不!"我们可以重复她曾经在之前不同的情况下令人印象深刻的这几个词。

她被赶下台,是因为议会中保守党的一小部分人,尤其是大概半数的内阁成员因为自己的心烦意乱而形成的中期恐慌。人头税的问题和补缺选举中一系列的糟糕结果意味着一群议员们,尤其是西北部的议员们相信他们将会失去席位。经验显示到1992年大选临近的时候,这种恐惧的情绪将会明显消散。人头税经历了一个修改和减缓实施的过程。其他的问题,比如改善经济和取得海湾战争的胜利,都将会对大选产生更加深刻的影响。

假设金诺克对抗撒切尔在大选中正面交手，如果对于挑战者来说，结果是一次击倒性的胜利，那将会打破以往所有的先例。如果内阁能够出面，用安抚的语气把所有这些政治可能性解释清楚，那么后座议员的失控情绪也极有可能得到有效控制。

不幸的是，有几个内阁成员自己也陷入了恐慌。他们所有人都喜欢并尊重杰弗里·豪。他们都因为首相对他的冷酷无情和他辞职声明当中所造成的毁灭性破坏而感到惊骇不已。

如果不是豪在辞职声明的结尾所发出的邀请，迈克尔·海瑟尔丁永远也不会在玛格丽特·撒切尔还是现任首相的时候对她发起挑战。领袖的这两位敌人之间的共谋，不论是密谋还是心灵感应，都引发了混乱。大多数的内阁成员都没有料到这一点。他们对此表现出了一种莫名的恐惧。如果他们紧密团结起来，坚定地支持首相，她以简单多数票（正如第二轮投票规则所要求的）击败他的概率至少将会上升到50%。但是内阁没有给予她坚定的支持，而是背弃了她。

玛格丽特·撒切尔自己在辞职之后的岁月里曾指控内阁的背叛行为，然而这很难站得住脚，至少他们没有采取密谋或者陷害等极端的方式。真实的情况是后座议员们的看法决定着内阁的看法。在政治领域里情况通常是正好相反的。但是这个内阁当中缺少愿意为领导而战的大臣。他们都是懦弱的叛徒，而不是坚定果断的背叛者。事后看来，他们看上去就像是一群在危机当中不知所措的懦弱的政客。有一些人可能做了背信弃义的事情，但是大多数人的倒戈都是因为他们没有勇气参加战斗。

内阁中的三个成员（肯尼斯·克拉克、马尔科姆·里夫金德和克里斯·帕滕）当着她的面告诉她，他们不会为她投票。剩余的大多数人都是真正相信她在后座议员当中获得的支持正在土崩瓦解。但是他们没有一致努力，尝试去夺回那些正在从首相手里流失的选票。相反，他们被海瑟尔丁即将入住唐宁街10号的前景吓得动弹不得，这种恐惧转变成了一幅内阁成员和一群受到惊吓的保守党后座议员一起抱头鼠窜的混乱局面。

作为一名坐在场边前排座位目睹这一混乱场面的后座议员来说，我感到既惊讶又羞愧。我认为，玛格丽特·撒切尔取得的成就与拥有的美德要远远胜过她的错误判断和性格中的缺点。在海湾战争的前夕，在对欧洲政策未来走向进行战略性斗争期间，仅仅因为人头税问题将她赶下台，这似乎是一个目光短浅而且令人痛心的错误决定。

不幸的是，保守党议会政党的本质改变得太多，而无法意识到它所犯的错误。长期以来对全国选举产生的领袖保持忠诚的美德已经被抛弃。大多数人只是关注短期内人头税产生的诸多问题，而首相却是致力于长期的目标和更宏大的愿景。对她来说，挽救席位相对于拯救国家来说，只是目光狭隘的小事，而拯救国家是她自1979年当权以来奉为己任的使命。赢得海湾战争，挫败通货膨胀，阻止英国陷进单一货币和欧洲联邦政治是1990年秋天她优先考虑的头等大事。因为她在这些问题上采取的立场太过强硬，以致其他很多需要考虑的因素都没有照顾到，也因此她下台了——但导致她下台的却是一些不太重要的问题，而且是由一群不太优秀的人一手造成的。

在1992年年中举行的大选中，如果英国的民众被问及是支持她还是反对她的时候，他们也许是会支持她对这些重要问题的看法的，而我和很多其他的同僚都相信她能够赢得这次大选。但是如果民众做出的是后一种选择，至少拒绝她的是全国的选民们，而不是政党内部的分裂派系。那样的话，她的离职也许是一个更容易接受的事情。相反，她离开的时候，心中深感失望、苦痛，这对她自己、她的继任者和她的政党在以后的很多年里都造成了负面的影响。

38
下台之后的痛苦

创伤和愤懑

下台之后前几个星期的生活是非常痛苦的。玛格丽特·撒切尔的情绪一直很低落，她震惊、悲痛，觉得被背叛了，心中忍受着无名怒火的煎熬。

在离开唐宁街10号之后，她和丹尼斯马上驱车前往他们在达利奇的新家。根据她的司机的说法，她感到心烦意乱，在50分钟的车程中没有对她的丈夫说过一句话。[1]很快她将要面对家庭生活现实中的一些困扰。11年处于权力巅峰的生活，使她无法处理日常生活当中遇到的很多最简单的实际情况。她不知道怎样拨电话号码*，不知道怎样发传真或者怎样操作地下室里的洗衣机和烘干机。驻守在车库里的政治保安处保安队的工作人员帮助她克服了这些困难。她向外打出的第一通电话是通过警方热线打出去的，通话对象是克劳福德。"我是玛格丽特，我在车库里给你打电话"[2]，这样的对话开场白难免令人感到哀伤。

离开白厅几个小时之后，她又折了回去，是去参加罗宾·巴特勒爵士为了向她致敬在内阁办公室组织的一场聚会。他精心地挑选了一群她最青睐的常务秘书和高层官员参加这次聚会，在提议为了她的健康而干杯的时候，他说道："当我们变老的时候，我们的子女和孙子孙女们最感兴趣的一件事将会是我们曾经为玛格丽特·撒切尔工作过。"[3]

这位贵宾喜欢这个预测。但是她显然不喜欢巴特勒在呈送给她一个内阁办公室通行证时表现出的笨手笨脚，这个通行证准许她以前任首相的身份自由出入政府办公楼。她更不喜欢他对白厅内务管理的下一步举措，包括给她送去内阁秘书的公式化信函，要求前任首相归还她手头的所有政府文件。她对此发表了长篇演说，并愤怒地拒绝了这一要求，这按照她的标准也是有些极端的做法。

---

* 私有化的英国电信公司已经引进了新的区号和按键。

她议会里的同僚也不得不逐渐习惯她在这一段黑暗时期里的刻薄抨击和情绪失控。党鞭们因为没有马上在威斯敏斯特宫给她找到办公室而受到严厉的斥责。保守党的财务主管阿拉斯泰尔·麦卡尔平伸出了援手，把他在大学院街的房子借给她用。她把它当作自己的秘书处据点，把一层的一个狭小的客厅用来接待访客。

1991年1月的一个寒冷的傍晚，我正沿着大学院街朝着位于北洛德街我的家中走去，突然看到彼得·莫里森从门里冒出头来，说道："老伙计，你能抽出点儿时间吗？玛格丽特想要找个人聊聊。"

在门厅里，他解释说这位最近刚被免职的首相就像是"一头愤怒的熊。她无法忍受看到那些背叛她的卑鄙下流的人。但是她知道你是支持她到最后的人。因此请你帮帮忙，进来和她一起在睡前喝一杯"。[4] 他发出的邀请听起来就像是发出紧急求救信号一样。在某种程度上的确是这样的，因为我很快发现玛格丽特·撒切尔的攻击状态如果按照里氏狂暴行为的等级来说，的确是达到了大象和熊的级别。

在长达一个多小时的时间里，我倾听着被称作是歇斯底里式的咆哮的怒吼。如果这位前任首相身上配备有大象身上的长牙，她会将半个议会政党的成员扔出去，并戳伤他们。对于那些她最近一次提拔的部长们，她感到最为恼怒，中伤他们的力度也最大，她辱骂他们，称他们是"没有骨气、没有胆量的犹大"。她挨个数落那些被她称为"背叛我的人的清单"上的人。在一连几杯威雀威士忌下肚之后，她的怒火燃烧得更旺了，彼得·莫里森在一旁为她斟酒，不难看出他已经感到厌倦了。有一两次，他翻了翻眼珠子，看向天花板的方向，来表示这样冗长的谴责之词他之前已经听过太多次了。这令人感到痛苦窘迫的场景显然已经多次发生。这场令人不堪的辱骂随着时间的流逝在一点点消散，而我深深地为玛格丽特·撒切尔感到悲痛。在将近四分之一个世纪之后，我知道对她极度的痛苦避而不谈将会是更加正确的做法。

然而，那天晚上结束的时候，她却做出了一个相对来说更加轻松的决定。我想尝试将她从对那些暗杀者的仇恨谩骂中解脱出来,分散她的注意力,因此我尝试着转换谈话的主题,或者更准确的说是转换她独白的主题,将她引向写作回忆录的话题上去。我的尝试第一次失败了。她唯一的回复是对那些背叛者发表更长篇大论的谩骂和怒斥。我第二次试图转移她的注意力,谈到那些背叛了理查德·尼克松的白宫助手们。"你怎么知道这些的?"她问道。

"最开始,是因为尼克松在写他的回忆录里'水门事件'这一章节的时候,我正好待在圣克利门蒂。我跟他和其他那些忙于回忆录初稿的研究者们谈了很多。我想他们中的一个人曾经采访过你——哥伦比亚广播公司的黛安·索耶。"

"黛安·索耶——你确定吗?"

"完全确定",我回答说,并告诉她写作尼克松回忆录需要进行大量工作,并描述我的美国朋友弗兰克·甘农和黛安·索耶是怎样顶着压力担负起大量调查工作的。

"哦,这挺有趣的,"玛格丽特·撒切尔说道,"我们下次找个时间讨论一下尼克松总统究竟是怎样写他的这本书的——但是不是现在。现在我该回达利奇了。"[5]

大约10天之后我的确和玛格丽特·撒切尔集中讨论了美国第43任总统的回忆录的调查和写作过程。到这个时候,我事先已经做足了准备工作,因此对于哪个部分是由哪个研究员做的调查,对包括副总统职位、与中国恢复邦交到"水门事件"的相关问题都很清楚了。

玛格丽特·撒切尔很感兴趣。有一次我告诉她,尼克松曾就黛安·索耶写的"水门事件"的初稿进行了长达几个小时的紧张盘问。"最长的盘问持续了6个半小时,没有任何上洗手间的时间",我说道。这个细节激起了这位前任首相人道主义的反应。

"甚至都没有上洗手间的时间!"她惊叫道,"可怜的姑娘!尼克松总统太不体谅别人了。我们必须要替自己的工作人员着想。"

我们关于尼克松的回忆录讨论的最后一个因素是时间问题。她询问如果要写她自己的回忆录，需要花费多长的时间。这个问题一定使她感到担心，因为媒体报道称罗伯特·麦克斯韦和鲁伯特·默多克正在为她的回忆录在世界范围内的发行权展开一场竞标争夺战。

"尼克松总统花了两年半的时间写他的这本书"，我说道。

铁娘子瞬间变身急躁女士。

"两年半！"她说道，明显拔高了音调，"这相当于赢得第二次世界大战所需要的时间的一半啊！而且这届议会可能还会持续两年半的时间。我在下议院还有工作要做呢！"

我当时出于礼貌，没有说出我的想法，但是我想这是我从她口中听过的最愚蠢的话之一。她将以一位前任首相的身份闲坐在下议院里，并努力找些事情来做的想法必定会使她感到更加沮丧。事实上这就是她作为一名后座议员待在下议院的最后18个月里的生活模式。在长时间高强度的首相生涯之后，她没有平心静气地减缓生活的节奏，而是对自己受到的不公正待遇越发感到愤恨难平。她不只是在私人的谈话当中，而且也在公开的采访当中吐露她心中的怒气。她反复称她自己是"唯一的一位未被打败过的首相"。

1991年3月在《名利场》的采访中，她抱怨道："我从来没有在大选当中被打败过。我从来没有在议会的信任投票当中被打败过……我从来没有被民众打败。"这次采访中她还给出了一个令人动情的意象描述："我的生活模式出现了裂痕……就像是将一块有着复杂地图图案的玻璃扔到地板上……你把它扔到地板上，它就碎掉了。"[6]

生活的断裂造成了巨大的痛苦，她经常会怒火冲天，乱发脾气。丹尼斯是她坏脾气的最直接的受害人，但他也不是逆来顺受的，他也会愤怒。达利奇的房子并不合他们的心意，这也是争执的起因之一。亨利·福特的遗孀凯思琳·福特后来帮忙解决了这一难题，她在1990年到1991年长达一年的时间里把自己位于伊顿广场93号的一个12个房间的复式公寓借给撒切尔一家人居住，后来他们在距离切斯特广场73号步行约两分钟的地方租赁了一个5层小楼用作居所。

找到称心的住所并不能真正地解决问题。玛格丽特·撒切尔心神不定的根本原因在于她对权力仍旧保持着强烈的渴望，而且她也有掌控权力的才能，却苦于毫无用武之地。她发现生活中的这个裂痕是无法弥合的，因为她对政治以外的其他事情都没有兴趣。正如查尔斯·鲍威尔在她过世之后所说的，"在被赶下台之后，她没有过过一天开心的日子"。[7]

旅行、演讲和写作

投射进她阴霾世界中的第一缕阳光发生在她开始巡回世界演讲，并赢得巨额收益的时候。这一次演讲是在美国的得克萨斯州，马克在达拉斯的熟人们一起集资，为这位前任首相的演讲提供了25万美元的酬金。"我母亲当时对自己的未来感到毫无把握，这次经历大大地增加了她的信心"，马克说道。[8]

这次的安排使她与声名远播的"华盛顿演讲局"建立了合作关系，他们在几年的时间里为她安排了一些演讲活动，每次的酬劳是5万美元。她在1991年到1992年期间曾10次造访美国，而且在那里总是感到宾至如归。这些讲座不仅包括一些为付费的观众所做的固定模式的演讲，也包括一些公开活动场合的演讲。在这些场合里，她通常会因为取得的历史性成就受到赞誉，包括乔治·布什总统在白宫举行的一场盛大的仪式上为她颁发的国会荣誉勋章，参加罗纳德·里根在加利福尼亚州举行的80岁生日宴会。

她的行程很快覆盖了全球。1992年8月她出发前往中国台湾和香港，她要做的第一项工作就是准备一次慎重斟酌的演讲稿，以免引起不必要的外交冲突。第二项工作更难权衡，因为在交接之前最后几年的时间里，香港施行了被称作是"彭定康改革"*的措施，而她要决定在演讲当中应当对此采取何种态度，是反对还是支持。这并不是一个容易的决定。她对于克里斯·帕滕被委任为香港总督一直以来都表现出"明显的轻蔑态度"。[9] 然而，她没有听从她的前任顾问珀西·克拉多克爵士的劝告，仍旧支持帕滕将民主自由的概念引入香港的治理理念之中的尝试，虽然并未取得完全的成功。但是，因为北京方面的领导人给予了她巨大的尊重，因此在香港回归中国政府管辖的过程中遭遇到诸多难题的时候，她都在幕后提供了很多有益的帮助。

她又从香港乘坐英国石油公司的商务机飞到阿塞拜疆共和国首都巴库，阿布法兹·埃利奇别伊总统提出除非玛格丽特·撒切尔出席签字仪式，否则他不会同意一笔原油合约的大单。总统之所以要求她出席，是要确保正式批准这笔"清廉"的交易。她很高兴能够以这种方式"为英国出力"。在台湾、香港和巴库所做的演讲和参加的所有活动中，她拒绝了所有的酬金，尽管她在准备期间所付出的努力不亚于一位首相在为巡回演讲做准备时付出的艰辛和劳苦。

在结束了这次远赴东亚和中亚进行的一系列活动之后，她回到英国。她办公室最新委任的负责人朱利安·西摩认为，她觉得自己对于英国的民族利益做出了一些贡献，而这种感觉使她产生了一种全新的生活目标。"从那时候开始，她变得更加专注了。她又发现了一种施加影响的新的方式。"[10]

她在离开首相职位之后所做的演讲当中还有另外一个值得一提的方面，那就是她喜欢对年轻人的思维产生影响。她接受了很多高等院校的演讲邀请，而且总是不肯收取费用。她成了弗吉尼亚州威廉和玛丽学院的校长，她有时会做讲座，还会参加宪章日的活动。

---

* "Patten Reforms"在中文中通常被称为"彭定康改革"，柏藤（Patten）是其成为港督前的译名，克里斯·帕滕在任香港总督之前曾任环境大臣和保守党主席。——译者注

在英国，她对演讲的学术界听众会更加挑剔，她以不同的方式支持了白金汉大学、剑桥大学丘吉尔学院和牛津大学赛德商学院。她永远无法原谅牛津大学的教师们表现出的敌意，他们曾投票反对授予她荣誉学位。但是对待像瓦菲克·赛德和罗宾·巴特勒这样的老朋友，她的反牛津偏见会暂时被搁置一边。

一次她接受了她的前任私人秘书，现在是布罗克维尔的巴特勒勋爵，也是牛津大学的大学学院院长的演讲邀请。演讲过后，一个学生提出了一个非常尖锐的问题，把她难住了，这种玛格丽特·撒切尔被占上风的尴尬交锋少之又少。那天罗伯特·巴特勒组织了一个小范围的集会，她对一群大学学院的学生做演讲。

这位前任首相做了一个简短的开场发言，她说她想要正在崛起的这一代人思考两个问题：

"第一，就是关于这个世界。你们应当记得在20世纪，我的那个世纪里，更多的人是死于暴政而不是战争。因此你们必须时刻准备着为自由而战。"

"第二，就是关于英国。你们这一代人面对的不会是经济问题，它们已经得到了解决"，她宣布道，很谦逊地没有冲口说出她认为是谁解决了这些问题。

"但是我认为你们将会面临一个更加严重的社会问题，或者更恰当地说，应当被称为行为问题，"她继续说道，"在我的成长过程中，甚至是在战争期间，只有5%的孩子是私生子。今天32%的新出生婴儿都是私生子，而且这一数据仍在上涨。我不知道这会造成什么样的后果，但是我对此很担忧。"

在问答环节里，一个学生挑战了她对这一问题的看法："撒切尔夫人，你难道不认为给一个孩子冠以'私生子'这样的称谓有些不公平吗，毕竟它对自己出生的环境是没有任何选择权的？"

"哦，那你会怎么称呼它呢？"她反驳道，"我能想个别的词来替代它，但是在今天这个场合我想还是不说出来为好。"[11]

听众们因为震惊而一片沉默。但是在一阵不安的停顿之后，学生们就其他话题继续提出了一些问题。之后他们去了小礼拜堂，在贵宾席上用了晚宴，在院长的住所里喝了点儿睡前酒。

在和丹尼斯、罗宾·巴特勒喝了一杯威士忌后，玛格丽特·撒切尔突然问道："罗宾，那个问我'私生子'这个词的问题的年轻人——他说的话有些道理，是吧？"[12]

这个事件凸显出玛格丽特·撒切尔性格当中的三个方面。第一，她有时候过于直率，不够敏感；第二，她不愿意屈服，更不用说是为一个不恰当的观点道歉了；第三，她愿意从错误中吸取教训。

"我愿意打赌她再也没有用过'私生子'这个词了"，罗宾·巴特勒说道。[13]

玛格丽特·撒切尔和鲁伯特·默多克的出版公司哈珀柯林斯签订了一个350万英镑的协议，授权他们在全世界范围内发行她的回忆录，这之后，写作就成了她的一项主要的工作。第一卷《唐宁街岁月》只花了18个月就完成了。在如此短的时间完成涵盖她整个首相生涯的巨大写作工程，意味着她不得不在很大程度上依赖她的影子写手团队，其中包括保守党研究部的前任主任罗宾·哈里斯、《每日电讯报》的约翰·奥沙利文以及一位年轻的牛津学者克里斯托弗·柯林斯。虽然这部自传语气有些生硬不自然，但其中有一部分毫无疑问透露出她的性格和风格。尤其是在关于马尔维纳斯群岛战争的章节里，对于这次冲突的叙述非常生动，只可能是出自她本人的手笔。

玛格丽特·撒切尔并不享受文学创作的过程。她至多算得上是一个不情愿的作者。然而，她也很清楚地知道写下她自己对于历史的证词的重要性，也正因如此，她的书中有很多美化自我的修正主义痕迹——政治自传作家当中的一个通病！

当她腾出时间开始写第二卷《通往权力之路》的时候，语言生硬和过度抄写的问题更加明显了。她的官方传记作者查尔斯·摩尔很敏锐地注意到她的这两卷自传"永远也无法克服的一个问题就是他们是由一个不以自传作家的方式思考的人写的自传"。[14]

这样的一种思考模式为她的传记作家们留下了更大的创作空间，但是在她忙于写作自传的时候，也没有想到他们。因为相较于当作家，她更喜欢实际的行动。她想要待在政治舞台上，那里才能激起她的激情，激发她的想法。因此，1990年到1997年，她在当代的政治舞台上挑起了很多事端，也引发了不少争议，给她的政党和她的首相职位的继任者制造了不少烦恼。

作为议会议员的最后岁月

在忙于回忆录写作时，玛格丽特·撒切尔也下定决心要完成作为一名下议院的选任委员应尽的职责。从一名首相到一名后座议员，重新调整的过程并不容易。

下议院的议员没有自己的办公室，阿奇·汉密尔顿腾出了他中级部长的一间很小的办公室给玛格丽特·撒切尔使用，暂时解决了这个问题。他在后来多次对她表现出这样善意的举动，这只是第一次。安和阿奇·汉密尔顿定期邀请丹尼斯和玛格丽特到他们位于德文郡的乡间别墅丽儿庄园度周末假期、复活节假期以及圣诞节。他们的善意给撒切尔夫妇带来了很多快乐，另外一对议会夫妻迈克尔和苏珊·福赛思也经常盛情款待他们。

彼得·莫里森的健康状况在恶化，作为名义上的议会私人秘书，他的工作表现也不如以往勤勉。玛格丽特·撒切尔渐渐地对他失望了。她从来没有在公开或者私下的场合里因为他在她领袖选举活动当中的糟糕表现批评过他。他自己也没有为此责备过自己。他们两人都否认这一点。尽管她对那些背叛者的谴责让人反感，她对莫里森的忠诚却值得称道。对待老朋友的忠诚一直是她最令人敬佩的优点之一。

她在议会生活中交了很多新朋友。保守党后座议员中有两个撒切尔的忠诚支持团体,他们都是欧洲怀疑主义者团体,尤其是泰迪·泰勒领导的保守党欧洲改革小组和由杰拉尔德·豪沃思领导的右倾的"义无反顾小组"。

玛格丽特·撒切尔之所以感到痛苦,似乎不仅是因为失去了权力导致的"离职综合征"的表现,她同时还怀有一种罪恶感,认为自己没能早点儿认清德洛尔关于欧共体的计划会对英国的经济和政治安宁造成越来越大的威胁。因此,在她担任议员的最后几个月里,她花了大量的时间听取两名后座议员的汇报,很多同事将他们两个描述为"完全沉迷于"欧洲问题——他们是泰迪·泰勒和比尔·卡什。两个人对欧洲共同体政策当中悄悄潜入的联邦体制的指令细节掌握得异常清楚。玛格丽特·撒切尔是他们最积极的学生,一连几个小时和他们(分别地)坐在她的小办公室里,她全神贯注地倾听他们的教导。她的全身心投入、她的谦逊态度,她对枯燥乏味的欧共体文件细枝末节的容忍能力,所有这些都让人由衷地赞叹。

在泰迪·泰勒1991年为议会服务33年之后被授予爵士头衔之时,可以一瞥这位反叛者领导人对于欧洲怀疑主义事业的奉献精神。我在家里举办了一场酒会,庆祝这一盛事。玛格丽特·撒切尔接受了邀请,而且自然而然地成了当晚的明星贵宾。她发表了令人印象深刻的演讲,对泰迪备加赞颂,称他"多年来将自由的火炬高举在空中"。[15]她对待泰勒家的两个十几岁的儿子乔治和约翰也非常和蔼,在他们面前称赞他们的父亲。有一两个旁观者不无讽刺地意识到,这位前任首相竟然花费了这么长的时间才意识到一位同僚的高尚品德,尤其是他早在1976年就已经在她的影子内阁中任职,而她却忽略了他,这么多年来从没有提拔过他,也没有对他的才华予以认可。

在她下台之后的岁月里,对她帮助最大的议员是杰拉尔德·豪沃思，坎诺克和伯恩特伍德的议员。他仰慕玛格丽特·撒切尔。在她被迫下台之后，他采取的第一个举动就是组织"义无反顾小组"的撒切尔主义追随者们给达利奇送去了一个巨大的花束。那天她情绪低落，正感觉自己没人关爱的时候，有一群年轻的后座议员用这样的方式向她表达了仰慕之情，这对她非常重要。

杰拉尔德·豪沃思为人聪明机敏。他知道如何迎合玛格丽特·撒切尔的政治天性，也知道如何安抚她的女性本能。作为她指定的议会私人秘书，他在这两个方面的表现都非常出色，并使她能够接触到一些以前几乎不认识的年轻议员。

政治上，1991年到1992年期间，她就像是一艘没有锚的大船一样，航行在后座议员这片她并不熟悉的水域当中。她知道自己想要行进的航线——在不要求退出欧共体的前提下尽量远离布鲁日——但是她几乎完全不知道应当如何训导自己或者这些新的船员们。结果造成了一片混乱，因为她几乎欢迎每一位心怀不满的保守党议员都登上这艘被标榜为"撒切尔主义者"的大船。这个标签曾经意味着有原则地相信自由市场经济、严格控制公共开支、维护律法和坚定的道德价值观，而现在看上去像是高挂这骷髅标志旗帜的心怀不满的右翼反叛军。作为个人，他们对这位受伤的水上女王宣誓效忠。然而，作为保守党议员，他们和她究竟要与她亲手挑选的继任者领导的政府之间保持多大的距离，仍然难以说清楚。

她作为后座议员在下议院发言的场合很少，但是这样的场合里总是激情四射。她对外总是宣称支持约翰·梅杰，称他是"有远见的领袖"[16]，但是她给人的印象总是如果她自己仍然在职，会在保证英国摆脱单一货币政策和维持国家主权完整方面表现出比他更加坚定的立场。这些令人困惑的暗示，勉强还在政治适当性和政治忠诚的范围之内。

1992年春天的大选迫在眉睫，保守议会政党中潜在的撒切尔主义分裂小派别紧紧团结在梅杰政府的周围。这个小分裂派别造成的唯一不良影响是，过于关注在《马斯特里赫特条约》即将被正式批准之前是否会举行全民公投。

1992年春天，玛格丽特·撒切尔采取了对于前任首相来说史无前例的一步举措，她积极鼓励并支持理查德·谢泼德提出《普通议员议案》，这一议案要求特定的条约要通过全民公投批准通过。

理查德·谢泼德是一位持欧洲怀疑主义立场的后座议员，他发现玛格丽特·撒切尔在下台之后对他们这些人非常钦佩，尽管她在当权的时候并没有注意到他们。因此他找到了她，看她是否愿意支持他的议案。他想要实现的是，未来当涉及改变英国宪法的国际条约被正式批准之前，政府必须要举行全民公投。他毫不掩饰对即将签署的《马斯特里赫特条约》的敌意，想要先发制人，给它当头棒喝。

在被赶出唐宁街13个月之后，这位前任首相对于没能阻止走向完全的欧洲联盟的进程感到深深的内疚。因此她要求理查德·谢泼德给她送去一份《普通议员议案》的预备稿，并邀请他来和她一起讨论。他回忆道：

> 我到了那里，看到了下议院拨给她的那间办公室。看到一位前任首相受到这样恶劣的对待，我感到震惊不已。她的办公室位于较低级的部长办公室走廊里，比一间小浴室还要小，狭窄而且不舒适。唯一标志着她曾经担任了11年政府首脑的迹象是门外面的椅子上坐了一个警察。当我进去的时候，唯一能坐的地方是一张小沙发，我和她一起坐在上面。她手里拿着一份我的议案，上面已经详细地做了注解。

和这位普通议员投票选举的幸运获胜者一起挤在一张小沙发上，这位前任首相说她非常赞成他的议案，但是对草案的特定部分有一些细节问题。"我记得她提及了其中一个特定的条款太过宽泛，"理查德·谢泼德回忆道,"她督促我把它改得更严密些,并说道,'你谁都不能相信'。"[17]

这个法案没有机会进入法令全书,因为它太具有争议性,而且因为议会马上将因为即将到来的大选而休会,所以缩短了会期,而这份法案提出的时间又太晚。然而,就这一法案还是进行了长达5个小时的辩论。玛格丽特·撒切尔坐在过道下面她的新位置上,听取了整个的会议进程,最后是对它进行投票。因为这项法案无法继续进入下一进程,分组表决纯粹只是象征性的抵抗行为而已,在一个安静的周五下午,参加的人只有理查德·谢泼德的朋友和他所拥护的全民公投方式的支持者。

因为我既是他的朋友,也是全民公投方式的支持者,所以我也在反叛者的投票大厅里,和仅有的43个同僚一起。玛格丽特·撒切尔是这一法案最突出的支持者,而这一法案的目的却与政府相悖。这是她在下议院所投的最后一张选票。因此,在一定意义上,这是一个颇具有历史意义的场合。同时,这也是一个不祥的预兆,预示着她可能会成为约翰·梅杰政府和它的政策的一个公开的破坏者。

蓄意阻挠继任者

全民公投的问题是玛格丽特·撒切尔成为她的继任者约翰·梅杰的眼中钉、肉中刺的开始。

支持理查德·谢泼德的法案只是她早期制造的一个小麻烦。更大的麻烦是当她公开谴责首相"傲慢自大"[18]的时候,因为他拒绝宣布支持在正式批准《马斯特里赫特条约》之前举行全民公投。这一谴责令人感到啼笑皆非,有两个原因。第一,因为她使用的言辞听上去很荒谬,竟然谴责温文尔雅的梅杰在政治上傲慢自大,而她才是最傲慢自大、目中无人的人;第二,因为她的干预彻底破坏了全民公投实现的希望,否则新任首相是会支持这一议案的。

约翰·梅杰在接受传记作者的采访时回忆道：

"从20世纪90年代初期开始，我就想要做出公开承诺，如果未来任何一届政府想要加入欧元区，必须要举行全民公投。"约翰·梅杰说道。但是在这一点上我遇上了难题：好几个内阁成员非常反对全民公投，他们把这看作是原则性的问题。那曾经是玛格丽特坚持的立场。现在，她因为坚决反对欧元，所以就赞成这样的举措。但讽刺的是，她的支持在内阁当中激起了强烈的反对，这样就使实现全民公投更加困难。这不是唯一的问题：她对于欧洲的强硬立场使好几个其他的关于欧洲政策问题的决定都变得更加困难。[19]

她对她的继任者的抨击风格和抨击内容都使得这些困难变得更加难以解决。受到媒体当中的谄媚者和她新的议会支持者们的怂恿，她讲话变得过于轻率，不计后果。我记得1991年晚些时候，在约翰·阿斯皮诺尔家中的晚宴上，听到她公开嘲笑约翰·梅杰，称他是"一个可怜的小孩"和"寒冷港湾巷走出来的男孩"。她指责他"没有勇气，也没有骨气"。他"一心想要毁掉我留给他的遗产"。[20]很多这种讥讽嘲弄的言辞传到了媒体那里。

这些批评里的很多内容明显接近于荒谬。比如，因为医疗服务系统的疏忽，他们为血友病患者输入感染了艾滋病病毒的血液，政府因此决定对这些患者支付赔偿金，这是一项富含同情心的政策，涉及范围也不大，而玛格丽特·撒切尔却强烈反对这一政策。在更重要的决策方面，她对迈克尔·海瑟尔丁被重新纳入议会感到气愤不已。她甚至反对中止人头税，采用更加公平的修改版人头税法案这一不可避免的决定。但是她公然反对政府的两场最大规模的战斗是关于波斯尼亚和马斯特里赫特的问题。

随着前南斯拉夫共和国种族暴力的升级，玛格丽特·撒切尔支持西方军事干预，反对塞尔维亚人的暴力和过激行为，尤其是在波斯尼亚。梅杰政府——很长时间以来克林顿政府也是——都拒绝了她的建议，理由是西方应当避免卷入巴尔干半岛的内战当中去。但是最终，玛格丽特·撒切尔的观点被证明是正确的。塞尔维亚人令人震惊的种族清洗活动只是在美国部署军事力量将其带到谈判桌上，并于1995年签订了《达顿协议》之后才最终被制止。

她对波斯尼亚问题所表达的愤怒远不及她反对《马斯特里赫特条约》时所投入的激情。令人普遍感到吃惊的是，约翰·梅杰在欧洲方面取得了相当大的成功，既确保英国不必参与单一货币体制，又免除签署《集体协议》的困扰。如果玛格丽特·撒切尔仍然掌权，她很可能会对这些结果感到非常高兴，因为这既挽救了英镑，也保证了其独立于欧元区。但是到了这个时候，梅杰不管做什么，在她看来都是错的，因此她拼尽全力想要动摇他的地位，而且她差一点儿就成功了。

下议院对《马斯特里赫特条约》的投票过程紧张惊险，扣人心弦。玛格丽特·撒切尔在1992年大选期间对提出的这一条约保持沉默，但是在它批准通过的时候，却公开表示反对。她此时已被提升到上议院，是凯斯蒂文的撒切尔女男爵，她积极组织持欧洲怀疑主义观点的保守党议员们反对《马斯特里赫特条约》成为赋权法例。她从上议院的新基地组织了一次活动，劝说下议院潜在的反叛者们投票反对，或者至少在最关键性的分组表决——也就是所谓的"预备性"修正案表决的时候投弃权票。她极度工于心计：对犹豫不决的人施展魅力，对其他人恭维夸赞，对一两个人直言不讳地激烈抨击。她的前任政治秘书约翰·惠廷德尔，这位科尔切斯特新选任的议员，在听到她对他说的话之后竟然感情失控，落下泪来。她的原话是："约翰，你的问题是你不够有骨气，容易做出不理智的决定。"[21]他投了弃权票。

一位前任的保守党首相站在威斯敏斯特宫走廊的一端，为了煽动保守党后座议员反抗她的继任者最重要的一项立法案而战，这是史无前例的。她的活动受到了她的新晋贵族同伴特比特勋爵的帮助和怂恿，险些成功阻止了这一条约的通过。这是政府在"预备性"修正案的分组表决中票数最紧逼的一次，只差3票。一直到最后的一分钟，玛格丽特·撒切尔都在尽自己最大的努力击败政府。如果她成功的话，对约翰·梅杰将会造成毁灭性的打击，后果不堪设想。

玛格丽特·撒切尔对《马斯特里赫特条约》的反对标志着其阻挠这届新的保守党政府的最坚持不懈的努力，同时她还以很多其他的方式继续她的阻挠行为。因为失去权力长久以来感受到的痛苦，她无法控制自己的言行或者情感。她逐渐开始对一种离奇的阴谋论感到半信半疑，其中最荒唐的是认为约翰·梅杰捏造了智齿摘除手术，为的是不参加1990年11月她再次竞选保守党领袖的竞选活动。

这完全是无稽之谈，而且她理性的思维知道这一点。但是她非理性的、受伤的一面却散布这种有害的思想，或者至少是在她私下会面的很多熟人之间宣传轻蔑的看法。她的新朋友圈里包含很多记者，从报业巨头到政治记者，因此她对首相的敌对态度并没有隐瞒很久。约翰·梅杰希望从他的前任首相那里获得忠诚，然而得到的却是接二连三的否定，这逐步使他的生活陷入了进退维谷的境地。

正如他所回忆的：

> 在这个时期领导保守党就像是坐在一个马上会爆发的火山上一样。我想我没有一天不提心吊胆，担心政党是否会一分为二。如果我选择像她一样狂热地支持自己的观点，我想那种恐惧可能会成为事实。但是我永远在试图把一切都紧密地团结在一起，而且为了阻止它分裂，随时准备好付出很多努力。因此，我在面对很多次挑衅的时候，不得不保持沉默。[22]

这种沉默是单方面的。玛格丽特·撒切尔没有自我约束的能力，经常诸多抱怨，故意找碴儿。因为她的伤口没有痊愈，而是化脓溃烂了。她鼓励抹黑首相的行为，并认可那些内部反对他的声音。她公开嘲笑他的几个内阁大臣。1997年，在艾伦·邓肯议员家中举行的酒会上发生了一件有趣的事情。在那里她看到了新任的国防大臣迈克尔·波蒂略，他告诉她说自从他任职以来已经发布了很多次招标通知了。

"招标通知！"这位前任首相轻蔑地哼着鼻子高声说道，"迈克尔，你永远也无法通过招标赢得战争！我对这些事情太了解了。你要做的远不只谈论招标通知那么简单。"

说完，她扬长而去，来到艾伦·邓肯家客厅的另外一边，她对她的东道主小声咕哝着说："我知道我一定不能这么做！我知道我一定不能这么做！"[23]

她对梅杰政府经常口出怨言，而且言辞很是激烈，这都造成了严重的后果，尤其是在散播对欧洲问题的不满情绪方面造成了恶劣的影响。尽管保守党实际上并没有分裂，但看上去就仿佛是一个内部分裂、自相残杀的内讧局面。这是玛格丽特·撒切尔遗产当中最阴暗的一面。

回顾

在20世纪70年代有一种说法，认为在所有的保守党领袖当中，特德·希思对待其继任者的态度是最恶劣的，他对玛格丽特·撒切尔心怀怨恨，冷落怠慢她，而且不愿对她施以援手。

在20世纪90年代，这一观点得到了修正。因为玛格丽特·撒切尔对待约翰·梅杰的政治态度要恶劣得多，而且造成的后果也更具有毁灭性。

玛格丽特·撒切尔的恶意既有人性方面的原因，也关乎政治领域。

从人性角度来说，她完全有理由对导致她下台的内部政变感到愤怒。她内心的愤怒和伤痛太过强烈，始终难以抚平，这是她个人的不幸。

在政治领域里，她有权对波斯尼亚和欧洲问题抱有激昂的看法。摆脱了职位的束缚，她可以使用一些更加激进的表达，也可以采取更加极端的立场。因为在这两个问题上她的看法大致上都是正确的，因此她坚持原则的信念值得我们尊重。

不幸的是，内心的怨恨开始伤害到她在政治方面赢得的尊重，败坏了她的声誉。她抛弃了早期首相生涯当中一些使她受益良多的优秀品质，包括自律、谨慎，以及对政治行为准则自觉自愿的遵守。她对于客观建议不再虚心受教，更不用说批判性的建议。相反，一些人的花言巧语、危言耸听，激起她内心深处的恐惧，挑起她更深的成见。她因为偏听偏信受到了迷惑，愤怒之火也越燃越旺。她对约翰·梅杰的诋毁是她人生履历上的一个污点。

在国际范围内，她的形象要更加正面一些。在全球的行程中，她为英国做出了一些贡献，积累了一些个人财富，并提高了她作为一个取得历史性成就的偶像的声誉。然而，尽管如此，她这一阶段的生活总体上是不幸福的。下台给她造成的痛苦使她无法心平气和地安享晚年宁静的退休生活。

39
退休生活剪影

战略性想法和私人会话

这位新晋贵族凯斯蒂文的撒切尔女男爵并没有舒舒服服地享受上议院的生活。出于礼貌，上议院的议员们听取了她早期的关于马斯特里赫特的演讲，但是绝大多数人都投票反对她的议案。她常常对上议院的意愿做出错误的判断，尤其是1993年7月14日的那一次，她发起了一场情感攻击，反对布鲁塞尔方面进一步侵蚀主权，除非这一条约在全民公投当中获得正式批准。[1]她支持的动议以146票对445票被击败，这样的演讲，以及她对约翰·梅杰不断的诽谤中伤不仅激怒了保守党当权派，而且也惹恼了普通议员，在她出席政党大会时，他们对她表示鼓掌欢迎的时间显然也越来越短。

她在国内人气的下滑丝毫也没有使她感到担心。如果把她在国际演讲当中所受到的赞誉和因为干涉国内政治而引起的焦虑不安做比较，正好印证了《圣经》上的那句话："先知除了在自己的本乡本家外，在任何别处都是受到尊敬的。"[2]

在世界舞台上，她的一些演讲配得上"先知性"这个词。1996年3月在密苏里州的富尔顿（1945年，温斯顿·丘吉尔在这里发表了他著名的"铁幕"演说），她创造了另一个令人印象深刻的新词"流氓国家"，用以警告那些威胁的制造者。她明确指出属于这一类的国家包括"叙利亚、伊拉克和卡扎菲领导下的利比亚"，并强调了"大规模杀伤性武器的扩散将造成的危险"。[3]

尽管玛格丽特·撒切尔在地缘政治领域具有非常丰富的经验，然而她对约翰·梅杰抱有的敌对态度意味着他和他的政府已经不再向她咨询外交政策方面的意见了。然而，并没有任何禁令禁止部长们向这位前任首相征询建议。因此在我被委任为国防大臣之后我去见了她。尽管我的很多下属们对此做出绝望的表情，但我感到我会从她的建议当中受益，对于正等待我处理的最重大的决定，那几笔关于导弹、鱼雷和飞机的潜在的订单肯定大有裨益。其理论根据最终围绕的是一个战略性的问题：既然现在苏联已经解体，那么未来俄罗斯对于英国有没有可能造成军事威胁？

我问玛格丽特·撒切尔，我能否过来和她探讨一下这个问题。她在对地缘政治做出判断方面有着无可匹敌的经验，而且和华盛顿、莫斯科方面也有着无人能及的社会关系。因此在长达一个多小时的时间里，我们对可能导致俄罗斯作为一个具有攻击性的军事力量复苏的诸多因素进行了细致深入的讨论。

她对国际政治局势仍然有着清醒的认识和深刻的见解，非常理解为什么一位新任国防大臣可能想要听听她对一些特定的采购清单应当批准还是取消的建议。这次谈话包括战略方面以及一些特定因素的仔细斟酌，我意识到她对待俄罗斯的意图方面抱着谨慎的乐观主义态度。"熊可能会饥饿，也可能会对它的邻居感到愤怒，但是这在一两代人的时间里是不会发生的。"[4]我同意她的看法，并告诉她因为她的建议，我马上会取消一笔价值10亿英镑的旗鱼鱼雷计划[*]。

在这次谈话结束的时候，我说我想要跟她谈一些私人的事情。我深深地吸了一口气，开始说道：

> 我们上一次的单独会面发生在将近13年之前，而我经常想，如果我们还能有这样一对一的见面机会，我很想跟您道歉。要知道，我认为我在当时和卡罗尔分手的时候，把事情搞得一团糟。我现在和她的关系很好，但是我知道当时我把事情搞得一塌糊涂，而您作为她的妈妈一定对我也感到非常失望。因此我只是想让您

★ "旗鱼"是价值12亿英镑的一个高度复杂的鱼雷系统，其目的是摧毁俄方的潜水艇。第一海军大臣因为抗议取消这项计划而辞职。这个事件登上了新闻的头条，之后玛格丽特·撒切尔对我说："不要担心那些高级军官们，他们总是什么都想要。"

知道我为此感到非常抱歉。⁵

玛格丽特·撒切尔看上去完全惊呆了,接着是一阵可怕的沉默,她似乎因为太过激动而说不出话来。我很理解,知道她对任何的个人或者家庭事务都不知所措。因此我很快就告辞了,不知道重提这段伤痛的经历是否是个错误的决定。

然而在一两个星期之后,丹尼斯·撒切尔在一个大型鸡尾酒会上走到我身边,在和我握手的时候说道:"谢谢你那天对玛格丽特所说的话。她很感激,我也是。"⁶

从那一刻开始,我和玛格丽特·撒切尔之间的交往逐渐增多,关系也越发融洽。我经常参加她的酒会和晚宴,而她有时候也会参加我举办的一些活动。她尤其喜欢在吃饭的时候和一些到访的外国政治家讨论问题,比如亨利·基辛格、沙特阿拉伯的加齐·阿尔戈萨比和阿曼的苏丹陛下。

有一次在辩论中,她做得有些过了头。玛格丽特和丹尼斯到三明治湾和朱利安以及戴安娜·西摩一起过周末。作为他们的近邻,我邀请撒切尔一家和西摩一家到我家吃午饭。那次午餐是一次彻底失败的经历。

玛格丽特在星期天的报纸上读到了关于波斯尼亚持续恶化的局势的报道。因此她来的时候就已经是怒发冲冠,她的立场是要英国马上进行武力干涉。这个时候我担任的是财政部首席秘书,属于内阁成员。因此我只是机械地重复了财政部的立场,认为如果这样做,将会对公共开支造成难以预料的高昂费用。我倒不如直接拿蓝色的导火纸直接点燃一桶火药。

她勃然大怒,围坐在桌边的周日午餐的客人们被吓住了,不敢发出一点儿声响。与此同时,玛格丽特·撒切尔正在厉声斥责我们采取的不干预政策是"懦弱和可耻的行为"。她反问我的一个火药味不那么浓的问题是:"你的这些部长们那么懦弱吗?你们有没有想过,在你们无所事事的时候,那些塞尔维亚人正在施行种族大屠杀?"我那位出生于塞尔维亚的妻子罗莉西亚评论说,大多数的塞尔维亚人并不赞同种族灭绝,但这丝毫没有缓和当时的紧张气氛,而是激起更加猛烈的抨击。

尽管在玛格丽特·撒切尔担任反对党领袖时期,我曾经看见过她发怒时的情景,然而她如此恶狠狠的盛怒情景还是把我给吓住了。在她爆发的一个间隙,丹尼斯抓住了机会,打断了她,他语气平和但坚定地命令道:"亲爱的,到此为止吧!"令人惊奇的是,她竟然真的住嘴了,几分钟之后突然有些不礼貌地告辞了。"那样的行为真不体面",我们的一位客人E. W. 吉姆·斯旺顿评论道。他的评论很有些分量,因为他曾经在《每日电讯报》做过多年的首席板球记者*。[7]

玛格丽特·撒切尔在我家大发雷霆,之后还有出人意料的后续发展。也许是意识到她自己的反应有些过激,玛格丽特几天之后要求在上议院见我。道歉不是她的风格,但是为了做出弥补,她在另外一件令人尤其意想不到的事情上表现得非常亲切和蔼——那就是她的官方传记作者的人选问题。她说她正在考虑可能的人选。朱利安·西摩推荐我承担这项工作。

她强调说她不会很快拿定主意,但是我是否对此有兴趣?我当然有兴趣。因此我送给她一本我为理查德·尼克松写的附有题赠的670页的传记,希望能获得最好的结果。

与此同时,我得知列入考虑范围的作家人数已经缩减到只有四个——西蒙·赫弗、安东尼·比弗、查尔斯·摩尔和我自己。几个月的时间过去了,有一天玛格丽特对我说:"恐怕我决定的传记作者

---

* 前面提到"It's not cricket to behave like that",cricket除了做板球,还可以做形容词,意思是体面的、光彩的,所以这里提到做板球记者的斯旺顿用"cricket"这个形容词形容撒切尔夫人是有权威性和分量的。——译者注

不是你,因为"——而我万万想不到她接下来说出口的竟然是这四个字——"你太老了"。

有那么一刻我觉得自己一定是听错了她说的话。但是她接下来的几句话解释说要做她的传记作家的一个前提条件就是,她的官方传记在她过世之前不能出版。因而我得出的结论是她预料自己将会比我长寿。这在她来说似乎是一个非常乐观的设想,因为当时(1996年)我54岁,而她70岁。也许她还有其他的原因。不论理由是什么,她指定查尔斯·摩尔做她的官方传记作者是一个很明智的选择。

玛格丽特·撒切尔退休之后的谈话中有一个奇特之处,那就是有时候她会语出惊人,令人完全摸不着头脑。有两个事件反映了她性格当中的这一方面,一个是德国重新统一之后造成的威胁(她认为的);另一个是苏联解体之后创造的机遇。

第一个方面体现在她经常会突然开始激烈的长篇演说,反对赫尔穆特·科尔和他的德国统一政策。1997年的时候,曾经有一次她为保守党持欧洲怀疑主义立场的议员们举办了一次酒会,邀请了伊恩·邓肯·史密斯、伯纳德·英厄姆、比尔·卡什和理查德·谢泼德。他们聚集在撒切尔基金会在切舍姆地方办事处的办公室里,这里可以俯瞰位于同一条街上的德国大使馆。随着这位前任首相对德国联邦议会和柏林政府的谴责变得越发激烈,理查德·谢泼德手指着大使馆的方向开玩笑说:"玛格丽特,当心点,他们能听到你说话!"她却提高了嗓门,对着德国大使馆挥舞着拳头,对着切舍姆地方办事处的对面大声喊道:"哦!这正合我意呢!"[8]

同一年的晚些时候,发生了一件更有趣的事情,体现出她对于外交政策问题做出的可爱的、自然的反应。那时她到詹姆斯·戈德史密斯爵士位于法国望族的乡村别墅去拜访他。在东道主的护送,其他两个同行客人比尔和毕蒂·卡什的陪同下,她和丹尼斯在庄园里四处转转,散了会儿步。使她吃惊的是,他们在一片树林里偶然看见了一座巨大的列宁青铜像。玛格丽特·撒切尔坚持要在列宁铜像前拍照留念,并说道:"我只是想要让他看看我们才是赢家!"[9]

在20世纪90年代末期赢得战争还是在她的议事日程里的。整体来说这些都不是政治方面的。她偶尔会在有些她想要帮助的议员所在的选区发表演讲,包括在南萨尼特选区为我所做的一次激情的演讲,在这次演讲中,她差点就要呼吁英国退出欧盟。但是因为她与保守党政府官方对欧洲的政策相差太远,她很大程度上促进了政党的内部分裂,也导致政府在1997年的大选中以更大的差距落败。

在保守党惨败之前,只要是对英国利益有帮助的事业,只要是她感觉自己还能发挥余热的事情,她总是热心地尽一份自己的力。在她周游世界的时候,她为英国的出口,尤其是国防出口做出了相当大的贡献。她对外交部做了详细的情况了解,在合适的时机向那些她出访的国家或者政府首脑的耳朵里吹吹风,对国防产品做些恰如其分的介绍,做通他们的工作。下面这个故事将会揭示出她在海湾地区的非凡影响力。

心系英伦

玛格丽特·撒切尔在海湾战争期间为解放科威特做出了不凡的贡献,正因为如此,她在海湾地区一直被奉为女英雄。因此,如果在那个国家执行不同于往常的救援行动,她似乎是最佳的人选。在一次向科威特出口由伯明翰的吉凯恩集团生产的装甲车的至关重要的订单谈判时,出现了一场危机。

作为负责国防出口的大臣,我一直支持吉凯恩集团为争取这次合同所做的努力。公司竞标成功。科威特政府公开宣布它将会订购价值10亿英镑的吉凯恩集团生产的"勇士"装甲车,这是政府武装力量更新设备计划的一部分。

但是就在这个合同马上要签字之前,一家美国的国防产品制造商插了进来，并提出了竞争性报价。按照北大西洋公约组织国家之间的协定，或者按照科威特正常的商业惯例，这样一种投机取巧的举动是绝对不会被纳入考虑范围的。但是美国这次所做的竞争性报价却打破了所有的规则。同时华盛顿政府方面也参与此事，积极进行政治游说，甚至美国副总统艾尔·戈尔亲自致电科威特王储，比尔·克林顿总统也给科威特的埃米尔发去了一封私人信件。

眼看英国出口的胜利前景马上要在最后一刻化为泡影，我尽了一个部长最大的努力，组织伦敦一些政府高层进行反游说活动。当得知科威特统治家族曾经向玛格丽特·撒切尔和英国政府都亲自保证过这个合同另外一方将会是英国的时候，我去了切斯特广场她的家中，去看看她能否帮忙。

在接下来40分钟的时间里，我亲眼见证了玛格丽特·撒切尔的权力运用艺术，她展现出的雷厉风行、幽默风趣和当机立断令人惊叹。当我开始讲述这次合同之战中所发生的一系列事件时，我的叙述会不时地被玛格丽特·撒切尔当时破口而出的一系列的形容词所打断，她说道："无法容忍！""骇人听闻！""可耻！"最后的一个是"我不会允许这样的事情发生！"看到这位前任首相显然已经热血沸腾，处于战斗状态，我的下一项工作是趁热打铁，劝说她要对着正确的目标出击。其实这根本就是不必要的。铁娘子已经准备要打电话了。"你有科威特王储家的电话号码吗？"她问道。幸运的是我正好有，她拨通了电话。令人吃惊的是，谢赫·贾布尔·阿尔·沙巴居然亲自接听电话。"王子殿下，我现在在玛格丽特·撒切尔家。她就在我旁边，有一件非常紧急的事情想要跟您谈谈"，我开口说道。"乔纳森，你一定是在开玩笑吧"，这位王储困惑不解地说道。我还没来得及解释我今天晚上根本就没有心情开玩笑，玛格丽特·撒切尔就一把夺过了听筒。她用升高的音调、高昂的激情提醒这位王储不要忘记英国在科威特解放过程中所发挥的作用，并让他想起他曾经保证过英国会在其武装力量重新装备计划中得到公平的份额。她还提醒他荣誉债就是荣誉债，而且就在大约一个月前他还亲自向她保证过英国已经赢得了装甲车的竞标。

"现在我想要知道的是：科威特人是不是信守他们的承诺？"

她得到的回答显然并不能令她感到满意。"王子殿下，我不喜欢我刚刚听到的内容。让我再问你一遍。科威特人是不是信守他们的承诺？你是要信守诺言还是要食言？"

"我都开始有点为这个家伙感到难过了"，丹尼斯爵士轻声说道，说着呷了一口加奎宁水的杜松子酒。很明显，他的妻子并没有对王储感到同情，而是随着情感的越发强烈提高了分贝，"那么你在明天的内阁会议上会怎么做呢？"她尖声问道，"你是不会逃避自己的责任的，是吧？"

我开始怀疑英国和科威特关系的这段蜜月期就此结束，担心我的这个聪明的主意会不会挑起重大的外交纠纷。"非常感谢，王子殿下。我就知道你会是个守信的人"，我听到玛格丽特·撒切尔用甜美悦耳的嗓音温柔地说道。

"他有些摇摆不定，不过他会做出正确的决定的，"她放下话筒的时候说道，"现在我必须要教训教训那些美国人。接通艾尔·戈尔的电话。"我坦白说自己只是一个临时的电话接线员，没有随身带上美国副总统的电话号码。"那就给罗宾·伦威克打电话，他一定知道。"我手头上也没有英国驻华盛顿大使馆的号码。

玛格丽特·撒切尔不会因为受到这些小的挫折就罢手。"那我必须要马上和雷蒙德·塞茨通话。我必须要让他立刻要求克林顿政府停止他们的肮脏的交易。"我费了一番周折追踪到美国大使正在圣詹姆斯球场，结果被位于摄政公园的美国大使馆里的男管家告知大使阁下正在淋浴，不能接电话。玛格丽特·撒切尔又一次从我手中夺过话筒。"我是玛格丽特·撒切尔。请告诉塞茨大使我不挂电话，等他淋浴完后再和他通话。"

这位男管家并未对这项命令予以争辩，而且很明显他一定是把这些话传达给了正在浴室里的大使。因为几分钟之后雷蒙德·塞茨想必是浑身湿漉漉，滴着水地走到电话跟前聆听玛格丽特·撒切尔的训斥，而只有在他不得不承诺会立即向华盛顿方面传达"退让"的要求之后，才逃脱了这场灾难。

玛格丽特·撒切尔对于自己当天晚上所做的工作感到非常自豪，但是她没有到此为止。"现在，我们今天晚上最后的一项任务是要告诉首相究竟发生了些什么事。我要让他知道我还能为英国出力。"我说我会在第二天上午如实地向约翰·梅杰汇报他的前任首相做出过怎样的贡献，但这无法让她满足。"一位首相要立刻知道这些事情，现在就告诉他！"她命令道。我带着些许惶恐拨通了唐宁街10号的电话，当被告知首相目前不能被打扰的时候，不由得松了一口气。"而且也许最好不要拿这件事情来打扰他，"这位训练有素的私人秘书低声说道，"这件事还是留待明天上午再详细讨论吧。"我欣然同意了这个提议，丹尼斯和朱利安·西摩也表示赞同地点了点头。

第二天上午我们抽出时间到了白厅，准备详谈这件事情的时候，科威特内阁已经同意了这个装甲车合同的最后的几个细节问题，并授权国防大臣在英国大使馆签署合同。吉凯恩集团获得了10亿英镑的订单，而"勇士"装甲车性能优良，后来证明在波斯尼亚的雪地和科威特的沙地上表现都很出色。英国在出口方面获得了巨大的成功——但是如果没有玛格丽特·撒切尔，我们永远也做不到这一点。[10]

苏格兰高地休短假

玛格丽特·撒切尔并不是个随和的度假伴侣。她不赞同休闲的理念，天生也不喜欢休假。8月份对于她来说总是很难过的一段时间。退休之后，没有了唐宁街10号送来的红盒子分散她的注意力，休闲度假的负担似乎愈加沉重，令她难以摆脱。

1996年8月，玛格丽特和丹尼斯来到苏格兰高地，作为兰诺克的皮尔森勋爵的客人在那里待了几天。他位于佩思郡的地产是英国占地最广，却也是最难以抵达的旷野。它地势险峻，很能磨炼人的意志。待在兰诺克兵营里，接受这位苏格兰领主说一不二的训令，对人的意志同样是一种磨炼。马尔科姆·皮尔森对待他的朋友们举止和蔼，风趣幽默，但是在山上或者在港口，如果那些初次接触他的人并不愿分享他的那些激进的欧洲怀疑主义观点、他对猎鹿的爱好，或者他在政治上不正确的观点，他们难免会感到很不习惯。

玛格丽特·撒切尔对她的东道主非常敬重，而且很喜欢他的为人。他们之间的友谊可以追溯到20世纪70年代中期，当时皮尔森出资资助中央办公室购置电传机，他更大胆的举措是资助铁幕背后地下出版发行系统的时事通讯。他对反苏的持不同政见者的颠覆性支持使她非常钦佩，而他也颇具开创性地与阿勒科山德·索尔泽尼特希（即索尔仁尼琴）建立了友谊，成了索尔仁尼琴儿子的监护人。因为这样出色的工作，玛格丽特·撒切尔在1990年封他为终身贵族，为保守党工作。

这位新晋贵族皮尔森在上议院的工作兢兢业业，但他并不总是把保守党的利益放在首位。他行事大胆，不受管束，对保守党党鞭们的命令从来不屑一顾。后来他投诚英国独立党，并最终在2008年成为英国独立党的领袖。尽管这种脱党行为引起了很多传统保守党员的忧虑，但他们的前任领袖对此却并不在意，因为到了这个时候，她对欧盟的观点和英国独立党非常相似。因此她到访兰诺克，既能与持有欧洲怀疑主义观点的"我们自己人"共商大计，又能欣赏苏格兰的优美景色，可谓一举两得。

玛格丽特·撒切尔感到心情愉快，却不能让人省心。她和这位苏格兰领主的第一次争论是关于早饭的时间安排，她想要7点吃早饭，但是家里剩下的人都倾向于上午9点半。在多番讨论之后，她同意了被她称为是"一次妥协"的安排——早餐时间定在了7点15分。

第二次的争论是关于爬山的合适装束。"我看得出来你不是个乡村姑娘",他的东道主看到她时评论道,她当时正穿着黑色小山羊皮的菲拉格慕牌短靴,靴子上端系着丝带。"我有几双上好的长筒橡胶靴,我可以把适合你尺码的那一双借给你。"但是她拒绝了他的这一提议。

从住所到山上的行程很有皇家仪仗队的阵势,至少按照兰诺克高地的标准来说是这样。两辆家传路虎,一辆苏格兰警察厅的路虎揽胜,两辆卡车拖着两辆阿戈(这是一种带橡胶履带的登山车);为客人们准备的两辆后备支援车,为警务人员准备的一辆后备支援车,还有一辆货车上坐着各色人等,包括步行者、男仆、午餐携带者,还有几个十几岁的男孩。

这个旅行大军就这样浩浩荡荡地出发了,但是最终只能抵达终点站最高峰"克雷吉峰"的半山腰上。最后的1000英尺左右的路程只能步行攀登,或者借由阿戈慢慢向山顶攀爬,而这位贵宾在登山过程中也最偏爱这种登山工具。在接下来长达一个小时的时间里,他们乘坐着阿戈,跨过石楠丛,踏过泥煤地,一路颠簸,盘山而上,但是距离顶峰仍然还有相当远的一段路程,两辆阿戈有气无力地上下颠抖着,这时撒切尔女男爵从车上一跃跳进了一片泥沼地,说道,"剩下的这一段路我自己走",而她脚上的黑色皮靴完全不适合在这样的泥沼地中行走。她紧了紧头巾,大步向前方的山坡爬去。这一定是她一生中最寒冷也最漫长的一段步行。她下定决心不能被恶劣的天气打败,因此拼尽全力,挣扎着爬到了山顶。当最终抵达"克雷吉峰"的时候,这位苏格兰领主给这些冻僵了的人分发了热汤,评论说从这里看下去的全景是索尔仁尼琴最喜欢的景色。"在西伯利亚待了那么多年之后,他在这里一定感觉舒适自在",丹尼斯低声说道。[11]

爬山并不能满足玛格丽特·撒切尔对假期娱乐的需求。因此她的东道主邀请了一些和她聊得比较投机,并且比较健谈的人一起参与谈话,增加趣味性。"她最近比较喜欢聊关于欧洲的话题",他说。[12]

这个任务的三位首要的人选包括克里斯托弗·布克,他写了《大骗局》(*The Great Deception*)和其他一些揭露欧盟罪恶的著作,马尔科姆·皮尔森,他在上议院做了很多次亲英国独立党立场的发言,以及我自己,忝列第三,不过也可以称得上是老资格的持有欧洲怀疑主义观点的议员了。一整天从早到晚的时间,我们几个人都和这位伟大的女士一起就欧洲问题的相关细节和原则性问题进行探讨。她几乎保留着担任首相时对这个问题的所有激情和敏锐的看法,只是在晚上几杯威士忌酒下肚之后,可能会重复某些已经说过的观点。

玛格丽特·撒切尔在兰诺克逗留期间,还有两件事萦绕在我的记忆里。第一件事就是她对待马尔科姆身患唐氏综合征的女儿玛丽娜的友善和亲切。她是如何同这位前任首相进行如此长时间满怀热情的对话的,这对我们来说始终是个谜,但是事实就是如此。

第二个例子是玛格丽特·撒切尔和年轻人之间建立的融洽的关系,一天晚上,马尔科姆中断了成年人正在进行的谈话,并声称现在是"首相质疑会的时间"。这意味着象征性地让她重新回到演讲席上,在长达90分钟的时间里回答房子里四个十几岁的男孩提出的问题——他们是克里斯托弗·布克的两个儿子亚历克斯和尼古拉斯,皮尔森夫人的侄子爱德华·罗斯和我的儿子威廉。

这个环节事实上非常像下议院一个喧闹的下午。孩子们提的部分问题非常机敏,而他们得到的答复也总是充满激情的。激烈的质询得到了鼓励。成人观众们负责欢呼喝彩。丹尼斯曾经有一刻骄傲地说道:"如果我们有一天破产了,她还能做老师赚钱谋生,还能是个不错的老师呢。"[13]

有一些最有趣的俏皮话是在讨论欧洲问题时提出来的。"如果上帝打算让我们成为欧盟的一员,他就不会在我们之间放上英吉利海峡"就是其中之一。

17岁的尼古拉斯·布克继续追问道："撒切尔夫人,你认为我们应当离开欧盟吗?"

她回答说:"有五个理由证明我们应该离开它。"然后她尽情地施展着雄辩的口才,用右手的手指列出自己的论据。在过了大约15分钟之后,她终于停下来歇了一口气,尼古拉斯说:"撒切尔夫人,你只给了我们4个理由。那第5个理由是什么呢?"

"你说得非常对。"她说着,伸出了第五根手指,"我们之所以要离开的第五个原因"——戏剧性的停顿——"就是他们偷了我们的鱼!"[14]

最后一个问题是关于取得伟大的成就。她对此做出了精彩的回答,最后一句话是:"如果你们听从了我的建议,你们四个将会成为伟大的政治家,过上美好的生活,为我们国家做出重大的贡献。""好啊!好啊!"丹尼斯高声喊着表示赞同,"现在我要把你带走,该休息了。"[15]

这是一个令人难忘的夜晚,然而也令人感到心酸。因为很明显玛格丽特·撒切尔在内心深处是一个不甘平庸的人,而退休生活却使她无法再施展自己的抱负。正如我在日记中改述的迪安·艾奇逊的话,"玛格丽特失去了一个帝国,却没有找到另外一个适合自己的角色"。[16]

70岁生日

她的70岁生日发生的一系列事件和庆祝活动的本意似乎预示着她可能将要尽情享受老年的宁静生活,但事实上她却有其他的打算。

她的回忆录《唐宁街岁月》的销量和在评论界得到的反响都很好。唯一的不和谐之音是她曾在哈查尔兹书店告诉那些买书的人,她本应当将这本书的标题定为《不曾失败》!

尽管约翰·梅杰的这位前任在他的首相任期里经常发表一些对他无益的观点,他还是很有风度地在唐宁街10号为她举办了生日宴会,向她表达敬意。她的表现却没有那么得体,她在门阶上停下来,说自己仍然把这个地方当作是家,她提到格莱斯顿在他80多岁的时候还组成了他的第四届政府,还说如果有任何人认为她该是时候放松休息,给他人一个机会,她的回答只能是"不!不!不!"[17]这句话里究竟有多少幽默的成分,我们无从得知,但是她想要传达的信息是很清楚的。她以自己那永不停歇的方式,继续勇往直前。

在克拉里奇饭店里,大约有80个朋友为她举行了第二次生日宴会,她在这一场合再一次强调了自己的这一立场。她特别细心地为客人们安排了座位表。她做出了一个绝妙的安排,让杰克·普罗富莫*坐在主桌她的右手边,女王的左手边——这是两位伟大的女士都一致同意的一个安排,体现出了她们的善意和美德。

比尔·迪兹提议为了她的健康干杯,他举止优雅,语带幽默,似乎在以自己文雅的方式暗示这位前首相也应当要松弛身心,放慢生活的节奏。为了给出暗示,他引用了(但没有提及出处)第90篇赞美诗:"我们的生活跨度是六十又十年,尽管有些人身强力壮,也许能活到八十载,但那时他们必将年老体弱,徒增悲伤和劳苦……"

这位贵宾很显然不知道这些感伤的情绪是出自《圣经》,而误以为这些都是比尔自己所感,因此后来在回复时,她在自己的发言中对迪兹做了猛烈的批判。她说道:"所有这些关于70岁之后的生活中只有悲伤和劳苦的乱七八糟的蠢话究竟是什么意思?"后来晚些时候,她和客人们待在一起,我问她有没有意识到这些乱七八糟的蠢话都是出自引文。"是谁写的?"她问道。"大卫王——出自赞美诗",我回答说。尽管已经70岁了,但玛格丽特·撒切尔的睿智机敏仍然不减当年,她的回答甚至不输给当年站在"首相质询会"演讲席上的表现:"哦,他很多事情都做错了,"她反驳道,"中东地区的国王现在也是这样!"[18]

---

* 杰克·普罗富莫(1951—2006),英国政治家,也是1963年"普罗富莫事件"的中心人物,该事件对当时的保守党政府构成很大打击,导致了保守党政府在一年后垮台。普罗富莫在"普罗富莫事件"后完全保持低调,甚少出席任何公众场合。

找到精神家园

信仰对于玛格丽特·撒切尔一直都很重要。她在格兰瑟姆的成长过程中，受到了严格的卫理公会教育，而她多年来也一直非常勤勉地参加礼拜仪式，她对于听到的布道总是认真思考，并经常提出批评意见，偶尔还会煽动起公众对英格兰圣公会一些争议性问题的激烈论战。

她经常阅读《圣经》，即使是在唐宁街10号当权期间最繁忙的时候也不例外。她喜欢和少数几个信任的人讨论信仰问题。20世纪80年代，最经常参加这些讨论的是唐宁街内部的两个人，他们都是基督教福音派信徒——一个是迈克尔·艾利森，她第二任期里的议会私人秘书；另外一个是布莱恩·格里菲斯，她的政策决策小组的负责人。她非常推崇首席拉比以马内利·雅克布维茨的教义和著作，并于1988年将他提拔到上议院。他最大的影响是通过犹太教信仰，让她明白法制是根源于宗教和世俗原则的。

她从权力的巅峰跌落之后，陷入了痛苦的情绪之中，迈克尔·艾利森曾试图要从精神层面上开导她，帮助她。他的善意却遭遇了冷冰冰的回绝。有一次，在倾听了她对内阁中的背叛者的讽刺谩骂之后，他建议她应当试着原谅他们。他还主动提出要和她一起祷告。"这不适合我"，她回答说。

艾利森督促她去"找到一个好的教堂"，并建议说她会在骑士桥的伦敦圣三一布普顿教堂受到热烈的欢迎，而他正是那里的教会执事。她考虑了这个提议，至少读过一些这一教区的牧师桑迪·米勒牧师发表的布道。她对这些布道表示赞同，并考虑要找个周日去他的教堂，但是她在报纸上看到消息，称这个教堂正在进行"多伦多赐福"，这是一种在教堂过道里集体昏厥的灵恩运动。"迈克尔，这到底是怎么回事？"她问艾利森，手中挥舞着伦敦圣三一布普顿教堂里的礼拜者卧倒在地板上的图片。他的解释并没有使她信服。"丹尼斯可受不了这个,"她宣布道,"要知道,我们喜欢私下里思考关于宗教的一些问题,而不需要太狂热。"[19]

狂热这个词可能出自于玛格丽特·撒切尔对卫理公会记忆的深处。在18世纪和19世纪,约翰·卫斯理被英格兰圣公会贬损为"宗教狂热者"。这个表示轻蔑的贬义词在20世纪仍被使用,通常在一个卫理公会教堂蔑视另外一个卫理公会教堂的时候被使用,原因是他们"太过狂热"。阿尔弗雷德·罗伯茨当然对于这种描述非常熟悉。他的女儿从牛津毕业一两年之后便放弃了她的卫理公会教义。丹尼斯在战时是英格兰圣公会教徒,称呼每一个教区牧师为"神父"。玛格丽特·撒切尔也许是受到了丹尼斯的影响,加入了英国圣公会中的沉默教派,她留在了这个教派里,尽管心里并不自在,而且经常对于其主教的素质怀有诸多抱怨和不满。

她最经常去做礼拜的教堂是威斯敏斯特的圣玛格丽特教堂,它坐落在威斯敏斯特大教堂的辖区内,是政治家举行追悼会最偏爱的场所。这些场合都非常正式,而且对于像是王室代表、大使、政党主席,当然还有首相这样的达官显贵的入场时间要求非常精准,必须分秒不差。

玛格丽特·撒切尔当权的时候,她经常搅乱这些精准的时刻表,因为她总是早到。教区长咏礼司铎唐纳德·格雷博士曾礼貌地和唐宁街10号提出过这个问题,但是根本没有用。因此,在一次预定中午12点开始的追悼会上,当玛格丽特·撒切尔又一次11点45分就提前到了的时候,他给了她一点儿暗示。

"上午好,首相,我看到你又早到了。"

"是的,格雷教士,我想提前点来——来做祷告",她冷冷地回答道。

教区长知道自己碰了钉子。[20]

在卸任首相职务前三年的时间里,撒切尔夫妇经常参加威斯敏斯特圣玛格丽特教堂星期天上午11点的礼拜仪式。但是对于在圣餐仪式和大教堂礼拜仪式当中歌唱，他们有些不习惯。因此他们开始有意寻找一个合适的教堂。他们的第一站是切斯特广场的圣迈克尔教堂，它的优点是距离他们在1991年购置的四层小楼，也就是第73号的前门不到200码的距离。

布莱恩·格里菲斯是圣迈克尔教堂集会的主要成员，这一教区的牧师是查尔斯·马纳姆。他在伦敦圣三一布普顿堂担任助理牧师的时候创办了"启发课程"。因为有这样的背景，所以他的礼拜仪式必定是非常狂热的，尽管按照伦敦圣三一布普顿堂的标准来说要相对有节制一些，但是他们不断重复的吉他合唱团对于丹尼斯来说还是有些太过头了。

在尝试性地去了卫兵教堂和皇家礼拜堂之后，撒切尔夫妇一致同意他们更加偏爱的礼拜场所是切尔西皇家医院。它17世纪建造的礼拜堂具有重要的历史意义，其传统的英国式晨祷和赞美诗对玛格丽特·撒切尔很有吸引力。她还喜欢参加她所称的"健康常识性布道"。[21]

这里的牧师，迪克·惠廷顿牧师回忆道：

> 我经常会看到撒切尔夫人坐在座位上，身体前倾，全神贯注地听我布道。在那之后，她会想要就其中的某些方面和我谈谈。她几乎总是有着很深刻的见解，而且对我很支持。但是，有一次当我宣讲的内容涉及玛莎和玛丽的时候，我强调玛丽怎样认真听从我主的教导，而她的姐姐却在忙着做家务，撒切尔夫人表达了批评的看法。"我们一定不能低估玛莎们的价值，正是她们努力认真地把工作做完的"，她对我说道。[22]

这位牧师在担任圣职之前是一位讲究实际、毫不含糊的战士，他逐渐与他的会众当中这两位最有名的成员建立了紧密的关系。

2003年，丹尼斯因为胰腺癌在附近的利斯特医院过世，迪克·惠廷顿牧师在他过世的时候在场，他带着她祈祷，而她跪在她丈夫的床边，握着他的手。

丹尼斯平静地离开了这个世界，遵循的是传统的葬礼仪式，包括他最喜欢的圣歌《不可见的永生》，以及他从《南非祈祷书》和《公祷书》上选取的祈祷文。

在举行葬礼仪式的当天，玛格丽特感到迷茫而哀伤。她似乎不知道那些扶柩者在教堂里抬进抬出的是谁的灵柩。然而，不论心情好坏，她在皇家医院总是感到舒适自在，在生命的最后阶段里，她总是很喜欢那些着装鲜艳的在切尔西皇家医院养老的残老军人的陪伴，而且也经常参加教堂里的礼拜仪式。当主管机构决定要将新建的拥有价值2700万英镑医疗设施的医院命名为玛格丽特·撒切尔医院的时候，她非常高兴。

在这座医院正门外面几码远的地方，仍旧在皇家医院的范围之内，能看到一片宁静景致的草坪。丹尼斯的骨灰2003年被埋葬在这里。10年之后玛格丽特的骨灰也在这里入土为安，葬在她丈夫的旁边。也许这是她自被从权力的巅峰赶下台来之后，内心第一次获得安宁。

后记

健康衰退

玛格丽特·撒切尔对处于困境中的人伸出援手，表达善意的事例很多。这个故事碰巧涉及我。从历史的角度来看，这个故事还因为另外一个因素而值得人关注：它标志着玛格丽特·撒切尔的健康状况急转直下，出现疾病症状、记忆丧失以及老年痴呆的症状，而这给她晚年的生活投下了一层阴影，使其越发艰难。

我因为伪证罪被判处18个月的有期徒刑。2000年1月，在服刑7个月之后，我被获准出狱。在开始呼吸自由空气的48个小时之后，我的电话响了。"我是丹尼斯·撒切尔，"电话线路另一端传来一个完全出乎意料的声音，"你能帮帮我的忙，下周抽个时间到我的俱乐部和我一起共享午餐吗？"

一时之间我想一定是有人冒名顶替，想要开我的玩笑，但是这却真的是丹尼斯。他在东印度俱乐部请我吃了一顿丰盛的午饭，并和我畅聊了4个小时。他的殷勤好客给我带来了温暖，和他的谈话使我心情愉快，这对于因为连连遭受打击而萎靡不振的我来说真是雪中送炭，让我重新振作起来。当我们蹒跚着脚步走出去，来到圣詹姆士广场的时候，他说："玛格丽特很担心你。她想要找个时间悄悄地见见你。我会再联系你的。"

在这场会面还没发生之前，撒切尔家的其他成员也联系了我。我之前跟马克并不是很熟，但是他也同样约我一起吃午饭。他举止有些拘谨，不善交际，但言行间透露出慷慨和大度。他主动提出要在经济上资助我，邀请我到他距离南非首都开普敦很近的康斯坦蒂亚的家中度假，由他来支付全部的费用。他还提出要借给我一间办公室和一个秘书；他还特地回来见我，就是为了再一次督促我接受这一帮助。

因为我正打算重返牛津，成为一名成人学生，所以我没有接受马克的帮助，但是为此我非常感激他。他发自内心的同情令我深受感动。我从这次与马克的交往中了解到在他人遭受到困难的时候，马克·撒切尔会成为最善良也最有爱心的好朋友。

在我获释出狱之后几个星期的时间里，我也经常见到卡罗尔。她以自己独特的方式对我表达了关爱、支持和友谊，是一个值得信任的朋友。

按照卡罗尔的习惯，她对我表现的善意很可能与她家里其他成员完全没有关系。但是我本能地感觉到如果没有受到玛格丽特的鼓励，也许甚至是精心安排，丹尼斯和马克不会有意接近我，对我表现出如此的善意和慷慨。

几个星期之后，她进一步表现出了对我的善意。她请求她的前任议会私人秘书迈克尔·艾利森在他位于切尔西的家中组织了一次晚餐宴会，并说道，"我想要和乔纳森谈谈"。这次宴会发生在2000年6月的上旬，参加的人只有玛格丽特和丹尼斯·撒切尔、迈克尔和西尔维娅·玛丽·艾利森，担任将军之职的迈克尔·罗斯爵士（艾利森的一个表亲）和我自己。

晚会气氛愉悦而放松。在和我一对一的交谈中，玛格丽特想要知道监狱生活的每个细节，我还记得她曾一度说道："我的确早就应该对刑事司法制度的这个部分实施改革。我听到威利太多次讲过被他称作是'玻璃暖房'的话了。"

席上有人在讨论教堂生活的有趣话题。丹尼斯将自己描述成是"中间一根门柱的英国圣公会教徒"；迈克尔·艾利森（一个教堂执事）负责防守门柱，而玛格丽特快速投球击中他们。她谴责英格兰圣公会"普遍太过懦弱"，说道："现在要听到一场观点鲜明、措辞强烈的教义布道真是太难了。我想要听到讲道者花25分钟的时间，发表一篇激情洋溢的布道，关注一些能引起人兴趣、引发人思考的话题，比如'敬畏耶和华是智慧的开端'这样的话题。"

"如果神父们布道的时间超过10分钟,你就会让他们心中怀有对耶和华的敬畏",丹尼斯说道。

因为迈克尔·罗斯最近开始负责统率联合国在波斯尼亚的维和部队,他的大脑在广泛和精准地吸收着关于巴尔干半岛地区最近的局势发展情况。像往常一样,玛格丽特·撒切尔对于种族灭绝、战争犯罪、暴行以及这一地区难民动向的细节了解得非常清楚。她满怀激情,充满着道义感。"我多么希望你仍然是我们的首相啊",西尔维娅·玛丽·艾利森感慨道。

"不论需要多少的武装力量,我都会去做的,只要能够解决这些问题,阻止这些罪恶的行为",这位贵宾回答道。

两天之后,玛格丽特和卡罗尔母女二人在俯瞰海德公园的文华东方酒店的咖啡厅里共享午餐,这种场合很少见。因为之前我曾经跟卡罗尔描述过在艾利森家举行宴会的一些细节,因此她问她母亲的第一个问题是关于将军迈克尔·罗斯爵士的情况。卡罗尔回忆说:

> 我满心期待着她会对我发表一篇关于波斯尼亚局势的长篇大论,因此我舒服地靠在椅子上,等待着她像往常一样滔滔不绝地自说自话。但是她刚说了一会儿,就开始有些语无伦次了,几句话之后,话题就从波斯尼亚跨越到了马尔维纳斯群岛战争,因为她把马尔维纳斯群岛战争和南斯拉夫战争弄混了。你还不如直接把我从椅子上摔下来。看着她挣扎着想要表达出自己的意思,努力和记忆抗争,我简直觉得难以置信。她已经75岁了,但是我还总是觉得她会一直年轻,不会变老,而且觉得没有什么东西能够伤害到她。[1]

卡罗尔对于她母亲突然表现出这些记忆丧失的迹象非常难过,那天晚上晚些时候她仔细地盘问了我那天在艾利森家晚宴上的详细情形。情况很快变得明朗起来,那就是玛格丽特的病情已经相当严重了。因为卡罗尔总是称她妈妈"有着像网络一样精准的记忆力"[2],可是对于那天晚上宴会的参加者究竟有谁,都谈论了些什么话题,她显然已经完全搞不清楚了。"休斯敦,我们遇到大麻烦了"[*],卡罗尔沮丧地说道。[3]

几个月之前,这个问题可能曾在香港地区短暂地出现过,当时克劳福德和朱利安·西摩觉得撒切尔夫人在招待会上曾短时间内感到有些糊涂,但是在当时的情况下其严重性被忽略了。现在既然意识到问题的严重性,便需要对其做出正确的医学诊断。

然而这并不容易,因为病人的健康状况时好时坏——有时似乎有所好转,但有时又会突然急转直下。2001年,在马德拉群岛度假时,她突发脑溢血,情况非常严重。那之后她恢复得很好,但是从那时起她就必须要借助所有的决心和意志力的帮助来掩盖记忆缺失的不足。

每次看医生的时候,她总是会上演一出演技精湛的大师级表演,证明自己不仅仍然敏捷机警,而且对于问她的每一个医学问题,她都会做出完美的回答,不给医生任何机会证明自己的病情。但是优秀的医生并不容易糊弄,即使对象是一位令人敬畏的前任首相也同样如此。这个过程很漫长,长达几年,但是慢慢地,也是不可避免地,她的头脑最终拒绝继续工作下去。

玛格丽特·撒切尔从未被诊断为罹患"阿兹海默症",但是至少有48种不同的痴呆症和相关疾病。在接下来三年的时间里,她通过坚强的意志和谨慎均衡的药物治疗,将自己的病情稳定在可控的范围内,只是间歇性发作。但是熟悉她的人都了解最糟糕的情况,因为她越来越健忘,经常重复已经说过的话,令人忧虑,而且她的情绪起伏很大,难以预料,她的身体也很虚弱,走起路来脚步也有些不稳。

走路不稳是因为她坚持要穿高跟鞋,并不是像有些传言中所说的,是因为喝了太多的威士忌。尽管她在退休后的确比当权时喝酒更多,

---

[*] 这句话出自电影《阿波罗13号》,表示遭遇到了严重的问题。——译者注

但她通常都会小心控制自己的饮酒量。2007年在我家的一次晚宴上，我正给她重新斟满红葡萄酒的时候，她对我说："亲爱的，这个酒含几个单位的酒精？"这种计量形式（丹尼斯从未听过）是一位美国医生告诉她的。她并没有不折不扣地完全采纳他的建议。就在那次的晚宴上，我们很轻易地就说服她喝了最后的一杯睡前香槟，理由是"他们告诉我它比威士忌的度数低"。之后仿佛是为了要进一步缓解因为多摄入了几个单位的酒精而造成的良心不安，她过一会儿又补充说道，"温斯顿曾经说过他在喝过一杯宝禄爵香槟之后，通常状态会更好——而绝不会更差"。

在玛格丽特·撒切尔晚年的时候，和她一起共进晚餐就好像是招待一个年代久远的灯塔。起初你并不完全确定这些灯是否还能起作用。但是慢慢地会有电光开始闪烁，尤其是在认出了一些古老的地标的时候。我的妻子和我在招待玛格丽特的时候，总是把用餐人数限制在6~8个人，而且确保大多数都是她熟悉的面孔。

一天晚上，她的第一任议会私人秘书，当时已经90多岁的克莱夫·博瑟姆爵士和她进行了一场有趣的争论，讨论的是他们一起去检查他父亲在位于卡尔顿花园5号的房子里的厨房时，是乘坐火车还是11号公交车，这是在1951年她和丹尼斯在那里举行婚宴之前不久发生的。

在另外的一次晚宴上，爱德华·杜坎爵士提醒她（并不完全令她感到满意！）在提出1981年预算案的时候1922年委员会对她怀有的忠诚。她还和布林克曼夫人分享了撒切尔一家人在1975年乘坐梅利塔游艇游览地中海的时候发生的一些有趣的旧事，而布林克曼夫人的父亲罗伯特·格兰特·费里斯爵士也是一名议员，他曾是这只游艇的所有者，也曾在游艇上担任过船长。格洛丽亚·巴瑟斯特伯爵夫人也激发起了这位贵宾的热情，因为她们二人都记得20世纪80年代位于格洛斯特郡巴瑟斯特家族的宅邸——赛伦塞斯特庄园里举行的保守党议员大会上发生的一些令人捧腹的事情。

像很多老年人一样，撒切尔夫人对过往的记忆比当前的时事印象要更深刻。有时候这座灯塔会在一段时间之后突然陷入一片黑暗，这难免让人感到不安。然后突然之间它会射出一束光，照亮整桌的人，正如有一次她对诺曼·拉蒙说加入汇率机制是"造成灾难性后果的一件蠢事……谢天谢地你让我们摆脱了它！"

还有一次，她突然变得很有活力，为基思·约瑟夫爵士唱起了赞歌，她描述他是"我曾经见过的最具有独创性的才子……他彻底改变了我对于鼓励自由市场的做法所引发的道德问题的看法"。

在一次讨论时下热门话题的时候，她称赞伊恩·邓肯·史密斯，说他开创性的努力"为了信仰和原则而斗争，削弱了依赖性文化的不良影响。我们只有做到了这一点，才能使英国走上正轨"。

在我们的宴会上发生的这些片段表明，玛格丽特·撒切尔谈话的时候就好像是在黑暗的大背景中偶尔会出现的闪光一样。她知道自己想要说的是什么，但是她不得不努力挣扎着，使别人能听懂她说的话。

在刚跨越80岁门槛的时候，她经常会感到孤独，需要他人的陪伴。她喜欢在晚上出门之前忙上一阵，总是穿得很漂亮，为头发做上特定的造型。她有会话防御机制，但有时候会文不对题，说的话毫无逻辑。有一次当被问到"撒切尔夫人，你还想再要一点儿肉汁吗"的时候，她的回答是"我一直认为人生中最重要的事情是下定决心，然后坚持下去"。

开玩笑通常不是她的强项，但是有一个笑话她很喜欢。这是一个关于伦敦的出租车司机接载了一个刚去看过"伦敦眼"的德国游客的笑话。

这位游客对那里的印象非常深刻。他高声地赞美那里的景色、整个的工程以及这次体验。他不停地用半德语半英语说道："多伟大的摩天轮啊！太不可思议了！"

这位出租车司机听到后想要捉弄捉弄他。

"哦，你已经看过摩天轮（wheel）了，"他打趣道，"但你还没有看到仓鼠（amster）呢。"

这个伦敦佬的幽默完全把这个德国游客搞晕了*。但是当玛格丽特·撒切尔听到这里的时候，她爆发出一阵大笑。她很喜欢东区关于轮子和仓鼠的文字游戏。她更喜欢的是日耳曼人无法理解这个笑话。这成了她最喜欢的一个滑稽故事，而朱利安·西摩不得不一遍又一遍地重复讲给她听。

尽管要使这座灯塔发笑很罕见，也很难实现，但很明显她非常享受和一些朋友在一起舒适放松地用餐。她会非常开心地吃饭喝酒，而且总是坚持要跑到厨房里去向厨师表达感谢之情。即使有时候她不参与谈话，她看上去在她个人的世界里也是轻松自在的。

一天晚上晚饭结束的时候，我护送她走出前门，她当时正语带批判，令人颇感不安，她说："为什么乔纳森要给我们吃比利时的巧克力呢？英国的巧克力怎么啦？他为什么没有以前那种好吃的英国特瑞牌巧克力了呢？"

我承诺说下次会做得更好，但她以为我是其他人。"你不会告诉乔纳森我刚说的那些关于巧克力的话，是吧？"她离开的时候低声对我咕哝道，这时那些护卫她的警探们扶她上了车。

玛格丽特·撒切尔在脆弱的时候比处于权力巅峰的时候更能激起人们的同情和爱心。她85岁之后只有在极少数的情况下才会出门，而且这些场合通常是由其他人全权负责安排的。从2010年开始，她跨入了生命的迟暮之年，活动范围越来越窄，只是局限在熟悉的范围内。

---

* 跑轮是仓鼠的运动和玩耍用品。在英语中，"wheel"（轮子）中的"h"不发音，所以这位伦敦的出租车司机也对"hamster"（仓鼠）这个词采取了"h"不发音的策略，发成"amster"。显然，这位德国游客没有理解这个英语里的文字游戏。——编者注

体面的暮年生活

她生活的最后阶段比从外表看上去要更加心满意足。公众看到她的时候，只注意到这位铁娘子健康大不如前，蹒跚着步子从首相戈登·布朗居住的唐宁街10号走进走出，身体重重地坐到切斯特广场公园的长凳上，或者是参加利亚姆·福克斯议员组织的酒会，眼神茫然而空洞。

这些外出活动的场合似乎并没有给她带来太多的快乐。但是多亏了药物的治疗，她通常都很安静平和。不过当卡罗尔公开谈论她痴呆症病情的详细情况时，她确实表现得很不高兴。而马克被指控涉嫌卷入在赤道新几内亚阴谋组织一场政变而被捕，给她造成了更加严重的打击。尽管他的母亲并不能完全理解所有的情况，但是当她不得不提交10万英镑的保释金才能使他从南非的警方拘留所被释放，并帮忙支付高达26.5万英镑罚金的时候，她意识到了问题的严重性。

尽管不论在任何情况下，她都始终如一地爱她的儿子，但是这次的事情，加上其他一些小的事情，使她在晚年的时候对他越发感到失望，一个明显的外在表现是她决定不指定他为她的遗嘱执行人，而是将决定她的葬礼安排的最终权力交给了朱利安·西摩。

在她健康逐渐衰退的情况下，令人感到欣慰的一点是她的生活环境很舒适，并得到了很好的照料。她没有金钱方面的顾虑，请得起优秀的看护，而且由巴兹尔街诊所的克里斯托弗·鲍威尔·布雷特医生负责的一支出色的医疗团队以及切尔西和威斯敏斯特医院里的迈克尔·佩利医生共同监督她的健康状况和护理情况。她的相关症状包括一连串的短暂性脑缺血发作（轻微中风）、风湿性多肌痛（肌肉疼痛）、持续发作的痴呆症、日益严重的失聪，以及膀胱里的一个恶性肿瘤，这个肿瘤在2012年圣诞节必须通过手术切除。

在这次手术之后，她在切尔西广场的房子不能再住了，因为她爬不了楼梯，而这里又没有电梯。因此她康复期住在里兹酒店里，而这里的所有者巴克利兄弟慷慨地以非常低廉的价格拨给了她一个套间用以居住。

戴维和弗雷德里克·巴克利爵士属于她朋友圈子里的人，这些朋友是她的同僚，对她仰慕有加，一直想以多种方式对这位前任首相表达敬意。提起他们的名字或者描述他们的体贴周到可能会有悖他们的本意。但是马克·沃辛顿作为她的最后一任私人秘书对她温柔体贴、关怀备至，康纳·伯恩斯议员也经常从旁协助，做了很多工作。朱利安·西摩在1991年成为她私人办公室的负责人，后来也负责处理她所有的法律、经济以及行政上的事务，他管理她的相关事务时表现出的忠诚和高效值得我们的敬重。她对他也表现出了绝对的信任，委任他作为自己遗嘱的主要执行人。她的遗嘱非常简单，将她的遗产分成三等分——一份留给马克、一份留给卡罗尔，还有一份留给她的孙子孙女外孙外甥们。

查尔斯·鲍威尔对她尽职尽责，关爱备至，他身边也有一群支持他的朋友。从她离开唐宁街10号到她过世之间22年的时间里，他平均每个月都要去看望她两到三次，经常带她出去吃饭，而且他的电话总是24小时开通，为的是她能够随时找到他，他也给她提供了很多明智的建议，尽管他经常奔波于世界各地，但即使是在世界上最遥远的角落，她也能拨通他的电话。"查尔斯毫无疑问是她逐渐没落的那些岁月里最了不起的英雄"，这是朱利安·西摩的评价。

查尔斯·鲍威尔对她一如既往的忠诚，成为她过世前在里兹酒店最后一个见到的人。4月7日星期天的傍晚，在她过世的前一天，他像往常一样来看望她。他们一起待了一个多小时的时间。他觉得他的前任上司看起来非常疲惫，但是精神很好。她的心脏健康地跳动着，而且她已经挺过了膀胱癌的手术，并以令人惊叹的毅力熬过了全身麻醉期。她完全没有任何理由活不过90岁。但是这却没有实现。

4月8日星期一的上午，玛格丽特·撒切尔坐在套间的扶手椅上阅读一本画册的时候经历了另外一次中风，这一次她的生命走到了尽头。在发作15分钟之后她的心脏停止了跳动。她是突发性猝死，相对静谧，也比较幸运，没有遭受太大的痛苦。

道别

她的公共葬礼做了精细的安排——这在很大程度上是玛格丽特·撒切尔自己安排的。早在2006年托尼·布莱尔担任首相期间，内阁办公室就开始了相关的讨论。在2010年戈登·布朗离开唐宁街10号之前，一场被正确地称作是"除了名分，一切合乎国葬标准"[4]的葬礼的所有细节性安排都已经获得了批准，这也正是2013年葬礼当天所采用的形式。

行进队列当中的主要人物是马尔科姆·罗斯爵士，他是一位皇家朝臣，曾经操办过威尔士王妃戴安娜和王太后的葬礼。撒切尔一家人为这些反复排练的筹备工作支付了超过10万英镑的费用和各项开支，参加协调工作的还包括圣保罗大教堂的教长、国防部和伦敦警察厅。

玛格丽特·撒切尔去世的消息宣布之后，世界各地纷纷表达哀悼之情，发布讣告，并对她的一生做出评价。令人惊喜的是，国际舆论普遍对她表达了高度的赞扬，国内的报道更多，但是评价褒贬不一，有赞颂，也有贬斥。

批评的意见当中描述玛格丽特·撒切尔用得最多的一个形容词是"引发分歧"。使用这个词语的那些评论者似乎已经忘记了在她当选首相之前，英国在"不满寒冬"时期的分歧有多么严重。

另外一个引发分歧的表现主要是由学生支持的少数几个示威游行。玛格丽特·撒切尔下台的时候，他们中的大多数都还没有出生，因此他们对为什么游行对媒体做出的解释听上去似乎令人难以信服，正如参与游行的抗议者的人数一样不值一提。

最奇特也最愚蠢可笑的抗议是一些人组织的一次下载活动，因为英国广播公司按要求应当播放排行榜上下载率在前40名的歌曲，而他们的目的是确保《叮咚！老巫婆死翘翘了》留在排行榜内。这首70年前的老歌是电影《绿野仙踪》里的插曲，因为他们的号召，暂时上升到了排行榜上的第二名。英国广播公司感到非常窘迫，但还是在广播一台将这首歌播放了7秒钟。在小报对这一事件进行头条新闻报道期间，我和这次下载活动的主要发起人一起参加了早餐时段的一档电视节目《破晓》，和他坐在同一张沙发上，我发现他不善辞令，而且办事毫无成效，以致我不忍心对他提出抗议，而是想对他说"您请继续"。

到葬礼的当天，举国上下的情绪发生了变化。学生们的恶作剧和那些不和谐的声音都消散得无影无踪。即使是那些不赞同玛格丽特·撒切尔政治主张的数以百万计的人，也都表达出对她所取得的骄人成就的尊重。列队行进路线道路两旁挤满了人，他们都满怀着敬重的心情默默站着，很少看到有人的面孔中露出愤怒或是敌意的表情。一整天的时间里也没有发生任何一起拘捕事件。在圣保罗大教堂的外围，当她的送葬队列出现的时候，公众的反应非常积极，令人意想不到。*

在大教堂内部，整个葬礼的程序是按照典型的英格兰风格安排的，给人一种历史感与神圣感相结合、崇高仪式与人文关怀相交织的近乎完美的体验。葬礼仪式之所以能给人以如此特殊的感受，关键在于是玛格丽特·撒切尔自己选择了葬礼的所有关键性要素。她将10年前丹尼斯葬礼上旋律高亢的圣歌和1965年同样在圣保罗大教堂举行的温斯顿·丘吉尔爵士的国葬仪式上使用过的1662年的英国国教祈祷书上的祈祷文融合在了一起。

为了迎合世俗世界，葬礼做了少许妥协性的改动。信仰、希望和复活的信息是精神层面的信号。玛格丽特·撒切尔年轻的时候曾是一个虔诚的卫理公会教徒。作为一名牛津的学生，她曾经在发表第一次

★ 见《序言》。

演讲之前进行过布道。她熟读钦定本《圣经》，对查尔斯·卫斯理的赞美诗和纽曼红衣主教的祈祷文都很熟悉，所有这些都被包括在仪式里，正如她所希望的一样，由3000个会众组成的强大阵容，响亮地大声朗读出来，而其中最有力的朗读（以弗所书6:10—18）来自她19岁的孙女，出生于达拉斯的阿曼达·撒切尔。

那天上午的圣保罗大教堂里，所有的人都身着全套礼服，甚是惹眼，滋生出一种庄严的华美质感，令我和在场的很多其他人都感动得热泪盈眶。玛格丽特·撒切尔最钟爱的高级教士，伦敦主教理查德·查特斯，身着为丘吉尔葬礼特地设计，并在他的葬礼上穿过的华贵的黑色长袍，为她的葬礼致了悼词。这也是我所听到过的最好的葬礼悼词之一。他以主教的男低音开始读道：

> 她的一生沉浮于政治风云之中，引发过争议，经历过动乱，而最终归于宁静平和。撒切尔夫人是激发起分歧冲突的核心，她已经成为一个象征性的人物，甚至是一种"主义"。今天，真实的玛格丽特·希尔达·撒切尔的遗体在这里，在这个葬礼上，安静地躺在那里，她是我们中的一员，也同样遵从人类的共同命运。

这位主教很明智，他把玛格丽特·撒切尔用来描述那些真正相信她的忠实拥护者的词语——"我们中的一员"——融合进了表面看来是一场非政治性的演说中。其中的几个段落非常鼓舞人心，和马克·安东尼在尤利乌斯·恺撒的墓前发表的演说一样，在政治上产生了预期的效果。

也许左翼在攻击玛格丽特·撒切尔的政治哲学时用到的最不公平的一个诽谤之词，就是对她曾经说过的一句话——"没有群体这样的概念"这一表达的断章取义。主教非常巧妙地纠正了对她的这一错误认识，他从她在成为首相之前在圣劳伦斯犹太教堂发表的布道中引用了

她曾经说过的话。在这篇布道里,当她提到基督教教义的时候说道:

> 我们都是互相为肢体,是基督的身体在尘世中以教会的概念作为表达的表现形式。我们可以在此学会互相依赖,并了解到一个伟大的真理,那就是我们并非彼此孤立,而是作为群体中的一员,一起找寻幸福,获得拯救。

玛格丽特·撒切尔对英国社会进行了革新,并使其重拾信心。虽然未来世世代代的人都会继续对她保持争议的态度。目前已经出现了大量关于她的书籍、电影、戏剧、电视剧,甚至是歌剧,但这还只是个开始。她是属于那种会对未来的历史产生深远影响的风云人物,她非凡的个人魅力会持续激发起后世人们强烈的好奇心,想要对她的一生一探究竟。

尽管她在世的时候对关于自己的书籍和传记毫无兴趣这一点很值得人称道,但是很可能在她为自己的葬礼挑选阅读材料的时候,她对自己的遗产究竟能够维持多长时间有一种不祥的预感。因为在葬礼宣读材料上印着的前几句话选自托·斯·艾略特的剧本《四个四重奏》:

> 被我们称作是开端的通常就是结局
> 而结局也就是开端
> 结局是我们的开端之所在。

伴着唱诗班《西缅之颂》的歌声,玛格丽特·撒切尔的葬礼也接近尾声,军队的护柩者将她的灵柩抬出了圣保罗大教堂,这时人群当中爆发出了一阵热烈的掌声,这标志着一个完全出乎意料的新开端。

这本书是以这个同一时刻开始和结束的。掌声的肯定之后便是功过是非的客观评价:"结局是我们的开端之所在。"

缩略词

AC: The Aitken Collection of Personal Papers, Recollections and Interviews
CAC: Churchill Archives Centre, Cambridge
DOHP: British Diplomatic Oral History Programme
KGGS: Kesteven and Grantham Girls' School
MTF: Margaret Thatcher Foundation
OUCA: Oxford University Conservative Association
THCR: The Thatcher Papers
TNA: The National Archives, Kew

注释

1 THE EARLY YEARS

1. Gail Sheehy, 'The Blooming of Margaret Thatcher', *Vanity Fair,* June 1989.
2. Ibid.
3. *Woman to Woman,* Interview by Miriam Stoppard, Yorkshire Television, 19 November 1985.
4. AC: Interview with Malcolm Knapp.
5. Margaret Thatcher, *The Path to Power,* HarperCollins, 1995, p. 4.
6. Ibid., p. 5.
7. AC: Conversation with Ted Heath, 1973.
8. *Grantham Journal,* 6 July 1945.
9. *Daily Mail,* 26 February 1975.
10. AC: Interview with Betty Langan (née Morley).
11. *Grantham Journal,* 17 October 1925.

12. Hugo Young and Anne Sloman, *The Thatcher Phenomenon,* BBC, 1986, p. 16.

13. Charles Moore, *Margaret Thatcher: The Authorized Biography, Volume One: Not for Turning,* Allen Lane, 2013, p. 9.

14. Margaret Thatcher, *Talking Politics* (BBC Radio 4), 31 August 1974. www.bbc.co.uk/archive/thatcher.

15. *Daily Express,* 17 April 1961.

16. Sheehy, *Vanity Fair,* June 1989.

17. AC: Interview with Betty Langan.

18. Tricia Murray, *Margaret Thatcher,* W.H. Allen, 1979, p. 17.

19. *Woman to Woman,* 19 November 1985.

20. Thatcher, *The Path to Power,* p. 15.

21. Ernle Money, *Margaret Thatcher,* Leslie Frewin, 1975, p. 38.

22. AC: Interview with Betty Langan.

23. *Woman to Woman,* 19 November 1985.

24. Ibid.

25. Thatcher, *The Path to Power,* p. 12.

26. Ibid., p. 11.

27. Murray, *Margaret Thatcher,* p. 25.

28. Ibid.

29. Thatcher, *The Path to Power,* p. 10.

30. Joan Bridgman, 'At School with Margaret Thatcher', *Contemporary Review,* September 2004.

31. Ibid.

32. Hansard, HC Deb 19 April 1983.

33. *Daily Mirror,* 26 February 1975.

34. MTF: Margaret Thatcher to Gerald Tuppin, 7 July 1980.

35. Huntingtower Road Council School, *Log Book,* p. 225.

36. Ibid., p. 229.

37. George Gardiner, *Margaret Thatcher,* William Kimber, 1975, p. 23.

38. MTF: Remarks on becoming Prime Minister, 4 May 1979.

39. Thatcher, *The Path to Power,* p. 6.

40. Ibid.

41. John Campbell, *Margaret Thatcher, Volume One: The Grocer's Daughter,* Vintage Books, 2007, p. 33.

42. Murray, *Margaret Thatcher,* p. 17.

43. AC: Interview with Denhys Lambley.

44. Thatcher, *The Path to Power*, p. 5.

45. CAC: The Thatcher Papers, THCR 1/9/8, Sermon notes prepared by Alfred Roberts, 1 January 1941.

46. Ibid.

47. AC: Interview with Denhys Lambley.

48. Thatcher, *The Path to Power*, p. 6.

49. AC: Conversation with Margaret Thatcher, 1976.

50. *Daily Mail,* 13 February 1975.

51. Interview with Lady Thatcher, cited in Moore, *Margaret Thatcher,* Vol. 1, p. 17.

52. Thatcher, *The Path to Power*, p. 6.

53. *Evening Standard,* 15 April 1983.

2 THE WAR, GRAMMAR SCHOOL AND FIGHTING HER HEADMISTRESS

1. Thatcher, *The Path to Power*, p. 26.

2. Interview with Lady Thatcher, cited in Moore, *Margaret Thatcher,* Vol. 1, p. 20.

3. Edith Mühlbauer's story, *Sunday Times,* 28 May 1998.

4. AC: Conversation with Margaret Thatcher at the unveiling of the statue of Air Marshal Sir Arthur Harris, May 1992.

5. *Grantham Journal,* 16 July 1945.

6. Moore, *Margaret Thatcher,* Vol. 1, p. xv.

7. Moore, *Margaret Thatcher,* Vol. 1, pp. 22 - 28.

8. Thatcher, *The Path to Power*, p. 31.

9. AC: Interview with Betty Langan.

10. Campbell, *Margaret Thatcher, Volume Two: The Iron Lady,* Vintage Books, 2008, p. 372.

11. Young and Slowman, *The Thatcher Phenomenon,* p. 14.

12. Sheehy, *Vanity Fair,* June 1989.

13. CAC: THCR 1/9/8, Alfred Roberts notebooks.

14. Thatcher, *The Path to Power*, p. 19.

15. Ibid., p. 8.

16. Penny Junor, *Margaret Thatcher: Wife, Mother, Politician,* Sidgwick & Jackson, 1983, p. 10.

17. AC: Interview with Betty Langan.

18. *Daily Mirror,* 26 February 1975.

19. Kesteven and Grantham Girls' School and Amy C. Old, *The History of KGGS,* KGGS, 1987, p. 7.

20. *The Gospel of St Matthew,* Chapter 7, verse 9.

21. AC: Conversation with Lady Thatcher, Lamberhurst Church, Kent, January 1979.

22. AC: Interview with Catherine Henderson (née Barford).

23. KGGS and Old, *The History of KGGS,* p. 18.

24. *Daily Mirror,* 26 February 1975.

25. Russell Lewis, *Margaret Thatcher: A Personal and Political Biography,* Routledge & Kegan Paul, 1975 , p. 12.

26. AC: Interview with Malcolm Knapp.

27. MTF: School days in Grantham, 1942.

28. Campbell, *The Grocer's Daughter,* pp. 42 – 43.

29. Young and Sloman, *The Thatcher Phenomenon,* p. 14.

30. AC: Interview with Betty Langan.

31. Thatcher, *The Path to Power,* p. 34.

32. Ibid.

33. Campbell, *The Grocer's Daughter,* p. 43.

34. 'Margaret Thatcher: A Tribute, Return to Grantham' , *Grantham Journal,* 8 April 2013. Accessed online www.granthamjournal.co.uk

3   OXFORD, BOYFRIENDS AND POLITICAL AMBITION

1. Thatcher, *The Path to Power,* p. 35.

2. Margaret Wickstead (née Goodrich) interviewed on *Maggie: The First Lady,* Brook Lapping, 2003.

3. AC: Interview with Pauline Harrison (née Cowan).

4. Murray, *Margaret Thatcher,* p. 41.

5. Thatcher, *The Path to Power,* p. 37.

6. Nicholas Wapshott and George Brock, *Thatcher,* Macdonald, 1983, p. 49.

7. Campbell, *The Grocer's Daughter,* p. 62.

8. Ibid.

9. Ibid.

10. Campbell, *The Grocer's Daughter,* p. 47.

11. *The Gospel of St Matthew*, Chapter 6, verse 33.

12. Campbell, *The Grocer's Daughter,* p. 48.

13. Interview with Betty Robbins (née Spice), cited in Moore, *Margaret Thatcher,* Vol. 1, p. 43.

14. AC: Interview with Pauline Harrison.

15. Junor, *Margaret Thatcher,* p. 20.

16. AC: Interview with Lord Tanlaw.

17. Margaret to Muriel, September 1944, cited in Moore, *Margaret Thatcher,* Vol. 1, p. 41.

18. Margaret to Muriel, 25 March 1945, ibid., pp. 62–63.

19. Ibid., p. 62.

20. AC: Interview with Pauline Harrison.

21. Nina Bawden: *In My Time,* Virago, 1995, p. 76.

22. Thatcher, *The Path to Power,* p. 33.

23. Campbell, *The Grocer's Daughter,* p. 62.

24. *Grantham Journal,* 6 July 1945.

25. *Sleaford Gazette,* 29 June 1945.

26. MTF: OUCA Policy Sub-Committee Report, 1 December 1945.

27. AC: Conversation with Mrs Stella Gatehouse.

28. AC: Author in conversation with Margaret Thatcher in 1977.

29. *Daily Express,* 17 April 1961.

30. Sheehy, *Vanity Fair,* June 1989.

31. Campbell, *The Grocer's Daughter,* p. 65.

32. AC: Interview with Sir Stephen Sherbourne.

4 FIRST STEPS IN POLITICS

1. Thatcher, *The Path to Power,* p. 61.

2. Junor, *Margaret Thatcher,* p. 28.

3. Money, Margaret Thatcher, p. 45.

4. Wapshott and Brock, *Thatcher,* pp. 51–52.

5. AC: Conversation with Lady Thatcher and Sir Clive Bossom at dinner in the author's home, 20 April 2009.

6. AC: Interview with Sir Clive Bossom.

7. Ibid.

8. Ibid.

9. Thatcher, *The Path to Power,* p. 63.

10. Ibid.

11. Ibid., p. 62.

12. Ibid., p. 63.

13. Carol Thatcher, *Below the Parapet: The Biography of Denis Thatcher,* Harper–Collins, 1996, p. 58.

14. Campbell, *The Grocer's Daughter,* p. 72.

15. Ibid., p. 73.

16. *Erith Observer & Kentish Times,* 4 March 1949.

17. Ibid.

18. Carol Thatcher, *Below the Parapet,* p. 58.

19. Interview with Sir Denis Thatcher, cited in Moore, *Margaret Thatcher,* Vol. 1, p. 82.

20. Margaret to Muriel, 17 March, 1949, Ibid., p. 81.

21. Carol Thatcher, *Below the Parapet,* p. 59.

22. Margaret to Muriel, 23 March 1949, cited in Moore, *Margaret Thatcher,* Vol. 1, p. 89.

23. Margaret to Muriel, 21 July 1949, ibid., p. 91.

24. Margaret to Muriel, October 1950 (undated), ibid., p. 106.

25. Carol Thatcher, *Below the Parapet,* p. 61.

26. *Dartford Chronicle,* 10 February 1950.

27. Carol Thatcher, *Below the Parapet,* p. 61.

28. *Daily Mail,* 28 June 1949.

29. *Sunday People,* 12 February 1950.

30. *Gravesend and Dartford Reporter,* 28 January 1950.

31. Ibid.

32. Murray, *Margaret Thatcher,* p. 47.

33. Campbell, *The Grocer's Daughter,* p. 83.

34. MTF: Evening Post, 17 January 1950.

35. Thatcher, *The Path to Power,* p. 68.

36. AC: Interview with Sir Edward du Cann.

37. Thatcher, *The Path to Power,* p. 75.

38. AC: Interview with Sir Clive Bossom.

39. Margaret to Muriel, March 1950 (undated), cited in Moore, *Margaret Thatcher,* Vol. 1, p. 100.

40. Margaret to Muriel, May 1950 (undated), ibid., p. 101.

41. Margaret to Muriel, 28 May 1951, ibid., p. 105.

42. Alfred Roberts to Muriel, 25 September 1951, ibid., p. 105.

43. Carol Thatcher, *Below the Parapet,* p. 63.

44. Ibid., p. 51.

45. Alfred Roberts to Muriel, 25 September 1951, cited in Moore, *Margaret Thatcher,* Vol. 1, p. 105.

46. Carol Thatcher, *Below the Parapet,* p. 64.

47. MTF: Beryl Cook to Conservative Central Offi ce, Report on Miss M. Roberts, 19 November 1951.

5 MARRIAGE, MOTHERHOOD AND FINCHLEY

1. Carol Thatcher, *Below the Parapet,* p. 64.

2. AC: Interview with Sir Clive Bossom.

3. Carol Thatcher, *Below the Parapet,* p. 65.

4. Thatcher, *The Path to Power,* p. 77.

5. *Sunday Graphic,* 17 February 1952.

6. MTF: Beryl Cook to John Hare, 12 June 1952.

7. Campbell, *The Grocer's Daughter,* p. 97.

8. Ann Dally, *A Doctor's Story,* Macmillan, 1990, pp. 9 – 10.

9. Thatcher, *The Path to Power,* p. 80.

10. Ibid., pp. 80 – 81.

11. Wapshott and Brock, *Thatcher,* p. 60.

12. Carol Thatcher, *Below the Parapet,* p. 71.

13. Ibid.

14. Gardiner, *Margaret Thatcher,* p. 54.

15. Margaret to Muriel, 20 January 1954, cited in Moore, *Margaret Thatcher,* Vol. 1, p. 126.

16. Interview with Sir Frederick Lawton, ibid., p. 126.

17. Carol Thatcher, *Below the Parapet,* p. 73.

18. Gardiner, *Margaret Thatcher,* p. 53.

19. Thatcher, *The Path to Power,* p. 94.

20. AC: Conversation with Bill Henderson, 1985.

21. MTF: Entwisle to Donald Kaberry, 18 March 1958.

22. Ibid.

23. Dennis Walters, *Not Always with the Pack,* Constable, 1989, pp. 103 - 104.
24. Campbell, *The Grocer's Daughter,* pp. 112 - 113.
25. *Finchley Press,* 18 July 1958.
26. MTF: Miss Harris to Donald Kaberry, 15 July 1958.
27. *Evening Standard,* 15 July 1958.
28. Carol Thatcher, *Below the Parapet,* p. 78.
29. Campbell, *The Grocer's Daughter,* p. 114.
30. Ibid.
31. *Finchley Press,* 8 August 1958.
32. Thatcher, *The Path to Power,* p. 98.
33. MTF: Margaret Thatcher to Donald Kaberry, 18 August 1958.
34. Thatcher, *The Path to Power,* p. 98.
35. *Finchley Press,* 27 February 1959.
36. Thatcher, *The Path to Power,* p. 92.
37. AC: Interview wiTheric Deakins.
38. Ibid.
39. Ibid.
40. Ibid.
41. MTF: Report on Mrs Thatcher, Central Offi ce Area Agent Finchley, 1 November 1959.
42. AC: Conversation with Lord Spicer, 2013. See also Michael Spicer, *The Spicer Diaries,* Biteback Publishing, 2012, p. 498.

6   FIRST YEARS IN PARLIAMENT

1. AC: Conversation with Baroness Hornsby-Smith, 1976.
2. Thatcher, *The Path to Power,* p. 110.
3. Money, *Margaret Thatcher,* p. 57.
4. MTF: Admission of the Press Adjournment Debate, 1 February 1960, Memo by C.J. Pearce, 29 January 1960.
5. Thatcher, *The Path to Power,* p. 111.
6. Ibid., p. 122.
7. *Independent,* 23 November 1994.
8. MTF: Admission of the Press Bill, Dame Evelyn Sharp to the Parliamentary Secretary, 11 January 1960.

9. Ibid.

10. *Independent,* 23 November 1994.

11. *The Times,* 14 April 1960.

12. *Daily Express,* 6 February 1960.

13. *Sunday Dispatch,* 7 February 1960.

14. *Daily Telegraph,* 6 February 1960.

15. AC: Conversation with Sir William Aitken, circa 1963.

16. AC: Conversation with Lady Aitken, circa 1975.

17. *Sunday Dispatch,* 7 February 1960.

18. Julian Critchley, *Palace of Varieties: An Insider's View of Westminster,* John Murray, 1989, p. 122.

19. *Sunday Pictorial,* 23 April 1961.

20. Alfred Roberts to Muriel Cullen, 27 September 1960, cited in Moore, *Margaret Thatcher,* Vol. 1, p. 154.

21. Hansard, HC Deb 19 April 1961.

22. Ibid.

23. AC: Rt Hon. Selwyn Lloyd, conversation with author, 1961.

24. Ibid.: Interview with Sir Clive Bossom.

25. Thatcher, *The Path to Power,* p. 117.

26. AC: Conversation with Margaret Thatcher, 1976.

27. Ibid.: Conversation with James Ramsden, 1978.

28. Young and Slowman, *The Thatcher Phenomenon,* p. 23.

29. *The Times,* 11 October 1961.

30. Thatcher, *The Path to Power,* p. 119.

31. Campbell, *The Grocer's Daughter,* p. 145.

32. John Boyd-Carpenter, *Way of Life,* Sidgwick & Jackson, 1980, p. 133.

33. AC: Interview with Sir Clive Bossom.

34. Ibid.

35. Thatcher, *The Path to Power,* p. 123.

36. Ibid., p. 124.

37. Boyd-Carpenter, *Way of Life,* p. 133.

38. MTF: Address by Lady Thatcher, Memorial Service for Lord Boyd-Carpenter, St Margaret's Westminster, 3 November 1998.

39. Hansard, HC Deb 16 July 1962.

40. AC: Interview with Derek Owens.

41. Ibid.: Interview with Chief Rabbi Lord Sacks.

42. Ibid.
43. Ibid.
44. AC: Interview with Prince Naif bin Abdul Aziz Al Saud, 1975.
45. *Daily Express,* 17 April 1961.
46. Margaret Thatcher to Muriel Cullen, late 1960 (undated), cited in Moore, *Margaret Thatcher,* Vol. 1, p. 154.
47. *Evening News,* 25 February 1960.
48. AC: Interview with Sir Edward du Cann.
49. Carol Thatcher, *Below the Parapet,* p. 90.
50. Ibid., p. 88.
51. Ibid., p. 91.
52. Ibid., pp. 91 – 92.

7. FRONT–BENCH OPPOSITION

1. Thatcher, *The Path to Power,* p. 133.
2. Ibid., p. 136.
3. Ibid., p. 137.
4. AC: Meriden 1966.
5. AC: Margaret Thatcher to the author, March 1966.
6. AC: Meriden 1966.
7. Ibid.: Meriden Campaign Diary, March 1966.
8. Thatcher, *The Path to Power,* p. 134.
9. James Prior, *A Balance of Power,* Hamish Hamilton, 1986, p. 42.
10. Hansard, HC Deb 5 May 1966.
11. Ibid.
12. Robert Shepherd, *Iain Macleod,* Hutchinson, 1994, p. 429.
13. *Daily Mail,* 10 May 1966.
14. MTF: Speech to Party Conference, Blackpool, 12 October 1966.
15. Ibid.
16. AC: Mrs Stella Gatehouse, speaking lessons, OUCA 1961.
17. *Daily Mail,* 18 October 1966.
18. *Sun,* 13 October 1966.
19. *Sunday Express,* 30 June 1968.
20. Sir Peter Rawlinson, *A Price Too High,* Weidenfeld & Nicholson, 1989, p. 247.

21. AC: Interview with Lord Carrington.

22. Thatcher, *The Path to Power,* p. 143.

23. Ibid., p. 146.

24. Ibid., p. 147.

25. Ibid., p. 143.

26. MTF: 'What's Wrong with Politics', CPC Lecture, Blackpool, 11 October 1968.

27. Ibid.

28. MTF: Giles Scott–Smith interview with Dean B. Mahin. Giles Scott–Smith, 'Margaret Thatcher's International Visitor Programme to the United States', *British Contemporary History,* vol. 17, no. 4, Winter, 2003, pp. 13 – 14.

29. Moore, *Margaret Thatcher,* Vol. 1, p. 199.

30. Thatcher, *The Path to Power,* p. 155.

31. AC: Interview with Sir Edward du Cann.

32. 'Spot the Prime Minister', *Sunday Times,* 5 March 1967.

33. AC: Interview with Michael Palmer.

34. *Daily Express,* 7 February 1970.

35. MTF: Shadow Cabinet Conference, 1 February 1970.

36. Ibid.

37. Alfred Roberts to Muriel Cullen, 4 December 1969, cited in Moore, *Margaret Thatcher,* Vol. 1, p. 206.

38. Wapshott and Brock, *Thatcher,* p. 63.

39. Thatcher, *The Path to Power,* p. 162.

40. Carol Thatcher, *Below the Parapet,* p. 97.

41. Talleyrand, January 1809, cited in Robin Harris, *Talleyrand: Betrayer and Saviour of France,* John Murray, 2007, p. 199.

42. Thatcher, *The Path to Power,* p. 163.

8   SECRETARY OF STATE FOR EDUCATION

1. AC: Interview with Lord St John of Fawsley.

2. Thatcher, *The Path to Power,* p. 169.

3. Hansard, HC Deb 8 July 1970.

4. Ibid.

5. Ibid.

6. Cabinet Secretary's notebooks, 23 June 1970, cited in Moore, *Margaret Thatcher,* Vol. 1, p. 221.

7. Ibid., p. 207.

8. *Third Way,* vol. 18, no. 6, July 1995, p. 8.

9. AC: Conversation with Iain Macleod 1968.

10. Campbell, *The Grocer's Daughter,* p. 229.

11. MTF: Speech to the Conservative Party Conference 12 October 1972.

12. AC: Interview with Lord St John of Fawsley.

13. Ibid.

14. Ibid.

15. Ibid.

16. *Daily Mirror,* 6 October 1971.

17. *Guardian,* 28 October 1970.

18. *Sun,* 25 November 1971.

19. Thatcher, *The Path to Power,* p. 181.

20. Hansard, HC Deb 18 November 1971.

21. Ibid., 5 November 1971.

22. Ibid., 18 November 1971.

23. Campbell, *The Grocer's Daughter,* p. 233.

24. AC: Interview with Lord St. John of Fawsley.

25. Campbell, *The Grocer's Daughter,* p. 232.

26. Carol Thatcher, *Below the Parapet,* pp. 98 – 99.

27. Gardiner, *Margaret Thatcher,* pp. 114 – 115.

28. AC: Conversation with Ted Heath, 1981.

29. Hansard, HC Deb 3 February 1972.

30. *Sunday Telegraph,* 9 April 1972.

31. Thatcher, *The Path to Power,* p. 190.

32. *The Times,* 20 June 1972.

33. Thatcher, *The Path to Power,* p. 191.

34. *Guardian,* 7 December 1972.

35. AC: Interview with Dr Henry Kissinger.

36. MTF: AmEmbassy to Department of State, 25 June 1973.

37. *Observer,* 2 December 1973.

38. *Finchley Press,* 13 and 20 August 1971.

39. Hansard, HC Deb 28 January 1974.

40. *Finchley Press,* 23 November 1973.

41. Ibid., 1 February 1974.
42. Thatcher, *The Path to Power,* p. 233.
43. AC: Interview with Sir Edward du Cann.
44. Thatcher, *The Path to Power,* p. 239.
45. Philip Ziegler, *Edward Heath: The Authorised Biography,* Harper Press, 2011, p. 440.
46. Campbell, *The Grocer's Daughter,* p. 255.
47. *A Chance to Meet,* BBC1, 21 March 1971, cited in Moore, *Margaret Thatcher,* Vol. 1, p. 222.
48. AC: Interview with Lord St John of Fawsley.

9 HEATH ON THE ROPES

1. Margaret Laing, *Edward Heath: Prime Minister,* Sidgwick & Jackson, 1972, p. 205.
2. AC: Conversations with Ted Heath and Teddy Denman, Summer 1972.
3. Ibid., 5 March 1974.
4. Thatcher, *The Path to Power,* p. 246.
5. *Evening Standard,* 28 August 1974.
6. BBC Radio 4, 8 July 1990, cited in John Ranelagh, *Thatcher's People: An Insider's Account of the Politics, the Power and the Personalities,* HarperCollins, 1991, p. 192.
7. John Junor, *Listening for a Midnight Tram: Memoirs,* Chapmans, 1990, p. 227.
8. Peter Walker, *Staying Power: An Autobiography,* Bloomsbury, 1991, p. 126.
9. AC: August 1974.
10. Thatcher, *The Path to Power,* p. 255.
11. *The Times,* 6 September 1974.
12. *Daily Mirror,* 28 September 1974.
13. *Sun,* 28 September 1974.
14. *Finchley Press,* 4 October 1974.
15. Campbell, *The Grocer's Daughter,* p. 279.
16. AC: 1922 Committee Meeting, 31 October 1974.
17. Ibid.: Dinner party hosted by Hugh Fraser, 2 December 1974.
18. *The Times,* 16 October 1974.
19. Ibid.
20. John Campbell, *Pistols at Dawn,* Vintage, 2010, p. 316.
21. CAC: Hailsham Papers, Diary, 12 November 1974.

22. Interview with Lady Thatcher, cited in Moore, *Margaret Thatcher,* Vol. 1, p. 256.

23. Interview with Sir Alfred Sherman, cited in Moore, *Margaret Thatcher,* Vol. 1, p. 254.

24. Joseph, Keith, *Reversing the Trend,* Barry Rose, 1975, p. 4.

25. Thatcher, *The Path to Power,* p. 261.

26. Ibid., p. 263.

27. *Evening Standard,* 19 October 1974.

28. *Guardian* 21 October 1974.

29. Thatcher, *The Path to Power,* p. 263.

10 WINNING THE LEADERSHIP

1. Hansard, HC Deb 14 November 1974.
2. Ibid.
3. Ibid.
4. Thatcher, *The Path to Power,* p. 266.
5. Ibid.
6. Ibid.
7. Interview with Sir Denis Thatcher, cited in Moore: *Margaret Thatcher,* Vol. 1, p. 275.
8. AC: Peter Morrison, 28 October 1974.
9. Ibid., Peter Morrison, 29 October 1974.
10. Moore, *Margaret Thatcher,* Vol. 1, p. 283.
11. AC: Interview with Sir John Nott.
12. Ibid.
13. Ibid.: Peter Rees, January 1975.
14. CAC: Hailsham Papers, Diary, 12 November 1974.
15. AC: Interview with Sir Edward du Cann.
16. Ibid.
17. Ibid.
18. Ibid.: Commander John Kerans RN to author, 1975.
19. Ibid.: Interview with Lord Tebbit.
20. Ibid.: Interview with Sir Edward du Cann.
21. Ibid.
22. *The Times,* 28 November 1974.
23. *Daily Telegraph,* 12 October 2005.

24. Thatcher, *The Path to Power*, p. 269.
25. AC: Author's conversations, 1975.
26. Ibid.: Author's recollection, anecdote frequently retold in 1974.
27. Thatcher, *The Path to Power*, p. 272.
28. AC: Conversation wiThedward Heath, 17 December 1974.
29. Hansard, HC Deb 21 January 1975.
30. Ibid., 22 January 1975.
31. Ibid.
32. Ibid.
33. *The Times*, 28 January 1975.
34. Ziegler, *Edward Heath*, p. 485.
35. AC: Interview with Lord Tebbit.
36. Ibid.: Author's recollection, January 1975.
37. Ibid.: Conversations with Sir John Rodgers, 1975.
38. AC: Interview with Lord Lamont.
39. Thatcher, *The Path to Power*, p. 277.
40. AC: Author's recollection, House of Commons, 5 February 1975.

11 LEADER OF THE OPPOSITION: A FRAGILE BEGINNING

1. AC: Author's recollection, 9 February 1975.
2. *Sun*, 12 February 1975.
3. AC: Author's recollection, 11 February 1975.
4. Ibid.
5. Hansard, HC Deb, Standing Committee A (Finance Bill), 11 February 1975.
6. Carol Thatcher, *Below the Parapet*, p. 11.
7. Money, *Margaret Thatcher*, p. 95.
8. *Private Eye*, 4 April 1979.
9. AC: Author's meeting with Margaret Thatcher, 10 March 1975.
10. Ibid.: Conversation with Nicholas Budgen, 1976.
11. Thatcher, *The Path to Power*, p. 295.
12. *Sunday Times*, 25 May 1975.
13. AC: Author's recollection, 1975.
14. *The Times*, 7 March 1975.
15. AC: Off-the-record interview.

16. Ibid.: Lady Tilney to Lady Aitken, the author's mother, 1975.

17. *The Times,* 21 September 1978.

18. AC: Interview with Lord Donoughue.

19. Ibid.: Author's recollection, 1976.

20. Ibid.: Interview with Sir Mark Thatcher for Aitken, *Heroes and Contemporaries,* p. 135.

21. Ibid.: Author's recollection, 4 April 1977.

22. Ibid.: Author's recollection of conversation with Councillor Harry Anish, 1 January 1979.

23. Barbara Castle, *The Castle Diaries, 1974 - 1976,* Weidenfeld & Nicolson, 1980, 5 August 1975, p. 487.

24. AC: Interview with Sir John Nott.

25. Matthew Parris, *Chance Witness: An Outsider's Life in Politics,* Viking, 2002, p. 189.

12 THREE FRUSTRATING YEARS

1. MTF: Speech to the Conservative Party Conference, Blackpool, 10 October 1975.

2. Ibid.

3. *Daily Mail,* 11 October 1975.

4. Thatcher, *The Path to Power,* p. 307.

5. AC: Interview with Sir Stephen Sherbourne, October 1975.

6. Ronald Millar, *A View from the Wings, West End, West Coast, Westminster,* Weidenfeld & Nicolson, 1993, p. 236.

7. Ibid., p. 240.

8. Ibid.

9. AC: Interview with Dr Henry Kissinger.

10. Ibid.

11. President Gerald Ford and Dr Henry Kissinger, Memorandum of Conversation, 9 May 1974, cited in Moore, *Margaret Thatcher,* Vol. 1, p. 313.

12. Hansard, HC Deb 8 June 1976.

13. Ibid., 29 June 1976.

14. Frank Giles, *Sunday Times,* John Murray, 1986, p. 226.

15. AC: Remarks made by David Crouch, 23 March 1977.

16. Ibid.

17. AC: Interview with Sir Edward du Cann.
18. Thatcher, *The Path to Power*, p. 319.
19. Deborah Devonshire, *Wait for Me! Memoirs of the Youngest Mitford Sister*, John Murray, 2010, p. 258.
20. MTF: Interview for *World in Action*, Granada TV, 30 January 1978.
21. Thatcher, *The Path to Power*, p. 408.
22. MTF: Speech at Kensington Town Hall, 19 January 1976.
23. Thatcher, *The Path to Power*, p. 362.
24. Ibid.
25. Phillip Whitehead, *The Writing on the Wall: Britain in the Seventies*, Channel 4/Michael Joseph, 1985, p. 336.
26. Prior, *A Balance of Power*, p. 108.
27. *Evening Standard*, 27 June 1985.
28. AC: Interview with Sir John Hoskyns.
29. Thatcher, *The Path to Power*, p. 317.
30. Ranelagh, *Thatcher's People*, p. 28.
31. AC: Meeting with Airey Neave, May 1975.
32. Ibid.: Interview with Professor John Casey, 1975.
33. Ibid.
34. Ranelagh, *Thatcher's People*, p. ix.
35. Campbell, *The Grocer's Daughter*, p. 372.

13 LAST LAP TO THE ELECTION

1. Hansard, HC Deb 25 July 1978.
2. Ibid.
3. *Financial Times*, 26 July 1978.
4. AC: Interview with Lord St John of Fawsley.
5. Hansard, HC Deb 25 July 1978.
6. Ibid.
7. AC: Conversation with Nicholas Fairbairn, 1978.
8. Ibid.: Interview with Lord Bell.
9. Ibid.
10. Ibid.
11. MTF: Interview for Central TV, 7 September 1978.

12. AC: Interview with Lord Donoughue.
13. Ibid.: Interview with Lord Bell.
14. Ibid.
15. Ibid.
16. Ibid.
17. Ibid.
18. *The Times,* 26 October 1978.
19. *Daily Express,* 10 November 1978.
20. Norman Tebbit, *Upwardly Mobile,* Futura, 1989, p. 199.
21. Thatcher, *The Path to Power,* p. 419.
22. *Sun,* 11 January 1979.
23. Millar, *A View from the Wings,* pp. 247 – 248.
24. MTF: Conservative Party Political Broadcast by Margaret Thatcher, 17 January 1979.
25. Ibid.
26. Millar, *A View from the Wings,* p. 249.
27. AC: Conversation with Margaret Thatcher, 18 January 1979.
28. Ibid.: Interview with Lord Bell.
29. *Daily Express,* 6 February 1979.
30. Hansard, HC Deb 7 May 1940.
31. Thatcher, *The Path to Power,* p. 431.
32. Th omas Babington Macaulay, *'Horatius'*, Lays of Ancient Rome, Longman, 1849.
33. Hansard, HC Deb 28 March 1979.
34. Ibid.
35. Ibid.
36. AC: Author's recollection, 28 March 1979.
37. Hansard, HC Deb 28 March 1979.
38. AC: Author's recollection, 28 March 1979.
39. Ibid.: Carol Thatcher to the author, 1 April 1979.
40. AC: Interview with Lord Bell.

14 THE FINAL ASCENT TO NO. 10

1. Ipsos MORI, 3 – 5 March 1979.

2. Thatcher, *The Path to Power*, p. 434.
3. Millar, *A View from the Wings*, p. 251.
4. *Daily Express,* 31 March 1979.
5. Millar, *A View from the Wings,* p. 253.
6. Ibid., p. 255.
7. Ibid.
8. AC: Interview with Sir Kenneth Stowe.
9. Ibid.
10. Ibid.
11. *Observer,* 15 April 1979.
12. Thatcher, *The Path to Power,* p. 451.
13. Millar, *A View from the Wings,* p. 262.
14. Ibid.
15. UK Polling Report, 1974 – 1979.
16. Millar, *A View from the Wings,* p. 262.
17. *Guardian,* 5 May 1979.
18. *Daily Mail,* 19 April 1979.
19. AC: Conversation with Gordon Reece, circa 1983.
20. Denis Tuohy, 'Iron and Velvet' , *The Tablet,* 11 February 2012.
21. *Daily Mail,* 30 April 1979.
22. Millar, *A View from the Wings,* p. 261.
23. MTF: Conservative Party Election Broadcast, 30 April 1979.
24. AC: Author's recollection, 30 April 1979.
25. Ibid.: April 1979.
26. Ibid.: April 1977.
27. *Observer,* 25 February 1979.
28. AC: Author's unpublished diary, 28 – 29 April 1979.
29. Ibid.: Interview with Lord St John of Fawsley.
30. Jonathan Aitken, *Nixon: A Life,* Weidenfeld & Nicolson, 1993, p. 546.
31. The Prayer of the Most Distinguished Order of St Michael and St George (1818).
32. AC: Denis Thatcher to author, Spring 1979.
33. Noel Annan, *Our Age: The Generation that Made Post–War Britain,* Fortuna, 1991, p. 585.
34. AC: Interview with Lord Donoughue.
35. Ibid.
36. *Daily Mirror,* 4 May 1979.

37. *Sun*, 3 May 1979.
38. *Daily Express*, 4 May 1979.
39. MTF: BBC Radio News Report at 07.00, 4 May 1979.
40. Th is prayer, attributed to St Francis of Assisi, was written by an unknown nineteenth–century author.
41. Millar, *A View from the Wings*, p. 266.
42. David Butler and Dennis Kavanagh, *The British General Election of 1979*, Macmillan, 1980, pp. 199 and 395.
43. AC: Interview with Lord Bell.
44. Millar, *A View from the Wings*, p. 267.
45. Ibid., p. 268.
46. Ibid., p. 269.
47. AC: Interview with Sir Teddy Taylor.
48. Iain Dale (ed.), *Margaret Thatcher: In Her Own Words,* Biteback, 2010, p. 110.
49. AC: Interview with Lord Bell.
50. MTF: Speech at Cardiff , 16 April 1979.
51. Butler and Kavanagh, *The British General Election of 1979,* p. 343.

15 FIRST MOVES AS PRIME MINISTER

1. AC: Interview with Sir Kenneth Stowe.
2. Edward Heath, *The Course of My Life,* Hodder & Stoughton 1998, p. 574.
3. AC: Interview with Sir Kenneth Stowe.
4. *Guardian,* 7 May 1979.
5. Edmund Burke, Speech to the Electors of Bristol, 3 November 1774.
6. Hansard, HC Deb 15 May 1979.
7. AC: Author' s recollection, 15 May 1979.
8. Ibid.: 15 May 1979.
9. Tony Benn, *The Benn Diaries, 1940 – 1990,* Arrow Books, 1996, 15 May 1979, p. 476.
10. Margaret Thatcher, *The Downing Street Years,* Harper Press, 2011, p. 42.
11. Ibid., p. 43.
12. *The Times,* 16 November 1979.
13. AC: Enoch Powell to the author, December 1979.
14. Ibid.: Interview with Lord Howell.
15. Ibid.: Interview with Lord Lamont.

16. Patrick Cosgrave, *Thatcher: The First Term,* Bodley Head, 1985, p. 105.
17. AC: Interview with Lord Baker.
18. Ibid.: Interview with Lord Howell.
19. Ibid.: Interview with Lord St John of Fawsley.
20. Ibid.: Interview with Lord Jenkin.
21. Ibid.
22. Ibid.: Peter Morrison to the author, November 1979.
23. Thatcher, *The Downing Street Years,* p. 48.
24. AC: Interview with Lord Carrington.
25. Thatcher, *The Downing Street Years,* p. 48.
26. Prior, *A Balance of Power,* p. 136.
27. AC: Interview with Lord Armstrong.
28. Ibid.: Interview with Lord Parkinson.
29. Ibid.: Interview with Lord Armstrong.

16 THE LEARNING CURVE

1. AC: Interview with Sir Kenneth Stowe.
2. Ibid.: Interview with Lord Armstrong.
3. Ibid.
4. CAC: DOHP/115, Sir Bryan Cartledge, pp. 37 and 40.
5. Young, *One of Us,* p. 158.
6. AC: Interview with Lord Burns.
7. Ibid.: Interview with Sir John Hoskyns.
8. CAC: DOHP/115, Sir Bryan Cartledge, pp. 38 – 39.
9. *Daily Telegraph,* 30 December 2011.
10. AC: Conversation with Ian Gow, December 1979.
11. Ibid.: Interview with Sir Bernard Ingham.
12. Ibid.
13. AC: Interview with Lord Howell.
14. Ibid.: Interview with Sir Bernard Ingham.
15. Ibid.: Conversations with Ian Gow, 1980 – 1981.
16. Ibid.: Conversation with Peter Bauer, December 1979.
17. Ibid.: Interview with Lord Th omas.
18. Ibid.

19. Ibid.: Interview with Lord Armstrong.
20. Ibid.: Interview with Sir Kenneth Stowe.
21. Ibid.: Conversation with Arthur Martin of MI5, 1980.
22. Howe, *Conflict of Loyalty,* pp. 347 - 348.
23. AC: Interview with Lord Lawson; see also Nigel Lawson, *The View from No. 11: Memoirs of a Tory Radical,* Bantam, 1993, p. 314.
24. MTF: B. Ingham to the Prime Minister, 5 January 1981, enc. Note for the Record: Lunch with Rupert Murdoch.
25. TNA: Fair Trading Act 1973 c. 41, S58 (3)(a).
26. MTF: E(81) 4th Meeting, Cabinet, Ministerial Committee on Economic Strategy, Minutes, 26 January 1981.
27. Ibid.: The Secretary of State for Trade, 26 January 1981.
28. AC: Conversation with John Biffen, 27 January 1981.
29. *The Journals of Woodrow Wyatt,* edited by Sarah Curtis, Macmillan, 2000, Vol. 3, 1 December 1985, p. 582.
30. AC: Interview with Lord Butler.
31. Ibid.: Conversation with John Biffen, 1980.
32. AC: Interview with Lord Armstrong.
33. Ibid.. Private Information: Special Branch source.
34. Ibid.: Conversation with Peter Morrison, summer 1979.
35. Ibid.
36. Ibid.
37. AC: Interview with Lord Carrington.
38. John Hoskyns, *Just in Time: Inside the Thatcher Revolution,* Aurum Press, 2000, p. 108.
39. Ibid., p. 107.
40. AC: Interviews with Lord Armstrong and Lord Butler.
41. Ibid.: Conversation with David Gore−Booth, 1980.

17 FIRST STEPS IN FOREIGN AFFAIRS

1. AC: Interview, source off −the−record.
2. Thatcher, *The Downing Street Years,* p. 158.
3. AC: Interview with Lord Carrington.
4. Ibid.

5. Ibid.
6. Thatcher, *The Downing Street Years*, p. 66.
7. AC: Interview with Lord Carrington.
8. CAC: DOHP/115, Sir Bryan Cartledge, p. 39.
9. AC: Interview with Lord Carrington.
10. Ibid.
11. Ibid.
12. Thatcher, *The Downing Street Years*, p. 74.
13. Young, *One of Us*, p. 180
14. John Simpson, *Strange Places, Questionable People,* Macmillan, 1998, p. 243.
15. Millar, *A View from the Wings,* p. 320.
16. Young, *One of Us,* p. 180.
17. AC: Interview with Lord Carrington.
18. Andrew Th omson, Margaret Thatcher, The Woman Within, Allen Lane, 1989, p. 33.
19. AC: Interview with Lord Carrington.
20. Ibid.
21. Lord Carrington interviewed for The Thatcher Factor, Channel 4, 1989, quoted in Campbell, *The Iron Lady,* p. 62.
22. Thatcher, *The Downing Street Years,* p. 64.
23. Ibid., p. 79.
24. Ibid., p. 82
25. AC: Interview with Lord Carrington.
26. Roy Jenkins, *European Diary, 1977 – 1981,* Collins, 1989, p. 529.
27. Ibid., pp. 529 – 530.
28. Sir Crispin Tickell interviewed for *The Last Europeans,* Channel 4, 1995, quoted in Campbell, The Iron Lady, pp. 63 – 64.
29. AC: Margaret Thatcher at a dinner for Sir Teddy Taylor, 6 June 1996.
30. Young, *One of Us,* p. 189.
31. Ibid.
32. Ian Gilmour, *Dancing with Dogma: Britain under Thatcherism,* Simon & Schuster, 1992, p. 238.
33. Stephen Wall, *A Stranger in Europe: Britain and the EU from Thatcher to Blair,* Oxford University Press, 2008, p. 7.
34. MTF: CIA Memorandum, Changing Power Relations Among OECD States, 22 October 1979.
35. Ibid.

36. MTF: White House Memorandum, Zbigniew Brzezinski to President Carter, NSC Weekly Report #96, 12 May 1979.

37. Jimmy Carter, *Keeping Faith: Memoirs of a President,* University of Arkansas Press, 1995, p. 113.

38. MTF: Speech on the White House Lawn, 17 December 1979.

39. MTF: Telephone conversation Margaret Thatcher and President Carter, 28 December 1979.

40. AC: Interview with Lord Carrington.

41. Ibid.: Interview with Lord Armstrong.

18 STORM CLOUDS ON THE ECONOMY AND IN THE CABINET

1. Thatcher, *The Downing Street Years,* p. 122.
2. AC: Interview with Lord Carrington.
3. Young, *One of Us,* p. 203.
4. Thatcher, *The Downing Street Years,* p. 126.
5. Ibid., p. 97.
6. Denis Healey, *The Time of My Life,* Michael Joseph, 1989, p. 491.
7. AC: Author's recollection, April 1981.
8. Prior, *A Balance of Power,* p. 114.
9. Thatcher, *The Downing Street Years,* p. 104.
10. Prior, *A Balance of Power,* p. 138.
11. AC: Conversation with Lord Rawlinson, 2002.
12. Lord Prior interviewed for *The Thatcher Factor,* Channel 4, 1989, quoted in Campbell, *The Iron Lady,* p. 92.
13. Voltaire, *Candide,* Arcturus, 2009, p. 99.
14. Prior, *A Balance of Power,* p. 134.
15. Ibid.
16. CAC: Professor Sir Alan Walters, (unpublished) diary, 14 July 1981.
17. Prior, *A Balance of Power,* p. 134.
18. Geoffrey Howe, *Conflict of Loyalty,* Macmillan, 1994, p. 195.
19. AC: Interview with Lord Griffiths.
20. CAC: Walters, diary, 6 January 1981.
21. Ibid., 22 March 1981.

22. Howe, *Conflict of Loyalty*, p. 202.
23. AC: Interview with Sir John Hoskyns.
24. Thatcher, *The Downing Street Years*, p. 136.
25. Ibid.
26. Young, *One of Us*, p. 215.
27. Prior, *A Balance of Power*, p. 140.
28. Howe, *Conflict of Loyalty*, p. 207.
29. CAC: Walters, diary, 10 March 1981.
30. Howe, *Conflict of Loyalty*, p. 208.
31. *The Times*, 30 March 1981.
32. Young, *One of Us*, p. 217.
33. MTF: Speech to Conservative Central Council, Bournemouth, 28 March 1981.
34. AC: Interview with Sir John Hoskyns.
35. Young, *One of Us*, p. 239.
36. *The Times*, 10 July 1981.
37. CAC: Walters, diary, 25 August 1981.
38. Thatcher, *The Downing Street Years*, p. 148.
39. Ibid., p. 149.
40. Young, *One of Us*, p. 219.
41. AC: Interview with Lord Bell.
42. Ibid., Interview with Sir Michael Scholar.
43. John Hoskyns, *Just in Time: Inside the Thatcher Revolution*, Aurum Press, 2000, p. 301.
44. Ibid., p. 326.
45. 'Your Political Survival,' memorandum in possession of Sir John Hoskyns, cited in Moore, *Margaret Thatcher*, Vol. 1, pp. 641 – 642.
46. AC: Interview with Sir John Hoskyns.
47. CAC: Walters, diary, 26 and 27 August 1981.
48. *The Times*, 15 September 1981.
49. Thatcher, *The Downing Street Years*, p. 151.
50. Ibid., p. 149.
51. AC: Interview with Sir Michael Scholar.

19 THE FALKLANDS WAR I: THE PRELUDE

1. AC: Interview with Lord Carrington.
2. Ibid.
3. Ibid.
4. Carrington to Prime Minister, 20 September 1979, cited in Moore, *Margaret Thatcher*, Vol. 1, p. 658.
5. AC: Interview with Lord Carrington.
6. Ibid.
7. Lawrence Freedman, *The Official History of the Falklands Campaign*, 2 vols, Routledge, 2005, *Vol. I: The Origins of the Falklands War*, p. 127.
8. Sir Robert Armstrong, Cabinet Secretary's notebooks, 7 November 1980, cited in Moore, *Margaret Thatcher*, Vol. 1, p. 659.
9. AC: Conversation with Ian Gow, 1 December 1980.
10. Ibid.: Conversation with Julian Amery, 2 December 1980.
11. Ibid.
12. Freedman, *The Official History of the Falklands Campaign*, Vol. I, p. 144.
13. Richard Luce, private memoir, cited in Moore, *Margaret Thatcher*, Vol. 1, p. 661.
14. MTF: UK Embassy Buenos Aires to FCO, 3 March 1982.
15. Thatcher, *The Downing Street Years*, p. 179.
16. AC: Interview with Sir Antony Acland.
17. Thatcher, *The Downing Street Years*, p. 179.
18. AC: Interview with Sir John Nott.
19. Ibid.
20. William Waldegrave, Old Etonian Association lecture, 28 February 2012.
21. AC: The lone voice, as the Chief Whip, Michael Jopling, often reminded me, was mine, 3 April 1982.
22. Campbell, *The Grocer's Daughter*, p. 133.
23. Robin Harris, *Not for Turning: The Life of Margaret Thatcher*, Bantam Press, 2013, p. 207. Harris was an eyewitness to Howe's comment.
24. AC: Conversation with John Biffen, 3 April 1982.
25. Harris, *Not for Turning*, p. 208.
26. Hansard, HC Debate, 3 April 1982.

27. Ibid.
28. Ibid.
29. Ibid.
30. Ibid.
31. AC: Alec Woodall to the author, 3 April 1982.
32. Ibid.: Conversation with Nicholas Ridley, 3 April 1982.
33. John Nott, *Here Today and Gone Tomorrow: Recollections of an Errant Politician,* Politico's Publishing, 2002, p. 267.
34. Alan Clark, *Diaries: Into Politics,* Weidenfeld & Nicolson, 1993, 15 January 1984, p. 64.
35. Thatcher, *The Downing Street Years,* p. 185.
36. AC: Interview with Lord Carrington.
37. Ibid.: Interview with Sir Antony Acland.
38. Ibid.: Interview with Lord Carrington.
39. Thatcher, *The Downing Street Years,* p. 306.
40. Winston Churchill comment during the Suez Crisis, 1956.
41. MTF: Government Chief Whip to Foreign Secretary, 6 April 1982.
42. Thatcher, *The Downing Street Years,* p. 143.
43. MTF: Jim Rentschler's Falklands diary, Thursday 1 April 1982.
44. Max Hastings and Simon Jenkins, *The Battle for the Falklands,* Michael Joseph, 1983, p. 128.
45. Thatcher, *The Downing Street Years,* p. 180.
46. Interview with Jim Rentschler, cited in Moore, *Margaret Thatcher,* Vol. 1, pp. 685–686.
47. Ibid., p. 686.
48. MTF: Jim Rentschler's Falklands diary, Thursday 8 April 1982.
49. Ibid.: Monday 12 April 1982.
50. Thatcher, *The Downing Street Years,* p. 198.
51. Ibid., p. 207.
52. Ibid.
53. Nicholas Henderson, *Mandarin: The Diaries of an Ambassador 1969–1982,* Weidenfeld & Nicolson, 1995, p. 446.
54. Thatcher, *The Downing Street Years,* p. 211.
55. Freedman, *The Official History of the Falklands Campaign, Vol. II, War and Diplomacy,* p. 177.
56. Campbell, *The Iron Lady,* p. 142.

57. MTF: Ronald Reagan, interview with the press, 30 April 1982.

58. John F. Lehman Jr., Keynote Address 'The Falklands War Th irty Years On', 19 – 20 May 2012, National Museum of the Royal Navy, Portsmouth.

59. Thatcher, *The Downing Street Years,* p. 211.

60. Ronald Reagan, *The Reagan Diaries,* edited by David Brinkley, HarperCollins, 2007, Monday 19 April 1982, p. 80.

61. Thatcher, *The Downing Street Years,* p. 219.

62. Cecil Parkinson, *Right at the Centre,* Weidenfeld & Nicholson, 1992, p. 201.

63. *Falkland Islands Review,* January 1983, HMSO, p. 98.

64. Hastings and Jenkins, *The Battle for the Falklands,* p. 424.

20   THE FALKLANDS WAR II: INTO THE FIGHTING

1. Peter Hennessy, *The Prime Minister: The Offi ce and its Holders since 1945,* Allen Lane, 2000, p. 104.

2. Thatcher, *The Downing Street Years,* pp. 188 – 189.

3. *Daily Telegraph,* 31 March 2002.

4. Ian Gow to Margaret Thatcher, 8 April 1982, cited in Moore, *Margaret Thatcher,* Vol. 1, p. 697.

5. Thatcher, *The Downing Street Years,* p. 205.

6. Ibid., pp. 208 – 209.

7. Sandy Woodward, *One Hundred Days: The Memoirs of the Falklands Battle Group Commander,* HarperCollins, 1992, p. 148.

8. CAC: DOHP/57, Sir Antony Acland, p. 32.

9. Thatcher, *The Downing Street Years,* p. 216.

10. Hansard, HC Deb 4 May 1982.

11. AC: Interview with Mrs. Pamela Powell, reading from diary entry, 5 May 1982.

12. Carol Thatcher, *Below the Parapet,* p. 196.

13. AC: Interview with Sir Mark Thatcher.

14. Thatcher, *The Downing Street Years,* p. 217.

15. MTF: Margaret Thatcher to President Reagan, 5 May 1982, in Margaret Thatcher's personal papers, released 21 March 2013.

16. Ibid.

17. Freedman, *The Official History of the Falkland Islands, Vol. II, War and Diplomacy,* p. 328.

18. AC: Interview with Lord Th omas.
19. Ibid.
20. Thatcher, *The Downing Street Years,* p. 217.
21. Hansard, HC Deb 6 May 1982.
22. Ibid., 7 May 1982.
23. Thatcher, *The Downing Street Years,* p. 221.
24. Reagan, *The Reagan Diaries,* 13 May 1982, p. 84.
25. Henderson, *Mandarin,* p. 463.
26. Nott, *Here Today and Gone Tomorrow,* pp. 293 - 294.
27. Hastings and Jenkins, *The Battle for the Falklands,* p. 216.
28. CAC: DOHP/57, Sir Antony Acland, pp. 33 - 34.
29. AC: Interview, off-the-record.
30. Hansard, HC Deb 13 May 1982.
31. AC: Ian Gow to the author and others, 13 May 1982.
32. Ibid.: Ian Gow to the author, May 1982.
33. MTF: Speech to the Scottish Conservative Party Conference, Perth, 14 May 1982.
34. Hansard, HC Deb 20 May 1982.

21   THE FALKLANDS WAR III: VICTORY

1. AC: Interview with Lord Armstrong.
2. Carol Thatcher, *Below the Parapet,* p. 197.
3. Th omson, *The Woman Within,* pp. 174 - 178.
4. *The Times,* 22 May 1982.
5. Thatcher, *The Downing Street Years,* p. 226.
6. Carol Thatcher, *Below the Parapet,* p. 198.
7. Interview with Sir Denis Thatcher, cited in Moore, *Margaret Thatcher,* Vol. 1, p. 735.
8. AC: Interview with Sir Mark Thatcher quoting from the poem 'Heritage' by Rudyard Kipling.
9. Hastings and Jenkins, *The Battle for the Falklands,* p. 320; off-the-record interview with a member of the War Cabinet.
10. AC: Interview with Sir John Nott.
11. Interview with Lord Armstrong, cited in Moore, *Margaret Thatcher,* Vol. 1, p.

742.

12. Geoffrey Smith, *Reagan and Thatcher,* Bodley Head, 1990, p. 26.

13. Telephone call Ronald Reagan and Margaret Thatcher, 31 May 1982, excerpts published in the *Sunday Times,* 8 March 1992.

14. MTF: Rentschler's Falklands diary, 3 June 1982.

15. AC: Interview with Lord Armstrong.

16. Henderson, *Mandarin,* p. 466.

17. Ibid., p. 470.

18. MTF: Margaret Thatcher draft telegram to General Galtieri, 2 June 1982.

19. Hastings and Jenkins, *The Battle for the Falklands,* p. 328.

20. Thatcher, *The Downing Street Years,* p. 232.

21. Ibid., p. 234.

22. Nott, *Here Today and Gone Tomorrow,* p. 314.

23. Hansard, HC Deb 14 June 1982.

24. Ibid.

25. AC: Author's personal recollection, 14 June 1982.

26. CAC: DOHP/57, Sir Antony Acland, p. 33.

27. Elizabeth Longford, *Wellington: Pillar of State,* Weidenfeld & Nicolson, 1972, p. 7.

28. AC: Interview with Sir John Nott.

29. Ibid.: Interview with Lord Parkinson.

22 AFTER THE FALKLANDS

1. *Daily Express,* 26 July 1982.

2. Hansard, HC Deb 17 June 1982.

3. Marines land at Plymouth, BBC TV, 13 July 1982.

4. MTF: Speech to Conservative Rally, Cheltenham, 2 July 1982.

5. *The Times,* 25 August 1982.

6. *Daily Telegraph,* 15 November 1982.

7. Rex Hunt, *My Falkland Days,* David & Charles, 1992, p. 377.

8. Carol Thatcher, *Below the Parapet,* p. 201.

9. MTF: *The Woman at Number Ten,* interviewed by Sir Laurens van der Post, ITV. 29. March 1983.

10. AC: William Whitelaw to author and other Tory backbenchers, House of Commons, 10 July 1982.

11. Thatcher, *The Downing Street Years*, p. 112.
12. AC: Interview with Lord Young.
13. Nigel Lawson, *The View from No. 11*, p. 303.
14. Young, *One of Us*, p. 301.
15. The Economist, 18 September 1982.
16. Young, *One of Us*, p. 301.
17. AC: Interview with Sir Michael Scholar.
18. Young, *One of Us*, p. 301.
19. AC: Interview with Sir Kenneth Stowe.
20. Ibid.
21. MTF: Speech to the Conservative Party Conference, Brighton, 8 October 1982.
22. Peter Riddell, *The Thatcher Era and Its Legacy*, Blackwell, 1991, p. 88.
23. AC: Interview with Lord Jenkin.
24. Ibid.
25. Lawson, *The View from No. 11*, p. 217.
26. MTF: Speech, Brighton, 8 October 1982.
27. Ibid.
28. Ibid.
29. Thatcher, *The Downing Street Years*, p. 247.
30. Hansard, HC Deb 21 January 1982.
31. MTF: Press Conference with Chancellor Kohl, London, 4 February 1983.
32. Robert Blake, *Disraeli*, Faber and Faber, 2010, p. 279.
33. *The Times*, 23 April 1983.
34. Spicer, *The Spicer Diaries*, 7 April 1983, p. 62.
35. Parkinson, *Right at the Centre*, p. 224.
36. Ferdinand Mount, *Cold Cream: My Early Life and Other Mistakes*, Bloomsbury, 2008, p. 335.
37. Michael Cockerell, *Live From Number 10: Prime Ministers and Television*, Faber & Faber, 1988, p. 283.
38. Thatcher, *The Downing Street Years*, p. 301.
39. *Guardian*, 7 June 1983.
40. Ibid., 3 June 1983.
41. Ibid., 8 June 1983.
42. Thatcher, *The Downing Street Years*, p. 284.
43. Ibid., p. 287.
44. MTF: Speech at the Metropole Hotel, Birmingham, 3 June 1983.

45. Ibid.: Speech at City Hall, Cardiff, 23 May 1983.
46. Ibid.
47. *Daily Mirror*, 7 June 1983.
48. *The Times*, 5 May 1980.

23   STUMBLING INTO THE SECOND TERM

1. AC: Interview with Lord Parkinson.
2. Ibid.
3. Ibid.
4. Thatcher, *The Downing Street Years*, p. 310.
5. AC: Interview with Lord Parkinson.
6. Ibid.
7. Ibid.
8. Matthew Laban, *Mr Speaker: The Office and the Individuals*, Biteback, 2013, p. 45.
9. AC: Bernard Weatherill to the author, 18 June 1983.
10. Laban, *Mr Speaker*, p. 150.
11. Ibid.
12. *Sunday Telegraph*, 22 May 1988.
13. MTF: Interview for *Weekend World*, LWT, 8 May 1988.
14. Laban, *Mr Speaker*, p. 159.
15. AC: Interview with Lord Carrington.
16. *The Times*, 14 July 1983.
17. Prior, *A Balance of Power*, p. 229.
18. *The Times*, 21 July 1983.
19. AC: Dinner with Margaret Thatcher, July 1983.
20. Ibid.
21. Ibid.
22. *The Times*, 16 October 1981.
23. AC: Interview with Lord Young.
24. Ibid.
25. Ibid.
26. Thatcher, *The Downing Street Years*, p. 646.
27. Ibid., p. 309.
28. MTF: Interview for Glyn Mathias, ITN, 28 July 1983.

29. Hansard, HC Deb 31 January 1984.

30. Nigel Lawson, *The View from No. 11*, p. 357.

31. AC: Interview with Lord Jenkin.

32. Thatcher, *The Downing Street Years*, p. 676.

33. MTF: Speech to the Conservative Party Conference, Blackpool, 13 October 1989.

34. William Congreve, *The Mourning Bride (1687)*, Act III, Scene viii.

35. AC: Interview with Lord Butler.

36. Sir Anthony Parsons interviewed for *Thatcher: The Downing Street Years*, BBC, 1993.

37. AC: interview with Lord Butler.

24 TERRORISM, IRELAND AND HONG KONG

1. Thatcher, *The Path to Power*, p. 434.

2. *Daily Express*, 28 August 1979.

3. Ibid., 30 August 1979.

4. AC: Conversation with Harry West, September 1979.

5. *Guardian*, 24 July 2002.

6. AC: Interview with former SAS officers.

7. Thatcher, *The Downing Street Years*, p. 90.

8. AC: Interview, with former SAS officers.

9. MTF: Press conference Dublin, 8 December 1980.

10. BBC, 28 May 1981, cited in Campbell, *The Iron Lady*, p. 425.

11. Peter Taylor, *Provos, The IRA and Sinn Fein*, Bloomsbury, 1998, p. 237.

12. BBC News, *On This Day*, 20 July 1982.

13. Thatcher, *The Downing Street Years*, p. 397.

14. Carol Thatcher, *Below the Parapet*, p. 219.

15. AC: Interview with Lord Butler.

16. Carol Thatcher, Below the Parapet, p. 220.

17. Millar, *A View from the Wings*, p. 301.

18. AC: Conversation with Michael Alison, 1997.

19. Ibid.

20. Iain Dale (ed.), *Memories of Maggie*, Politico's, 2000, p. 107.

21. Thatcher, *The Downing Street Years*, p. 380.

22. Ibid., p. 381.
23. AC: Interview with Lord Butler.
24. Ibid.
25. Thatcher, *The Downing Street Years,* p. 382.
26. AC: Conversation with Denis Thatcher, March 2000.
27. *Daily Express,* 15 October 1984.
28. Carol Thatcher, *Below the Parapet,* p. 219.
29. Ibid.
30. Ibid.
31. MTF: 25th anniversary as MP, speech at Finchley, 20 October 1984.
32. *The Times,* 10 December 1980.
33. AC: Interview with Sir Kenneth Stowe.
34. AC: Conversation with Ian Gow, December 1980.
35. Ibid.: Interview with Sir Kenneth Stowe.
36. CAC: DOHP/47, Sir Robert Wade-Gery, p. 84.
37. Ibid., p. 85.
38. AC: Interview with Lord Armstrong.
39. Thatcher, *The Downing Street Years,* p. 399.
40. MTF: Press conference, 19 November 1984.
41. *Guardian,* 26 November 1984.
42. *The Times* 16 November 1985.
43. AC: Interview with Lord King.
44. Ibid.
45. *The Times,* 25 November 1985.
46. Hansard, HC Deb 18 November 1985.
47. Ibid., 14 November 1985.
48. AC: Conversation with Margaret Thatcher at Ian Gow's funeral at Eastbourne, 8 August 1990.
49. Thatcher, *The Downing Street Years,* p. 415.
50. Howe, *Conflict of Interest,* p. 363.
51. Sir Percy Cradock, *Experiences in China,* John Murray, 1994, p. 125.
52. Ibid., pp. 175 - 176.
53. Ibid., p. 179.
54. Ibid., p. 186.
55. AC: Interview with Lord Wilson.
56. Ibid.

57. AC: Interview with Lord Powell.
58. Thatcher, *The Downing Street Years,* p. 492.

25 BATTING FOR BRITAIN IN SAUDI ARABIA

1. AC: Interview with Sir Richard Evans, confirmed by author's earlier conversations in Saudi Arabia with Princes Sultan bin Abdul Aziz, Fahd bin Salman, Mohamed bin Fahd and others.
2. Ibid.: Interview with Wafic Saïd.
3. Ibid.
4. Ibid.
5. Ibid.: Interview with Sir Richard Evans and conversations with Prince Bandar bin Sultan.
6. Ibid.: Interview with Sir Richard Evans.
7. Ibid.
8. Ibid.: Interview with Wafic Saïd.
9. Ibid.
10. Ibid.: see note 1.
11. Ibid.: Interview with Sir Richard Evans.
12. Ibid.
13. Ibid.
14. Tornado Project – Commercial Negotiations, Confidential telegram, Sir Patrick Wright (Riyadh) to Ministry of Defense 6 January 1986, copied to Private Secretary, Prime Minister.
15. AC: Interview with Sir Richard Evans.

26 UNIONS AND MINERS

1. AC: Interview with Lord Carrington.
2. Ibid.: Interview with Sir John Hoskyns.
3. Ibid.
4. Ibid.
5. MTF: Interview for Brian Walden, *Weekend World,* LWT, 6 January 1980.
6. Hansard, HC Deb 22 January 1980.

7. AC: Interview with Lord Howell.
8. *The Times,* 5 July 1983.
9. Thatcher, *The Downing Street Years,* p. 341.
10. AC: Author's recollection, January 1984.
11. Ibid., February 1984.
12. *Daily Mirror,* 30 March 1983.
13. AC: Sir Ian MacGregor speaking to the Conservative Philosophy Group, May 1984.
14. *The Miner,* March 1983, quoted in Michael Crick, *Scargill and the Miners,* Penguin, 1985, p. 96.
15. AC: Interview with Lord Turnbull.
16. Ibid.
17. Ibid.
18. *The Times,* 30 May 1984.
19. MTF: Speech to farmers at Banbury Cattle Market, 30 May 1984.
20. AC: David Hart, June 1984.
21. David Hart, (unpublished) diaries, 26 October 1984.
22. AC: Interview with Sir Stephen Sherbourne.
23. Millar, *A View from the Wings,* p. 299.
24. Thatcher, *The Downing Street Years,* p. 365.
25. *Daily Express,* 2 October 1984.
26. *Sunday Times,* 28 October and 4 November 1984.
27. AC: Interview with Sir Stephen Sherbourne.
28. Mount, *Cold Cream,* p. 330.
29. AC: David Hart, June 1985.
30. Thatcher, *The Downing Street Years,* p. 365.
31. Ibid., p. 358.
32. Margaret Thatcher interviewed for *Thatcher: The Downing Street Years,* BBC, 1993.
33. AC: Interviews with Lord Bell.
34. MTF: Interview for TV Eye, Thames TV, 24 January 1985.
35. *The Times,* 26 January 1985.
36. Thatcher, *The Downing Street Years,* p. 375.
37. AC: Margaret Thatcher to the author, April 1985.
38. Thatcher, *The Downing Street Years,* p. 378.
39. Hansard, HC Deb 31 January 1985.

40. *The Times,* 20 July 1984.

27 STRENGTHENING THE 'SPECIAL RELATIONSHIP' WITH RONALD REAGAN

1. AC: interview with Lord Carrington.
2. Ibid.
3. Charles Powell, 'Differences Were in the Detail', *The Tablet,* 19 April 2012.
4. Ronald Reagan, *An American Life,* Arrow Books, 1991, p. 204.
5. *Viewpoint,* Ronald Reagan Pre-Presidential Radio Broadcast, April 1975, cited in Moore, *Margaret Thatcher,* Vol. 1, p. 314.
6. Thatcher, *The Path to Power,* p. 372.
7. AC: Interview with Lord Carrington.
8. MTF: Exchange of toasts at the British Embassy dinner, 27 February 1981.
9. Reagan, *The Reagan Diaries,* 27 February 1981, p. 5.
10. MTF: Personal letter from Margaret Thatcher to Sir Nicholas Henderson, 5 March 1981.
11. Reagan, *The Reagan Diaries,* 27 February 1981, p. 5.
12. Young and Sloman, *The Thatcher Phenomenon,* p. 108.
13. George Shultz, *Turmoil and Triumph: My Years as Secretary of State,* Macmillan, 1993, p. 152.
14. Smith, *Reagan and Thatcher,* p. 224.
15. Aldous, *Reagan and Thatcher,* p. 148.
16. Reagan, *The Reagan Diaries,* 24 October 1983, p. 190.
17. Thatcher, *The Downing Street Years,* p. 331.
18. Hansard, HC Deb 25 October 1983.
19. Thatcher, *The Downing Street Years,* p. 332.
20. MTF: Telephone call from Reagan to Thatcher, 26 October 1983.
21. Ibid.
22. Aldous, *Reagan and Thatcher,* p. 151.
23. MTF: Telephone call from Reagan to Thatcher, 26 October 1983.
24. Brian Crozier, *Free Agent,* HarperCollins, 1993, p. 264.
25. Campbell, *The Iron Lady,* p. 278.
26. *The Economist,* 10 March 1984.
27. Ibid., 3 March 1984.

28. Aldous, *Reagan and Thatcher*, p. 163.
29. *The Times*, 11 June 1984.
30. Reagan, *An American Life*, p. 354.
31. MTF: Fred F. Fielding Memo to President Reagan, 25 July 1984.
32. AC: Conversation with Margaret Thatcher, 15 April 1984; see also Aitken, *Heroes and Contemporaries*, p. 142.
33. Powell, *The Tablet*, 19 April 2012.
34. Thatcher, *The Downing Street Years*, p. 447.
35. Kenneth Baker, *The Turbulent Years: My Life in Politics*, Faber and Faber, 1993, p. 268 – 269.
36. Aldous, *Reagan and Thatcher*, p. 213.
37. Hansard, HC Deb 15 April 1986.
38. AC: Edward Heath to the author, 16 April 1986.
39. Reagan, *The Reagan Diaries*, 17 April 1986, p. 406.
40. *New York Times*, 26 April 1986.
41. 'Reagan Urges Senate Action on U.S. – British Terrorism Treaty', *AP News Archive*, 31 May 1986.
42. Reagan, *The Reagan Diaries*, 17 June 1986. p. 425.

28 STARTING TO WIN THE COLD WAR

1. AC: Conversation with Richard Nixon in 1982.
2. Ibid.
3. Thatcher, *The Downing Street Years*, p. 451.
4. MTF: Sir Julian Bullard, Chequers Soviet Seminar, 8 September 1983.
5. Ibid.
6. Howe, *Conflict of Loyalty*, p. 317.
7. AC: Interview with Lord Powell.
8. Ibid.
9. Sir Percy Cradock, *In Pursuit of British Interests,* John Murray, 1994, p. 14.
10. Thatcher, *The Downing Street Years*, p. 456.
11. Aldous, *Reagan and Thatcher*, p. 160.
12. AC: Interview with Sir Nigel Broomfi eld.
13. Leonid Zamyatin, interview for *Kommersant Vlast,* Moscow, 4 May 2005.
14. AC: Interview with Sir Nigel Broomfi eld.

15. Ibid.
16. AC: Interview with Mikhail Gorbachev.
17. Ibid.: Interview with Lord Powell.
18. Ibid.: Interview with Sir Bernard Ingham.
19. Ibid.
20. Ibid.: Interview with Mikhail Gorbachev.
21. Thatcher, *The Downing Street Years,* p. 460.
22. AC: Interview with Mikhail Gorbachev.
23. Ibid.
24. Ibid.
25. Ibid.
26. Ibid.
27. Ibid.
28. Ibid.
29. Ibid.
30. Ibid.
31. Smith, *Reagan and Thatcher,* p. 149.
32. AC: Interview with Lord Powell.
33. President Reagan, 'Evil Empire' speech, Address to the National Association of Evangelicals, Orlando, Florida, 3 March 1983.
34. Thatcher, *The Downing Street Years,* p. 463.
35. AC: Interview with Sir Bernard Ingham.
36. MTF: Statement by Margaret Thatcher aft er her meeting with Mikhail Gorbachev, BBC News, 17 December 1984.
37. AC: Interview with Mikhail Gorbachev.
38. Smith, *Reagan and Thatcher,* pp. 150 – 151.
39. Bernard Ingham, *Kill the Messenger,* HarperCollins, 1994, p. 260.
40. Thatcher, *The Downing Street Years,* p. 466.
41. Powell, *The Tablet,* 19 April 2012.
42. MTF: Margaret Thatcher visit to Camp David, 22 December 1984.
43. Ibid.
44. Reagan, *The Reagan Diaries,* 22 December 1984, p. 289.
45. James Baker interviewed for *Thatcher: The Downing Street Years,* BBC, 1993.
46. AC: Conversation with Al Regnery Jr., 1987.
47. Claire Berlinski, '*There Is No Alternative*' : *Why Margaret Thatcher Matters,* Basic Books, 2008, p. 289.

48. Thatcher, *The Downing Street Years*, p. 463.
49. MTF: Speech to Joint US Houses of Congress, 20 February 1985.
50. Campbell, *The Iron Lady*, p. 291.
51. Howe, *Conflict of Loyalty*, p. 392.
52. Aldous, *Reagan and Thatcher*, p. 194.
53. Smith, *Reagan and Thatcher*, p. 167.
54. Ibid.
55. Aldous, *Reagan and Thatcher*, p. 195.
56. Campbell, *The Iron Lady*, p. 293.
57. Thatcher, *The Downing Street Years*, p. 471.
58. Dale, *Memories of Maggie*, p. 144.
59. Margaret Thatcher interviewed for *Thatcher: The Downing Street Years*, BBC, 1993.
60. MTF: Press Conference at the British Embassy, Washington, DC, 15 November 1986.
61. *Sunday Times* 16 November 1986.
62. Thatcher, *The Downing Street Years*, p. 471.
63. AC: Interview with Mikhail Gorbachev.
64. Thatcher, *The Downing Street Years*, p. 479.
65. CAC: DOHP/115: Sir Bryan Cartledge, p. 56.
66. AC: Conversation with Carol Thatcher, 2000.
67. CAC: DOHP/115: Sir Bryan Cartledge, p. 56.
68. AC: Interview with Mikhail Gorbachev.
69. Ibid.
70. CAC: DOHP/115: Sir Bryan Cartledge, p. 56.
71. Mikhail Gorbachev, *Memoirs*, Bantam Books, 1997, p. 706.
72. Zamyatin, *Kommersant Vlast*, 4 May 2005.
73. Reagan, *The Reagan Diaries*, 7 December 1987, p. 555.

29 RUMBLINGS OF DISCONTENT

1. Margaret Thatcher interviewed for *Thatcher: The Downing Street Years*, BBC, 1993.
2. AC: Interview with Lord Carrington.
3. Ibid.: Interview with Lord Lamont.

4. Ibid.: Conversation with John Biffen, March 1986.
5. Thatcher and the Vegetables, Spitting Image, 1984 – 1996; see also *Guardian*, 10 April 2013.
6. *The Times*, 13 May 1986.
7. AC: Interview with Lord Butler.
8. William Waldegrave, Old Etonian Association Lecture, 28 February 2012.
9. Campbell, *The Iron Lady*, p. 445.
10. *Observer*, 17 February 1985.
11. Nigel Lawson, *The View from No. 11*, p. 674.
12. *Sunday Times*, 13 October 1985.
13. *New York Times*, 20 December 1985.
14. Thatcher, *The Downing Street Years*, p. 430.
15. AC: Interview with Lord Brittan.
16. Interview with Michael Pattison, cited in Moore, *Margaret Thatcher*, Vol. 1, p. 429.
17. AC: Interview with Lord Powell.
18. Ibid.
19. *The Times*, 4 January 1986.
20. Ibid., 3 January 1986.
21. Ibid., 7 January 1986.
22. *Sun*, 7 January 1986.
23. *The Times*, 7 January 1986.
24. Hansard, HC Deb 23 January 1986.
25. AC: Interview with Lord Brittan.
26. Ibid.
27. Hansard, HC Deb 29 October 1986.
28. Howe, *Conflict of Loyalty*, p. 467.
29. AC: Interview with Lord Brittan.
30. Lawson, *The View from No. 11*, p. 678.
31. *The Times*, 10 January 1986.
32. Young, *One of Us*, p. 452.
33. Clark, *Diaries*, 24 January 1986, p. 133.
34. Hansard, HC Deb 23 January 1986.
35. AC: Sir Bernard Braine to the author, 23 January 1986.
36. Ibid.: Interview with Lord Brittan.
37. Howe, *Conflict of Loyalty*, p. 471.
38. Ibid., p. 472.

39. AC: Interview with Lord Armstrong.
40. Hansard, HC Deb 27 January 1986.
41. AC: Interview with Winston Churchill in 1986.
42. Ibid.: Margaret Thatcher to the author, January 1987.
43. Ibid.
44. Ibid.
45. MTF: Interview with David Frost, TV–AM, 9 June 1985.
46. Voltaire, *Candide,* p. 7.
47. Daily Mail, 7 April 1986.
48. Hansard, HC Deb 23 January 1986.
49. Young, *One of Us,* p. 443.

30   INTO THE THIRD TERM

1. Thatcher, *The Downing Street Years,* p. 560.
2. *The Times,* 10 October 1986.
3. MTF: Speech to Conservative Party Conference, Bournemouth, 10 October 1986.
4. Ibid.
5. AC: Interview with Sir Bryan Cartledge.
6. Thatcher, *The Downing Street Years,* p. 576.
7. David Butler and Dennis Kavanagh, *The British General Election of 1987,* Macmillan, 1988, p. 154.
8. Carol Thatcher, *Below the Parapet,* p. 244.
9. AC: Interview with Lord Young.
10. Ibid.
11. Tebbit, *Upwardly Mobile,* p. 333.
12. Michael Dobbs interviewed for *Thatcher: The Downing Street Years,* BBC, 1993.
13. Thatcher, *The Downing Street Years,* p. 584.
14. Ibid., p. 585.
15. Mark Hollingsworth, *The Ultimate Spin Doctor: The Life and Fast Times of Tim Bell,* Hodder & Stoughton, 1997, p. 175.
16. Dale, *Memories of Maggie,* p. 172.
17. AC: Interview with Lord Young.
18. Ibid.

19. AC: Conversation with Robert Carvel, 6 June 1987.
20. UK Polling Report, 1983 – 1987: www.ukpollingreport.co.uk.
21. *Daily Telegraph,* 21 May 1987.
22. AC: Willie Whitelaw to author, Paul Channon, Julian Amery and others, Bucks Club, 18 June 1987.
23. Carol Thatcher, *Below the Parapet,* p. 246.
24. MTF: Speech to Party Conference, Blackpool, 9 October 1987.
25. Lord Shawcross, Obituary, *Daily Telegraph,* 11 July 2003.
26. Hansard, HC Deb 25 June 1987.
27. Clark, *Diaries,* 19 July 1987, p. 168.
28. AC: Interview with Lord Baker.
29. Millar, *A View from the Wings,* p. 319.
30. Baker, *The Turbulent Years,* p. 275.
31. AC: Interview with Lord Powell.
32. Ibid.: Willie Whitelaw at Bucks Club, 18 June 1987.
33. Ibid.: Conversations with Willie Whitelaw.
34. Clark, *Diaries,* 26 January 1990, p. 276.
35. AC: Conversation with Nick Budgen, 28 June 1987.

31 TROUBLE WITH NIGEL LAWSON

1. AC: Interview with Lord Lawson.
2. Lawson, *The View from No. 11,* p. 382.
3. Ibid.
4. Ibid., p. 697.
5. Ibid., p. 499.
6. Ibid., p. 500.
7. AC: Interview with Lord Burns.
8. Lawson, *The View from No. 11,* p. 501.
9. Ridley, *'My Style of Government',* p. 201.
10. Thatcher, *The Downing Street Years,* p. 701.
11. Lawson, *The View from No. 11,* p. 789.
12. AC: Interviews with Lord Butler and Lord Griffiths.
13. Ibid.: Interview with Lord Lawson.
14. Lawson, *The View from No. 11,* p. 788.

15. Ibid., p. 794.
16. Ibid., p. 795.
17. AC: Interview with Sir Richard Evans.
18. Thatcher, *The Downing Street Years*, p. 705.
19. Hansard, HC Deb 10 March 1988.
20. Lawson, *The View from No. 11*, p. 799.
21. Ibid., p. 814.
22. MTF: Speech to Conservative Central Council, Buxton, 19 March 1988.
23. Lawson, *The View from No. 11*, p. 799.
24. Hansard, HC Deb 12 May 1988.
25. Ibid., 17 May 1988.
26. Lawson, *The View from No. 11*, p. 845.
27. AC: Conversation with Peter Morrison, December 1988.
28. David Hart, (unpublished) diaries, 26 October 1989.
29. Lawson, *The View from No. 11*, p. 850.
30. AC: Conversation with Nicholas Budgen, July 1988.
31. Howe, *Conflict of Loyalty*, p. 575; Thatcher, The Downing Street Years, p. 704.
32. Howe, *Conflict of Loyalty*, p. 575.
33. Ibid., p. 576.
34. Ibid.
35. Ibid.
36. Thatcher, *The Downing Street Years*, p. 704.
37. Lytton Strachey, *Queen Victoria*, Chatto & Windus, 1951, p. 185.
38. Lawson, *The View from No. 11*, p. 307.
39. AC: Interview with Lord Burns.

32 SWINGING TOWARDS EUROSCEPTICISM

1. HC Deb, 30 October 1990.
2. *Sun*, 28 April 1975.
3. Interview with Lord Ryder of Wensum, cited in Moore, *Margaret Thatcher*, Vol. 1, p. 306.
4. Howe, *Conflict of Loyalty*, p. 538.
5. AC: Conversation Margaret Thatcher, Teddy Taylor and author, 26 June 1986.
6. Thatcher, *The Downing Street Years*, p. 741.

7. AC: Interview with Sir Ronald Grierson.

8. Margaret Thatcher interviewed for *The Poisoned Chalice,* BBC2, 1996, quoted in Campbell, *The Iron Lady,* p. 311.

9. AC: Interview with Lord Powell.

10. *Guardian,* 7 July 1988.

11. MTF: Interview for *The Jimmy Young Programme,* BBC Radio 2, 27 July 1988.

12. AC: off-the-record interview.

13. Thatcher, *The Downing Street Years,* p. 712.

14. Robin Renwick, *A Journey with Margaret Thatcher: Foreign Policy under the Iron Lady,* Biteback Publishing, 2013, p. 100.

15. AC: Off-the-record interview with senior FCO official.

16. Ibid.

17. AC: Interview with Bill Cash.

18. AC: Off-the-record interview with senior FCO official.

19. AC: November 1988.

20. Ibid.

21. AC: Conversation with John Biffen, 1980.

22. *Independent,* 9 June 1993.

23. AC: AC: Interview with Baroness Howe of Idlicote.

24. MTF: Speech to the College of Europe, Bruges, 20 September 1988.

25. Sir Michael Butler interviewed for *The Poisoned Chalice,* quoted in Campbell, *The Iron Lady,* p. 605.

26. Howe, *Conflict of Loyalty,* p. 538.

27. MTF: Speech to the Conservative Party Conference, Brighton, 14 October 1988.

28. AC: Conversation with Carol Mather, November 1986.

33 BOILING OVER ON EUROPE

1. Howe, *Conflict of Loyalty,* p. 538.

2. MTF: Speech to the College of Europe, Bruges, 20 September 1988.

3. Lawson, *The View from No. 11,* p. 917.

4. Ibid., p. 918.

5. Thatcher, *The Downing Street Years,* p. 749.

6. Lawson, *The View from No. 11,* p. 921.

7. MTF: Speech to European Election Rally, Nottingham, 12 June 1989.

8. *The Times,* 20 June 1989.

9. Ibid.

10. Thatcher, *The Downing Street Years,* p. 710.

11. Howe, *Conflict of Loyalty,* p. 579; Lawson, The View from No. 11, p. 931.

12. Thatcher, *The Downing Street Years,* p. 712.

13. Lawson, *The View from No. 11,* p. 933.

14. Thatcher, *The Downing Street Years,* p. 712.

15. Ibid.

16. AC: Interview with Lord Powell.

17. Ibid.

18. Howe, *Conflict of Loyalty,* p. 582.

19. Thatcher, *The Downing Street Years,* p. 750.

20. Howe, *Conflict of Loyalty,* p. 582.

21. AC: Interview with Boris Johnson.

22. Thatcher, *The Downing Street Years,* p. 713.

23. Howe, *Conflict of Loyalty,* p. 583.

24. Ibid., p. 586.

25. Ibid., p. 587.

26. Ibid., p. 590.

27. AC: Interview with Sir Bernard Ingham.

28. *Sun,* 26 July 1989.

29. AC: Comments by MPs, 31 July 1989.

34 EXIT THE CHANCELLOR, ENTER THE STALKING HORSE

1. Thatcher, *The Downing Street Years,* p. 755.

2. *Daily Express,* 30 October 1989.

3. Thatcher, *The Downing Street Years,* p. 714.

4. Ibid., p. 715.

5. Hansard, HC Debate 24 October 1989.

6. Ibid.

7. Thatcher, *The Downing Street Years,* p. 716.

8. Lawson, *The View from No. 11,* p. 961.

9. Ibid., p. 969.

10. David Cox (ed.), *The Walden Interviews,* LWT Boxtree, 1990, pp. 32 – 33.

11. Ibid., Margaret Thatcher, *The Walden Interview,* 29 October 1989, pp. 36 - 37.

12. AC: Winston Churchill to author, 13 November 1989.

13. Ibid.: Interview with Keith Hampson.

14. Ibid.: Ian Gow to the author, November 1989. See also 1 Samuel 22:2.

15. AC: Interview with Lord Garel-Jones.

16. Ibid.

17. Ibid.

18. Thatcher, *The Downing Street Years,* pp. 761 - 762.

19. *Financial Times,* 13 April 1913. See also David Marsh, *The Euro: The Battle for the New Global Currency,* Yale University Press, 2011, p. 216.

20. George R. Urban, *Diplomacy and Disillusion at the Court of Margaret Thatcher: An Insider's View,* I.B. Tauris, 1996, p. 104.

21. AC: Interview with Lord Th omas.

22. Urban, *Diplomacy and Disillusion,* p. 128.

23. *Financial Times* magazine, Simon Kuper on 'Thatcher Abroad', 13 April 2013.

24. Thatcher, *The Downing Street Years,* p. 791.

25. *The Spectator,* 14 July 1990.

26. Thatcher, *The Downing Street Years,* p. 312.

27. AC: Margaret Thatcher to the author at Ian Gow's funeral, 8 August 1990.

28. William Shakespeare, *Hamlet,* Act III, Scene I.

35 COUNTDOWN TO THE COUP

1. George W. Bush and Brent Scowcroft, *A World Transformed,* Alfred A. Knopf, 1998, p. 352.

2. Thatcher, *The Downing Street Years,* p. 820.

3. Ibid., p. 823.

4. Ibid., p. 826.

5. Hansard, HC Deb 7 September 1990.

6. Thatcher, *The Downing Street Years,* pp. 825 - 826.

7. Ibid., p. 824.

8. AC: Interview with Lord King.

9. Ibid.: King Fahd bin Abdul Aziz Al Saud to the author, February 1992.

10. AC: Conversation with Margaret Thatcher, 8 August 1990.

11. Thatcher, *The Downing Street Years,* p. 826.

12. *The Times*, 23 March 1990.
13. Ibid., 2 April 1990.
14. Ibid., 6 April 1990.
15. Ibid., 5 May 1990.
16. Thatcher, *The Downing Street Years*, p. 665.
17. Ibid., p. 666.
18. AC: Interview with Sir John Major.
19. MTF: Press conference in Downing Street, 5 October 1990.
20. Observer, 7 October 1990.
21. *The Times*, 17 October 1990.
22. AC: Interview with Lord Powell.
23. *Financial Times*, 29 October 1990.
24. Thatcher, *The Downing Street Years*, p. 767.
25. Hansard, HC Deb 30 October 1990.
26. John Major, *The Autobiography*, HarperCollins, 1999, p. 176.
27. Hansard, HC Deb 30 October 1990.
28. Ibid.
29. Geoffrey Howe, interview by Brian Walden, *Weekend World*, LWT, 3 September 1989.
30. Thatcher, *The Downing Street Years*, p. 833.
31. Hansard, HC Deb 30 October 1990.
32. Howe, *Conflict of Loyalty*, p. 645.
33. Thatcher, *The Downing Street Years*, p. 833.
34. Howe, *Conflict of Loyalty*, p. 645.
35. Major, *The Autobiography*, p. 177.
36. Howe, *Conflict of Loyalty*, p. 647.
37. Ibid., p. 648.
38. *The Times*, 2 November 1990.
39. AC: Geoffrey Dickens, 1 November 1990.
40. Howe, *Conflict of Loyalty*, p. 651.
41. James Boswell, *The Life of Samuel Johnson* (edited by George Birbeck Hill), Clarendon Press, 1971, p. 407.
42. Thatcher, *The Downing Street Years*, p. 834.
43. AC: Author's recollection, 1 November 1990.
44. Hansard, House of Lords, Official Report, 10 April 2013. Death of a Member: Baroness Thatcher, *Tributes*.

45. Ingham, *Kill the Messenger,* p. 379.

46. *The Times,* 9 November 1990.

47. Ibid., 19 October 1990.

48. Hansard, 7 November 1990, vol. 180, col. 29.

49. Letter from Lord Acton, 1887, cited in Louise Creighton, *Life and Letters of Mandell Creighton,* Vol. 1, Longmans, Green, 1904, p. 372.

50. AC: interview with Lord King.

51. Ibid.: Interview with Dame Jill Knight.

52. Major, *The Autobiography,* p. 179.

36 END GAME

1. Thatcher, *The Downing Street Years,* p. 838.

2. Hansard, HC Deb 14 June 1978.

3. Ibid., 13 November 1990.

4. Ibid.

5. Clark, *Diaries,* 13 November 1990, p. 347.

6. William Shakespeare, *Julius Caesar,* Act III, Scene I.

7. Thatcher, *The Downing Street Years,* p. 839.

8. Hansard, HC Deb 13 November 1990.

9. AC: Interview with Gerald Howarth.

10. Ibid.: Michael Heseltine to the author, November 1990.

11. Wyatt, *Journals,* vol. 2, 20 November 1990, p. 394.

12. Thatcher, *The Downing Street Years,* p. 836.

13. AC: Remarks by Nicholas Budgen, 13 November 1990.

14. Clark, *Diaries,* 19 November 1990, pp. 354 – 355.

15. Thatcher, *The Downing Street Years,* p. 841.

16. *The Times,* 19 November 1990.

17. AC: Remarks by Peter Morrison, 21 November 1990.

18. Ibid.: Interview with Lord Powell.

19. Ibid.: Conversation with Peter Morrison, 22 November 1990.

20. Ibid.: Interview with Lord Powell.

21. Ibid.: Conversation with John Sergeant in Broadcasting House, 8 April. 2013; MTF: Margaret Thatcher remarks outside British Embassy Paris, 20 November 1990.

22. Carol Thatcher, *Below the Parapet,* pp. 263 – 264.

23. AC: 30 November 1990.
24. *The Spectator,* 6 November 1993.
25. AC: Interview with Mikhail Gorbachev and his interpreter, Pavel Palazchenko.
26. Cynthia Crawford interview, *Maggie: The First Lady,* Brook Lapping, 2003.
27. The author on *Newsnight,* BBC2, 13 November 1990.

37   EXIT

1. Thatcher, *The Downing Street Years,* p. 846.
2. Ibid., p. 847
3. Ibid., p. 849.
4. AC: Remarks to Margaret Thatcher on 21 November 1990.
5. Thatcher, The Downing Street Years, p. 850.
6. AC: Remarks to Margaret Thatcher on 21 November 1990.
7. Alan Clark, *Diaries,* 21 November 1990, p. 366.
8. AC: Remarks to Margaret Thatcher on 21 November 1990.
9. Thatcher, *The Downing Street Years,* p. 850.
10. Major, *The Autobiography,* p. 187.
11. Thatcher, *The Downing Street Years,* p. 852.
12. Ibid., p. 851.
13. Ibid., p. 855.
14. Margaret Thatcher for *Thatcher: The Downing Street Years,* Part 1, BBC, 1993.
15. Alan Clark, *Diaries,* 21 November 1990, p. 366.
16. Thatcher, *The Downing Street Years,* p. 853.
17. Alan Sked and Chris Cook, *Post-War Britain: A Political History, 1945 - 1992,* (4th edn) Penguin, 1993, p. 550.
18. Thatcher, *The Downing Street Years,* p. 855.
19. Carol Thatcher, *Below the Parapet,* p. 266.
20. Thatcher, *The Downing Street Years,* p. 856.
21. Ibid.
22. Baker, *The Turbulent Years,* pp. 409 - 410.
23. MTF: Speaking to her cabinet, 22 November 1990.
24. Parkinson, *Right at the Centre,* p. 4.
25. Thatcher, *The Downing Street Years,* p. 858.
26. Hansard, HC Deb 22 November 1990.

27. Thatcher, *The Downing Street Years,* p. 859.
28. John Morley, *The Life of William Ewart Gladstone,* 3 vols, Macmillan, 1903, p. 357.
29. Hansard, HC Deb 22 November 1990.
30. Ibid.
31. Ibid.
32. Ibid.
33. Ibid.
34. Ibid.
35. Ibid.
36. *Daily Mail,* 23 November 1990.
37. Wyatt, *Journals,* Vol. 2, 23 November 1990, pp. 401 – 402.
38. Baker, *The Turbulent Years,* p. 395.
39. *The Times,* 28 November 1990.
40. Carol Thatcher, *Below the Parapet,* p. 272.
41. Ibid., p. 271.
42. MTF: Speech to Conservative Central Office, 26 November 1990.
43. Millar, *A View from the Wings,* p. 362.
44. Hansard, HC Deb 27 November 1990.
45. Major, *The Autobiography,* p. 199.
46. Penny Junor, *John Major: From Brixton to Downing Street,* Penguin, 1996, p. 205.
47. Major, *The Autobiography,* p. 199.
48. MTF: Remarks departing Downing Street, 28 November 1990.
49. Enoch Powell, *Third Way,* October 2006.

38 THE AGONY AFTER THE FALL

1. Interview with Denis Oliver, BBC Radio 4, 11 April 2013.
2. Brenda Maddox, *Maggie: The First Lady,* Hodder & Stoughton, 2003, p. 219.
3. AC: Interview with Lord Butler.
4. AC: Peter Morrison to the author, January 1991.
5. Ibid.: Conversation with Margaret Thatcher, January 1991.
6. Margaret Orth, 'Maggie's Big Problem', *Vanity Fair,* June 1991.
7. BBC Radio 4, 10 April 1913.

8. Aitken, *Heroes and Contemporaries,* p. 147.
9. AC: Private information.
10. AC: Interview with Julian Seymour.
11. AC: Interview with Lord Butler.
12. Ibid.
13. Ibid.
14. Moore, *Margaret Thatcher,* Vol. 1., p. xii.
15. AC: Author's party for Sir Teddy Taylor, 26 November 1991.
16. Hansard, HC Deb 26 June 1991.
17. AC: Interview with Sir Richard Shepherd.
18. Margaret Thatcher interview, ITN, 22 November 1991.
19. AC: Interview with Sir John Major.
20. AC: Conversation with Margaret Thatcher, December 1991.
21. *The Times,* 26 November 1992.
22. AC: Interview with Sir John Major.
23. AC: Interview with Alan Duncan MP.

39 SNAPSHOTS OF HER RETIREMENT YEARS

1. Hansard, House of Lords, 14 July 1993, Vol. 548, cols. 281 – 286.
2. Gospel of St. Matthew, chapter 13, verse 32.
3. Speech in Fulton, Missouri, 9 March 1996.
4. AC: Conversation with Margaret Thatcher, June 1992.
5. Ibid.
6. Ibid.
7. AC: Lunch at Sandwich Bay, June 1996.
8. Ibid: Interview with Sir Richard Shepherd.
9. Ibid: Interview with Bill Cash.
10. Aitken, *Heroes and Contemporaries,* pp. 149 – 151.
11. AC: Denis Thatcher, Rannoch, 16 August 1996.
12. Ibid: Malcolm Pearson, Rannoch, 17 August 1996.
13. Ibid: Denis Thatcher, Rannoch, 16 August 1996.
14. Ibid. Margaret Thatcher, Rannoch, 18 August 1996. See also Sunday Telegraph, 14 April 2013.
15. AC: Denis Thatcher, Rannoch, 16 August 1996.

16. Ibid: Jonathan Aitken (unpublished) diary, 20 August 1996.

17. MTF: Lady Thatcher, remarks on the doorstep of 10 Downing Street, 26 September 1995.

18. AC: Conversation with Michael Alison.

19. Ibid.

20. Ibid: Interview with The Rev Dick Whittington.

21. Ibid.

22. Ibid.

EPIOLGUE

1. Carol Thatcher, *A Swim—on Part in the Goldfish Bowl*, Headline Review, 2008, p. 25.

2. Ibid., p. 260.

3. AC: Conversation with Carol Thatcher, June 2000.

4. *The Times,* 11 April 2013.

MARGARET THATCHER: POWER AND PERSONALITY
by JONATHAN AITKEN
Copyright: © 2013 BY JONATHAN AITKEN
This edition arranged with Bloomsbury Publishing Plc.
Simplified Chinese edition copyright:
2019 BEIJING ALPHA BOOKS.CO.,INC.
All rights reserved.

版贸核渝字（2019）第076号

图书在版编目（CIP）数据

撒切尔夫人：权力与魅力 /（英）艾特肯著；姜毓星，罗小丽译. — 重庆：重庆出版社，2016.6（2019.6重印）
书名原文：Margaret Thatcher: Power and Personality
ISBN 978-7-229-10979-0-01

Ⅰ.①撒… Ⅱ.①艾… ②姜… ③罗… Ⅲ.①撒切尔，M.H.（1925～2013）—传记 Ⅳ.①K835.617=5

中国版本图书馆CIP数据核字（2016）第023957号

撒切尔夫人：权力与魅力

［英］乔纳森·艾特肯　著
姜毓星　罗小丽　译

策　　　划：	华章同人
出版监制：	徐宪江
责任编辑：	徐宪江　王昌凤
营销编辑：	史青苗
责任印制：	杨　宁　白　珂
封面设计：	视觉共振设计工作室

重庆出版集团
重庆出版社　出版
（重庆市南岸区南滨路162号1幢）
投稿邮箱：bjhztr@vip.163.com
三河市嘉科万达彩色印刷有限公司　印刷
重庆出版集团图书发行有限公司　发行
邮购电话：010-85869375/76/77转810
重庆出版社天猫旗舰店
cqcbs.tmall.com
全国新华书店经销

开本：787mm×1092mm　1/16　印张：59.75　字数：800千
2016年6月第1版　2022年9月第6次印刷
定价：118.00元

如有印装质量问题，请致电023-61520678

版权所有，侵权必究